Sportentwicklungen in Deutschland
Band 12

Doping im Spitzensport
(Teil 1)

Die Reihe „Sportentwicklungen in Deutschland" wird gefördert durch die Alfried Krupp von Bohlen und Halbach-Stiftung.

Sportentwicklungen in Deutschland
Band 12

Andreas Singler/Gerhard Treutlein

Doping im Spitzensport

Sportwissenschaftliche Analysen zur nationalen und internationalen Leistungsentwicklung

(Teil 1)

Meyer & Meyer Verlag

Herausgeber der Reihe Sportentwicklungen in Deutschland
Prof. Dr. Jürgen Baur
Prof. Dr. Wolf-Dietrich Brettschneider

Die Deutsche Bibliothek – CIP-Einheitsaufnahme

Singler, Andreas:
Doping im Spitzensport : Sportwissenschaftliche Analysen zur nationalen
und internationalen Leistungsentwicklung / Andreas Singler ; Gerhard Treutlein.
- Aachen : Meyer und Meyer, 2000
(Sportentwicklungen in Deutschland ; 12)
ISBN 3-89124-664-1

Alle Rechte, insbesondere das Recht der Vervielfältigung und Verbreitung sowie das Recht der Übersetzungen, vorbehalten. Kein Teil des Werkes darf in irgendeiner Form – durch Fotokopie, Mikrofilm oder ein anderes Verfahren – ohne schriftliche Genehmigung des Verlages reproduziert oder unter Verwendung elektronischer Systeme verarbeitet, gespeichert, vervielfältigt oder verbreitet werden.

© 2000 by Meyer & Meyer Verlag, Aachen (Germany)
Olten (CH), Wien, Oxford, Québec, Lansing/ Michigan, Adelaide,
Auckland, Johannesburg, Budapest
Member of the World Sportpublishers' Association (WSA)
Umschlaggestaltung: Walter J. Neumann, N & N Design Studio, Aachen
Umschlagbelichtung: frw, Reiner Wahlen, Aachen
Lektorat: Prof. Gerhard Neisel, Aachen
Druck: Firma Mennicken, Aachen
Printed in Germany
ISBN 3-89124-664-1
E-Mail: verlag@meyer-meyer-sports.com

Inhaltsverzeichnis

Inhaltsverzeichnis 5
Abbildungen 7
Tabellen 8
Abkürzungen 9
Geleitwort 11

1 Einleitung 13

2 Leistungsentwicklungen – Analysen und Erklärungen 19
   2.1 Leistungsentwicklungen 19
   2.2 Globale Einflussfaktoren (Makrofaktoren) 38
   2.3 Sportspezifische Einflussfaktoren (Mikrofaktoren) 39
   2.4 Durchschnittsalter, Durchschnittsgewicht und Durchschnittsgröße 45
   2.5 Leistungsverbesserungen und Dopingverdacht 48
   2.6 Prognosen und trainingsmethodische Ableitungen 53
   2.7 Die Spitze des Eisbergs 54
      2.7.1 Was war sichtbar? 56
      2.7.2 Dianabol-Ära und der Beginn von „Kuren" 56
      2.7.3 Reaktionen beim Anblick von „offensichtlich" Gedopten 58
      2.7.4 Gewichts- und Muskelzuwachs als Indikator 60
      2.7.5 Frauen mit tiefen Stimmen und Muskelbergen 63
      2.7.6 Morphologische Veränderungen 64
      2.7.7 Vertuschen von Nebenwirkungen 66
      2.7.8 Leistungsunterschiede zwischen Jahresbestleistungen und Olympischen Leistungen/Leistungen bei Weltmeisterschaften 66
      2.7.9 Von einfachen zu komplexen Beobachtungen 67
      2.7.10 Sichtbares im Ausdauersport 68
      2.7.11 Das Vordringen der Wachstumshormone und anderer Substanzen 72
      2.7.12 Zur Wirkung unangekündigter Trainingskontrollen 74
   2.8 Beobachtungen als Anlass zum Handeln? 75
   2.9 1972: Der bundesrepublikanische Sport am Scheideweg 76
   2.10 Zusammenfassung 80

3 Leistungsentwicklung und Doping 83
   3.1 Regionale Schwerpunkte der Dopingproblematik 83
   3.2 Leistungsexplosion im US-Sport um 1960 85
   3.3 Leistungsentwicklung und Doping am Beispiel des DDR-Sports 92

	3.3.1 Leichtathletik	102
	3.3.2 Schwimmen	111
	3.3.3 Gewichtheben	118
3.4	Beginn und Umfang des Problems im Westen	125
	3.4.1 Leichtathletik	143
	3.4.2 Schwimmen	161
	3.4.3 Gewichtheben	167
3.5	Zusammenfassung und Schlussfolgerungen	175

4   Anabolikadoping in der Bundesrepublik Deutschland 177

4.1	Zur Geschichte der Erforschung und internationalen Frühanwendung anabole Steroide	178
4.2	Anabolikaverwendung im bundesdeutschen Sport	182
	4.2.1 Anfängliche Anwendung bei Männern	182
	4.2.2 „Flächendeckende" Verwendung in bestimmten Disziplinen und Sportarten (1964 bis 1968)	186
	4.2.3 „Flächendeckende" Verwendung in vielen Sportarten und Beginn des Frauendopings mit Anabolika (1968 bis 1976)	188
4.3	Sportmedizin, Sportpolitik und Anabolika	202
	4.3.1 Sportmedizin	202
	4.3.2 Sportpolitik	220
4.4	Doping zwischen Verbot und Duldung (1977 bis 1990)	241
	4.4.1 Eine Dopingkarriere aus der Sicht eines Athleten	242
	4.4.2 Kontrollproblematik und Rechtfertigungsstrategien	246
	4.4.3 Prozessbeschleunigung in den 80erJahren	250
	4.4.4 Kommunikation über Doping	253
4.5	Spielarten des Dopings	256
	4.5.1 Subkulturelles Doping auf Vereinsebene	257
	4.5.2 Kooperation zwischen Verbandstrainer, Heimtrainer und Athlet(in)	268
	4.5.3 Ärztlich „unterstütztes" und „kontrolliertes" Doping	270
4.6	Dopingbegünstigung durch institutionelle Passivität	275
4.7	Anabolika in der Grauzone zwischen Therapie und Doping	287
4.8	Testosteronforschung zwischen Dopingbekämpfung und Dopinganwendung	295
4.9	Die Dopingdiskussion im Sportausschuss des Deutschen Bundestages 1987: Renaissance alter Argumente	303
4.10	Zusammenfassung	311

5   Schlussbemerkungen: Doping im Systemvergleich 315

6   Literatur 323

7 Anhang ... 337

7.1 Von der Schwierigkeit, Doping zu bekämpfen: Alessandro Donatis Erfahrungen in Italien ... 337

7.2 Auszüge aus Gutachten zum Teilthema „Sportmedizin und Doping" (Forschungsprojekt Pfetsch/Beutel/Stork/Treutlein 1972 - 1974, vgl. Pfetsch et al.,1975) ... 356

Abbildungen

Abb. 1: S-Kurve als Modellvorstellung der sportlichen Entwicklung (asymptotische Kurve) ... 21

Abb. 2: Weltrekordentwicklung über 800 m der Männer (1997 = 100%) ... 22

Abb. 3: Weltrekordentwicklung im Kugelstoßen der Männer (1990 = 100 %) ... 23

Abb. 4: Entwicklung des Weltrekords im Kugelstoß der Frauen (1996 = 100%) ... 36

Abb. 5: Leistungsentwicklung im Kugelstoßen der Frauen zwischen 1954 und 1998 (Durchschnitt der Plätze 1 – 3 1998 = 100%) ... 37

Abb. 6: Leistungsentwicklung im Stabhochsprung der Männer (Durchschnitt der Plätze 1 – 3 1998 = 100%) ... 41

Abb. 7: Leistungsentwicklung im Hochsprung der Frauen (Durchschnitt der Plätze 1 – 3 1998 = 100%) ... 42

Abb. 8: Körperliche Veränderungen einer Werferin im Verlauf von zwei Jahren (Bild der Wissenschaft 1, 1979, 89) ... 59

Abb. 9: Leistungsentwicklung im 5000-m-Lauf der Männer (Durchschnitt der Plätze 1 – 3 1998 = 100%) ... 69

Abb. 10:Leistungsentwicklung im 10.000-m-Lauf der Männer (Durchschnitt der Plätze 1 – 3 1998 = 100%) ... 70

Abb. 11:Zunahme der Zeiten von unter 2 Stunden 10 Minuten im Marathonlauf der Männer seit 1979 ... 71

Abb. 12:Leistungsentwicklung im Hammerwerfen der USA zwischen 1954 und 1998 (Durchschnitt der Plätze 1-3 1998 = 100%) ... 86

Abb. 13:Leistungsentwicklung im Kugelstoßen der USA zwischen 1954 und 1998 (Durchschnitt der Plätze 1-3 1998 = 100%) ... 88

Abb. 14:Leistungsentwicklung im Diskuswerfen der USA zwischen 1954 und 1998 (Durchschnitt der Plätze 1-3 1998 = 100%) ... 89

Abb. 15:Leistungsentwicklung in den Würfen der Frauen (Durchschnitt der Plätze 1-3 1998 = 100%) ... 97

Abb. 16:Leistungsentwicklung im 800-m-Lauf der Frauen (Durchschnitt der Plätze 1-3 1998 = 100%) ... 108

Abb. 17:Leistungsentwicklung im Weitsprung der Frauen zwischen 1954 und 1998 (Durchschnitt der Plätze 1-3 1998 = 100%) ... 109

Abb. 18: Leistungsentwicklung im Speerwerfen der Frauen (Durchschnitt der Plätze 1–3 1998 = 100%) 110

Abb. 19: Leistungsentwicklung über 100 m Kraul der Männer (Durchschnitt der Plätze 1–3 1998 = 100%) 114

Abb. 20: Leistungsentwicklung über 100 m Kraul der Frauen (Durchschnitt der Plätze 1–3 1998 = 100%) 115

Abb. 21: Leistungsentwicklung im Schwimmen der Männer (Durchschnitt der Plätze 1–3 1998 = 100%) 119

Abb. 22: Leistungsentwicklung über 800 m Freistil der Frauen (Durchschnitt der Plätze 1–3 1998 = 100%) 120

Abb. 23: Leistungsentwicklung in der schwersten Gewichtsklasse im Gewichtheben (Durchschnitt der Plätze 1–3 1998 = 100%) 121

Abb. 24: Leistungsentwicklung im Kugelstoßen der Frauen (Durchschnitt der Plätze 1–3 1998 = 100%) vor dem Hintergrund des Wirkens von Bundestrainer Gehrmann (seit 1976).. 149

Abb. 25: Leistungsentwicklung im Diskuswerfen Frauen (Durchschnitt der Plätze 1–3 1998 = 100%) 150

Abb. 26: Leistungsentwicklung im 100 m-Lauf der Frauen (Durchschnitt der Plätze 1–3 1998 = 100%) 154

Abb. 27: Leistungsentwicklung im Kugelstoßen Männer (Durchschnitt der Plätze 1–3 1998 = 100%) 156

Abb. 28: Leistungsentwicklung im Schwimmen der Frauen (Durchschnitt der Plätze 1–3 1998 = 100%) 165

Tabellen

Tab. 1: Entwicklung des Stundenweltrekords im Radfahren................................... 24

Tab. 2: Leistungsentwicklung im Schwimmen der Frauen 25

Tab. 3: Langfristige Leistungsentwicklung in einigen Disziplinen 27

Tab. 4: Leistungssteigerung bzw. Leistungsrückgang in Prozent pro Disziplin in der Leichtathletik zwischen 1954 und 1998 28

Tab. 5: Prozentuale Entwicklung der Leistungen im 100-m-Lauf der Frauen zwischen 1954 und 1998 29

Tab. 6: Durch Intersexe 1967 gehaltene Frauen-Weltrekorde................................... 30

Tab. 7: Prozentuale Entwicklung der Leistungen im Kugelstoßen der Männer zwischen 1954 und 1998 32

Tab. 8: Veränderungen von 2% (Welt) bzw. 3% (national) gegenüber dem zuvor erreichten Bestwert... 33

Tab. 9: Veränderungen von mehr als 4% gegenüber den zuvor erreichten Bestwerten in den Würfen (BRD) 34

Inhaltsverzeichnis 9

Tab. 10: Veränderungen von 3% (Welt) bzw. 4% (national) gegenüber den zuvor erreichten Bestwerten 35

Tab. 11: Verbesserungsgeschwindigkeit von Weltrekorden 44

Tab. 12: Alter, Größe und Gewicht weltbester Läufer (nach Vollmer 1994) 45

Tab. 13: Extreme Gewichtsausprägungen bei Mittel- und Langstrecklern 46

Tab. 14: Steigerung olympischer Siegesleistungen gegenüber den vorhergehenden Olympischen Spielen 49

Tab. 15: Weltrekordentwicklung über 1500 m und 3000 m Frauen 51

Tab. 16: Weltrekordentwicklung über 10.000 m Frauen 51

Tab. 17: Benötigter Zeitraum für die Verbesserung des Weltrekords im Eisschnelllauf über 500 m um eine Sekunde 52

Tab. 18: Weltrekordprognosen Letzelters im Jahre 1989 53

Tab. 19: Leistungsentwicklung führender Kugelstoßerinnen 77

Tab. 20: Medaillengewinne bei den Olympischen Spielen 1996 83

Tab. 21: Prozentuale Entwicklungen der Leistungen im Hammerwerfen der Männer zwischen 1954 und 1998 87

Tab. 22: Prozentuale Entwicklung der Leistungen in den Würfen der Frauen zwischen 1954 und 1998 98

Tab. 23: Leistungsentwicklung und Hämatokritwert der Olympiasiegerin Manuela di Centa 142

Abkürzungen

ADH	Allgemeiner Deutscher Hochschulsportverband
BA-L	Bundesausschuss Leistungungssport
BISp	Bundesinstitut für Sportwissenschaft
BRD	Bundesrepublik Deutschland
CHN	China
DDR	Deutsche Demokratische Republik
DHFK	Deutsche Hochschule für Körperkultur Leipzig
DLV	Deutscher Leichtathletik-Verband (Bundesrepublik Deutschland)
DSB	Deutscher Sport-Bund
DSV	Deutscher Schwimm-Verband
DTSB	Deutscher Turn- und Sport-Bund (DDR)
DVfL	Deutscher Verband für Leichtathletik (DDR)
DVS	Deutsche Vereinigung für Sportwissenschaft

EPO	Erythropoietin
FIS	Welt-Sportärzte-Bund
FISU	Internationaler Studentensport-Verband (Féd. Intern. du Sport Universitaire)
FKS	Forschungsinstitut für Körperkultur und Sport
GBR	Großbritannien (Great Britain)
GUS	Nachfolge-Staat der UdSSR
HGH	Wachstums-Hormon (Human Growth Hormone)
IAAF	Internationaler Leichtathletik-Verband (Intern. Amateur Athletic Federation)
IM	Informeller Mitarbeiter (der Stasi)
INS	Institut National du Sport (Paris)
IOC	Internationales Olympisches Komitee (International Olympic Committee)
ITA	Italien
IWF	Internationaler Gewichtheber-Verband Intern. Weightlifting Federation)
KJS	Kinder- und Jugendsportschule (in der DDR)
NED	Niederlande
NOK	Nationales Olympisches Komitee
NOR	Norwegen
SID	Sport-Informations-Dienst
SMK	Europäische Sportminister-Konferenz
TCH	Tschechoslowakei
UdSSR	Union der Vereinigten Sowjet-Republiken
UIC/UCI	Internationaler Radsport-Verband
UM	Unterstützende Mitteln (DDR-Ausdruck für Dopingmittel)
USA	Vereinigte Staaten von Amerika (United States of America)
vgl.	Vergleiche
WM	Weltmeisterschaften
z.B.	Zum Beispiel
ZDF	Zweites Deutsches Fernsehen

GELEITWORT

Die Geschichte des Hochleistungssports ist nicht nur eine Geschichte großartiger Leistungen von herausragenden Persönlichkeiten, sie war und ist auch eine Geschichte des Betrugs und der Manipulation. Denn je bedeutsamer sportliche Erfolge in ökonomischer Hinsicht werden, desto größer ist die Gefahr, dass Athletinnen und Athleten sich um Erfolge bemühen, die nicht nur auf ihre eigene Leistungsfähigkeit zurückzuführen sind. Längst ist dabei eine Situation entstanden, in der jede sportliche Leistung unter dem Verdacht steht, auf unfaire Weise erbracht worden zu sein.

Schon werden mit dem Hinweis, dass es in unserer Gesellschaft üblich geworden sei, dass sich Künstler, Wissenschaftler und viele andere Berufstätige mit medikamentöser Unterstützung fit halten, zahlreiche Plädoyers für die Freigabe des Dopings vorgetragen.

Das vorliegende Buch von Andreas Singler und Gerhard Treutlein beschreitet einen anderen Weg. Auf der Basis eines fundierten Wissens, das sie sich mit Hilfe verschiedener Untersuchungsmethoden erarbeitet haben, liefern die Autoren eine Fülle von Antworten auf die Frage, warum Athleten, Trainer, Funktionäre und Verbände den schweren, mit vielen Verwerfungen und Widerständen gekennzeichneten Weg des Dopingverbotes zu gehen haben.

Das Dopingproblem wird von ihnen aus verschiedenen Blickrichtungen beobachtet und analysiert. Inhaltlich wird es als das Problem von Athleten, Medizinern, Trainern und Funktionären gefasst. Darüber hinaus jedoch wird es auch als ein Problem der Wissenschaften und der Wissenschaftler selbst beschrieben. Die Medizin, die Rechtswissenschaft, die Pharmakologie, die Philosophie, die Trainingslehre und die Biologie eröffnen dabei nicht nur ganz eigene Zugangsmöglichkeiten zu diesem Phänomen. Neben Athleten, Trainern, Ärzten, Funktionären und Verbänden, die in der zweiteiligen Untersuchung ausführlich zu Wort kommen, wird dargestellt, dass Wissenschaftler auch ganz wesentlich für die Entstehung des Dopingproblems mit verantwortlich sind.

Mit ihrer Publikation öffnen die Autoren vor allem den Blick für eine soziologisch und pädagogisch motivierte Zugangsweise zum Problem der Leistungsmanipulation und zeigen Wege, wie beide Disziplinen zu einer Lösung der daraus resultierenden Fragestellungen beitragen können.

Das Präsidium des Deutschen Leichtathletik-Verbandes, das den Dopingbetrug seit 1993 sehr engagiert bekämpft, sieht das vorliegende Buch als Bestätigung seines Weges und nimmt es als weiteren Anlass, seine Bemühungen auch künftig an solchen Akteuren des Spitzensports auszurichten, die zu einer weitsichtigen und zu einer pädagogisch verantwortbaren Spitzenleichtathletik bereit sind. In seinem Bemühen um Chancengleichheit und Fair Play in der Leichtathletik benötigt der Deutsche Leichtathletik-Verband wie alle übrigen Verbände in Europa und in der Welt auch in der Zukunft Unterstützung von Wissenschaftlern, die - wie Gerhard Treutlein und Andreas Singler - die sachliche Analyse dem raschen Urteil vorziehen. Mit ihrer Publikation haben sie einen wichtigen Beitrag zum Verständnis des modernen Spitzensports und kluge Antworten auf die ihn aktuell bedrängenden Fragen gegeben.

Prof. Dr. Helmut Digel
Präsident des Deutschen Leichtathletik-Verbandes (DLV)

1 Einleitung

Seit den Anfängen des modernen Hochleistungssports gab es Versuche, sportliche Leistungen durch Manipulationen zu beeinflussen. Die Entwicklung sportlicher Spitzenleistungen in der Geschichte des modernen Hochleistungssports ist zunehmend von Doping beeinflusst; die Entwicklung von Weltrekorden oder das Erscheinungsbild von Bestenlisten ist von betrügerischen Maßnahmen wie Doping entscheidend mitgeprägt worden. Geradezu revolutionär wirkte sich die Einführung der anabolen Steroide auf die weltweiten Leistungsentwicklungen aus. Den Anabolika gilt daher in diesem Buch das Hauptaugenmerk, weil sie über ihre langfristig anhaltende Dopingwirkung eine besondere Qualität in den betrügenden und betrogenen Sport hineingetragen haben. Im Mittelpunkt stehen die Jahre zwischen 1960 und 1990/91, da es sich bei diesen drei Jahrzehnten um die Hoch-Zeit des Anabolikamissbrauchs handelt, andererseits aber auch um die Zeit verpasster Möglichkeiten und Chancen in der Dopingbekämpfung.

Das 1995/96 von den Autoren begonnene Forschungsprojekt stand unter dem Arbeitstitel "Leistungsentwicklungen und Handlungsdilemmata (Doping) im Spitzensport". Die Gesamtuntersuchung umfasste vier Schritte, von denen die ersten beiden im vorliegenden Band dargelegt sind, nämlich die Analyse von Leistungsentwicklungen und Erkenntnisse zur Geschichte und Struktur des Anabolikadopings, vor allem im Westen Deutschlands. Die Schritte drei und vier werden im zweiten Band ("Doping - Von der Analyse zur Prävention") folgen.

Das vorliegende Buch verfolgt das Ziel, die Diskussion zur Dopingproblematik im Hochleistungssport, für die für die ehemalige DDR bereits gesicherte Ergebnisse vorliegen, mit einer mehr auf den Westen zentrierten Untersuchung anzuregen. Es geht uns nicht um die Skandalierung individueller Devianz, sondern um das Herausarbeiten von Strukturen und das Sichern von Fakten, vor allem zur Anabolikavergangenheit des Spitzensports. Es lässt sich allerdings nicht vermeiden, auch Namen von Akteuren zu nennen. Vor allem im Westen – ohne vom Staat vorgeschriebenes Doping – waren nicht nur Strukturzwänge, sondern auch individuelle Interessen Treibsätze für die Entwicklung des Dopings.

Im Rahmen des Forschungsprojektes haben wir uns der Dopingproblematik aus unterschiedlichen Perspektiven und mit unterschiedlichen Forschungsmethoden angenähert. In einem ersten Schritt (statistischer Zugang) werden Leistungsentwicklungen beschrieben und ggf. mit Doping in Verbindung gebracht (Kapitel 2 und 3). Eklatante Leistungsverbesserungen sind heute z.T. in der Tat zweifelsfrei mit nachgewiesenen Dopingaktivitäten kausal in Verbindung zu bringen.

Dennoch bleibt eine Zuschreibung von erbrachter Leistung als Resultat von Dopingmaßnahmen vielfach problematisch. Statistik mag Hinweise auf Doping geben, Beweise für solche Annahmen kann sie nicht liefern, und dies um so weniger, je mehr man sich von den großen Zahlen hin zu Einzelfällen bewegt. Hierfür sind andere Forschungsmethoden erforderlich. In einem zweiten Untersuchungsschritt wenden wir uns daher der Entwicklung des Anabolikamissbrauchs in der Bundesrepublik Deutschland zu (Kapitel 4). Insbesondere mit Hilfe der zum Zeitpunkt der Fertigstellung des Buches 41 durchgeführten Zeitzeugeninterviews konnten wesentliche – wenngleich selbstverständlich nicht alle – Erkenntnislücken zum Phänomen des Anabolikadopings in der Bundesrepublik vor allem am Beispiel der Leichtathletik geschlossen werden. Vergleichbare Aufarbeitungen für andere Sportarten und für andere Nationen wären darüber hinaus wünschenswert.

Die Leichtathletik erwies sich in der Geschichte des Sport der Bundesrepublik zwar als in hohem Maße dopingbelastet. Im Zuge unserer Untersuchung präsentierte sie sich indessen auch als Sportart mit besonderer Aufarbeitungsbereitschaft und Transparenz – es dürfte also kein Zufall sein, dass sie nach 1991 in besonderer Weise Erfolge in der Dopingbekämpfung zu verzeichnen hatte. Die Ergebnisse, die durch die Zeitzeugeninterviews zutage gefördert werden konnten, widersprechen der häufig von Wissenschaftlern vertretenen Annahme, dass sich der manipulierte Sport aufgrund seiner Strategien der Geheimhaltung einer wissenschaftlichen Erforschung verschließe. Der Annahme z.B. von Keck und Wagner (1990, 108), dass „sich die 'Dopingszene', die von Intransparenz lebt, den üblichen Methoden der empirischen Sozialforschung fast perfekt verschließt", wäre zu entgegnen, dass es hier bisher vielleicht einfach nur an Forschungsengagement oder an Forschungskompetenz (Wen interviewt man? Wer interviewt?) mangelte. Die Dopingszene ist nicht grundsätzlich verschlossen, nach unseren Erfahrungen besteht teilweise sogar ein ausgesprochenes Interesse an Transparenz. Als hilfreich hat sich in diesem Zusammenhang das Beschreiten des in der Sportwissenschaft weithin vernachlässigten qualitativ-hermeneutischen Forschungsweges erwiesen (offenes Interview, vgl. z.B. Meinberg 1993). Hierbei ist allerdings zu berücksichtigen, dass Aussagen von Zeitzeugen über teilweise lange zurückliegende Geschehnisse nicht in jedem Fall den Fakten entsprechen müssen. Die in solchen Interviews zutage geförderten Erkenntnisse, selbst wenn die Aussagen zutreffend und zumindest subjektiv wahrheitsgetreu gemacht wurden, zeugen bisweilen eher davon, wie sich handelnde Personen im Sport selbst wahrgenommen haben - und wie sie sich im Abstand von Jahren oder Jahrzehnten die damalige Selbstwahrnehmung zurechtgelegt und plausibel gemacht haben (wobei natürlich auch dies einen hochinteressanten Forschungsgegenstand darstellt). Unter diesem Aspekt sind die von uns zitierten Aussagen aus Zeitzeugeninterviews immer mit zu bedenken.

Vor allem im 4. Kapitel steht eine chronologische Ordnung der Fakten im Mittelpunkt. Andererseits sollen aber ergänzend dazu durch eine themenorientierte Ordnung der Fakten allgemeine Mechanismen und Strukturen aufgezeigt werden. Vorhandenes und durch die historische Betrachtung des bundesdeutschen Anabolikadopings hinzugewonnenes Wissen dient in einem dritten Schritt der soziologischen Analyse des Dopingproblems (zweiter Band). Hierbei wird aus theoretischer Sicht Bilanz zu ziehen sein für das Doping in der Bundesrepublik Deutschland. Auf soziologischer Basis werden typische Phänomene des Dopings erörtert - beispielsweise das Phänomen eines dopingbedingten Dropouts im Spitzensport auf allen Ebenen, wie es schon in Kapitel 4 dieses Buches bisweilen anklingt. Danach sollen aus theoretischen Befunden pädagogische Maßnahmen für die Dopingbekämpfung abgeleitet und eine Struktur Erfolg versprechender Dopingprävention aufgezeigt werden. Als Pädagogen möchten wir damit den Anspruch auf Praxisrelevanz unserer Forschung einlösen.

Die Existenz des Dopings wurde nicht nur im Osten geheimgehalten und vertuscht, sondern auch im Westen weitgehend verdrängt. Solche Verdrängungs-Anstrengungen - dies zeigt sich längst nicht nur in der Geschichte des Dopings - sind jedoch meist nur von kurzfristigem „Erfolg" gekrönt. Dass Doping seit Jahren in immer wiederkehrenden Diskussionswellen zum Dauerthema geworden ist, liegt auch an der ungenügenden Aufarbeitung von zurückliegenden Ereignissen. So konnte auch der nach 1990 viel beschworene „Schlussstrich" unter die Dopingvergangenheit keinen dauerhaften Erfolg haben. Die Diskussion verstummte ebenso wenig, wie das Doping verschwand. Der gesamtdeutsche Sport beging nach 1990 den gleichen Fehler, den der westdeutsche Sport 1977 schon einmal begangen hatte. Doping in der Zukunft: „Nein", so lautete die Losung beruhigenderweise auf der einen Seite; Vergangenheitsaufarbeitung: wiederum „Nein", so hieß die Formulierung allerdings auf der anderen Seite. Schuld an der Dopingausbreitung war jeweils angeblich das „System". Die Doping- bzw. Stasi-Problematik der DDR wurde durch den falsch praktizierten Sozialismus möglich. Im Westen war es pauschal der Spitzensport mit seiner hohen Siegorientierung, der für Doping und manch andere inhumane Komponente des Leistungssports verantwortlich gemacht wurde – niemals aber real existierende Personen. Es waren damit auf beiden Seiten letztlich „Systeme" zwischen unorganisierter Verantwortungszuschreibung und organisierter Verantwortungslosigkeit.

In der Bundesrepublik Deutschland wurde dieser Fehler des Schlussstrichversuchs gleich zweimal begangen, und in nicht wenigen Fällen waren es dieselben Personen, die mit dem pauschalen Verweis auf „andere Zeiten" und „andere Verhältnisse" von größerer Verantwortung freigesprochen wurden – und nicht selten weitermachten wie zuvor. Dabei wurde offenbar völlig verkannt, dass zwischen der Dopingvergangenheit vor und bis 1990 und der ungenügend aufgearbeiteten Dopingvergangenheit vor 1977 im Westen ein direkter Zusammenhang bestand. Diejenigen, die einst Dopingaufarbeitung verhinderten, bereiteten über ihre Beschwichtigungen, Ausreden und Rechtfertigungsstrategien, ungewollt oder gewollt, indirekt oder – all zu oft – direkt den Dopingmissbrauch der Zukunft vor.

Nicht selten wird vergessen, dass nicht die Diskussionen über Doping das Problem des modernen Spitzensports sind, sondern Doping. Nicht Abschluss, sondern Anstoß einer Dopingdebatte und auch einer Diskussion über Verantwortlichkeit im Spitzensport ist deshalb das Ziel der vorliegenden Arbeit, die sich als einen Schwerpunkt die hiermit vorliegende Dokumentation von Doping in der Bundesrepublik Deutschland zum Ziel gesetzt hat – aber auch von Dopingbekämpfung. Die Leistung von Personen, die in der Vergangenheit gegen Doping aktiv wurden und darüber auch ausgeprägte soziale Risiken eingingen, kann nicht hoch genug eingeschätzt werden. Die Beschäftigung mit dem heiklen Thema war in der Bundesrepublik nicht immer günstig für die Entwicklung beruflicher Karrieren, da entsprechende umfangreiche soziale Netzwerke – bisweilen mafiösen Charakters – dem entgegenstanden. Der demokratische Westen verfügte über vielfältige Methoden, Druck und Zwang auszuüben, um Konformität zu erzwingen bzw. Dopingbekämpfer in Misskredit zu bringen. Sie wurden als „Sektierer" und „Moralapostel" abgestempelt, ihnen wurde Kompetenz und die Fähigkeit zur „Sachlichkeit" abgesprochen, wobei Sachlichkeit augenscheinlich lange Zeit vor allem darin bestanden zu haben scheint, das verbreitete Doping in der Bundesrepublik nicht öffentlich zu erörtern. Wie schwer es beispielsweise kritische Mediziner noch Ende der 80er Jahre hatten, das Dopingthema öffentlich zu diskutieren, zeigt die Entstehungsgeschichte des Buchs „Doping im Sport" von Sehling, Pollert und Hackfort. Die Autoren bescheinigten dem Sportmediziner Alois Mader seine – im Übrigen sehr leicht nachzuweisende – anabolikafreundliche Haltung der siebziger Jahre. Hierfür wurden sie vom Präsidenten des Welt-Sportärzte-Bundes (FIS), Wildor Hollmann, bei der Bundesärztekammer wegen unkollegialen Verhaltens angeschwärzt (Mainzer Rhein-Zeitung, 4./5.7.1992). Beispiele dafür, dass sich Ärzte wegen Dopings vor Berufsgerichten zu verantworten gehabt hätten, sind dagegen nicht bekannt.

Rund zehn Jahre nach der Wende ist die historische Bearbeitung des westdeutschen Dopings sicherlich einfacher geworden. Zum einen hat die Zeit das hohe Maß an Emotionalität gelindert, zum anderen ist mit der immer umfangreicheren Erkenntnisgewinnung über das Doping in der DDR auch der Bedarf an Erkenntniszuwachs über das Doping in der Bundesrepublik gestiegen. Dass letzterer aufgrund des Ungleichgewichts im vorhandenen Schrifttum zwischen ost- und westdeutscher Leistungsmanipulation anders aussehen wird, liegt auf der Hand. Diesem Ungleichgewicht wird mit einem komplexen Forschungsinstrumentarium begegnet, mit dessen Hilfe sich ein genaueres Bild westdeutschen Dopings ergeben soll. Dabei spielen statistische, quellen- und dokumentenanalytische Aspekte eine Rolle; insbesondere aber die Aussagen von Zeitzeugen, und dies weniger in Hinsicht auf historische Fakten als auf Fragen von Selbst- und Fremdwahrnehmung, von Einstellungen und Motiven handelnder Personen. In der Beurteilung der westdeutschen Dopingvergangenheit ist zu berücksichtigen, dass einzelne Akteure und Beobachter in damaligen Zeiten ein solch umfangreiches Bild, wie heute möglich, kaum haben konnten, da ihnen nicht alle Informationsquellen (zur selben Zeit) zur Verfügung standen und das Vergessen nicht nur eine Frage des guten oder bösen Willens ist, sondern auch eine natürliche menschliche Eigenschaft. Mit der vorliegenden Untersuchung soll ein Beitrag zur Aufklärung geleistet und dem Vergessen entgegengewirkt werden. Die in diesem Buch dokumentierten bundesdeutschen Dopingaspekte repräsentieren selbstverständlich nicht alle in der Bundesrepublik denkbaren. In erster Linie werden solche Sachverhalte behandelt, mit deren Hilfe sich über jeweilige Einzelfälle hinausreichende Aspekte des Dopings im Westen aufzeigen lassen.

Wesentliche Anstöße zu unserer Arbeit haben wir durch unser Heidelberger Umfeld erhalten. Brigitte Berendonk und Prof. Dr. Werner Franke überzeugten uns nicht nur durch ihren zielstrebigen Kampf für einen sauberen Sport, sondern stellten uns auch umfangreiche Materialien (z.B. ihre Zeitungsausschnittssammlung von 1970–1992, ca. 13.000 Artikel) und Dokumente (z.B. Prozessakten) zur Verfügung. Hierfür danken wir ihnen besonders herzlich. Der ständige Kontakt mit Prof. Dr. Karl-H. Bette, verbunden mit einem intensiven Gedankenaustausch und vielen anregenden Ratschlägen, gab uns zahlreiche Impulse und regte zur Reflexion an, hierfür sei ihm an dieser Stelle besonders gedankt, ebenso Dr. Giselher Spitzer für seine hilfreichen Vorschläge. Materialien lieferten uns vor allem auch Hans-Jörg Kofink, Dr. Rüdiger Nickel, Prof. Dr. Hans-Volkhart Ulmer, Theo Rous und Ralf Meutgens. Ermutigend waren internationale Kontakte, unter anderem mit Sandro Donati (Italien), Jean-Pierre de Mondenard, Jean-Claude Vollmer, Jean Gilbert, Luc Leyni (Frankreich) und Karin Hodel (Schweiz).

Ein Forschungsprojekt mit einer Dauer von mehr als fünf Jahren wäre nicht möglich gewesen ohne eine – im Rahmen ihrer sehr begrenzten Mittel – umfangreiche Hilfe (ca. 95.000 DM) durch die Pädagogische Hochschule Heidelberg und das Verständnis der Kolleginnen und Kollegen im Fach Sportpädagogik; ein Projekt, das Probleme des Spitzensports bearbeitet, ist für eine Pädagogische Hochschule nicht gerade selbstverständlich. Deshalb bedanken wir uns sehr für diese Unterstützung.

Einen ausgeprägten Schwerpunkt unserer Arbeit stellen die Interviews mit Zeitzeugen des Spitzensports dar. Für die von fast allen gezeigte Offenheit und Hilfsbereitschaft bei der Bearbeitung eines so heiklen Themas sind wir sehr dankbar. Manchen von ihnen war allerdings auch die Erleichterung anzumerken, unter der Zusicherung von Anonymität frei über dieses Problem sprechen zu können. Die über Eidesstattliche Versicherungen garantierte Anonymität fand auch dadurch Berücksichtigung, dass auf eine Codierung und Kennzeichnung von zitierten Interviews (differenziert und nummeriert etwa nach den Rollen befragter Zeitzeugen) verzichtet wurde. Ansonsten hätte die Gefahr bestanden, dass bei einzelnen Zeitzeugen, die in mehreren Funktionen tätig waren und dies teilweise bis heute sind, die Rekonstruktion ihrer Namen möglich gewesen wäre. Aus Gründen des Persönlichkeitsschutzes wurde von uns – mit zwei Ausnahmen, bei denen wesentliche Aussagen bereits öffentlich geworden waren – auf eine Veröffentlichung von Zeitzeugennamen auch bei solchen Personen verzichtet, die einer solchen Veröffentlichung ausdrücklich zugestimmt haben. In einem Fall haben wir in diesem Zusammenhang sicherlich auf beträchtliche Aufmerksamkeit, die ein öffentliches Anabolikabekenntnis einer prominenten Sportpersönlichkeit hervorrufen würde, verzichtet. Für die grundsätzliche Bereitschaft und den Mut zum öffentlichen Bekenntnis möchten wir uns bei diesem ehemaligen Weltklasseathleten besonders herzlich bedanken. Hilfe haben wir auch von vielen Stellen beim Sammeln der Daten für die Erstellung der Leistungskurven erfahren.

Beim Verschriften von Interviews, der Auswertung von Zeitungsartikeln, Dokumenten usw. wurden wir von studentischen Hilfskräften unterstützt, dabei besonders von Jutta Bögner und Dominik Wahlig, der sich zudem mit der Erstellung eines Interviewleitfadens Verdienste erworben hat. Darüber hinaus schulden wir besonderen Dank Maria Oeldorf, die mit großer Umsicht und hohem Engagement die statistischen Berechnungen durchgeführt und für eine verständliche Gestaltung der Leistungskurven gesorgt hat, sowie unserer Sekretärin Christine Kugel für ihre geduldige und sorgfältige Bearbeitung des Manuskripts bis hin zur druckbereiten Vorlage.

2 Leistungsentwicklungen – Analysen und Erklärungen

Im Spitzensport üben Zahlen eine große Faszination aus; über die Umwandlung von sportlichen Leistungen in Zahlen wird versucht, sportliche Ereignisse der Vergänglichkeit des Augenblicks zu entreißen. Dies geht am besten in den so genannten CGS-Sportarten, in denen sich Ergebnisse in Zentimeter, Gramm und Sekunde ausdrücken lassen wie z.B. der Leichtathletik, dem Schwimmen oder dem Gewichtheben, und schlechter in kompositorischen Sportarten wie z.B. dem Turnen oder Eiskunstlauf. In einigen Sportarten sind die Leistungsergebnisse so dokumentiert, dass mit Langzeitreihen Entwicklungen und Trends dargestellt werden können. Sie wurden und werden als Grundlage für Prognosen verwendet, wobei die Frage nach der Grenze menschlicher Leistungsfähigkeit eine besondere Faszination ausübt. Ursachenerklärungen für Entwicklungen wurden mannigfaltig versucht, die Dopingproblematik blieb aber zumeist fast völlig ausgeblendet. Es bleibt zu untersuchen, inwieweit nationale und internationale Leistungsentwicklungen als Indikatoren für Doping in manchen Disziplinen und Sportarten genommen werden können.

2.1 Leistungsentwicklungen

Weltrekordentwicklungen oder olympische Siegerleistungen repräsentieren mit ihren Zufälligkeiten (z.B. Rücken- oder Gegenwind) den Leistungsstand einer Disziplin nicht zuverlässig (vgl. Fuchs/Lames 1989, 422). Deshalb haben wir unseren Überlegungen vor allem Jahresbestenlisten zugrunde gelegt, die eher kontinuierliche Leistungsentwicklungen wiedergeben (vgl. Pfetsch et al. 1975, 8), zumal wenn nicht nur die Leistung des ersten Platzes, sondern der Durchschnitt von mehreren Plätzen berücksichtigt wird.[1]

Wünschenswert wären Zeitreihen in weiteren Sportarten und für mehr Länder gewesen, was aber wegen der sehr unterschiedlichen Dokumentierung, Verarbeitung, Veröffentlichung und Archivierung solcher Daten in den verschiedenen Sportarten und Ländern nicht möglich war. Hinzu kommt, dass in einigen quantifizierbaren Sportarten auf Jahresbestenlisten weitgehend verzichtet wird,

---

[1] Als Messzahlen für Entwicklungen in jüngerer Zeit haben wir die Jahresbestenlisten in der Leichtathletik (1954–1998, Welt, DDR, BRD, Frankreich, USA), im Schwimmen (1961–1998, Welt, DDR, BRD, Frankreich) und im Gewichtheben (1960–1998, Welt, DDR, BRD) gewählt. Die Zeiträume sind Ausschnitte aus längerfristigen Entwicklungen.

weil die Bedingungen bei Wettkämpfen zu unterschiedlich sind, z.B. im Rudern (Wind, Wassertiefe) oder Eisschnelllauf (Eistemperatur, Höhenlage).

Bei den Leistungskurven werden neben der Weltbestenliste auch Länderbestenlisten berücksichtigt: In der Leichtathletik die USA, weil sie bei den Männern über lange Jahre die Weltspitze bestimmte und relevante Entwicklungen (im Technik- und Materialbereich, wahrscheinlich aber auch bei der Verwendung anaboler Steroide) von ihr ausgingen. Die DDR wird wegen der gemeinsamen deutsch-deutschen Vergangenheit aufgeführt, aber auch wegen der nach der Wende bekannt gewordenen Dokumente. Frankreich wurde berücksichtigt, weil es vom Gesellschaftssystem her ein der Bundesrepublik vergleichbares Land ist, aber mit eher zentralistischer Lenkung, unterschiedlichem Sportsystem, unterschiedlicher Sporttradition und -förderung.

Für die Deskription wird nur der Durchschnitt der ersten drei Plätze gebildet, da die Kurven für den 1.–3. und den 1.–10. Platz zumindest in der Leichtathletik etwa identische Entwicklungen erkennen lassen[2] (Pfetsch et al. 1975). Im Vergleich zur Kurve der weltbesten Leistung oder von regelmäßig wiederkehrenden Großereignissen wie den Olympischen Spielen ist der Durchschnitt der Plätze 1–3 einigermaßen geglättet[3]; einmalige große Leistungen wie etwa der Weitsprung-Weltrekord Beamons bei den Olympischen Spielen in Mexiko City 1968 mit 8,90 m oder das Karriereende von bedeutenden Athleten fallen nicht so sehr ins Gewicht. Überindividuelle Sonderentwicklungen lassen sich so leichter erkennen. Außerdem dürfen bei internationalen Meisterschaften normalerweise nur maximal drei Athleten pro Land an den Start gehen, was sich auf die Förderung auswirkt.

Die Outputgröße „Leistung" kann zumindest in Sportarten wie der Leichathletik, dem Schwimmen oder dem Gewichtheben ziemlich eindeutig erfasst und verglichen werden; Probleme der Vergleichbarkeit über Zeit und Raum wie Veränderung der Laufbahnen, der Zeitmessung, Geräte, der Wassertemperatur u.a. m. sollen allerdings nicht unterschlagen werden. Um die unterschiedlichen Disziplinen miteinander vergleichbar und Leistungsaufschwünge wie -einbrüche sichtbar machen zu können, wurden die pro Jahr gewonnenen Durchschnittswerte in prozentuale Raten auf der Basis der Werte des Jahres 1998 umgerechnet (vgl. Abb. 1).

---

[2] Im Gegensatz zur Entwicklung der Weltbestenliste mit einer dichten Spitze kommt es bei den einzelnen Ländern zu größeren Ausschlägen („gute" und „schlechte" Jahre), da sich hier das Auftauchen und Verschwinden von großen Talenten stärker bemerkbar macht.

[3] Ein geglätteter Verlauf kommt bei den von uns ausgewählten Sportarten vor allem für die Leichtathletik und das Schwimmen zustande. In Anbetracht der wesentlich geringeren Zahl von Ländern, in denen Gewichtheben aktiv betrieben wird, und der kleinen Aktivzahl in den jeweiligen Ländern ist die Leistungsspitze nicht so dicht, d.h., Verletzungen und Karriereende von großen Athleten wirken sich in krassen Brüchen im Kurvenverlauf aus.

Leistungsentwicklungen – Analysen

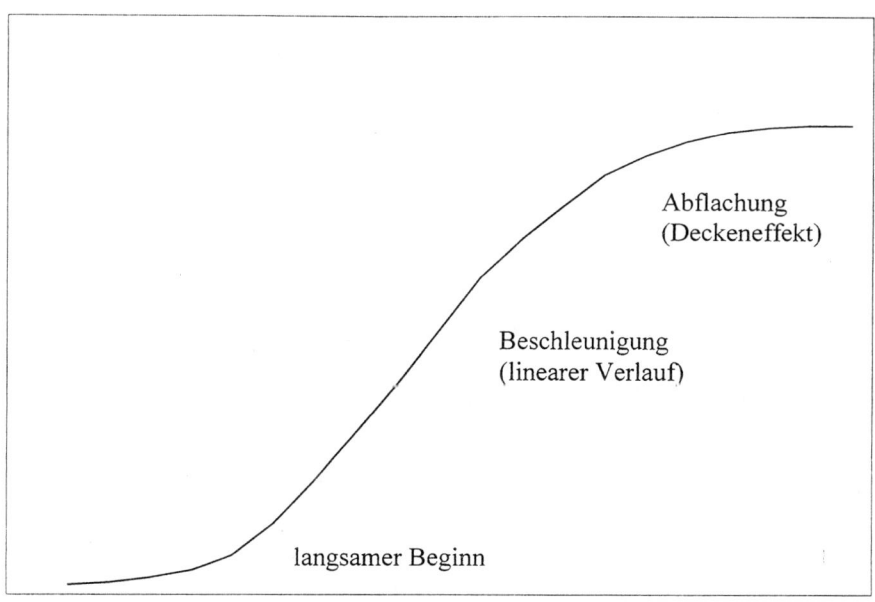

Abb. 1: S-Kurve als Modellvorstellung der sportlichen Entwicklung (asymptotische Kurve)

Die sportliche Entwicklung wird meist mit einer S-Kurve modelliert: Nach einem langsamen Beginn erfolgt eine Beschleunigung als Folge z.B. der Zunahme an Sporttreibenden, Verbesserung der Trainingsmethoden und in Anbetracht der Begrenztheit menschlicher Möglichkeiten eine spätere Abflachung – eine asymptotische Kurve (bei Pfetsch et al., 1975, durch das Ertragsgesetz, bei Fuchs/Lames, 1989, durch das Quantitätsgesetz[4] erklärt). Interessant ist nun, ob ein Kurvenverlauf über einen längeren Zeitraum typisch oder atypisch im Sinne des Modells ist (vgl. Abb. 2 und 3).
Die Verläufe zeigen unterschiedliche, aber vorwiegend atypische Entwicklungen. Vorherrschend sind nicht Verläufe in der Form einer S-Kurve, sondern eher lineare Verläufe. Beim 800-m-Lauf könnte es sein, dass sich die Entwik-

---

[4] Entwicklungen unterliegen einem Ertragsgesetz. Dieses sagt aus, dass auf eine überproportionale Zunahme ein linearer Verlauf und anschließend eine unterproportionale Entwicklung erfolgen. Das Quantitätsgesetz besagt, „dass Leistungsfortschritte nicht linear zum Trainingsaufwand verlaufen, sondern dass die Fortschritte hinter dem Aufwand zurückbleiben. Dies tun sie um so mehr, je höher das erzielte Leistungsniveau ist, was in einem asymptotischen Kurvenverlauf für den Zusammenhang zwischen Aufwand und Leistung zum Ausdruck kommt" (FUCHS/LAMES 1989, 420).

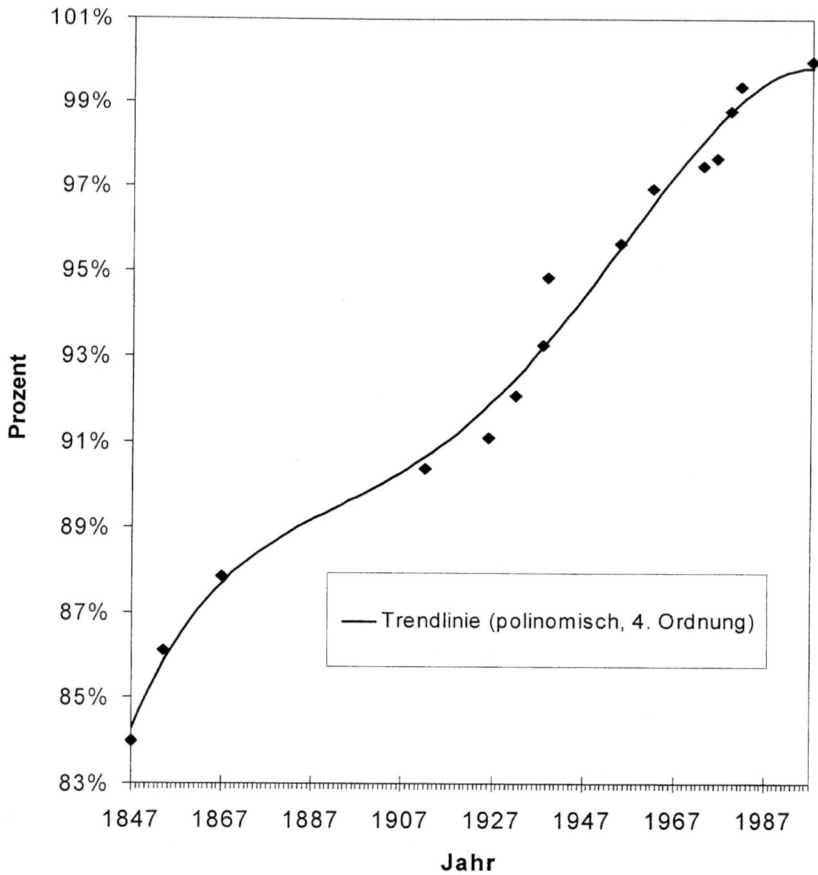

Abb. 2: *Weltrekordentwicklung über 800 m der Männer (1997 = 100%)*

Der Verlauf der 800-m-Kurve zeigt, dass die Leistungsentwicklung zwischen dem Zeitpunkt der ersten Rekordregistrierung und 1998 nach der Modellvorstellung nur einen Ausschnitt aus einer längeren Entwicklung darstellt. Weder beginnt die Kurve im Stadium des flachen Beginns noch endet sie deutlich in einer Abflachung als Folge eines Deckeneffekts. Erklärungen für den eher linearen Verlauf könnten sein: Wir sind noch deutlich entfernt von der Grenze der menschlichen Möglichkeiten, durch die Erschließung neuer humaner Ressourcen (z.B. der afrikanischen Läufer), neuer Trainingsmethoden etc. wird die Phase der Abflachung vorerst noch hinausgeschoben.

Leistungsentwicklungen – Analysen

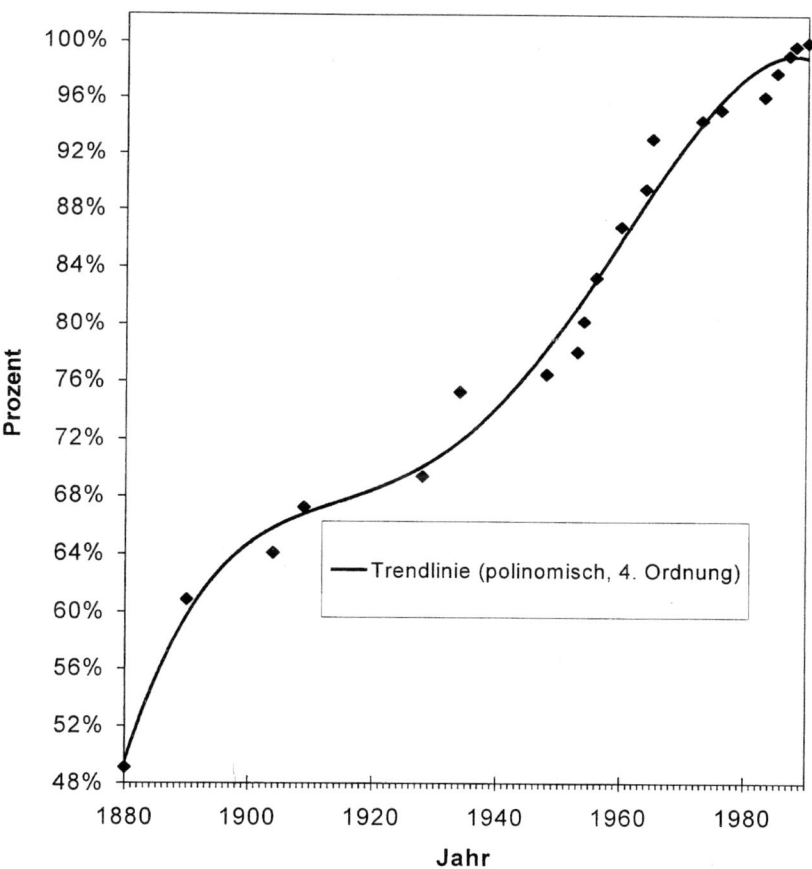

Abb. 3: Weltrekordentwicklung im Kugelstoßen der Männer (1990 = 100 %)

In früheren Jahrzehnten wurde die Entwicklung des Kugelstoßweltrekords sehr stark durch die Erfindung neuer Techniken beeinflusst, z.B. durch die Rückenstoß-Technik (Weltrekorde durch O'Brian u.a. 1953/18,00m und 1956/19,06m). Die weitere Beschleunigung der Entwicklung (1956–1960: 4,5%; 1960–1965: 6,5%) dürfte u.a. auf beginnende Verwendung von anabolen Steroiden zurückzuführen sein. Der Leistungsrückgang nach 1989 dürfte durch effektivere Dopingkontrollen und Doping-Sperren verursacht sein.

lung immer noch im mittleren – linearen – Abschnitt der S-Kurve befindet. Im Kugelstoßen dagegen wie in den meisten Leichtathletikdisziplinen, im Gewichtheben und im Schwimmen auf nationaler Ebene brach 1988/90 die lineare Entwicklung ab, gefolgt von einem völlig atypischen Leistungsrückgang[5]. Bei einem so atypischen Verlauf besteht Erklärungsbedarf. Wir sehen die Ursachen dafür in der durch den Dopingfall Ben Johnson ausgelösten Angst vor Kontrollen und den nachfolgenden intensivierten und effektivierten Dopingkontrollen. Als Beleg kann die Entwicklung im Schwimmen dienen: Die deutschen Schwimmer sind seit Anfang der 90er Jahre von Trainingskontrollen betroffen, während international bis 1998 nur Wettkampfkontrollen durchgeführt wurden; dem Leistungseinbruch in Deutschland steht überraschender- oder nicht überraschenderweise eine lineare Entwicklung der Weltkurve gegenüber. Daraus lässt sich die Hypothese ableiten, dass in Deutschland die unangekündigten Trainingskontrollen zumindest eine Reduktion der Dopingwirkung verursachten, während international – trotz des Verschwindens der DDR mit ihrem Dopingsystem und trotz zahlreicher gesperrter chinesischer Schwimmer und Schwimmerinnen – ein effektiver Kampf gegen Doping in der Entwicklung der Leistungskurven nicht erkennbar ist. Effektive Dopingkontrollen hätten auch international einen Leistungsrückgang zur Folge haben müssen (vgl. Abb. 2, Tab. 2).

Ähnliche lineare Entwicklungen wie in der Leichtathletik und im Schwimmen sind auch in anderen Sportarten festzustellen, wie z.B. bei der Entwicklung des Stundenweltrekords im Radfahren (Männer, vgl. Tabelle 1):

1893	Desgrange (Frankreich)	35,325 km
1956	Anquetil (Frankreich)	46,159 km
1972	Merckx (Belgien)	49,431 km
1984	Moser (Italien)	51,151 km
1998	Boardman (England)	56,375 km

Tab. 1: Entwicklung des Stundenweltrekords im Radfahren

Da beim Zeitfahren der Tour de France zuletzt höhere Durchschnittsgeschwindigkeiten erzielt wurden als beim Stundenweltrekord von 1984, ist davon auszugehen, dass auch im Radfahren eine lineare Entwicklung vorliegt.[6]

Abhängig vom Ausgangswert fallen Leistungszunahmen sehr unterschiedlich aus. Entsprechend dem Modell der S-Kurve ist dennoch langfristig eine ziemlich

---

[5] Da diese Entwicklungsverläufe offensichtlich komplexer Natur sind, können sie nicht Grundlage für eine lineare Extrapolation zur Gewinnung von Prognosen sein.

[6] Wodurch diese lineare Entwicklung wesentlich beeinflusst sein dürfte, zeigen der Festina-Skandal bei der Tour de France 1998 und die Ermittlungen der französischen Behörden.

JAHR	WELT	DDR	BRD	FRA
1964	88,6%	84,4%	83,7%	
1965	88,4%	84,1%	81,0%	
1966	89,1%	84,7%	82,6%	
1967	90,3%	85,4%		
1968	91,5%	86,7%	84,5%	
1969	90,9%	87,3%	84,5%	
1970	91,4%	87,3%	86,0%	
1971	91,9%	89,1%	86,6%	
1972	93,2%	90,7%	88,7%	
1973	93,6%	92,5%	88,9%	
1974	95,0%	94,0%	89,9%	
1975	95,5%	94,7%	90,2%	84,9%
1976	97,4%	97,0%	91,6%	90,2%
1977	97,2%	96,3%	91,7%	90,6%
1978	98,2%	96,2%	92,7%	87,7%
1979	98,1%	96,4%	93,7%	88,1%
1980	98,9%	98,0%	94,2%	92,2%
1981	98,7%	97,7%	94,7%	91,9%
1982	99,0%	98,2%	94,4%	92,3%
1983	99,0%	98,5%	94,8%	92,8%
1984	99,5%	98,7%	95,1%	93,3%
1985	98,7%	98,0%	94,7%	93,6%
1986	99,5%	98,5%	95,2%	
1987	99,4%	98,7%	95,3%	
1988	100,0%	99,1%	95,7%	
1989	99,2%	98,5%	95,3%	
1990	99,1%		96,6%	94,7%
1991	99,5%		97,1%	94,8%
1992	100,4%		96,9%	95,4%
1993	100,0%		96,6%	95,3%
1994	100,3%		96,7%	
1995	99,5%		97,1%	
1996	100,1%		97,2%	95,2%
1997	100,6%		97,5%	
1998	100,0%		97,3%	95,3%

Tab. 2: Leistungsentwicklung im Schwimmen der Frauen

regelmäßige, ähnliche Entwicklung in allen Sportarten zu erwarten[7]. Deutliche Abweichungen von der idealtypischen S-Kurve müssen untersucht werden. Die in geheimen DDR-Dokumenten berichteten Doping-Manipulationen (vgl. Berendonk 1992, Spitzer 1998) und die Untersuchungsergebnisse der französischen Polizei bzw. die Geständnisse der meisten Festina-Fahrer legen nahe, an Doping als wesentlichen Beschleuniger von Leistungsentwicklungen zu denken.

Beim Zugang der Länder zum Leistungssport ergibt sich normalerweise eine bestimmte Reihenfolge, insbesondere in der Leichtathletik: Die technisch weniger anspruchsvollen und materiell weniger aufwendigen Disziplinen wie z.B. der Sprint, Mittel- oder Langstreckenlauf werden zuerst in höherem Umfang betrieben, mit der Folge, dass das Ausgangsniveau in solchen Sportarten und Disziplinen schon im 19. Jahrhundert relativ hoch war; technisch anspruchsvolle und materialaufwendige Sportarten werden dagegen von weniger Personen betrieben und beginnen auf einem niedrigeren Niveau, mit der Konsequenz größerer Steigerungsmöglichkeiten. Aus unterschiedlichen Wachstumsraten darf deshalb nicht sofort geschlossen werden, dass Disziplinen mit hoher Steigerungsrate stärker dopingverdächtig sind. Als Beispiel seien die langfristigen Entwicklungen in einigen Disziplinen gezeigt (Bild der Wissenschaft 8/1996, 62):

	Erster Rekord		Aktueller Rekord (1998)		Zuwachs (%)
Männer					
Leichtathletik					
100-m-Lauf	10,8 s	1891	9,85 s	1994	8,8
10.000-m-Lauf	31:40,0 min	1894	26:31,81 min	1997	16,3
Weitsprung	7,21 m	1894	8,95 m	1991	24,1
Hochsprung	1,97 m	1885	2,45 m	1993	24,4
Marathon	3:03,05 h	1896	2:06,56 h	1988	31,2
Kugelstoßen	14,2 m	1896	23,12 m	1990	61,5
Diskuswerfen	34,04 m	1896	74,08 m	1986	117,6
Schwimmen					
100 m Freistil	1:08,2 min	1908	48,21 s	1994	29,3
400 m Freistil	5:48,8 min	1908	3:43,80 min	1994	35,8
1500 m Freistil	25:02,4 min	1908	14:41,66 min	1994	41,3

---

[7] Die regelmäßigste Unregelmäßigkeit über lange Zeit hinweg war der Olympiazyklus mit Leistungshochs in den Jahren der Olympischen Spiele und einem Leistungsrückgang in den nacholympischen Jahren.

Leistungsentwicklungen – Analysen 27

Frauen	Erster Rekord		Aktueller Rekord (1998)		Zuwachs (%)
Leichtathletik					
100-m-Lauf	13,8 s	1911	10,49 s	1988	24,0
400-m-Lauf	1:12,5 min	1914	47,60 s	1985	34,3
Weitsprung	5,00 min	1914	7,52 m	1988	50,4
Hochsprung	1,41 min	1910	2,09 m	1987	48,2
Marathon	3:40,22 h	1926	2:21,06 h	1985	36,0
Kugelstoßen	8,32 m	1920	22,63 m	1989	172,0
Diskuswerfen	24,90 m	1922	76,80 m	1988	208,4
Schwimmen					
100 m Freistil	1.29,4 min	1912	54,01 s	1994	39,6
400 m Freistil	6:30,2 min	1919	4:03,85 m	1988	37,5
800 m Freistil	13:31,8 min	1923	8:16,22	1989	38,9

Tab. 3: Langfristige Leistungsentwicklung in einigen Disziplinen

Der von uns betrachtete Zeitraum 1954 – 1998 stellt nur einen Ausschnitt aus längerfristigen Entwicklungen dar (vgl. Tabelle 5).

Disziplin	Männer				Frauen[8]			
	Zuwachs		Rückgang		Zuwachs		Rückgang	
	%	Jahr	%	Jahr	%	Jahr	%	Jahr
100 m	3,6[9]	1996		[10]	8,4	1988	1,9	1989
200 m	6,3	1996		[11]	9,0	1988	2,2	1989
400 m	5,9	1988	1,5	1989				
800 m	4,7	1997			9,7	1980	2,2	1981
1500 m	6,0	1998						
5.000 m	8,4	1997	0,7	1998				
10.000 m	9,0	1997	0,5	1998				
110 m H	7,9	1986	2,7	1987				
400 m H	7,8	1988	1,7	1989				

---

[8] Manche Disziplinen gab es für Frauen bis 1999 noch nicht wie den 3000-m-Hindernislauf; für andere Disziplinen liegen wegen der späten Einführung im Frauenbereich nur zu kurze Datenreihen vor.

[9] Zu berücksichtigen bleibt bei den Werten über 100 m – 400 m, dass seit 1973 in den Bestenlisten nur noch elektronisch gemessene Zeiten berücksichtigt wurden, wodurch sich ein „Verlust" von ca. 0,24 s = 2,3% ergibt, die bei den in der Tabelle genannten Werten hinzugerechnet werden müssen.

[10] Gegenüber 1988 erfolgte 1990 ein Rückgang von 0,5%.

[11] Der Rückgang gegenüber 1988 betrug 1989 und 1991 1,1%.

Disziplin	Männer				Frauen[8]			
	Zuwachs		Rückgang		Zuwachs		Rückgang	
	%	Jahr	%	Jahr	%	Jahr	%	Jahr
3000-m-H	9,8	1997	1,1	1998				
Weit	12,4	1991	3,4	1996	17,7	1988	6,8	1995
Hoch	13,2	1989	2,3	1998	17,6	1984	2,3	1994
Stab	24,6	1994	0,9	1995				
Drei	11,2	1995	1,3	1998				
Kugel	21,8	1988	7,9	1994[12]	39.9	1987	7,5	1996
Diskus	21,0	1983	6,6	1994[13]	34,3	1988	10,6	1995
Speer	[14]				29,4	1987	8,8	1995
Hammer	26,5	1984	6,2	1994				

Tab. 4: Leistungssteigerung bzw. Leistungsrückgang in Prozent pro Disziplin in der Leichtathletik zwischen 1954 und 1998

Von der Modellvorstellung her gesehen kam es zu nicht erwarteten Leistungsentwicklungen – Leistungssteigerungen und Leistungsrückgängen[15]: Manche wohl anabolikabedingten Entwicklungen würden noch deutlicher werden, wenn nicht einige Leistungskurven durch die Teilnahme von „Zwittern" bzw. Inter-Sexen in der Leichtathletik verfälscht würden (im Folgenden nach de Mondenard 1991, 208). Dieses Problem bestand auch schon vor dem zweiten Weltkrieg (z.B. 1938 Dora Ratjen, Rekordhalterin im Hochsprung mit 1,67 m). Nach der Einführung von Geschlechtskontrollen (seit 1966) verschwanden z.B. die Geschwister Irina (100 kg, 100-m-Hürden und Fünfkampf) und Tamara Press (105 kg, Weltrekordlerin im Kugelstoßen und Diskuswerfen), die Weltrekordlerin über 400 m, Maria Itkina, oder die Weltrekordlerin im Weitsprung, Tania Tchelkanowa, von der Wettkampfszene. 1967 wurde die Sprint-Weltrekordlerin Ewa Klobukowska disqualifiziert und ihr Weltrekord über 100 m aus dem Jahr 1965 mit 11,1 annulliert. Die jeweiligen Leistungen stehen in den Bestenlisten. Wenn solche „Zwitter"-Leistungen herausgerechnet werden würden, würde der Leistungsanstieg in den Frauendisziplinen gegen Ende der 60er Jahre noch krasser deutlich. Nach de Mondenard waren bei den Olympischen Spielen 1964 in Tokio 26,7 % der Goldmedaillengewinnerinnen in der Leichtathletik keine richtigen Frauen. 1967 wurden ca. 60 % der Frauen-Weltrekorde durch Intersexe gehalten (de Mondenard 1992, 78; vgl. Tab. 6):

---

[12] Bereits 1991 waren 7,1% Rückgang erreicht; durch Dopingsperren und Karriereenden wurde der Rückgang noch weiter beschleunigt.

[13] Ähnlich wie beim Kugelstoßen war ein erster starker Rückgang mit 5,5% schon 1990 zu verzeichnen.

[14] Durch die Verlagerung des Schwerpunkts beim Männerspeer und den dadurch verursachten Leistungsrückgang sind die Leistungen nicht ohne weiteres vergleichbar.

[15] Der Durchschnitt der weltbesten Leistungen von 1998 wird mit 100% angesetzt.

Leistungsentwicklungen – Analysen

JAHR	BRD		DDR		FRA		WELT	
1954	12,03	89,2%	11,93	90,0%	12,17	88,2%	11,70	91,8%
1955	11,90	90,2%	11,77	91,2%	12,10	88,7%	11,43	93,9%
1956	11,63	92,3%	11,63	92,3%	11,90	90,2%	11,43	93,9%
1957	11,77	91,2%	11,77	91,2%	12,03	89,2%	11,57	92,8%
1958	11,70	91,8%	11,70	91,8%	11,87	90,5%	11,43	93,9%
1959	11,63	92,3%	11,67	92,0%	11,97	89,7%	11,47	93,6%
1960	11,60	92,6%	11,67	92,0%	11,83	90,8%	11,37	94,4%
1961	11,67	92,0%	11,67	92,0%	12,10	88,7%	11,37	94,4%
1962	11,60	92,6%	11,67	92,0%	11,90	90,2%	11,43	93,9%
1963	11,63	92,3%	11,50	93,4%	11,80	91,0%	11,37	94,4%
1964	11,47	93,6%	11,57	92,8%	11,73	91,5%	11,30	95,0%
1965	11,63	92,3%	11,73	91,5%	11,80	91,0%	11,10	96,7%
1966	11,47	93,6%	11,67	92,0%	11,60	92,6%	11,27	95,3%
1967	11,50	93,4%	11,53	93,1%	11,57	92,8%	11,17	96,1%
1968	11,50	93,4%	11,60	92,6%	11,53	93,1%	11,07	97,0%
1969	11,57	92,8%	11,33	94,8%	11,53	93,1%	11,30	95,0%
1970	11,37	94,4%	11,30	95,0%	11,53	93,1%	11,07	97,0%
1971	11,17	96,1%	11,10	96,7%	11,47	93,6%	11,07	97,0%
1972	11,33	94,8%	11,03	97,3%	11,40	94,2%	10,90	98,5%
1973	11,27	95,3%	10,93	98,2%	11,47	93,6%	10,93	98,2%
1974	11,35	94,6%	11,10	96,7%	11,47	93,6%	11,20	95,9%
1975	11,17	96,1%	11,35	94,6%	11,47	93,6%	11,15	96,3%
1976	11,13	96,5%	11,15	96,3%	11,30	95,0%	11,04	97,3%
1977	11,37	94,4%	11,06	97,1%	11,49	93,4%	10,98	97,8%
1978	11,43	93,9%	11,10	96,7%	11,34	94,7%	11,07	97,0%
1979	11,45	93,8%	11,09	96,8%	11,46	93,7%	11,02	97,4%
1980	11,54	93,0%	10,98	97,8%	11,42	94,0%	10,98	97,8%
1981	11,42	94,0%	11,13	96,5%	11,39	94,3%	11,02	97,4%
1982	11,46	93,7%	10,95	98,1%	11,34	94,7%	10,92	98,3%
1983	11,47	93,6%	10,89	98,6%	11,30	95,0%	10,81	99,3%
1984	11,43	93,9%	10,97	97,9%	11,35	94,6%	10,86	98,9%
1985	11,29	95,1%	10,94	98,1%	11,43	93,9%	10,92	98,3%
1986	11,34	94,7%	10,93	98,2%	11,33	94,8%	10,90	98,5%
1987	11,30	95,0%	10,91	98,4%	11,33	94,8%	10,86	98,9%
1988	11,32	94,8%	10,90	98,5%	11,32	94,8%	10,71	100,2%
1989	11,38	94,3%	11,12	96,6%	11,18	96,0%	10,92	98,3%
1990	11,36	94,5%			11,30	95,0%	10,90	98,5%
1991	11,05	97,2%			11,21	95,8%	10,88	98,7%
1992	11,24	95,5%			11,30	95,0%	10,81	99,3%
1993	11,33	94,8%			11,23	95,6%	10,83	99,1%
1994	11,30	95,0%			11,30	95,0%	10,79	99,5%
1995	11,24	95,5%			11,22	95,7%	10,86	98,8%
1996	11,18	96,0%			11,21	95,7%	10,80	99,4%
1997	11,19	96,0%			11,17	96,1%	10,79	99,5%
1998	11,20	95,8%			11,01	97,5%	10,74	100,0%

Tab. 5: Prozentuale Entwicklung der Leistungen im 100-m-Lauf der Frauen zwischen 1954 und 1998

Disziplin	Athletin (Land)	Weltrekordjahr	Leistung
100 m	Klobukowska (Polen)	1965	11.1 s
400 m	Sim-Kim-Dan (Nordkorea)	1964	51.9 s
800 m	Sim-Kim-Dan (Nordkorea)	1964	1:58 min
80 m H	Irina Press (UdSSR)	1965	10.3 s
4x100 m	Polen (mit Klobukowska)	1964	43,6 s
4x200 m	UdSSR (mit Itkina)	1963	1:34.7 min
Kugel	Tamara Press (UdSSR)	1965	18.59 m
Diskus	Tamara Press (UdSSR)	1965	59,70 m
Fünfkampf	Irina Press (UdSSR)	1964	5246 Pkt.

Tab. 6: Durch Intersexe 1967 gehaltene Frauen-Weltrekorde

Im Vergleich zu den zögerlichen Antidopingbemühungen der 70er und 80er Jahre ist es aus heutiger Sicht sehr erstaunlich, wie energisch das Problem der „Zwitter" im Frauensport angegangen wurde.

Neben Sonderentwicklungen wie im Stabhochsprung (Materialentwicklung) oder im Speerwerfen der Männer (Regeländerung) fallen Disziplinen auf, in denen sowohl ein starker Leistungszuwachs vor allem seit den 60er Jahren und ein erheblicher Leistungsrückgang nach 1989/90 erfolgte. Betroffen waren davon in der Leichtathletik fast alle Disziplinen. Wegen des in den Sprints vergleichsweise höheren Ausgangswerts sind 1,9% Rückgang über 100 m der Frauen bei einem vorher erreichten Leistungszuwachs von 8,4% etwa gleich einzuordnen wie z.B. 7,5% Leistungsrückgang im Kugelstoßen der Frauen im Vergleich zum vorher erreichten Leistungszuwachs von 39,9%, d.h., es handelte sich in den betroffenen Disziplinen um einen Verlust von etwa 20% des Leistungsfortschritts seit 1954.

Der Leistungsrückgang setzte 1989 ein und erreichte den Tiefpunkt erst Jahre danach, zum Teil auch durch Sperren für positiv getestete Athleten bedingt. Er lässt sich mit der Angst vor wirksameren Kontrollen und den nachfolgend Jahr für Jahr verbesserten unangekündigten Trainingskontrollen erklären, aber zum Teil sicherlich auch durch die krassen Veränderungen der Sportförderung im Ostblock nach 1989. Zugleich bedeutet dies aber auch, dass viel gepriesene nicht nachweisbare Mittel wie z.B. die Wachstumshormone nicht so wirksam zu sein scheinen wie anabole Steroide. Auffällig jedoch ist der im Gegensatz zur allgemeinen Entwicklung der 90er Jahre stehende Leistungszuwachs über 5.000 m und 10.000 m, der vor allem seit 1993/94 einsetzt und seinen Höhepunkt 1997 findet; wir gehen von Parallelen zum intensivierten EPO-Doping im Radfahren aus (vgl. hierzu die Aussagen des ehemaligen Peugeot-Rennstall-Leiters Guimard, nach dem der EPO-Missbrauch im Radsport seit 1994 generalisiert war; Süddeutsche Zeitung, 17. Juli 1998).

Da ähnliche Leistungseinbrüche seit 1989/90 beim Gewichtheben und beim Schwimmen zumindest auf nationaler Ebene zu verzeichnen sind, sehen wir dies als Beleg dafür an, dass (Anabolika-) Doping viele Sportarten und Länder betroffen hat und dass Dopingkontrollen nicht in allen Sportarten mit gleicher Effektivität und Intensität durchgeführt werden.

In keiner Disziplin führte der Leistungsrückgang bis unter das 1976 – am Ende der radikalen Steigerungsphase der Anabolikawirkung – erreichte Leistungsniveau, obwohl der Missbrauch anaboler Steroide im Männerbereich schon in den 50er Jahren und im Frauenbereich in der zweiten Hälfte der 60er Jahre begann. Zum Teil lässt sich dies durch das Wirken anderer Faktoren erklären wie z.B. die Erhöhung von Umfang und Qualität des Trainings. Allerdings sind auch die Anabolika trotz der verbesserten Kontrollen nicht völlig aus dem Leistungssport verschwunden, worauf die Enthüllungen während der Tour de France 1998 ebenso wie die zahlreichen positiven Kontrollen mit Nandrolon hinweisen; daneben dürften sich noch andere illegale leistungssteigernde Substanzen wie z.B. Wachstumshormone und Erythropoietin oder nicht verbotene Substanzen wie Kreatin auswirken; durch sie wurde der Leistungseinbruch gebremst.

Der Schwimmsport weist eine Sonderentwicklung auf. Während sich die Kurven in der Leichtathletik und im Schwimmen für die Jahre des Leistungsaufschwungs ähneln, klaffen die Weltkurven für die Jahre nach 1989 auseinander. Der Hauptunterschied besteht in den unangekündigten internationalen Trainingskontrollen in der Leichtathletik, die im Schwimmen so nicht stattfanden.

Die genauere Betrachtung klassischer Dopingdisziplinen wie die leichtathletischen Würfe ermöglicht das Herausfiltern von auffälligen Jahren (vgl. Tab. 8).

JAHR	BRD		DDR		FRA		USA		WELT	
1954	15,19	70,4%	15,03	69,7%	15,32	70,8%	18,02	83,5%	18,03	83,6%
1955	16,32	75,6%	15,10	70,0%	15,82	73,3%	17,76	82,3%	17,92	83,1%
1956	16,96	78,6%	15,46	71,7%	15,88	73,6%	18,64	86,4%	18,64	86,4%
1957	16,78	77,8%	15,79	73,2%	16,00	74,2%	18,68	86,6%	18,54	85,9%
1958	17,46	80,9%	16,09	74,6%	15,76	73,1%	18,74	86,9%	18,74	86,9%
1959	17,38	80,6%	16,40	76,0%	15,97	74,0%	19,30	89,5%	19,30	89,5%
1960	17,43	80,8%	16,94	78,5%	16,23	75,2%	19,69	91,3%	19,69	91,3%
1961	17,88	82,9%	17,07	79,1%	16,95	78,6%	19,13	88,7%	19,41	90,0%
1962	17,62	81,7%	18,10	83,9%	17,34	80,4%	19,63	91,0%	19,78	91,7%
1963	17,92	83,1%	17,99	83,4%	17,27	80,1%	19,23	89,2%	19,36	89,7%
1964	18,75	86,9%	18,26	84,6%	17,37	80,5%	19,97	92,6%	20,13	93,3%
1965	18,31	84,9%	18,33	85,0%	17,45	80,9%	20,02	92,8%	20,02	92,8%
1966	18,29	84,8%	18,47	85,6%	18,06	83,7%	20,23	93,8%	20,41	94,6%
1967	18,72	86,8%	19,08	88,4%	18,40	85,3%	20,84	96,6%	20,86	96,7%
1968	19,13	88,7%	20,02	92,8%	19,00	88,1%	20,85	96,6%	20,85	96,6%
1969	19,57	90,7%	20,58	95,4%	19,27	89,3%	20,46	94,8%	20,63	95,6%
1970	19,49	90,3%	20,35	94,3%	19,58	90,8%	20,66	95,8%	20,91	96,9%
1971	19,33	89,6%	20,91	96,9%	19,45	90,2%	20,71	96,0%	21,04	97,5%
1972	20,31	94,1%	21,39	99,2%	19,49	90,3%	21,36	99,0%	21,48	99,6%
1973	20,00	92,7%	20,82	96,5%	18,77	87,0%	21,04	97,5%	21,59	100,1%
1974	20,17	93,5%	20,85	96,6%	18,46	85,6%	21,48	99,6%	21,58	100,0%
1975	19,32	89,6%	20,97	97,2%	18,59	86,2%	20,76	96,2%	21,18	98,2%
1976	19,67	91,2%	21,07	97,7%	19,32	89,6%	21,74	100,8%	21,86	101,3%
1977	20,05	92,9%	20,48	94,9%	19,00	88,1%	20,66	95,8%	21,39	99,2%
1978	19,74	91,5%	21,22	98,4%	18,80	87,1%	20,47	94,9%	21,39	99,2%
1979	19,50	90,4%	21,11	97,9%	19,19	89,0%	20,80	96,4%	21,51	99,7%
1980	20,21	93,7%	21,33	98,9%	19,25	89,2%	21,33	98,9%	21,83	101,2%
1981	19,65	91,1%	21,07	97,7%	19,13	88,7%	21,61	100,2%	21,77	100,9%
1982	19,56	90,7%	21,27	98,6%	18,82	87,2%	21,45	99,4%	21,90	101,5%
1983	19,05	88,3%	21,52	99,8%	18,15	84,1%	21,66	100,4%	21,95	101,7%
1984	19,68	91,2%	21,39	99,2%	17,71	82,1%	21,96	101,8%	22,11	102,5%
1985	19,67	91,2%	21,66	100,4%	18,38	85,2%	21,43	99,3%	22,21	103,0%
1986	20,19	93,6%	21,94	101,7%	18,39	85,2%	21,70	100,6%	22,49	104,2%
1987	20,25	93,9%	21,85	101,3%	18,27	84,7%	21,59	100,1%	22,63	104,9%
1988	20,31	94,1%	21,92	101,6%	18,60	86,2%	21,61	100,2%	22,74	105,4%
1989	20,37	94,4%	20,84	96,6%	18,86	87,4%	21,69	100,5%	22,18	102,8%
1990	20,29	94,1%			18,27	84,7%	21,65	100,4%	21,99	101,9%
1991	20,07	93,0%			18,15	84,1%	20,08	93,1%	21,20	98,3%
1992	20,38	94,5%			18,15	84,1%	21,76	100,9%	21,86	101,3%
1993	19,80	91,8%			18,20	84,4%	21,55	99,9%	21,69	100,5%
1994	20,19	93,6%			17,84	82,7%	21,03	97,5%	21,03	97,5%
1995	20,28	94,0%			18,12	84,0%	21,59	100,1%	21,66	100,4%
1996	20,24	93,8%			18,05	83,7%	21,61	100,2%	21,64	100,3%
1997	20,39	94,5%			18,20	84,4%	21,85	101,3%	21,85	101,3%
1998	20,42	94,7%			18,64	86,4%	21,19	98,2%	21,57	100,0%

Tab. 7: Prozentuale Entwicklung der Leistungen im Kugelstoßen der Männer zwischen 1954 und 1998

Leistungsentwicklungen – Analysen

				Männer				
	Kugel			Diskus			Hammer	
Welt	USA	DDR	Welt	USA	DDR	Welt	USA	DDR
1956	1956	1962	1959	1960	1956	**1956**[16]	**1955**	1955
1959	1959	1967[17]	1962	1962	1959	1960	**1956**	1957
1967	1967	1968	**1968**[18]	1967	1962	1965	1960	**1968**[19]
		1969	1971	1968	1968[20]	1975	1965	1974
		1972		1971	1976	1980	1968	
						1982	1982	
						1984	1984	
							1986	

Tab. 8: Veränderungen von 2% (Welt) bzw. 3% (national) gegenüber dem zuvor erreichten Bestwert

Die Entwicklung in den Würfen wurde Ende der 50er und in den 60er Jahren, der Zeit des wahrscheinlichen Beginns der Verwendung von anabolen Steroiden, vollständig durch die USA bestimmt. Die USA hatten durch diese neue Form des Dopings anscheinend einen deutlichen Innovationsvorsprung gegenüber anderen Ländern, der dazu führte, dass sich z.b. in der ewigen Weltbestenliste von 1967 unter den ersten zehn Kugelstoßern acht US-Amerikaner befanden.

Besonders auffällig ist die krasse Entwicklung im Hammerwerfen in den Jahren 1955 und 1956; eine Steigerung in zwei aufeinander folgenden Jahren lässt an die verschiedenen Hinweise denken, dass der amerikanische Olympiasieger von 1956, Connolly, der erste Anwender von anabolen Steroiden in der Leichtathletik gewesen sein soll, zunächst anscheinend aus therapeutischen Gründen (vgl. Scheerer 1995, 251). Da der Leistungsaufschwung im Hammerwerfen länger anhielt und stärker ausfiel als im Kugelstoßen und Diskuswerfen, ist von einer Sonderentwicklung z.B. im technischen Bereich auszugehen.

Die DDR hatte zunächst einen kriegs- und nachkriegsbedingten Rückstand aufzuholen. Da sie von einem niedrigen Leistungsniveau ausging, müssen ihre Fortschritte in den fünfziger Jahren anders erklärt werden als für die USA. Deutlich ist dagegen der Einschnitt 1967/68. In drei aufeinander folgenden Jahren erfolgte eine weit überdurchschnittliche Leistungssteigerung im Kugelstoßen; in allen drei Wurfdisziplinen war 1968 das herausragende Jahr. In dieser Zeit liegt der Beginn der „Arbeit" der Arbeitsgruppe Bauersfeld (1973).

---

[16] Erstaunliche 4,7%
[17] 2,8%
[18] 1,9%
[19] 6,3%
[20] 2,8%

	Männer		Frauen		
Kugel	Diskus	Hammer	Kugel	Diskus	Speer
1955	1961 (4,8%)	1968	1976 (5,6%)	1980 (4,7%)	1958
1956	1964	1975	1986 (5,2%)	1982	1964
1958	1987		1987		1976
1964[21]	1977 (5,6%)				
1972					

Tab. 9: Veränderungen von mehr als 4% gegenüber den zuvor erreichten Bestwerten in den Würfen (BRD)

Im Gegensatz zur Entwicklung in der DDR ist für die Bundesrepublik keine einheitliche Entwicklung erkennbar, das Gleiche gilt auch für Frankreich, was auf das Fehlen einer zentralen und systematischen Steuerung des Dopings in diesen Ländern schließen lässt.

Die Leistungssteigerung im Kugelstoßen der Männer 1955, 1956 und 1958 erfolgte auf relativ niedrigem Niveau und war wohl durch die Umstellung auf die O'Brien-Technik verursacht. Ebenso sind Sprünge in Olympiajahren – sofern nicht andere Informationen entgegenstehen und sie nicht zu krass ausfallen – normal. Auffällig sind zwei Sonderentwicklungen: Zeitzeugeninformationen besagen, dass 1962/63 erstmals zwei bundesdeutsche Diskuswerfer als Anabolikadealer auftraten. Der krasse Aufschwung im Kugelstoßen und Diskuswerfen der Frauen seit Mitte der siebziger Jahre dürfte dagegen auf das Wirken des Bundestrainers Gehrmann zurückzuführen sein, zu dem es seit Beginn seiner Tätigkeit immer wieder Gerüchte und zum Teil auch massive öffentliche Angriffe gab. Doping gab es auch in der Bundesrepublik Deutschland, aber nicht mit der gleichen Systematik und Struktur wie in der DDR. Allerdings dürfte der Anabolikamissbrauch in der BRD früher eingesetzt haben als in der DDR, aber später als in den USA, und zwar den Leistungsentwicklungen nach zu schließen zunächst bei den Männern und erst Jahre später bei den Frauen. Trotz einer Ausnahmeathletin wie der Weltrekordlerin Liesel Westermann im Diskuswerfen[22] gab es in dieser Disziplin in den 60er Jahren nie die gleichen Leistungssprünge wie in späteren Jahren oder in anderen Disziplinen (vgl. Abb. 4, Abb. 5).

---

[21] 3,8%

[22] Die Karriere von Brigitte Berendonk verlief fast zeitgleich.

Frauen

Kugel			Diskus			Speer		
Welt	DDR	BRD	Welt	DDR	BRD	Welt	DDR	BRD
1960	1955	**1976**	1955	**1968**	1982	1958	1958	1958
1968	1960	**1986**	**1968**			1964	1963	1976
1969	**1968**	1987	**1972**			1976	**1972**	
1976[23]	1976		1984			1980	1974	
						1982		

Tab. 10: Veränderungen von 3% (Welt) bzw. 4% (national) gegenüber den zuvor erreichten Bestwerten

Noch krasser als die Entwicklungen in den Würfen der Männer sind jene in den Würfen der Frauen.[24] Sie beginnen ca. 10 Jahre später als bei den Männern. Die DDR spielt bei den Würfen der Frauen eine ähnliche Rolle wie die USA bei den Männern, die Entwicklungen im Kugelstoßen und Diskuswerfen der Frauen fielen noch deutlicher aus, mit einem besonders großen Leistungsschub gegen Ende der 60er und zu Beginn der 70er Jahre. Das Jahr 1968 fällt deutlich aus dem Rahmen – es erbrachte im Kugelstoßen einen Leistungsfortschritt von 6,0% und im Diskuswerfen von 5,0%. 1968 war, wie bereits erwähnt, das Jahr des Beginns der Verwendung von anabolen Steroiden durch die Arbeitsgruppe Bauersfeld. Der Leistungssprung im Speerwerfen erfolgte erst später, da in dieser technisch anspruchsvolleren Disziplin es offensichtlich länger dauerte, den Kraftzuwachs mit einer guten Technik zu koordinieren. Die Entwicklungen sind umso krasser, als die Leistungssteigerungen trotz zuvor erreichter Leistungszuwächse durch die Präsenz von Intersexen in den fünfziger und sechziger Jahren stärker ausfielen als bei den Männern. Da Manipulationen mit Anabolika bei Frauen effektiver sind als bei Männern, ist es besonders verdächtig, wenn Länder beim Frauensport sehr und beim Männersport wenig erfolgreich sind wie z.B. die DDR oder zuletzt China. Auffällig sind auch Entwicklungen, die dem Trend des Olympiazyklus mit hohen Leistungen im Olympiajahr und mit niedrigeren Leistungen in den Zwischenjahren, vor allem im nacholympischen Jahr entgegenlaufen, d.h. wenn z.B. in einem nacholympischen Jahr ein deutlicher Leistungsfortschritt zu verzeichnen ist wie im Kugelstoßen der Frauen 1969. Andere Länder versuchten den Innovationsvorsprung der DDR ihrerseits durch den Einsatz anaboler Steroide auszugleichen, worauf Brigitte Berendonk, Liesel Westermann und Hans-Jörg Kofink deutlich hinwiesen.

---

[23] 2,3%

[24] Die Entwicklungen in den 50er Jahren lassen sich mit dem Entwicklungsrückstand der Frauendisziplinen erklären, für die DDR mit dem schwierigen Beginn des Leistungssports nach dem zweiten Weltkrieg. Hinzu kommt hier der Beginn einer intensiven Trainerausbildung gegen Mitte der fünfziger Jahre.

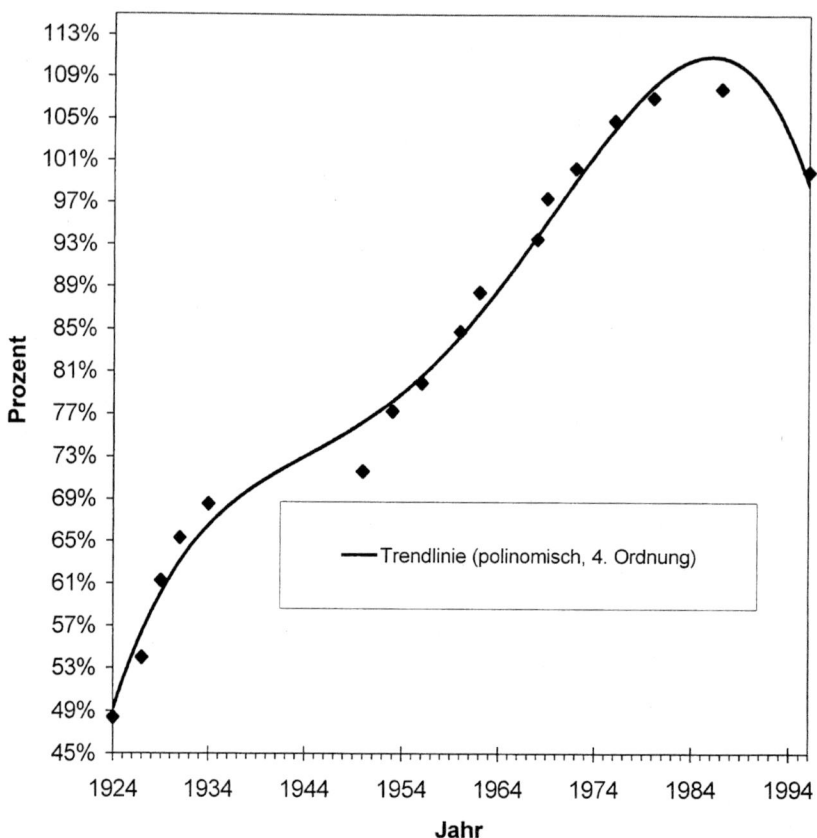

Abb. 4: *Entwicklung des Weltrekords im Kugelstoß der Frauen (1996 = 100%)*

Nach einer wohl auch kriegsbedingten Stagnation kam es in den fünfziger und sechziger Jahren zu erheblichen Leistungssprüngen. Neben der Verbreiterung der Teilnehmerinnenbasis, veränderten Trainingsmethoden u.a.m. dürfte die Beschleunigung zu Beginn der 60er Jahre auf die Teilnahme von „Zwittern" und während der nachfolgenden zwei Jahrzehnte auf Doping mit anabolen Steroiden zurückzuführen sein. Etwa mit dem Jahr 1976 war dieser Effekt schon fast ausgereizt (Deckeneffekt). Mit den beginnenden Trainingskontrollen nach 1989/90 lässt sich erklären, warum der letzte Weltrekord aus dem Jahr 1987 stammt und das heutige Leistungsniveau davon weit entfernt ist.

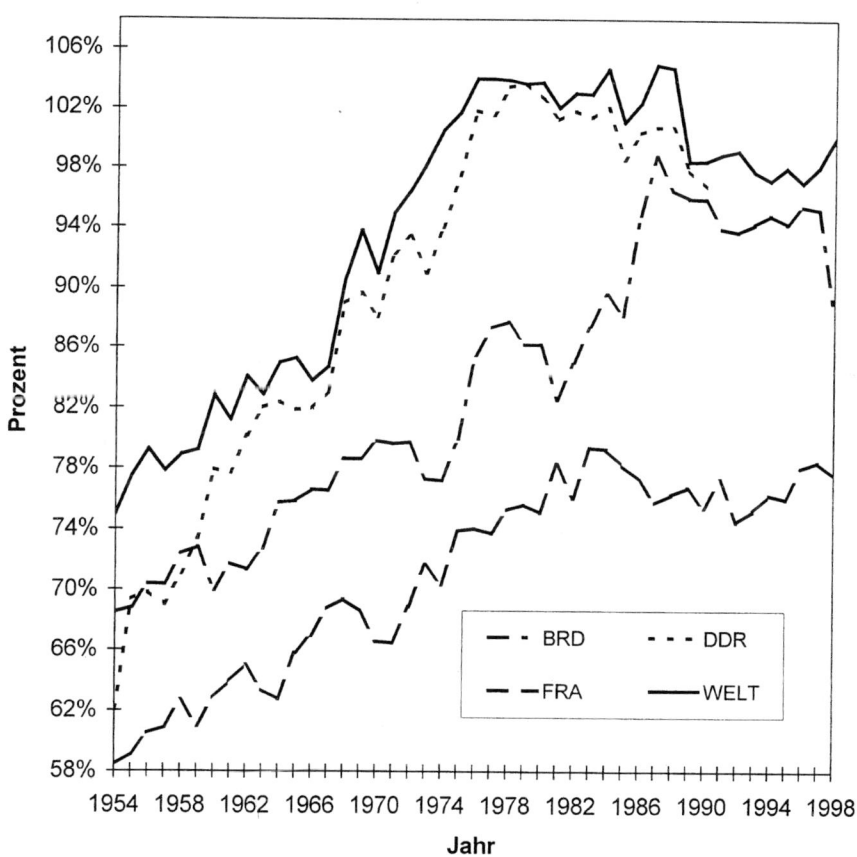

Abb. 5: Leistungsentwicklung im Kugelstoßen der Frauen zwischen 1954 und 1998 (Durchschnitt der Plätze 1 – 3 1998 = 100%)

Die Entwicklung des Leistungsniveaus erfuhr zwischen 1968 und 1976 eine besonders starke Beschleunigung. 1968 war das Jahr des Beginns des systematischen Dopings in dieser Disziplin (vgl. Bauersfeld et al. 1973). Margitta Gummel wurde 1968 von Ende Juni bis zum 13. Oktober (dem Zeitpunkt des Kugelstoßfinales bei den Olympischen Spielen) durchgehend mit Anabolika gedopt und steigerte ihre Leistung um fast zwei Meter.

Parallel zur Steigerung des Leistungsniveaus der DDR stieg die Medaillenausbeute bei Olympischen Spielen von 1956 (8) bis 1968 (30) kontinuierlich an. Die größte Steigerung wurde in den beiden Olympiazyklen erzielt, für die der Beginn des DDR-weiten systematischen Dopings bestens dokumentiert ist (vgl. Berendonk 1992, Spitzer 1998), nämlich auf 80 Medaillen 1972 und 109 Medaillen 1976.

Aus der Analyse können wir ableiten, dass bei krassen Veränderungen der Leistungsentwicklung – sofern keine Sondereinflüsse bekannt sind – Doping und Dopingkontrollen sich auswirken. Daraus kann für die Zukunft abgeleitet werden, dass solche Veränderungen von den Vertretern entsprechender Sportarten erklärt werden müssen bzw. sich daraus ein Anfangsverdacht für die Durchführung unangekündigter Trainingskontrollen ergeben kann. Umgekehrt aber können gezielte Dopingkontrollen auch als Schutz der Glaubwürdigkeit besonderer Leistungen anberaumt werden.

2.2 Globale Einflussfaktoren (Makrofaktoren)

Natürlich gibt es auch andere leistungsbeeinflussende Faktoren als Doping. Sportliche Leistung ist zunächst einmal „das Ergebnis wirtschaftlicher, gesellschaftlicher und politischer Bedingungen" (Makrofaktoren, PFETSCH/BEUTEL/STORK/TREUTLEIN 1975, 1). Darüber hinaus ist Leistung das Ergebnis individueller Qualifikation, materieller Bedingungen im weitesten Sinne und der Nutzung der vorhandenen materiellen Bedingungen (Mikrofaktoren, Pfetsch/Beutel/Stork/Treutlein 1975, 6)[25].

Gesellschaftliche Entwicklungen (z.B. die Verbesserung der Ernährungssituation oder von sozialen und materiellen Bedingungen) können zu einer Veränderung des Potentials für den Leistungssport führen. Zunehmend entdecken Länder der Dritten Welt den Leistungssport, u.a. als nationale Identifikationsmöglichkeit. So intensivierten in den letzten Jahrzehnten Länder mit scheinbar unerschöpflichen natürlichen Reserven (China, Kenia u.a.m.) ihre Anstrengungen im Spitzensport, erhöhen damit die Leistungsdichte in bestimmten Disziplinen und beschleunigten die Leistungsentwicklung (vgl. Reiß/Pfützner,

---

[25] Bei der Erklärung von Leistungsentwicklungen wurde 1974 die seit dem Beginn der 60er-Jahre beobachtbare Anabolikadurchdringung des Spitzensports als Erklärung herangezogen. Auf Betreiben des Direktors des Bundesinstituts für Sportwissenschaften (Prof. Dr. August Kirsch), das das Forschungsprojekt finanziert hatte, und als Folge der Gutachten der Sportmediziner Keul und Klümper zum Kapitel „Sportmedizin" musste dieses auf 1 ½ Seiten gekürzt werden. Einwände bestanden dabei vor allem gegen die Methode (Verwendung von Informationen aus Zeitungen und nichtmedizinischen Artikeln) und gegen die Erklärung von Leistungsentwicklung über die Wirkung der Einnahme von Anabolika. Ein wesentliches Problem war und ist bis heute: Wie belegt man Insiderinformationen? Belegen ist notwendig, um Verleumdungsklagen oder den Vorwurf der Unwissenschaftlichkeit zu vermeiden (vgl. Anhang 7.2).

1992, 9). Ähnliche Effekte werden durch Sportförderung in der Dritten Welt, die zunehmende Emanzipation der Frauen (und das dadurch bewirkte größere Talentreservoir) und gezielte Trainerausbildung und Talentförderung, beispielsweise durch die IAAF, bewirkt.

Dass Globaldaten eines Gesellschaftssystems und des Subsystems Sport, d.h. „die materiellen und ideellen Bedingungen, unter denen Leistungssport betrieben wird" (PFETSCH ET AL. 1975, 15) wie demographische Daten, Bruttosozialprodukt, Finanzierung und Ausrüstung des Subsystems Sport, Popularität von Sportarten für die Erklärung von Sonderentwicklungen nicht ausreichen, zeigt der sportliche Aufschwung der DDR in den 60er und 70er Jahren. Gezielte Talentsuche, überproportionale Förderung des Spitzensports und nicht zuletzt der radikale Einsatz auch unerlaubter Mittel machten es möglich, dass ein kleines Land (mit geringer Bevölkerungsgröße) mit „unzureichenden" Ressourcen z.B. an Sportstätten (z.B. geringe Anzahl von Hallenbädern mit 50-m-Becken) die Weltspitze in mehreren Sportarten bestimmte und weit mehr Medaillen gewann, als von der Bevölkerungsgröße her zu erwarten waren. Wenn alle Länder einberechnet werden, entfielen bei den Olympischen Spielen 1996 in Atlanta auf 10 Millionen Menschen durchschnittlich 1,5 Medaillen. Bei einer Berücksichtigung der Bevölkerungsgröße wäre in der Medaillenwertung Frankreich statt auf dem 5. nur auf dem 11. Platz, die USA statt auf den ersten nur auf den 19. Platz gekommen. Wenn ein Land wie die DDR besonders stark von einem solchen Durchschnitt abweicht, kann dies auf eine besondere sportliche Tradition und/oder Wirtschaftskraft, aber auch auf einen nicht ausreichenden Kampf gegen Doping zurückgeführt werden, wie dies z.B. im Fall von Kuba (22,7 Medaillen pro 10 Mill. Einwohner), Ungarn (20,8), Bulgarien (17) oder Weißrußland (14,9) zu vermuten ist.

2.3 Sportspezifische Einflussfaktoren (Mikrofaktoren)

Leistung und Leistungsentwicklungen sind keine lineare Funktion von Training. Die im Vergleich zu früheren Jahren höheren Weltspitzenleistungen verlangen bedeutendere Investitionen eines Leistungssportlers auf dem Weg zur Spitze, vor allem angesichts von Wettkampfinflation (und dadurch verringerte Regenerationszeiten) und Doping. Wer heute an die Weltspitze gelangen möchte, muss versuchen, die Energiesysteme seines Körpers zu optimieren und die Energie in Verbindung mit einer verfeinerten Bewegungstechnik, einer optimalen zeitlichen Struktur von Belastung und Erholung in Bewegung umzusetzen, ohne Motivation und Nervenstärke als Voraussetzung für jahrelanges Training und Ausschöpfen der persönlichen Potentiale im Wettkampf zu vergessen. Die Vorbereitung von Spitzenleistung ist heute eine sehr komplexe Angelegenheit, bei der die Athleten von vielen Helfern umgeben werden. Angesichts der Begrenztheit der körperlichen Möglichkeiten und der Anfälligkeit von Athletenkörpern wird die Versuchung größer, mit Manipulation der Natur auf die Sprünge zu helfen:

„Motiv für die Entscheidung zur Anwendung von Doping war dabei die Erkenntnis, dass auch bei Hochleistungssportlern die beste Trainingsmethodik früher oder später auf ihre Grenzen trifft und keine weitere Leistungssteigerung mehr zulässt"[26] (Landgericht Berlin, Gesch. Nr. (534) 28 Js 39/37 KLS (17/98), 19).

Je mehr die Spitzensportler in den Grenzbereich menschlicher Leistungsfähigkeit geraten, desto größer wird der Anreiz, Entwicklungen mit Hilfe der Sportwissenschaft zu beeinflussen.

Bestimmte Einflussfaktoren sind allen Sportarten gemeinsam (z.b. die Entwicklung des Längenwachstums der Jugend in den Industriestaaten), andere spezifisch für bestimmte Sportarten. Um eine Vorstellung zu vermitteln, was alles Leistungsentwicklung beeinflussen kann, sollen in der Folge einige Beispiele genannt werden:[27]

Veränderungen der Trainingsmethodik, z. B. auf den Mittel- und Langstrecken durch Schwedisches Fartlek (ab 1930), verschiedene Formen des Intervalltrainings, z.b. nach Gerschler (1923 Nurmi, Pelzer, 1937 Harbig, ab 1946 Zatopek u.a.), Ausdauertraining nach Lydiard (Snell, Halber 1963) oder vermehrtes Krafttraining zunächst für die Würfe/das Gewichtheben, dann aber auch für den Mehrkampf, die Sprint- und Sprungdisziplinen, Zunahme von Umfang und Intensität des Trainings.

Technikentwicklung, z. B. beim Hochsprung (Rollsprung – Bauchwälzer – Straddle – Fosbury-Flop, vgl. Abb. 7), Kugelstoßen (Fuchs-Technik – Rückenstoßtechnik von Parry O'Brien – Drehstoßtechnik), beim Skispringen (V-Stil), Skilanglauf (Ausdifferenzierung in klassische und Skating-Technik) Rückenschwimmen (1988 schwamm David Berkoff die erste Bahn fast völlig unter Wasser mit wellenförmigem Beinschlag).

Materialentwicklung, z. B. seit Ende der 60er Jahre Übergang von Aschenbahnen zu (immer härteren) Kunststoffbahnen, elektronische Zeitnahme[28], elektronische Startkontrollanlagen, Glasfiberstab im Stabhochsprung (Bambusstab – Metallstab – Kunststoffstäbe vor allem seit 1961), Sprungkissen für die Landung beim Hoch- und Stabhochsprung, Speerwerfen (Holzspeere – Metallspeere – Verlagerung des Schwerpunkts 1986 mit nachfolgendem Leistungsrückgang), Schuhentwicklung (Verringerung des Schuhgewichts um mehrere 100 Gramm seit Beginn des Jahrhunderts), Schwimmen (Rasieren der Beine/des Körpers),

---

[26] Vgl. hierzu die These einer Totalisierung nach Heinilä 1982

[27] Für weitergehende und genauere Informationen sei auf die entsprechende Literatur verwiesen, z.B. Pfetsch et al. 1975, Fuchs/Lames 1989, Hernig/Klimmer 1980, Reiss 1991, Reiss/Pfützner 1992, Wirz 1996 u.a.m.

[28] Seit 1972 werden handgestoppte und elektronisch gestoppte Zeiten gemeinsam in der Bestenliste aufgeführt (handgestoppte + 0,24 s über 100 m, 200 m, 100 m und 110 m Hürden, 0,14 s über 400 m).

Leistungsentwicklungen – Analysen

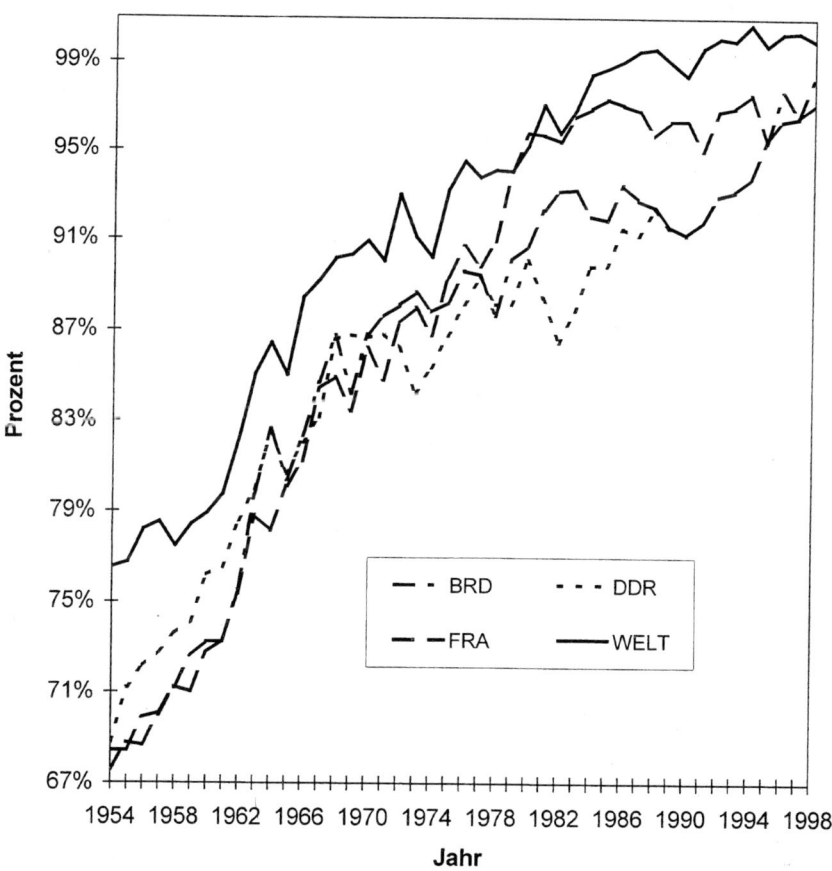

Abb. 6: Leistungsentwicklung im Stabhochsprung der Männer (Durchschnitt der Plätze 1 – 3 1998 = 100%)

Die Leistungsentwicklung im Stabhochsprung wurde durch die veränderten Sprungstäbe beeinflusst. Seit Ende der 50er Jahre wurden in den USA Glasfiberstäbe verwendet. Die Material- und Technikentwicklung findet ihren Niederschlag in der Weltkurve vor allem in den Jahren 1961 – 1964. Wenig später kam diese Innovation nach Europa. Sie wird in der Beschleunigung der Leistungskurven der DDR, der BRD und Frankreichs sichtbar. Das Ausreizen der neuen Möglichkeiten dauerte fast zwei Jahrzehnte.

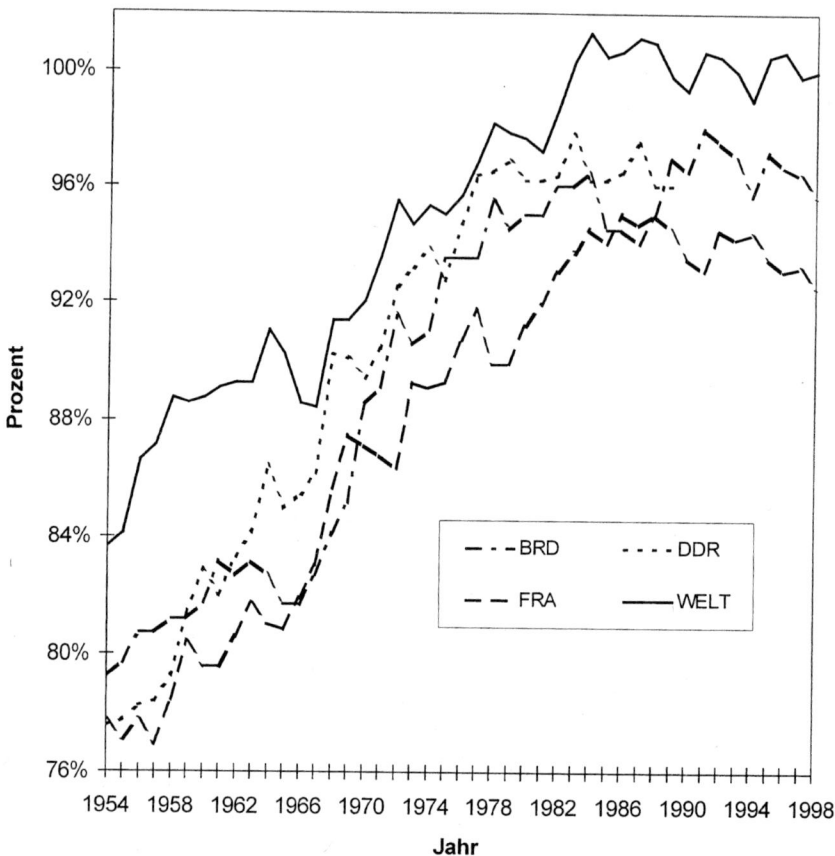

Abb. 7: Leistungsentwicklung im Hochsprung der Frauen (Durchschnitt der Plätze 1 – 3 1998 = 100%)

Beim Hochsprung der Frauen ist der Einfluss des „Fosbury-Flop" auf die Leistungsentwicklung deutlich zu erkennen. Seine Verwendung führte zu einer langanhaltenden Beschleunigung der Leistungsentwicklung. Der Erfinder der Technik, Dick Fosbury, gewann 1968 in Mexiko die Goldmedaille. Schon vier Jahre später in München sprangen fast alle Frauen den Fosbury-Flop. Obwohl der Hochsprung wegen der Bedeutung des Last-Kraft-Verhältnisses eine weniger anabolika-belastete Disziplin ist, war auch hier nach einem Leistungsgipfel zwischen 1983 und 1988 ein Leistungsrückgang zu verzeichnen.

Eisschnelllauf (Kunstfaseranzüge gegen Ende der 60er Jahre, Klappschlittschuh seit 1996/97 mit einem Leistungsvorteil von fast einer halbe Sekunde pro 400 m) alpiner Skilauf (Holzski – Metallski – Kunststoffski – Carvingski), Radfahren (Scheibenräder – Verringerung des Luftwiderstands um ca. 10%), Tennis (Holzschläger – Metall-/Aluminiumschläger – Kunststoffschläger).

Verbesserung der psychischen Betreuung: z. B. durch Erlernen von Entspannungs- und Konzentrationstechniken, Mentales Training.

Der Spitzensport mit seiner Steigerungslogik weckt Kreativität und Innovationsbereitschaft. Je höher der erreichte Leistungsstand ist, desto mehr wird Unterstützung in anderen Bereichen gesucht, durch Ingenieure (Flugzeugbau- und Weltraumtechnik), die Pharmaindustrie oder leistungssportzentrierte Mediziner (vgl. Sports 6, 1998, 6, 42 f.). Vor allem die Technik- und Materialentwicklung lässt sich in der Leistungsentwicklung oft direkt nachweisen[29] (vgl. Abb. 6, Abb. 7).

Innovationen verbreiten sich schnell, durch Medialisierung und Kommerzialisierung des Spitzensports heute schneller als früher. Die Schnelligkeit der Verbreitung z.B. der Einführung des Glasfiberstabs lässt sich in einem gleichzeitigen Leistungssprung in der BRD, DDR und Frankreich nachweisen: „Er (der Stabhochsprung) ist daher ein Musterbeispiel für den Einfluss einer technologischen Innovation auf die Leistungsverbesserung" (PFETSCH ET AL. 1975, 53).

Nach Wirz (1996, 95) lassen sich die Entwicklungstendenzen des Leistungssports auf folgende Punkte konzentrieren:

Trainingsarbeit: Weltweiter Know-How-Transfer (u.a. im Bereich der physischen Vorbereitung) bedingt einerseits eine Erhöhung der Trainingsintensität, andererseits die Verstärkung des Konkurrenzkampfes.

Wettkampftätigkeit: Erweiterte Wettkampftätigkeit – durch geänderte Qualifikationsmodi für Großereignisse vielfach verpflichtend – führt zu verstärktem Zeiteinsatz und Steigerung der Investition.

Olympischer Einfluss: Die Aufnahme einer Sportart in das Olympiaprogramm bedeutet Prestige; internationale Ausdehnung bewirkt Leistungsniveauveränderungen in der Sportart.

Finanzierung: Trotz stagnierender öffentlicher Mittel kommt es durch Kommerzialisierung[30] etc. zu einer Steigerung der zur Verfügung stehenden Mittel.

---

[29] Dies ist zugleich ein Beleg dafür, dass nicht jede Leistungsentwicklung auf Doping und Dopingkontrollen zurückgeführt werden darf.

[30] 1984 wurden für die Übertragungsrechte der Olympischen Spiele im Fernsehen 390 Millionen Dollar bezahlt, 1988 728, 1992 928, 1994/96 1248, 1998/2000 1831 und für 2002/2004 sind 2230 Millionen Dollar fällig (Quelle: IOC). Der jährliche Umsatz im Be-

Kommerzialisierung: bedingt verstärkte Marketingaktivitäten und führt zu neuen Abhängigkeiten zwischen Sport, Wirtschaft und Medien, beinhaltet aber auch Chancen für die Systementwicklung und für die Förderung individueller Karrieren.

Sportmedizin: Athleten sind vermehrt Einflüssen von verschiedenen Personen ausgesetzt, die helfen, aber selbst auch profitieren können wie beispielsweise Physiotherapeuten oder Manager. Besonders gilt dies für Ärzte, die zunehmend eine zentrale Rolle für Athleten spielen, aber für sich keine Werbung betreiben dürfen.

Das Zusammenspiel der verschiedenen Faktoren (einschließlich der stärkeren Modellierung der Athleten-Körper entsprechend den Erfordernissen der jeweiligen Disziplin) sorgte für immer neue Leistungszuwächse, wobei der Zeitpunkt mancher Leistungssprünge Fragen aufwirft. Die Weltrekorde in verschiedenen Disziplinen wurden pro fünf Jahre in folgendem Umfang verbessert (nach Bourg 1999, 18):

Disziplin	1968/1972	1973/1977	1978/1982	1983/1987	1988/1992	1993/1997
Leichtathletik						
5000 m	3,6 s	0,1 s	12,49 s	2,02 s	0 s	18,65 s
10000 m	1,0 s	7,9 s	8,1 s	8,59 s	5,58 s	40,38 s
Weitsprung	0 cm	0 cm	0 cm	0 cm	5 cm	0 cm
Dreisprung	34 cm	45 cm	0 cm	8 cm	0 cm	32 cm
Schwimmen						
100 m Schmetterling	1,33 s	0,09 s	0,34 s	0,60 s	0 s	0,57 s
Rad:Stunden- weltrekord	778 m	0 m	0 m	343 m	0 m	4779 m

Tab. 11: Verbesserungsgeschwindigkeit von Weltrekorden

Auffällig sind dabei die parallelen Verbesserungen im Ausdauerbereich vor allem seit 1994, zeitgleich mit der raschen Verbreitung von Wachstumshormonen und Erythropoietin.

Berechnungen darüber, wie sich die einzelnen oben aufgeführten Faktoren auf Leistungsentwicklungen auswirken, gibt es bisher nicht. Das Ergebnis einer Befragung von Bundestrainern in der Leichtathletik 1972 zur Leistungsent-

---

reich des Sports wird zur Zeit weltweit auf mehr als 400 Milliarden Dollar geschätzt (davon Fußball 200 Milliarden), die jährliche Wachstumsrate beträgt zwischen 6 und 10%, der Anteil am Bruttosozialprodukt in den stark industrialisierten Ländern zwischen 1 und 1,5%. Für Sponsoring werden weltweit ca. 7 Milliarden Dollar ausgegeben. Die jährlichen Einkünfte des Basketballers Michael Jordan betrugen 1997 ca. 80 Millionen Dollar (Lefort/Harvea 1999, 18/19).

wicklung in der von ihnen betreuten Disziplin, zu der ihnen die Leistungskurven ihrer Disziplin zwischen 1954 und 1972 vorgelegt wurde, zeigte, wie schwer es selbst Spezialisten fällt, Einflussfaktoren direkt mit Leistungsentwicklungen in Verbindung zu bringen. Meist wurden nur individuelle Gründe für Entwicklungen genannt wie Verletzungen oder Auftauchen eines besonderen Talents. Doping wurde nur von einem Bundestrainer als wesentliche Ursache angegeben. D.h., die Akteure im Spitzensport haben Schwierigkeiten, die Wirkung von Makrofaktoren und auch von speziellen Mikrofaktoren zu identifizieren. Die bereits in vollem Gange befindliche Manipulation mit anabolen Steroiden wurde entweder nicht erkannt, unterschätzt oder verschwiegen.

2.4 Durchschnittsalter, Durchschnittsgewicht und Durchschnittsgröße

Immer wieder wird behauptet, dass weitere Faktoren wie Alters-, Größen- und Gewichtsveränderungen für Leistungsentwicklungen ursächlich seien. Sportler seien in nicht wenigen Sportarten heute im Durchschnitt älter, u.a. wegen einer auch durch Doping möglichen Karriereverlängerung[31]; die Größenentwicklung mache sich bemerkbar und das Gewicht in manchen Sportarten werde nach unten (z.B. in den Mittel- und Langstrecken, im Judo, Boxen, Ringen oder Gewichtheben) oder nach oben (z.B. in den leichtathletischen Würfen, im Football oder Basketball) manipuliert. Solche Behauptungen sollen an einigen Beispielen überprüft werden.

So errechnete Vollmer (1994) aus den Angaben der 50 weltbesten Läufer in der ewigen Bestenliste für den „durchschnittlichen" Läufer (in Klammern die Bandbreite) folgende Werte:

Disziplin	Alter	Größe/Gewicht	Index Größe
800 m	25,19 (20–33)	181,28/68,12 (170–193)/(54–84)	0,37 (0,31–0,45)
1500 m	25,48 (21–35)	178,85/64,56 (162–186)/(52–75)	0,36 (0,31–0,41)
5.000 m	25,72 (18–34)	174,1/60,98 (160–185)/(52–72)	0,35 (0,29–0,40)
10.000 m	26,63 (21–37)	174,5/60,1 (160–190)/(55–74)	0,35 (0,30–0,39)
3000 m Hindernis	26,04 (21–32)	177,51/64,66 (160–186)/(54–73)	0,36 (0,32–0,40)

Tab. 12: Alter, Größe und Gewicht weltbester Läufer (nach Vollmer 1994)

Aus Extremen darf ein Dopingverdacht wohl nicht abgeleitet werden.

---

[31] Allerdings könnte man auch argumentieren, dass für saubere Athleten eine längere Entwicklungszeit bis zur Spitzenleistung notwendig ist als für gedopte.

Strecke	Durchschnitt	Leichtester Läufer	Schwerster Läufer
800 m	1,81 m/67,5 kg	Coe (1,77 m/54 kg)	Juantorena (1,88 m/84 kg),
1500 m	1,79 m/64 kg	Coe (1,77 m/54 kg)	Bile (1,85 m/75 kg),
5.000 m	1,74 m/60 kg	Bayissa (1,79 m/52 kg)	Osoro (1,68 m/68 kg),
10.000 m	1,75 m/60 kg	Bayesa (1,75 m/52 kg)	Tanui (1,65 m/65 kg)
3000 m H	1,77 m/65 kg	Marsh (1,70 m/55 kg)	Kosgei (1,78 m/72 kg).

Tab. 13: Extreme Gewichtsausprägungen bei Mittel- und Langstrecklern

Je kürzer die Distanz, desto größer sind die Läufer, je länger die Distanz, desto leichter.

Nur bei den Läufern ab 1500 m ist zwischen 1972 und 1988 eine Tendenz zu geringerem Gewicht erkennbar, was von Vollmer auf die verstärkte Präsenz kleinwüchsiger afrikanischer Läufer zurückgeführt wird. Unter den Läufern ist keiner, wie van Aaken sich ihn für das Jahr 2000 vorgestellt hatte (2 m, 55 kg, enorme Lungen/Herz-Kreislaufkapazität).

Das Durchschnittsalter der 800-m- und 1500-m-Läufer hat im betrachteten Zeitraum (1972–1994) um ca. 2 Jahre zugenommen, über 5.000 m und 10.000 m blieb es bei ca. 27 Jahren. Die Betrachtung des Zeitpunkts des Erzielens von Bestleistungen zeigt eine große Streuung (zwischen 18 und 37 Jahren). Jugend scheint demnach kein Hindernis für Ausdauerleistung, im Gegensatz zum immer behaupteten langen Reifeprozess. Umgekehrt kann die Verlängerung der Karriere und Höchstleistung im Alter über 30 zumindest bei den Langstrecklern nicht ohne weiteres auf Doping zurückgeführt werden. Große Leistungssprünge von älteren Läufern provozieren allerdings Fragen, denn 95% der Bestleistungen werden im Alter zwischen 20 und 31 Jahren realisiert und fast die Hälfte aller Bestleistungen (49%) im Alter zwischen 23 und 26 Jahren. Wenn ein 41-jähriger Athlet Olympiasieger wird (Maurizio de Zsolt)[32], provoziert dies Fragen. Verdacht kann auch entstehen, wenn Länder, die in einer Sportart keine Tradition haben, in relativ kurzer Zeit einen großen Sprung nach vorne machen, zumal wenn in einer artverwandten Sportart in diesem Land mit hoher Wahrscheinlichkeit ausgeprägte Dopingkenntnisse vorliegen (möglicher Transfer von Dopingkenntnissen aus dem Radfahren z.B. in Italien, Spanien, Portugal in andere Ausdauerdisziplinen hinein).

Ebenso wie Vollmer konnten Dickwach und Wagner gängige Vermutungen zum Zusammenhang von zunehmenden Alter und größerer Streckenlänge widerlegen, im Sinne der erwarteten Tendenz eines höheren Alters hatten sich nur der

---

[32] Er ist Italiener. In Italien haben Prof. Conconi und seine Mitarbeiter wie Dr. Ferrari die EPO-Anwendung durch Spitzensportler besonders vorangetrieben. Conconi als Mitglied der Medical Commission des IOC war durch das IOC mit der Entwicklung einer Nachweismethode für EPO beauftragt (vgl. Donati im Anhang).

Marathonlauf und das 50-km-Gehen entwickelt (Dickwach/Wagner 1997, 34). Besonders fiel den Autoren das gegenwärtig höhere Alter der Sprinter und das jüngere Alter der 5.000-m- und 10.000-m-Läufer auf:

> „Hier werden unseres Erachtens die sich verändernden sozial-gesellschaftlichen Wirkfaktoren in ihrem Zeitbezug deutlich, die zu älteren Sprintprofis und zu jüngeren afrikanischen Langstreckenläufern geführt haben" (DICKWACH/WAGNER 1997, 35).

Hinter Verjüngung kann auch eine andere Systematik stecken. In der DDR-Leichtathletik erfolgte durch „Ausdelegieren" von Athleten „ohne Perspektive" (vor allem von älteren Athleten, die keinen der ersten drei oder vier Plätze der DDR-Bestenliste belegten, aber auch von doping-untauglichen Athleten) vor allem seit 1965 eine radikale Verjüngung der Leichtathletik-Spitze (vgl. Pfetsch et al. 1975, 73).

Zum Durchschnittsalter der Weltbesten in allen Disziplinen konnte in der Studie von Pfetsch et al (1975, 67 ff.) gezeigt werden, dass es sowohl beim Alter der Finalisten bei Olympischen Spielen 1960–1972 als auch der Besten in der Weltbestenliste zwischen 1963 und 1972 praktisch keine Veränderung gegeben hatte, sowohl bei den Männern als auch bei den Frauen schwankte es um 25 Jahre. Im unteren Altersbereich lagen bei den Männern Hochsprung, 200 m, 400 m, 800 m und 100 m; relativ hohes Durchschnittsalter war dagegen bei den technischen Disziplinen Hammer, Kugel, Diskus und Speer sowie bei den Langstrecken 10.000 m, 5.000 m und 3000 m Hindernis gegeben. Vor allem für diesen unteren Bereich hat sich in den vergangenen Jahren etwas verändert. War in früheren Jahren kein Spitzenathlet über 200 m älter als 29 und über 100 m keiner älter als 31, so überraschten in den letzten Jahren Athleten wie Linford Christie, Carl Lewis u.a. im Alter weit jenseits der 30 mit Spitzenleistungen. Dem Argument „Verlängerung der Karriere durch vergrößerte finanzielle Anreize" bei „alten" Athleten ist der Dopingverdacht hinzuzufügen, zumal Zeitzeugen-Aussagen darauf hinweisen, dass Leistungsabfall jenseits der 30 durch Doping verhindert bzw. abgebremst werden kann. Dieser Verdacht kann besonders massiv werden, wenn wesentliche Leistungssteigerungen am Rande oder außerhalb des optimalen Leistungsalters erfolgen (z.B. bei der Sprinterin Griffith-Joyner); höheres Alter kann aber nie pauschal für einen Dopingverdacht benutzt werden.

Das Vordringen neuer Länder mit wenig Tradition in einer Sportart kann bei systematischer Talentsuche und -förderung zur vorübergehenden Verjüngung der Weltspitze führen. Dass die jüngste Bestenlistenplatzinhaberin in 12 Disziplinen in der Leichtathletik-Weltbestenliste 1997 jeweils eine Chinesin war, deutet auf enorme Anstrengungen Chinas im Bereich der Frauenleichtathletik hin. Immerhin sind bei den Männern in den beiden Gehstrecken und im Hochsprung die jüngsten erfassten Athleten ebenfalls Chinesen. Das Übergewicht des weiblichen Geschlechts bei den chinesischen Fortschritten weckt allerdings auch Erinnerungen an ähnliche Tendenzen in der DDR.

Neben der allgemeinen Größenzunahme in westlichen Ländern in den letzten Jahrzehnten ist eine solche auch in manchen Sportarten im Spitzensport festzustellen. So waren z.B. im Schwimmen die Finalisten der Olympischen Spiele 1976 im Schmetterling-Schwimmen im Durchschnitt 1,79 m groß, 1980 1,92 m. Im Kraulsprint stieg der Durchschnitt im gleichen Zeitraum um 10 cm auf 1,92 m. Die Finalisten waren jeweils größer als die zuvor Ausgeschiedenen, die Sieger jeweils größer als die anderen Finalisten. Größe bringt Vorteile vor allem beim Start und bei der Wende. Im Rudern müssen Spitzenathleten heute zwischen 1,90 m und 2,00 m sein (Bourg 1999, 17f.). Jedenfalls entwickelte sich im Verlauf der vergangenen Jahrzehnte parallel zur Zunahme von Doping-Innovationen eine starke Tendenz zur Modellierung des Körpers entsprechend den Erfordernissen der jeweiligen Sportart, vor allem auch im muskulären Bereich.

2.5 Leistungsverbesserungen und Dopingverdacht

Die Faszination sportlicher Leistung entsteht durch ihre Wirkung als „populärste dramatische Darstellung menschlicher Leistung" und des Sportlers als „charismatischer Persönlichkeit" (HOBERMAN 1994, 78). Besonders faszinierend ist für die Öffentlichkeit, wenn eine Leistungsgrenze über- oder unterschritten wird (z.B. die vier Minuten für die Meile) oder eine besonders krasse Leistungssteigerung erfolgt (z.B. der Weltrekordsprung Beamons im Weitsprung 1968). Wenn dies in früheren Jahrzehnten geschah, galt es als Nachweis von großem Talent; für seine Zeitgenossen war z.B. Rudolf Harbigs Verbesserung des Weltrekords über 800 m um mehr als 2 Sekunden auf 1:46,6 min eine fast unglaubliche Steigerung; als am 14. Juli 1965 Ron W. Clarke seinen 10.000-m-Weltrekord von 28:15,6 auf 27:39,4 min verbesserte, um fast nicht fassbare 36,2 s, kam wohl niemand auf den Gedanken, dies könne etwas mit Doping zu tun haben. Heutzutage hat sich die Einstellung zu solchen Leistungssprüngen geändert. Misstrauen trifft jeden, der unerwartet gewinnt oder dessen Leistung plötzlich abfällt. Zumal nach dem Dopingfall Ben Johnson, den Enthüllungen zum Staatsdoping in der DDR und zuletzt zum Doping im Radfahren ist es nachvollziehbar – obgleich möglicherweise ungerechtfertigt –, dass jede große Leistungssteigerung ins Gerede kommt, vor allem, wenn die Leistungssteigerung ein ganzes Land (wie z.B. die DDR), eine Athletengruppe (wie z.B. die chinesischen Läuferinnen) oder eine nach außen abgeschottete Trainingsgruppe (wie z.B. die Gruppe der rumänischen Mehrkampftrainerin Carmen Hodos in Frankreich oder die Bob-Kersee-Gruppe in Los Angeles) betrifft, aber auch bei Leistungen eines einzelnen Sportlers wie z.B. im Fall des 3000-m-Hindernis-Läufers Kallabis. Andere Athleten in der gleichen Disziplin, die Entwicklungen intensiv beobachten können, haben meist ein feines Gespür für das, was sich in ihrer Disziplin entwickelt und äußern sich hierzu, manchmal aber vor dem Hintergrund der juristischen Gefahr des Verleumdungsvorwurfs auch unvorsichtig.

Spektakuläre Leistungen gab es zur Genüge in den Jahren des raschen Aufschwungs von Sportarten wie Leichtathletik, Schwimmen oder Gewichtheben in den 70er und 80er Jahre, ebenso wie Verdächtigungen. So wies Michel Thieurmel, ehemaliger französischer Nationaltrainer im Werfen in der Zeitschrift „Sciences et Avenir" (Juli 1996) auf die Leistungssprünge der beiden Diskuswerferinnen Gejza Valent und Tsvetanka Christowa hin und erklärte diese mit Doping: "Um Doping zu beweisen, braucht man nur die Leistungsentwicklung eines Sportlers zu analysieren." Thieurmel geht bei einem jährlichen Leistungsgewinn im Diskuswerfen von mehr als drei Metern von Doping aus, eine Meinung, die so nicht ohne weiteres geteilt werden kann.

Stefani (1989) listete 1988 die olympischen Siegesleistungen im Schwimmen und der Leichtathletik auf, die am deutlichsten über jenen der vorhergehenden Olympischen Spiele lagen:

	Disziplin	Sieger	Leistung	
1972	Diskus F	Faina Melnik (UdSSR)	66,62	7,7%
1964	200 m Brust M	Ian O'Brian (AUS)	2:27,80	7,5%
1968	Weitsprung M	Bob Beamon (USA)	8,90	7,4%
1988	Diskus F	Martina Hellmann (DDR)	72,30	7,2%
1964	Stabhochsprung F	Fred Hansen (USA)	5,10	6,3%
1968	Speer M	Janis Lusis (UdSSR)	90,10	5,3%
1988	Hammer M	Sergei Litwinov (UdSSR)	84,80	5,2%
1988	Kugelstoß F	Natal.Lisouskaya (UdSSR)	22,24	5,2%
1964	200 m F	Edith McDuire (USA)	23,00	5,0%
1964	Weitsprung F	Mary Rand (GBR)	6,76	4,7%
1988	Weitsprung F	J. Joyner-Kersee (USA)	7,40	4,7%

Tab. 14: Steigerung olympischer Siegesleistungen gegenüber den vorhergehenden Olympischen Spielen

Bob Beamons Weitsprungweltrekord von 1968 war also nicht die spektakulärste Leistungssteigerung. Spätestens seit Ende der 60er Jahre gerieten solche individuellen Leistungssprünge, zumal wenn sie in verdächtigen Disziplinen erfolgten, ins Gerede (vgl. Pellizza 1973). Je länger die Geschichte einer Sportart ist und je breiter die Leistungsdichte in der Spitze, desto unwahrscheinlicher sind solche Leistungssprünge ohne die Nachhilfe von leistungssteigernden Substanzen. Insofern sind die Leistungen z.B. von Ian O'Brian oder Mary Rand glaubwürdiger als jene von Jackie Joyner-Kersee, Sergei Litwinov oder Martina Hellmann. Disziplinen mit mehreren großen Entwicklungssprüngen sind besonders verdächtig.

Wenn Doping nicht durch Befunde nachgewiesen wird, kann trotzdem Doping im Spiel sein. So wird dem Sprint-Olympiasieger von 1972, Valerie Borsow, nachgesagt, er habe 35 mg des damals bereits verbotenen, aber nicht nachweisbaren Dianobol pro Tag genommen (vgl. de Mondenard 1996, 87). Eins sollte nicht übersehen werden: Wenn Gerüchte in den vergangenen Jahrzehnten im Zusammenhang mit spektakulären Leistungen laut wurden, war oft auch etwas "dran", wie das Beispiel der DDR zeigt. Ähnlich Astrand und Borgstrom 1987:

> „It is interesting that the world record in shot put only increased from 21.78 meters in the mid 1960's to 22.02 meters in 1982 ... During that period the intake of anabolic steroids increased dramatically and probably involved many world-class shot putters" (ASTRAND/BORGSTROM 1987, 157).

Die Schlussfolgerung: „It is tempting to conclude that the intake or injection of such hormones has not contributed significantly to the world record statistics in shot put" ist insofern falsch, als im genannten Zeitraum zwar die Anabolika-Dosierungen zunahmen, der wesentliche, durch Anabolika verursachte Aufschwung im Kugelstoßen aber schon vor der Mitte der 60er Jahre lag.

Irgendwann ist für den Sportler der Zusammenhang von Trainingsumfang und Leistung ausgereizt; er wird umso ungünstiger, je höher das Leistungsniveau wird (Qualitätsgesetz des Trainings). Immer mehr Training wird für immer geringere Leistungszuwächse notwendig, begleitet von immer höheren Risiken (physische, psychische, soziale, finanzielle Belastungen, Unfallgefahren, Dauerverletzungen, Spätschäden):

> „Begünstigt wird solch eine fragwürdige Entwicklung durch eine Sportmedizin, in der es Personen gibt, die bereit sind, mit medizinischen Mitteln die sportliche Höchstleistung zu manipulieren, ohne sich darauf zu besinnen, dass ihnen als Ärzte eigentlich eine anders geartete Aufgabe zukommt" (DIGEL 1997, 89).

Die Vermutung, dass Dopingmittel verwendet werden, ist umso wahrscheinlicher, je älter Athleten zum Zeitpunkt des Leistungssprungs sind. Die Vermutung wird intensiviert, wenn zum entsprechenden Zeitpunkt z.B. ein Trainer- oder Arztwechsel hin zu Personen erfolgt, zu denen es massive Dopinggerüchte gibt, wie z.B. den italienischen Ärzten Conconi, Ferrari oder Rosa. Fragen stellen sich auch, wenn z.B. ein kenianischer Läufer, der in seinem ersten Marathonlauf überhaupt im Alter von 26 Jahren fast Weltbestzeit läuft, von einem Trainer (Hogen) betreut wird, dessen Athletin/Freundin (Pippig) kurz zuvor bei einer Dopingkontrolle mit einem zu hohen Testosteron/Epitestosteron-Quotienten auffällig geworden war.

Aus diesen Überlegungen kann abgeleitet werden, dass krasse Leistungssteigerungen zwar nicht als Beweis für Doping taugen, dass sie aber Anlass für Zielkontrollen sein könnten und gerade auch zum Schutz der Glaubwürdigkeit solcher Athleten durchgeführt werden müssten. Sowohl Rekordentwicklungen als auch individuelle Leistungssteigerungen können Ausgangspunkte für Dopingvermutungen sein, die gerechtfertigt, aber auch ungerechtfertigt sein können:

Jahr	1500 m Frauen	Zeit
1967	Smith (GBR)	4:17,3
1967	Gommers (NED)	4:15,6
1969	Pigni (ITA)	4:12,4
1969	Jehlickova (TCH)	4:10,7
1971	Burneleit (DDR)	4:09,6
1972	Bragina (UdSSR)	4:06,9
1972	Bragina (UdSSR)	4:06,5
1972	Bragina (UdSSR)	4:05,1
1972	Bragina (UdSSR)	4:01,4
1976	Kazankina (UdSSR)	3:56,0
1980	Kazankina (UdSSR)	3:55,0
1980	Kazankina (UdSSR)	3:52,47
1993	Qu Yunxia (CHN)	3:50,46

Jahr	3000 m Frauen	Zeit
1974	Bragina (UdSSR)	8:52,8
1975	Andersen (NOR)	8:46,6
1976	Andersen (NOR)	8:45,4
1976	Bragina (UdSSR)	8:27,12
1982	Ulmasova (UdSSR)	8:26,78
1984	Kazankina (UdSSR)	8:22,62
1993	Wang Junxia (CHN)	8:12,19
1993	Wang Junxia (CHN)	8:06,11

Tab. 15: Weltrekordentwicklung über 1500 m und 3000 m Frauen

Jahr	10.000 m Frauen	Zeit
1981	Sipatova (UdSSR)	32:17,20
1982	Decker (USA)	31:35,30
1983	Baranova (UdSSR)	31:35,01
1983	Sadreydinova (UdSSR)	31:27,58
1984	Bondarenko (UdSSR)	31:13,78
1985	Kristiansen (NOR)	30:59,42
1986	Kristiansen (NOR)	30:13,74
1993	Wang Junxia (CHN)	29:31,78

Tab. 16: Weltrekordentwicklung über 10.000 m Frauen

Da nach einer Information Maßholders (1981/82) Kazankina bei ihren Weltrekorden mit anabolen Steroiden nachgeholfen haben soll (sie wurde im Jahr ihres 3000-m-Weltrekords positiv getestet), kommt die Steigerung des Weltrekords über 3000 m gleich um über sechzehn Sekunden durch Wang Junxia mehr als überraschend; über 10.000 m verbesserte sie sich innerhalb eines Jahres um 2:58 min (vom 56. Platz in der Weltbestenliste auf den ersten Platz) und steigerte dabei den Weltrekord um 42 Sekunden auf 29:31,78 Minuten. Noch überraschender allerdings, dass beim Weltrekordrennen über 3000 m am 12. September 1993 gleich sechs Chinesinnen unter der alten Weltrekordmarke blieben. Die spätere Entwicklung der Leistungsfähigkeit chinesischer Läuferinnen spricht gegen eine Unschuldsvermutung (vgl. hierzu die Weltbestenliste des Jahres 1999).

Dass nicht nur Entwicklungen in den Sportarten Leichtathletik oder Gewichtheben Doping-Vermutungen berechtigen, soll die Analyse der Eisschnelllaufrekorde zeigen. Für Leistungsverbesserungen von 1 s im Eisschnelllauf wurden gebraucht:

Männer	Frauen
1953–1963	1962–1970
1963–1970	**1970–1971**
1970–1975	1971–1973
1975–1981	1973–1976
1981–1993	1976–1983
	1983–1994

Tab. 17: Benötigter Zeitraum für die Verbesserung des Weltrekords im Eisschnelllauf über 500 m um eine Sekunde

Die kürzeste Zeit für eine Verbesserung um eine Sekunde war Anfang der siebziger Jahre nötig: bei den Frauen 1970 nur ein Jahr. Wie im Schwimmen und in der Leichtathletik war die erste Hälfte der siebziger Jahre die Zeit der größten Leistungsentwicklung; sie fiel bei den Frauen stärker als bei den Männern aus, weshalb eine Beschleunigung durch Anabolika-Doping anzunehmen ist. Da bis zum Rekord der DDR-Läuferin Christa Rothenburger 1981 zuvor nur Läuferinnen der UdSSR und der USA das Rekordgeschehen beherrschten, ist zu vermuten, dass Doping im Eisschnelllauf in jenen Ländern genauso üblich war.

Atypische individuelle wie auch länderspezifische Leistungskurven geben Anlass zu Doping-Vermutungen, sind aber kein Beweis. Von den Leistungskurven und -entwicklungen her kann vermutet werden, dass Doping mit anabolen Steroiden in einzelnen Leichtathletik-Disziplinen und im Gewichtheben in der zweiten Hälfte der 50er Jahre begann, bei den Frauen mit einer Zeitverzögerung von ca. 10 Jahren nachfolgte und von dort sich in andere Disziplinen und Sportarten hinein ausbreitete. Die Bundesrepublik Deutschland folgte jeweils mit einigen Jahren Verzögerung nach, bei den Männern gefolgt von der DDR, während bei den Frauen Anabolika-Doping in der DDR früher und intensiver begonnen haben dürfte. Im Gegensatz zur heutigen Situation mit schnellster Wissensverbreitung über das Internet war der Innovationsvorsprung durch Doping bei den Männern für die USA und bei den Frauen für die DDR bzw. die Ostblockländer ein echter Vorsprung.

Für Frankreich lassen sich kaum Auffälligkeiten aus den Leistungskurven ablesen, außer dass die Schere zwischen dem Leistungsniveau der Bundesrepublik Deutschland und Frankreich im Kugelstoßen und Diskuswerfen der Frauen seit Mitte der siebziger Jahre weit auseinander ging. Möglicherweise sind Frauen in dem konservativeren Frankreich mit einem traditionelleren Bild der weiblichen Rolle besser gegen durch Anabolika verursachte Vermännlichung und Muskelzunahme geschützt. Ins Auge springt auch die Entwicklung im Hammerwerfen der Männer, in dem französische Werfer seit dem Ende der 80er Jahre wesentlich näher an die Weltspitze heranrückten als jene in den anderen Würfen. Nach der Wende kam der Weltrekordler Juri Sedych (UdSSR) als Entwicklungshelfer nach Frankreich[33].

2.6 Prognosen und trainingsmethodischen Ableitungen

Da im Sport auf dem Weg zur Spitze meist längere Aufbauprozesse zu absolvieren sind, ist das Interesse an der Prognose zukünftiger Entwicklungen groß (vgl. Gundlach 1968, 605). Ein weiterer Grund liegt in dem Wunsch, die Grenzen menschlicher Leistungsfähigkeit zu erahnen. Ungebrochen war deshalb zumindest bis 1989/90[34] die Versuchung, aus vorliegenden Daten Leistungsprognosen abzuleiten. In Disziplinen, bei denen Doping im Spiel war, entstanden dabei völlig falsche Prognosen, z.b. im Kugelstoßen der Frauen. Trotz bereits in den 60er Jahren bestehender Kenntnis zusätzlicher Ursachen wurde blauäugig über die Auswirkungen des Anabolikakonsums hinweggesehen. Metzner erklärte 1972 die Rekordflut bei den Olympischen Spielen in München damit, „dass die menschliche Leistungsgrenze noch lange nicht erreicht sei" (Die Zeit 1972, 37, 18). Bei fast allen Veröffentlichungen der letzten vier Jahrzehnte zu Modellen und Prognosen wurde die Wirkung von Substitution, Doping und Dopingkontrollen nicht berücksichtigt.

Prognosen sind stets unsicher, da die Komplexität der Leistungsgrundlagen und -entwicklungen und zukünftiger veränderter Bedingungen in keiner Modellvorstellung erfasst wurden. Z.B. liegt die Ausgangshöhe der Leistungen im Frauenspitzensport wegen dessen späteren Einsetzens und der geringeren Dichte der Spitze niedriger als bei den Männern; da dies nicht berücksichtigt wurde, kam es zum Teil zu absurden Prognosen. So erwarteten Whipp und Ward (Will women soon outrun men, 1992), dass Frauen z.B. im Marathonlauf im Jahre 1998 bei einer Leistung von 2:01,59 Sekunden mit den Männern gleichziehen würden. Einen ähnlichen Fehler wie Whipp und Ward – Berücksichtigung nur eines Teils der relevanten Faktoren – machten Ryder, Carr und Herget 1976 mit ihren Prognosen für 1992, sie wurden alle bei weitem nicht erreicht (vgl. Péronnet 1993, 52). Ein Leistungsrückgang wie nach 1988 war angesichts der im Leistungssport verbreiteten Wachstumsideologie im Denken der Prognostiker überhaupt nicht vorgesehen.

Als Beispiel führen wir eine Prognose Manfred Letzelters aus dem Jahre 1989 an, der aus den Durchschnittswerten der 20 besten Leistungen der Jahre 1968 –

---

[33] Die besten französischen Hammerwerfer wurden bei einem Trainingslager auffällig durch sexuelle Belästigung der Hammerwerferin Cathérine Moyon-de-Baeq - Aggressivität als Folge von Anabolikaeinnahme? Sie wurden in mehreren Prozessen verurteilt, gehören aber immer noch zur Vertretung Frankreichs bei internationalen Meisterschaften, während das Opfer aus dem Spitzensport herausgemobbt wurde, nach dem schon lange bewährten Motto: Wer Kameraden verpfeift, gehört nicht mehr zu uns.

[34] Im DLV bis 1991

1988 Grenzen der menschlichen Leistungsfähigkeit berechnete (mit 95% Sicherheit): Dabei sollten z.B. die 10,34 s bei den Frauen bis spätestens im Jahr 2032 erreicht werden (vgl. Sports 6, 1989, A.32).

	Das Ende der Leistung ist in Sicht	
	Männer	**Frauen**
100 m	9,55 s	10,34 s
400 m	42,64 s	46,03 s
800 m	1:37,07 min	1:49,36 min
10.000 m	26:38,48 min	
Hochsprung	2,67 m	2,21 m
Weitsprung	9,76 m	
Stabhochsprung	6,89 m	
Kugelstoßen	24,17 m	23,80 m
Diskuswurf	77,27 m	79,61 m

Tab. 18: Weltrekordprognosen Letzelters im Jahre 1989

Prognosen sind in der Vergangenheit nicht über eine – nicht stimmige – lineare Extrapolation (vgl. Hernig/Klimmer 1980, 407 f.) hinausgekommen.

In Anbetracht der dopingbelasteten Vergangenheit waren Prognosen kaum aussagekräftig; vor der gleichen Problematik stehen allerdings auch Forschungsarbeiten zur Trainingsmethodik, zumal die Effekte möglicherweise bis heute nachwirken. Deutlicher war die Situation in der DDR; trainingsmethodische Ableitungen wurden im Bewusstsein der Dopingproblematik getroffen, Doping war in die Trainingsmethodik integriert. Anders im Westen: Forscher im Bereich der Trainingsmethodik konnten nie genau wissen, ob ihre Probanden gedopt waren oder nicht. Insofern sind manche trainingsmethodischen Ableitungen und Aussagen zu Quantität und Qualität der Trainingsbelastungen mit größter Vorsicht zu behandeln.

2.7 Die Spitze des Eisbergs

Dass sich der Missbrauch von Anabolika-Doping ausbreitete, konnte nicht nur an individuellen oder kollektiven Leistungsentwicklungen abgelesen werden. Doping und Dopingwissen wurden zwar im Osten wie im Westen geheim gehalten; Doping spielte sich dennoch nicht nur im Verborgenen ab, Auswirkungen waren und sind sichtbar. Wahrnehmung ist selektiv und von den eigenen Überzeugungen, Einstellungen und subjektiven Theorien beeinflusst; deshalb fiel die Wahrnehmung der Doping-Entwicklung sehr unterschiedlich aus. Während die einen sehr sensibel Veränderungen und Entwicklungen registrierten, waren andere nur auf den Aufschwung des Spitzensports fixiert und blendeten einen wesentlichen Teil der Ursachen – Doping – hierfür aus, zum Teil bis heute. Wie wurde das „Sichtbare" registriert, verarbeitet und behandelt?

Schon in früheren Zeiten wurde viel über Doping geschrieben, allerdings mit wechselnder Häufigkeit und Intensität. In Deutschland[35] lassen sich vier Wellen unterscheiden:

1969 Veröffentlichung eines Artikels durch Brigitte Berendonk in der „Zeit" und nachfolgende Reaktionen,

1976/77 Diskussionswelle nach den Enthüllungen zur „Kolbe-Spritze" und zum Aufblasen von Schwimmer-Därmen,

1987-89 Tod Birgit Dressels, Dopingfall Ben Johnson und Dubin-Kommission,

1990/91 Enthüllung des Staatsdopings in der DDR und Berendonk-Buch „Doping-Dokumente",

nach 1991 Doping als Dauerthema in den Medien.

Die Zahl der veröffentlichten Artikel und der Doping-Sendungen des Fernsehens lässt erkennen, dass das Thema im Lauf der Zeit immer stärker beachtet wurde, d.h., parallel zur Intensivierung und Ausbreitung des Dopings entstanden Problembewusstsein und öffentliche Aufmerksamkeit, vor allem für die Anabolika. In Deutschland hingen die Diskussions- und Veröffentlichungswellen sehr stark mit den Anti-Doping-Aktivitäten Brigitte Berendonks[36] und Werner Frankes zusammen. Skandale erzwingen Aufmerksamkeit und regen zum Sehen und Hören an. Während der erste große Artikel Brigitte Berendonks in der „Zeit" 1969 zwar Diskussionen auslöste[37], aber noch kaum Resonanz fand, war dies 1976/77 anders, denn die Öffentlichkeit war über die „Kolbe-Spritze" und das Aufblasen westdeutscher Schwimmer-Därme mit Luft zur Verbesserung der Wasserlage erschreckt und wachgerüttelt[38] (vgl. Frankfurter Allgemeine Zei-

---

[35] In Deutschland wird oft so getan, als ob nur hier das Doping-Thema heiß diskutiert würde. Andere Länder waren mit Aufklärungsbüchern zum Doping deutlich früher dran, z. B. Frankreich mit den Veröffentlichungen de Mondenards oder Italien mit dem Buch Alessandro Donatis. Vgl. auch Treutlein (1999) zu Veröffentlichungen zum Dopingthema in Frankreich.

[36] Wir danken Brigitte Berendonk und Werner Franke (1970–1992) sowie dem Bundesinstitut für Sportwissenschaft in Köln (1992–1996) für die Überlassung der Zeitungsausschnittsammlungen. Manche Zeitungsausschnitte enthalten leider keine genauen bibliographischen Angaben.

[37] Die allgemeine Reaktion in unserem Verein USC Heidelberg und auch bei mir war: Sie hat ja recht, aber so etwas schreibt man doch nicht über Kameraden ...

[38] Sportmediziner Prof. Dr. Josef Keul, Vorsitzender des Wissenschaftlichen Beirats des DSB hatte – rein wissenschaftlich – die Methode für nicht gesundheitsschädlich erklärt; Dr. Manfred Donike, damals noch an der Universität Münster, bestätigte, dass die Methode nicht gegen die Doping-Vorschriften verstößt. Das Bundesinnenministerium wollte 250.000 DM zur Verfügung stellen. Andere Perspektiven auf diese Möglichkeit gab es anscheinend nicht. Schwimmverbandsfunktionäre akzeptierten eine Konventionalstrafe von 100.000 DM für den Bruch der Schweigepflicht. Der Generalsekretär des DSB, Karl-Heinz

tung, 21.8.1976, Berliner Morgenpost 21.8.1976). Die heftige Diskussion nach den Olympischen Spielen über mehrere Monate hinweg führte 1977 zur „Grundsatzerklärung für den Spitzensport" von DSB und NOK, mit der jede medizinisch-pharmakologische Beeinflussung der Leistungsfähigkeit und technische Manipulation am Athleten abgelehnt wurde.

Danach folgten lange Jahre relativer Ruhe, die erst durch Birgit Dressels Tod, den Ben-Johnson-Skandal 1988/89 und die Veröffentlichung geheimer Dokumente zum DDR-Staatsdoping 1990/91 beendet wurden. Seitdem ist das Dopingthema zum Dauerthema geworden, mit zunehmender Indifferenz der Öffentlichkeit. So fällt auf, dass die kenntnisreiche Habilitationsschrift Giselher Spitzers „Doping in der DDR. Ein historischer Überblick zu einer konspirativen Praxis" (1998) kaum rezipiert und zudem in der Zeitschrift „Sportwissenschaft" nicht rezensiert wurde.

2.7.1 Was war sichtbar?

Wer sehen wollte, konnte nicht nur Veränderungen des Leistungsniveaus sehen, sondern auch z.B. körperliche und psychische Veränderungen von Spitzenathleten. Ursachen von Veränderungen waren zumindest unter Insidern spätestens seit den 60er Jahren bekannt; sie waren so sichtbar, dass informierte Sportärzte, Trainer oder Athleten mit ziemlicher Sicherheit erkennen konnten, was sich abspielte.

2.7.2 Dianabol-Ära und der Beginn von „Kuren"

Die Sportwelt gewöhnte sich relativ widerstandslos an das Eindringen von Dianabol in den Spitzensport:

> „Auch einige Frauen nehmen es ein, um Rekorde und Medaillenplätze erzielen zu können. Dem einigermaßen geschulten Auge fällt es nicht schwer, die Pillenschlucker von den Enthaltsamen zu unterscheiden. Der Oberkörper wirkt beträchtlich überproportioniert. Solch stramme Oberarmmuskulatur wie in den vergangenen zwei Jahren ist in den gesamten 75 Jahren der modernen Leichtathletikgeschichte nicht beobachtet worden. Hautempfindliche Athleten werden bei regelmäßigem Gebrauch von einem rötlichen Ausschlag überzogen" (Frankfurter Allgemeine Zeitung, 29.7.1970).

Bei Frauen waren die körperlichen Veränderungen noch stärker als bei Männern; Brigitte Berendonk hat die „Zeitenwende" in der Frauenleichtathletik und die Veränderungen seit 1968 miterlebt (Berendonk 1992, 36). Der Trainer der Diskus-Kollegin Liesel Westermann, Gerd Osenberg, machte ähnliche Beobachtungen:

Gieseler, und jener des NOK, Walter Tröger, waren informiert. Die deutschen Olympia-Ärzte boten ihre medizinische Hilfe bei der Durchführung an. Nur der BA-L-Vorsitzende Fallak hatte Bedenken (Frankfurter Rundschau, 7.5.1977).

"Eine wuchtige Figur, ein Bart und eine tiefe Stimme – ist das der letzte Ausweg für westliche Spitzensportlerinnen, wenn sie eine olympische Medaille gewinnen wollen?" (Bild-Zeitung, 2.6.1972).

Ein Zeitzeuge erinnert sich:

„Filbingerowa wurde nach Schätzung meiner Frau zwischen den Europameisterschaften 1971 und den Hallen-Europameisterschaften 1972 ca. 20 Kilo schwerer. Das war nun meine ganz wesentliche Begründung, als ich den DLV und NOK anschoß, ich sagte: Liebe Leute, ihr wisst davon. Ich habe im Vorfeld mit Bechtold gesprochen, Klappert wusste Bescheid, ich habe den DLV immer wieder darauf hingewiesen, was da läuft."

Frauen wie Liesel Westermann und Brigitte Berendonk, die körperliche Veränderungen ihrer Konkurrentinnen seit spätestens 1968 sozusagen hautnah miterlebten, forderten Funktionäre ihres Verbands zum Beobachten und Handeln auf. Die Verbandsoberen auf nationaler und internationaler Ebene reagierten zögerlich oder überhaupt nicht, sie übten sich, mit wenigen Ausnahmen, im systematischen Wegschauen.[39] Zur Ehrenrettung des Leichtathletik-Verbandes muss man sagen, dass dieser als erster die Anabolika verbot (1970) und einzelne Funktionäre deutliche Worte fanden. So äußerte sich z.B. der Präsident des europäischen Leichtathletik-Verbands, Adrian Paulen, schon früh öffentlich eindeutig zum Anabolika-Missbrauch und ihrer Gabe durch Ärzte:

"Diese Ärzte gehören eingesperrt. Ich bin ihr Feind. Sie wissen nicht, welche Spätfolgen die Athleten in 10 bis 15 Jahren haben werden. Ich bin kein Arzt, aber soviel weiß ich: Ich halte es für unglaublich, dass ein Arzt Medikamente zur Leistungssteigerung gibt, ohne zu wissen, welche Auswirkung sie für die Zukunft haben werden, das ist ein Wahnsinn für den Sport, den man sofort beenden muss. ... Ein Laie kann heute bereits in der Arena unterscheiden, das ist ein Anaboliker, das ist keiner" (Sport-Informations-Dienst, 7.2.1974).

Die sichtbaren Auswirkungen wurden so stark, dass selbst der DDR-Sportmediziner Höppner Bedenken bekam:

„Nach Einschätzung des IMV wurde bei den Schwimmern etwas zuviel getan. Die enormen körperlichen Veränderungen (Oberschenkel, Rücken) sind eindeutig auf die Anwendung von Anabolen zurückzuführen, wie auch die Auswirkungen auf die Sprache und das Zurückgehen der Brüste. Daß speziell bei den weiblichen Aktiven derartige Nachwirkungen auftreten, hat seine Ursache darin, daß durch die Anwendung von Anabolen männliche Hormone dem Körper zugeführt werden und quasi Schein-Zwitter erzeugt werden." (Treffbericht vom 20.9.1973, zit. nach Landgericht Berlin, Gesch. Nr. (534) 28 Js 39/37 KLS (17/98), 145).

---

[39] Von dem Vorwurf des bewussten Ignorierens kann ich (Treutlein) mich selbst auch nicht freisprechen. Z. B. waren die körperlichen Veränderungen der Siebenkämpferin Birgit Dressel bei den Deutschen Hochschulhallenmeisterschaften im Januar1987 extrem; sie machte einen aufgedunsenen und auch psychisch veränderten, aber sehr leistungsfähigen Eindruck. Sie starb im April 1987.

Von äußeren Merkmalen darf natürlich nicht monokausal auf Doping geschlossen werden. Während bei Strafgerichtsprozessen Indizien bei der Beurteilung eines Sachverhalts zugelassen sind, gilt dies nicht für die Sportgerichtsbarkeit und auch kaum bei Verleumdungsprozessen. Von daher haben Doper ein wesentlich leichteres Spiel als Dopinggegner. Aus Angst vor Verleumdungsklagen werden normalerweise Doping-Beobachtungen, -Verdächtigungen, -Vermutungen und Insider-Informationen nur privat geäußert. Beobachtungen sind keine handfesten Beweise. Welche Möglichkeiten bleiben dem Beobachter, der den Vorwurf der Inaktivität durch eine spätere Generation vermeiden will? Er kann die Dinge nicht deutlich äußern, sondern nur andeuten, wie z.b. im Fall der Läufer Kallabis und Franke durch den leitenden Verbandsarzt Dr. Graff geschehen, der EPO-Missbrauch bei deutschen Langstrecklern wegen der Verwendung des Blut-Expanders HES vermutete und dabei als einzigen ausdrücklich Dieter Baumann vom Verdacht ausschloss.

Der Trainer und ehemalige Hindernisläufer Kohls machte ohne Namensnennung seine Betroffenheit in einem Leserbrief an die Zeitschrift "Leichtathletik" (3, 1999, 15) öffentlich (als Reaktion auf einen Leserbrief des Dr. Kleinmann):

> "Die leidige ... HES-Diskussion lenkt vom eigentlichen Thema ab. Sie und ich wissen, warum der 'Meister und sein Zauberlehrling' in Budapest nach HES-Infusionen verlangt haben, und die Gründe waren weder tiefliegende Speere, noch eine besonders dramatische klimatische Situation.
>
> Warum ... finden Sie solch' einen Gefallen an der Idee, daß in Zukunft mehr und mehr Ackergäule den Rennpferden die Rüben wegschnappen? ... HES haben Sie während Ihrer medizinischen Ausbildung auf der Intensivstation und im Notarztwagen kennengelernt. Würden Sie es Ihrer Tochter auch auf eine Wettkampfreise nach Johannesburg mitgeben?
>
> Wenn Sie versuchen, den größten Virus der Ausdauerdisziplinen auf einen Streit zweier rivalisierender Läufergruppen zu reduzieren, dann sei Ihnen gesagt, daß zumindest bei der einen Gruppe, die aus einigen Hundert Läufern und Trainern besteht, Wut und Empörung noch nicht verraucht sind."

2.7.3 Reaktionen beim Anblick von „offensichtlich" Gedopten

Für Ben-Johnson Trainer Francis war der Anblick der DDR-Sprint-Olympia-Siegerin von 1972, Renate Stecher, ein Schlüsselerlebnis:

> „Nie zuvor in meinem Leben hatte ich eine solche Frau gesehen: Sie erschien größer und muskulöser als Valerie Borsow [Sprint-Olympiasieger der Männer]. Hier sah ich den Beweis der Wirkung der Anabolika" (BERENDONK 1992, 65)

Dieses Schlüsselerlebnis wurde verstärkt durch Eindrücke beim Länderkampf zwischen der USA und der DDR 1983 in Los Angeles:

> „Marita Koch war einfach gigantisch, mit Oberschenkeln, die breiter als lang erschienen, wie die einer Katze. Marlies Göhr war ebenfalls beeindruckend ... An jenem Abend habe ich zwei der DDR-Werferinnen auf ihrem Weg zum Abendessen in der Cafeteria beobachtet. Sie hatten sich in Rüschen-Kleidchen herausgeputzt – mit passenden Handtäschen

Leistungsentwicklungen – Analysen

Abb. 8: Körperliche Veränderungen einer Werferin im Verlauf von zwei Jahren (Bild der Wissenschaft 1, 1979, 89)

– und stelzten auf unwahrscheinlich dünnen hochhackigen Schuhen einher. Zwischen Kleidern und Schuhen aber war das, was einen daran erinnerte, wozu sie nach Los Angeles gekommen waren: Waden wie Baumstämme, Achilles-Sehnen wie Brückenkabel" (zitiert nach Berendonk 1992, 66). Und auch der Experte Ben Johnson wunderte sich: „Ich habe einige ostdeutsche Frauen gesehen, ich war schockiert, sie hatten dickere Beine als ich" (Frankfurter Rundschau, 8.12.90).

Athleten wie der Hochsprung-Olympiasieger Dietmar Mögenburg wussten auch ohne die geheimen DDR-Dokumente, wie es im Spitzensport aussah und dass nicht nur die DDR von der Doping-Seuche betroffen war:

> „Ich brauche es nicht schwarz auf weiß. Ich habe mit meinen eigenen Augen gesehen, was abgeht. Nicht nur in der DDR. Ich war dabei, als ein Italiener einen Kugelstoßweltrekord aufstellte. Der war so aufgeladen, daß ihm die Pillen aus den Augen tropften. Der hatte einen Eisenarm, den kannst Du nur durch diese Pillen kriegen. Um das Ganze wird halt ein Mantel der Ignoranz gelegt. ... Ich habe keine Lust, mich in einem verlogenen System zu engagieren." (Süddeutsche Zeitung, 1./2.12.90)

2.7.4 Gewichts[40]- und Muskelzuwachs als Indikator

Ein – sichtbarer – Indikator für die auch durch Anabolika bewirkten Veränderungen war das Körpergewicht von Spitzenathleten. Nach dem schwedischen Diskuswerfer Ricky Bruch sind Leistungsentwicklungen der Werfer „Funktion ... des Gewichts, das sie auf die Waage bringen. ... Ohne Anabolika hat man international gesehen nicht genug Gewicht." Er nahm in fünf Monaten um 25 kg zu (DE MONDENARD 1987, 140), in fünf Jahren um insgesamt 40 kg (de Mondenard 1987, 107), der amerikanische Hammerwurfolympiasieger Connolly um 10 kg in drei Monaten (de Mondenard 1987, 107), der amerikanische Speerwerfer Tom Petranoff in wenigen Monaten um 10 kg (von 85 auf 95 bei 1,88 m Größe) und verbesserte seine Bestleistung im Speerwerfen in einem Jahr um 11,32 m mit dem Weltrekordwurf von 99,72 m (de Mondenard 1987, 140).

Ein Zeitzeuge erinnert sich an ein Erlebnis bei der Universiade 1963:

> „Unsere Studenten (Namen der Studenten, die Verf.) die haben mich bei der Universiade aus dem Wohnhaus geholt und gesagt: Guck mal, ich will dir mal einen zeigen. So hat dieser Amerikaner vorher ausgesehen, du hast ihn noch in Erinnerung, und so sieht er jetzt aus. Das war der Anfang, wo mir das Thema erstmals heiß aufging. Und da kam diese Proportions- und Dimensionsentwicklung, die man bislang vom Training her nicht kannte."

---

[40] Die nachfolgenden Ausführungen leiden darunter, dass Gewichtsangaben nur Zeitungsberichten und Büchern entnommen werden, aber nicht nachgeprüft werden können. Dass die Situation allerdings eher gravierender als unproblematischer war, wird durch Äußerungen des ehemaligen Bundestrainers Hans-Jörg Kofink wahrscheinlich; nach Kofink waren die Gewichtsangaben der DLV-Athleten 1972 in nicht wenigen Fällen falsch (nämlich zu niedrig).

Ein anderer Zeitzeuge erinnert sich an eine Beobachtung bei einem Wettkampf 1965:

> „... da haben auch ein paar Amerikaner teilgenommen. Im zweiten Jahr kam einer, den habe ich gar nicht mehr erkannt. Es hatten sich bei solchen Gelegenheiten immer auch kleine Freundschaften entwickelt, und jener Athlet hat ungefähr 25 bis 30 Kilo zugenommen in diesem einen Jahr... Dann haben wir den mal gefragt. Er sagte, es gebe da Mittel und Pillen, auf die das Krafttraining dermaßen anschlägt, dass es reine Muskelmasse danach gibt."

Aus solchen Beobachtungen wurde sogar der Vorwurf abgeleitet, falsch zu trainieren:

> „Und wenn dann in den Folgejahren man diese Veränderungen sah, Leute bis 59, Virgil und solche Leute, die waren ja noch ziemlich schlank, die unterschieden sich nicht groß von anderen Athleten. Aber als man das merkte, da wird was gemacht, da kam das dann als Vorwurf, aber nicht ethischer Art, sondern dahingehend: das müssten wir jetzt auch mal machen. Wir arbeiten falsch."

Al Oerter wurde viermal Olympiasieger im Diskuswerfen und wog 125 kg, als er 1968 in Mexiko seine 4. Goldmedaille gewann, gegenüber 100 kg zu früheren Zeiten. Der Superschwergewichtler im Gewichtheben, Serge Reding (Belgien), übertraf als zweiter Mensch nach dem Sowjetrussen Alexejew im Dreikampf die Fabelleistung von 600 kg, bei den Olympischen Spielen in Mexiko City gewann er die Silbermedaille. Er nahm von 90 auf 140 kg zu (bei 1,72 m Körpergröße!), wurde damit der „stärkste Mann der Welt", starb aber im Alter von 33 Jahren an einem Herzstillstand (de Mondenard 1987, 140). Bei den Olympischen Spielen 1956 in Melbourne wog noch kein teilnehmender Athlet mehr als 115 kg, 1972 in München bereits 160 Sportler, vor allem Werfer, Gewichtheber und Ringer (Zürichsport, 23.1.1974, nach Maßholder 1981/82, 15). Bei seinem Kugelstoß-Weltrekord mit 23,12 m wog der später wegen Dopings gesperrte Randy Barnes gewichtige 165 kg (Frankfurter Allgemeine Zeitung, 27.5.1990).

Für Insider war die Ursache solcher Veränderungen offensichtlich. Der Silbermedaillengewinner im Diskuswerfen, Jay Silvester, führte in München 1972 eine Fragebogenuntersuchung zur Verwendung von Anabolika durch und kam zum Schluss: „Der Gebrauch sogenannter Anabolika ist unter Spitzensportlern allgemein verbreitet" und folgerte, die Athleten fühlten sich wegen der Beeinträchtigung der Chancengleichheit unter Zwang, Anabolika einzunehmen (Zürichsport, 23.1.1974, nach Maßholder 1981/82, 15). Angesichts solcher Veränderungen verglich Dr. Helmut Pabst von der Sportschule Grünwald in München 1979 viele Athleten mit „Mastsäuen" (Quick 1979, 18, 26.4.1979, 90).

Deutlich sichtbar sind solche körperlichen Veränderungen vor allem auch bei amerikanischen Profimannschaften, z.B. im Football, Basketball oder Baseball, in Sportarten, in denen über lange Zeit nur auf Drogen wie Heroin oder Kokain kontrolliert wurde, nicht aber auf Anabolika. Hier sind Athleten mit sehr eigenartiger Größe-Gewichtsrelation zu beobachten, z.b Footballspieler der Dallas Cowboys und Pittsburgh Steelers wie Erik Williams (1,98 m groß/145 kg schwer), Larry Allen (1,91 m/146 kg), Derek Kennard (1,91 m/150 kg), Nate Newton (1,91 m/144 kg) oder Brentson Buckner (1,88 m/137 kg). Selbst Basketballballer, die ja nicht nur laufen, sondern auch noch hoch springen müssen, weisen ein beachtliches Körpergewicht auf, z.B. Charles Barkley (1,98 m/114 kg), Larry Johnson (2,01 m/118 kg), Alonzo Morning (2,08 m/119 kg), George Muresan (2,31 m/137 kg) (Sport-Bild US-Sport 1/1996). Solche Beobachtungen sind in keiner Weise ein Beweis, lassen aber bestimmte Vermutungen zu, die so lange nicht überprüft werden können, wie keine effektiven Kontrollen stattfinden. Gerüchte gehen dahin, dass bei Basketball-Profis die wesentliche Gewichtszunahme (teilweise bis zu 30 kg) in den Monaten des Übergangs in die Profiliga erfolgt.

Warum der deutsche Leichtathletikverband bei der Präsentation seiner Olympiateilnehmer 1972 falsche Gewichtsangaben machte, kann nur vermutet werden: In seinem Schreiben vom 11.8.1972 an das NOK der Bundesrepublik wegen der Nichtnominierung seiner Kugelstoßerinnen bemerkte Bundestrainer Hans-Jörg Kofink:

> „Das NOK wird – sofern es dieser Entwicklung nicht gleichgültig gegenübersteht – gut daran tun, bei sämtlichen Wurfdisziplinen in München Gewichtskontrollen durchzuführen. Das würde in aller Deutlichkeit aufzeigen, wohin die Entwicklung seit Mexico gegangen ist und daß die der Öffentlichkeit zugänglichen Daten viel zu niedrig angesetzt sind. Dieser Praxis bedient sich auch der DLV. Bei der Veröffentlichung seiner Olympia-Kandidaten in 'Leichtathletik!' 31/1972 sind die Angaben über das Körpergewicht der Werfer und Werferinnen fast durchweg falsch. Was soll diese Irreführung der Öffentlichkeit?"

Als Konsequenz sprach sich Kofink entsprechend der Regelung im Gewichtheben, Boxen oder Ringen für die Einführung von Gewichtsklassen in den Würfen aus, um einem anabolikafreien Athleten die Möglichkeit zu geben,

> „im Rahmen seiner körperlichen Proportionen im sportlichen Wettkampf konkurrenzfähig zu bleiben. Will er das unter den heutigen Gegebenheiten, so muß er sich in einen körperlichen Zustand bringen, den er selbst nicht wünscht."

Aber nicht nur die Werfer wurden kräftiger. Die Morphologie der Sprinter beispielsweise hatte sich in den Jahrzehnten seit ca. 1960 erheblich verändert. Der Sprint-Olympiasieger von 1936, Jesse Owens, wog bei einer Körpergröße von 1,72 m 72 kg, Donavan Bailey als Olympiasieger von 1996 bei 1,83 m Größe 82 kg. Ben Johnson als Dritter der Olympischen Spiele von 1984 war 1,80 m groß und wog 64 kg. Vier Jahre später im Olympiajahr 1988 brachte er 12 kg mehr auf die Waage. Linford Christie legte zwischen 1984 (24 Jahre) und 1996 (36 Jahre) 17 kg Muskelmasse zu, bei 1,89 m Größe nahm er von 77 auf 94 kg zu. Florence Griffith-Joyner hatte 1984 durchaus weibliche Formen, 1988 glich sie eher einem Mann mit hypertrophierten Muskeln. Experten gehen davon aus, dass eine solche Muskulatur nur mit Hilfe von Anabolika aufgebaut werden kann (de Mondenard 1999, 19 f.).

2.7.5 Frauen mit tiefen Stimmen und Muskelbergen

Der Öffentlichkeit fielen besonders die tiefen Stimmen der DDR-Schwimmerinnen auf, zumal in keiner Sportart die Überlegenheit eines Landes derart schockierend war wie die der DDR im Schwimmen der Frauen bei den Olympischen Spielen 1976. Von 13 möglichen Goldmedaillen holten sich die DDR-Athletinnen 12:

„Die Folgen, verheerend, besonders bei Frauen: konvexe Muskelberge da, wo man sie bequem vermissen kann, unter dem Oberarm und auf der Rückenpartie, konkave Leere dort, wo das Ewig-Weibliche sich normalerweise konvex darbietet in Brusthöhe. Schlimmer noch: Die Stimme wird tiefer, der Haarwuchs an Bein und Brust stärker – Kennzeichen der Roboterriege von DDR-Schwimmerinnen. Als ein Reporter fragte, warum sie alle so tiefen Stimmen hätten, antwortete ihr Trainer: 'Die sind doch nicht zum Singen hier'" (Der Spiegel, 2.8.1976), 7).

Und der Mediziner Adolf Metzner stellte in der „Zeit" vom 13.8.1976 fest:

„Wer diese Schwimmerinnen gesehen hat ... wird sicher erschrocken gewesen sein, beim Anblick dieser enormen Muskelpakete des Schultergürtels und der Arme. Diese Muskeln würden Möbelpackern zur Ehre gereichen, nicht aber Mädchen und jungen Frauen. Auch intensivste Hantelarbeit ist nicht in der Lage, eine derart männlich geprägte Rücken- und Schultermuskulatur bei einer Frau zu erzeugen."

Olympiasieger und Weltrekordmann Michael Gross konstatierte 1988 den Rückgang von Nebenwirkungen:

„Wenn ich so die DDR-Schwimmerinnen betrachte, sehe ich, daß sie weiblicher geworden sind. Zudem haben sie nicht mehr so tiefe Stimmen wie früher. Eins von beiden: Entweder dopen sie sich nicht mehr oder sie dopen sich besser als früher!" (Sports, September 1996).[41]

Äußere Anzeichen wie z.B. die tiefen Stimmen der DDR-Schwimmerinnen hätten Anlass zu einer intensiveren Doping-Bekämpfung und zur Einführung von Trainingskontrollen sein können, einschließlich der Nutzung solcher Anzeichen für Zielkontrollen, sofern der nötige Wille dazu gegeben gewesen wäre und die entsprechenden verbandsrechtlichen Voraussetzungen geschaffen worden wären. Das Unrechtsbewusstsein war aber bei Akteuren und Beobachtern noch gering entwickelt, selbst eindeutige Beobachtungen zogen keine vermehrten Anti-Doping-Anstrengungen nach sich.

---

[41] Wie die DDR-Dokumente (vgl. Spitzer 1998) zeigen, war das Letztere der Fall.

2.7.6 Morphologische Veränderungen

Im Westen beschäftigten sich nur Einzelne weitergehend mit dem Phänomen der dopingbedingten morphologischen Veränderungen. Der 1981 aus der DDR in den Westen übergesiedelte Mediziner Prof. Dr. Friedhelm Beuker wies immer wieder auf solche körperlichen Phänomene hin. Bei einer Untersuchung an 2138 gedopten Bodybuildern Anfang der 90er Jahre fand er heraus, dass 85% von ihnen mindestens eins oder zwei der folgenden Merkmale aufwiesen: Glotzaugen (das Fettgewebe hinter den Augen saugt sich mit Wasser voll und drückt den Augapfel nach vorn), Quellmuskulatur (Anabolika ziehen Wasser in den Muskel hinein), Steroidakne (vorwiegend im Gesichts-, Hals- und Oberkörperbereich), Verweiblichung des Manns (auf die Einnahme des männlichen Sexualhormons Testosteron reagiert der männliche Körper durch vermehrte Eigenproduktion des weiblichen Sexualhormons Östrogen, mit der Vergrößerung der Brustwarzen, Herausbildung einer weiblichen Brust, sog. „Big Tits", Schrumpfung der Hoden, Haarausfall und Glatzenbildung), Vermännlichung der Frau (testosteronhaltige Mittel bewirken bei Frauen das Gegenteil: Verkümmerung der Brust, Klitoriswachstum, Kehlkopfvergrößerung mit Stimmabsenkung als Folge, übermäßige Behaarung im Bein-, Brust- und Schambereich, Sports 7/1993, 49/51). Im Gegensatz zu inaktiven nationalen und internationalen Funktionären wagte sich Beuker sehr weit vor, als er z.B. auf der Grundlage solcher Beobachtungen öffentlich nicht nur Ben Johnson als gedopt ansah, sondern auch die amerikanische Wunderläuferin Florence Griffith-Joyner und den mehrfachen Olympiasieger Carl Lewis „aufgrund der Symptome, die ihre Körper zeigen ... Lewis unterscheidet sich in nichts von Johnson" (Frankfurter Allgemeine Zeitung, 5.3.1994).

Spitzensportler äußerten sich im direkten Gespräch mit Funktionären in ähnlicher Richtung wie ein anonymer Athlet in „Sport-Bild" (5.10.1988, 49, der Redaktion damals namentlich bekannt):

> „Übrigens, haben Sie schon einmal eine Anabolika-Akne gesehen? Wenn noch nicht wieder alles raus ist aus dem Körper, weil einer übertrieben hat? Ich sage Ihnen: Wie bei einem, aus dem die Pubertät dampft. Manchmal sind es richtige Ausbeulungen, die sich da auf dem Rücken wölben. Schauen Sie mal genau hin bei einigen Athleten."

Trotz deutlicher körperlicher Anzeichen für Anabolikamissbrauch (Muskelausprägung, krasse Leistungssteigerung in kurzer Zeit. gelbe Augen) war Ben Johnson 1988 bei den kanadischen Ausscheidungen nicht getestet worden, aber Athleten merken, wenn ihr Gegner „unter Strom steht": „Rumors that Johnson had been using steroids had been circulating for months" (News Week 10.10.1988). Solche Gerüchte waren aussagekräftiger als Doping-Kontrollen; Ben Johnson wurde seit 1981 29 mal negativ kontrolliert und war nur in Seoul positiv (Süddeutsche Zeitung, 19.6.89).

Auch Athleten machten immer wieder auf solche Veränderungen aufmerksam, z.B. die Schwimmerin Franziska von Almsick bezüglich ihrer chinesischen Kolleginnen: „Die sind voller Pickel, haben Kreuze wie Schränke und Muskelberge wie Männer" (Stuttgarter Zeitung 17.3.1994). Der Antidopingbeauftragte des DSV, Ulrich Höcke, reagierte auf solche Vorwürfe, indem er Beweise verlangte: „Allein ein breites Kreuz und Pickel im Gesicht sind mit Sicherheit kein Beweis dafür, dass jemand gedopt war" (Hannoversche Allgemeine Zeitung, 18.3.1994), ohne aber eigene Aktivitäten zu entwickeln. Immerhin hatte schon über ein Jahr zuvor – ohne Rüge – auch der DSV-Mannschaftsarzt Prof. Gerrit Simon (Warendorf) festgestellt: „Da ist einiges sicher nicht ganz koscher" (Allgemeine Zeitung, 1./2.8.1992). Der Spitzensport befindet sich hier im Dilemma zwischen einerseits dem Vorwurf, Kritiker und „Sehende" mundtot machen zu wollen, und anderseits, Athleten nicht ausreichend gegen nicht bewiesene Verdächtigung zu schützen.

Beobachtungen körperlicher Veränderungen wurden nicht nur in der Leichtathletik oder im Schwimmen gemacht:

> „Wüste Geschichten aus der Gerüchteküche des Tennis ... Aber, na klar doch! Die Spanier – und zwar alle Spanier – sind immer schon vollgepumpt mit dem Zeugs. Und der Rios sowieso. Da reicht doch ein Blick auf die Oberschenkel. Dagegen waren die Beine der einst von Richard Krajicek gescholtenen ‚fetten Schweine' auf der Damentour zarte Waden. Und der Santoro. Was war das früher für ein schmales Hemd – und jetzt? 'Korda ist nicht der einzige, der gedopt hat', behauptet Jeff Tango" (Frankfurter Allgemeine Zeitung, 9.1.1999).

Beim Tod der Sprint-Olympia-Siegerin von 1988, Florence Griffith-Joyner, im September 1998 wurde die Problematik des Erkennens von Doping über körperliche Veränderungen besonders deutlich angesprochen. Jean-Pierre Cousteau (Arzt des Franz. Tennis-Verbands und Autor mehrerer Artikel zur Dopingproblematik) äußerte:

> „Niemand darf sie des Dopings beschuldigen, sie wurde nie positiv getestet. Aber ein Arzt, der die Vergrößerung der Muskelmasse parallel zum Erzielen fabelhafter Leistungen beobachtet, hat das Recht zur Äußerung, daß solche morphologischen Veränderungen ohne Doping unmöglich sind. Das habe ich schon damals (1988) gesagt, dabei bleibe ich. Auch heute darf man nicht sagen, alle Athleten seien gedopt, wenn aber einer 10 kg Muskelmasse in einem Jahr zulegt, dann geht das nicht mit natürlichen Mitteln. ... Sie muß nicht an den Folgen des Dopings gestorben sein. Anabolika, Wachstumshormone, oder Testosteron können die Brüchigkeit der Adern begünstigen, aber hier handelt es sich nur um Vermutungen. ... Das heutige Dilemma des Arztes besteht darin: Entweder er ist nicht einverstanden und er wird gefeuert, oder er ist einverstanden und er hält seinen Mund. .. Ich sage zu meinen Tennisspielern: 'Dopt Euch nicht, denn ihr könnt auch ungedopt gewinnen.' Das Gleiche könnte ich nie zu einem jungen Kugelstoßer oder Radrennfahrer sagen" (L'Equipe, 23.9.1998).

2.7.7 Vertuschen von Nebenwirkungen

Die Nebenwirkungen des Anabolikamissbrauchs wurden zu vertuschen versucht:

> „Ein Eindruck drängte sich von den Zuschauer-Tribünen aus auf: Je greller geschminkt und je bunter das Outfit, um so verdächtiger machten sich einige Frauen. Als ob sie fieberhaft die herben Züge zu übermalen und kompensieren trachteten" (Süddeutsche Zeitung, 6.10.1989).

Ebenso wie das Auftauchen fällt auch das Verschwinden äußerer Anzeichen auf, z.B. wurde Katrin Krabbes erster Start nach ihrem ersten Doping-Problem (identischer Urin von drei Sprinterinnen bei einer Kontrolle in Südafrika) folgendermaßen geschildert:

> „Die Sprinterin ... präsentierte sich am vorletzten Wochenende in Neubrandenburg schöner denn je: in einem neuen Trikot, mit reinem Teint und – erstmals – einem fraulichen Busen. Auch am Schultergürtel, der Hüfte und den Oberschenkeln ist die machtvolle Silhouette harter Muskeln einem weichen Relief gewichen. Die beiden Delta-Muskeln über den Schultergelenken, früher athletisch und voluminös, sind jetzt modellhaft zart. Verschmälert hat sich auch Katrin Krabbes hintere Kontur, besonders die großen Gesäßmuskeln. Das ist ja eine ganz andere Frau, staunten die Fotografen" (Der Spiegel 46, 1992, 26, 237).

Allerdings lief sie so auch nur noch 11,70 s über die 100 m, 0,81s langsamer als bei ihrer Bestzeit.

2.7.8 Leistungsunterschiede zwischen Jahresbestleistungen und Olympischen Leistungen/Leistungen bei Weltmeisterschaften

Bei den Olympischen Spielen 1976 wurde erstmals nach den verbotenen Anabolika gesucht, was sich besonders im Gewichtheben bemerkbar machte. Der Kubaner Urrutia blieb im Leichtgewicht 17,5 kg unter seinem nationalen Rekord, der Bulgare Stotchev 12,5 kg unter seinem Weltrekord, die Schwergewichtler Christov (bei der Kontrolle positiv) und Zaitsev um 17,5 kg bzw. 22,5 kg unter ihren Bestleistungen, im Superschwergewicht Bonk (DDR) 27,5 kg unter seiner Leistung bei den Europameisterschaften zwei Monate zuvor (de Mondenard 1987, 130):

> „Unter der Überschrift 'Das Turnier der Anaboliker' resümierte das Offizielle Standardwerk des NOK für Deutschland: 'Nicht die Rekorde bestimmten das Gewichtheberturnier von Montreal, sondern die Ausfälle. Die Muskelpille hob nicht mehr mit ... Die Symptome einer Entziehungskur waren unverkennbar ... Der Russe Juri Salzew und der Mitteldeutsche Gerd Bonk stellten absolute Minusrekorde auf: Salzew blieb 30 kg hinter seiner Bestleistung, Bonk 27,5 kg" (Zeit und Bild, 7.5.1977).

Nach dem Testosteronverbot und der Einführung verbesserter Nachweismethoden, was bei den Panamerikanischen Spielen 1983 in Caracas[42] zur vorzeitigen Abreise einiger Athleten geführt hatte, hatten die Kraftleister ein Problem. Zwar muss man bei den Ergebnissen der Olympischen Spiele 1984 den Boykott der Ostblockländer berücksichtigen. Trotzdem blieben die olympischen Siegesleistungen teilweise beeindruckend hinter den Weltrekorden zurück, im Gewichtheben je nach Gewichtsklasse zwischen 25 und 55 kg oder zwischen 6,54% und 12,5% (bei den Weltmeisterschaften 1985 zwischen 5 und 27,5 kg oder zwischen 1,85% und 6,5%), obwohl die Anabolika teilweise durch Wachstumshormone ersetzt worden waren (de Mondenard 1987, 142).

2.7.9 Von einfachen zu komplexen Beobachtungen

Im Gegensatz zu den 60er, 70er und auch 80er Jahren war eine monokausale Erklärung körperlicher Veränderungen durch Doping in den 90er Jahren nicht mehr so einfach, da neue Mittel Einzug in den Spitzensport gehalten hatten, die zum Teil nicht verboten waren wie Kreatin oder Aspirin. Experten waren z.B. verwundert über den Leistungssprung des Sprinters Linford Christie zwischen 1985 und 1986 von 10,42 s auf 9,94 s parallel zur Veränderung seiner Figur, die nun einem Body-Builder zur Ehre gereicht hätte. Nach einem Aufenthalt bei Linford Christie im Winter 1995/96 verbesserte Frankie Fredericks den 200-m-Hallenweltrekord. Auch bei ihm waren deutliche morphologische Veränderungen erkennbar (Sciences et Avenir Juli 1996). Jean-Paul Escande, der damalige Präsident der französischen Anti-Doping-Kommission[43], meinte in Bezug auf Fredericks:

> „Man müßte die Athleten lange vor den Wettkämpfen kontrollieren. Im Verlauf eines Jahres hätte man dann feststellen können, was mit der Muskulatur von Frankie Fredericks passiert ist. Mit einem Röntgenbild des Kiefers könnte man feststellen, ob er Wachstumshormone genommen hat. ... Manche Athleten braucht man nur zu betrachten, um zu wissen, daß sie gedopt sind" (Le Parisien, 12.7.1996).

Durch die Verwendung von Medikamentenmischungen sind jedenfalls manche körperlichen Auswirkungen in den 90er Jahren nicht mehr so eindeutig wie in den vorhergehenden Jahrzehnten.

---

[42] 19 Athleten (Gewichtheben, Leichtathletik, Radrennsport, Fechten) wurden positiv getestet. Daraufhin verließen 13 US-Leichtathleten fluchtartig die venezuelanische Hauptstadt, ohne an den Start gegangen zu sein.

[43] Nach seiner Meinung lassen sich nur die Dummen und Naiven erwischen (Le Point 1243, 13.7.1996, 62).

2.7.10 Sichtbares im Ausdauersport

Dauerleister waren von sichtbaren körperlichen Veränderungen bis gegen Ende der siebziger Jahre eher ausgenommen, einmal abgesehen vom Phänomen einiger magersüchtiger Athletinnen.[44] Dies wurde mit dem Einzug der Anabolika, Wachstumshormone, Kortikoide und EPO in die Ausdauersportarten anders. Nach Ansicht eines ehemaligen französischen Profis ereigneten sich die entscheidenden Veränderungen im Radsport Anfang der 90er Jahre, etwa 20% der Fahrer seien plötzlich ganz anders gewesen:

> „Man sah Fahrer vor sich, die von der Anstrengung überhaupt nicht gezeichnet waren. Ein Kollege sagte nach einer Bergetappe: 'Sie fahren praktisch ohne Luft zu holen'" (Libération, 3. August 1998, 4).

„Vélo Magazine" (8,1998) wies auf sehr definierte Muskulatur hin (im Gegensatz zur früheren ausdauerverschlankten oder später von Kortikoiden aufgequollenen Muskulatur nun ausgeprägte Muskulatur mit wenig Fettanteil), auf einen hohen Anteil älterer Spitzenfahrer (der andeutungsweise auf EPO-Missbrauch etc. zurückgeführt wird) und auf das Verschwinden von Spezialisten.

Sehr deutlich wurde durch Doping verändertes Aussehen im Ausdauersport bei den Leichtathletik-Weltmeisterschaften 1993 in Stuttgart angesprochen: „Ihre von deutlicher Vermännlichung gezeichneten Körper riefen schlimme Erinnerungen wach an eine größtenteils überwunden geglaubte Ära" (Süddeutsche Zeitung, 18.8.1993). Aus seinen Beobachtungen leitete der 5.000-m-Olympiasieger Dieter Baumann seine Kritik ab:

> „Wie lange will Primo Nebiolo davor noch die Augen verschließen? Er muß endlich handeln. Und das kann nur so aussehen, daß er und seine IAAF künftig Länder von Weltmeisterschaften und allen anderen internationalen Wettkämpfen ausschließen, die keine Trainingskontrollen zulassen. China steht da ganz vorne dran" (Stuttgarter Zeitung, 18.8.1993)

Da alle vorhergehenden Weltrekorde durch gedopte Läuferinnen erzielt worden waren, wunderte sich Bundestrainer Lothar Pöhlitz: „Und jetzt kommen drei Chinesinnen daher, die alle drei Weltrekord laufen können" (Stuttgarter Zeitung, 18.8.1993). Der Doping-Experte Werner Franke verglich 1994 die chinesischen Schwimmerinnen wegen ihres Aussehens mit den DDR-Schwimmerinnen und beschuldigte sie des Dopings:

> „In China werden Menschenexperimente im großen Stil gemacht. Wenn man die Stimmen der chinesischen Schwimmerinnen hört, und sie mit denen der DDR-Schwimmerinnen aus den siebziger Jahren vergleicht, dann waren die ostdeutschen Athletinnen Elfen gegen die Chinesinnen der 90er Jahre" (Frankfurter Allgemeine Zeitung, 10.9.1994).

---

[44] In der Zeitschrift „Tour" (8/1999, 42) wird von „grassierender Magersucht unter den Radrennfahrern" gesprochen wird. Abnehmen wird als die „italienische Methode" bezeichnet. Lance Armstrong soll seit seinem WM-Sieg rund 10 kg abgenommen haben.

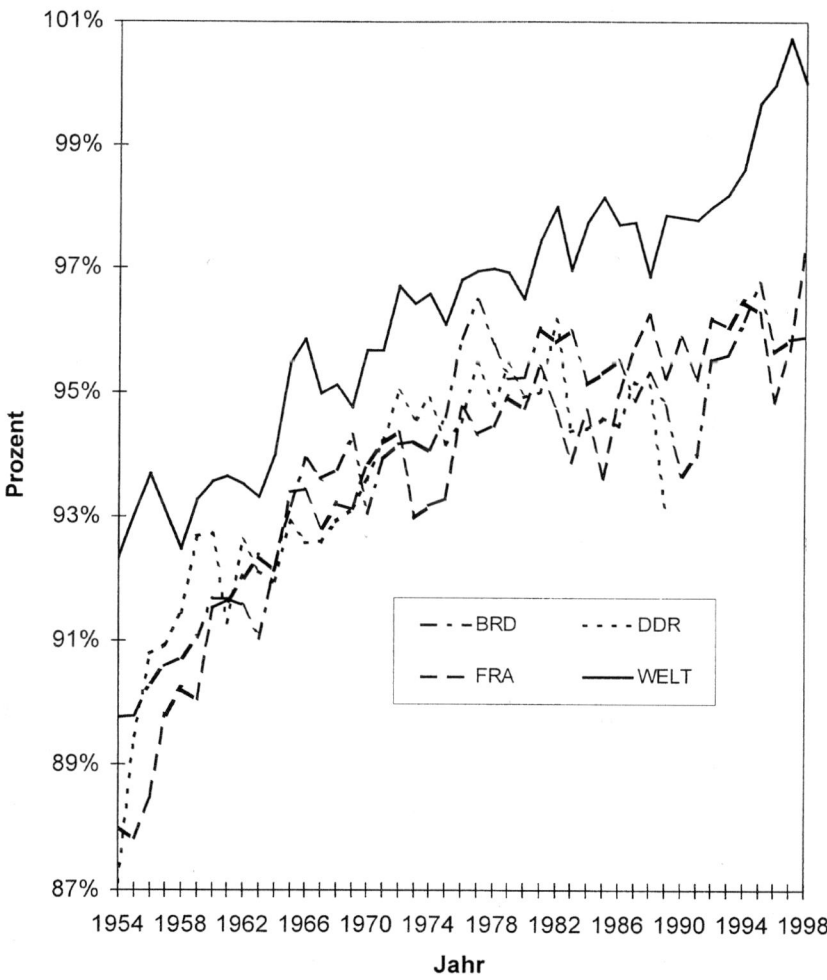

Abb. 9: Leistungsentwicklung im 5000-m-Lauf der Männer (Durchschnitt der Plätze 1 – 3 1998 = 100%)

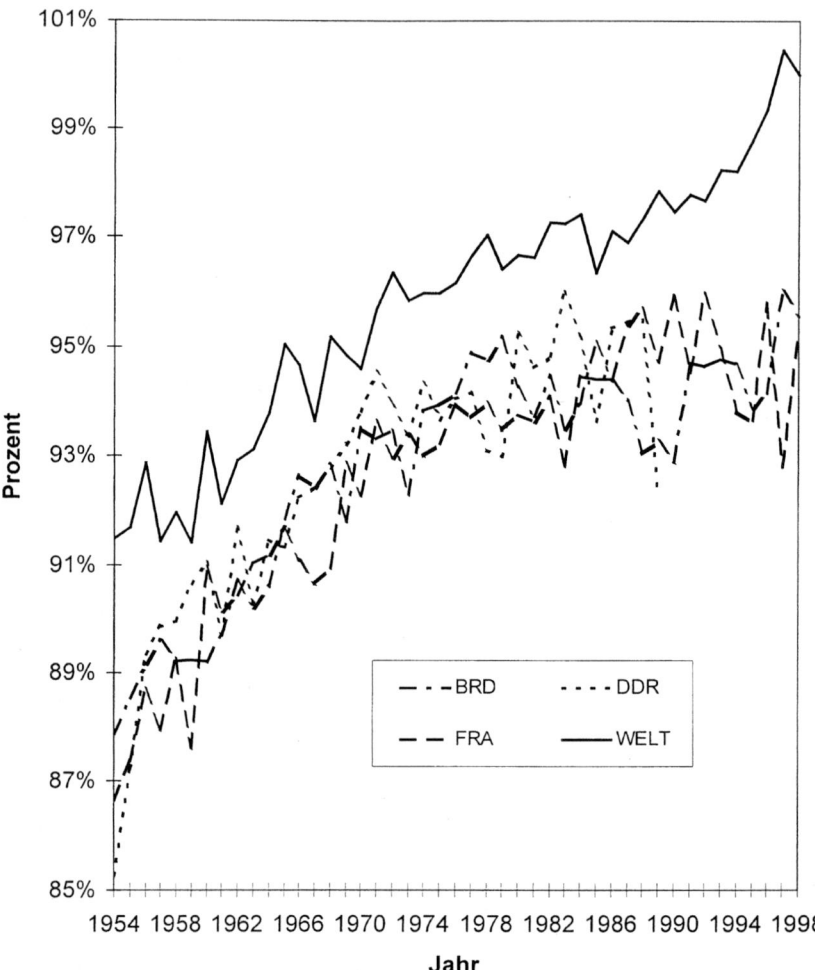

Abb. 10: Leistungsentwicklung im 10.000-m-Lauf der Männer (Durchschnitt der Plätze 1 – 3 1998 = 100%)

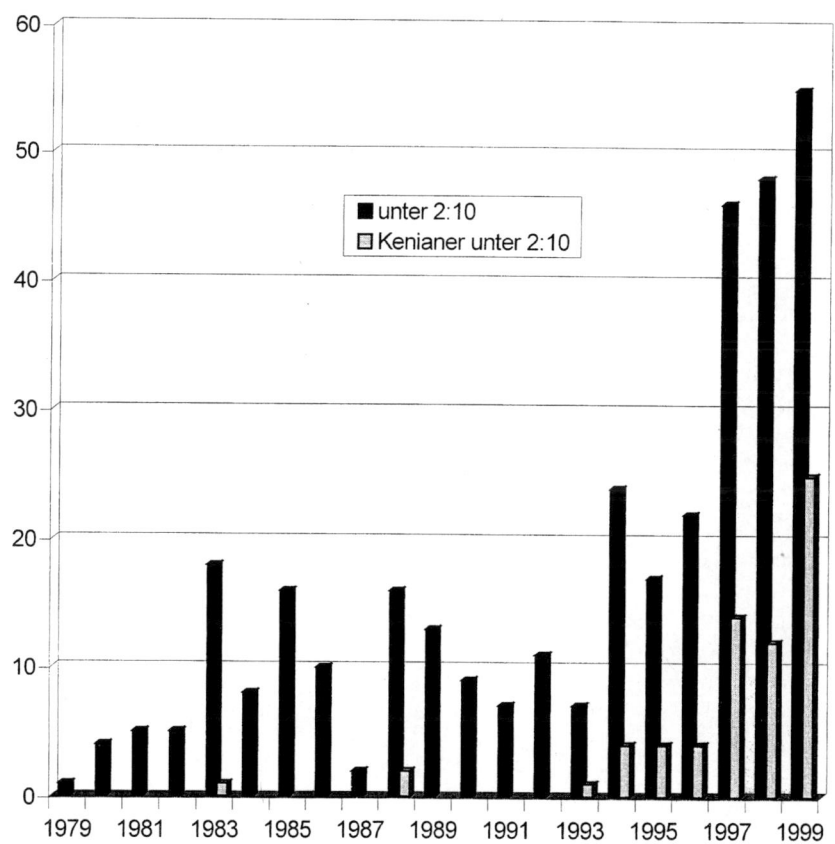

Abb. 11: Zunahme der Zeiten von unter 2 Stunden 10 Minuten im Marathonlauf der Männer seit 1979

In den fünfziger und sechziger Jahren wurden Stimulantien zur Leistungsförderung verwendet. In den siebziger Jahren drangen die Anabolika vor; der ehemalige Läufer Jean-Marie Wagnon erklärte schon 1973, dass mit Hilfe von Anabolika die Regeneration verbessert werde und die täglichen hohen Trainingsbelastungen erträglicher würden (de Mondenard 1987, 127). Beim Zuwachs bis auf 18 (1985) bzw. 20 (1988) Marathonzeiten unter 2 Stunden 10 Minuten lässt sich Anabolikaunterstützung und/oder Blutdoping vermuten, bzw. beim Rückgang nach 1989 die Angst vor Kontrollen. Die krasse Zunahme seit 1994 dürfte auf eine zunehmende EPO-Verwendung zurückzuführen sein.

Weitere Veränderungen im Radsport wurden als Folge des Missbrauchs einer Reihe von Dopingsubstanzen (vor allem EPO, Wachstumshormone, Anabolika, Kortikoiden u.a.m.) sichtbar. Das „Vélo Magazine" des Monats August 1998 erläuterte andere Veränderungen des Radsports in den letzten Jahren: Höhentraining ist aus der Mode gekommen (Desinteresse wegen EPO), Veränderung der Trainingsmethodik (Bevorzugung der anaeroben Ausdauer und der Kraft zulasten der Grundlagenausdauer).

Sichtbar waren aber vor allem Leistungsverbesserungen. Zum Radfahren gibt es Aussagen, dass seit dem Beginn der 90er Jahre, vor allem aber seit 1994 das zur Steigerung der Sauerstoffaufnahme verwendete Erythropoietin umfassend verwendet wird (vor allem der frühere Rennstalleiter von Peugeot, Cyril Guimard, Süddeutsche Zeitung, 17. Juli 1998, 33). Da Wissenstransfer in den 90er Jahren recht schnell erfolgte, kann davon ausgegangen werden, dass die Mittel- und Langstrecken in der Leichtathletik und andere Ausdauersportarten davon nicht verschont blieben, ebenso wenig wie vom Anabolikamissbrauch, der seit Ende der siebziger Jahre zugenommen haben dürfte.

2.7.11 Das Vordringen der Wachstumshormone und anderer Substanzen

Eine andere Art von körperlichen Veränderungen provozieren Wachstumshormone, die seit Anfang der 80er Jahre angewandt werden: ein erneutes Wachstum der Extremitäten, beispielsweise der Füße oder der Kiefer (Süddeutsche Zeitung, 17.5.1996), was u.a. an der vermehrten Verwendung von Zahnspangen durch erwachsene Athleten sichtbar wurde. Das „Underground Steroid User's Handbook" führte die sichtbaren Wirkungen von Wachstumshormonen auf:

„ein paar Nebeneffekte können natürlich eintreten. Es könnte dein Kinn, deine Hände und Füße verlängern ... Es kann auch deinen Brustkasten und den Hüftumfang vergrößern. Massive Gewichtszunahmen über so einen kurzen Zeitraum können dir auch Herzprobleme bescheren. Wachstumshormone sind das größte Glücksspiel für einen Athleten, weil die Nebeneffekte irreparabel sind" (zitiert nach KISTNER/WEINREICH 1996, 185).

Auch diese Effekte waren beobachtbar:

„Vor allem unter US-Athleten stieg seit 1992 der Gebrauch von Zahnspangen und Geräten zur Kieferkorrektur auffallend an. Bei ausgewachsenen Menschen, wohlbemerkt" (KISTNER/WEINREICH 1996, 185).

Gerüchte gehen dahin, dass Athleten plötzlich bei der Bestellung von Schuhen drei Schuhnummern größer brauchten. Daraus lässt sich ableiten, dass Verbände und Schuhfirmen, die über die Daten der von ihnen betreuten Athleten verfügen, solche Entwicklungen verfolgen und vermuten konnten, welche ihrer Athleten Wachstumshormone nahmen.

Eine andere Auffälligkeit besteht in der extremen Vermehrung der Asthmatiker in einigen Sportarten. Asthmamittel enthalten Clenbuterol oder Salbutamol.

Asthmamittel sind zugelassen, wenn sie von Medizinern verordnet werden und vor Wettkampfbeginn ein Attest vorgelegt wird. Schon bei den Olympischen Winterspielen 1994 verwunderte die große Zahl der asthmakranken Langläufer. Sogleich stellte der Präsident der Medizinischen Kommission des IOC, der Prinz de Mérode, fest, Asthmamittel würden nicht den geringsten Leistungsvorteil bringen (Süddeutsche Zeitung, 24.2.1994). Gleich in mehreren Sportarten wie dem Skilanglauf, Schwimmen oder Triathlon besitzen die meisten Spitzenathleten in der Zwischenzeit das notwendige Attest. So beklagte der Triathlon-Weltpräsident Les McDonald dieses verschleierte Doping: „98% unserer Spitzenathleten benutzen Asthma-Sprays. Entweder ist der Sport gesundheitsschädlich, oder die Sprays haben leistungsfördernde Wirkung"; die frühere australische Weltmeisterin Emma Carney war als „Nicht-Asthmatikerin" von anderen Spitzenathleten wegen ihres Verzichts auf Asthmamittel als „Idiotin" bezeichnet worden (Frankfurter Allgemeine Zeitung, 8.Mai 1999).

Eine weitere Veränderung stellten Sportmediziner bei der Kontrolle der Blutwerte bei den Olympischen Spielen 1994 in Lillehammer und den nordischen Skiweltmeisterschaften 1995 in Thunder Bay fest; nach Ernst Raas, dem Chefmediziner des Internationalen Skiverbands, fanden sich

> „explosive Blutwerte, die zum Teil 33% über Normal lagen ... 'Es macht mich immer noch traurig, daß bei den EPO-Manipulationen stets Ärzte beteiligt sind'" (Der Spiegel, 14/1997).

Aussagen, die später auch vom Generalsekretär des Verbands, Gianfranco Kasper, bestätigt wurden (Süddeutsche Zeitung, 29.12.1996). Solche Veränderungen medizinischer Werte, die bis zu ihrem Auftauchen in den Medien schon einige Zeit als brisantes Wissen innerhalb der Verbände hinter sich haben, sollten Verantwortliche wesentlich schneller aktivieren, als es in der Vergangenheit der Fall war. Mit den Reihenuntersuchungen bei den französischen Radprofis seit 1999 könnten Grundlagen dafür gelegt werden, dass aus solchen veränderten Werten verwertbare Ergebnisse entstehen, sofern der politische Wille dazu gegeben ist. Beim internationalen Radverband UIC, dessen Präsident sich vehement gegen die französische Art der Kontrollen wendete, scheint dieser Wille nach wie vor nicht gegeben (zumindest bis Anfang des Jahres 2000).

Wenn Athleten, die selbst Indizien deutlicher körperlicher Veränderungen aufweisen, andere des Dopings beschuldigen, dann könnten diese auch nach dem Motto vorgehen: Angriff ist die beste Verteidigung. So äußerte der selbst verdächtigte Carl Lewis zur Physis einiger seiner Konkurrenten:

> „Diese Leute kann jeder an ihren Leistungen und ihren Figuren erkennen. Sie sind seit Jahren in der Szene, aber plötzlich werden sie breiter, enorm muskulös und laufen deutlich schneller. ... (Mit Bezug auf den deutschen Zehnkämpfer Busemann) Im vergleichbaren Alter habe ich mich ähnlich entwickelt. Und meine Figur, mein Gewicht sind bis

heute gleich geblieben. Das ist das Zeichen, daß ich nicht mit unerlaubten Mitteln nachgeholfen habe" (Frankfurter Allgemeine Zeitung, 10.7.1997).

In einer Glosse mit dem Titel „Steinwerfer im Glashaus" wurde diese Attacke ironisch beleuchtet:

> „Unter uns gesagt, lassen sich die optischen 'Dopingbeweise', die Carl Lewis gegen ungenannte Landsleute wie namenlose Ausländer ins Feld geführt hat, leicht umkehren und gegen den Angreifer richten. Der Vorläufer und Fürsprecher des Santa Monica Track and Field Club wurde in seiner freien Rede lange, wie übrigens auch sein Mitläufer Leroy Burell, durch eine Zahnspange behindert: eiserne Korrekturversuche gegen hartnäckige Veränderungen im Kiefer, die dopingerfahrene Mediziner mit dem Genuss von Wachstumshormonen in Verbindung bringen. Jene Wachstumshormone, deren Missbrauch noch nicht nachzuweisen ist, von denen Carl Lewis aber zu berichten weiß, dass sie ihre leistungsfördernde Wirkung nur bei der 'gleichzeitigen Einnahme von Steroiden' entfalten. Das weiß er natürlich nur aus entfernter Anschauung, nicht aus eigener Erfahrung, versteht sich – und er spricht es mit der gleichen Abscheu aus, die der amerikanische Superstar auch gegenüber dem staatlichen Dopingsystem der DDR empfand. Immerhin traut sich Lewis die Einschätzung zu, dass der Dopingmissbrauch heutzutage 'in den Vereinigten Staaten schlimmer ist als damals in Ostdeutschland'" (Frankfurter Allgemeine Zeitung, 14.7.1997).

2.7.12 Zur Wirkung unangekündigter Trainingskontrollen

Die Androhung intensivierter Dopingkontrollen hatte Auswirkungen, obwohl sie am Anfang alles andere als perfekt waren und zum Teil bis heute nicht perfekt sind; ihre Qualität hängt vom Geschick der Kontrolleure und der Mitarbeit der entsprechenden Länder und Sportverbände ab. Zu Beginn der unangekündigten Trainingskontrollen scheint schon ihre Ankündigung ausgereicht zu haben, um die Athleten vorsichtiger werden zu lassen:

> „1990 wurden sieben Weltrekorde bei den Männern verbessert, bei den Frauen keiner. Das hat es seit 1966 nicht mehr gegeben. In der Schweiz erzielten die Männer keinen einzigen Rekord (erstmals seit 1915)" (Zürcher Tagesanzeiger, 5.10.1990).

Dass bundesdeutsche Sportler bei der Hallen-Europa-Meisterschaft 1990 sehr erfolgreich waren, wurde auf die unangekündigten Dopingkontrollen zurückgeführt.

> „Es scheint, als hätten manche Funktionäre, Trainer und Athleten allein schon auf die Androhung von Trainingsüberprüfungen hin Vorsicht walten lassen. Denn nachdem der Internationale Leichtathletik-Verband im vorigen Sommer 'fliegende Einheiten' zu Wettkämpfen auf allen Kontinenten hatte ausschwärmen lassen, schlief diese löbliche Hartnäckigkeit im Winter wieder ein. Vielleicht hat es wirklich keiner gemerkt, aber die gefürchteten Schnüffler waren daheim geblieben. Sollte das gleiche im nächsten Jahr wieder passieren, brauchte sich niemand über die Rückkehr der alten Verhältnisse zu wundern" (Süddeutsche Zeitung, 6.3.90).

Das nicht ausreichend entwickelte Unrechtsbewusstsein jener Zeit zeigt sich am besten an Büchern wie jenem des bekannten Doping-Arztes Kerr, der 1982 nur vor dem unkontrollierten Gebrauch anaboler Steroide warnte und Sportler aufforderte, sich in die Hand eines erfahrenen Arztes zu begeben, der sich im Umgang mit Anabolika auskennt. Die gravierenden Nebenwirkungen vor allem bei Frauen waren nicht erst seit den Befragungen durch die kanadische Regierungskommission des Richters Dubin bekannt. So berichtet z.B. die Studie von Strauss et al. (1985) von tieferen Stimmen, Körperbehaarung, zunehmender Aggressivität, Klitoris-Wachstum und unregelmäßiger Menstruation bei regelmäßig Anabolika benutzenden Frauen. Diese akzeptierten diese Nebenwirkungen, meinten aber, andere Frauen würden wohl anders handeln.

In seinem Buch „Dictionnaire des substances et procédés dopants en pratique sportive" (1991) beschreibt Jean-Pierre de Mondenard die verschiedenen Dopingmittel und -methoden (Medikamente und ihre Zulassung, therapeutische Indikation, Nebenwirkungen, Dosierung, Effekte bei Sportlern, betroffene Sportarten, Skandale und Affären, Dopingregeln), „objektive" (sichtbare und durch schulmedizinische Methoden nachweisbare Effekte) und „subjektive" Auswirkungen (wie z.B. Veränderung der Libido, Kopfweh, Aggressivität, steroid-rage, Sucht bei den Anabolika), eine geeignete Grundlage für alle, die an einer Zielfahndung interessiert sind, denn nach den beschriebenen Symptomen lassen sich Athleten in „verdächtigere" und weniger „verdächtige" Athleten einteilen.

2.8 Beobachtungen als Anlass zum Handeln?

Sichtbare Veränderungen wurden meist schon recht früh nach Auftauchen neuer Dopingmittel angemessen eingeordnet. Wahrnehmung ist selektiv. Die Wahrnehmung von Spitzenfunktionären wurde von anderen Selektionsregeln bestimmt als jene von z.B. Berendonk, Westermann, Baumann oder van Almsick. Unter den Athleten, Trainern und Funktionären kann man drei Typen ausmachen: (1) Die Doper und ihr Umfeld, die das Sichtbare zu vertuschen suchen, (2) die wissenden Kameraden, die bewusst Veränderungen übersehen oder sich so schnell an sie gewöhnen, dass ihnen nichts mehr auffällt, (3) die wissenden und beobachtenden Doping-Gegner und (4) die Unwissenden. Während die ersten beiden Kategorien zum Handeln kaum bereit und die vierte Kategorie dazu nicht in der Lage war, stellte die dritte Kategorie zumindest im oberen Leistungsniveau eine kleine Minderheit dar, die nicht die nötige Macht zum Anstoßen des nach den Regeln notwendigen Handelns hatte. Zudem wurden die geäußerten Vermutungen stets in das Reich der Gerüchte und Verleumdungen eingeordnet. Es sollte deshalb nicht vergessen werden, was der Kölner Doping-Gegner Prof. Dr. Donike einst zum Dopingfall des russischen Diskuswerfers Dimitri Schewtschenko sagte:

„ ... bewahrheitete sich eine langjährige Erkenntnis des verstorbenen Kölner Dopingfahnders Professor Manfred Donike: 'Was man sich in der Szene so erzählt, stimmt meistens'" (Süddeutsche Zeitung, 2.11.95).

2.9 1972: Der bundesrepublikanische Sport am Scheideweg

An Leistungsentwicklungen und sichtbaren Veränderungen war abzulesen, dass manches nicht regelgerecht ablief. Auf den Sportplätzen war zu sehen, dass sich in nicht wenigen Sportarten etwas Entscheidendes geändert hatte. In den Medien wurde die Dopingproblematik des Öfteren deutlich angesprochen und die Verantwortlichen zu Aktivität und schnellem Handeln aufgefordert. Athleten wiesen auf ihre Probleme angesichts gedopter Konkurrenz hin; andere Athleten machten ihr Doping öffentlich. Die Verantwortlichen des Spitzensports blieben allerdings seltsam inaktiv, wie gelähmt, trotz öffentlicher anders lautender Aussagen. Kaum einer hatte ein so deutliches Problembewusstsein wie die Athletin Brigitte Berendonk:

> „Seit Mexiko und Athen kann man es auch beim besten Willen nicht mehr vornehm vertuschen: Die Hormonpille (oder -spritze) gehört anscheinend ebenso zum modernen Hochleistungssport wie Trainingsplan und Trikot, wie Spikes und Spesencheck[45]" (Die Zeit, 5.12.1969)

oder der Bundestrainer im Kugelstoßen der Frauen, Hans-Jörg Kofink. Dieser versah sein Amt von 1970 bis 1972. Im Streit um die Nominierung von bundesdeutschen Athletinnen für die Olympischen Spiele 1972 in München wies er gestützt auf Insider-Informationen aus dem Ostblock auf folgende Entwicklungen hin: Was in den Leistungskurven als anonymes Geschehen erscheint, wird mit dieser Statistik Kofinks konkret. Kofink verband seine persönlichen Beobachtungen der „Spitze des Eisbergs" mit der Analyse der Leistungsentwicklungen. Er und seine Kugelstoßerinnen erlebten mit, wie

- Athletinnen, die etwa das Leistungsniveau der bundesdeutschen Athletinnen hatten, plötzlich deutlich weiter als diese stießen,

- reife Damen wie Iwanowa oder Nekrassowa nach jahrelanger Leistungsstagnation plötzlich wesentlich weiter stießen als in jungen Jahren,

- die DDR-Konkurrentin Margitta Gummel sich 1968/69 rasant steigerte,

- die andere Ostblock-Konkurrenz im Wesentlichen 1969 nachzog, nach zum Teil jahrelangem gleichbleibendem Leistungsniveau,

- wie den bundesdeutschen Kugelstoßerinnen „wegen mangelnder Leistungsstärke" die Teilnahme an den Olympischen Spielen 1972 – im eigenen Land – verwehrt wurde.

---

[45] Die Bezahlung von Athleten für die Wettkampfteilnahme war wegen des Amateurparagraphen 1969 noch verboten.

Leistungsentwicklungen – Analysen 77

	1965	1966	1967	1968	1969	1970	1971	1972[46]
Margitta Gummel (DDR) 1941–1,77 m	17,09	17,45	17,69	19,61	20,10	18,74	20,03	19,85
Marianne Adam (DDR) 1951–1,83 m					16,35	17,60	17,76	19,43
Maritta Lange (DDR) 1943 1,82 m	16,92	17,11	17,35	18,78	18,56	18,09	19,25	19,25
Hannelore Friedel (DDR) 1948–1,77 m			15,64	16,45	16,79	18,63	18,90	18,90
Inge Friedrich (DDR) 1941–1,76 m	14,81	15,11	15,85	17,04	17,87	18,12	18,49	18,81
Nad. Tshishova (UdSSR) 1945–1,73 m	17,56	17,33	18,34	18,67	20,43	19,69	20,43	20,63
Antonina Iwanowa (UdSSR) 1932–1,68 m	13,82	14,32	15,34	15,17	17,94	18,94	19,39	18,77
Gal. Nekrassowa (UdSSR) 1936–1,72 m	15,29	15,60	16,12	16,10	18,00	17,90	18,49	18,57
Ivanka Christova (Bulgar.) 1941–1,72 m	16,68	16,47	16,79	17,57	18,04	18,05	18,08	19,55
Elena Stoyanova (Bulgar.) 1952						14,90	17,41	18,74
Ludwika Chewinska (Polen) 1948–1,68 m					15,32	17,44	18,08	19,06
Helena Fibingerova (CSSR) 1949–1,79 m				15,29	16,01	16,77	16,57	18,76
Valent. Cioltan (Rumänien) 1952–1,77 m						13,95	17,22	17,84
Coman Ana Salagean Roth (Rum.) 1937–1,66 m	16,31	16,02	16,18	15,74	15,70	15,90	17,04	17,47
Marlene Fuchs-Klein (BRD) 1942–1,74 m	16,40	16,49	16,76	17,34	16,98	17,25	17,04	16,50
Liesel Westermann (BRD) 1944–1,72 m	15,08	15,42	15,30	15,74	16,59	16,51	15,41	16,95
Sigrun Kofink[47] (BRD) 1935 1,80 m	(12,94)	14,76	-	14,86	15,28	16,31	16,46	16,79
Birgit Palzkill (BRD)[48] 1952–1,82 m					14,40	16,56	15,67	16,25

Tab. 19: Leistungsentwicklung führender Kugelstoßerinnen

---

[46] Stand 15.7.1972

[47] Bei Sigrun Kofink wurde die Karriere durch die Geburt ihrer Töchter 1965 und 1967 unterbrochen. Ihre Leistungsentwicklung: 1959: 15,21/ 1960: 15,69/ 1961: 15,82/ 1962: 15,21/ 1963: 15,52/ 1964: 15,62

[48] Sie gehört zu den ersten anabolika-bedingten Dropouts. Sie brach wegen der Anabolika-Problematik ihre Kugelstoßkarriere ab und wurde Basketballnationalspielerin.

Angesichts der Nichtnominierung seiner Kugelstoßerinnen wies Kofink in einem Schreiben an das Nationale Olympische Komitee (5.8.1972) auf folgende Beobachtungen hin:

„In den Jahren 1968/69 erfolgte eine explosionsartige Verbesserung des Weltrekords in dieser Disziplin, die von zwei Athletinnen (Gummel, DDR, und Tschishowa, UdSSR) getragen wurde. Die Entwicklung auf den nächsten 20 Plätzen der Weltrangliste hielt mit dieser Entwicklung in keiner Weise Schritt. In den folgenden Jahren 1970 – 72 trat dann eine Stagnation in der Entwicklung der absoluten Spitze ein, dafür – insbesondere in den letzten 24 Monaten – wurden die Leistungen auf den Plätzen 3 – 15 der Weltrangliste auf geradezu atemberaubende Weise verbessert."

Er betonte die Leistungsverbesserung von zuvor schon austrainierten Athletinnen um zum Teil mehrere Meter und die krasse Zunahme des Körpergewichts in kürzester Zeit:

„Aufgrund meiner Erfahrungen, die ich während meiner Trainertätigkeit beim DLV seit 1970 und den damit verbundenen internationalen Kontakten sammeln konnte, steht für mich eindeutig fest, daß diese Entwicklung ohne Anabolika oder ähnlich wirkende Mittel undenkbar ist! Dabei ist mit Sicherheit anzunehmen, daß die DDR und die UdSSR über die Phase des Experimentierens mit diesen Stoffen längst hinaus sind ... Daß der Deutsche Leichtathletik-Verband die Anabolika im Alleingang auf die Doping-Liste gesetzt hat, ist reine Augenwischerei, die ihn jeder weiteren Auseinandersetzung in dieser Frage enthebt."

In Wirklichkeit hatte der DLV die Sportlerinnen dem NOK gar nicht zur Nominierung vorgeschlagen. Deshalb griff Kofink in einem Schreiben an den DLV-Vorstand vom 11.August 1972 diesen heftig an:

„Der DLV ist nicht nur durch mich damit bekannt gemacht worden, auf welche Weise die sogenannte Leistungsexplosion der jungen Kugelstoßerinnen von Osteuropa vor sich ging. Ich habe den Sportwart und die Frauenwartin des DLV aufgrund der Ergebnisse bei der EHM in Grenoble über die mir bekannt gewordenen Einzelheiten informiert. ... Sie bestrafen Athletinnen, die sich an Ihre Gesetze halten und konfrontieren sie mit Leistungen, von denen auch Sie wissen, daß sie nicht unter denselben Bedingungen des Anabolika-Verbots entstanden sind. ... Darf ich fragen, was das eigentlich soll? Müssen unsere Athletinnen verbotenerweise Anabolika zu sich nehmen, so wie es anderwärts und wohl auch bei uns geschieht, um die Leistungen zu erreichen, an denen Sie sie messen ... Wie lange wollen Sie denn noch eine Entscheidung in Sachen Anabolika auf nationaler wie auf internationaler Ebene vor sich herschieben? ... Aufgrund Ihrer Entscheidung betrachte ich meine Tätigkeit beim DLV als derzeit ruhend. Ich darf Sie um eine Mitteilung bitten, inwieweit meine Mitarbeit unter den gegenwärtigen Umständen noch sinnvoll ist."

Hans-Jörg Kofink erhielt keine Antwort und trat von seinem Amt zurück.

Intern war das Anabolika-Doping zumindest im Leichtathletik-Verband schon ein diskutiertes Thema. Bei der Herbsttagung der Bundestrainer Ende September 1972 in Mainz – nur zwei Monate nach der Nichtnominierung der Kugelstoßerinnen – wurde die Anabolika-Thematik offen diskutiert. Trotz des Verbots durch die IAAF zwei Jahre zuvor sprachen sich etwa zwei Drittel der Redner für die Gabe von Anabolika an Athleten aus, etwa ein Drittel dagegen.[49] Der DLV – und mit ihm auch andere Verbände im In- und Ausland und in anderen Sportarten – war in eine Dilemmasituation zwischen Anabolikaverbot und Leistungsexplosionen hineingeraten, deren Entstehung und Konsequenzen bisher nicht ausreichend untersucht wurden. Das Dilemma kann man am Handeln des langjährigen Sportwarts des DLV und Vorsitzenden des Bundesausschusses Leistungssport (BAL) – den er in entscheidenden Jahren 14 Jahre lang leitete – festmachen; als erklärter Dopinggegner litt er „unter dem Dilemma von Erfolgszwang und Dopingmissbrauch" (Frankfurter Allgemeine Zeitung, 8.5.1999). Personen wie Fallak haben geltend gemacht, dass sie im System blieben, um Schlimmeres zu verhindern. Damit war natürlich die Gefahr gegeben, sich in der Dilemmasituation nicht immer zugunsten der Einhaltung von Regeln zu entscheiden oder nicht durch Kontrollen nachgewiesene Verstöße gegen Regeln zu decken.

Das Olympische Motto „citius, altius, fortius" (schneller, höher, kräftiger) drückt die Logik des Spitzensports aus. Von Akteuren, die auf diese Logik hin und damit auf das Sprengen der menschlichen Leistungsgrenzen programmiert waren, zu verlangen, die Grenzen menschlicher Leistungsfähigkeit zu akzeptieren, war eine Überforderung. Das Problem war von allen Akteursgruppen erkannt, wurde aber nicht von allen als Problem angesehen. Es lag offen zu Tage, wie Beschlüsse, Zeitungsartikel, Athletenäußerungen oder die Schreiben von Kofink zeigen. Bis heute ist die Frage ungeklärt, wie es zu dieser Situation der Sprach- und geradezu Handlungsunfähigkeit kam und wieso diese bis weit in die 90er Jahre hinein anhalten konnte. Spitzensport ist auf Erfolg, Leistungssteigerung und Wachstum hin programmiert, was vor allem in den 60er und 70er Jahren im Osten wie im Westen gut zu beobachten war. Sie galten als Nachweis der Lebendigkeit und Kraft des Systems. Daran beteiligt zu sein, auch nur als Zuschauer, sorgte für Selbstbewusstsein, wie es beispielsweise bei den Deutschen Meisterschaften 1971 in Stuttgart (mit den Weltrekorden über 800 m durch Hildegard Falk und im Hammerwerfen durch Uwe Beyer) und 1972 in München zu verspüren war. Es war die Zeit des Aufbruchs, in der kaum Platz für die Entwicklung kritischer Reflexion war, wie sie z.B. für die Umweltproblematik zur gleichen Zeit durch den Club of Rome geleistet wurde – keine Zeit für die Reflexion der Bedingungen, Grenzen und Folgen des Wachstums im Spitzensport.

---

[49] Ich (GT) war bei dieser Tagung zufällig anwesend, da ich als Disziplinchef Leichtathletik des Hochschulsportverbands die Bundestrainer zur Universiade 1973 in Moskau informieren sollte. Umso überraschter war ich später über die Gutachten der Herren Keul und Klümper zum Kapitel „Sportmedizin und Doping" im Rahmen des Forschungsprojekts Pfetsch et al. (1975, vgl. deren Abdruck im Anhang).

Der Ost-West-Konflikt diente als Vorwand für die radikale Entwicklung des jeweils eigenen Spitzensportsystems.

2.10 Zusammenfassung

In verschiedenen Disziplinen und Sportarten wie etwa der Leichtathletik, dem Schwimmen oder dem Gewichtheben sind viele Leistungsentwicklungen im betrachteten Zeitraum (ca. 1960 bis 1990) atypisch, d. h. in erster Linie linear und in nicht wenigen Fällen durch einen Leistungseinbruch um 1989/90 gekennzeichnet. Es kam weder zur erwartbaren kontinuierlichen Leistungsentwicklung noch zu einem Deckeneffekt. Leistungsaufschwünge können zumindest zum Teil auch auf Doping, Leistungseinbrüche wie nach 1989/90 auf die Effektivierung der Dopingbekämpfung zurückgeführt werden.

Bezüglich der Leistungsaufschwünge lassen sich Perioden ähnlicher Entwicklungen in verschiedenen Sportarten identifizieren. Sie können bei den Männern in Kraft- und Schnellkraftsportarten und -disziplinen vor allem in den 60er Jahren beobachtet werden, bei den Frauen seit Ende der 60er und in der ersten Hälfte der 70er Jahre. In Ausdauersportarten sind die größten Leistungssprünge - trotz vorhergehenden Anabolikamissbrauchs und Blutdopings - verblüffenderweise erst seit etwa 1994 zu verzeichnen. Weltweite Leistungseinbrüche - vor allem nach 1988/89 - sind besonders in jenen Sportarten zu verzeichnen, in denen mit unangekündigten Trainingskontrollen Anabolikadoping bekämpft wurde (z.B. Leichtathletik, Gewichtheben). Beim Schwimmen gab es einen Unterschied zwischen der nationalen bundesdeutschen (mit Trainingskontrollen) und der internationalen Entwicklung (ohne Trainingskontrollen). Die Leistungseinbrüche nach 1988 führten auf das Leistungsniveau gegen Ende der 70er Jahre zurück. Das Anabolikadoping hatte jedoch deutlich früher begonnen. Dass das Ausgangsniveau der 60er Jahre nicht erreicht wurde, lässt den Einfluss anderer Faktoren wie neuer erlaubter oder verbotener Mittel und/oder Verbesserung der Trainingsmethodik vermuten.

Wenn die durch Doping begünstigte Linearität von Leistungsentwicklungen über Extrapolation Prognosen zugrunde gelegt wird, treffen diese nur ein, wenn weiter gedopt wird. Trainingsmethodische Ableitungen auf der Grundlage von Untersuchungen mit gedopten Athleten (vor allem aus den 60er bis 80er Jahren) müssen gründlich überprüft werden, da sonst heute mit einiger Wahrscheinlichkeit ungedopten Athleten nicht haltbare Empfehlungen etwa zu Trainingsumfängen und -intensität gegeben werden.

Durch das gehäufte Auftreten von Intersexen im Spitzensport der Frauen spätestens zu Beginn der 60er Jahre wurde die Leistungsentwicklung schon vor Beginn der Anabolikaphase im weiblichen Hochleistungssport (vor allem seit 1968) erheblich beschleunigt, sonst hätte sich das Anabolikadoping noch deutlicher ausgewirkt. Das Problem der Intersexe wurde im Vergleich zur Bearbeitung der Anabolikaproblematik durch das IOC und die Internationalen Fachverbände schnell und effektiv gelöst. Ähnlich klare und schnelle Lösungsstrategien wurden in der Anabolikaproblematik versäumt.

Im Normalfall werden Leistungsentwicklungen durch Faktoren wie Bevölkerungsgröße, Bruttosozialprodukt, Sportförderung und Zahl der Leistungssporttreibenden eines Landes beeinflusst und führen eher zu gleichförmigen Entwicklungen im Leistungssport. Abweichungen davon bringen Erklärungsbedarf mit sich. Krasse Leistungssteigerungen vor allem von Trainingsgruppen oder ganzer Nationalmannschaften legen Dopingverdacht zumindest nahe. Wenn bevölkerungsarme und ökonomisch schwache Länder wie die DDR große Länder wie die UdSSR oder die BRD in der Erfolgsausbeute überflügeln, ist dies erklärungsbedürftig. Für die DDR sind ausgeprägtere Veränderungen der Leistungskurven identifizierbar als für die Bundesrepublik Deutschland oder für Frankreich. Solche Entwicklungen können nicht nur mit systematischer Talentsuche und -förderung oder überproportionaler Entwicklung des Spitzensportsystems erklärt werden.

Selbst bei sehr talentierten und weltweit führenden Athletinnen wie Liesel Westermann (Diskuswerfen) fielen individuelle Leistungsverbesserungen niedriger aus als bei Athletinnen während der Anabolikaphase. Eine Vermutung, dass gedopt wird, ist um so naheliegender, je älter Athleten zum Zeitpunkt einer krassen Leistungssteigerung sind.

Während der Anabolikaphase (seit ca. 1960) war eine zunehmende Tendenz zur disziplin- und sportartspezifischen Modellierung der Athletenkörper erkennbar, die vor allem durch Anabolikadoping beschleunigt werden konnte. Doping beinhaltet einen Eingriff in die Regulationsmechanismen, die Effekte sind meist zumindest für Experten relativ leicht beobachtbar; solche Beobachtungen hätten Ausgangspunkt für Zielkontrollen sein können.

Die krassen Leistungseinbrüche seit etwa 1989/90 wurden in den 90er Jahren teilweise wieder nach oben korrigiert, wenn auch lange nicht auf das vorhergehende Höchstniveau. Dies spricht für die verstärkte Verwendung nicht verbotener Mittel der Leistungssteigerung (Kreatin), neuer verbotener, aber nicht kontrollierbarer Mittel (Erythropoietin, Wachstumshormone) oder auch den Missbrauch von Ausnahmeregelungen, etwa für Asthmatiker (Salbutamol). Ärztlich bescheinigte gesundheitliche Probleme wie Asthma ermöglichen die Verwendung von sonst verbotenen Medikamenten. Die deutliche Zunahme solcher Bescheinigungen nach der entsprechenden Regeländerung berechtigt zu Dopingverdacht und lässt Zweifel daran aufkommen, dass alle Sportmediziner, die solche Bescheinigungen ausstellen, sich primär ihrer ärztlichen Ethik verpflichtet fühlen.

3 Leistungsentwicklung und Doping

3.1 Regionale Schwerpunkte der Dopingproblematik

Doping rentiert sich im Sport vor allem dort, wo auf höchstem internationalen Niveau Spitzensport betrieben wird und umfangreiche öffentliche Aufmerksamkeit für ihn existiert. Deshalb ist zunächst einmal interessant, welche Regionen international die meisten Erfolge verzeichnen. Aus der verdienstvollen Auswertung der Olympischen Spiele 1996 in Atlanta durch Spitz und Ebeling (1996) lassen sich folgende Fakten ablesen (vgl. Tab. 20):

Kontinente	Europa	Amerika	Asien	Afrika	Ozeanien
Medaillen (in %)	55,2 %	21%		24 %	
Medaillenzahl					
Leichtathletik	58	39	7	26	2
Schwimmen	42	41	10	3	14
Gewichtheben	22	1	6	0	1
Radsport	28	8	1	0	5

Tab. 20: Medaillengewinne bei den Olympischen Spielen 1996

Europa und Nord-Amerika dominieren sowohl bei der Gesamtzahl der Medaillen als auch in den klassischen Dopingsportarten Leichtathletik, Schwimmen, Gewichtheben und Radfahren eindeutig. Europa beherrscht 1996 11 von 12 Sportartengruppen, im Gewichtheben z.B. mit über 70% der Medaillen. Asien ist vorwiegend in den weniger dopingverdächtigen Rückschlagspielen erfolgreich. Afrikas einzige Stärke liegt in der Leichtathletik. Australien/Ozeanien tun sich vor allem im Wasser- und Schwimmsport hervor. Nord-Amerika schließlich ist besonders stark im Schwimmsport, der Leichtathletik und den Kampfsportarten. D.h., der Schwerpunkt des Spitzensports – und damit wohl auch der Dopingproblematik – dürfte bis heute in Europa und Nordamerika liegen.

Aufmerksam registriert wird, wenn Länder der Dritten Welt, aber auch wenn europäische Länder ohne entsprechende Sportarttradition plötzlich in der Weltspitze auftauchen, d.h., wenn sich z.B. Jamaika oder Nigeria unter den 10 besten Leichtathletiknationen platzieren oder Griechenland mit 5 Medaillen erfolgreichste Gewichthebernation wird. In einem solchen Fall wird nach Erklärungen gesucht. Die unterschiedlichen Erklärungsmöglichkeiten können idealtypisch am Beispiel der Leistungsexplosion der chinesischen Läuferinnen bei den Weltmeisterschaften 1993 in Stuttgart gezeigt werden:

> „Während für die einen hartes Training, Disziplin und Drill, ('Mädchen vom Land können härteste Bedingungen ertragen') und für andere ausgedehnte Höhentrainingslager, ausgeklügelte Trainingsmethoden, spezifische Ernährung und Biomechanik die Garanten für die Rekordflut darstellten, mutmaßten Öffentlichkeit und Presse, dass eher das Fehlen unangemeldeter Trainingskontrollen mit minimierten Vorwarnzeiten die Ursachen für die erstaunlichen Leistungsentwicklungen seien" (Darmstädter Echo, 14.9.1993).

Auffällig werden Erfolge vor allem dann, wenn sie total sind und möglicherweise nur von Frauen erzielt werden, wie z.B. durch die chinesischen Gewichtheberinnen, die bei den Weltmeisterschaften 1996 in Warschau alle neun Goldmedaillen gewinnen konnten. Hormonmanipulationen sind bei Frauen besonders wirksam, Gewichtheben ist eine besonders auffällige Sportart. Spitz und Ebeling sehen durch die Menge positiver Dopingkontrollen chinesischer Athleten/-innen jene bestärkt, die „Manipulationen durch die zentral gesteuerte Sportführung und -förderung" vermuten (SPITZ/EBELING 1996, 31).

Veränderungen des Leistungspotentials werden bei neu hinzukommenden Nationen jedenfalls kritischer betrachtet als bei den traditionellen Sportländern. Eine Ursache solcher Leistungsaufschwünge sehen Ebeling und Spitz im durch die Auflösung des Warschauer Pakts ermöglichten erheblichen internationalen Wissenstransfer, vor allem in Form eines Traineraustauschs (vgl. Spitz/Ebeling 1996, 16). In der Tat hatten sich nicht wenige Länder und Verbände nach 1989 auf dem Trainermarkt[1] bedient, einzig maßgebliches Kriterium war der vorherige Erfolg solcher Trainer.

Einbrüche im Leistungsvermögen bestimmter Länder werden ebenfalls aufmerksam registriert. Solche konstatieren Spitz und Ebeling bei ehemaligen GUS-Republiken:

> „Auch manche Kraft- und Schnellkraftdisziplinen sind hier nicht ausgenommen, wobei das durch die internationalen Verbände gesteuerte und weiterentwickelte Dopingkontrollsystem speziell dort einen nicht unwesentlichen 'positiven' Einfluß ausübt, wo es im Bereich der 'Außerwettkampfkontrollen mit minimierter Vorwarnzeit' zu objektiv nachvollziehbaren Fortschritten und damit zu einer höheren Effizienz kam (u.a. Leichtathletik und Gewichtheben)" (SPITZ/EBELING 1996, 27).

Da der Leistungssport primär in der westlichen Zivilisation (Europa, Nordamerika) entstand, die Medaillen in erster Linie immer noch durch die Länder in diesen Räumen gewonnen werden und sich die Dopingproblematik dort entwickelte (vgl. Laure 1995, de Mondenard 1987, 1991, 1996), sollte die Bearbeitung der Dopingvergangenheit und Dopingbekämpfung vor allem eine Aufgabe der Sportverbände dieser Regionen sein, ohne ständig die mangelnde Chancengleichheit als Folge einer intensiven Dopingbekämpfung zu beklagen. Bei sol-

---

[1] In den 80er Jahren gab es in der DDR eine große Zahl hauptamtlicher Trainer, in der Leichtathletik beispielsweise über 600. Nach der Wiedervereinigung (1990) wurden aus Kostengründen davon nur wenige auf hauptamtliche Stellen übernommen.

chen Klagen wird meist vergessen, dass die traditionellen Sportländer einen enormen Vorsprung an Erfahrung, Wissen, Geld und infrastrukturellen Möglichkeiten haben (Trainerausbildung, entwickelte Sportwissenschaft, Forschung, sportmedizinische Betreuung, Sportanlagen usw.), durch die Chancengleichheit viel stärker beeinträchtigt wird als über Doping.

3.2 Leistungsexplosion im US-Sport um 1960

Es fällt auf, wenn in einer ganzen Disziplingruppe, die durch einen bestimmten Faktor besonders beeinflusst wird – wie z.b. das Gewichtheben oder die Würfe durch das Kraftniveau – fast gleichzeitig ein krasser Aufschwung beobachtbar ist, ohne dass eine Einflussnahme[2] erkennbar wird, die in allen Einzel-Disziplinen gleichzeitig wirkt wie z.b. Technikentwicklung oder die Entwicklung neuer Formen des Krafttrainings. Eine solche fast zeitgleiche Aufwärts-Entwicklung ist zunächst für das Gewichtheben der UdSSR feststellbar; bei ihrem ersten Olympiaauftritt in Helsinki 1952 überholten die sowjetischen Heber die erfolgsgewohnten US-Boys in der Medaillenwertung (USA vier Goldmedaillen, zwei Silbermedaillen – UdSSR drei Goldmedaillen, drei Silbermedaillen, eine Bronzemedaille). Für die erfolgsverwöhnten Amerikaner (1948: viermal Gold, dreimal Silber, einmal Bronze) dürfte dies ein Schock gewesen sein, der zu vermehrten Anstrengungen führte (vgl. hierzu die Ausführungen zu Dr. Ziegler in Kap. 4). In Melbourne 1956 war der Rückstand bereits wieder aufgeholt (USA viermal Gold, zweimal Silber, einmal Bronze –UdSSR dreimal Gold, viermal Silber), beide Nationen waren auch 1960 führend (USA zwei Goldmedaillen, drei Silbermedaillen, eine Bronzemedaille – UdSSR fünf Goldmedaillen, eine Silbermedaille). War es nun die Konkurrenz zwischen beiden Nationen oder der von Ziegler berichtete beginnende Testosteron-Einsatz, der zum vor allem nach 1952 beginnenden rapiden Leistungsaufschwung im Gewichtheben führte?[3] Im Vergleich zu den 20er und 30er Jahren hatte sich offensichtlich etwas Wesentliches geändert, die Leistungsentwicklung wurde vor allem zwischen 1952 und 1956 deutlich beschleunigt.

Mit Zeitverzögerung kam es in den leichtathletischen Würfen der USA zu einer ähnlichen Entwicklung, z.B. ist für das Hammerwerfen für die Jahre 1955 und 1956, für das Kugelstoßen für die Jahre 1956 bis 1960 und für das Diskuswerfen etwas zeitversetzt für die Jahre 1959 bis 1963 ein deutlicher Aufschwung zu beobachten. Die Markteinführung des in den nachfolgenden Jahren fast ausschließlich verwendeten Anabolikums Dianabol in den USA erfolgte erst 1959,

---

[2] Die revolutionäre Weiterentwicklung der Kugelstoßtechnik durch die Verlängerung des Beschleunigungswegs durch die Rückstoßtechnik lag in den vorhergehenden Jahren.

[3] 1956 lagen die Siegerleistungen zwischen 15 kg (Federgewicht) und 40 kg (Superschwergewicht) höher als 1952, 1960 im Superschwergewicht um weitere 37 kg.

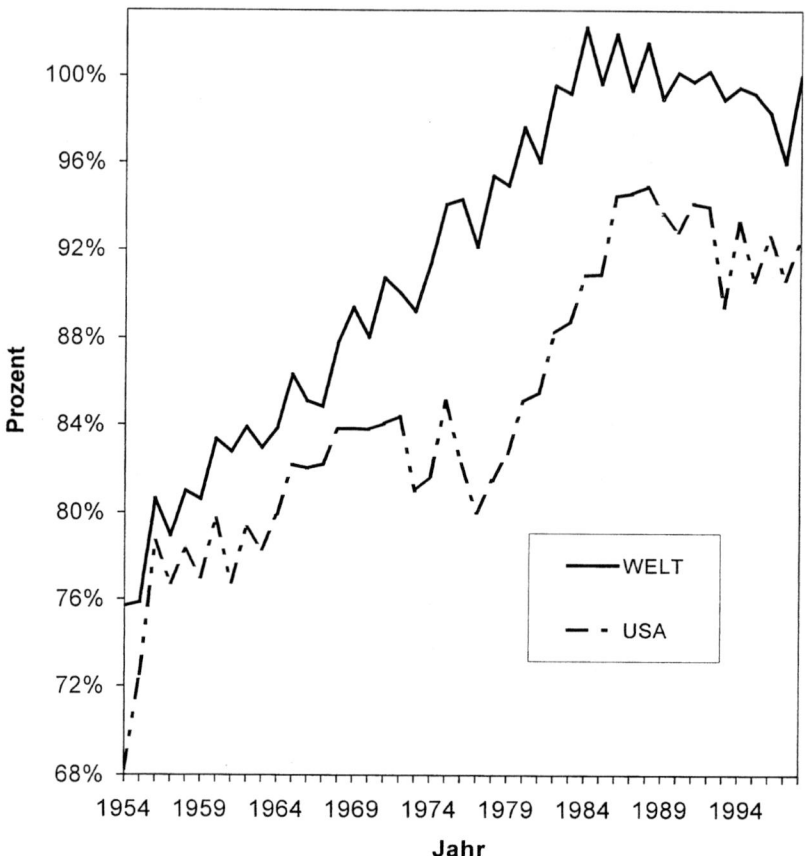

Abb. 12: **Leistungsentwicklung im Hammerwerfen der USA zwischen 1954 und 1998 (Durchschnitt der Plätze 1–3 1998 = 100%)**

Das Gewichtheben der USA war nach Fair und Ziegler als erste US-Sportart mit Testosteron-Doping konfrontiert. Deshalb ist anzunehmen, dass der Leistungsaufschwung im Hammerwerfen 1955/56 auf Wissenstransfer aus dem Gewichtheben zunächst zum Hammerwerfer Connolly, anschließend zu anderen Hammerwerfern, zu Kugelstoßern und etwas zeitversetzt zu Diskuswerfern und Speerwerfern erfolgte. Zwar war das amerikanische Hammerwerfen vor Connolly eine brachliegende – weil in den USA wenig populäre – Disziplin, dennoch ist der Aufschwung bis hin zur Bestimmung der Weltspitze innerhalb von sehr kurzer Zeit mehr als beeindruckend.

Leistungsentwicklungen und Doping 87

JAHR	BRD		DDR		FRA		WELT		USA	
1954	56,91	68,2%	49,99	59,9%	53,29	63,9%	63,16	75,7%	56,94	68,3%
1955	58,01	69,5%	53,31	63,9%	53,05	63,6%	63,30	75,9%	60,49	72,5%
1956	57,47	68,9%	55,52	66,5%	55,82	66,9%	67,27	80,6%	65,62	78,6%
1957	59,06	70,8%	58,32	69,9%	56,79	68,1%	65,85	78,9%	64,01	76,7%
1958	59,70	71,6%	58,77	70,4%	57,64	69,1%	67,57	81,0%	65,30	78,3%
1959	61,05	73,2%	61,04	73,2%	58,75	70,4%	67,26	80,6%	64,24	77,0%
1960	62,00	74,3%	62,53	74,9%	58,74	70,4%	69,53	83,3%	66,51	79,7%
1961	62,56	75,0%	62,19	74,5%	60,09	72,0%	69,05	82,8%	64,04	76,8%
1962	62,25	74,6%	64,50	77,3%	59,20	71,0%	69,99	83,9%	66,15	79,3%
1963	62,80	75,3%	64,95	77,8%	61,60	73,8%	69,20	82,9%	65,31	78,3%
1964	64,93	77,8%	65,12	78,1%	62,37	74,8%	69,94	83,8%	66,68	79,9%
1965	64,39	77,2%	65,48	78,5%	62,81	75,3%	72,01	86,3%	68,56	82,2%
1966	65,94	79,0%	65,39	78,4%	62,81	75,3%	70,99	85,1%	68,43	82,0%
1967	67,18	80,5%	64,81	77,7%	65,09	78,0%	70,78	84,8%	68,59	82,2%
1968	70,21	84,2%	70,09	84,0%	64,18	76,9%	73,25	87,8%	69,93	83,8%
1969	69,97	83,9%	70,15	84,1%	66,48	79,7%	74,57	89,4%	69,93	83,8%
1970	71,79	86,0%	70,34	84,3%	67,01	80,3%	73,45	88,0%	69,90	83,8%
1971	74,09	88,8%	71,75	86,0%	67,55	81,0%	75,69	90,7%	70,13	84,1%
1972	73,73	88,4%	72,09	86,4%	69,55	83,4%	75,13	90,0%	70,40	84,4%
1973	72,88	87,4%	71,43	85,6%	70,42	84,4%	74,43	89,2%	67,59	81,0%
1974	72,72	87,2%	74,91	89,8%	69,39	83,2%	76,26	91,4%	68,13	81,7%
1975	76,28	91,4%	74,34	89,1%	70,85	84,9%	78,48	94,1%	71,00	85,1%
1976	77,15	92,5%	75,42	90,4%	70,95	85,0%	78,67	94,3%	68,61	82,2%
1977	74,42	89,2%	76,08	91,2%	71,00	85,1%	76,87	92,1%	66,75	80,0%
1978	76,66	91,9%	76,80	92,0%	71,48	85,7%	79,59	95,4%	67,99	81,5%
1979	78,19	93,7%	76,57	91,8%	69,51	83,3%	79,21	94,9%	69,01	82,7%
1980	78,79	94,4%	77,56	93,0%	70,09	84,0%	81,42	97,6%	70,98	85,1%
1981	78,29	93,8%	75,14	90,1%	68,99	82,7%	80,11	96,0%	71,33	85,5%
1982	77,75	93,2%	77,12	92,4%	69,89	83,8%	83,06	99,6%	73,64	88,3%
1983	79,39	95,2%	78,46	94,0%	69,80	83,7%	82,75	99,2%	74,06	88,8%
1984	78,95	94,6%	80,20	96,1%	74,17	88,9%	85,29	102,2%	75,79	90,8%
1985	78,39	94,0%	80,75	96,8%	73,05	87,6%	83,14	99,6%	75,83	90,9%
1986	80,54	96,5%	80,87	96,9%	72,03	86,3%	85,04	101,9%	78,81	94,5%
1987	80,25	96,2%	79,87	95,7%	74,28	89,0%	82,89	99,3%	78,91	94,6%
1988	80,86	96,9%	79,67	95,5%	74,68	89,5%	84,70	101,5%	79,18	94,9%
1989	80,76	96,8%	75,25	90,2%	76,09	91,2%	82,55	98,9%	78,14	93,7%
1990	79,01	94,7%			75,04	89,9%	83,57	100,2%	77,46	92,8%
1991	76,20	91,3%			76,52	91,7%	83,23	99,8%	78,53	94,1%
1992	77,25	92,6%			78,01	93,5%	83,62	100,2%	78,40	94,0%
1993	76,11	91,2%			78,63	94,2%	82,53	98,9%	74,63	89,4%
1994	78,06	93,6%			78,13	93,6%	83,00	99,5%	77,83	93,3%
1995	77,33	92,7%			77,81	93,3%	82,75	99,2%	75,59	90,6%
1996	78,95	94,6%			77,34	92,7%	82,01	98,3%	77,29	92,6%
1997	80,10	96,0%			77,88	93,3%	80,10	96,0%	75,64	90,7%
1998	81,57	97,8%			78,44	94,0%	83,43	100,0%	77,14	92,5%

Tab. 21: Prozentuale Entwicklungen der Leistungen im Hammerwerfen der Männer zwischen 1954 und 1998

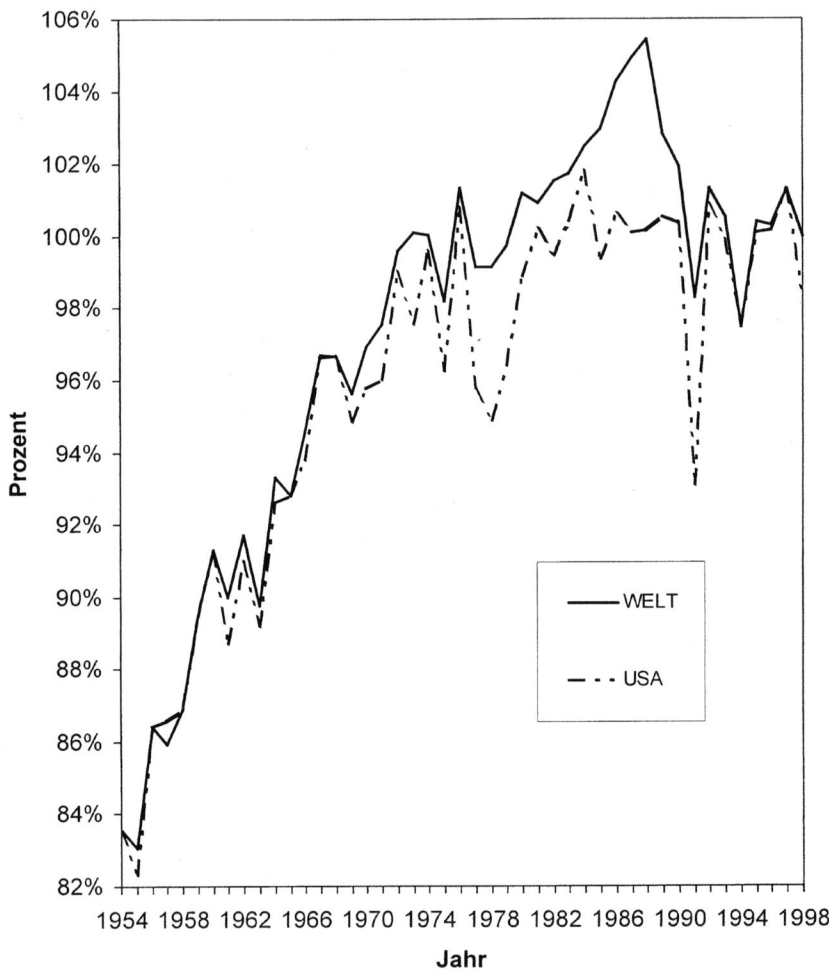

Abb. 13: Leistungsentwicklung im Kugelstoßen der USA zwischen 1954 und 1998 (Durchschnitt der Plätze 1–3 1998 = 100%)

Leistungsentwicklungen und Doping

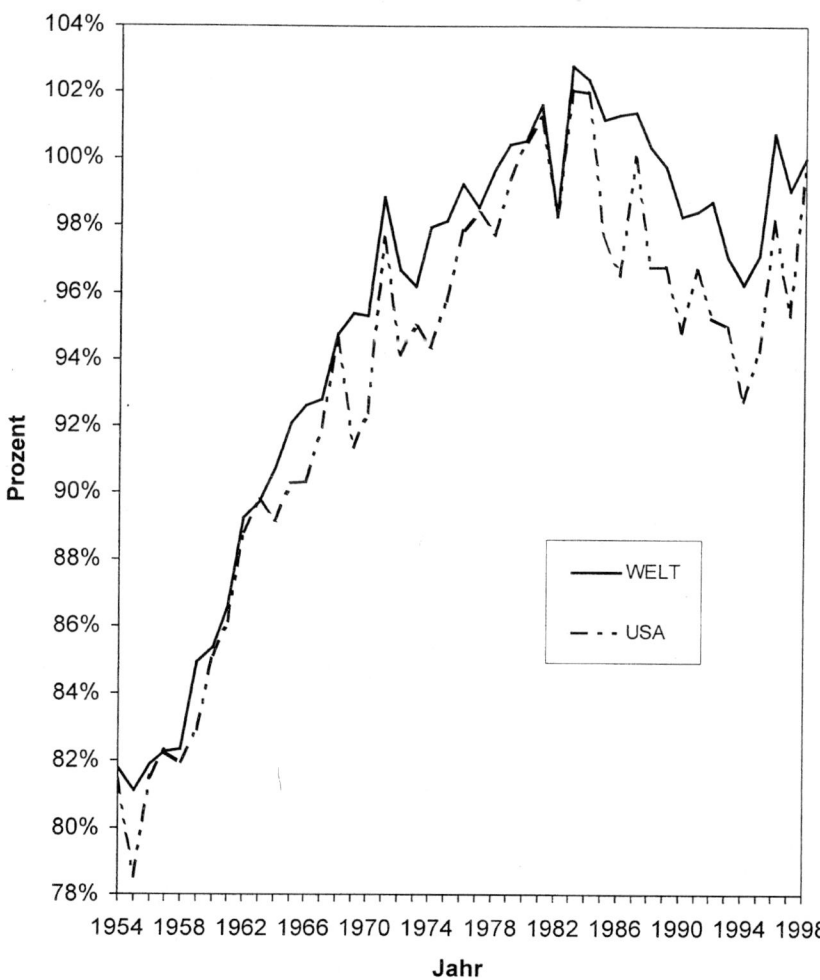

Abb. 14: Leistungsentwicklung im Diskuswerfen der USA zwischen 1954 und 1998 (Durchschnitt der Plätze 1–3 1998 = 100%)

deshalb dürfte eine Vorläufersubstanz verwendet worden sein[4] oder aber Dianabol wurde bereits vor der Marktzulassung im Spitzensport erprobt. Nach Hollmann wurden jedenfalls Anabolika durch amerikanische Spitzensportler seit der zweiten Hälfte der 50er Jahre verwendet (Hollmann 1981, 109); Keul schrieb 1978, dass Anabolika vor ungefähr 20 Jahren Eingang in den Sport fanden (Keul 1981, 96). Connolly, O'Brian und andere US-Werfer gaben später ihr Anabolika-Doping zu (persönliche Mitteilung von Robert Parienté von L'Equipe, Nov. 1991)[5], aber ohne genaue Angabe zum frühesten Einsatz. Es ist anzunehmen, dass sich Doping-Wissen zunächst bei Athleten der gleichen Disziplin weiterverbreitet, also zunächst bei Gewichthebern, dann bei Hammerwerfern der USA, bevor es auf Athleten verwandter Disziplinen übergeht, also z.B. von den „Innovatoren" im Gewichtheben zu den Nachahmern im Hammerwerfen und Kugelstoßen. Einfach zu beeinflussende Disziplinen (z.B. Disziplinen, die primär Kraft erfordern) dürften dabei einen zeitlichen Effektivitätsvorsprung gegenüber komplexeren Disziplinen haben (z.B. Speerwerfen mit einem diffizilen Gleichgewicht zwischen Kraft, Schnellkraft, Schnelligkeit und Koordination).

Der Leistungsaufschwung wurde zwar beobachtet und registriert, aber ohne die angemessene Erklärung hierfür zu finden. Für 1959 wurde z.B. die „Paradedisziplin Kugelstoßen" bewundert, da vorauszusehen war, dass ein 19-m-Stoßer nicht zu den Olympischen Spielen würde fahren dürfen (Leichtathletik 1960, 70), nachdem wenige Jahre zuvor der Weltrekord noch unter 18 m gelegen hatte. Für das Olympiajahr 1960 wunderte sich die Zeitschrift „Leichtathletik":

> „Welche Übung man auch nimmt, überall gibt es Weltklasseleistungen am laufenden Band und selbst in Übungen, die in Amerika nur so am Rande ausgetragen werden, nehmen sich die zehn Besten blendend aus. Sehen wir uns nur das Hammerwerfen an. Weltrekordmann Hal Connolly meint, daß es in ganz USA vielleicht 30 echte Hammerwerfer gäbe – doch was für Leistungen haben sie vorgelegt!" (Leichtathletik 1961, 22).

1962 wunderte sich der Amerika-Korrespondent Ehm Ohm, wie im Hammerwerfen „bei einer so geringen Zahl von Aktiven überhaupt so erstklassige Leistungen möglich sind" (Leichtathletik 1962, 1082).

Seit Beginn der 60er Jahre profitierten offensichtlich auch andere Disziplinen vom innovativen Wissen, vor allem die Schnellkraftdisziplinen. Die Überlegenheit der USA z.B. in der Leichtathletik und im Schwimmen war frappierend; eine große Zahl an Sporttreibenden, Talenten und Sportanlagen sowie ein hoher Stellenwert des Sporttreibens in Schule, Hochschule und Gesellschaft schufen zusammen mit dem Dopingwissen ein beeindruckendes Potential, das sich in

---

[4] Nortestosteron wurde 1956 entwickelt; 1957 wurde das erste Anabolikum auf den Markt gebracht (19-Nortestosteron-Phenylproprionat von der holländischen Firma Organon). Für Dianabol erhielt CIBA 1959 ein US-Patent, im gleichen Jahr erfolgte die Markteinführung.

[5] Der Leichtathletik-Spezialist von L'Equipe, Robert Parienté, hatte im Lauf der Jahrzehnte mehrere Interviews und auch Unter-Vier-Augen-Gespräche mit US-Werfern geführt.

den 60er Jahren in einer erdrückenden Überlegenheit gerade auch bei Olympischen Spielen niederschlug.[6] Die USA schienen unschlagbar zu sein. Doch nach dem Sputnikschock für die Wissenschaft gab es gegen Ende der 60er und vor allem während den siebziger Jahren einen weiteren Schock: andere Nationen holten im Spitzensport auf und überholten teilweise die USA, z. B wurden die erfolgsverwöhnten amerikanischen Schwimmerinnen in fast allen Disziplinen plötzlich durch DDR-Schwimmerinnen abgelöst. Dies fiel mehr auf als ähnliche Entwicklungen in der Leichtathletik, weil zu jener Zeit in den USA das Frauen-Schwimmen einen wesentlich höheren Stellenwert hatte als die Frauen-Leichtathletik.

Ein Zeitzeuge, der Mitte der 60er Jahre zum Studium in den USA war, erinnert sich:

„Dort habe ich eine Situation angetroffen, die sich völlig von der bei uns unterschieden hat. Natürlich habe ich Doping in den USA angetroffen. Das war damals kein Doping, das waren Medikamente, die nicht verboten waren, Anabolika waren ja nicht verboten. Aber dadurch, daß Anabolika bei uns nicht im Gespräch waren, kam es, daß man sich gefragt hat, wie es kommt, daß die Amerikaner einen derartigen Leistungsvorsprung in allen Disziplinen haben, sowohl im Schwimmen als auch in der Leichtathletik, und wir Europäer insbesondere in den Wurfdisziplinen hinterherhinken. Und dann wurde ich konfrontiert mit der Sache. ... Eines Tages hat er (der Trainer, d.Verf.) dann gesagt, da gibt es solche Dianabol, er würde es mir besorgen und ich sollte es mal probieren."

Trotz zahlreicher Meldungen und Informationen zum Anabolikadoping in den USA erklärte der Präsident des amerikanischen Leichtathletikverbands, Olan Cassel, noch 1979:

„'Meines Wissens werden anabole Steroide in den USA nicht verwendet. Ich habe nie etwas davon gehört. Erst müssen einmal Beweise vorgelegt werden.' Das ist keine Naivität mehr, sondern Zynismus" (DE MONDENARD 1987, 186).

Dem stehen Äußerungen entgegen wie z.B. des Speerwurfweltrekordlers Tom Petranoff (USA):

„'Meinen Weltrekord verdanke ich Anabolika. Ohne sie wäre ich nie über 67 m gekommen. Während ein paar Monaten habe ich mal probiert, keine zu nehmen. Meine Leistungen sind damals auf einen katastrophalen Durchschnitt abgesackt. Danach habe ich meine Kur wiederbegonnen und anschließend in Folge 60 Wettkämpfe gewonnen'" (DE MONDENARD 1987, 140).

---

[6] Allerdings darf für die fünfziger Jahre nicht die im Vergleich zu Europa bessere Ernährungslage der USA vergessen werden.

3.3 Leistungsentwicklung und Doping am Beispiel des DDR-Sports

Ein Zusammenhang zwischen Doping und Leistungssteigerung wurde immer wieder vermutet, der Nachweis fiel aber schwer. Mit dem Auffinden geheimer DDR-Dokumente und nach öffentlichen Äußerungen ehemaliger Akteure des DDR-Sports kann ein deutlicher belegbarer Zusammenhang für nicht wenige Spitzensportbereiche hergestellt und vermutet werden, dass Doping und Doping-Kontrollen zwar nicht die einzigen, aber spätestens seit den 60er Jahren wesentliche Ursachen von Leistungsentwicklungen waren. Wir beginnen deshalb unsere Darstellung mit der Beschreibung und Erklärung der Leistungsentwicklung der DDR, weil hierzu die meisten – und gesichertesten – Informationen vorliegen. Aus Kapazitätsgründen beschränken wir uns auf drei Sportarten (Leichtathletik, Schwimmen, Gewichtheben); es wird zu zeigen sein, dass von hier aus Verallgemeinerungen für andere Länder und Sportarten vorgenommen werden können.[7]

In der Folge werden Fakten dargelegt, die belegen, wie deutlich Maßnahmen der illegalen Leistungsunterstützung und -entwicklung und Leistungsniveau im DDR-Spitzensport zusammenhingen. Die Leistungskurven der DDR können recht genau erklärt werden, die der anderen Länder weniger gut, da entsprechende Informationen nur unzureichend vorliegen oder aber keine adäquaten gezielten leistungsbeeinflussenden Maßnahmen erfolgten. Zeitzeugenaussagen – soweit solche überhaupt zu erhalten sind – müssen überprüft bzw. abgewogen werden, da die direkt Beteiligten am Dopinggeschehen zumindest in der Öffentlichkeit nicht selten verharmlosen, schweigen oder auch lügen. Für westliche Länder gibt es keine der DDR-Vergangenheit entsprechende Quellenlage. Parallelen zur Leistungsentwicklung des DDR-Sports, Pressemeldungen zu Doping etc. lassen vermuten, dass – in unterschiedlichem Ausmaß – nicht nur in der DDR und vor allem nicht nur in der Leichtathletik gedopt wurde.

Schon Ende der 50er und zu Beginn der 60er Jahre gab es in der DDR Versuche mit klassischem Doping (mit Stimulantien), vor allem im Radfahren (Spitzer 1998, 8). 1964 machte Prof. Dr. Hans Schuster von der „Forschungsstelle" der DHFK (MfS-Kontaktperson „Hans") einen Vorschlag, wie Anabolika-Doping in der DDR eingeführt werden könne und begründete die Notwendigkeit mit der nicht ausreichenden Wirkung bisher verwendeter Doping-Mittel:

> „Die gegenwärtig in der DDR angewandten Mittel haben eine positive Wirkung lediglich für die Ausdauerdisziplinen (Langstreckenlauf, Radsport – Straße –, Rudern). In diesen Sportarten werden sie im Prinzip erfolgreich angewandt" (IM „HANS" = der Rektor der DHFK Leipzig, zitiert nach Spitzer 1998, 230).

---

[7] Es ist nicht Aufgabe dieses Buchs, Details der Spitzensportentwicklung der DDR zu beschreiben und zu analysieren. Dies wird bereits in qualifizierter Weise u.a. durch Berendonk, Franke, Spitzer und nicht wenige Journalisten geleistet. Vgl. hierzu vor allem Berendonk 1992 und Spitzer 1999.

Er beklagte zugleich das Fehlen adäquater Mittel für die Schnellkraftdisziplinen. Die wirkungsvollsten, auch in der Urinprobe nicht mehr feststellbaren Mittel und Präparate seien in der DDR nicht bekannt. Schuster schlug deshalb als Lösung vor,

> „eine offizielle Organisation bzw. ein Komitee in der DDR zu gründen, welches sich die Aufgabe stellt, die Anwendung des Dopings zu bekämpfen. Unter diesem Deckmantel wäre dann eine intensive Forschung und Entwicklung notwendiger Präparate möglich. Er rechtfertigte seinen Vorschlag mit der Existenz entsprechender Organisationen in den kapitalistischen Ländern" (IM „HANS", zitiert nach Spitzer 1998, 231).

Erste, zunächst auf wenige Disziplinen beschränkte Versuche mit Anabolika-Doping wurden 1966 und 1967 durchgeführt. Eine systematischere Erforschung begann in der Vorbereitung auf die Olympischen Spiele 1968. Die Arbeitsgruppe Bauersfeld experimentierte seit 1968 mit 42 männlichen und weiblichen Werfern. Die geheime Arbeit von Bauersfeld et al. (1973) kann als Beispiel für die beginnende planmäßige Integration von Dopingmaßnahmen in die Trainingsmethodik (vgl. Spitzer 1998) dienen.

Als Konsequenz einer systematischeren Leistungs- und Medaillenplanung wurde 1969 die Zahl der geförderten Sportarten durch einen Beschluss des Politbüros auf für die Medaillenausbeute relevante Sportarten beschränkt (Spitzer/Teichler/Reinartz 1998, 154 ff.). Einzelne Fundstellen legen nahe, dass seit 1970 zumindest der gesamte Olympia-Kaderkreis mit Anabolika gedopt wurde (Vgl. Spitzer 1998, 151), die Wirkung ist in den Leistungskurven z.B. zum Schwimmen und zum Gewichtheben deutlich zu sehen.

Beim DTSB wurden bei der konstituierenden Sitzung der Kontrollgruppe Sportmedizin am 21.1.1971 erstmals außerhalb der Dynamo-Clubs Erfahrungen im Umgang mit Anabolika ausgetauscht

> „über die Wirkungsweise von 'Turinabol' (Jenapharm) u. 'Fortabol' (Scheering WD) bzw. eines holländischen Präparats, die allesamt nicht im Urin nachweisbar sind und damit keine Dopingmittel darstellen. Diese Präparate wurden mit gutem Erfolg bei den Werfern u.a. Kraft- und Schnellkraftdisziplinen bisher mehr oder weniger illegal angewandt" (Der Schwimmverbands-Arzt Kipke bzw. IM „ROLF", zitiert nach Spitzer 1998, 245).

Eine umfassende und systematische Steuerung fehlte bis 1974, wurde dann aber wegen der neuen Nachweismethode für Anabolika und wegen aufgetretener Auswüchse (z.B. Überdosierung und sichtbare Nebenwirkungen) notwendig, da damit zu rechnen war, dass unorganisiertes und wahlloses Doping eine echte Gefahr der Entdeckung mit sich bringen würde.

Die Phase des umfassenden systematischen Dopings begann 1974 mit der Bildung einer sogenannten Arbeitsgruppe „Unterstützende Mittel", der Organisation der diesbezüglichen Forschung (vgl. Landgericht Berlin, Gesch. Nr.(534) 28 Js 39/37 KLS (17/98)) und war bis zum Oktober 1974 abgeschlossen (Spitzer

1998, 221). Begründet wurde diese Entwicklung vor allem mit einer allgemeinen Entwicklung, vor allem im Westen, in erster Linie mit Medikamenten, die in den hormonalen Regulationsmechanismus eingreifen. Genannt wurden hierzu die USA, die BRD, Großbritannien, Schweden, die UdSSR, Italien, Finnland und die europäischen sozialistischen Länder (Spitzer 1998, 254). In der DDR wurden dabei folgende Mittel angewandt: Anabolika, energiereiche Elektrolytlösungen mit Vitaminzusätzen, Nebennierenrindenhormone, Pharmaka zur Verbesserung der Sauerstoffausnutzung des Herzmuskels, Pharmaka zur Ökonomisierung des Hirnstoffwechsels, Vitamine und Mineralien, verbunden mit der Aufgabe der Entwicklung der Kraftfähigkeit, der Beschleunigung der Wiederherstellung nach hohen Trainings- und Wettkampfbelastungen und der Verkürzung der Lernprozesse (Spitzer 1998, 254).

Eine weitere Begründung war die realistische Einschätzung, dass ohne intensive Weiterverwendung von Anabolika die bisherige Steigerungsrate des Leistungsniveaus nicht zu halten sei (Spitzer 1998, 254 f.). Als mögliche Problemlösung wurde deshalb eine vom Einsatz pharmakologischer Mittel begleitete Belastungserhöhung gesehen, unterstützt durch systematische Forschung als Grundlage für Weiterentwicklungen. Wie eindeutig in der DDR selbst der Zusammenhang zwischen Anabolikaverwendung und Leistungsniveau eingeschätzt wurde, zeigt eine Beurteilung der Hauptabteilung XX für die MfS-Spitze 1974:

> „Die Anwendung von Anabolika erfolgt außer in der DDR auch in anderen Ländern, jedoch führte sie bis zum gegenwärtigen Zeitpunkt noch nicht zu solchen enormen Leistungssteigerungen wie bei den DDR-Sportlern, da das richtige Verhältnis zur Trainingsbelastung noch nicht bekannt ist. Durch die Auswertung der Kenntnisse des ######[8] auf diesem Gebiet kann eine Leistungssteigerung in den westlichen Ländern erreicht werden, verbunden mit der Durchsetzung einer erheblichen Förderung der Bereiche Sportmedizin" (Information der Hauptverwaltung XX vom 23.4.1974, zitiert nach Spitzer 1998, 46 f.).

Erstaunlich ist folgender Vorgang: Im Oktober 1974 hatte ein Agent der „Hauptverwaltung Aufklärung" des MfS in der Bundesrepublik ein Papier entwendet, das in DDR-Spitzenkreisen eine starke Verunsicherung hervorrief. Aus dem Papier ging hervor, dass der (westdeutsche) Bundesnachrichtendienst (BND) über das DDR-Doping und seine Nebenwirkungen (belegt mit Personennamen) informiert war. D.h., zumindest der BND wusste über das Dopingsystem der DDR Bescheid. Diese Kenntnisse wirkten sich weder auf die Sportpolitik der Bundesrepublik Deutschland aus noch schlugen sie sich in Aktivitäten zur Dopingbekämpfung im internationalen Bereich nieder. In der DDR führte der

---

[8] Ein aus der DDR in die Bundesrepublik geflohener Sportmediziner – offensichtlich der kurze Zeit später bei Hollmann in Köln angestellte Dr. Mader – (Abteilungsleiter für Leistungssport bei der Sportärztlichen Hauptberatungsstelle Halle, dort speziell für Leichtathletik eingesetzt), „der wie O. an aus DTSB-Perspektive illegalen Blutdoping-Versuchen beteiligt" war (Spitzer 1998, 46).

Vorfall zu einer Sicherheitshysterie (Spitzer 1998, 50), da die bis dahin angewendeten Geheimhaltungsmaßnahmen offensichtlich nicht ausreichend waren.

Bereits 1975 waren die wesentlichen Nebenwirkungen der anabolen Steroide bis hin zu Suchterscheinungen bekannt (Spitzer 1998, 335), zu einem Zeitpunkt, zu dem westdeutsche Sportmediziner immer noch deren Unschädlichkeit behaupteten. Dies brachte das Problem der moralischen und gesundheitlichen Rechtfertigung des Anabolikaeinsatzes mit sich. Trotz der geringen Entdeckungswahrscheinlichkeit wurden rechtliche und ethische Probleme reflektiert, wie der „Bericht zu einigen Fragen der Sicherung des Projekts 'unterstützende Mittel'" (Bericht der Hauptabteilung XX/3 vom 7.5.1975, Spitzer 1998, 335 ff.), die geheime Arbeit Israels (1979) und die Bemerkungen des Leichtathletik-Verbandsarztes Riedel bei einer Besprechung („ethische Position – wissenschaftliche Therapie daraus machen", zitiert nach Berendonk 1992, 101) zeigen.

Obwohl Schuster selbst für die Verbreitung des Anabolikadopings in der DDR gesorgt hatte, schien er sich in Anbetracht dessen, was er losgetreten hatte, nicht ganz wohl zu fühlen und kritisierte nun plötzlich den „krankhaften Ehrgeiz eines einzelnen führenden Sportfunktionärs" (SPITZER 1998, 335). Gleichwohl war auch er der Meinung, dass ohne die Verabreichung der Anabolika die internationale Spitzenstellung insbesondere in den Frauendisziplinen im Schwimmen und der Leichtathletik nicht zu halten wäre (Spitzer 1998, 336). Das begrenzte Potential der DDR beurteilte er realistisch:

> „Das Vermögen des Leistungssports der DDR, welches begründet ist in der ökonomischen Basis und in der Bevölkerungszahl der DDR, lässt bei bester Organisation und allen Vorzügen der sozialistischen Gesellschaftsordnung eine normale ständige Weltspitzenstellung in vielen Sportarten nicht zu" (zitiert nach Spitzer 1998, 337)[9].

Alle Medaillenkandidaten für die Olympischen Spiele 1976 wurden – zum Teil ohne ihr Wissen – gedopt und auf ihre individuellen Abklingraten[10] hin untersucht. Betroffen davon waren die Sportarten Leichtathletik, Sprunglauf, Gewichtheben, Judo, Ringen, Schwimmen, Radsport, Wasserspringen (keine UM vorgesehen), Turnen (Spitzer 1998, 327).

Die massive Einflussnahme mit Hilfe von Anabolikadoping schlug sich in einem ungebrochenen rapiden Leistungswachstum zwischen 1968/70 und 1976 (vgl. Abb. 15 ff. und Tab. 22 ff.) sowie in einer unglaublichen Medaillenausbeute bei den Olympischen Spielen 1976 nieder. Die Weiterentwicklung der Nachweismethoden vor allem zum Anabolikadoping seit 1974 brachte aber Probleme für das DDR-Doping-System. Um Positivproben, die die DDR in Misskredit brin-

---

[9] Diese Äußerung liest sich wie eine Bestätigung für die zur gleichen Zeit erfolgte Modellbildung von Pfetsch/Beutel/Stork/Treutlein 1975, 106–108.

[10] Damit wurde versucht herauszufinden, wann vor einem Wettkampf Dopingmittel abgesetzt werden mussten, um bei Dopingkontrollen kein Risiko einer positiven Probe einzugehen.

gen konnten, zu vermeiden, musste die DDR erhöhte Anstrengungen unternehmen; die Problemlösung wurde in rechtzeitigem Absetzen der Anabolika, Überbrückungsdoping (d. i. der Einsatz nicht nachweisbarer Substanzen in der Zeit zwischen dem Absetzen der Anabolika und wichtigen Wettkämpfen im Ausland) und in einer Systematisierung der Ausreisekontrollen gesucht (vgl. Spitzer/Teichler/Reinartz 1998, 279). Trotzdem kam es nach 1976 zu einem verlangsamten Wachstum und zu einem Deckeneffekt, wie aus der relativen Stagnation bei den Leistungskurven zu erkennen ist (vgl. Abb. 15, Tab. 22).

Die Anabolika waren in ihrer Wirkung weitgehend ausgereizt, aber natürlich nicht in der individuellen Entwicklung, wenn es sich z.B. um Doping-Anfänger handelte; Dosierungserhöhungen brachten nicht mehr den gewünschten Erfolg. Das völlige Ausreizen wurde zudem durch die Entwicklung der Kontrollen behindert.

Nach Lehnert und Gürtler war der Verstoß gegen Doping-Regeln eine wesentliche Grundlage der DDR-Erfolge im Sport:

> „Unsere Erfolge auf dem Gebiet des Leistungssports beruhen auf der wissenschaftlichen Trainingsmethodik und der Anwendung biologisch-pharmakologischer Mittel, die auf der Dopingliste stehen" (zitiert nach Spitzer 1998, 136).

Diese Entwicklung musste gegenüber dem Ausland, vor allem aber gegenüber Personen, die auf der Suche nach den Ursachen der Erfolge des DDR-Sports waren und sich die DDR zum Vorbild erkoren, erklärt werden. Beispielsweise stellte die DDR in einer Propagandaschrift für das Ausland („La culture physique et les sports en R.D.A. Informations, faits, chiffres", 1978) ihr Sportsystem und dessen Stellenwert in einer fortschrittlichen Gesellschaft dar. Die als sehr wichtig angesehene harmonische Integration des Spitzensports in das gesamte Sportsystem wurde z.B. belegt durch den Hinweis auf die Schwimmolympiasiegerin Cornelia Ender, die nicht durch systematische Talentsuche entdeckt worden sei, sondern weil ihr Arzt sie wegen einer Haltungsschwäche zum Schwimmen schickte. Mit Hinweis auf das Coubertin'sche Pyramidenmodell wurde behauptet, der Breitensport sei in der DDR wichtiger als der Spitzensport. Die Bedeutung der Sportclubs und des Spitzensports innerhalb des DDR-Sportsystems wurde heruntergespielt, um Theorie (Marxismus-Leninismus, humaner Sport etc.) und Praxis zusammenbringen zu können. Die seit 1968 rapide zunehmenden Erfolge z.B. im Schwimmsport wurden u.a. damit erklärt, dass die DDR die Forderung von GuthsMuths von 1797, jedes Kind müsse schwimmen

Leistungsentwicklungen und Doping

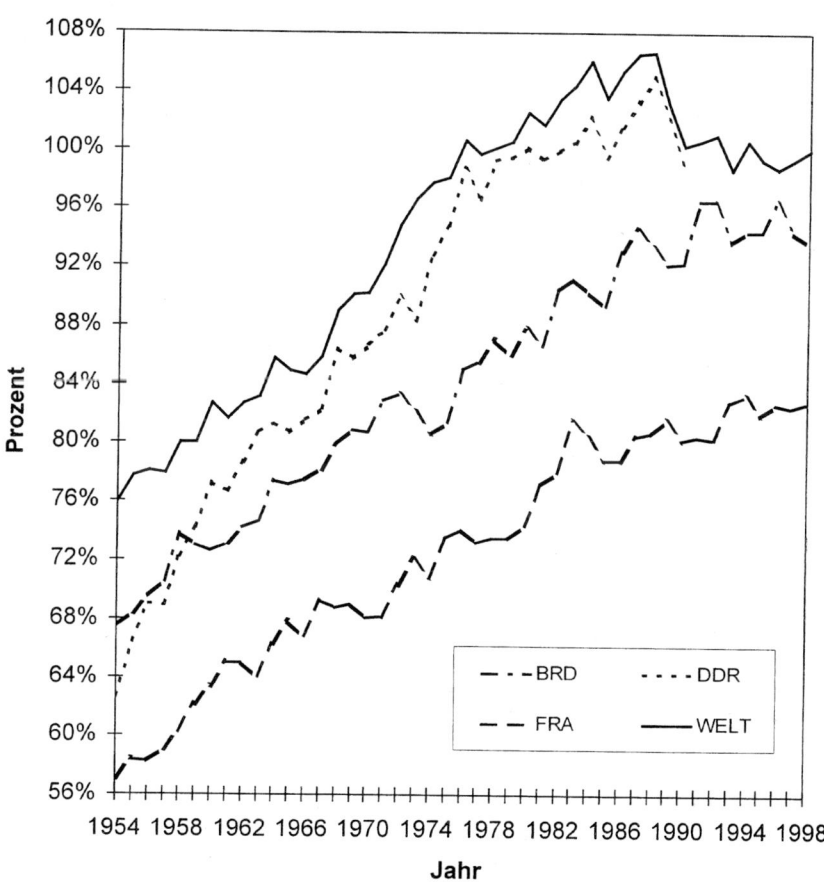

Abb. 15: Leistungsentwicklung in den Würfen der Frauen (Durchschnitt der Plätze 1–3 1998 = 100%)

Die Leistungsentwicklung in den Würfen der Frauen zwischen 1954 und 1964 kann zum Teil durch die Teilnahme von Zwittern erklärt werden (9,9%). Für den entsprechenden „Fortschritt" wurden aber nach 1967 nur 6 Jahre benötigt. Die „Wende" des Jahres 1968 ist mit 4,2% deutlich erkennbar. Beeindruckend ist zudem der für nacholympische Jahre nicht erwartbare Leistungsaufschwung der Jahre 1969 (1,0%) und 1973 (1,8%), ebenso jener der olympischen Zwischenjahre 1982 (1,8%) und 1983 (0,9%). D.h., nationale Entwicklungen wurden durch die augenscheinlichen Veränderungen bei internationalen Großereignissen wie Olympischen Spielen und Wissenstransfer „befruchtet".

JAHR	BRD	DDR	FRA	Welt
1954	67,5%	62,6%	57,0%	75,9%
1955	68,3%	66,4%	58,3%	77,7%
1956	69,6%	69,0%	58,2%	78,0%
1957	70,4%	69,0%	58,9%	77,9%
1958	73,8%	72,3%	60,2%	80,0%
1959	73,0%	74,2%	62,0%	80,0%
1960	72,6%	77,3%	63,4%	82,7%
1961	73,0%	76,7%	65,1%	81,6%
1962	74,1%	78,7%	65,0%	82,8%
1963	74,6%	80,7%	64,0%	83,2%
1964	77,4%	81,3%	66,3%	85,8%
1965	77,1%	80,7%	67,8%	84,9%
1966	77,5%	81,6%	66,9%	84,7%
1967	78,2%	82,3%	69,3%	85,8%
1968	79,9%	86,4%	68,8%	89,0%
1969	80,9%	85,7%	69,1%	90,0%
1970	80,7%	86,6%	68,1%	90,1%
1971	82,9%	87,6%	68,2%	92,1%
1972	83,3%	89,9%	70,3%	94,8%
1973	82,1%	88,3%	72,1%	96,6%
1974	80,6%	92,8%	70,8%	97,7%
1975	81,4%	94,8%	73,5%	98,0%
1976	85,0%	98,7%	74,1%	100,5%
1977	85,5%	96,5%	73,2%	99,7%
1978	87,0%	99,2%	73,5%	100,1%
1979	86,0%	99,4%	73,5%	100,4%
1980	87,8%	100,1%	74,3%	102,5%
1981	86,6%	99,3%	77,2%	101,6%
1982	90,4%	99,9%	78,0%	103,4%
1983	91,2%	100,5%	81,6%	104,3%
1984	90,3%	102,2%	80,4%	106,1%
1985	89,3%	99,5%	78,8%	103,5%
1986	93,1%	101,6%	78,9%	105,4%
1987	94,5%	103,2%	80,4%	106,6%
1988	93,4%	105,0%	80,7%	106,7%
1989	92,1%	102,1%	81,6%	103,1%
1990	92,2%	98,8%	80,2%	100,2%
1991	96,5%		80,4%	100,6%
1992	96,5%		80,2%	101,0%
1993	93,7%		82,8%	98,6%
1994	94,4%		83,3%	100,5%
1995	94,4%		82,0%	99,3%
1996	96,6%		82,7%	98,7%
1997	94,4%		82,4%	99,3%
1998	93,7%		82,8%	100,0%

Tab. 22: Prozentuale Entwicklung der Leistungen in den Würfen der Frauen zwischen 1954 und 1998

lernen, erfüllt habe. Die DDR sei kein „Sportwunder"; der rapide spitzensportliche Aufschwung der vorhergehenden Jahre wurde mit der Aufnahme der DDR als selbständiges Land in die verschiedenen internationalen Sportverbände seit 1965 erklärt, erst danach habe sich der Spitzensport voll und ganz entwickeln und zunehmend Erfolge erzielen können. Die DDR habe auf intelligente Art und Weise verstanden, die Vorteile eines sozialistischen Systems zur Geltung zu bringen.

Als wesentliche Erklärung für die Erfolge der DDR-Sportler wurde die besondere sittlich-ethisch-moralische Haltung der Sportler und ihres Umfelds angeführt. Die These des „Sportwunders" würde meist mit infamen Anschuldigungen verbunden. Journalisten und Sportfunktionäre aus Ländern, die selbst im Dopingsumpf steckten, würden sich zur Behauptung versteigen, die Sportler der DDR würden sich dopen und dadurch ihre Erfolge sichern. In Wirklichkeit gehöre die DDR zu den Ländern, die sich am meisten im Kampf gegen Doping engagierten, ein Übel, das vor allem in kapitalistischen Ländern vorkomme, in denen der Sport zum Kommerz wurde. Beleg dafür sei, dass die Friedensrundfahrt der Radfahrer von einer mobilen Antidopingeinheit begleitet wird, die bei ihren täglichen Tests noch nie eine positive Probe gefunden habe.[11]

Ähnlich wie in dieser Propagandaschrift wurde z.B. in den DDR-Zeitschriften „Körpererziehung" und „Theorie und Praxis der Körperkultur" argumentiert oder 1972 beim Olympischen Kongress in München durch den Sportsoziologen und späteren DDR-Staatssekretär für Sport, Prof. Dr. Erbach. Doping gab es jeweils nur beim Klassenfeind. Welche zusätzlichen Treibsätze für eine schnelle Leistungsentwicklung in das DDR-Sportsystem eingebaut wurden, wurde streng geheim gehalten. Und wenn Informationen durch DDR-Flüchtlinge wie Mader, Neufeldt, Vogel, Hunold, Krug u.a.m. im Westen bekannt wurden, sorgten sie kurzzeitig für Aufregung und wurden dann schnell wieder vergessen oder – wie im Fall des Arztes Mader (Sporthochschule Köln) oder des Sprinttrainers Hunold (TV Wattenscheid) – begierig aufgegriffen. Der Westen wollte getäuscht werden und war für solche Argumentationen, wie in dieser Propagandaschrift dargestellt, dankbar.

Wenn die Ressource „Nachwuchs" „sinnvoll", d.h., möglichst früh zu rapiden Leistungssteigerungen und zu internationalem Einsatz geführt werden sollte, dann musste Doping bereits in jungem Alter ermöglicht werden. Deshalb erforschten DDR-Forscher intensiv den günstigsten Zeitpunkt der Erstanwendung[12] von anabolen Steroiden, was dazu führte, dass „nach und nach ... die

---

[11] Das Fehlen positiver Proben wurde wider besseres Wissen in Ost und West immer wieder als Beweis für sauberen Sport angeführt.

[12] Zeitpunkt, an dem heranwachsenden Leistungssportlern zum ersten Mal Dopingmittel verabreicht wurden.

Erstanwendung ... bis auf den Zeitpunkt der 'Reifung' (männliche Jugend) bzw. den Zeitpunkt der Stabilisierung der Menstruation – also im Einzelfall auf 12 Jahre" verschoben wurde (SPITZER 1998, 137). Spitzer sieht in den „geförderten Disziplinen" vom Juniorenalter an einen grundsätzlichen Zusammenhang zwischen der Trainingsmethodik und der Verwendung von „u. M." (vgl. Spitzer 1998, 148).

Die aus den Jahren 1970 bis 1976 gewohnte jährliche Steigerungsrate der Leistungsentwicklung war wegen des Deckeneffekts danach mit den bisherigen Mitteln nicht mehr erreichbar; deshalb wurde versucht, mit einer Veränderung der Trainingsmethodik (z.b. steigende Dosierungen beim Doping und erhöhte Trainingsumfänge und -intensität) das Leistungsniveau weiter zu steigern (vgl. Spitzer 1998, 188), aber ohne den gleichen durchschlagenden Erfolg wie in den Vorjahren, obwohl systematisches Doping seit 1978 für mindestens 12 Sportarten anzunehmen ist und zeitweise in bis zu 21 Sportarten gedopt wurde (vgl. Spitzer 1998, 142).

Die Grenzen des Wachstums des DDR-Leistungssports waren zwischen 1976 und 1980 weitgehend erreicht, das erreichte Leistungsniveau war nach 1980 gefährdet (vgl. auch Spitzer/Teichler/Reinartz 1998, 247, siehe hierzu auch die verschiedenen Abbildungen). Zum einen hatte das Entwicklungstempo des Leistungssports in der übrigen Welt zugenommen; dieser konnte sich meist auf unvergleichlich bessere Ressourcen stützen, z.B. an humanem (Bevölkerungsgröße z.B. in der UdSSR oder in den USA) und/oder finanziellem Potential (z.B. in den USA) oder an regionalen Vorteilen (z.B. Höhenlage von Kenia). Hinzu kam aber, dass eine Trumpfkarte der DDR – die systematische Talentsuche und -selektion – in den 80er Jahren nicht mehr im gleichen Maße funktionierte wie zuvor, weil die Zustimmung von Eltern zur Delegierung von Talenten in die Kinder- und Jugend-Sportschulen deutlich zurückging (vgl. Spitzer/Teichler/Reinartz 1998, 250) und teilweise um bis zu 70% der zur Delegierung vorgesehenen Kinder sank (vgl. Spitzer 1998, 216, A 104). Nach Spitzer lässt sich belegen, „dass Sportarten, die man in der DDR am ehesten mit Anabolika in Verbindung brachte", am stärksten von der Verweigerungshaltung von Eltern betroffen waren (SPITZER 1998, 216). D.h., die DDR-Sportführung befand sich zunehmend im Dilemma zwischen als notwendig angesehener Höherdosierung zur weiteren Leistungssteigerung, Verwendung neuer gefährlicherer Mittel und zurückgehender Akzeptanz des Leistungssports. Mit der Flucht in höhere Dosierungen der Dopingmittel seit Ende der siebziger Jahre wuchs die Gefährlichkeit und die Sichtbarkeit von Nebenwirkungen.

Wie sehr die Grenzen des Wachstums erreicht waren, zeigt sich daran, dass z.B. 1988 statt der für den Zeitraum von 1991–1995 für den Leistungssport geforderten 471 Millionen Mark nur 238 Millionen genehmigt wurden (vgl. Spitzer/Teichler/Reinartz 1998, 255), eine vergleichsweise trotzdem riesige staatliche Subvention. Die geringe Bevölkerungsgröße der DDR musste durch exzessive Investitionen in den Leistungssport kompensiert werden, z.b. standen 120 hauptamtlichen Trainern auf Bundesebene in Westdeutschland über 6000 in der DDR gegenüber (Frankfurter Allgemeine Zeitung, 18.7.1990).

Spitzer schätzt auf der Basis der gefundenen Zahlen, dass zwischen 1972 und 1989 zwischen 8000 und 10000 Sportler systematisch und anhaltend gedopt wurden (Spitzer 1998, 157).

Das Handlungsdilemma zwischen offiziellem Antidopingkampf einerseits und „Pro-Doping-Forschung" sowie Dopingdurchführung andererseits wurde 1989 größer und führte angesichts vieler interner Dopingfälle zu einer erheblichen Verunsicherung (SPITZER 1998, 193). Sehr ungelegen kam dabei 1989 die Artikelserie über den Republikflüchtling und Olympiasieger Aschenbach in der Bildzeitung mit einer detaillierten Beschreibung des DDR-Dopings im Skispringen. Eine zusätzliche Verunsicherung brachten neue Nachweismethoden, die das seit 1983 durchgeführte Testosteron-Doping gefährdeten (Spitzer 1998, 196). Angesichts der durch verbesserte Dopingkontrollen verursachten krisenhaften Entwicklung im Wendejahr 1989 wurde die staatliche Verteilung der Doping-Mittel auf Olympiakader innerhalb bestätigter Programme beschränkt (Spitzer 1998, 205), um das Risiko der Entdeckung des DDR-Dopings zu verringern. Im Spitzenbereich gab es dennoch noch immer ca. 600 Sportler mit bestätigten Programmen. Auf der Grundlage vorheriger Erfahrungen und Forschungen wurde befürchtet,

> „daß bei einer konsequenten Durchsetzung des Verbots die bisher erzielten Leistungen vorrangig in der Leichtathletik, im Schwimmen und Gewichtheben sowie in einigen Wintersportdisziplinen nicht mehr erbracht werden können" (am 23.5.1989 im Ministerium für Staatssicherheit autorisierte „Information zur Dopingproblematik im Leistungssport der DDR", zitiert nach Spitzer 1998, 204).

Der Rückgang des Leistungsniveaus im DDR-Sport war eine natürliche Folge der erzwungenen Zurückhaltung und ein Beweis für die Effektivität von Trainingskontrollen.

Die wesentlichen Grundlagen des DDR-Leistungssports, vor allem systematische Talentsuche und Doping, waren demnach schon vor der Wende gefährdet oder weggebrochen, weshalb Spitzer die Zerstörung der Leistungssportstruktur der DDR durch die Bundesrepublik als Legende ansieht (vgl. Spitzer 1998, 217). In Übereinstimmung mit Spitzer (1998, 56) unterscheiden wir folgende Phasen des DDR-(Anabolika-)-Dopings:

1966/67: Erste Versuche mit anabolen Steroiden (Westpräparate oder Oral-Turinabol). Frauen waren in dieser Phase anscheinend nicht betroffen.

1968 – 1974: Dezentrale anabole Phase – Beginn aller Formen des Missbrauchs (Dosierung, Dauer, Einbeziehung von Jugendlichen und Frauen) und ein ausgeprägter Leistungsaufschwung seit 1968/70. Aufbrechen des ärztlichen Dopingmonopols als Folge der Einführung oraler Anabolika.

1970 – 1976: Phase der weitgehenden Ausreizung des Dopingeffekts bei der Anwendung von Anabolika.

1974 – 1989: Zentrale anabole Phase – Konspirative Durchführung des staatlich vorgeschriebenen und organisierten Dopings mit Verschärfung der Kontrolle und Kanalisierung der „Dopingkreativität".

1976 – 1984: Deckeneffekt durch zunehmende Kontrollen und nicht mehr steigerbare Wirkung der Anabolika, Suche nach neuen Mitteln und Methoden.

1984 – 1988: Beginnender Leistungsrückgang als Folge der zunehmenden Wirksamkeit von Dopingkontrollen, sich verschärfender Finanzierungsprobleme, beginnenden Trainingskontrollen und nachlassender Bereitschaft von Talenten zum Besuch von Kinder- und Jugendsportschulen.

Im Zweifelsfalle wurde und wird – selbst in einem streng kontrollierenden System – eher mehr gemacht als vorgeschrieben. In der DDR-Diktatur überwog das Primat der Leistungssteigerung über individuelle Interessen (vgl. Spitzer 1998, 175).

3.3.1 Leichtathletik

Doping in der DDR-Leichtathletik begann nicht erst mit dem Anabolikadoping, sondern schon zuvor mit klassischem Doping mit Stimulantien, wobei positive Wirkungen zumindest für den Langstreckenlauf festgestellt wurden (vgl. Spitzer 1998, 230). Insider haben uns berichtet, dass erste systematische Versuche mit Anabolikadoping in einigen Männerdisziplinen (z.B. 400 m, Kugel, Diskus) 1966 und 1967 begannen. Der ehemalige DDR-Diskuswerfer und spätere DDR-Trainer Schaumburg berichtete, dass er am 27. November 1967 in eine Turinabol-Testserie aufgenommen wurde (Süddeutsche Zeitung, 26.10.1989). Dass es sich nicht nur um ein Experiment einer kleinen, isolierten Gruppe handelte, zeigt das Experiment der Arbeitsgruppe Bauersfeld mit 42 männlichen und weiblichen Werfern (seit 1968, Bauersfeld et al. 1973).

Das Anabolikadoping wurde schnell über die Maximalkraft erfordernden Würfe hinaus auf die Schnellkraftdisziplinen Sprint und Sprung ausgedehnt. Ein Dokument aus dem Jahre 1969 („Die Beschleunigung des mehrjährigen Leistungsaufbaus im Hochsprung unter besonderer Beachtung der Applikation anaboler Wirkstoffe") bezeugt die schnelle Integration des neuen Wissens in das Training anderer Disziplinen (Süddeutsche Zeitung, 15.3.1993), auch in das Speerwurftraining, bei dem die Koordinationsfrage anscheinend zunächst Probleme bereitet hatte (vgl. Spitzer 1998, 103). Im Frühjahr 1973 begann mit der Trainingsgruppe Hellmann ein Versuch mit sechs Speerwerfern des SC Motor

Jena mit Orotsäure (Spitzer 1998, 358). Der Sektionsarzt Leichtathletik des SC Motor Jena, Hartmut Riedel, wurde 1975 in den Versuch einbezogen, vor allem weil von Riedel betreute Athleten anderer Disziplinen (Riedels Disziplinen: 400 m, 800 m, 1500 m, 400 m Hürden) in den Versuch integriert werden sollten (Spitzer 1998, 358 f.). Dass es sich bei der Verwendung von Anabolika in der Leichtathletik um Doping handelte, war bekannt (Spitzer 1998, 46).

Seit 1974 gab es in der Leichtathletik Wettkampfkontrollen mit einer Nachweismöglichkeit für Anabolika, deshalb mussten diese 25 Tage vor den Europameisterschaften abgesetzt werden, womit allerdings die Gefahr eines Leistungsrückgangs verbunden war. Trotz bleibender starker Nebenwirkungen wurde zur Erhaltung der Leistungsfähigkeit als Überbrückungsdoping reines, damals nicht nachweisbares Testosteron gespritzt (Spitzer 1998, 48 f.); die Verhinderung eines Leistungsabfalls war Aufgabe der Sportmedizin (1998, 108).

Nach der Gründung der Forschungsgruppe „ZL" am 16. Januar 1975 wurde beim ersten Kolloquium am 30. April 1975 die Leichtathletik durch die Ärzte Dr. Hannemann, Dr. Pahlke, Dr. Starke, Dr. Wendler, die Trainer Ernst Schmidt und Werner Trellenberg, Jeitner vom wissenschaftlichen Zentrum und M. Matuschewski sowie Prof. Bauersfeld (DHFK) und Kühl (Dynamo) vertreten (Spitzer 1998, 79 f.). Laut Treffbericht des IMS „Technik" (2.5.1975, Höppner) waren allein 300 Leichtathleten in die Förderstufen II und III, d.h., in das Dopingprogramm einbezogen (bei insgesamt 2000 „dopinggeförderten" Sportlern, SPITZER 1998, 152, A.36). Schuster maß dieser Maßnahme hohe Bedeutung für die Leistungsentwicklung zu und vermutete,

> „daß ohne die Verabreichung der Anabolika die internationale Spitzenstellung nicht zu halten wäre. Das betrifft in erster Linie die Frauendisziplinen im Schwimmen und der Leichtathletik" (zitiert nach Spitzer 1998, 336).

Schon Mitte der 70er Jahre wurde offensichtlich auch mit dem Anabolika-Doping in den Mittel- und Langstrecken begonnen. Eine bekannte Mittelstreckerlin der DDR erzählte dem Mainzer Werfer Henning Maßholder,

> „dass in der Vorbereitung für die Olympischen Spiele in Montreal alle DDR-Leichtathletinnen bis hin zu den 1500 m-Läuferinnen Anabolika bekommen haben" (MAßHOLDER 1981/82, 3).

Die IAAF hatte festgelegt, dass vor oder nach den Wettkämpfen in Montreal 1976 100 Leichtathleten sich Anabolikakontrollen unterziehen müssten. Um diesen unangemeldeten Kontrollen zu entgehen, hielten sich die DDR-Athleten außerhalb des Dorfs in einem Ausweichlager auf, ebenso jene der BRD und der USA (Landgericht Berlin, Gesch. Nr. (534) 28 Js 39/37 KLS (17/98), 50), die Vertuschungsstrategien in Ost und West waren ähnlich.

1977 ereignete sich der „Supergau" für das DDR-Doping. Im August wurde die Kugelstoßerin Ilona Slupianek positiv kontrolliert. Obwohl sie es besser wussten, leugneten sowohl die Sportlerin als auch die Sportführung der DDR das Anabolika-Doping (vgl. Spitzer 1998, 110 f.). Überraschenderweise erhielt die Sportlerin von der IAAF nur eine milde Strafe, der verantwortliche Arzt wurde nicht einmal aus dem IAAF-Gremium ausgeschlossen (vgl. Spitzer 1998, 112 f.). Mit diesem „Sündenfall" war nicht nur das Ansehen der DDR-Leichtathletik gefährdet, denn erstmals lag ein Beweis dafür vor,

> „daß das viel gelobte Sportwunder der DDR zu einem guten Teil auch auf verbotener Hormonspritzerei gründet: besonders im Bereich der Frauen. Als die jungen mitteldeutschen Schwimmerinnen schon vor drei Jahren bei den Weltmeisterschaften in Wien ihre Umwelt mit tiefen Bässen irritierten, fand sich noch kein Beweis. Die DDR-Athleten gingen, argwöhnisch beäugt, erhobenen Hauptes durch sämtliche Dopingkontrollen, als seien sie auf eine sehr geheimnisvolle Weise unverwundbar. Verdächtigungen klangen stets wie Neid ... Daß Ilona Slupianek ertappt wurde, muß vorerst auf einen groben Webfehler zurückgeführt werden. Wahrscheinlich hat sie die Anabolika zu spät abgesetzt" (Frankfurter Rundschau 8.11.1977).

Journalisten, die ebenso wenig wie Trainer und Funktionäre Insider des DDR-Systems waren, konnten offensichtlich leichter die Vermutung äußern, dass es sich beim Fall Slupianek um keinen Einzelfall handelte.

Die Verteidigungs-Strategie der DDR-Sportführung verwendete typische – auch im Westen verwandte – Argumentationsmuster:

> „Der Europäische Leichtathletik-Verband hat auf einer Tagung in Sevilla mehreren Athleten verschiedener Länder vorgeworfen, bei unterschiedlichen Anlässen Anabolika angewandt zu haben. Darunter befindet sich auch die Leichtathletin Ilona Slupianek. ... Der verantwortliche Arzt der DDR-Leichtathletinnen, der sowohl bei der Dopingkontrolle in Helsinki als auch bei der Nachkontrolle in London anwesend war, stellte eindeutig fest, daß die zweite Probeflasche, die von der Dopingkontrolle in London vorgelegt wurde, nicht mit der in Helsinki zurückgelassenen identisch war. Angesichts dessen ist es erneut festzustellen, daß das gegenwärtige System der Doping- und Anabolikakontrollen nicht den Anforderungen entspricht. Es ist bekannt, daß der Deutsche Verband für Leichtathletik der DDR schon immer dafür war, eine Kontrolle durchzuführen, die objektiv und fehlerfrei ist und die in allen Bereichen des Kontrollverfahrens von internationalen Gremien gewährleistet wird. Entscheidungen wie sie jetzt in Sevilla getroffen wurden, sind ungerechtfertigt" (Frankfurter Allgemeine Zeitung, 12.11.1977).

Höppner hatte behauptet, er habe eine Markierung angebracht und daran erkannt, dass die Proben nicht identisch waren. Im Gegensatz zu dieser Äußerung waren sie aber identisch. Heute ist bewiesen, dass es sich bei Höppners Aussage um eine Lüge handelte (Mitteilung Giselher Spitzers am 23.3.2000). Angesichts der Offensichtlichkeit des Vorfalls wäre eigentlich ein energisches Agieren des Westens zu erwarten gewesen. Dass dies nicht der Fall war, lässt einige Fragen offen.

Höppner führte 1977 die Leistungssteigerung zwischen 1972 und 1976 vor allem auf den Anabolikaeinsatz zurück und ging dabei von einem durch Anabolika verursachten Leistungsvorteil aus von 2,5–4 m (Kugelstoßen Männer), 4,5–

5 m (Kugelstoßen Frauen), 10–12 m (Diskuswurf Männer), 11–20 m (Diskuswurf Frauen), 6–10 m (Hammerwurf), 8–15 m (Speerwurf Frauen), d.h., bei den Männern von ca. 10% und bei den Frauen von ca. 20% Leistungsvorteil. In den weiteren Frauendisziplinen wurden folgende Leistungssteigerungen für möglich gehalten: Fünfkampf eine ca. 20%-Steigerung der Punktzahlen, über 400 m um 4–5, über 800 m um 5–10 und über 1500 m um 7–10 Sekunden. Beim Sprint der Frauen hielt er Zeiten unter 11,2 s in Anlehnung an alle Fachleute für ausgeschlossen (Treffbericht des IM „Technik" vom 3. März 1977, nach Spitzer 1998, 379 f.). Allerdings überschätzte Höppner damit die Möglichkeiten der Leistungssteigerung durch Anabolika-Doping.

Wie gefährdet die Leistungsproduktion mit Hilfe von Doping bereits Ende der siebziger Jahre war, zeigt folgender Vorfall: Am 16.8.1978 sollten sechs DDR-Leichtathleten zum internationalen Sportfest in Zürich fliegen. Erst nach Buchung der Tickets wurde bekannt, dass in Zürich Dopingkontrollen stattfinden würden. Das Problem der DDR war, dass wegen der Vorbereitung auf die Europameisterschaften bei der Ausreisekontrolle alle Athleten noch positiv waren; deshalb wurde der Start wegen einer „infektiösen Darmgrippe" abgesagt (Landgericht Berlin, Gesch. Nr. (534) 28 Js 39/37 KLS (A/98), S 106).

Die zunehmende Abhängigkeit der Trainingsmethodik von u. M. (vgl. auch Spitzer 1998) und damit der Leistungssporterfolge von Doping belegen die Forschungen des Sportmediziners RIEDEL zum „Zusammenhang zwischen Anstieg der Gesamtdosierung von OT [Oralturinabol] und Leistungsanstieg" (unveröff. Diss. Bad Saarow 1986). Er untersuchte dazu 1979/80 je sechs männliche und weibliche Springer (Teilnehmer der Olympischen Spiele 1980 in Moskau, darunter je zwei mit Gold-, Silber- und Bronzemedaillen). Riedel wies den Zusammenhang eindeutig nach, unter anderem für den Weitspringer Dombrowski und seinen Sensationssprung bei den Olympischen Spielen 1980 mit 8,54 m.

Nicht immer führte der Anabolika-Einsatz zum gewünschten Ergebnis. Für einen jugendlichen Athleten wurde für die Vorbereitung der Junioreneuropameisterschaften 1979 der erstmalige Einsatz von u. M festgelegt. Der spätere Cheftrainer Dr. Ekkehard Arbeit prognostizierte 1978 für ihn bis zu den Olympischen Spielen 1984 eine Steigerung auf 22.00 m im Kugelstoßen und auf 73 m im Diskuswerfen; die Karriere scheiterte (vgl. Spitzer 1998, 147). 1984 war er bei einer 16-Jährigen überzeugt, dass sie den Sprung in die Junioren-Auswahl zur JEM schaffen könne,

> „vorausgesetzt der Prozess läuft verletzungsfrei ab und es dürfen legal UM eingesetzt werden, wie es bei JEM-Kadern üblich ist" (E. ARBEIT 1984 an seinen MfS-Führungsoffizier, zitiert nach Spitzer 1998, 147).

Was Arbeit unter legal verstand, war der nach IAAF- und IOC-Regeln, aber auch nach DDR-Recht illegale Einsatz von Dopingmitteln. 1997 sah Arbeit jedoch als wesentlichen Grund für das DDR-Leistungsniveau: „Wir waren viel besser beim Training" (SPITZER 1998, 147).

Für das rechtzeitige Absetzen von Anabolika vor dem Wettkampf wurden die „individuellen Abklingraten"[13] der Olympiakandidaten ermittelt, damit das gefährlichere Überbrückungsdoping nicht zu lange durchgeführt werden musste. 1979 betraf dies 27 Olympiakandidaten, von ihnen wurden 1980 dann 9 Gold-, 2 Silber- und 3 Bronzemedaillen errungen (Spitzer 1998, 328).

Höppner befürchtete 1985,

> „daß die langfristige 'Zielstellung' von 1985, 16 der insgesamt 44 Leichtathletik-Goldmedaillen bei den Olympischen Sommerspielen 1988 für die DDR zu gewinnen, nicht realisierbar werden könnte" (zitiert nach Spitzer 1998, 183).

Dass die DDR-Leichtathletik in der zweiten Hälfte der 80er Jahre nicht mehr zu den gleichen Höhenflügen in der Lage war wie 1972, 1976 oder 1980, zeigt sich daran, dass dann trotz intensiven Dopings 1988 nur 6 Goldmedaillen gewonnen wurden, davon vier in klassischen Dopingdisziplinen. Beim Ausweg „Dosissteigerung" berichtete Höppner von einer drei- bis sechsfachen Überschreitung der vorgeschriebenen Anabolikadosierung im Speerwerfen, u.a. durch den Speerwerfer Hartwig aus Magdeburg. Normalerweise leugneten Trainer und Athlet dies dann aber ab:

> „Festzustellen ist auch, daß viele Trainer rücksichtslos Anabolika bei ihren Sportlern zur Anwendung bringen, bei gleichzeitiger Vernachlässigung der Trainingsprozesse. Sie sehen in der Anwendung unterstützender Mittel, zum Teil in unkontrollierten Dosen, das 'Allheilmittel' zur Leistungssteigerung. So konnte dem Trainer Kaiser des SC Einheit Dresden nachgewiesen werden, daß er seinen Werfern, entgegen den festgelegten täglichen 5 bis 10 mg Oralturinabol, 30 mg verabreicht hat" (IMB „TECHNIK" HÖPPNER, zitiert nach Spitzer 1998, 362).

Dass mit dem Fall Ben Johnson in Seoul eine neue Zeit begonnen hatte, war auffällig, wenn man die Leistungsrückgänge der Jahre 1989 und 1990 betrachtet. Vor allem sowjetische Athletinnen blieben weit hinter ihren Leistungen des Jahres 1988 zurück. Die westdeutsche 800-m-Meisterin Gabi Lesch schlug z.B. bei einem Meeting in Wolgograd in 2:02,3 min die ganze sowjetische Elite, darunter die Weltjahresbeste des Vorjahres (1:56,0), Trainer und Athleten waren offensichtlich erheblich verunsichert (Süddeutsche Zeitung, 27.6.1989) (vgl. Abb. 16).

Diese Situation führte auch in der DDR zu hektischen Aktivitäten:

> „Die AR I befaßt sich mit dem Austausch der Anabolika, deren Einsatz nicht mehr möglich ist, da ab Herbst 1989 mit Kontrollen, z.B. in der Leichtathletik, dem Rudern, dem Eisschnellauf innerhalb von 24 Stunden gerechnet werden muß. Entsprechende Be-

---

[13] Das ist die Zeit bis zum Ende der Nachweisbarkeit von Doping mit gängigen Testmethoden.

schlüsse liegen bereits bei den internationalen Verbänden" (Bericht vom 30.8.1989 über ein Gespräch mit Prof. Dr. Alfons Lehnert, zitiert nach Spitzer 1998, 208).

Dass es sich um eine neue Zeit handelte, war nicht allen Akteuren klar. So prognostizierte noch 1991 der neue Cheftrainer im DLV und ehemalige Cheftrainer des DVfL Schubert trotz des zwischenzeitlich erfolgten Leistungsrückgangs für die Olympischen Spiele 1992 Siegesleistungen von 7,55 m im Weitsprung (Drechsler), 2,09 m im Hochsprung (Henkel) (vgl. Abb. 17), 47,90 s über 400 m der Frauen, 1:54,0 min über 800 m, 75 m im Diskuswerfen der Frauen, 79 m im Speerwerfen der Frauen, 22,80 m im Kugelstoßen der Männer und 2,45 m im Hochsprung der Männer. Diese Leistungsprognosen waren weit von den tatsächlichen Leistungen des Jahres 1991 entfernt. Schubert verkannte anscheinend, dass eine lediglich mathematisch-statistische Fortschreibung von Leistungsentwicklungen angesichts der internationalen Trainingskontrollen nicht mehr geboten war.

Er war damit nicht allein. Auch RAYMOND T. STEFANI kam 1989 in seinem Artikel „Olympic Winning Performances: Trends and predictions (1952–1992) auf der Grundlage komplizierter Berechnungen zu fast den gleichen Prognosen (ergänzt um Prognosen zum Schwimmen und Gewichtheben). Er schloss seinen Artikel mit der beeidruckenden Fehl-Prognose: „It appears that the Olympic Motto of Citius, Altius, Fortius is secure for at least another thirty years" (Stefani 1989, 215).

Bis heute geben die meisten DDR-Leichtathleten ihr Anabolika-Doping nicht zu, meist mit einer ähnlichen Argumentation wie der Republikflüchtling und Diskuswerfer Wolfgang Schmidt:

> „Ich sage nicht, daß ich anabole Steroide zu mir genommen habe. Aber eines muß ich ganz entschieden zum Ausdruck bringen: Der Erfolg der DDR begründete sich nicht auf den Steroiden. Es war vielmehr das System, es waren die Trainer, die Übungsleiter, die Sportfunktionäre, die Sportärzte, die Sportwissenschaftler, die Sporteinrichtungen und letztendlich der Athlet, der wahnsinnig hart trainiert hat. Wo wurde denn der gezielte Einsatz von Steroiden gestartet? Die Antwort lautet: in den USA. Andere mußten sich dann halt anpassen, um Chancengleichheit zu gewähren" (JOHNSON/VERSCHOTH 1992, 148).

Ob er sich selbst angepasst hatte, sagte Wolfgang Schmidt nicht.

Der Aufstieg der DDR-Leichtathletik hinterließ Spuren im Verbandsorgan „Der Leichtathlet". Im Heft 51/52 wurde 1968 bereits die Kugelstoßentwicklung der Frauen analysiert, ebenso 1969 im Heft 51/52 – hier war die Leistungsexplosion am auffälligsten. Zahlreiche Disziplin-Analysen folgten in den Jahren 1970 – 1972 nach. 1975 wurde erstmals in etwas größerem Umfang die Doping-Problematik angesprochen (Der Leichtathlet, 1975, 43). Wenn in den folgenden Jahren Meldungen über Doping veröffentlicht wurden, dann nur über jenes in anderen Ländern, vor allem nach den positiven Dopingproben von Linda Haglund

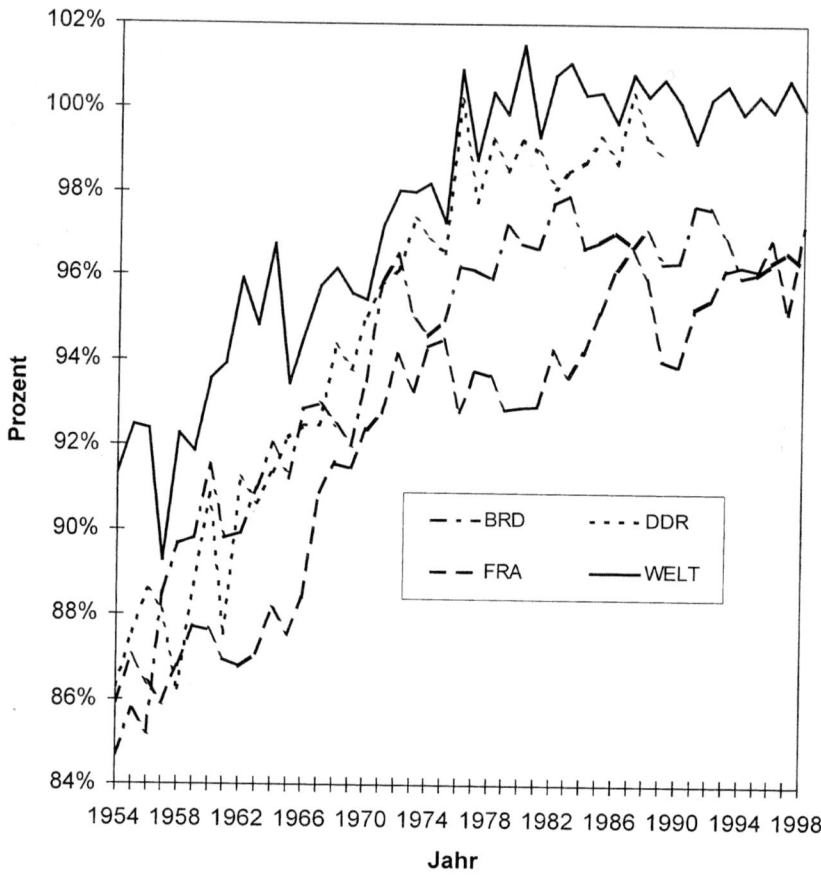

Abb. 16: Leistungsentwicklung im 800-m-Lauf der Frauen (Durchschnitt der Plätze 1–3 1998 = 100%)

Durch die späte Berücksichtigung der Mittel- und Langstrecken der Frauen bei Olympischen Spielen lässt sich der rasante Anstieg des Leistungsniveaus in den 50er und 60er Jahren erklären. Der weitere Aufschwung des Jahres 1976 dürfte durch das Eindringen der Anabolika in diese Disziplingruppe verursacht sein (vgl. Abb. 15 und 16). Das 1976 erreichte Weltniveau wurde nur 1980 und 1983 übertroffen, d.h., Anabolika scheinen für diese Disziplin weniger Leistungsvorteile gebracht zu haben, im Gegensatz zu den längeren Strecken.

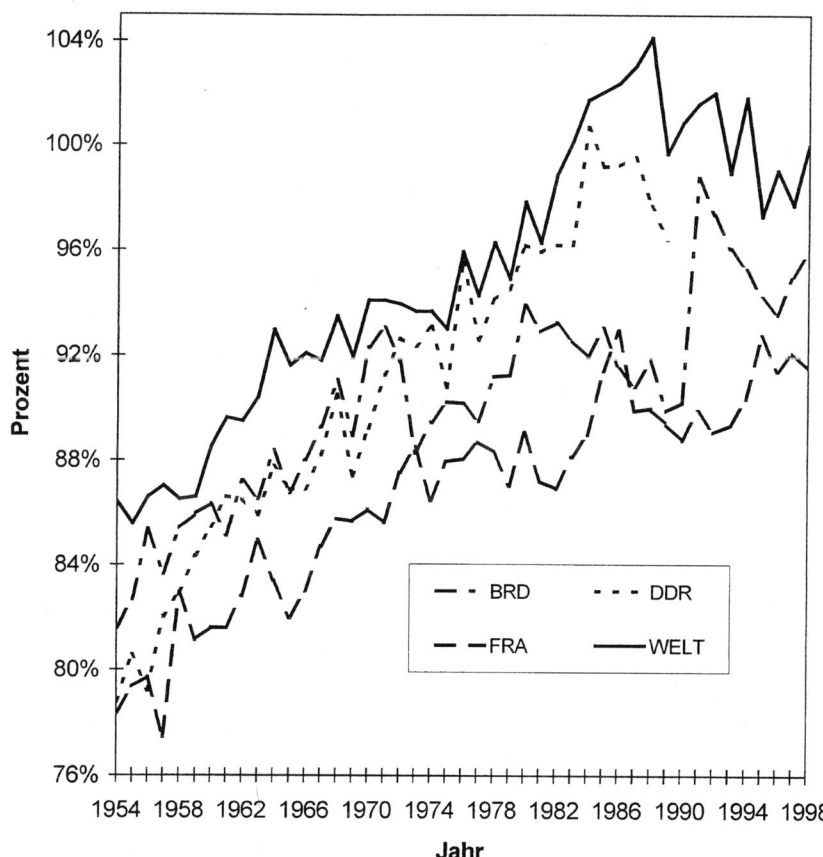

Abb. 17: Leistungsentwicklung im Weitsprung der Frauen zwischen 1954 und 1998 (Durchschnitt der Plätze 1–3 1998 = 100%)

Bei der Entwicklung des Leistungsniveaus im Weitsprung der Frauen sind keine so deutlichen Leistungssprünge erkennbar wie bei den Würfen. Anscheinend war es bei den Sprüngen schwieriger, die durch Anabolikaeinsatz begünstigte Kraft mit der Technikentwicklung zu koordinieren. Zwar gab es einen Leistungsaufschwung in den 70er Jahren, die wesentliche Weiterentwicklung erfolgte aber erst zwischen 1980 und 1988. Mit 4,4% fällt der Leistungsrückgang des Jahres 1989 recht deutlich aus; der Tiefpunkt des Rückgangs war aber erst 1995 erreicht.

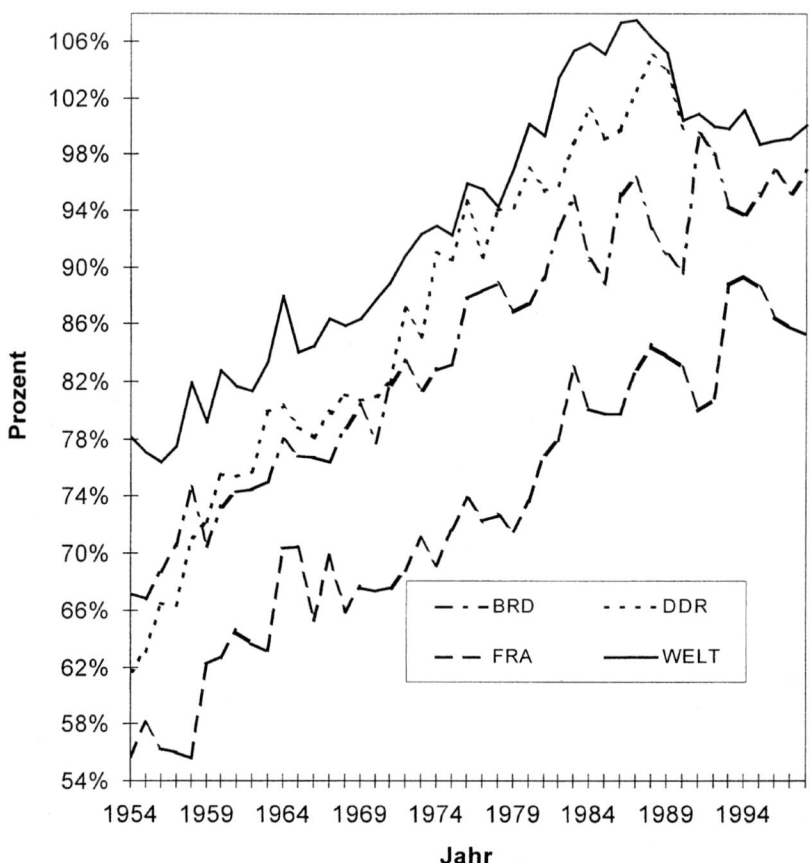

Abb. 18: Leistungsentwicklung im Speerwerfen der Frauen (Durchschnitt der Plätze 1–3 1998 = 100%)

Wie im Weitsprung machte sich auch im Speerwerfen der Frauen der Beginn des systematischen Dopings nicht in gleicher Weise bemerkbar wie im Kugelstoßen (größere Bedeutung der Koordination). Die Entwicklung des Weltniveaus wurde zwischen 1974 und 1979 sehr stark durch die DDR bestimmt. Dann ging – wahrscheinlich beeinflusst durch eigene Experimente in anderen Ländern und Wissenstransfer – die Weltentwicklung ungebrochen weiter, während sich die DDR-Entwicklung verlangsamte.

(18, 1982), Benjamin Plucknett (4, 1982), Anna Verouli (42, 1984), Sam Colson und Stan Navewski (17, 1985), Martti Vainio (4, 1985), Sandra Gasser (42, 1987). Nur 1988 nach dem Fall Ben Johnson erhielt die Dopingproblematik etwas mehr Raum (40/41, 1988). Selbst der Tod von Birgit Dressel war dieser Zeitschrift nur eine Fünf-Zeilen-Meldung wert (13, 1988), fast ein Jahr nach dem Tod. Immerhin wurde in Heft 45, 1988 eine Antwort auf die Frage gesucht, wie ein derartiger Leistungssprung bei Florence Griffith-Joyner im Jahr 1988 möglich war, und keine Antwort gefunden. Etwas häufiger wurden dann die Mel-dungen und Notizen im Jahr 1989 (Hefte 5, 13, 26, 30, 40, 50) und 1990 (3, 5, 7, 14, 16, 17, 19, 20, 24, 27, 28). Im Heft 37, 1990 ging es darum, wie die Erfahrungen der DDR im Prozess der Wiedervereinigung bewahrt werden könnten, der IAAF-Präsident Nebiolo lobte ausdrücklich das DDR-Know-How.

Eine systematische Bearbeitung des Dopingthemas fand in dieser Zeitschrift nicht statt, jegliche Erwähnung der Art und Weise, wie in der DDR auch Leistungen und Rekorde produziert wurden, fehlte.

Neben dem Radsport spielte in der DDR die Leichtathletik eine Vorreiter-Rolle bei der Anabolikaeinführung und -verbreitung. Dies ist verständlich, weil es sich um eine Sportart mit vielen Disziplinen handelt (Goldmedaillen in über 40 Disziplinen!), die zudem im Vergleich zu anderen Sportarten zumindest zum Teil relativ leicht über Manipulationen beeinflussbar sind. Die zunächst in der Leichtathletik gewonnenen Erkenntnisse fanden aber schnell den Weg in andere Sportarten.

3.3.2 Schwimmen

Im Gegensatz zur Leichtathletik stammt die erste Nachricht zum Doping im Schwimmen erst aus dem Jahr 1970, ein Fall von Dropout wegen Doping beim SC Magdeburg:

> „Der Cheftrainer Schwimmen des SC Magdeburg bat 1970 um Ablösung: 'Beim Cheftrainer vermißt man die richtige Konsequenz und den revolutionären Schwung, bestimmte Maßnahmen in die Tat umzusetzen'"[14] (IMS „KLAUS BUSCH" JÜRGEN TANNEBERGER, zitiert nach Spitzer 1998, 163).

Wie schnell die Entwicklung vorangetrieben wurde, zeigt, dass bereits 1974/75 etwa 350 – 400 Schwimmer in Doping-Programme einbezogen waren (vgl.

---

[14] Offensichtlich waren gerade zu Beginn des systematischen Dopings nicht alle bereit, den beginnenden Betrug mitzumachen. Beim Gespräch 1992 mit Bewerbern um die von 80 verbleibenden 3 Stellen im Hochschulsport an der Universität Leipzig stellte sich heraus, dass einige von ihnen zwischen 1970 und 1972 wegen ihrer Weigerung, sich an der Manipulation zu beteiligen, von der DHFK weg in den Hochschulsport hinein versetzt wurden. Solche Personen mit Rückgrat waren sowohl zu Beginn des systematischen Dopings die Verlierer als auch nach der Wende. Denn die Doper waren die allseits begehrten, erfolgreichen Trainer und hatten große Stellenchancen, die Dopingverweigerer dagegen nicht.

Spitzer 1998, 155). Beim Kolloquium zur Anabolikaanwendung am 30. April 1975 wurde der Schwimmsport durch den Verbandsarzt Dr. Kipke und Prof. Schramme vertreten. Prof. Schuster schätzte die Situation im Schwimmen 1975 so ein:

> „Die gegenwärtige Situation in einigen wesentlichen Bereichen des Leistungssports der DDR ist, daß ohne die Verabreichung der Anabolika die internationale Spitzenstellung nicht zu halten wäre. Das betrifft in erster Linie die Frauendisziplinen im Schwimmen und in der Leichtathletik. Dabei ist zu beachten, daß eine so veranlagte Schwimmerin wie Y auch ohne Verabreichung dieser Präparate Welthöchstleistungen erreichen würde. Dagegen hätten solche Schwimmerinnen wie Anke R....., V... u.a. nie Weltrekorde im Schwimmen und Weltmeistertitel erreichen können. Es ist hier die Frage, ob die DDR sich das Ziel stellen muß, mit der führenden Schwimm-Nation der Welt, den USA, unbedingt konkurrieren zu können. Auf Grund der großen Breite in den USA kommen auf einen talentierten Schwimmer der DDR 20 in den USA" (zitiert nach Spitzer 1998, 336 f.).

Auch im Schwimmen konnte das Anabolika-Doping nicht vollständig unter Kontrolle gehalten werden. Als Strafmaßnahme für übertriebenes Doping weigerte sich der DTSB im Oktober 1976, den Weltrekord von A.S. zur Anerkennung einzureichen, weil er „ mit unerlaubten Mitteln" erzielt wurde, d.h., mit illegaler Überschreitung der Anwendungskonzeption des Schwimmverbands durch ein Trainer-Arzt-Paar (Spitzer 1998, 143). Auf ernste Probleme, die sich aus Überdosierungen ergaben, machte Höppner am 5.8.1976 aufmerksam: Ein Teil speziell der weiblichen Athleten müsste für die Dauer von mindestens zwei Jahren wegen gesundheitlicher Probleme und Nebenwirkungen von der Einnahme von Anabolika ausgeschlossen werden, auch um den Preis einer geringeren Medaillenausbeute bei einigen folgenden internationalen Wettkämpfen (Landgericht Berlin, Gesch. Nr. (534) 28 Js 39/37 KLS (17/98), 61) Diese Meinung hatte aber letztlich kaum Auswirkungen, das Siegen hatte Vorrang (vgl. Abb. 19, 20).

Zwischen 1975 und 1989 gab es im Schwimmen nur Wettkampfkontrollen. Selbst ein intensiver Einsatz von Anabolika konnte ohne begleitende unangekündigte Trainingskontrollen nur bei „fehlerhafter" Vorbereitung auf die Wettkämpfe nachgewiesen werden.

Seit 1978 wurde im Doping-Kontroll-Labor in Kreischa ebenso wie in Köln die Massenspektrometrie bzw. Massenspektrographie eingesetzt; damit konnten verlässlich auch kleinste Dopingspuren nachgewiesen werden (Landgericht Berlin, Gesch. Nr. (534) 28 Js 39/37 KLS (17/98), 53) Dies hatte verlängerte Absetzzeiten zur Folge. Die Zeit bis zu den wichtigen Wettkämpfen im Ausland wurde durch die Gabe von reinem Testosteron überbrückt, da es nur bis zu drei Tage nachweisbar war (Landgericht Berlin, Gesch. Nr. (534) 28 Js 39/37 KLS (17/98), 56ff.). Nachdem der Kölner Laborleiter Donike ein indirektes Nachweisverfahren für Testosteron gefunden hatte, wurde seit 1981 zur Vermeidung des Grenzwerts zur Sicherheit Epitestosteron gespritzt (Urteil im Berliner

(Landgericht Berlin, Gesch. Nr. (534) 28 Js 39/37 KLS (17/98)) 1998, 58). Die Leistungskurven zeigen, dass damit ein Leistungseinbruch vermieden werden konnte, die Leistungsexplosion der Jahre 1970–1976 war aber gestoppt.

Das durch die Manipulationen verursachte ethische Problem vor allem für Ärzte, insbesondere im Bereich des Frauenleistungssport, beschäftigte 1977 auch Dynamo-Arzt Pansold, zumal angesichts der Ansprüche einer sozialistischen Gesellschaft. Er befürchtete, dass das Siegen um jeden Preis in Zukunft bei den Frauen ein Selbstschuss werden könne. Die Schwimmtrainer Mothes, Neumann und Gläser waren sich aber sicher, dass Olympiamedaillen ohne Anabolika nicht zu realisieren seien (Spitzer 1998, 173) Die Erfolgsorientierung siegte über die Skrupel; fast gleichzeitig wurde ein Großversuch im Schwimmen gestartet, unter der Leitung von Verbandstrainer Schramme, Verbandsarzt Kipke, Schäker vom FKS und Binius (Arzt beim SC Dynamo), unter Beteiligung von 11 Sektionsärzten und 16 Trainern, mit einem ausgeklügelten Behandlungsplan für die Nationalmannschaftskader 1977/78 (76 Sportler, IMS „Rolf", Spitzer 1998, 282 ff.).

Beim Forschungsvorhaben „08" wurden 1978 als Verantwortliche des Schwimmverbands Generalsekretär Ulrich Lehmann und die Verbandstrainer Rudi Schramme und Horst Kleefeldt genannt (Spitzer 1998, 132). 1978 ging der Verbandsarzt Kipke gegenüber dem Ministerium für Staatssicherheit von schwerwiegenden Leistungseinbußen bei einem eventuellen Verzicht auf Anabolika aus:

> „Der kleine Unterschied für Anwendung oder Nichtanwendung besteht darin, daß eine Sportlerin mit 58 s (Freistil) nicht im Endlauf ist, wogegen man mit 56,5 s sicher eine Medaille gewinnt" (zitiert nach Spitzer 1998, 146).

Die Ausreisekontrollen führten dazu, dass manchmal Spitzenschwimmer nicht am vorgesehenen Wettkampf teilnehmen konnte, so nach der Ausreisekontrolle für die Schwimm-Weltmeisterschaften in West-Berlin, als 10 der 13 getesteten Schwimmerinnen positiv waren. Bei Petra Thümer und Christiane Sommer erfolgte der weitere Abbau nicht mehr schnell genug, weshalb sie nicht nach West-Berlin ausreisen durften (Landgericht Berlin, Gesch. Nr. (534) 28 Js 39/37 KLS (17/98), 56).

Durch das nach dem Einsatz der Massenspektrographie bei Dopingkontrollen notwendige frühere Absetzen von Oral-Turinabol kam es vorübergehend zu einem Leistungsrückgang, vor allem im Vergleich zu den USA war das Abschneiden bei der WM 1978 nach DDR-Maßstäben schlecht. Dieser Abfall wurde durch verstärkten Einsatz von Testosteron wieder wettgemacht (Landgericht Berlin, Gesch. Nr. (534) 28 Js 39/37 KLS (17/98), 65). Deshalb wurden 1979 besondere Maßnahmen eingeleitet, beispielsweise durch ein Dopingprogramm für die Jahrgänge 1964/65 der Mädchen und 1963/64 der Jungen (vgl. Spitzer

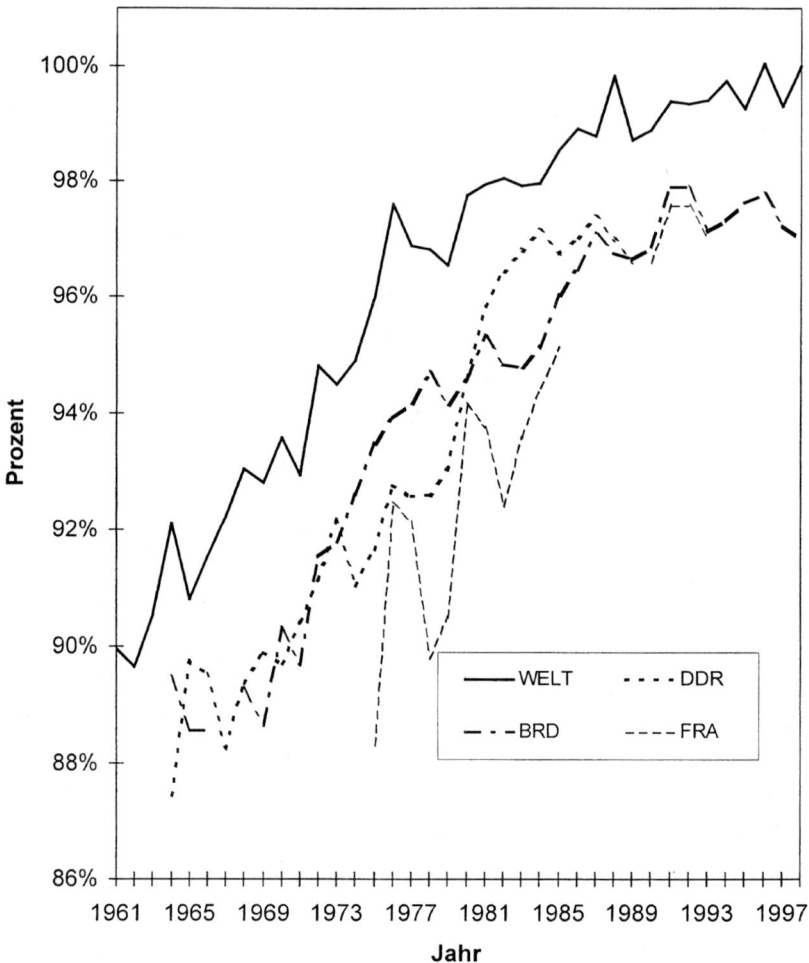

Abb. 19: Leistungsentwicklung über 100 m Kraul der Männer (Durchschnitt der Plätze 1–3 1998 = 100%)

Leistungsentwicklungen und Doping

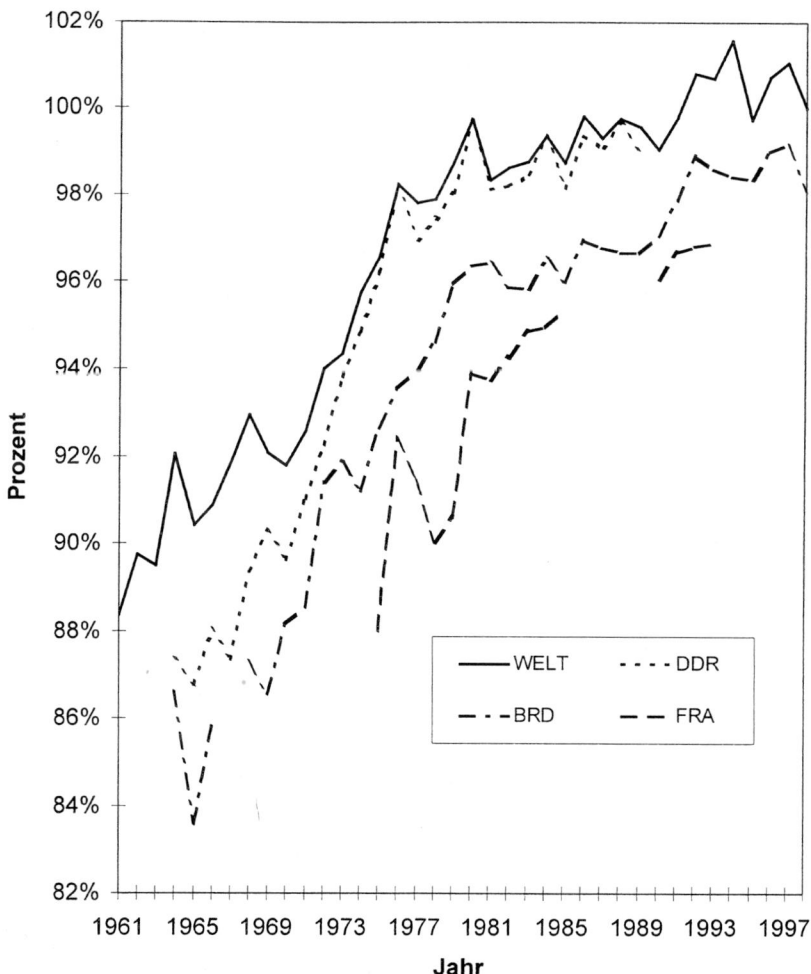

Abb. 20: Leistungsentwicklung über 100 m Kraul der Frauen (Durchschnitt der Plätze 1–3 1998 = 100%)

1998, 118). Die 37 Mädchen der genannten Jahrgänge waren zu diesem Zeitpunkt 14 oder 15 Jahre alt, die Jungen 15 bis 16. Wie skrupellos vorgegangen wurde, zeigt, dass bei 17 Mädchen jährliche Gesamtdosierungen von 1895 mg erreicht wurden, weitere vier Mädchen kamen auf 1725 mg, bei 8 jugendlichen Schwimmerinnen betrug die Dosierung zwischen 1320 mg und 1010 mg (Landgericht Berlin, Gesch. Nr. (534) 28 Js 39/37 KLS (17/98), 66), weit höher als von Sportmediziner Riedel propagiert (1500 mg jährlich für Männer, 1000 mg jährlich für Frauen (Riedel 1986). Obwohl nach den Olympischen Spielen 1976 geringere Dosierungen von Anabolika angedacht waren, wurde dies damit gänzlich konterkariert. Im Spitzen-Schwimmbereich wurde festgelegt, dass künftig die doppelte Menge an Anabolika verabreicht werden sollte, ergänzt durch Injektionen mit Testosteronproprionat (Landgericht Berlin, Gesch. Nr. (534) 28 Js 39/37 KLS (17/98), 66). Im Prinzip blieb diese – unverantwortliche – Konzeption bis 1989 unverändert.

In das Vorbereitungsprogramm für die Olympischen Spiele 1980 wurden 18 Schwimmer einbezogen (vgl. Spitzer 1998, 327), mit Erfolg; denn sieben von ihnen erzielten 10 Gold-, 7 Silber- und 2 Bronzemedaillen (vgl. Spitzer 1998, 328). In Moskau wollte ein sowjetischer Funktionär von einem IM wissen,

> „ob es in der DDR das Präparat Turinabol gibt. Die UdSSR-Schwimmer würden es seit kurzem mit Erfolg anwenden, obwohl es seit 1975 auf der internationalen Dopingliste steht und ein Anabolika ist" (zitiert nach Spitzer 1998, 146).

Das leistungsfördernde Wissen wurde aber selbst vor den sozialistischen Freunden geheim gehalten.

Nach Verbandsarzt Kipke wurden im nachfolgenden Jahr 1981 98 Minderjährige von „Sondermaßnahmen" erfasst (60 Jungen und 38 Mädchen, vgl. Spitzer 1998, 155 A.49), auch die damals 15-jährige K. O. (SPITZER 1998, 205 f.). Bei einem Schwimmländerkampf gegen die Sowjetunion wurde im März 1984 eine neue Überbrückungsmethode im Schwimmen getestet; 14 Tage vor dem Wettkampf wurde Oral-Turinabol abgesetzt und durch das intramuskuläre Spritzen von Testosteron und Epitestosteron ersetzt. Das Antidoping-Labor konnte dann zwar eine Manipulation feststellen, aber keinen Dopingnachweis liefern (Spitzer 1998, 181f.). Bei der Ausreisekontrolle für die Schwimm-Europameisterschaften 1989 in Bonn waren vier der weiblichen Teilnehmer mit T:E-Werten zwischen 8,8 und 17 noch deutlich positiv. Einer Wettkampfteilnahme stand trotzdem nichts im Wege, da die Werte bis zum eigentlichen Wettkampf zwei, drei Tage später wieder unter 6 lagen (vgl. Spitzer 1998, 105).

Bei den Schwimmerinnen waren die Nebenwirkungen des Dopings so deutlich, dass von Journalisten immer wieder nachgefragt wurde, z.B. bei den Europameisterschaften 1983. Nach dem Cheftrainer Schwimmen der DDR, Wolfgang Richter, war die Basis des Erfolgs ein methodisch aufgebautes Leistungssystem mit obligatorischem Schulschwimmen und systematischer Talentförderung. Auf die Frage, warum dann gerade die weiblichen Mitglieder seiner Mannschaft so überlegen seien, was doch dem Doping-Verdacht Vorschub leiste, erwiderte Richter:

„Wir hatten ein System, das für Mädchen gut war. Wir dachten, was für Mädchen gut ist, muß auch für die Jungen gut sein" (Süddeutsche Zeitung, 27./28.8.1983).

Das war nicht gelogen, enthielt aber nicht die volle Wahrheit.

Da sich 1989 die Kontrollen häuften und das IOC Blitz-Kontrollen ankündigt hatte, zeichnete sich ein Ende der DDR-Überlegenheit ab, weshalb Nasenspray als neue „Waffe" gegen die Blitzkontrollen eingesetzt wurde. Die Nebenwirkungen waren wesentlich massiver als zuvor beim Anabolikadoping. Den Schwimmern blieb keine andere Wahl, denn bei Ablehnung wäre eine Olympianominierung hinfällig gewesen (Die Welt, 6.12.90) (vgl. Abb. 21, 22).

Der DTSB-Präsident Eichler wurde bei einem Besuch beim FKS 1989 darauf hingewiesen, dass die mangelnde Transparenz hinsichtlich der Ursachen der Erfolge des DDR-Schwimmsports im Ausland kritisiert wurde (Spitzer 1998, 400). Nur kurze Zeit später berichtete der ehemalige Schwimmtrainer des ASK Potsdam, Michael Regner, im „Spiegel" detailliert, wie im DDR-Schwimmsport gedopt wurde (Frankfurter Allgemeine Zeitung, 12.3.1990). Solche Eingeständnisse der Hintergründe des DDR-Leistungsniveaus waren unangenehm und provozierten typische Argumentationsmuster zu ihrer Abwehr. Beim Heidelberger Symposium über Doping und Leistungsmanipulation beklagte der frühere DDR-Schwimmstar, Olympiasieger im Rückenschwimmen und zeitweilige Ehemann der Olympiasiegerin Cornelia Ender, Roland Matthes: „Ich habe manchmal das Gefühl, das ist nicht nur eine Kampagne gegen das Doping, sondern gegen den Sport im allgemeinen." Seine Umgebung sei „relativ sauber" gewesen, Aufklärung über Doping und dessen Folgen habe es nicht gegeben (Stuttgarter Nachrichten, 26.3.90).

Die Angst vor Kontrollen sorgte wohl für den Leistungsrückgang 1990. Bei den ersten gemeinsamen deutschen Meisterschaften der Schwimmer 1990 nannte Kristin Otto die zurückgegangenen Leistungen ihrer ehemaligen „Wasser-Genossinnen" „teilweise erschreckend" (Frankfurter Allgemeine Zeitung, 10.11.90:). Im ZDF-Sportstudio beteuerte sie trotz der „Stern"-Unterlagen, nach denen sie am 7.August 1989 nach einer internen Kontrolle als „gedopt" bezeichnet wurde (Code-Nummer der Probe 0708104), ihre Unschuld (Sportkurier Dez. 1990, Rhein-Neckar-Zeitung, 29.11.90).

Der DDR-Funktionär Egon Müller hatte sich noch bei der Europameisterschaft der Schwimmer in Bonn über Fragen zum Thema Doping empört:

„Es kotzt uns an, wir werden dazu überhaupt nichts mehr sagen." Cheftrainer Richter meinte dagegen bei einem Gespräch mit dem DSV-Präsidenten Hartogh, Doping sei „ein gemeinsames Thema" (Süddeutsche Zeitung, 19.12.89)[15].

Kaum ein Jahr später nannte Richter als Gründe für den Einbruch der ehemaligen DDR-Schwimmerinnen bei den ersten gemeinsamen deutschen Meisterschaften in München die Umbruchsituation, die fehlenden Nachwuchskräfte, das Älterwerden der Stars, Verwöhnung und veränderte Essgewohnheiten. Nun wollte er allerdings nichts mehr über Doping reden, da dies unter seiner Würde sei. Mit Ironie reagierte die Süddeutsche Zeitung: „Das wäre doch eine berufliche Möglichkeit für Wolfgang Richter: Ein Buch über die Dopingpraxis in der ehemaligen DDR. Mehr verdienen als in seinem alternativ angegebenen Berufsziel 'Bratwurstbrater' wird er damit allemal" (Süddeutsche Zeitung, 12.11.90).

Offener als Richter war der Schwimmer Raik Hannemann. Er bekannte sich nicht nur zur eigenen verbotenen Manipulation, sondern klärte die Öffentlichkeit und damit auch die DSV-Funktionäre auf, fast alle Schwimmer des ehemaligen SC Dynamo Berlin hätten zu Anabolika gegriffen. DSV-Präsident Bodo Hollemann reagierte wie viele andere Funktionäre in den nachfolgenden Jahren. Er verlangte zunächst eindeutige Beweise, bevor er Sanktionen erlassen könne. Zudem wollte Hollemann als Beweise nur positive Analyse-Ergebnisse akzeptieren. Zudem lehnte der DSV die Verantwortung für das ab, „was im Verantwortungsbereich des DSSV der ehemaligen DDR geschehen ist" (Frankfurter Allgemeine Zeitung, 5.12.90).

3.3.3 Gewichtheben

Berendonk bezeichnet die Gewichtheber (gemeinsam mit den Werfern und Kugelstoßern) als die „klassischen Anaboliker", diese Randsport sei vor allem deshalb wichtig, weil der Medikamentenmissbrauch der Gewichtheber auf andere Sportarten ausstrahlte (vgl. Berendonk 1992, 184). Im Osten wie im Westen war das Gewichtheben eine gefährdete und immer besonders mit dem Dopingproblem konfrontierte Sportart, die häufig vom Ausschluss von den Olympischen Spielen bedroht war. Das DDR-Gewichtheben unterschied sich allerdings von anderen DDR-Sportarten durch mehr Mitkenntnis der Aktiven und erhebliche und frühe Dosisüberschreitungen. Die systeminterne Devianz durch Beschaffung von Dopingmitteln durch Aktive und ihr Umfeld, bis hin zur Beschaffung aus dem Ausland, begleitete die Zentralisierung von Anfang an, bis zum Ende des Zwangsdopings (Spitzer 1998, 120).

---

[15] Richter wurde 1999 in einem Berliner Prozess wegen Mittäterschaft bei der Körperverletzung in vielen Fällen verurteilt.

Leistungsentwicklungen und Doping

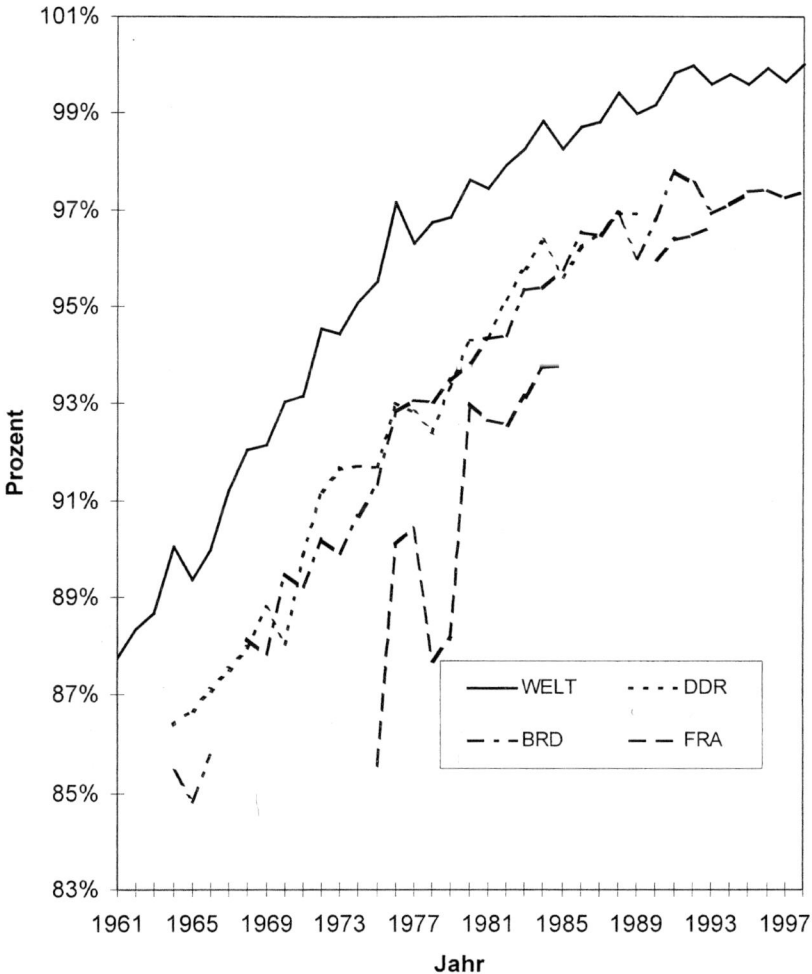

Abb. 21: Leistungsentwicklung im Schwimmen der Männer (Durchschnitt der Plätze 1–3 1998 = 100%)

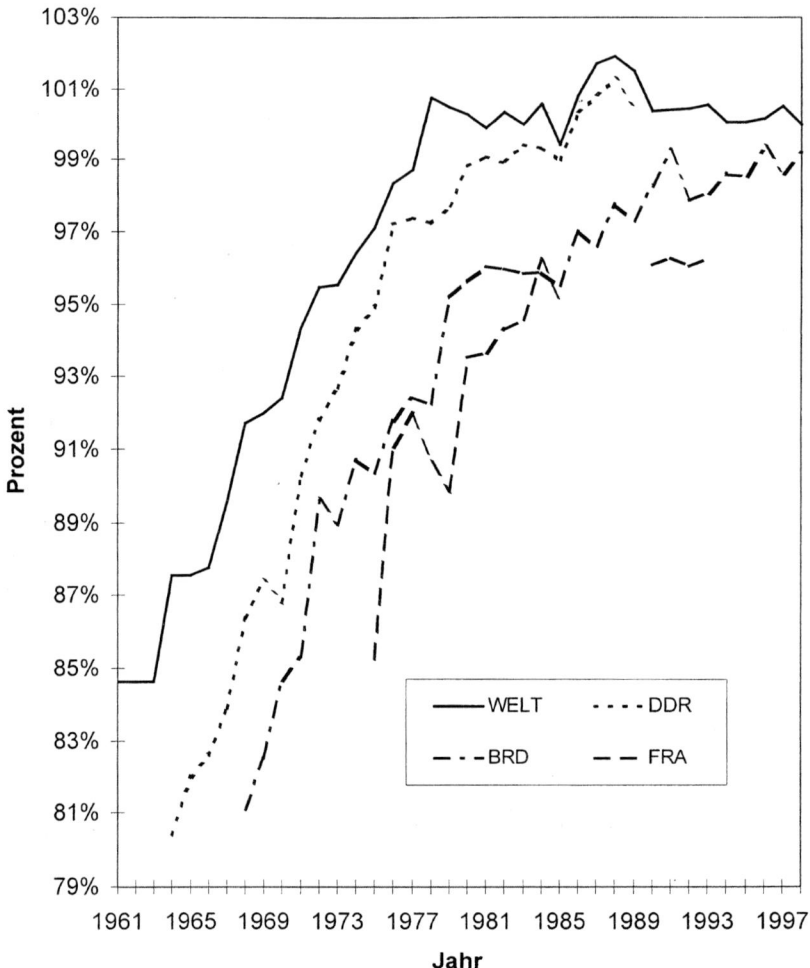

Abb. 22: Leistungsentwicklung über 800 m Freistil der Frauen (Durchschnitt der Plätze 1–3 1998 = 100%)

Leistungsentwicklungen und Doping

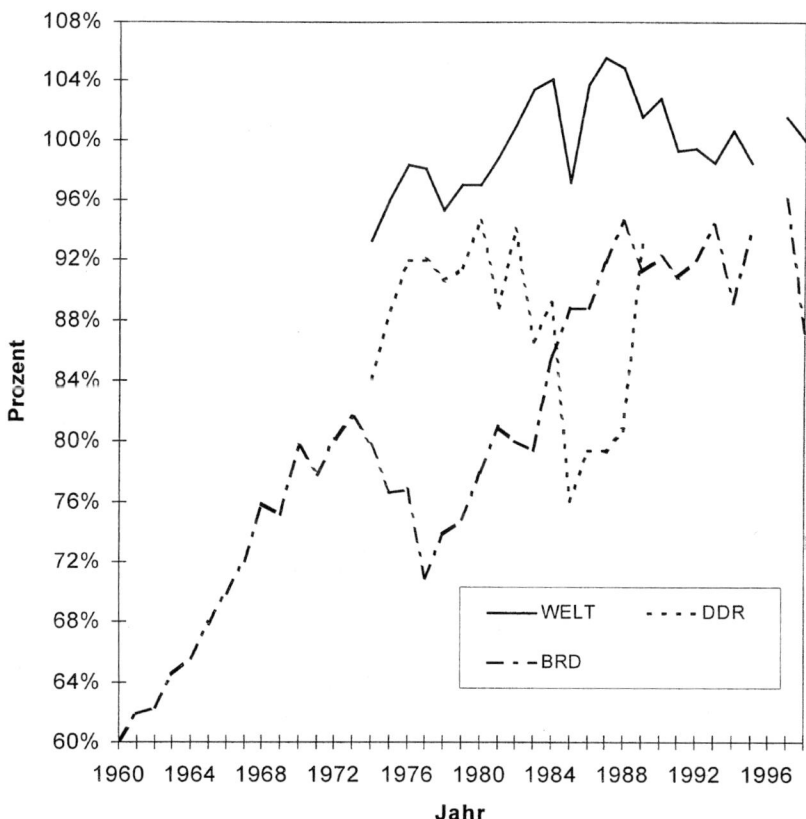

Abb. 23: *Leistungsentwicklung in der schwersten Gewichtsklasse im Gewichtheben (Durchschnitt der Plätze 1–3 1998 = 100%)*

Die Leistungsentwicklung im Gewichtheben verläuft in etwa parallel mit jener in den Würfen in der Leichtathletik, vor allem für die DDR: Rieger verbesserte z.B. seine Dreikampfleistung im Superschwergewicht zwischen 1964 und 1967 von 470 auf 492 kg, von 1967 auf 1968 um 33 kg (auf 525 kg), von 1968 bis 1972 um weitere 50 kg (auf 575 kg). 1979 wurden in der DDR wegen Verlet-zungen durch Überdoping 19 von 56 Kaderangehörigen ausdelegiert. Die Probleme mit nicht erlaubten Überdosierungen und mit Nebenwirkungen führten zum vorübergehenden Verbot des Dopings im Gewichtheben der DDR 1981 (vgl. die Auswirkungen auf die Kurve). 1984 wurde besonders krass gedopt, vor allem in der DDR, mit dadurch provozierten Verletzungen (vgl. den Leistungseinbruch 1985).

Der krasse Anstieg der Leistungen der DDR-Gewichtheber in den Jahren vor und nach 1970 deutet darauf hin, dass mit dem Anabolikadoping etwa zeitgleich zu den Wurfdisziplinen in der Leichtathletik begonnen wurde. In der ewigen Weltbestenliste 1982 waren die ersten 25 Leistungen im Superschwergewicht alle zwischen 1973 und 1981 erzielt (Schwerathletik 1,1982,5), ein Beleg für den breiten, anabolikageförderten Aufschwung jener Zeit, zugleich aber auch für das Erreichen einer Grenze, die nur mit noch intensiverem Doping und neuen Substanzen überwunden werden konnte (vgl. Abb. 23)

Wie für die anderen geförderten Sportarten gab es für das Gewichtheben seit 1975 eine Forschungsgruppe „ZL" (SPITZER 1998, 79). Schon seit 1975 wurden Verstöße gegen die Anwendungskonzeption, d.h., gegen die Dopingvorschriften berichtet (Bericht Lathan von 1985 in Spitzer 1998, 366). Das Überschreiten der vorgeschriebenen Höchstgrenze führte des Öfteren zu gravierenden gesundheitlichen Problemen, die durch die DDR-typische Form des Dropouts, durch Ausdelegieren, „gelöst" wurden (SPITZER 1998, 150).

Nach dem Verbot der Anabolika durch das IOC 1974 drohte bei den Olympischen Spielen erstmals die Gefahr von Anabolikakontrollen, was offensichtlich zu frühzeitigem Absetzen und Leistungseinbrüchen führte. Von keinem Teilnehmer (insgesamt 70) wurde ein Rekord und oder eine persönliche Bestleistung verbessert (de Mondenard 1987, 130).

Wegen verbesserter Dopingkontrollmethoden wurde die „Überbrückungszeit" 1979 mit der Zufuhr von reinem Testosteron an 14 Gewichtheber getestet (Spitzer 1998, 174). IMS „Klaus Müller" berichtete am 7. Mai 1979, dass die bisherige Absetzzeit von 10 Tagen vor dem Wettkampf erhöht werden müsse; er beschrieb zudem die Koordination zwischen Gewichtheberverband und sportmedizinischem Dienst:

> „Die Sektionsärzte geben die wöchentliche Dosis an Präparaten an die Trainer aus, die sie dann an die Sportler weiterverteilen. Zur Einhaltung der Konzeption werden Stichkontrollen des Medikamentenbestands sowie Befragungen der Betreffenden durchgeführt. Die Sportler wissen in der Regel, daß es sich bei den Medikamenten um Anabolika handelt" (zitiert nach Spitzer 1998, 297f.).

Der Treffbericht lässt das Misstrauen gegenüber dem Hang der Athleten zu Hochdosierungen erkennen.

Auf einer Liste für den SMD vom 11. Mai 1979 wurden die potentiellen Olympiateilnehmer 1980 aufgeführt, für die individuelle Abklingraten ermittelt werden sollten, darunter die sechs Gewichtheber Ambraß, Wenzel, Furike, Ciezki, Bonk und Heuser. Das Jahr 1979 war besonders anabolikabelastet und zog Folgen nach sich, denn von insgesamt 56 Hebern aller Kaderkreise (darunter 18 Mitglieder der Nationalmannschaft) wurden am Ende des Jahres nicht weniger als 19 ausdelegiert:

„Das sind 34% Ausfälle innerhalb einer Saison. Davon gehörten immerhin 3 zum Kaderkreis I (Nationalmannschaft), 7 zum Kaderkreis II (darunter findet sich einmal: 'Operation/fast Totalausfall')" (SPITZER 1998, 177).

Der vielfache Medaillengewinner Bonk war Spitzenreiter der Anabolikaeinnahme mit 12775 mg, obwohl bei ihm wegen Diabetes Anabolika-Doping absolut kontraindiziert war (Berendonk 1992, 185).

Beim Kolloquium am 24.6.1981 lobte Dr. Lathan, dass durch den Einsatz verschiedenster Überbrückungsmaßnahmen „ein Abfall gegenüber der vorher gezeigten Leistungsfähigkeit im Training vermieden werden konnte." Doping von Jugendlichen und Junioren hatte sich vor allem bei akzelerierten Junioren/Jugendlichen bewährt, was zu deutlichen Leistungssprüngen führte, ähnlich wie bei der Entwicklung von Weltspitzengewichthebern in anderen Nationen (Berendonk 1992, 378), allerdings um den Preis erheblicher Nebenwirkungen wie SGPT-Erhöhungen, Mastopathiezeichen, muskuläre Verspannungen, Libido- und Potenzstörungen (Berendonk 1992, 379 f.). Zum Erzielen von internationalen Spitzenleistungen wurde Anabolikamissbrauch als absolut notwendig angesehen.

„Die im Olympiajahr diesbezüglich unternommenen Anstrengungen haben sich insofern bewährt, da es gelang, ... eine progressive Leistungssteigerung bei jüngeren Kadern zu erzielen" (LATHAN 1981, zitiert nach Berendonk 1992, 380).

Wesentliche Probleme waren dabei die richtigen Dosierung der Anabolika, die Verringerung der Nebenwirkungen und die hohe Quote an Ausdelegierungen sowie die Koordination von u.M. mit der Belastungsgestaltung im Training (Berendonk 1992, 380).

Um das Leistungsniveau zu sichern, wurden 40 minderjährige Gewichtheber der Kinder- und Jugendsportschulen Berlin, Frankfurt/Oder, Dresden und Karl-Marx-Stadt (durchschnittlich 15 Jahre alt) zweimal 6 Wochen (dazwischen eine Pause von drei Wochen) gedopt, mit einem deutlichen Zuwachs an Leistungsfähigkeit (Berendonk 1992, 187 f.). Für das Jahr 1981 wird durch Dr. Hans Fischer (IMS „Hans Hagen", 8. September 1981) die nicht genehmigte Anwendung von Anabolika an 13-jährigen Gewichthebern in Frankfurt/Oder belegt (im genannten Fall mit einer Dosierung bis zu 25 mg täglich), anscheinend ohne Anwendungskonzeption, um ein falsches Leistungsvermögen als Voraussetzung für die Aufnahme in die KJS vorzutäuschen (Spitzer 1998, 403 f.). Das Vorgehen in Frankfurt/Oder wurde später durch den Gewichtheber-Trainer Walter Scholz, der von 1976 bis 1989 an der Kinder- und Jugend-Sportschule in Frankfurt/Oder arbeitete, bestätigt:

„Wer 15 Jahre alt und körperlich reif genug war, mußte schlucken. Ich hab den Jungs gesagt: Um stark zu werden, müßt ihr ein ganzes Weizenfeld täglich essen. Oder diese kleinen, blauen Pillen hier! ... Die Bulgaren gaben sogar schon Elfjährigen den Stoff. Das war normal im Ostblock. Wenn ich es nicht gemacht hätte, hätten es andere gemacht" (Bild-Zeitung, 22.12.1990).

Nach demselben Artikel hatte dieser Trainer bei seiner eigenen Tochter allerdings verhindert, dass sie in das Leistungssportsystem hineingeriet, obwohl sie eine talentierte Leichtathletin war.

Durch den Boykott der Olympischen Spiele 1984 durch fast alle Ostblockstaaten konnten die DDR-Athleten ohne Kontroll-Ängste ungebremst dopen, um den Olympiasiegern von Los Angeles durch höhere Leistungen den Rang abzulaufen. Insgesamt wurden 1984 57mal die Weltrekorde verbessert (de Mondenard 1987, 137). Die Zeitschrift „Schwerathlet" bejubelte 1984 (9) „eine Sternstunde für das Gewichtheben der DDR", denn die DDR-Meisterschaft erlebte gleich vier Weltrekorde und insgesamt 9 DDR-Rekorde. Noch weiter aufwärts ging es beim späteren Turnier in Varna, wo mancher olympische Medaillengewinner eine „schwarze Stunde" erlebte, denn es wurden 27 Weltrekorde aufgestellt, davon 15 durch die UdSSR und 12 durch Bulgarien (Schwerathlet 1984,11). Die DDR war bei diesem Weltrekordfestival allerdings in der Spitze nicht vertreten, das Überdoping im Hinblick auf die DDR-Meisterschaften hatte anscheinend schon ausreichend Verletzungsfolgen gezeitigt. Diese waren auch noch 1985 zu spüren, so auch beim 1984 hochgelobten Andreas Behm. Das Verbandsorgan „Schwerathlet" war von den Ergebnissen bei der WM 1985 wenig erbaut (Schwerathlet 9, 1985, 4). Auch in der Folge wurde immer wieder über zahlreiche Verletzungsprobleme von WM-Kandidaten berichtet (z.B. Schwerathlet 1987,3/4). Im Gegensatz zu den 57 Weltrekorden des Jahres 1984 wurden 1985 nur noch sechs Weltrekorde durch Shalamanov und Varbanov verbessert (de Mondenard 1987, 137).

Zum Staatsplanthema 14.25 wurde eine Forschungsgruppe Gewichtheben eingerichtet, zur der die beiden Ärzte Dr. U. Kämpfe (FKS) und Dr. Lathan (SMD) sowie die DTSB-Trainer Röwer und Bauermeister gehörten (Spitzer 1998, 321).

Dass die DDR-Gewichtheber mit ihrem Intensiv-Doping im Ostblock nicht allein dastanden, zeigt der von Berendonk geschilderte folgende Vorfall:

> „Bei den ungarischen Gewichthebern etwa, die mit zwei prominenten Opfern von Dopingkontrollen auch 1988 in Seoul aufgefallen waren (darunter der disqualifizierte Silbermedaillengewinner Andor Szanyi), wurde 1989 ein Skandal um den Trainer Istvan Juhasz bekannt, der seinen Jugendlichen, darunter 16-jährige, Anabolika aus einem privaten Lager in der Klubsporthalle gegeben hatte. Bei den polizeilichen Ermittlungen verteidigte sich Juhasz mit dem – wohl richtigen – Argument, er habe doch nur das gemacht, 'was bei dem ungarischen Gewichtheberverband sowieso üblich sei'. Etwas später wurde Gewichtheber Kalman Csengeri, bereits im Jahr zuvor in Seoul unter den positiven Dopingfällen, bei den ungarischen Meisterschaften ... erneut des Anabolikadopings überführt" (BERENDONK 1992, 63).

Dass die Versuchung des Dealens für Ostblock-Sportler besonders groß war, ergibt sich aus ihrer schlechten wirtschaftlichen Stellung und der Möglichkeit, über den Handel mit Dopingmitteln an Devisen zu kommen. Berendonk bezeichnet besonders polnische und ungarische Kraftsportler der 80er Jahre als „internationale 'Großdealer' von Anabolika" (BERENDONK 1992, 61).

Kameraden aus Ost und West verstanden sich gut; im Regierungsbericht der kanadischen Regierung zum Ben-Johnson-Skandal wird geschildert, warum die kanadischen Gewichtheber in den vorhergehenden Jahren so gerne ins Trainingslager ausgerechnet in die CSSR reisten[16]:

> „hier gab es unter der fürsorglichen Schirmherrschaft eines tschechischen Trainers mit dem Decknamen 'Emil' gegen einen Pauschalversorgungspreis von nur 50 US-Dollar Anabolika satt und problemlos, Urinanalysen vor der Rückreise nach Kanada inklusive" (DUBIN 1990, zitiert nach Berendonk 1992, 63).

Das Gewichtheben, eine Sportart mit potentiell vielen Medaillen, aber wenig Renommee, zeichnete sich in der DDR am deutlichsten durch das Motto „Der Zweck heiligt die Mittel" aus. Im geschlossenen System der DDR gab es gewisse Handlungsspielräume, so lange die erwarteten Leistungen erzielt oder übertroffen wurden. Sie scheinen aber – wie von der Logik des Spitzensports her zu erwarten und im Gegensatz zur offiziellen Orientierung der DDR – vorwiegend in illegale Bereiche hinein ausgedehnt und kaum zum Verhindern des Missbrauchs genutzt worden zu sein.

3.4 Beginn und Umfang des Problems im Westen

Der Effekt der Maßnahmen zur Förderung der Leistungsfähigkeit des DDR-Spitzensports durch Doping lässt sich am Verlauf der Leistungskurven erkennen; der Zusammenhang zwischen Leistungsentwicklung und Doping wird in den früher geheimen Dokumenten sowohl für den DDR-Sport insgesamt, für einzelne Sportarten als auch für einzelne Sportler aufgezeigt. Der Zugang zu gesicherten Fakten und Aussagen ist für den Westen wesentlich schwerer. Da zudem ausgeprägte Leistungsentwicklungen eher selten festzustellen sind, kann auf Grund von Informationen und Gerüchten ein Zusammenhang zwischen Doping und Leistungsentwicklung für den Westen zwar vermutet werden, eine weitergehende Untersuchung ist aber notwendig. In diesem Kapitel soll in einem ersten Schritt untersucht werden, welche Spuren – vor allem in den Medien – zum Doping im Westen aufzufinden sind und ob sie Entwicklungen der Leistungskurven erklären können.

Wenn die DDR-Leistungskurven und jene anderer Länder oder der Weltspitze sich nicht wesentlich unterscheiden, vermuten wir Doping als einen wesentlichen Faktor der Leistungsentwicklung, sofern nicht andere plausible Erklärun-

---

[16] Hier bleibt an die Reisewut deutscher Athleten nach 1990/91 zu erinnern; plötzlich wollten sich viele in möglichst weit entlegene Trainingslager zurückziehen, was Trainingskontrollen erheblich erschwerte und verteuerte.

gen vorliegen. Eine solche Vermutung erscheint uns sowohl für einzelne Athleten, Disziplinen, Disziplingruppen, Sportarten bis hin zu Ländern möglich. Bei individuellen Leistungsentwicklungen liegt sie besonders nahe, wenn Athleten trotz langjähriger Präsenz in der Weltspitze einen wesentlichen Leistungssprung erst nach ihrem optimalen Leistungsalter zu verzeichnen haben. Die Ursachensuche kann durch das langfristige Aufbewahren von Dopingproben für spätere Analysen mit entwickelteren Methoden unterstützt werden.[17]

Doping und Dopingregeln

Doping bestand in früheren Zeiten in erster Linie aus der Verwendung von aufputschenden Mitteln beim Wettkampf. Über den Einsatz von Testosteron und anabolen Steroiden erfolgte seit den 50er Jahren eine grundlegende Veränderung, weil nun der Trainingsprozess beeinflusst werden konnte und höhere Trainingsbelastungen und kürzere Regenerationsphasen ermöglicht wurden. Das IOC reagierte zwar immer wieder auf die Entwicklung der Doping-Problematik, meist aber spät und nicht selten wenig wirksam. 1938 wurde Doping vom IOC in jeder Form verboten; Personen, die sich dopen oder anderen Doping ermöglichen, sollten von allen Amateur-Wettkämpfen und Olympischen Spielen ausgeschlossen werden. Der zunehmende Amphetamin-Missbrauch in einigen Sportarten führte 1961 zur Gründung einer Medizinischen Kommission. In der sehr weiten Definition des Europarats von 1963 ist im Prinzip alles Doping, was eine „künstliche oder unfaire Steigerung der Leistung für den Wettkampf" verursacht (BERENDONK 1992, 22); der Anabolika-Missbrauch ist somit spätestens seit 1963 als Doping einzuordnen.

1965 wurde im IOC ein Bericht zu Doping-Problemen bei Olympischen Spielen präsentiert, dies war der Ausgangspunkt gezielter Anti-Doping-Bemühungen der medizinischen Kommission und zur Veränderungen der Doping-Liste. 1967 waren auf der Liste fünf Substanzklassen aufgeführt; 1974 wurden die Anabolika hinzugefügt, 1984 Koffein und Testosteron, 1988 Blut-Doping, Corticosteroide, 1989 Peptid-Hormone wie HCG, ACTH, HGH, EPO, Marijuana, 1991 Aminpeptin, Mesocarb (Dirix/Sturbois 1999, 14).

Als Folge von Problemdruck wurden Gesetze und Regeln verändert. 1963 beschloss Frankreich ein erstes Gesetz gegen Doping, Belgien 1965. Im gleichen Jahr führte die Internationale Radfahrerunion (UCI) als erste Sportorganisation Anti-Doping-Bestimmungen ein. Aber noch 1978 waren gerade einmal drei Doping-Kontroll-Labors vom IOC akkreditiert. 1981 wurde beim 11. IOC-Kongress die Forderung nach lebenslänglichen Sperren für Dopingtäter erhoben; die dritte Europäische Sportministerkonferenz (SMK) erklärte die Ausmerzung des

---

[17] Auf diese Art und Weise gelang Donike nach 1980 der Nachweis von Testosteron-Doping bei den Olympischen Spielen 1980.

Dopings zum wichtigsten Thema bei der Zusammenarbeit mit den internationalen Sportorganisationen. 1988 tagte die erste ständige Konferenz zur Bekämpfung des Dopings im Sport in Ottawa und verabschiedete die internationale Olympische Anti-Doping-Charta (Schulintern Baden-Württemberg Februar 1991). Aus diesen Entwicklungen lässt sich schließen, dass der verspürte Problemdruck kontinuierlich größer wurde.

Die Erarbeitung von Anti-Doping-Strategien wurde dadurch belastet, dass entsprechenden Gremien wie z.b. der Medizinischen Kommission des IOC stets auch zweifelhafte Mitglieder wie die DDR-Vertreter Clausnitzer, Heinze oder Tittel (Dirix/Sturbois 1999, 63) oder der Sub-Kommission Biomechanik und Sportphysiologie der stark mit EPO-Verdacht belastete Conconi (Dirix/Sturbois 1999, 65) angehörten, ohne sichtbaren Widerstand anderer Kommissionsmitglieder.

Anabolikaverwendung

Vor allem in den Medien berichtete Informationen und Äußerungen weisen darauf hin, dass das Anabolika-Doping im Westen recht früh bekannt und bewusst wurde. Es begann in der Bundesrepublik Deutschland im Wesentlichen mit der Markteinführung von Dianabol durch die Firma Ciba-Geigy, in Tablettenform am 1.9.1960 und in Ampullen-Form am 1.10.1965. Wegen eines nicht ausreichenden therapeutischen Nutzens erfolgte die Vertriebseinstellung in Deutschland am 1.5.1982 (Schreiben von Ciba-Geigy an Prof. Dr. Franke vom 6.2.1991). Da Dianabol in den USA schon 1959 eingeführt wurde, andere Anabolika schon vorher entdeckt wurden und zudem schon damals Medikamente in der Entwicklungsphase den Weg in den Leistungssport fanden, scheinen Gerüchte einigermaßen glaubwürdig, dass einzelne Mitglieder der westdeutschen Olympia-Mannschaft von Rom 1960 schon zu den Anabolika-Anwendern gehörten. Das heisst aber, dass zwischen dem Beginn des Betrugs und seiner effektiven Bekämpfung (durch die Ergänzung der Wettkampfkontrollen durch unangekündigte Trainingskontrollen) in der Leichtathletik ca. 30 Jahre vergingen. In anderen Sportarten wird das Problem in dieser Form noch gar nicht angegangen.

Die um 1960 in Westdeutschland einsetzende Anabolika-Verwendung fand ihren Niederschlag in der Forschung und in den Medien. Der spätere DLV-Lehr- und Sportwart Manfred Steinbach begann seine Untersuchung zur Wirksamkeit von Anabolika (unter Einbeziehung von Minderjährigen) im Jahr 1966. Brigitte Berendonk veröffentlichte ihren wegweisenden Artikel zur Anabolikaproblematik „Züchten wir Monstren" in der „Zeit" 1969. Ihr Vereinskamerad und Bundestrainer Werner Heger beklagte in der Frankfurter Allgemeinen Zeitung vom 22.7.1970 den Doping-Missbrauch der Werfer. Am 29.7.1970 schrieb der Leichtathletik-Journalist Robert Hartmann in der Frankfurter Allgemeinen Zeitung zum Thema „Rekorde mit der Muskelpille. Jeder Leistungssportler kennt

Dianabol/Mellerowicz: 'Anabolika sind Dopingmittel'/Langfristige Schädigungen". Der Text zum auf der gleichen Seite veröffentlichten Hammerwurfbild zeigt die ganze Problematik:

> „Freude an der Schönheit kraftvoller Bewegung, Freude auch an den weiten Würfen und Rekorden empfinden Hammerwerfer und ihre Zuschauer immer wieder. Noch ist nicht so recht ins Bewußtsein aller Beobachter gedrungen, auf welche Weise die neuen Leistungssteigerungen erzielt werden. Das Wissen, daß die Chemie mit ihrer 'Muskelpille' starken Anteil an den großen Würfen hat, könnte auf die Dauer auch die Freude dämpfen."

Hartmann beschrieb Wirkungen und Nebenwirkungen (Leber, Drüsen – langfristige Nebenwirkungen waren noch unklar) von Dianabol und nannte auch Namen von Anwendern (Kugelstoßeuroparekordler Heinfried Birlenbach, Hammerwurfweltrekordler Walter Schmidt). Die „Pille" war bereits 1970 in den Nachwuchsbereich vorgedrungen, wurde in vielen Ländern verwendet und schien zudem das Höchstleistungsalter der Leichtathleten zu beeinflussen:

> „Plötzlich überraschen sogar Männer, die schon auf die Vierzig gehen oder sie sogar überschritten haben, mit neuen Landesrekorden im Kugelstoßen."

Nicht in allen Fachkreisen schlug sich die beginnende Anabolika-Verwendung als Doping-Problematik im Bewusstsein nieder, da als Doping im Wesentlichen die direkte Beeinflussung von Wettkampfergebnissen angesehen wurde. Der Früh-Forscher Steinbach bezeichnete seine Forschung allerdings schon als Doping-Forschung. Das Verbot der Anabolika im Internationalen Leichtathletikverband im Jahr 1970 deutet darauf hin, dass zumindest hier die gleiche Auffassung vorlag.

In einer sozialwissenschaftlichen Veröffentlichung in der „Olympic Review" wies Pelliza 1973 auf die Problematik des Anabolika-Missbrauchs hin und nannte betroffene Sportarten und Disziplinen. Als Gründe für diesen Missbrauch gab er an: Leistungsoptimierung, Vergrößerung des Muskelumfangs, blinden Ehrgeiz. Als zentrales Problem benannte er das Leugnen von Sportmedizinern, Verbandsfunktionären und Trainern, dass Spitzensportler durch die Systemlogik quasi gezwungen wurden, Anabolika zu nehmen, um die für die Qualifikation zu internationalen Ereignissen notwendigen Leistungen zu bringen.

Pelliza behauptete einen umfangreichen Anabolika-Missbrauch der internationalen Elite und benannte Probleme: Langfristige Wirkungen bzw. Nebenwirkungen, Kontrollproblematik, Reaktionen von Medizinern, Trainern, Aktiven, Sportfunktionären und Presse, die sich zwischen völliger Ablehnung und Zustimmung erstreckten. Er gab eine negative Prognose für die weitere Entwicklung ab, da er erkannt hatte, dass ein einmal beschrittener Weg kaum rückgängig gemacht werden kann.

Signale

Veröffentlichungen zur Dopingproblematik laufen immer Gefahr, zugleich auch Anleitungen mit spezifischem „know how" zu liefern. So lässt sich z.B. im Nachhinein kaum eindeutig einordnen, warum die Zeitschrift „Leistungssport" 1973 drei amerikanische Untersuchungen zur Anabolikaproblematik wiedergab (3, 1973, 1)[18]: 1. Johnson/Oshea: Anabole Steroide und ihre Auswirkung auf die Kraftentwicklung, 2. Ariel/Saville: Anabole Steroide: Die physiologischen Wirkungen von Placebos, 3. Ariel: Anabole Steroide und die Muskelkontraktionskraft. Ähnlich wenig eindeutig war die Intention des Artikels der Sprinterin und Apothekerin ELFGARD SCHITTENHELM in der Zeitschrift „Leichtathletik" (25, 1974,13, 449), in dem sie den Wirkungsmechanismus anaboler Steroidhormone erläuterte. Nach 21 Tagen sei

„ein deutlicher Abfall der Ansprechbarkeit des Organismus auf anabole Steroide festzustellen. Es ist deshalb nur eine Intervalltherapie über diesen Zeitraum sinnvoll. Eine myotrope Wirkung kann nur dann entfaltet werden, wenn während der Medikation eine optimale Eiweißzufuhr mit der Nahrung gewährleistet wird. ... Bei einer notwendigen Medikation ist Leberkontrolle (intrahepatische Cholestase) und nur parenterale Zufuhr zu empfehlen."

Dass zumindest manche die Informationen und Signale „richtig" verstanden, zeigen frühe Äußerungen des Sprinters Ommer, der nach seiner Meinung 1974 Vizeeuropameister mit Hilfe von Dianabol wurde:

„'Was zählt, ist nur der Erfolg. Der Athlet will gewinnen, und alles, was ihm dabei hilft oder auch nur Hilfe verspricht, ist gut und muß zumindest ausprobiert werden. Ein Mannschaftsarzt, der einem Athleten eine Apfelsine in die Hand drückt und ihn mit dem guten Rat in den Wettkampf schickt, sich noch einen Apfel zu kaufen, ist die längste Zeit Mannschaftsarzt gewesen. Dafür sorgen die Athleten selbst.'... Er schluckt täglich vor dem Training 15 bis 20 Milligramm, eine Pille enthält 5 Milligramm ... ‚Und der Arzt, von dem ich die richtigen Pillen habe, hat ja auch an der Dopingliste mitgearbeitet" (Die Welt, 15.3.1977).

Als ein solches Signal konnte auch die Lösung der Quartierfrage während der Olympischen Spiele 1976 in Montreal verstanden werden. Die IAAF hatte festgelegt, dass 100 Leichtathleten sich vor oder nach den Wettkämpfen in Montreal 1976 Anabolikakontrollen stellen müssten. Um diesen Kontrollen zu entgehen,

---

[18] Verantwortlicher Redakteur war damals der frühere Mittelstreckler Arndt Krüger und spätere Direktor des Göttinger Instituts für Sportwissenschaft. Er ist derjenige, der seit Beginn (1971) bis heute die Richtung der wesentlichsten Zeitschrift des westdeutschen Spitzensports „Leistungssport" maßgeblich bestimmt. Krüger fiel in den letzten Jahren mehrmals als Dopingverharmloser auf, beispielsweise in einem Artikel in der Frankfurter Allgemeinen Zeitung (1.12.1995) mit dem Titel „Die Tücken der Dopingtests: Vier Jahre Sperre für ein Hühnerbein" oder in der Neuen Zürcher Zeitung (8./9.8.1998) „Weshalb es mit den Doping-Kontrollen nicht wie bisher weitergehen kann – das amerikanische juristische Denken wird die Weiterentwicklung bestimmen". Der in dem Artikel geforderte Verzicht auf Trainingskontrollen wäre mit einer Dopingfreigabe gleichzusetzen.

hielten sich nicht nur die DDR-Athleten außerhalb des Dorfs in einem Ausweichlager auf, sondern auch jene der BRD und der USA (Landgericht Berlin, Gesch.Nr. (534) 28 Js 39/37 KLS (17/98), 50).

1976/77: Zwischen offiziellem Verbot und heimlicher Befürwortung

Neue Testmethoden bei den Dopingkontrollen bei den Olympischen Spielen 1976 in Montreal verunsicherten zumindest einen Teil der Werfer und Gewichtheber so weitgehend, dass es bei den Olympischen Spielen deutlich niedrigere Siegesleistungen gab als im übrigen Jahresverlauf:

> „Erwischt wurden nur ein paar Dumme, die ihr Doping nicht rechtzeitig auf Präparate umgestellt hatten, die mit der dort eingesetzten Analytik nicht als Xenobiotika erkannt werden konnten" (BRIGITTE BERENDONK, Olympischen Jugend 1977, 4 f.).

Schneider-Grohe stellte für die Situation des Jahres 1977 fest:

> „Das von Sportoffiziellen gezeichnete Bild eines sauberen Sports steht in eklatantem Widerspruch zu dem tatsächlich bestehenden verheerenden Unwesen der künstlichen Leistungssteigerung im Bereich des Sports" (SCHNEIDER-GROHE 1979, 37).

Jedenfalls handelte es sich beim Anabolikadoping 1977 schon lange nicht mehr um eine Randerscheinung, sondern um ein weit verbreitetes Phänomen, auch wenn man die Zahl der Dopenden nicht genau quantifizieren kann. Vor dem Hintergrund der Mentalität, die sich im Verlauf von fast zwei Jahrzehnten entwickelt hatte, war es nicht verwunderlich, dass sich Sportler gegen Verbote wehrten:

> „'Was soll das Verbot' hatte Gewichtheber-Weltmeister Rolf Milser geschimpft, als der bundesdeutsche Verband Anfang 1977 jeglichen Anabolika-Gebrauch strikt untersagte: ‚mein Körper gehört mir!'" (Die Zeit, 4.11.1977).

Auf die zentrale Rolle von Sportmedizinern wies der Kapitän der westdeutschen Schwimmnationalmannschaft, Folkert Meeuw, hin:

> „Lange genug haben sich einige Sportmediziner mit der Ausrede daneben gestellt, sie müßten Schlimmeres verhüten. Manchmal hatte man das Gefühl, einige benutzten dies nur als Alibi-Erklärung, weil sie einen bestimmten Zug nicht verpassen wollten" (Frankfurter Allgemeine Zeitung, 6.Mai 1977).

Die Frankfurter Rundschau am Wochenende vom 7. Mai 1977 bezeichnete Sportmediziner wie „Prof. Dr. Keul von der Freiburger Sportärzte-Hochburg an der Spitze" als Anabolikaverharmloser, die Nebenwirkungen „entweder schlankweg in das Reich der Schauermärchen" verweisen oder sie „als Folge unfachgemäßer Überdosierung" betrachten:

> „In einem Anfall von Bekennermut räumt Prof. Keul ein, daß sogar gestandene Medaillenjäger vor schädlichen Nebenwirkungen nicht gefeit sind. Keul wörtlich: ‚Die verschiedenen wissenschaftlichen Untersuchungen zeigen bei einer geringen Zahl von erwachsenen Sportlern nach Einnahme von anabolen Steroiden Funktionsstörungen der

Leber.' Zur Beruhigung fügt der Freiburger Athletentröster hinzu, daß sich diese Störungen nach Absetzen der anabolen Hormone völlig zurückbildeten".

Von der Bild-Zeitung (3.11.1976) wurde Keul als Doping-Fachmann bezeichnet.

Der DDR-Flüchtling Mader ging einen Schritt weiter und machte Doping-Gegnern Vorwürfe:

„Wer sich in der zur Zeit gegebenen Situation ernsthaft bemühe, die medikamentösen Hilfen für den Hochleistungssportler aus dem Verkehr zu ziehen, ... benutzt die eigenen Athleten als Hasen, die er zwischen intelligenteren Igeln zuschande hetzt'" (Frankfurter Rundschau, 7.Mai 1977).

Vor diesem Hintergrund sah die Frankfurter Rundschau den obersten deutschen Sportführer Willi Daume als überfordert an:

„Seit Montreal erweckt der wortgewaltige Mahner den Eindruck eines Mannes, der es mit keinem verderben möchte. Er nennt die Anaboliker Betrüger, sichert ihnen jedoch fast im selben Atemzug eine Art Generalamnestie zu (,ganz sicher wird es in unserem Land keinerlei Nachschnüffelei geben')".

Der Sportwissenschaftler Ommo Grupe negierte die Gefahr einer mangelnden Konkurrenzfähigkeit

„ausreichend über Wirkungen und Nebenwirkungen informierter deutscher Sportler bei internationalen Wettkämpfen ... Bislang sind von der Medikamentenverabreichung auch nur einige Sportdisziplinen betroffen gewesen".

Er behauptete zudem, leistungssteigernde Wirkungen seien bisher noch nicht klar, andere Faktoren wie z.B. eine fundierte sportwissenschaftliche Betreuung seien bei der Leistungssteigerung wichtiger (Süddeutsche Zeitung, 27.7.1977), eine Argumentation, die immerhin der sich entwickelnden Sportwissenschaft zugute kam. Noch 1988 konnte der Sportsoziologe Klaus Heinemann keinen verbreiteten Doping-Missbrauch erkennen:

"Im deutschen Sport spielt Doping keine große Rolle. Anders als in den USA oder Kanada, wo 50 % aller Athleten irgendwann in ihrer Karriere verbotene Mittel einnehmen, ist es in der BRD kein Massenphänomen" (Süddeutsche Zeitung, 11.10.88).

Die Praktiker des Spitzensports sahen die Situation dagegen schon erheblich früher ganz anders. Der Fechter-Präsident Dr. Elmar Waterloh warnte bei einer DSB-Präsidiumssitzung 1976

„vor einem Paragraphen 218 des deutschen Sports: ,Wenn man Anabolika verbietet, kann man gleich eine ganze Reihe von Kraftsportarten aus dem Verkehr ziehen'" (Süddeutsche Zeitung, 18.10.1976).

Die Süddeutsche Zeitung stellte 1977 die Frage:

„Wird die Diskussion um die Manipulation des Sportlers die Folge haben, daß der mündige, über Wirkung und Nebenwirkung ausreichend informierte, nicht gedopte deutsche Sportler künftig international hintan steht?" (Süddeutsche Zeitung, 27.Juli 1977).

Kaum einer der Verantwortlichen im Spitzensport fand zur gleichen klaren Sprache wie der Präsident des deutschen Eissportverbands, Herbert Kunze, bei der 17. Hauptausschusssitzung des DSB in Baden-Baden im Jahr 1977, der die

> „Entfernung aller jener Mediziner, Funktionäre, Betreuer und Leistungsorganisatoren aus dem Sport, die im Vorfeld von Montreal und bei den Spielen selbst medizinisch-pharmakologisch gedopt oder am Athleten manipuliert haben,"

forderte. Sein Antrag wurde abgeblockt, weil ihm viele Akteure des Spitzensports zum Opfer gefallen wären (Die Rheinpfalz, 13.6.1977), denn spätestens die Enthüllungen darüber, wer alles am „Erwerb" und Erproben der „Luftdusche" bei Schwimmern und Internationalen Mehrkämpfern beteiligt war (Frankfurter Rundschau am Wochenende, 7.Mai 1977), verdeutlichten, dass auch im westdeutschen Spitzensport viele nach allen möglichen – legalen und illegalen – Mitteln zur Leistungssteigerung suchten.

Für diese Annahme spricht, dass vor dem Hintergrund des eigenen unentschlossenen Handelns kaum Reaktionen auf Doping-Berichte durch aus der DDR geflüchtete Athleten, Funktionäre und Sportmediziner oder gar Kontrollforderungen erfolgten (vgl. Berendonk 1992, 52 f.). Berichtet haben u.a. der Sportmediziner Mader (von 1965–1974 an der Sportmedizinischen Hauptberatungsstelle des Bezirks Halle/Saale, er hatte dort zuletzt das Anabolikadoping z.B. von Cornelia Ender als Oberarzt ärztlich überwacht), der 1975 geflüchtete Turner Wolfgang Thüne (Vizeweltmeister am Reck) oder die 1977 in den Westen geflüchtete Sprinterin Renate Neufeld (Bildzeitung 15., 16., 17.1.1979, Spiegel 12/1979).

Zwar warnten Spitzenfunktionäre vor Doping wie z.B. Daume, der den Einsatz von Chemie im Spitzensport als einem „Pakt mit dem Teufel" bezeichnete (Der Abend, Berlin, 3.8.1976) und bei der Mitgliederversammlung des Nationalen Olympischen Komitees 1976 mit der Formel „Moral statt Manipulation" den sauberen Leistungssport forderte (Süddeutsche Zeitung, 22.11.1976); energische Maßnahmen blieben allerdings aus. In später vielfach bewährter Weise stellte er sich überdies angesichts um sich greifender Dopinggerüchte vor die „'von ausgeflippten und pubertären Besserwissern' angegriffenen Athleten Eva Wilms ... und Lasse Viren" (Frankfurter Rundschau am Wochenende, 7.5.1977) und bezeichnete später die Hauptanklägerin Brigitte Berendonk „als alternde Diva" (Stuttgarter Zeitung, 6.1.1978).

Bei Sportmedizinern wie Armin Klümper kritisierten die Stuttgarter Nachrichten deren Doppelfunktion:

> „Immerhin ist der Freiburger Sportmediziner Dr. Klümper noch immer Verbandsarzt. Erneut sitzt Klümper auch in der Doping-Kommission des DLV – obwohl er letzthin im Rahmen einer Tagung in Wangen/Allgäu offenherzig bekannt hatte, daß er Athleten weiterhin mit anabolen Steroiden zu versorgen gedenke – seines ärztlichen Gewissens wegen" (Stuttgarter Nachrichten, 15.6.1977).

Meinungen zum Anabolikaverbot

Prof. Dr. Heinz Liesen, Mannschaftsarzt mehrerer Nationalmannschaften (u. a. der deutschen Fußballnationalmannschaft bei der Weltmeisterschaft 1986), empfand Diskussionen und Kritik zur Anabolika-Problematik als Theater und legte die Freigabe für therapeutische Maßnahmen nahe:

> „Es gibt natürlich Möglichkeiten, die wir nicht machen dürfen, die aber besser wären und die mit Sicherheit andere machen. Aber da sind wir eben gebunden. ... Anabolika als therapeutische Maßnahme, um sie wieder fit zu kriegen. Das kann man auch so machen, daß man bei einer Dopingkontrolle nicht auffällt, das ist ganz einfach. Aber ich darf das nicht. Wir sind ja Moraltheologen im Sport. Dabei wäre das absolut unschädlich."

An den angeblichen Horrorgeschichten über die Nebenwirkungen von Anabolika war nach Liesen nur

> „die Presse schuld, gerade die Sportpresse. Die soll sich doch mal um die Body-Builder kümmern, die permanent Missbrauch treiben. Es gibt den weltberühmten Hormonforscher Adlerkreuz aus Finnland, der sagt bei jedem Kongreß, Testosteron beim Mann ist viel ungefährlicher als die Antibabypille bei der Frau. Warum wird bei uns soviel Theater gemacht? Wenn ein Körper nicht durch die entsprechende Produktion von Hormonen regenerieren kann, dann wäre es eigentlich angebracht, ihm zu helfen ..., damit er nicht krank wird, sondern schnell wieder belastbar ist. Wenn wir das nicht machen, sind wir den anderen gegenüber immer im Nachteil. Und daß die das machen, weiß ich und kann auch einiges beweisen" (Süddeutsche Zeitung, 3.1.1985).

Die Versuchung, sich als willige Helfer für die Leistungsproduktion zur Verfügung zu stellen (und damit gleichzeitig über deren Ergebnisse für sich Werbung zu machen) war – und ist – groß.

Widersprüchliche Meinungen wurden zum Einfluss vor allem der Anabolika auf die Leistungsentwicklung geäußert, zum Teil von der gleichen Person. So gab der bundesdeutsche Kugelstoßer Ralf Reichenbach einerseits zu, dass er 1972 Anabolika genommen hatte[19]. Er wehrte sich später gegen die Meinung des aus der DDR geflüchteten Sportmediziners Mader, der vor dem Hintergrund seiner DDR-Erfahrungen behauptet hatte, dass alle Kugelstoßleistungen über 19 m Anabolika-Leistungen seien. Reichenbach meinte, ein Verzicht auf Anabolika sei nicht mit Leistungsverzicht gleichzusetzen und führte andere Vorteile der Anabolika auf, denn sie brächten

> „mehr Humanität in den inhumanen Leistungssport. Denn sie gestatten dem Athleten: Verzicht auf kolossale Körpermaße ..., Verzicht auf magen-, darm- und kreislaufbeschwerende Freßkuren, Reduzierung seines Trainings, im Fall von Reichenbach um 30 % von 6 auf 4 Stunden täglich" (Frankfurter Allgemeine Zeitung, 26.3.1977).

---

[19] In späteren Interviews gab er durchgehendes Anabolika-Doping zu. Bis zu seinem Tod (durch Herzversagen, Frankfurter Allgemeine Zeitung, 28.4.2000) im Februar 1998 leugnete er aber konsequent schädliche Nebenwirkungen, obwohl seine Herzleistungsfähigkeit am Ende nur noch 5 % betrug und er zu einer Herztransplantation anstand (Mitteilung eines Trainers, Februar 1998).

Erstmals richtig in das Bewusstsein der westdeutschen Öffentlichkeit gelangte die Dopingproblematik durch die Veröffentlichungs- und Diskussionswelle nach Ereignissen bei den Olympischen Spielen 1976. Sinnigerweise waren es nicht die verbotenen Anabolika, die für Empörung sorgten, sondern die „Kolbe-Spritze"[20] (eine Vitaminspritze) und das – „legale", weil nicht durch Regeln ausgeschlossene – Aufblasen der Därme von Schwimmern und Aktiven im Internationalen Mehrkampf, die für öffentliche Empörung sorgten. In einem Kommentar zur ZDF-Sendung „Kontrovers" mit einer Diskussion zwischen Steinbach und Keul hieß es:

> „Da stand auf der einen Seite die Meinung von Keul, der Vitaminspritzen, wie sie in Montreal u.a. auch Peter Michael Kolbe verabreicht worden sind, als die harmloseste Sache der Welt darstellte und den Standpunkt vertrat, die Medizin müsse den Sportler in jeder Weise und mit allen Mitteln unterstützen, sofern diese nicht gesundheitsschädigend seien. Dagegen sprach Steinbach von einer 'ungemein verhängnisvollen Entwicklung', die da begonnen habe, und verwies in diesem Zusammenhang auf Praktiken, wie sie die DDR anwendete" (Schwäbische Zeitung, 21.8.1976).

Als Reaktion auf die Entwicklung äußerte die Wuppertaler Rekordschwimmerin Jutta Weber einerseits ablehnend:

> „Ich lehne alles ab, was den Körper auf unnatürliche Weise beeinflußt. Jeder Sportler muß sich ein Ziel setzen, das für ihn ohne Manipulationen und Schädigungen erreichbar ist."

Andererseits sprach sie sich für die ärztlich kontrollierte Anwendung von Anabolika aus:

> „Schließlich kann man Anabolika überall öffentlich kaufen. Sie sollten jedoch erst von einer bestimmten Alters- und Entwicklungsstufe angewandt werden" (Süddeutsche Zeitung, 27.10.1977).

Athleten und Trainer konnten sich in ihrem devianten Handeln auch dadurch ermuntert fühlen, dass in der Zeitschrift des DSB „Leistungssport" (7, 1977, 2) ein Artikel erschien, in dem Mader die Praxis der Anabolikanwendung im Hochleistungssport und die Wirkung anaboler Steroide in Kombination mit Training auf die Leistungsentwicklung erläuterte. Mader hatte diese Kenntnisse, die auch als Anleitung zum Doping verstanden werden konnten, seit 1974 in zahlreichen Vorträgen verbreitet.

Trotz des Wissens um die relative Unwirksamkeit von Wettkampfkontrollen meldeten 1978 nur 12 der 50 dem DSB angeschlossenen Fachverbände Interesse an Wettkampfkontrollen an (damit immerhin sechs mehr als 1977). Der Kölner Laborleiter Donike wäre zu weitergehenden Maßnahmen bereit gewesen:

---

[20] Der Favorit im Einer-Rudern lag im Finale deutlich in Front, bevor er kurz vor dem Ziel einen spektakulären Einbruch erlitt und Zweiter wurde. Kolbe führte diesen Vorfall auf Spritzen zurück, die ihm zur Leistungssteigerung verabreicht wurden.

> „Im Wege stehen allerdings die Statuten, die eine Kontrolle nur nach den Wettkämpfen vorsehen. Und dies ist nach Meinung des Kölner Sportmediziners ‚einfach sinnlos'" (Frankfurter Rundschau, 4.11.1978).

Dass der Zusammenhang zwischen Doping und Leistungsentwicklung bewusst war und auch öffentlich eingestanden wurde, zeigen Äußerungen aus der zweiten Hälfte der siebziger und den achtziger Jahren:

> „Ohne Anabolika sind internationale Wettbewerbe nicht zu gewinnen ... Wildor Hollmann zieht den Vorhang über dem stillschweigenden Unfair Play noch weiter auf: In 18 Disziplinen, darunter neben den einschlägigen Doping-Sportarten Radfahren, Boxen und Gewichtheben auch die zentralen Olympischen Wettbewerbe Schwimmen und Leichtathletik, seien ohne den Segen der Chemie Weltklasseleistungen nur noch in Ausnahmefällen möglich" (Die Zeit, 1.5.1987)

Und vor dem Sportausschuss des Bundestags führte er an, dass ein hoher Prozentsatz von Spitzensportlern Dopingmaßnahmen in ihren Trainingsplan mit einbezieht (Süddeutsche Zeitung, 15.10.1987).

Das öffentliche Bekenntnis des Gerd Steines

Spätestens mit dem Artikel des Kugelstoßers Gerd Steines in der Frankfurter Allgemeinen Zeitung (16.1.1986) wurde in aller Deutlichkeit zum einen der Zusammenhang zwischen Anabolikakonsum und Leistungsniveau, aber auch die Einstellung (und die Erwartungen) von nicht wenigen Funktionären und Trainern dargestellt. Er schilderte seine Dopingkarriere. Bei Karrierebeginn war er mit 21 Jahren 1,96 m groß, wog 82 kg und stieß die Kugel 14 m weit. Im Sommer 1969 hatte er nur mit Training und sinnvoller Ernährung sein Gewicht auf 100 kg und seine Leistung auf 16 m gesteigert:

> „Kurz darauf wurde ich in den B-Kader des DLV aufgenommen, begann in Heidelberg zu studieren und zu trainieren und wie selbstverständlich lernte ich mit intensiverem Training und modernen Trainingsmethoden auch Anabolika kennen. Sie gehörten ganz einfach dazu, für jeden, und zwar ohne Bedenken."

Im Lauf der Zeit steigerte er die Tages-Dosis von 10 mg auf 30 mg:

> „Die Versorgung mit dem Stoff war übrigens nie ein Problem. In Heidelberg besorgten mir Mediziner, Zahnmediziner und Studenten die benötigten Mengen, kostenlos, sozusagen aus solidarischer Sportkameradschaft. Auch später brauchte ich nur ausnahmsweise Rezepte. Die Prozedur war mir einfach zu umständlich. Immerhin besitze ich noch eine kleine Sammlung Anabolikarezepte von sportmedizinischer Prominenz.
>
> Anabolika waren für mich immer nur ein gesundheitliches Problem, nie eins der Fairneß, Ethik oder Moral. Ich habe die Anabolikaeinnahme nie als unerlaubten Vorteil betrachtet, sondern als selbstverständliche Vermeidung eines eventuellen Nachteils. ... Die schwarzen Schafe sind nicht die Sportler. Ich kenne keinen, der nicht liebend gerne auf Anabolika verzichten würde, wenn er sicher sein könnte, daß Chancengleichheit mit konkurrierenden Sportlern besteht – wobei man nicht einmal nur auf Ostblock-Praktiken hinweisen muß. Es ist ebenso einfach und unredlich, im internationalen Vergleich Spitzenleistungen zu fördern und zu fordern, gleichzeitig aber mit dem moralischen Zeigefinger auf ‚Ana-

bolika-Sünder' zu zeigen und damit das Problem auf Individuen zu verengen. Wenn schon moralischer Zeigefinger, dann in Richtung auf den gesamtgesellschaftlichen Hintergrund und auf den dadurch geprägten Spitzensport.

Solange in der BRD NOK, Sporthilfe, BAL und die Spitzenverbände – allesamt laut offizieller Verlautbarungen schärfste Anabolika-Verurteiler – Förderungs- und Nominierungskriterien erlassen, die sie selbst ohne Einnahme von Anabolika nicht für erreichbar halten, ist für mich die ethisch-moralisch begründete öffentliche Entrüstungsdiskussion in Sachen Anabolika nur Spielwiese für selbstgerechte Heuchelei."

Widerstand gegen Trainingskontrollen

Spätestens nach dem Beschluss 1988, Trainingskontrollen durchzuführen, fühlten sich Sportler wie der Diskus-Olympiasieger Danneberg von den Entscheidungsträgern nicht mehr vertreten. „Die reden wie die Blinden von der Farbe." Ähnlich äußerten sich der ehemalige Aktivensprecher und Olympiastützpunktleiter Uli Eicke („Gefahr der Wettbewerbsverzerrung") und Michael Beckereit („Vorpreschen auf dem Rücken der Athleten"). Der Dreispringer Bouschen:

„Wenn in anderen Ländern normal weitergearbeitet wird ... und in der BRD mit den ‚trainingsunterstützenden Maßnahmen' aufgehört werde, entstünden dem Spitzensportler hierzulande nur Nachteile. ‚Er kann die gesetzte Norm nicht mehr erfüllen. Er wird nicht nominiert und verliert damit die Faszination Olympia. Er fällt aus der Förderung und verliert seinen Vertrag mit adidas oder Puma.'"

Deshalb forderte er die Herabsetzung der Normen und eine Anpassung der Nominierungskriterien an die Anforderungen eines dopingfreien Sports (Süddeutsche Zeitung, 21.11.88). Auf den für Spitzensportler nicht akzeptablen Widerspruch zwischen der Forderung nach dopingfreier Leistung einerseits und hohen Normen, die ohne Doping oft nicht erreichbar waren, hatte der Hammerwerfer Walter Schmidt schon 1977 hingewiesen:

„Die gleichen Leute, die in der Doping-Kommission sitzen, setzen die Normen ... Es wissen alle, daß wir das Zeug nehmen müssen. Alle nehmen das im In- und Ausland ... Wenn sie (Anmerkung der Redaktion: Funktionäre und Trainer) das nach 10 Jahren nicht wissen, dann tun sie mir leid" (Frankfurter Allgemeine Zeitung, 28.3.1977).

Rückblicke

Der frühere BAL-Direktor (1970–1988) und DLV-Präsident (1989–1993) Helmut Meyer spielte in den 70er und 80er Jahren eine zentrale Rolle bei der Organisation des Leistungssports. Der Dopingbeauftragte der Bundesregierung, Prof. Manfred Donike behauptete sogar,

"Meyer habe als Leitender Direktor des BAL Kontrollen für die Athleten vor Auslandseinsätzen nach DDR-Muster gefordert" (Süddeutsche Zeitung, 4.9.1991).

Am Ende seiner Karriere äußerte Meyer:

„Osttrainer und Ostfunktionäre sind in der Vergangenheit, was Doping betrifft, nicht besser oder schlechter gewesen als wir im Westen. ... Ich bin heute der Ansicht, daß man

Doping auf eine Stufe mit Kriminalität stellen muß. Was mich innerlich belastet, ist die Tatsache, daß ich Doping als Kavaliersdelikt angesehen habe" (dpa, 25.3.1993).

Deutlicher äußerte sich ein weiterer Zeitzeuge, ein hoher Funktionär in seinem Verband:

„Bei meinem Amtsantritt habe ich ein längeres Interview gegeben, wo ich gesagt habe: Ich möchte nicht Leistung um jeden Preis haben, das habe ich erklärt, als ich übernommen habe. Es kann für mich nicht sein, daß ich mich ausrichte an der DDR und Leistung um jeden Preis herauskitzle. Noch einmal: Ich bin mir völlig im klaren darüber, daß ich halbherzig reagiert habe. Zwar immer im gesetzmäßigen Rahmen, und sicherlich immer etwas mehr, ich habe wirklich etwas mehr getan, ich habe wirklich dagegen gekämpft. Aber: unter heutigen Gesichtspunkten absolut halbherzig. ... Und von den Anfängen, an denen ich selbst nicht darüber nachgedacht habe, daß das was ich mache, auch nur ansatzweise falsch sein könnte bis zu den ersten Anfängen: War das nicht richtig? – bis zu den deutlichen Erkenntnissen: Das darf nicht sein und da muß man was gegen tun – bis zum totalen Bekämpfen um jeden Preis, das ist ein weiter Weg gewesen. Und das muß man jedem zuerkennen."

Für die Hoch-Zeit des Anabolika-Missbrauchs analysierte der frühere Diskuswerfer und Bundestrainer Tidow folgende Phasen:

1. **präanaboles Zeitalter:**   bis 1959

2. **anabole Blütezeit:**   1960–1990

3. **post-anaboles Zeitalter**   seit 1991

und vermutete:

„Die Anabolikawirkungen gehen nach dem Absetzen nicht alle verloren. Chancengleichheit wird deshalb eher erst nach dem Abtreten der Anabolikageneration möglich ... Um es auf den Punkt zu bringen: Zu Beginn des anabolen Zeitalters haben einige US-Athleten sich gedopt, um die Konkurrenz zu übervorteilen. Deren Antwort war ‚reaktives Dopen' zur Wiedererlangung der verlorengegangenen Wettbewerbsfähigkeit. Die nachfolgende Eskalation ist bekannt. Sie führt letztlich zu ‘präventivem Doping', mancherorts bis in den Kinder- und Jugendsport hinein. Wenn nun einige Nationen strikte (trainingsbegleitende) Kontrollen durchführen, kommt das einer Umkehrung dieses Prozesses gleich. Der entscheidende Unterschied besteht allerdings darin, daß die Doping-Abrüstung – im Gegensatz zur vorher betriebenen Aufrüstung – erwartungsgemäß keinerlei Eigendynamik entwickelt. Das führt in der Konsequenz dazu, daß vielen Aktiven mit der Doping-Abstinenz ihrer Verbände zugleich auch eine Minderung der Konkurrenzfähigkeit gewissermaßen aufgezwungen wird" (Leichtathletik 1992, 20/21).

Im Juni 1991 übergab die Reiter-Kommission den Untersuchungs-Bericht zur Doping-Vergangenheit im deutschen Sport, mit folgendem Kernsatz:

„Spätestens seit 1976 mußten die Verantwortlichen im deutschen Sport Vermutungen und Kenntnisse vom Anabolika-Mißbrauch im Leistungssport haben."

Die Frankfurter Rundschau schätzte die Situation so ein:

„Ob diesmal der Sport, der bisher bei eigenen Rettungsversuchen kläglich versagte, den konstruktiven und auch umsetzbaren Vorschlägen der Reiter-Kommission tatsächlich konkrete Taten folgen lassen wird, muß allerdings sehr skeptisch betrachtet werden. Die Vergangenheit läßt hier nichts Gutes erahnen" (Frankfurter Rundschau, 20.6.1991).

Bei der Vorstellung des Berichts der Reiter-Kommission wurde so getan, als ob die darin enthaltenen Äußerungen und Schlussfolgerungen völlig neu seien. Nach Richthofen „wird im deutschen Sport nichts mehr sein, wie es war" (Süddeutsche Zeitung, 16.12.1991). Diese Hoffnung ging – verständlicherweise – nicht in Erfüllung, Veränderungen wurden letztlich nur durch Druck in den Medien und Prozesse erzwungen. Die Stuttgarter Zeitung kommentierte:

„Wie wollen solche Verbände Vergangenheit bewältigen, wenn sie einfach verdrängen? Wie wollen sie für einen sauberen Sport in der Zukunft werben, wenn ihnen dazu jegliche Glaubwürdigkeit fehlt? Ausgerechnet von ihnen wird jetzt erwartet, daß sie die Empfehlungen von Richthofen umsetzen. Sie sollen belastete Funktionäre, Trainer, Ärzte, Wissenschaftler rauswerfen und damit der viel beschworenen Selbstreinigungskraft des Sports Rechnung tragen, einer Kraft, die sie nicht in Anspruch nehmen können, weil sie sie nicht haben" (Stuttgarter Zeitung 16.12.1991)

Der „Spiegel" folgerte:

„Ob im Westen oder Osten – am Kartell des Vertuschens waren überall Mediziner, Funktionäre und hochrangige Politiker beteiligt. Der gesamte Weltsport, sagt deshalb der angesehene Sportmediziner Ludwig Prokop, 'ist eine große Mafia'. Da kaum jemand an der Enthüllung der Dopingpraxis wirklich interessiert war, hielt die Allianz des Schweigens auch noch, als erwischte Athleten immer häufiger auf ihre Hintermänner verwiesen. ... Die Weltverbände tolerierten mal augenzwinkernd, mal murrend, wenn Höppner, wie bei der Kugelstoßerin Ilona Slupianek, der späteren Sprint-Olympiasiegerin Marlies Göhr, dem Gewichtheber Gunter Ambraß oder dem Turner Ralf-Peter Hemmann, Ausreden und Lügen für positive Befunde auftischte" (Der Spiegel 12/1994, 188).

So war es nicht verwunderlich, dass der IOC-Präsident Juan Antonio Samaranch (IOC-Präsident) die nach der Wende bekannt gewordenen Dopingfälle als „deutsches Problem" ansah und „internationale Beteiligung an der Aufklärung für falsch" hielt (Süddeutsche Zeitung, 11.12.90). Wenig später bestätigte das IOC Samaranchs Standpunkt, der 400-m-Hürden-Olympiasieger Edwin Moses zog

„offenbar auf Drängen des IOC seine Zusage auf Mitarbeit bei der Aufklärung zurück. Er fühle sich durch andere Aufgaben in Anspruch genommen und kenne sich in der deutschen Doping-Affäre zu wenig aus" (Rhein-Neckar-Zeitung, 12.12.90; Süddeutsche Zeitung, 15./16.12.90).

Samaranch wollte zudem nicht von Hypothesen, sondern nur von Fakten ausgehen (Süddeutsche Zeitung, 21.12.90), wobei er bestimmte, was als Fakt zu gelten hatte.

Die Reiter-Kommission, die zur Bearbeitung und Aufklärung der Doping-Vergangenheit eingesetzt worden war, hatte insofern einen Geburtsfehler, als es nicht ihre Aufgabe war, „Einzelfälle von Doping aufzuklären und dafür Sanktionsmaßnahmen den zuständigen Stellen vorzuschlagen" (Reiter-Kommission 1991, 1). Allgemeine Bemerkungen – dies zeigt der Umgang mit dem Bericht der Reiter-Kommission ebenso wie jener mit dem exzellenten Theoriebuch zum Doping von Bette und Schimank (1995) – setzen die Verantwortlichen in keiner Weise unter Handlungsdruck.

„Die vorbehaltlose und exakte Kennzeichnung des Dopingproblems in Deutschland vor der Vereinigung beider deutscher Staaten ist Grundvoraussetzung für das Ableiten wirkungsvoller Handlungskonzepte. Eine separate Darstellung der spezifischen Situationen in den alten und neuen Bundesländern ist notwendig" (Reiter-Kommission 1991, 11).

Das heisst, ihre Aufgabe war der Reiter-Kommission klar, ihre geringe Wirkungswahrscheinlichkeit aber wahrscheinlich nicht. Prof. Dr. Werner Franke kommentierte damals die Einsetzung von Kommissionen folgendermaßen: „Wer nichts erreichen will, setzt Kommissionen ein."

Immerhin folgerte die Reiter Kommission,

„daß bei der Dopingbekämpfung nicht nur der Sportler, sondern sein ganzes Umfeld, also auch Trainer, Ärzte, Funktionäre und die Öffentlichkeit mit einbezogen werden müssen, und der Schutz der Jugendlichen außergewöhnliche Maßnahmen erfordert" (1991, 30).

Kritisiert wurde von der Kommission die Erfolgsabhängigkeit der Trainervergütung als möglicher Dopinganreiz und das Fehlen von Studieninhalten in der Trainerausbildung zur Dopingproblematik (1991, 54 f.).

Die Frankfurter Allgemeinen Zeitung fasste die Eindrücke zu den vergangenen Jahrzehnten zusammen („Dopen für Deutschland"):

„Der organisierte Sport in der alten Bundesrepublik hat sich im Jahr 1977 in einer Grundsatzerklärung zum humanen Spitzensport bekannt und damit auch dem Doping abgeschworen. Mittlerweile bekommen die Skeptiker recht, die darin nur eine Vernebelungsaktion sehen. Hinter den Kulissen ist nämlich eifrig weiter gespritzt und geschluckt worden, in Westdeutschland nur nicht so systematisch wie in der ehemaligen DDR. Der Staat, die Medien und die Öffentlichkeit forderten und fordern von den Athleten, Trainern und Funktionären Erfolg, von dem für die Betroffenen Geld und Geltung abhängen. Dabei wollte und will es kaum jemand genau wissen, wie Siege und Medaillen zustande kamen. Heute wird in einer Reihe von Sportarten Anabolika-Doping als unumgänglich betrachtet" (Frankfurter Allgemeine Zeitung, 11.12.1990).

Desinformation als Strategie

National wie international gesehen war die Dopingentwicklung stets von Desinformation begleitet, z.B. im Tennis:

„Wenn wir nie an Doping im Tennis geglaubt haben, liegt das daran, weil wir immer Zweifel bezüglich der Wirksamkeit von jedwedem Doping in einer Sportart gehabt haben, bei der man normalerweise nie weiß, zu welchem Zeitpunkt ein Spiel anfangen, noch wann es aufhören wird. Denn Tennis ist auch eine Sportart, wo man so verschiedenartige Situationen und Zustände durchmacht, daß es unmöglich erscheint zu glauben, es gäbe ein Wundermittel für einen bestimmten Augenblick. Hierzu hat uns Wojtek Fibak eines Tages eine interessante Meinung beigesteuert: ‚Wir gehen immer wieder von

Phasen extremer Erregung in Phasen der tiefsten Depression über. Glauben Sie denn, es gäbe ein Mittel, mit dem man in wenigen Minuten zwei so gegensätzliche Gemütszustände korrigieren könnte?'" (JEAN CUVERCELLE, Chefredakteur des Tennis-Magazine, Dez.1985, Nr. 117, nach de Mondenard 1987, 169).

Ähnlich äußerte sich der dreifache Sieger des Triathlons von Nizza, Mark Allen:

„Triathleten dopen sich nicht, da die Belastungen im Triathlon zu hart, zu langanhaltend und zu intensiv sind, um seinen Organismus noch zusätzlich mit künstlichen Mitteln zu belasten. Da wir sowieso schon über unsere Leistungsgrenzen hinausgehen, müßte man ja verrückt sein, sich zu dopen und noch weiter darüber hinauszugehen" (Jogging International Nr. 20, Februar 1985, nach de Mondenard 1987, 176).

Die Art und Weise, wie im Westen mit dem Versuch einer Thematisierung der Dopingproblematik umgegangen wurde, zeigen idealtypisch die Bemerkungen des Sportdirektors des französischen Schwimmverbands, Gérard Garoff, zu Untersuchungsergebnissen des französischen Endokrinologen de Lignières, der vorwiegend Athleten in Kraftdisziplinen mit der Zusicherung von Anonymität zum Reden gebracht hatte, wobei 70 % der Befragten Doping zugaben, damit eine gewaltig größere Zahl als diejenige positiv kontrollierter Athleten:

„Ich wende mich entschieden ... gegen diese Behauptungen. Ich habe hier die Statistiken des Sportministeriums. Jedes Jahr werden zunehmend mehr Athleten kontrolliert, Resultat nur 1,18 % positiv. Wir sind weit von der Situation weg, die de Lignières behauptet" (DE MONDENARD 1987, 187).

Mit Hinweis auf die geringe Zahl positiver Dopingkontrollen wurden letztlich Diskussionen zur Dopingproblematik und effektivere Maßnahmen verhindert.

Angesichts dieser Situation dürfte verständlich sein, warum Brigitte Berendonk vor allem die Jahre zwischen 1978 und 1988 als „Goldene Dekade des ungestörten, weil technisch wie politisch abgesicherten Dopings" bezeichnete (Berendonk 1992, 248). Erst 1989 begannen die effektiveren Trainingskontrollen in der deutschen Leichtathletik (allerdings noch mit „Vorwarnzeit").

Organisierte Verantwortungslosigkeit

Das Wort des DDR-Dissidenten Rudolf Bahro von der „organisierten Verantwortungslosigkeit" (Spiegel 10/1999, 121) lässt sich ohne weiteres auf den Spitzensport übertragen. Im Gegensatz zur Politik, wo wenigstens ab und zu noch an der Spitze der Hierarchie Stehende mit einem Rücktritt Verantwortung für Skandale übernehmen, war dies im Sport praktisch nie der Fall. Im Gegenteil: Der engagierte Antidopingbeauftragte des DLV, Theo Rous, zog sich im Oktober 1991 von seiner Aufgabe zurück, weil ihn niemand hören wollte:

"Wer unangenehme historische Tatsachen konkret und öffentlich feststellt, ist noch stets Nestbeschmutzer und Vergangenheitsschnüffler, Vaterlandsverräter und 'Rächer' gewesen" (Sports 8/1993, 31).

Das Wort „Verantwortung" blieb ein Fremdwort, vor allem auch im internationalen Bereich. Sehr schön formulierte dies der für seine „Cleverness" weit bekannte IAAF- und FISU-Präsident Nebiolo, als ihm mangelnde Regeleinhaltung im Umgang mit positiven Dopingproben bei Universiaden vorgeworfen wurde:

> „I know about nothing. I'm not responsable. You will have to talk to the secretary general, Roch Campana. He knows about that sort of things".

FISU-Generalsekretär Campana sah das Problem der Verantwortung anders:

> „It is the responsability of the president. I have never heard anything about it in 12 years as secretary general" (Daily Telegraph, Ende Juli 1993).

Nebiolo meinte, Studenten seien besser erzogen und deshalb weniger dopinganfällig, deswegen gebe es bei Universiaden kaum Dopingfälle. Er negierte dabei u. a. frühere Universiade-Teilnehmer und später positiv getestete, durch Dokumente überführte oder verdächtige Athleten wie Ben Johnson, Angela Issajenko, Desai Williams, Mark McKoy, Birgit Dressel, den Kugelstoßer Alessandro Andrei (für den Nebiolo bei der Universiade 1985 die bereits durchgeführte Auslosung der Reihenfolge beim Wettkampf aufheben lassen wollte, um Andrei als letzten stoßen zu lassen – bei den Kugelstoßern die begehrteste Position), den Diskuswerfer Luis Delis, die Siebenkämpferin Larissa Nikitina, die Sprinterinnen Marlies Göhr und Marita Koch.

Allerdings konnte im dem transparenteren westlichen System Doping nicht in der gleichen Weise organisiert werden wie in der DDR. Jeder, der Doping zu aktiv propagierte oder von Aktiven forderte, lief Gefahr, dass dieses deviante Handeln der Öffentlichkeit bekannt werden und Stoff für einen Skandal liefern konnte. Von daher verbot sich nicht nur Schriftlichkeit, sondern auch die Diskussion in der Öffentlichkeit oder die Organisation des Dopings in Großgruppen.

Erweiterung der Dopingproblematik durch neue Medikamente

Eine Erweiterung des Dopingproblems ergab sich mit dem Vordringen von Wachstumshormonen und vor allem durch die Entwicklung von Erythropoietin. Nach der Markteinführung 1988 (Johnson und Johnson) war EPO eine stete Quelle von Gerüchten. Trotz der Behauptung der Firma, sie habe den Vertrieb im Griff, tauchte das Medikament schon in der Erprobungszeit im Spitzensport auf (Le Monde, 29.1.1988).

Wie deutlich zumindest bei EPO die Leistungsentwicklung und Doping miteinander zusammenhängen, zeigt die folgende Auflistung der Entwicklung der von

EPO-Forscher Conconi betreuten Olympiasiegerin im Skilanglauf, Manuela di Centa[21] (vgl. Tab. 23):

Datum	EPO	Hämatokrit-Wert	Wettkampf	Ergebnis
29.2.92	Nein	44,9 %		
29.10.92	Nein	43,5 %		
12.12.92	Nein	-	5 km klassisch[22]	21.
9.1.93	Nein	-	10 km klassisch	20.
18.1.93	Nein	41,5 %		
25.1.93	Ja	-		
19.2.93	Ja	-	15 km klassisch	5.
21.2.93	Ja	-	5 km klassisch	10.
23.2.93	Ja	-	Jagdrennen	4.
27.2.93	Ja	-	30 km Skating	2.
6.3.93	Ja	-	5 km Skating	2.
9.3.93	Ja	-	5 km klassisch	3.
10.3.93	Ja	-	Jagdrennen	2.
19.3.93	Ja	-	10 km klassisch	3.
27.10.93	Ja	43,5 %		
23.11.93	Ja	47,4 %		
11.12.93	Ja	55,5 %	5 km klassisch	4.
18.12.93	Ja	-	10 km Skating	3.
21.12.93	Ja	51,3 %	15 km klassisch	1.
8.1.94	Ja	-	10 km klassisch	7.
15.1.94	Ja	-	15 km Skating	2.
17.1.94	Ja	50,9 %		
9.2.94	Ja	50,0 %		
13.2.94	Ja	-	15 km Skating	1.
15.2.94	Ja	-	5 km klassisch	2.
17.2.94	Ja	-	Jagdrennen	2.
24.2.94	Ja	-	30 km klassisch	1.
28.2.94	Ja	54,2 %		
4.3.94	Ja	52,0 %		
5.3.94	Ja	-	30 km Skating	1.
12.3.94	Ja	-	10 km Skating	1.
19.3.94	Ja	-	5 km klassisch	4.
20.3.94	Ja	-	10 km Skating	1.

Tab. 23: Leistungsentwicklung und Hämatokritwert der Olympiasiegerin Manuela di Centa

---

[21] Die Daten zu EPO und Hämatokritwert wurden auf der Festplatte von Conconis Computer gefunden (Information durch Donati).

[22] Klass. = klassische Technik/Diagonalschritt, Skat. = Schlittschuhschritt oder Skating. Jagdrennen kombinieren beide Techniken.

Nicht verwunderlich vor diesem Hintergrund, dass die Leistungsentwicklung im Mittel- und Langstreckenbereich seit langem von massiven Gerüchten begleitet ist, worauf ein Interviewpartner hinweist:

> „Seit ein paar Jahren geht es über 5000 m und 10.000 m wieder weiter. Sie haben am Anfang das selbe Talent wie unsere Läufer und die sind eine Minute von der Weltspitze entfernt, also was geht da vor? ... Und dann habe ich gestern mit dem (Spitzentrainer, d. Verf.) gesprochen, ... der auch den ... (Spitzenlaufer, d. Verf.) trainiert, der auch unter 13 Minuten läuft. Aber seit zwei Jahren geht der mit den ... (Läufern eines Landes, d. Verf.) ins Trainingslager. Vorher war er ein guter Läufer, jetzt ist er ein Superläufer. ... (über einen anderen ihm bekannten Weltklasseläufer) So wie er in B ... ...bestleistung gelaufen ist und schwitzt nicht!"

Dass Verdacht aufkommt, wenn Athleten nicht in ihrem Heimatland leben, noch dazu in einem Land mit sehr guten Radprofis und „liberalem" Umgang mit der Dopingproblematik, ist verständlich, z.B. zu einer Spitzenläuferin, die mit einem Radprofi liiert ist und in einem solchen „liberalen" Land ihren Lebensmittelpunkt hat.

Die Tendenz zu Betrug und zur Maxime „Der Zweck heiligt die Mittel" war offensichtlich kein Spezifikum des DDR-Leistungssports. In der DDR mit ihren autoritären staatlichen Steuerungsmitteln konnte diese Tendenz nur besonders effektiv umgesetzt werden. Die obigen Ausführungen wie auch die Bezugnahme in nicht wenigen DDR-Dokumenten auf allgemeine Entwicklungen in den führenden Sportländern der Welt lassen vermuten, dass im Westen zumindest teilweise in hohem Umfang gedopt wurde, allerdings mit qualitativen und quantitativen Unterschieden zur DDR.

3.4.1 Leichtathletik

Umfang des Problems in der Leichtathletik

Unter den Athleten war in den siebziger Jahren die Auffassung weit verbreitet, dass ohne Doping im Spitzensport nichts mehr zu erreichen sei. Nach dem schwedischen Diskuswerfer Ricky Bruch, der innerhalb von 5 Monaten sein Gewicht um 25 Kilo steigerte und schon 1976 bei einer Tagesdosis von 35 mg Anabolika angelangt war, sind „die Leistungsentwicklungen der Werfer Funktion des Gewichts, das sie auf die Waage bringen. ... Ohne Anabolika hat man international gesehen nicht genug Gewicht" (DE MONDENARD 1987, 140). In die gleiche Richtung – ohne Hormonmittel gebe es keine Höchstleistung – äußerte sich der Hammerwurfweltrekordler Walter Schmidt (Lahrer Zeitung, 14.3.1977), ähnlich auch der DDR-Flüchtling und Sportarzt Dr. Mader (Frankfurter Rundschau, 4.5.1977). Der Mainzer Apotheker Klehr ging davon aus, dass 40% der deutschen Leichtathletiknationalmannschaft Anabolika nehmen (Schneider-Grohe 1979, 34), der Sprinter Ommer schätzte 90% (Die Welt, 15.3.1977), der Hammerwerfer Edwin Klein lag bei 95%, und der gewöhnlich sehr gut informierte BAL-Direktor Helmut Meyer glaubte im November 1976, dass jeder Olympiateilnehmer in der Leichtathletik etwas nimmt (Schneider-Grohe 1979, 34). Neben Walter Schmidt bekannten auch andere Athleten ihr Anabolika-Doping wie der Sprinter Manfred Ommer oder der Hammerwerfer Uwe Beyer. Nach dem Schweizer Sportmediziner Segesser verwendete der amerikanische Olympiasieger im Diskuswerfen, Mac Wilkins, für 600 Dollar pro Woche muskelbildende Präparate (Medical Tribune vom 25.3.1977, nach Schneider-Grohe 1979, 35). Der langjährige DLV-Lehr- und Sportwart Manfred Steinbach nannte die von Klein genannten 95% zu hoch, fügte aber hinzu: „Wir haben allen Anlass, alles zu tun, dies bis Moskau nicht so weiterzutreiben zu lassen" (Süddeutsche Zeitung, 28.9.1976)[23].

Der frühere Hammerwerfer Edwin Klein (Autor des Buchs „Bitterer Sieg") führte eine Befragung von 180 Sportlern im In- und Ausland durch (davon 52 Ausländer, insgesamt 102 aus der Leichtathletik); 63 % gaben an, sich regelmäßig zu dopen, insgesamt 61 % mit Anabolika. Davon waren 39 % sogar bei Kontrollen gedopt (meist mit Wachstumshormonen). 41 % der Doper wählten meist Dosierungen, die bis um das Zehnfache höher als die für therapeutische Zwecke empfohlene und auf der Verpackung angegebene Dosierung lagen. 88 % der Athleten waren für eine Freigabe von Doping, 96 % wollten sich allerdings in der Öffentlichkeit gegenteilig äußern. (Sport-Bild, 16.9.1992)

Der 400-m-Hürden-Olympiasieger und Weltrekordhalter Edwin Moses schätzte 1983 für die USA: "Die Hälfte aller amerikanischen Leichtathleten nehmen Anabolika, um ihre Leistungen zu steigern" (Süddeutsche Zeitung, 16./17.Juni 1983) und ergänzte seine Aussage 1988 nach dem Fall Ben Johnson:

> „Der Athlet wird dann bestraft – Funktionäre, Trainer, Ärzte und Manager kaum. Meistens wird ihnen noch nicht einmal ins Gewissen geredet. Ach, würden sie doch alle begreifen, daß sie nur betrogene Betrüger sind. ... In der Leichtathletik zum Beispiel ist mir keine Disziplin mehr bekannt, in der keine leistungssteigernden Mittel benutzt werden" (Welt am Sonntag 2.10.1988).

Doping war demnach in der Leichtathletik auch im Westen weit verbreitet und in manchen Disziplinen wahrscheinlich eine unumgängliche Voraussetzung, um in der Weltspitze mithalten zu können. Da wegen der Heimlichkeit des devianten Verhaltens keine wissenschaftliche Untersuchung zu diesem Problem versucht wurde, gibt es keinerlei gesicherte Aussagen zu seinem Umfang. Wir können deshalb zunächst aus dem Umfang der Veränderungen von Leistungsentwicklungen, vor allem dem Leistungsrückgang nach 1989/90 nur schließen, ob Disziplinen mehr, weniger oder vielleicht gar nicht von (Anabolika-)Doping betroffen waren.

---

[23] Die unterschiedlichen quantitativen Angaben können auch darauf zurückzuführen sein, dass sich die verschiedenen Äußerungen auf unterschiedliche Gruppen beziehen, z.B. nur auf die Werfer (Klein) oder auf die gesamte Nationalmannschaft (Klehr).

Zur Wirkung von Wettkampf- und Trainingskontrollen

Durch Wettkampf-, vor allem aber durch Trainingskontrollen wurden Leistungsentwicklungen zunehmend beeinflusst. Journalisten äußerten unwidersprochen, dass das durch Kontrollen geknüpfte Netz zunächst sehr weitmaschig war, weshalb wenige Doper positiv getestet wurden:

> „Schuld ist, wer sich erwischen läßt. Aber die wahren Schuldigen stehen nicht im Kugelstoßring oder auf der Laufbahn, sondern daneben: Trainer, Funktionäre, Ärzte, die die Anabolika-Praxis geschehen lassen oder sie noch unterstützen. Wann wird der erste von ihnen gesperrt? Wenn es ans Bestrafen geht, bleiben die Männer aus dem Hintergrund im Hintergrund" (Frankfurter Allgemeine Zeitung, 7.11.1977).

Wettkampfkontrollen stellten für gut informierte Athleten keine ernsthafte Gefährdung dar, denn sie konnten die Anabolika rechtzeitig absetzen. Diese Situation war auch Kontroll-Laborleitern wie Donike bekannt:

> „Wer heute bei Dopingtests erwischt wird, hat sich versehen" (Badische Neueste Nachrichten, 7.5.1977).

Donike forderte deshalb (ebenso wie Berendonk) schon früh die Ergänzung der Wettkampfkontrollen durch Trainingskontrollen, bis 1988 allerdings ohne Erfolg.

1989 benannte der Deutsche Leichtathletik-Verband (DLV) sechs Disziplinen für regelmäßige Doping-Kontrollen außerhalb von Wettkämpfen ab dem Herbst (Männer: 110 m H, Dreisprung, Kugelstoßen, Frauen: 400 m H, Weit, Speer, Frankfurter Rundschau, 10.7.89). Besonders verdächtige Disziplinen wie der Sprint und die Würfe der Frauen oder das Diskus- und Hammerwerfen der Männer waren nicht berücksichtigt, eine relativ unverdächtige wie der Hürdensprint dagegen schon; die Paradedisziplinen der westdeutschen Leichtathletik waren es jedenfalls nicht gerade, die für Trainingskontrollen vorgeschlagen wurden. In den getesteten Disziplinen lassen sich 1990 keine auffälligen Veränderungen des Leistungsniveaus der Bundesrepublik erkennen. Da sich – wie Zeitzeugen berichten – schnell herumgesprochen hatte, dass diese Kontrollen von Athleten nur belächelt wurden, beschloss der DLV zur Überzeugung der Öffentlichkeit Ende 1990 vierzehntägige Trainingskontrollen für alle A-Kader-Athleten, konkret hätten dies 3000 Kontrollen pro Jahr sein müssen, was organisatorisch und finanziell nicht zu bewältigen war. BAL-Direktor Löcken bezeichnet die DLV-verbandsinterne Testreihe für 1991 als Farce:

> „Da werden beispielsweise acht Athleten in einem Schreiben vom 30. Januar aufgefordert, sich am 11. Februar zwischen 14 und 17 Uhr zur Dopingkontrolle in Stuttgart einzufinden. Es ist mir völlig unbegreiflich, wie man diese heikle Problematik so gedankenlos angehen kann" (Süddeutsche Zeitung, 6.2.1991).

„Vorwarnzeiten" von zwischen 8 – 12 Tagen erinnerten Löcken an frühere DDR-Praktiken. Zudem wollte der DLV die Kontrollen in erster Linie durch die Ärzte, die Sportler an Olympiastützpunkten betreuen, durchführen lassen:

„Drängt sich die Frage auf: Sind im DLV Kurzsichtige am Werk – oder solche, die anderen Sand in die Augen streuen wollen?"

Zudem hatten anscheinend manche DLV-Athleten die Dopingkontrollen des DSB verweigert, im Wissen, dass sie nur durch den DLV bestraft werden konnten (Süddeutsche Zeitung, 6.2.1991). War dies alles auf Unwissenheit, Unfähigkeit oder aber auch auf Nichtwollen zurückzuführen und den Versuch, die Öffentlichkeit zu täuschen? Zumindest für die Zeit um 1990 ist hier keine deutliche Einschätzung möglich. Die Frankfurter Allgemeine Zeitung vermutete nicht Ungeschicklichkeit, Unfähigkeit und Schlamperei, sondern fehlenden Willen, effektive Trainingskontrollen durchzuführen. Der Verdacht wurde genährt durch Äußerungen eines hohen DLV-Funktionärs auf der Tribüne bei der Weltmeisterschaft in Tokio 1991, der

„während der Frauenwettbewerbe ... vertrauensselig zuraunte, daß man bei einer bestimmten Athletin natürlich nachgeholfen habe. Das brauche man wohl nicht näher zu erklären" (Frankfurter Allgemeine Zeitung, 14.9.1991).

Erst mit der Wahl des neuen Präsidiums 1993 kann von einem ausgeprägten Willen zur Doping-Bekämpfung ausgegangen werden. Allerdings wurden die entscheidenden Veränderungen der Kontrollpraxis schon vorher beschlossen.

Nur im Ausnahmefall stellten neu entwickelte Nachweisverfahren für Athleten ein Problem dar. Bei den Panamerikanischen Spielen 1983 in Caracas (Venezuela) wurden mit einem solchen neuen Nachweisverfahren u.a. 11 Gewichtheber positiv kontrolliert, was zur Abreise einer Reihe von Athleten führte. Der wie 12 andere US-Leichtathleten geflüchtete Kugelstoßer Ian Pyka äußerte dazu:

„Wir wurden alle überrascht. Wenn wir früher von den ungewöhnlich scharfen Dopingkontrollen gewußt hätten, wären wir nie hierher gekommen." Er wollte keine Anabolika, sondern nur hohe Dosierungen von Koffein-Pillen und Antihistamine genommen haben. Das unter Athleten gängige, seltsame Regel-Verständnis zeigt sich an folgender Äußerung Pykas: „Es war unfair, daß man uns vorher nichts von den verschärften Dopingtests gesagt hat" (Süddeutsche Zeitung, 27./28.8.1983).

In den Jahren nach der Einführung der Anabolika-Kontrollen wurden immer wieder Athleten bei nationalen und internationalen Meisterschaften positiv getestet. Maßholder (1981/82, 16) führt für die Zeit zwischen 1975 und 1981 auf: Rumänien, 4, Bulgarien 5, Polen 1, Finnland 3, DDR 1, Norwegen 1, UdSSR 7, Österreich 1, USA 1, BRD 2; d.h., von der Anabolika-Problematik waren schon relativ viele Länder betroffen. Geographisch gesehen war die Anabolika-Problematik – verbunden mit einem entsprechenden internationalen Leistungsvorteil – zu dieser Zeit noch auf Ost- und Westeuropa sowie die USA beschränkt.

Reaktionen

Es war allgemein bekannt, dass die Leichtathletik ein Anabolika-Problem hatte; dies wurde so nicht nur von Athleten geäußert. Umstritten waren nur Umfang, Wirkung und Konsequenzen. Nur wenige gingen mit ihren Forderungen so weit wie der Präsident des Europäischen Leichtathletikverbands, Adrian Paulen, der angesichts der sichtbaren Entwicklungen schon 1973 die Einnahme von Anabolika scharf verurteilte und für die Streichung von Leichtathletikdisziplinen plädierte, in denen ohne Anabolika Weltspitzenleistungen nicht mehr möglich waren. Konkret nannte er das Kugelstoßen (Sportinformationsdienst 7.2.1974).

Der Leichtathletikverband stand stärker als andere Verbände unter Handlungsdruck, seine Akteure waren problembewusster, auskunfts- und diskussionsfreudiger als Akteure in anderen Sportarten. Damit ist aber nicht gesagt, dass alle Akteure wirklich etwas an der Situation ändern wollten wie Adrian Paulen; nicht wenigen ging es vorrangig um das nach außen zu zeigende gute Bild, bei gleichzeitigem Wunsch, am Spitzensportalltag nichts zu verändern. Dies zeigt sich am Abstimmungsergebnis über einen britischen Vorschlag (1977), künftig bei allen größeren Leichtathletikveranstaltungen Dopingkontrollen durchzuführen, der mit 90 : 60 Stimmen angenommen wurde; bei den Gegnern des Antrags waren in trauter Gemeinsamkeit der DLV zusammen mit dem DVfL, die UdSSR, Bulgarien und Polen – eine wahrhaft seltsame Koalition (de Mondenard 1987, 131). Danach ordnete die IAAF für vier große Veranstaltungen Dopingkontrollen an, worauf die führenden britischen Kugelstoßer mit einem Boykott des internationalen Meetings im Christal Palace drohten, da sie sich durch diese zunächst nur für das Kugelstoßen geltende Anordnung diskriminiert fühlten (Frankfurter Allgemeine Zeitung, 7.9.1977) Solche Athleten sahen derartige Maßnahmen nur als gegen sich gerichtet an und in keiner Weise als Maßnahmen zum Schutz der Athleten und der Erhaltung der Chancengleichheit. Der Versuch z.B. des Leichtathletikverbands, öffentliche Auseinandersetzungen über den Anabolikamissbrauch zu unterbinden, führte 1978 zu einem „Maulkorb-Brief", in dem die Athleten dazu aufgefordert wurden, Doping-Diskussionen in der Öffentlichkeit zu unterlassen (BERENDONK 1992, 47).

Helmut Meyer, DLV-Präsident von 1989 – 1993 und BAL-Direktor von 1970 bis 1989, gab 1993 an, er könne die Heuchelei in der Dopingdiskussion nicht mehr ertragen und werde deshalb beim DLV-Verbandstag 1993 nicht für eine zweite Amtsperiode kandidieren. Dass ihm der Umfang des Problems deutlich bewusst war, zeigt seine Reaktion auf die Forderung, den ehemaligen Cheftrainer der DDR-Leichtathletik, Schubert zu entlassen:

> „Entlasse er Schubert, müsse er sich selbst als Pharisäer bezeichnen, behauptete Meyer: ‚Denn es dürfte dann nicht nur bei Schubert bleiben'" (Frankfurter Allgemeine Zeitung, 17.12.92).

Der stets vom Dropout bedrohte Fürther Sprinter Christian Haas beklagte 1990:

> „Der Verband wußte genau, wer clean ist – und wer also permanent zur Doping-Kontrolle geschickt werden konnte" (Stuttgarter Zeitung, 1.9.1990).

Mit Anschuldigungen wie jenen von Haas oder des ehemaligen Präsidenten Munzert ging der DLV formal um:

> „Der Präsident Meyer wollte sich nicht in laufende Verfahren einmischen. Der Rechtswart Norbert Laurens recherchierte, erhielt von den Betroffenen die Auskunft, daß ‚die Berichte in der Presse falsch sind, daß falsche Zitate verwendet worden seien oder auch sonst unrichtige Angaben gemacht worden seien.' Und ergänzte dann selbst, daß man ja wisse, daß die Leichtathletik in den Medien ‚generell madig gemacht würde, einschließlich der Funktionäre.' Da dies alles juristisch nicht verwertbar sei, käme es auch zu keinem Verfahren, da die Möglichkeit des Eingreifens laut Satzung nur gegeben sei, ‚wenn entweder ein Athlet auf frischer Tat ertappt wird oder er ein Geständnis ablegt'" (Stuttgarter Zeitung, 1.9.1990).

Die formale Behandlung bedeutete aber gleichzeitig, dass der Verband wie in August Kirschs Zeiten unter Meyers Führung Dopingverfehlungen nicht aktiv verfolgte und seiner Verantwortung nicht gerecht wurde.

Doping, Dopinggerüchte und Leistungsentwicklung

Wir gehen davon aus, dass Disziplinen, zu denen es viele Gerüchte und Meldungen gab, besonders belastet waren und sich dies in Kurvenverläufen niederschlagen müsste. Als Beispiele sollen die Disziplinen dienen, die der ehemalige DLV-Präsident Munzert bei Vorwürfen gegen seinen Amtsnachfolger Meyer auflistete:

> „Die Rede war von
> - der Kugelstoßerin Stefanie Storp, die gesagt hatte, ihr sei von führenden Funktionären nahe gelegt worden, zu den Pillen zu greifen,
> - der Diskuswerfer Rolf Dannenberg, der erklärt hatte, die Funktionäre redeten wie die Blinden von der Farbe,
> - DLV-Trainer Jochen Spilker, der im Johnson-Ausschuss in Kanada schwer belastet wurde,
> - Claudia Loschs Trainer Wolfgang Gehrmann, der im Fernsehen nach Doping-Praktiken gefragt wurde. Seine Antwort: Wenn er Doping zugebe, sei er seinen Job los, sage er nein, würde er von seinen Kollegen ausgelacht.
> - Diskuswerfer Alwin Wagner, der meinte, sein Trainer wäre den Job los, wenn er auspacke" (Stuttgarter Zeitung, 1.9.1990).

Dies bedeutet, dass es zumindest in den Disziplinen Kugelstoßen (vgl. Abb. 5) und Diskuswerfen (vgl. Abb. 24 und 25) sowie im Sprint der Frauen (vgl. Abb. 26) und im Diskuswerfen der Männer Spuren des Anabolikaeinflusses geben müsste. Hinzunehmen kann man zusätzlich die ebenfalls immer wieder von Aussagen und Gerüchten betroffenen Disziplinen Kugelstoßen (vgl. Abb. 27 und Tab. 7) und Hammerwerfen der Männer.

Leistungsentwicklungen und Doping 149

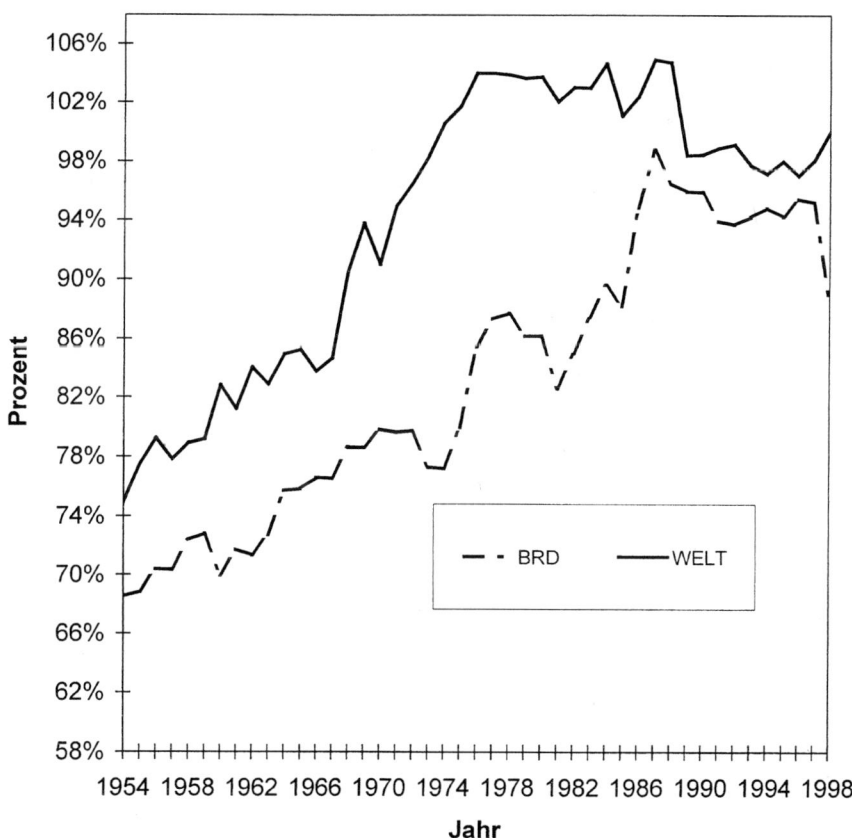

Abb. 24: Leistungsentwicklung im Kugelstoßen der Frauen (Durchschnitt der Plätze 1–3 1998 = 100%) vor dem Hintergrund des Wirkens von Bundestrainer Gehrmann (seit 1976)

Für Bundestrainer Gehrmann wurde durch die Staatsanwaltschaft Zweibrücken Dealen und Anabolikadoping konstatiert. Er erklärte selbst die Leistungsexplosion kurz nach Beginn seines Wirkens als Bundestrainer mit der Verabreichung der Antibabypille. Die Entwicklung nach 1974 (Bundestrainer Gehrmann) steht in deutlichem Gegensatz zu den Jahren 1970 – 1972 (Bundestrainer Kofink). An beiden Personen kann die Problematik der Etikettierung „erfolgloser Trainer" bzw. „Erfolgstrainer" verdeutlicht werden.

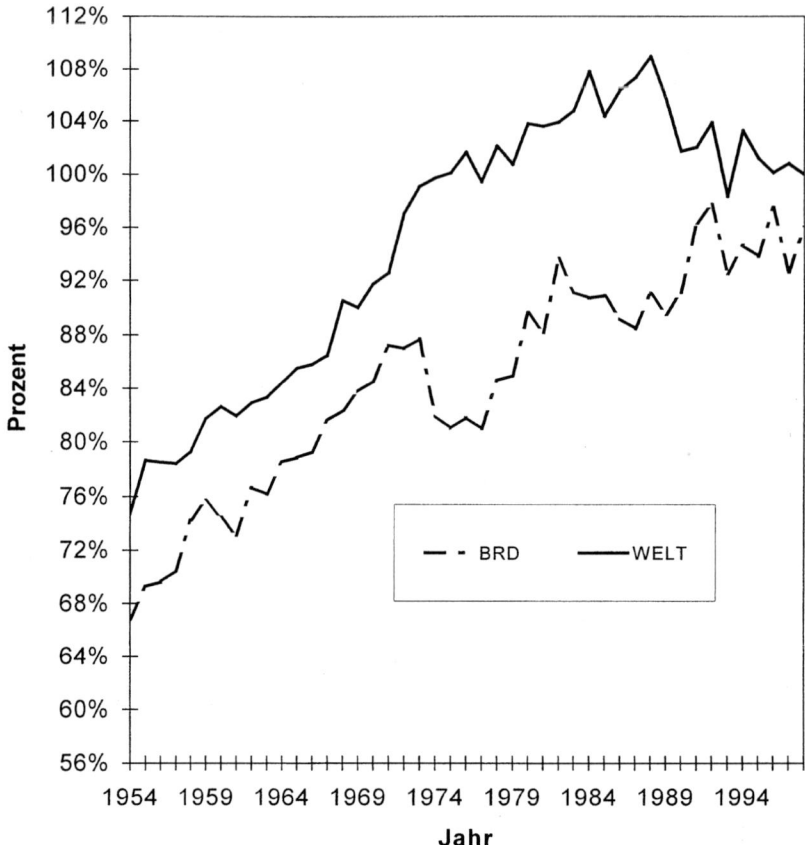

Abb. 25: Leistungsentwicklung im Diskuswerfen Frauen (Durchschnitt der Plätze 1–3 1998 = 100%)

Das gleichzeitige Karriereende von Liesel Westermann und Brigitte Berendonk 1974 führte in der bundesdeutschen Bestenliste zu einem Rückgang von 7,7%, der erst 8 Jahre später wieder ausgeglichen war. Dieser Rückgang ist ein Beleg dafür, dass nicht jeder Leistungsaufschwung und -rückgang als Nachweis von Doping genommen werden kann.

Besonders von Gerüchten und Anschuldigungen umgeben war stets die Arbeit des Frauentrainers Gehrmann. Er bevorzugte nach eigenem Bekunden zunächst die Antibabypille als Beschleuniger des Muskelaufbaus:

> „'Damit kann man bei Frauen wunderbar arbeiten' ... es käme nur auf die richtige Pille an. Der eiweißaufbauende Effekt der Ovulationshemmer, als Nebenwirkung normalerweise unerwünscht, sei geeignet, um das Muskelwachstum der sportiven Frauen günstig zu beeinflussen" (Süddeutsche Zeitung, 12./13.2.1977).

1976 wurde der Trainer der Kugelstoßerinnen Eva Wilms und Beatrix Philipp neuer Bundestrainer der Werferinnen (Süddeutsche Zeitung, 13.11.1976). Nach dem Fünfkampfweltrekord von Eva Wilms 1977 warf ihm die „Stuttgarter Zeitung" (21.6.1977) vor, sich nie eindeutig von Anabolika zu distanzieren.

> „Er glaubt mit dem Umweg über die Antibaby-Pille eine begehbare und unanfechtbare Lücke in den bestehenden Sport- und Moralgesetzen gefunden zu haben" (vgl. Abb. 24, 25).

Brigitte Berendonk bezeichnete die Anti-Baby-Pillen-Story als alberne Ausrede und Ablenkungsmanöver. Trotz massiver Dopinggerüchte wurde Eva Wilms 1977 zur Sportlerin des Jahres gewählt (Frankfurter Allgemeine Zeitung, 16.12.1977). Brigitte Berendonk bezeichnete Eva Wilms als Produkt des schlimmsten deutschen „Hormon-Trainers" (Berendonk 1992, 36 f.). Nach Prof. Dr. Keul war Gehrmann „das typische Beispiel des Trainers bzw. Verantwortlichen, der um jeden Preis Erfolg haben will" (Stuttgarter Nachrichten 26.8.1977).

In der Einstellungsverfügung der Staatsanwaltschaft Zweibrücken vom 13.5.1992 im „Ermittlungsverfahren gegen Christian Gehrmann und Franz Josef Simon wegen des Verdachts des Verstoßes gegen das Arzneimittelgesetz u.a." wegen Verjährung wurde ein Verstoß Gehrmanns gegen das Arzneimittelgesetz und das Doping der minderjährigen Petra Leidinger belegt. Die Kugelstoßerin führte ihren Leistungssprung auf mehr als 18 m (1985) selbst auf Doping zurück und ging davon aus, dass andere Athletinnen im Umfeld des Bundestrainers Gehrmann wie z.B. die Olympiasiegerin Claudia Losch Anabolika verwendeten. Dies sei aber keine auf die Gruppe Gehrmann beschränkte Spezialität gewesen (Staatsanwaltschaft Zweibrücken, AZ 412 Js 3542/92).[24]

Ein weiteres Mal deutlich auffällig wurden Gehrmann und seine Gruppe durch eine verweigerte Dopingprobe Claudia Loschs nach ihrer Rückkehr vom Training auf Lanzarote:

> „Frau Losch wollte angeblich nicht, 'ich muß erst meinen Trainer fragen' und spazierte davon. Getestet wurde sie erst 5 Tage später bei den deutschen Meisterschaften. Wer sich

---

[24] Leistungsentwicklung von Petra Leidinger: 1981 (15 Jahre) 12,32 m, 1982 (16 J.) 14,32 m, 1983 (17 J.) 15,42 m, 1984 (18 J.) 16,81 m, 1985 (19 J.) 18,32 m, 1986 (20 J.) 18,87 m in der Halle, danach beendete sie ihre Karriere.

noch am Tag des Wettkampfs erwischen läßt, weiß Sportwart Steinbach, ‚muß bescheuert sein'" (AZ Sport, 28.8.90).

Nach der Stagnation der Entwicklung im Kugelstoßen der Frauen zur Zeit des Bundestrainers Kofink, der nach der Devise vorging „lieber fair verlieren als mit Betrug gewinnen", veränderten sich die Leistungskurven der vom Heim- und Bundestrainer Gehrmann betreuten Disziplinen Kugelstoßen und Diskuswerfen zunächst im Kugelstoßen (1976 5,6%, 1986 5,2 %) und später im Diskuswerfen (1978 3,6 %, 1980 4,7 %, 1982 4 %) rapide nach oben. Die Zuwächse waren im Diskuswerfen weit größer als zu Zeiten der beiden Ausnahmeathletinnen Liesel Westermann und Brigitte Berendonk, im Verlauf deren Karriere die Leistungsfortschritte pro Jahr nicht über maximal 2,7 % (1971) hinausgegangen waren. Trotz des Hinzukommens der DDR-Werferinnen ging das Leistungsniveau im Kugelstoßen 1991 auf das bundesrepublikanische Niveau von 1986 zurück. Es kann daher angenommen werden, dass die Gerüchte und Anschuldigungen gegen Gehrmann und seine Gruppe stimmen und sich Anabolika-Doping zumindest im Kugelstoßen und Diskuswerfen der Frauen deutlich leistungsbeeinflussend ausgewirkt hat.

Entwicklungen in Frankreich

Interessant ist in diesem Zusammenhang die fast gegensätzliche Entwicklung in Frankreich. Zwischen 1968 und 1983 stiegen die Leistungen im Kugelstoßen nur um 10 % (auf 79,4 %), um sich in den nachfolgenden Jahren zwischen 75 und 78 % zu bewegen; ähnlich im Diskuswerfen, zwischen 1968 und 1983 wurde eine Steigerung um 11 % (82,3 %) verzeichnet; der Abstand zur Weltspitze bewegte sich in den nachfolgenden Jahren immer zwischen 20 und 25 %. Dadurch, dass diese nach 1990 schwächer wurde, verringerte er sich zeitweise auf nur noch 14 %. Wir vermuten, dass in Frankreich mit seiner konservativeren Gesellschaft und einer traditionelleren Vorstellung von der Rolle der Frau größere Hemmungen vor der physischen Deformierung von Athletinnen bestanden; überaus kräftige Frauen entfernen sich sehr weit von traditionellen Weiblichkeitsvorstellungen. Ein Zeitzeuge:

> „Die Mädchen machen fast kein Krafttraining. Wenn du in Frankreich ein wenig dick bist, machen sie keinen Sport. Im Kugelstoßen ist es sicher, daß in Frankreich nicht gedopt wird. Bei den Männern haben sie es teilweise zugegeben."

Auch beim Kugelstoßen und Diskuswerfen der Männer entwickelte sich eine ähnlich große Differenz zwischen den westdeutschen und französischen Wurfleistungen. Nachdem die beiden Leistungskurven noch bis 1971[25] im Kugelstoßen fast identisch waren, gingen sie danach krass auseinander. Dem Leistungsaufschwung in der Bundesrepublik Deutschland stand ein Leistungs-

---

[25] Der französische Kugelstoßer Arnjolt Beer hatte 1969 in „Athlétisme Magazine" seinen Anabolikakonsum zugegeben (de Mondenard 1987, 125).

rückgang in Frankreich gegenüber, der 1984 gegenüber dem Wert von 1970 (90,8 %) immerhin ca. 8 % betrug (82,1 %). Das französische Diskuswerfen erreichte nie die gleiche Leistungshöhe und schwankte um ca. 85 % des Weltniveaus. Umso überraschender ist die in den letzten Jahren vom französischen Hammerwerfen erreichte Ausnahmestellung gegenüber den anderen französischen Wurfdisziplinen, denn zeitweise wurde sogar die Bundesrepublik überholt (1992-1995). Seit ca. 1990 soll ein sowjetischer Weltrekordler die französischen Hammerwerfer beraten. Insgesamt gesehen ist aber der Abstand in den besonders dopinganfälligen Disziplinen zwischen Frankreich und Westdeutschland recht deutlich, was vermuten lässt, dass der Umfang des Anabolikamissbrauchs über lange Zeit in Frankreich eher niedrig gewesen sein dürfte.

In früheren Jahren war der politische Wille zur Dopingbekämpfung nicht so ausgeprägt wie zuletzt unter der Ministerin Buffet:

„Ein Freund von mir ... war Oberleutnant beim Zoll. Er hat einmal an der Schweizer Grenze ... kontrolliert, der Wagen war voll von Anabolika. Der Fall wurde politisch unterdrückt[26]. Der Zoll hatte ja viel zu tun mit Anabolika. Es gab auch einen Fall, in den 12 Apotheken verwickelt waren. Die Namen kamen nicht heraus, die Apotheker bekamen nur ein Jahr Berufsverbot."

Frauensprint

Vielfach belastet wurde auch der Bundestrainer im Sprint, Wolfgang Thiele, und mit ihm Sprinterinnen wie die Olympiasiegerin 1976 Annegret Richter oder die Bronzemedaillengewinnerin Inge Helten, nicht nur von Manfred Ommer, sondern auch vom Mitglied der Antidoping-Kommission, Dr. Baron (Hamburg). Auch Prof. Keul (Freiburg) wusste vom Doping dieser Athletinnen und teilte mit, dass

„ein bekannter, erfolgreicher Bundestrainer der Frauen aus Berlin an den Dopingfällen aktiv beteiligt gewesen sei. Gemeint ist der inzwischen mit dem Bundesverdienstkreuz ausgezeichnete Trainer Wolfgang Thiele."

Die Staffelolympiasiegerin Annegret Kroniger gab zu, wie andere Staffelmitglieder von Bundestrainer Thiele Anabolika bekommen zu haben; darüber seien auch die DLV-Frauenwartin Bechtold und der DLV-Leistungssportreferent Blattgerste informiert gewesen; Blattgerste habe sie zu strengster Geheimhaltung angehalten (Stuttgarter Nachrichten, 26.8.1977).

Die Sprintleistungen stiegen 1971 um 1,7 %. Auch in den nachfolgenden Jahren sind keine Leistungsveränderungen feststellbar, die eindeutig mit den Dopinggerüchten kombiniert werden können. Dies spricht gegen eine Annahme, alle bundesdeutschen Sprinterinnen hätten sich gedopt oder seien gedopt worden. Auch das zusätzliche Wirken des Hammer Frauentrainers Spilker hinterließ keine ein-

---

[26] Es handelte sich um einen französischen Radprofi.

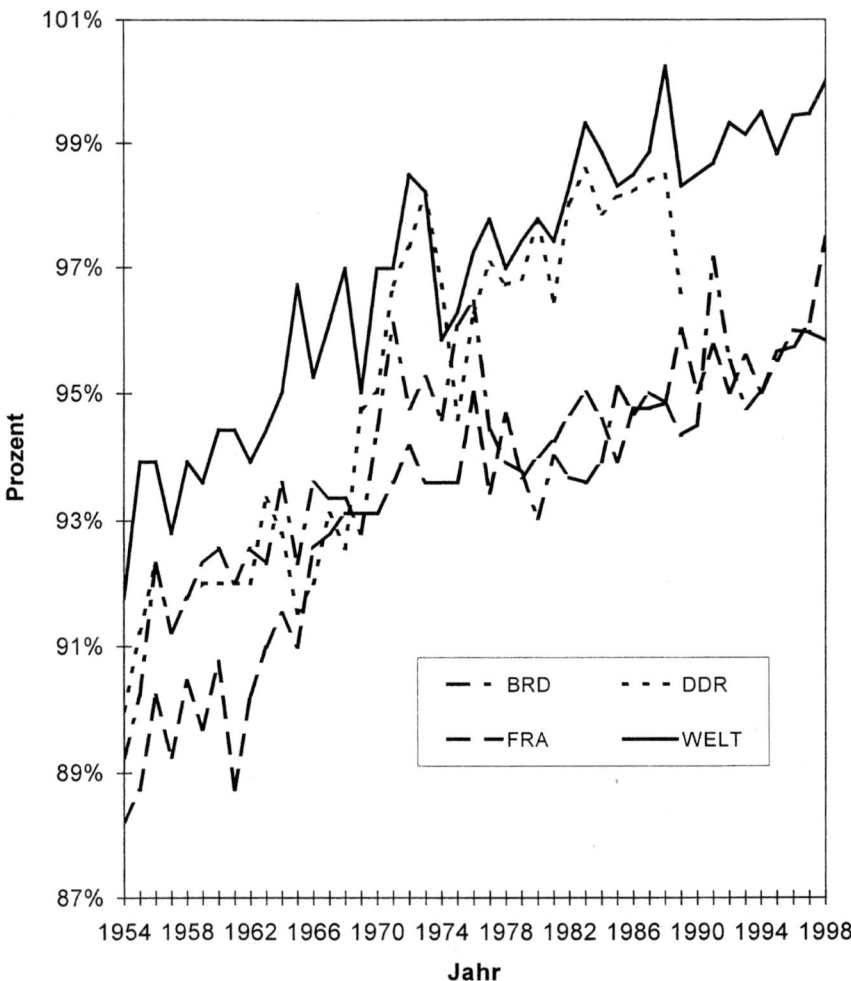

Abb. 26: Leistungsentwicklung im 100-m-Lauf der Frauen (Durchschnitt der Plätze 1–3 1998 = 100%)

Bundestrainer Thiele (seit 1971) wird spätestens seit 1976 des Öfteren mit Anabolikadoping in Verbindung gebracht. Zumindest der Aufschwung des Jahres 1976 dürfte damit weitgehend zu erklären sein.

deutigen Spuren. Da Doping für die Sprint-Disziplinen belegt ist, war das bundesdeutsche Doping wohl nicht so effektiv und umfassend wie in der DDR.

Würfe der Männer

Auch im Hammerwerfen, Diskuswerfen und Kugelstoßen der Männer sind keine so eindeutigen Entwicklungen feststellbar wie für die entsprechenden DDR-Disziplinen oder das bundesrepublikanische Kugelstoßen der Frauen. Allerdings gingen die Leistungen im Hammerwerfen 1990 um 2,1 % und 1991 um 3,4 % zurück. Da in dieser Disziplin kein nennenswerter Zugang aus der DDR-Leichtathletik erfolgte, ist die Hammerwurfkurve aussagekräftiger als Entwicklungen im Kugelstoßen und Diskuswerfen. Dies spricht dafür – wie ja auch die Aussagen von Schmidt, Beyer und Riehm nahe legen – , dass das in den Jahrzehnten zuvor erreichte Leistungsniveau durch Doping beeinflusst wurde. Das zwischen 1991 und 1995 erreichte Niveau entspricht jenem der Jahre zwischen 1975 und 1982. Um so überraschender ist der bundesdeutsche Aufschwung der Jahre 1997 und 1998 auf nunmehr 97,8 %.

Für das Kugelstoßen beklagte der Bundestrainer Heger im Frühjahr 1970, dass 90% seiner Werfer die Pille schluckten (Frankfurter Allgemeine Zeitung, 29.7.1970). Prominente Athleten wie Reichenbach (z.B. in der Frankfurter Allgemeine Zeitung, 26.3.1977, „Ich habe Anabolika genommen") oder Steines (Frankfurter Allgemeine Zeitung, 16.1.1986) gaben dies auch öffentlich zu.

Reichenbach bezichtigte die Funktionäre der Heuchelei, vergaß dabei allerdings zu sagen, dass die Athleten selbst den Vorwand für ein solches Handeln lieferten, denn sie behaupteten fast alle, sie würden sich nicht dopen, Trainer äußerten, sie würden keine Dopingmittel geben, und Ärzte unterstützten die entsprechende Argumentation im Zweifelsfall mit der Bemerkung, Dopingmittel würden die Leistungen nicht beeinflussen. Damit konnten Funktionäre Normen ausschließlich am Leistungsniveau der Weltbestenlisten festmachen (Rhein-Neckar-Zeitung, 3.4.1989)

Aussagekräftiger als die bundesdeutsche ist die internationale Entwicklung in der ersten Hälfte der 90er Jahre. Das Kugelstoßen als stark belastete Sportart produzierte besonders viele positiven Dopingfälle und einen entsprechenden Leistungseinbruch, zwischen 1988 und 1991, auf Weltniveau immerhin um 7,1 %. Der olympische Kugelstoß-Wettbewerb von Barcelona war ein historisches Ereignis, denn alle drei Medaillengewinner waren vorher wegen Dopings gesperrt (Mike Stulce, Jim Doering – u.a. auch als Drogendealer verurteilt -, Wjatscheslaw Lychow). Für den Vierten, Werner Günthör, war Doping auf Grund von Äußerungen in einer Heidelberger Magisterarbeit zu vermuten und beim Fünften, Ulf Timmermann, über geheime DDR-Dokumente nachgewiesen (Tagesspiegel, 2.8.92). Nicht in Barcelona dabei waren die gesperrten Doper Lars

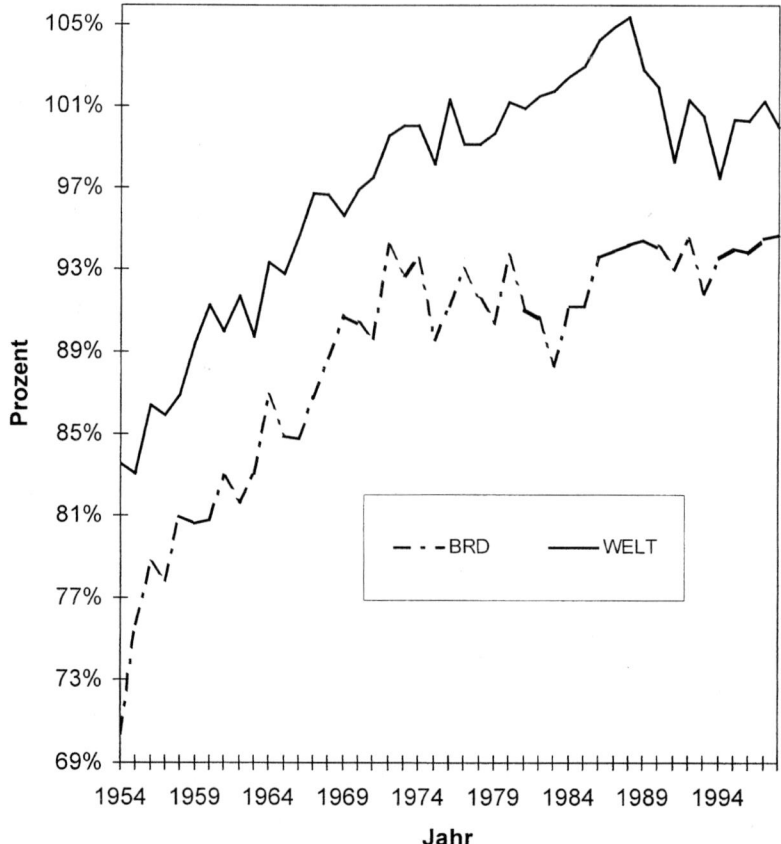

***Abb. 27:** Leistungsentwicklung im Kugelstoßen Männer (Durchschnitt der Plätze 1–3 1998 = 100%)*

Für Birlenbach gab es schon für die 60er Jahre Dopinggerüchte. 1970 beklagte der Bundestrainer Werner Heger, dass fast alle Kugelstoßer Anabolika nehmen würden. Der vielfache deutsche Meister der siebziger Jahre, Ralf Reichenbach, gab in späteren Jahren sein Doping offen zu. Die bundesdeutschen Kugelstoßer Krug, Hainbach und Konya wurden positiv getestet. Trotz des wahrscheinlichen Anabolikadopings gelang es den bundesdeutschen Athleten in den siebziger und achtziger Jahren nicht, bis an die Weltspitze vorzustoßen.

Arvid Nilsen, Georg Andersen und Randy Barnes. Die Basler Zeitung (3.8.1992) stellte wie schon Adrian Paulen 1973 die Frage nach der Olympiatauglichkeit dieser Disziplin. Trotzdem verlangte der Olympiasieger Mike Stulce eine positivere Berichterstattung der Medien und Jim Doehring verlangte mehr "'Fairplay im Sport. Die Athleten sollten mehr tun und lassen können, was sie wollen'" (Basler Zeitung, 3.8.1992). Vor dem Hintergrund der Vielzahl gedopter führender Kugelstoßer ist überraschend, dass das Leistungsniveau nicht weitergehend zurückging.

Auch im bundesdeutschen Diskuswerfen war durchgehend ein hohes Leistungsniveau zu verzeichnen. Die Art der Heimlichkeit, mit der im Westen vorgegangen wurde, ergibt sich aus einem Brief des DLV vom 4.10.1976 an den Diskuswerfer Alwin Wagner, der DLV sei auch weiterhin an ihm interessiert,

> „wenn du Dich einer konkreten Planung stellst und bereit bist, mit allen Konsequenzen ein Leistungstraining in Koordination mit Deiner beruflichen Ausbildung zu treiben."

In einem solchen Falle solle er sich mit den zuständigen Trainern Leverköhne und Steinmetz absprechen. War nun mit der Formulierung „mit allen Konsequenzen" Doping gemeint oder nicht? Zumindest Wagner verstand es so. Schon 1974 hatte ihm Steinmetz bei einem Trainingslager die Einnahme von Anabolika geraten, sein damaliger Trainer Schulz empfahl ihm aber, „die Finger von dem Teufelszeug zu lassen." 1978 und 1984 bekam Wagner von Steinmetz Testosteronzäpfchen. Ein Heidelberger Gericht bescheinigte dem Zeugen Wagner bezüglich solcher Aussagen Glaubwürdigkeit.

Alwin Wagner führte seine Leistungssteigerung bis 1976 auf 61,88m ausschließlich auf Training zurück. Er wollte mit 26 seine Laufbahn beenden, weil er keine Chance sah, jemals an Olympischen Spielen oder Europameisterschaften teilzunehmen.

> „Dann überredete mich Karl-Heinz Steinmetz, der spätere Bundestrainer, zum Weitermachen. Ich begann das verbotene Präparat Dianabol zu nehmen. Anfangs war ich zwar skeptisch, doch bald schon sah ich die Erfolge. Ich wurde schwerer, stärker an der Hantel, schneller im Sprint und konnte meine persönliche Bestleistung übertreffen" (Die Welt, 20.12.1990).

International waren nicht nur US-Diskuswerfer anabolikaverdächtig. Der schwedische Diskuswerfer Ricky Bruch, der in München 1972 Bronze gewonnen hatte und 1984 mit 70,84 m den dritten Platz in der Weltrangliste belegte, gab sein Doping offen zu. Bei einem von Landeslehrwart Joch[27] in Berlin durchgeführten Dopingsymposium setzte er sich für eine begrenzte, medizinisch kontrollierte Einnahme von Anabolika durch Spitzensportler während der Trainingsphase ein.

---

[27] Laut Joch wünschte der DLV, dass die Symposiumsergebnisse nicht veröffentlicht wurden (persönliche Mitteilung Jochs an Treutlein).

"'Wir Spitzensportler können unseren Proteinbedarf nicht durch Weißbrot und Knackwurst decken. Anabolika sind für uns Aufbaumittel und kein Doping oder Aufputschmittel' argumentierte der Schwede ... Laut Bruch seien am Griff zu neuen, härteren und gefährlicheren Mitteln die führenden Sportfunktionäre mit ihrer Doppelmoral schuld: 'Die Blindheit der Verbotseiferer führt zu einer Überschwemmung des schwarzen Markts und zu verstärktem Schmuggel ... Ich klage diese obersten Herren an, daß sie es dazu kommen ließen'" (Süddeutsche Zeitung, 15.10.1984).

Äußerungen zum Doping

Aus der Entwicklung der Leistungskurven leiten wir ab, dass im Westen keine Disziplin so abrupt und so systematisch mit dem Anabolikadoping begonnen hat wie in der DDR; im Gegensatz zu den Leistungskurven der DDR-Leichtathletik ist ein direkter Zusammenhang zwischen Doping- und Leistungsentwicklung nur ansatzweise für von Gerüchten und Selbstbeschuldigungen besonders betroffene Disziplinen herstellbar. Dass auch im Westen Anabolika in hohem Umfang verwendet wurden, scheint allerdings sicher. Darauf deutet auch hin, dass ein hoher Prozentsatz der Nationalmannschaft der Bundesrepublik bei Prof. Dr. Klümper in Behandlung war. Noch 1976 hatte sich Klümper offen für die Gabe von Anabolika ausgesprochen, trotz der Hinweise auf schädliche Nebenwirkungen:

> „Dennoch haben sich beim Sportärzte-Kongress in Freiburg die deutschen Verbandsärzte für die Muskelpille entschieden. Dr. Klümper (Freiburg): ‚Um ihre Dosierung in den Griff zu bekommen. Wenn uns das gelingt, kann mit Anabolika gar nichts passieren'" (Bild, 2.Nov.1976)

Auch die meisten Trainer dürften über den Anabolikamissbrauch zumindest informiert gewesen sein. Liesel Westermann zitierte den früheren Frauen-Fünfkampftrainer P. Klinkmüller:

> „Was, du nimmst keine Anabolika? Dann bist Du selber schuld, wenn du nicht nach Montreal kommst" (Stuttgarter Nachrichten, 26.8.1977).

Oder der Hammerwurftrainer Eduard Rüßmann 1977:

> „Er weiß, daß die Muskelpille genommen wird, er kennt Athleten, die sie nehmen, aber er hält nichts davon ...'Sollen sie doch fressen und saufen. Wenn ein paar tot umfallen, dann hört es auf" (Stuttgarter Nachrichten, 20.6.1977).

Und der 1977 positiv getestete Diskuswerfer Hein-Dirk Neu ergänzte in einer eidesstattlichen Versicherung 1991 solche Aussagen um den Hinweis auf eine bemerkenswerte Bezugsquelle für Anabolika, nämlich den zu Neus Athletenzeit in Mainz tätigen Sportmediziner Manfred Steinbach, von dem er Anabolika

> „rezeptiert bekommen habe und daß sie beide, Arzt und Athlet, sich über die vorgetäuschten Indikationen auf den Rezepten 'kaputtgelacht' hätten, so zum Beispiel über die Scheinindikation 'Gewichtsverlust nach Grippe'" (Süddeutsche Zeitung, 7./8.12. 1991).

Trotz aller Hinweise zum Zusammenhang zwischen Anabolikadoping und Leistungsniveau behauptete der Mainzer Trainingswissenschaftler Letzelter noch 1990: „Anabolika nutzen körperlich rein gar nichts". Keul gab den Kraftgewinn immerhin mit 4 % an und der Ben-Johnson-Trainer Charlie Francis gestand: „Hätten wir die 9,79 ohne Drogen geschafft, dann hätten wir das natürlich gemacht" (Frankfurter Allgemeine Zeitung, 22. Sept. 1990).

Einige internationale Vorfälle

Auch international gibt es genügend Hinweise darauf, dass die Doping-Aktivitäten in der bundesrepublikanischen Leichtathletik keineswegs aus dem Rahmen fielen, hierzu einige Beispiele. Bei den Olympischen Spielen 1984 erlitt der Schweizer Markus Ryffel zwischen dem Vor- und Endlauf über 5000 m angeblich eine allergische Reaktion mit Schockzustand nach der Gabe von Vitamin B durch den Schweizer Mannschaftsarzt Dr. Segesser (der auch im Zusammenhang mit dem Kugelstoßweltmeister Günthör und dem so genannten Schweizer „Therapiefenster" bekannt wurde). Segesser behandelte Ryffel mit Prednisolon (einem Cortison-Präparat), um den Kreislauf zu stabilisieren. Dies gelang so gut, dass Ryffel zwei Tage später überraschenderweise die Silbermedaille in Schweizer Rekordzeit errang. Kortison war damals schon bei den Radfahrern als Dopingmittel verboten, das Verbot durch das IOC erfolgte erst 1988 (Stern 41, 6. Oktober 1988, 30). Blutdoping wurde nicht nur durch finnische Läufer in den siebziger Jahren praktiziert, sondern auch in anderen Ausdauersportarten und Ländern. Z.B. gab der Amerikaner Kerry Lynch, der bei der WM 1987 in Oberstdorf Zweiter in der nordischen Kombination wurde, Jahre später sein Blutdoping zu (Süddeutsche Zeitung, 10.2.1994).

Donike fand beim Nachprüfen bei der Leichtathletik-Weltmeisterschaft in Helsinki 1983 genommener Urinproben Spuren des Wachstumshormons Somatropin, was den Doping-Experten Dr. Robert Kerr (Kalifornien), der nach eigener Aussage Spitzensportler aus 19 Ländern betreute, zur Äußerung veranlasste:

"Somatropin ist längst zur Elitedroge der internationalen Leichtathletik geworden. ... Alles, was man in den Medien hört und liest, behandelt lediglich Anabolika und Testosteron.[28] Die Athleten, die zu mir kommen, lachen darüber und sagen, sie hätten dieses fürchterliche Zeug schon seit Jahren nicht mehr genommen. Sie schwören auf HGH. ... Einer meiner Patienten hat in diesem Jahr einen phantastischen Weltrekord erzielt. ... vier Monate, nachdem er zum letzten Mal HGH eingenommen hat."

Eine ungewöhnliche Bezugsquelle für Anabolika nannte Ben-Johnson-Trainer Francis:

---

[28] Hier handelt es sich wohl auch um einen Täuschungsversuch, denn dass die entsprechenden Athleten schon 1983 auf Anabolika und Testosteron verzichtet haben sollen, ist nicht glaubwürdig.

> „1981 beim Meeting in Rom rannten die Kugelstoßer immer in den Vatikan, und alle wunderten sich, wie religiös Kugelstoßer sind. Dann stellte sich heraus, daß die Vatikan-Apotheke als einzige in Rom Dianabol ausgab" (Spiegel 47/1990, 238).

Der frühere Trainer des 200-m-Weltrekordlers Pietro Mennea, Carlos Vittori, enthüllte, dass 25 namentlich bekannte Leichtathleten regelmäßig von einer Dopingzentrale des italienischen Leichtathletikverbands FIDAL mit anabolen Steroiden versorgt worden seien (Rhein-Neckar-Zeitung, 24.12.1987). Der langjährige Präsident des italienischen und des internationalen Leichtathletik-Verbands, Primo Nebiolo, musste nach massiven Vorwürfen gegen ihn wegen dieser und anderer Machenschaften (z.b. wegen des Betrugs um die Weitenmessung beim Weitsprung bei der Weltmeisterschaft in Rom 1987) als italienischer, nicht aber als IAAF-Präsident zurücktreten (Frankfurter Allgemeine Zeitung, 9.1.1989).

In Frankreich war vor allem die rumänische Mehrkampftrainerin Carmen Hodos (Spitzname: Carmen Hautes Doses – Carmen Hochdosierung) im Gespräch. Der Europameister Plaziat machte seinen Wechsel zu ihr im Weltmeisterschaftsjahr 1987 rückgängig,

> „als die Rumänin in den Verdacht geriet, sie habe ihren Schützling William Motti nur mit unerlaubten Mitteln zu einem guten Mehrkämpfer gemacht" (Frankfurter Allgemeine Zeitung, 31.8.90).

Auch in Österreich wurde nach dem früheren Sprint-Rekordhalter Roland Jokl Leichtathleten Doping „von offizieller Seite nahegelegt":

> „Nachdem Jokl vor sechs Jahren die Olympia-Qualifikation im 100 m-Lauf um 2 Hundertstel verpaßt hatte, habe man ihm geraten, Anabolika zu nehmen. Wer ihm den Rat zu den verbotenen Mitteln gegeben hat, will Jokl nicht sagen" (Frankfurter Allgemeine Zeitung, 14.12.90).

Dass die Kontrollen in den neunziger Jahren effektiver geworden waren, zeigt sich daran, dass innerhalb von kurzer Zeit viele Athleten positiv getestet wurden, z.B. 1992/93 u.a. drei Weltklasse-Diskuswerfer (Kamal Kesmiri, Peter Gordon, Yu Wengge) und viele Kugelstoßer (drei Norweger – darunter der Silbermedaillengewinner in Tokio, der Goldmedaillengewinner von Barcelona Mike Stulce, der Weltrekordler Randy Barnes, der Silbermedaillengewinner von Barcelona Jim Doehring, der zudem durch ein Gericht wegen Amphetamin-Dealens verurteilt wurde). 11 Medaillengewinner der Weltmeisterschaften von Tokio 1991 (darunter fünf Goldmedaillen) durften wegen Dopings in Stuttgart nicht an den Start gehen. Es ist klar, dass solche massiven „Einschläge" in der Weltbestenliste ihre Spuren hinterlassen in Form eines deutlichen Leistungsrückgangs z.B. im Kugelstoßen und Diskuswerfen 1993.

Doping war also auch im Westen üblich, aber nicht mit der gleichen Struktur, dem gleichen Organisationsgrad und der gleichen Intensität wie in der DDR. Geheimhaltung und systematisches flächendeckendes Doping waren in einer offenen Gesellschaft wie der bundesrepublikanischen nicht so durchsetzbar wie in der DDR. Deshalb entwickelten sich im Westen andere Mechanismen, die aber durch Tabuisierung des Doping-Themas und den Versuch der Geheimhaltung für Außenstehende lange Zeit genauso wenig durchschaubar waren wie in der DDR. Es ist anzunehmen, dass Verantwortliche für unterlassene Bekämpfung des Dopings oder für aktive Unterstützung bis hin zu seiner Einforderung sich bis heute in hohen ehren- und hauptamtlichen Positionen befinden und in keiner Weise an einer Aufklärung der Vergangenheit interessiert sein können.

3.4.2 Schwimmen

Im Schwimmen waren bei den Männern und den Frauen die USA und Australien bis zu Beginn der 70er Jahre führend. Eine entscheidende Wende ergab sich ab 1972. Die DDR Schwimmerinnen erzielten zunehmend Weltrekorde. Niemand stellte damals Fragen zu dieser überraschenden Wende. Danach verliefen die Dinge wie in den Frauendisziplinen der Leichtathletik. Es folgte eine rasante Steigerung der Weltrekorde bis 1980.

„A real East German domination exists across the history of most of the women's events in swimming. They show the undeniable effect that doping has on our sport" (HELMSTAEDT 1996, 21).

Die Kanadierin Helmstaedt kritisierte ein überaus relevantes Problem in westlichen Staaten, dass in dieser Zeit der dopingverseuchten Weltspitze die jeweils landesinternen Normen für die Teilnahme an internationalen Meisterschaften an der Weltbestenliste ausgerichtet wurden.

Obwohl anzunehmen ist, dass das bundesdeutsche Schwimmen auch nicht dopingfrei war, zeigt schon der Verlauf der Leistungskurve eine deutliche Differenz zur DDR-Entwicklung, vor allem bei den Frauen. Während bis 1972 die Entwicklungen von DDR und BRD noch einigermaßen parallel verliefen (bei niedrigerem Leistungsniveau der BRD), ging die Schere in den nachfolgenden Jahren auseinander, die DDR steigerte ihr Leistungsniveau zwischen 1970 und 1976 um über 10 % und bestimmte das Weltniveau, die bundesdeutsche Kurve verlief dagegen in etwa parallel zur französischen. Deutliche Leistungssprünge oder -einbrüche sind für beide Länder nicht auszumachen. Sollte gedopt worden sein, dann schlug sich dies zumindest nicht in einer Unterbrechung der kontinuierlichen Entwicklung der Leistungskurven nieder. Es liegen zwar Einzelmeldungen zu Dopingmentalität und positiven Dopingkontrollen vor, die Informationsmenge ist aber weit von jener in der Leichtathletik entfernt. Dass sich Doping und Dopingkontrollen auswirkten, lässt sich daran erkennen, dass im Gegensatz zur internationalen Entwicklung die nach 1990 gemeinsame deutsche Leistungskurve sich in etwa auf dem Niveau der bundesdeutschen Kurve vor 1990 bewegte, d.h., im Vergleich zu vorher ein deutlicher Leistungseinbruch zu verzeichnen war. Trotz vieler positiver Dopingproben z.B. von chinesischen Schwimmerinnen, die in den 90er Jahren viele Weltklassezeiten erzielten, ist dagegen ein entsprechender Einbruch auf Weltniveau wie in der Leichtathletik im Schwimmen nicht erkennbar.

Im Gegensatz zum Frauenschwimmen glänzte das Männer-Schwimmen der DDR auf internationalem Niveau nicht mit der gleichen Erfolgsrate, die Leistungsniveaus von DDR und BRD bewegten sich auf ähnlichem Niveau. Frauen reagieren intensiver auf Hormondoping als Männer. Ein wesentlicher Unterschied zwischen der DDR und der BRD ist für den Zeitraum zwischen 1970 und 1976 erkennbar. Während die DDR-Männer sich in mehreren Disziplinen in diesen sechs Jahren um bis zu über 7% verbesserten, sind bei den bundesdeutschen und französischen Männern keine entsprechenden deutlichen Leistungsaufschwünge erkennbar.

Beobachtungen, die mit Doping in Verbindung gebracht wurden, wurden gemacht, aber kaum ausgesprochen, wie sich ein Zeitzeuge erinnert:

> „Ich schließe auch gar nicht aus und habe da auch immer Vermutungen gehabt, aber bis heute wird und würde mir da heftig widersprochen, zumal dann wahrscheinlich sofort gesagt wird, ja bitte, wo hast Du denn Beweise, wenn Du so was sagst. Aber ich unterstelle mal, daß gerade Schwimmerinnen hier aus dem ... Raum unter dem damaligen Trainer ... mit Sicherheit auch genau wußten, was sie taten, wenn sie bestimmte Präparate zu sich genommen haben. Was das nun im Einzelnen war, weiß ich nicht. Wie gesagt, mit den Kenntnissen, die man einfach heute hat, wie man auf derartige Präparate reagiert, und wenn man die Mädchen zur damaligen Zeit kannte, kann man zu gar keinem anderen Entschluß kommen, als daß die auch so Dopingkuren hinter sich gebracht haben."

Dass wie bei den Frauen wohl auch bei den Männern Doping im Spiel war, lässt sich aus dem Leistungsrückgang nach 1990 ableiten. Unsere Interpretation geht dahin, dass die zunehmend wirksamen unangekündigten Trainingskontrollen den Betrug im gesamtdeutschen Sport zumindest reduziert haben, international dagegen wegen fehlender unangemeldeter Trainings-Kontrollen dagegen nicht.

Dass die westdeutschen Schwimmer wie auch Athleten in anderen Sportarten nach allen Möglichkeiten zur Leistungssteigerung suchten, zeigt der Versuch 1976 einer Leistungsverbesserung über das Aufblasen des Dickdarms zur Verbesserung der Wasserlage. Bronzemedaillengewinner Peter Nocke:

> „Ich geb's ja zu, ich habe das auch probiert, aber profitiert habe ich in puncto Leistung nichts. Außerdem war mir die ganze Sache unangenehm. Ich habe mir meine Bronzemedaille ehrlich erkämpft – ohne Luft im Po."

Der Präsident Manfred Kreitmeier, der Vizepräsident Ortwin Kaiser und der Sportdirektor Claus Willing kommentierten den Vorfall so: „Wir haben einen Versuch gestartet – und der ist gescheitert. Kreitmeier empörte sich darüber, dass der Versuch „an die Öffentlichkeit gezerrt wurde" (Stuttgarter Nachrichten, o.D.).

Die Mentalität zum Einsatz aller Mittel blieb nicht bei der Verwendung einer zwar anrüchigen, aber nicht verbotenen Methode stehen. Der frühere Schwimmer Walter Kusch berichtet die Verwendung von Anabolika im westdeutschen Schwimmen für die Zeit seit Anfang der siebziger Jahre:

„Wir haben's einfach nur so versucht, also das Zeug ausprobiert. Das war ‚wie Learning bei doing'. Niemand hat uns angeleitet. ... es kam direkt vom Hausarzt. Hausärzte haben ja oft auch Sportvereine betreut. Und die kamen dann mit dem großen Tip zum Trainer. Der Trainer war hoch erfreut, daß es jetzt irgend etwas gab, um nachzuhelfen. Der Hausarzt war dann natürlich hoch angesehen. Er galt dann als ganz toller Betreuer, weil er so ein Mittelchen vorweisen konnte. Vor allem, weil die Anabolika Anfang der siebziger Jahre noch nicht auf der Dopingliste standen" (KUSCH, in Seppelt/Schück 1999, 280).

Eine Aufklärung über mögliche Nebenwirkungen erfolgte nicht; die Verwendung von Anabolika wurde als eine Art Kavaliersdelikt angesehen. Nach Kusch war der Anabolika-Missbrauch bei männlichen Schwimmern nicht ausgeprägt, da trotz nicht allzu intensiver Kraftentwicklung die Feinmotorik litt. Kusch ist der Meinung, dass nach einer Versuchsperiode Anfang der 70er Jahre zumindest bei den Männern in der Bundesrepublik Deutschland der Missbrauch schnell wieder zurückging. Für den Frauenbereich schätzt er den Missbrauchsumfang auf 30 % ein (Kusch, in Seppelt/Schück 1999, 282). Unrechtsbewusstsein und die Angst vor Entdeckung wuchsen bei der Einführung von Wettkampfkontrollen; das änderte sich allerdings, nachdem nach Westdeutschland geflohene DDR-Ärzte Wissen zum systematischen Einsatz der Anabolika mitbrachten (Kusch, in Seppelt/Schück 1999, 283). Das Informationsniveau westdeutscher Sportführer zur Doping-Problematik schätzt Kusch so ein:

„Wer das nicht gewußt hat, muß doof gewesen sein" (KUSCH, in Seppelt/Schück 1999, 284).

Beim Frauen-Schwimmen kam zur Doping-Problematik ein spezielles Problem hinzu:

„Mit Wut im Gesicht beschreibt eine Schwimmerin, mehrfache Deutsche Meisterin, ihren Ekel vor den schwiemeligen Offiziellen, die unbequeme Athletinnen gezielt bei der Nominierung übergehen, keine Empfehlung an die Sporthilfe aussprechen und mit dem Sponsor drohen, zu dem man einen heißen Draht habe: ‚Manchmal kannst du dich nur noch über das Bett eines Trainers oder Funktionärs in den Kader zurückdienen. Warum soll es uns anders gehen als Sekretärinnen?'" (Spiegel, 10/1992, 204)

Wie verschiedene Leichtathletikfunktionäre wurde auch der westdeutsche Schwimmwart Wittmann auf Doping im Hochleistungssport angesprochen; Aussagen, dass drei Viertel der Schwimmer sich dopen würden, hielt Wittmann „für stark übertrieben", wollte aber nicht ausschließen, „daß in der Schwimmerei in Sachen Doping überhaupt nichts geschieht." Wenn überhaupt, sah er Möglichkeiten zur Leistungsverbesserung vor allem im Kurzstreckenbereich (Süddeutsche Zeitung, 4.7.1977).

Minderjährigendoping im Schwimmen

Wittmanns Äußerung ist angesichts des Falls Vandenhirtz kaum nachzuvollziehen. Der Schwimmtrainer Claus Vandenhirtz war 2. Vorsitzender der Deutschen Schwimm-Trainer-Vereinigung. Ihm wurde zuerst von den Eltern der Brustschwimmerin und Weltrekordlerin Christel Justen 1973 Doping vorgeworfen; später wurde er bei weiteren Doping-Fällen (1977 Ulla Hüber; 1988 Anja Jauernig; 1993 Simone Schober, 18 Jahre; Kristina Quaisser, 24 Jahre; Süddeutsche Zeitung, 15.1.1993) auffällig, beziehungsweise geriet erneut in den Verdacht, „seine Schützlinge ohne deren Wissen mit Anabolika vollgepumpt" zu haben. Für die siebziger Jahre gab Vandenhirtz Doping-Praktiken zu, damals seien Anabolika ja nicht verboten gewesen (die Anwendung bei Minderjährigen war aber immer kriminell und strafbar). Die späteren Fälle entschuldigte Vandenhirtz mit dem bewährten Argument,

> „bösmeinende Dritte hätten ihnen das Teufelszeug in einen offen herum stehenden Kanister geschüttet. Eine Theorie, die den Kölner Doping-Fahnder Donike wegen ihrer Unwahrscheinlichkeit erheiterte. 'Dann setzt sich das Zeug am Boden ab. Um es aufzulösen, muß es schon ordentlich gemixt werden.'"

Vandenhirtz entzog sich einer Bestrafung durch den Schwimmverband durch seinen Austritt (Frankfurter Allgemeine Zeitung, 12.1.1993). Er behauptete, der frühere Leichtathletikpräsident Dr. Max Danz habe ihm in den siebziger Jahren Doping empfohlen, wogegen sich Danz mit einer Klageandrohung wehrte (Frankfurter Allgemeine Zeitung, 15.1.1993). Vandenhirtz' Machenschaften riefen im Lauf der Jahre kaum Reaktionen hervor; nur DSV-Cheftrainer Thiesman griff ihn Anfang der 80er Jahre an, allerdings ohne Erfolg (Süddeutsche Zeitung, 15.1.1993). Immerhin wurden wenigstens 1993 gegen ihn Ermittlungen wegen Körperverletzung aufgenommen (Süddeutsche Zeitung, 16./17.1.93). Für die Süddeutsche Zeitung sprachen immerhin Indizien für eine über 20 Jahre andauernde Dopingpraxis des Aachener Trainers (Süddeutsche Zeitung, 15.1.93), was zumindest für die Anfangszeit durch die ehemalige Weltrekordlerin Christel Justen bestätigt wurde.

Minderjährigendoping kam nicht nur bei Vandenhirtz vor. 1980 wurden Nicole Hasse (15 Jahre, Essen) und Jutta Kalweit (Bonn) vom DSV wegen Dopings für 6 Monate gesperrt, die eigentlichen Täter blieben dagegen unbehelligt. Auch international wurde Minderjährigendoping im Schwimmen immer wieder offenkundig. 1994 wurde eine dreizehnjährige indonesische Schwimmerin mit anabolen Steroiden positiv getestet und war damit die jüngste positiv getestete Sportlerin aller Zeiten (Kölnische Rundschau 2.2.1994). 1995 wurden nach der 14-jährigen südafrikanischen Leichtathletin Lisa de Villiers bei der 15-jährigen

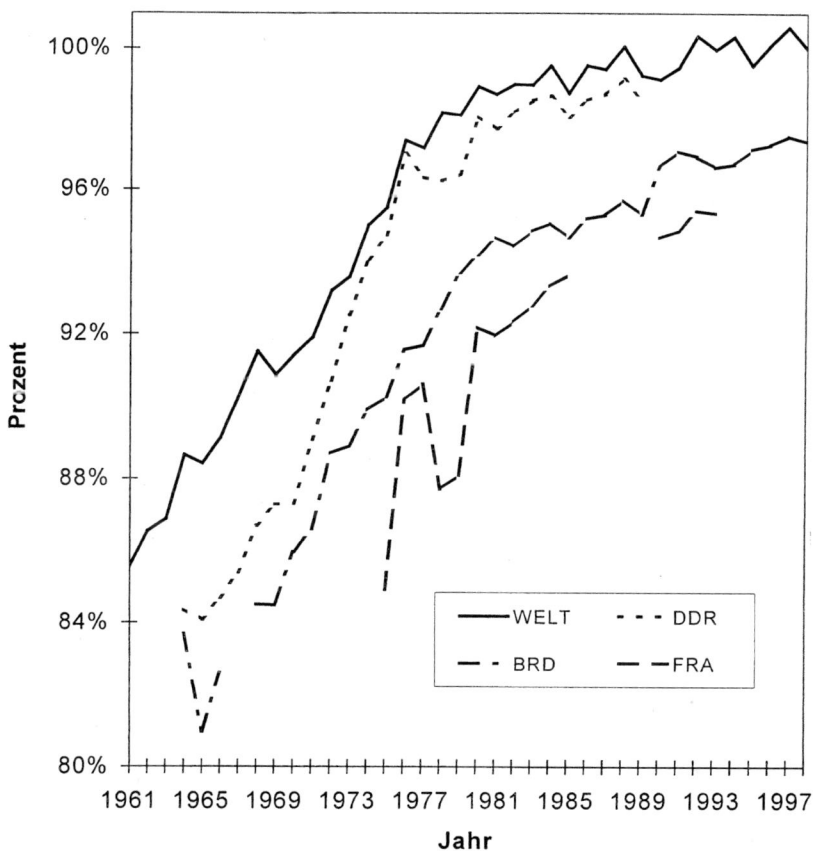

Abb. 28: Leistungsentwicklung im Schwimmen der Frauen (Durchschnitt der Plätze 1–3 1998 = 100%)

Die Entwicklung des Weltniveaus wurde durch die Leistungsexplosion der DDR-Schwimmerinnen in den Jahren zwischen 1970 und 1976 sehr stark beschleunigt. Mit der Wiedervereinigung fiel der nun gemeinsame deutsche Leistungsstand auf das vorherige BRD-Niveau zurück, während die Weltentwicklung ungebrochen weiterging, im Unterschied zu der Entwicklung in einer Reihe von Leichtathletikdisziplinen. Es ist anzunehmen, dass der Einbruch bei den deutschen Schwimmerinnen durch die beginnenden nationalen Trainingskontrollen verursacht wurde, internationale Trainingskontrollen fehlten im Schwimmen zumindest bis 1998.

Kraulspezialistin Jessica Foschi (USA, 13. der Weltrangliste) Anabolika im Urin nachgewiesen. Sie wurde überraschenderweise nicht gesperrt, sondern nur ermahnt (Der Tagesspiegel, 4.11.1995), eine nicht im Regelwerk enthaltene Strafe.

Dieses milde Vorgehen stand in völligem Widerspruch zu den fast gleichzeitigen heftigen amerikanischen Angriffen gegen das chinesische Schwimm-Sportwunder, das von den Anklägern auf Doping zurückgeführt wurde. Angriff wurde schon oft als die beste Verteidigung angesehen. Amerikanische und australische Schwimmer und Schwimmfunktionäre ließen sich bei ihren Angriffen auch nicht durch die Dopingaffäre um Jessica Foschi stören (Süddeutsche Zeitung, 1.3.1994). Der Australische Schwimmverband attackierte die FINA, die Maßnahmen für einen sauberen Schwimmsport seien zu lasch. Die Schwimmer müssten die Gewissheit haben, dass die Gegner sich in der Vorbereitung nicht aufputschten. Als Folge wurde das chinesische Schwimm-Team nach elf positiven Dopingtests im Jahr 1994 (Frankfurter Rundschau, 15.2.1995) von den Pan-Pacific-Spielen vom 09.–13.08.1995 in Atlanta ausgeschlossen, auf Betreiben Australiens, Kanadas und der USA. Die positiven Proben der Chinesinnen hatten immerhin den Effekt, dass danach die Chinesinnen deutlich langsamer schwammen (Westdeutsche Allgemeine Zeitung, 17.3.1994).

Aufarbeitung der Vergangenheit

Die westdeutschen Schwimmfunktionäre und –Trainer reagierten nach der Wende angesichts der Doping-Problematik wie schon vor der Wende und auch wie ihre Kollegen in anderen Sportarten. Ende 1990 verkündete der DSV-Präsident Hollemann, dass seit August alle Schwimmer clean seien:

„Ich wehre mich dagegen, daß aufgrund eines Artikels jemand verurteilt wird".

Der Weltrekordhalter Michael Groß kritisierte dagegen das mangelnde Interesse des DSV in der Vergangenheit an Dopingkontrollen und der Doping-Thematik:

„Natürlich wolle man das Thema schonungslos aufarbeiten ... Nur scheint der DSV dabei keine Eile zu haben. Michael Groß beschreibt die derzeitigen Aktivitäten des Verbandes so: ‚Durch Schnelligkeit zeichnet sich die Arbeit des DSV nun wirklich nicht aus.' ... Der Offenbacher Ausnahmeschwimmer beklagt, daß die Athleten schon viele Doping-Initiativen gestartet haben. Letztlich aber ohne Erfolg: ‚Alle unsere Initiativen wurden innerhalb der Verbandshierarchie abgeblockt.' Jüngstes Beispiel:

„Es gab schon im Frühjahr eine Anregung von Aktiven aus Ost und West zu einem freiwilligen Test bei Professor Donike, ... das hat die Verbände aber nicht interessiert'" (Süddeutsche Zeitung, 11.12.90).

3.4.3 Gewichtheben

Im Gegensatz zur Leichtathletik und zum Schwimmen fällt es beim Gewichtheben schwerer, Zusammenhänge herzustellen. Die Zahl der an Wettkämpfen teilnehmenden Gewichtheber ist gering, die Dichte der Leistungsspitze deshalb ebenfalls, weshalb sich individuelle Entwicklungen wesentlich stärker als im Schwimmen oder der Leichtathletik auf die Leistungskurven auswirken. Allerdings kann davon ausgegangen werden, dass im Gewichtheben früher und intensiver gedopt wurde als in anderen Sportarten. Im Gewichtheben ist der Zusammenhang zwischen Körpergewicht, Kraft und Wettkampfleistung so deutlich, dass hier die Versuchung des Griffs zur „Pille" sehr groß war. Ein Zeitzeuge legt allerdings nahe, dass diese Entwicklung aus der Zeit heraus verstanden werden muss:

> „Ich kann mich noch gut erinnern an die Zeit Anfang/Mitte der 70er Jahre, als Koryphäen der Sportwissenschaft öffentlich erklärt haben, was sie tun, warum sie es tun und wie sie es tun. ... Im Nachhinein kann man das den Athleten oder Trainern nicht zum Vorwurf machen, wenn das innerhalb der Gesellschaft, ich will nicht sagen gedeckt, aber zumindest toleriert wurde."

Entwicklungen bei der Konkurrenz wurden deutlich registriert:

> „Die dynamische Entwicklung der Bulgaren. 1968 in Mexiko waren sie in der Nationenwertung auf dem achten, neunten Platz. Und 1972 in München waren sie zweiter hinter den Russen oder sogar erster, bei den Russen sind drei oder vier Athleten durchgefallen. Das hat sich dann gehalten, Rußland und Bulgarien waren führend."

Schon bei den Olympischen Spielen 1972 soll der Nachweis von Anabolika möglich gewesen sein, was aber nie bestätigt wurde; auch Äußerungen Klümpers (vgl. sein Gutachten im Anhang) lassen dies vermuten. Der Ex-Weltrekordler über eine Meile und Präsident des Britischen Sportbunds, Roger Bannister, ließ verlauten, dass zwei Drittel der Teilnehmer im Ringen und Gewichtheben bei den Olympischen Spielen 1972 zugegeben haben, sie hätten Steroide verwendet (de Mondenard 1987, 126 f.).

In den 70er Jahren sprachen sich Gewichtheber noch ziemlich offen für die Verwendung der Anabolika aus, so der Gewichtheber-Weltrekordler Rolf Milser: „Solange es nicht verboten war, habe ich auch Anabolika in vertretbaren Mengen genommen" (Süddeutsche Zeitung, 27.10.1977); er plädierte für eine kontrollierte Anwendung:

> „Wenn Anabolika weiter verboten bleiben, ist die Gefahr der Gesundheitsschädigung noch größer als heute, weil die ärztliche Kontrolle fehlt" (Süddeutsche Zeitung, 27.10.1977).

Seine Begründung für die Aufhebung des Anfang 1977 durch den bundesdeutschen Gewichtheber-Verband erlassenen Verbots war einfach: „Was soll das Verbot ... mein Körper gehört mir!" (Die Zeit, 4.11.1977).

Für die Öffentlichkeit wurde dagegen versucht, ein anderes Bild des Gewichthebens darzustellen. Von der Tatsache, dass 1977 bei den Deutschen Meisterschaften kein Gewichtheber positiv kontrolliert wurde, wurde abgeleitet, Deutschlands Gewichtheber seien besser als ihr Ruf. Der Sportdirektor des Gewichtheber-Verbands, Rolf Feser, wünschte sich deshalb: „Hoffentlich hört jetzt das üble Gerede über uns auf" (Bild, 30.Juli 1977). Dass es intern anders aussah, legte 1978 der Sechstplatzierte im Bantamgewicht bei den Olympischen Spielen 1976, Bernhard Bachfisch, offen. Vor Montreal

> „habe er wie so viele versucht, dem Glück etwas auf die Sprünge zu helfen. Heute sagt er über diese nicht entdeckte Jugendsünde: ‚Wenn ich mich schon quälen muß, dann quäl' ich mich ehrlich'" (Süddeutsche Zeitung, 9.6.1978).

Diese Behauptung des Absetzens kann man ebenso anzweifeln wie jene des Kugelstoßers Reichenbach. Immerhin wies selbst der Präsident des Internationalen Heberverbands, Gottfried Schoedl, bei den Weltmeisterschaften 1977 auf einen Leistungsrückgang um ca. 10 % hin (Rhein-Neckar-Zeitung, 26.9.1977), den er mit den Dopingkontrollen in Verbindung brachte. In ähnliche Richtung argumentierte die „Frankfurter Allgemeine Zeitung":

> „Im Jahre 1976 stellten die Gewichtheber 42 Weltrekorde auf, in diesem Jahr nur sieben. Die Bulgaren, die von 1971 bis 1976 das Heben ganz entscheidend beeinflußten und 1976 nicht weniger als 13 der 42 Weltrekorde erzielten, sind heute hinter die Sowjetunion, die Kubaner und die DDR-Heber zurückgetreten. Wenn nicht alles täuscht, haben die Bulgaren den Schock des Pillenknicks mit dem Anabolika-Verbot (noch) nicht überwunden. ... Die Vorstellung, daß die Sowjets alle zehn Welt- und Europameister in Stuttgart stellen können, provoziert eine weitere, nämlich jene von der UdSSR-Überlegenheit im pharmazeutischen Bereich" (Frankfurter Allgemeine Zeitung, 17.8.1977).

Bis zu diesem Zeitpunkt hatten allerdings die bundesdeutschen Gewichtheber noch ganz gut mitgehalten, möglicherweise auch beflügelt durch die Anwendung der Ergebnisse der Gewichtheber-Studie der Freiburger Sportmediziner Keul und Kindermann (1976). Allerdings versagte der Gewichtheber-Weltmeister Adolf Seger wie so manch anderer bei den Olympischen Spielen 1976, nachdem er aus Angst vor Kontrollen frühzeitig Anabolika abgesetzt hatte. Der Gewichtheber-Verbandsarzt Dr. Spannbauer wollte davon nichts gewusst haben. In der gleichen Situation wie Seger war sein Kollege Eduard Giray:

> „Im Blick auf die Olympiade in Montreal ließ er sich von dem Freiburger Mediziner Dr. Armin Klümper einen 'Ernährungsplan' aufstellen, nahm in kürzester Zeit 'zwei bis drei Kilo' zu und fühlte sich bärenstark. ... Giray und Seger haben zu Klümper grenzenloses Vertrauen – Manfred Müller (DRB): 'Der Adolf und der Dr. Klümper – das ist ein ganz außerordentliches Verhältnis. ... Der Trainer steht wohl auf dem Standpunkt: 'Was ich nicht weiß, macht mich nicht heiß.' Aber er hat es wohl nur vermutet."

Den Bericht über die Gewichtheber-Wettkämpfe bei den Olympischen Spielen in Montreal stellte denn auch das Offizielle Standardwerk des NOK der Bundesrepublik Deutschland unter die Überschrift „Das Turnier der Anaboliker".

Sportler von acht Verbänden wurden mit deren Zustimmung schon vor Beginn der Wettkämpfe kontrolliert; dabei waren drei Gewichtheber positiv, während der Spiele fünf weitere, darunter die Olympiasieger Zbigniev Kazmareck (Polen), Valentin Christov (Bulgarien) und der Silbermedaillengewinner Blagoi Blagoev, außerdem Philippe Grippaldi, Mark Cameron (USA), Pavel Pavlasek (CSSR), Cioroslan (Rumänien), Norrback (Schweden). Die 1974 eingeführte Brooks-Methode hat sich damit als wirksam erwiesen. Der Nachteil dieser Methode bestand in folgenden Punkten:

1. Es reichte aus, Anabolika 15 bis 20 Tage vor dem Wettkampf abzusetzen.

2. Testosteron ist nicht nachweisbar und kann anabole Steroide vollständig ersetzen (de Mondenard 1987).

Effekte der Kontrollen waren dennoch an Misserfolgen im Gewichtheben ablesbar. Folgende Differenzen zur Bestleistung wurden demonstriert: Urrutia (Kuba – Leichtgewicht) 17,5 kg, Stotchev (Bulgarien) 12,5 kg, Christov (positiv getestet) und Zaitsev (beide Bulgarien – Schwergewicht) 17,5 kg bzw. 22,5 kg, Bonk (DDR – Superschwergewicht) 27,5 kg. Der damalige westdeutsche Verbandsvorsitzende (und spätere internationale Dopingkontrolleur) Peter behauptete, alle Gewichtheber hätten sich gedopt, bezeichnete aber darüber hinaus die Aufnahme von Anabolika in die Verbotsliste als „Willkürakt des IOC" (Kölner Stadt-Anzeiger, 18.8.1976).

Die Kontrollen in Montreal führten nach Angaben eines Zeitzeugen zu erheblichen Auseinandersetzungen:

> „Es gab bis Montreal 1976 einen Generalsekretär des Internationalen Gewichtheber-Verbands, namens Oscar State. Das war ein mächtiger Mann, Lehrer von Beruf, von altem Schrot und Korn, auch in der Richtung Fairness, Ethik, Moral integer. Der hatte eigenmächtig verfügt, und das kann er ja, daß vor dem Gewichtheberturnier in Montreal die IWF Dopingkontrollen durchführt. Das ist natürlich sportpolitisch innerhalb des internationalen Verbands ein heißes Eisen, wenn viele Federationen nicht mehr reagieren können. Und das hat mit dazu beigetragen, davon gehe ich jedenfalls mal aus, daß zwei Goldmedaillengewinner, Christov aus Bulgarien und Kazmarek aus Polen und ich glaub' auch ein Silbermedaillengewinner, Plagoiew aus Bulgarien, die wurden positiv getestet. Wenige Monate später beim Kongress war der Mann erledigt, er wurde abgewählt, wie auch immer. Man hat das hinterher, so zehn Jahre später, in Gesprächen mal herausgehört, daß er nicht mehr tragbar war, wenn er solche Dinge tut, die Sportart ‚in den Dreck zieht' und die Gefahr besteht, daß man den olympischen Status verliert wegen solcher Alleingänge."

Der Zeitzeuge äußerte aber auch deutliche Zweifel am Sinn des Vorgehens des Generalsekretärs State:

> „Muß es unbedingt sein, daß man das eigene Nest beschmutzt, wenn man weiß, daß links und rechts Geschicktere am Werk sind, in diesen Sportarten aber nichts gemacht wird und in der Öffentlichkeit nichts rauskommt. Das ist eine Art Alibifunktion, die man hat, und die das eigentliche Übel nicht erkennt."

Studien zur Anabolikaverwendung

Dass das Gewichtheben stärker als andere Sportarten vom Anabolika-Missbrauch betroffen war, wurde schon früh in Befragungen und Untersuchungen deutlich. Der Norweger Solberg berichtete 1982 über eine Studie zu norwegischen Gewichthebern zwischen 1962 und 1982. In dieser Zeit nahm der Durchschnitt des Gewichts der 10 besten norwegischen Gewichtheber um 18 kg zu; Solberg nennt als Ursache die Wirkung androgener Steroide. Die Leistungen stiegen vor allem seit 1968 rapide an, wahrscheinlich eine Folge des sich rasch verbreitenden Anabolika-Missbrauchs. 1977 wurden Doping-Tests eingeführt, mit der Folge eines raschen Rückgangs der jährlichen Leistungssteigerungsrate.

1987 verglichen Virvidakis, Sideras und Papadakis die Leistungsentwicklung bei Juniorenweltmeisterschaften für die Zeiträume 1978–1981 und 1981–1984. Die dabei erkennbare Stagnation während des zweiten Zeitraums führten sie auf effektivere Dopingkontrollen zurück. Allerdings könnte zusätzlich der Deckeneffekt eine Rolle gespielt haben, wie er ja für den DDR-Leistungssport belegt ist.

Yesalis et al. (1988) befragten 1987 61 Teilnehmer an den US-Gewichthebermeisterschaften. Davon antworteten 45, von denen 15 Steroid-Missbrauch zugaben, bei einem späteren Telefoninterview waren es noch einmal 11 von 20, die einen früheren Missbrauch gestanden. Als Ursache wurde hauptsächlich der Wunsch nach Leistungssteigerung angegeben. Die relativ geringe Prozentzahl an „positiven" Antworten weist auf die Schwierigkeit hin, Spitzensportler zum Zugeben des illegalen Tuns zu bringen.

Anonyme Aussagen waren meist deutlicher, so die eines der „Bildzeitung" bekannter Spitzensportlers:

> „Erinnern Sie sich an den kleinen Türken Naim Suleymanoglu, 60 kg schwer und nur 1,48 m groß, der bei den Gewichthebern mit 190 kg im Stoßen – neben fünf weiteren – einen neuen Weltrekord aufstellte? Ungeheuerlich. Damit Sie begreifen, was ich meine, muß ich einen Vergleich bringen. Die Welt staunte 1955 über den ‚Kran von Tennessee'. Paul Anderson wog 156 kg und stieß Weltrekord: auch 190 kg. Merken Sie etwas? Der Amerikaner wog dreimal soviel wie der Türke, hatte aber die gleichen Gewichte auf der Hantel. Was muß der kleine Türke für ein Wundermann sein!" (Sport-Bild, 5.10.1988, 48).

Angeregt durch die Vorfälle in Seoul 1988 untersuchten Perry, Andersen und Yates (1990) den Anabolika-Missbrauch von 20 Gewichthebern. Diese benutzten jeweils mehrere Medikamente. Dopingzyklen mit Anabolika dauerten zwischen sieben und vierzehn Wochen, durchschnittlich benutzten die Sportler zwei bis drei oral eingenommene Substanzen und Injektionen mit zwei langfristig wirkenden Präparaten. Während die Dosierung der oral eingenommenen Substanzen etwa jener in kontrollierten Studien entsprach, lag jene bei den Injektionen drei- bis achtmal höher. Die Befragten berichteten einen deutlichen

Anstieg von Körpergewicht und Kraft, aber auch von Depressionen, Aggressionen und Paranoia. Mit dieser Untersuchung wurde der Wert einiger kontrollierter Studien völlig in Frage gestellt, weil in ihnen mit im Vergleich zur Spitzensportpraxis zu niedrigen Dosierungen gearbeitet wurde.

Wagman, Curry und Cook (1995) führten eine Befragung US-amerikanischer Gewichtheber durch (Rücklaufquote der Fragebögen: 60%). Von diesen gaben zwei Drittel den Gebrauch von anabolen Steroiden zu. Sie berichteten Kuren von 1 – 3 Monaten Länge, die in der Zeit vor Wettkämpfen am effektivsten waren und wiesen auf die Ineffektivität der Wettkampfkontrollen, auch bei Olympischen Spielen, hin.

Der politische Umbruch im Ostblock vergrößerte die Transparenz in der Doping-Problematik. Nach einer anonymen Untersuchung im Auftrag des polnischen Gewichtheberverbands nahmen fast alle polnischen Gewichtheber unter 20 Jahren Dopingmittel (Süddeutsche Zeitung, 1.12.1988). Einen Doping-Skandal im Gewichtheben deckte die Polizei in Ungarn auf, die bei einer Razzia in Miskolc große Mengen Nerobolstromba sowie anderer Dopingmittel beschlagnahmte. Vom Club-Trainer Juhasz wurde berichtet, dass er auch Jugendliche unter 16 Jahren gedopt hatte (Frankfurter Allgemeine Zeitung, 25.3.1989).

Formen des Umgangs mit der Dopingproblematik

Zwar hatten die US-Amerikaner den Missbrauch der Anabolika begonnen, andere Länder zogen aber bald nach. 1977 unterstrich deshalb die Frankfurter Allgemeine Zeitung:

> „Seit Joe Dube und George Pickett, die sich mit Anabolika so vollpumpten, daß sie kaum noch Treppen steigen konnten, hat kein Amerikaner mehr im Superschwergewicht eine Rolle gespielt" (Frankfurter Allgemeine Zeitung, 17.8.1977).

Selbst Länder ohne Gewichtheber-Tradition schaffen heute den Sprung bis in die Spitze. Spitz wies in seiner Analyse der Olympischen Spiele 1996 besonders auf den Aufschwung der Mannschaften Griechenlands und Chinas hin (Spitz/Ebeling 1996, 69), allerdings ohne ihn mit Doping in Verbindung zu bringen.

Der französische Gewichtheber-Verband wurde zeitweise von Skandalen erschüttert[29]. Nach dem Dopinggeständnis des Gewichthebers Marc Lopez, der behauptet hatte, sich mit Wissen des französischen Verbands gedopt zu haben, wurde dies vom Leistungssportdirektor Marcel Paterni dementiert: „Man versucht uns in den Schmutz zu ziehen" (DE MONDENARD 1987, 24). Der Gewichtheber Charles Larget klagte seinen Verband an, seine Sportler zur Einnahme

---

[29] Französische Bestenlisten zum Gewichtheben waren trotz größerer Bemühungen nicht erhältlich.

verbotener anaboler Steroide gezwungen zu haben, was vom Verbands-Präsidenten André Coret dementiert wurde:

> „Charles Larget spricht über die Vergangenheit, schon 1986 sind wir konsequent gegen Doping vorgegangen. Wir haben seitdem über 800 Blutproben entnommen, mehr als in jeder anderen Sportart, Radfahren ausgenommen. Unsere Jungs in Seoul waren vollkommen sauber" (Süddeutsche Zeitung, 12.10.88).

Dass diese Äußerung nicht so ganz mit der Realität übereinstimmte, berichtet ein Zeitzeuge:

> „Wie trainierten im selben Kraftraum wie die Gewichtheber, die sehr gut waren in dieser Zeit. Sie mußten gedopt gewesen sein. Zu ihnen gehörte der jetzige (ein hoher Verbandsfunktionär, d. Verf.) ... er hat gesagt, daß er gedopt hat."

Bei fast allen Olympischen Spielen belegten die Gewichtheber seit der Einführung der Anabolika-Kontrollen in der Rangliste der überführten Benutzer verbotener Substanzen den ersten Platz (Süddeutsche Zeitung, 30.9.1988). Sie gerieten deshalb auch in die Gefahr, dass ihre Sportart vom Olympischen Programm gestrichen wird. Zur Vermeidung einer solchen imageschädigenden und die Existenz der Randsportart bedrohenden Maßnahme mussten die Gewichtheber stets besondere Aktivität bei der Dopingbekämpfung vorweisen. Nach den Vorfällen in Seoul 1988 ließ die International Weightlifting Federation (IWF) als erster Sportverband die Steroidprofilmethode von Donike als Nachweisverfahren für Anabolika zu, um die Streichung aus dem Olympischen Programm zu vermeiden (Frankfurter Rundschau, 2.7.1991). Der frühere westdeutsche Verbandspräsident und damalige internationale Doping-Kontrolleur Wolfgang Peter äußerte angesichts der Ergebnisse:

> „Daß ganze Nationalmannschaften ein abnormes Steroidprofil haben, kann kein Zufall sein" (Frankfurter Allgemeine Zeitung, 9.11.90).

Die dadurch ausgelöste Angst vor dem erweiterten Doping-Nachweis führte zu einem Leistungstief bei den Gewichtheber-Weltmeisterschaften in Budapest, der als „Pillenknick" bezeichnet wurde (Rhein-Neckar-Zeitung, 3.12.1990). Die Angst vor neuen unangekündigten Trainingskontrollen und vor dem Nachweis mit Hilfe des Steroidprofils war so groß, dass es im Schwergewicht zu einem Leistungsrückgang 1988/89 um fast vier Prozent kam. Der Tiefpunkt war erst 1993 mit einem 7,6 % tieferen Leistungsniveau als 1987 erreicht. Im Mittelgewicht betrug der Leistungseinbruch 1988/89 5,5%.

Eine andere Methode der Doping-Bekämpfung empfahl Gewichtheber Radschinsky, nämlich zum einen die Verwendung von Testosteron-Proprionat, um bei Kontrollen keine Probleme zu bekommen, und zum anderen:

> „Nur die Freigabe der Doping-Mittel kann die leidigen und heuchlerischen Diskussionen um dieses Thema beenden" (Sport-Bild, 14.8.1991, 28).

Eine weitere imagefördernde Maßnahme war die Veränderung der Gewichtsklassen durch den internationalen Gewichtheberverband 1992 und 1998, um den Vergleich der aktuellen Leistungen mit früheren zu erschweren, deshalb kann für unsere Zwecke nur die Leistungskurve im Super-Schwergewicht verwendet werden. Die Veränderung war quasi ein Eingeständnis dafür, dass bei einer wirksamen Bekämpfung des Dopings die bisherigen Weltrekorde nicht verbessert werden können. Der Equipe-Redakteur Lunzenfichter bezweifelte noch 1995 den ernsthaften Willen des internationalen Verbands zur Dopingbekämpfung und warf ihm vor, positive Ergebnisse vertuscht zu haben, um nicht auf die Anklagebank zu geraten (L'Equipe Magazine, 715, 25.11.1995). Manchmal wollten Verbandsobere auch bewusst getäuscht werden Der italienische Goldmedaillengewinner im Schwergewicht in Los Angeles 1984, Norbert Oberburger aus Bozen, war 1988 wegen Anabolika-Missbrauchs gesperrt worden. Diese Sperre wurde auf 12 Monate reduziert, weil er die Verbandsoberen vom „experimentalen Charakter" seines Dopings überzeugen konnte. Später starben zwei Bodybuilder, die regelmäßig in seinem Fitness-Studio trainiert hatten, an Pankreas- bzw. Magen-Krebs (Roland Wallnoefer mit 26 Jahren, Luigi Vicidomini mit 30 Jahren) (L'Equipe, 3.5.1991).

Die Motivation dopender Gewichtheber war die gleiche wie jene der Athleten anderer Sportarten, nämlich Siegen um jeden Preis. Der 1981 positiv getestete Gewichtheber Andreas Sollwedel rechtfertigte sich folgendermaßen:

> „Ich will auf dem Treppchen ganz oben stehen. Und deswegen muß ich weiter dopen ... Ich höre damit nicht auf. Ich empfehle jedem, ...wenn du besser werden willst, mußt du schlucken und spritzen" (Süddeutsche Zeitung, 22.12.1981).

Da in dieser von Sponsoren und Verdienstmöglichkeiten nicht gerade verwöhnten Sportart durch Doping erhebliche Kosten entstanden, ist nicht verwunderlich, dass manche Doper ihr Budget durch Dealen aufzubessern versuchten. So wurde 1985 der spätere Olympiasieger Alexander Kurlewitsch von den kanadischen Behörden erwischt, als er einen Koffer mit Anabolika im Wert von 350.000 DM am Zoll vorbeischmuggeln wollte (Süddeutsche Zeitung, 30.9.1988). Der Olympiasieger im Gewichtheben 1984, Karl-Heinz Radschinsky, wurde 1985 wegen eines schwunghaften Handels mit Anabolika verhaftet. Er soll 220.000 Tabletten eines Anabolikapräparats und hunderte von Injektionsampullen im Wert von rund 200.000 DM umgesetzt haben, unterstützt von einem 44-jährigen Apotheker, einem Bodybuilder, der erstmals bei Wettkämpfen 1977 in Ostblockländern mit Anabolika in Berührung kam:

> „Tatsächlich waren die Mittel nicht nur deshalb so begehrt, weil sie aus dem Handel eines Olympiasiegers stammten. Denn unter den Kraftsportlern hatte sich herumgesprochen, daß die in der Regel von Ärzten verordneten Aufbaupräparate beileibe nicht die Wirkung des von Radschinsky und seinem Partner hauptsächlich verkauften ‚Dianabol' erreichen. Dieses Mittel, das es im legalen Arzneimittelhandel in der BRD nicht mehr gibt, trägt zwar nicht unmittelbar zur Muskelbildung bei, verkürzt jedoch die Regenerati-

onsphase der Muskeln und ermöglicht so eine höhere Trainingsleistung. Außerdem ist es bei Dopingtests nicht nachweisbar, wenn der Sportler 10 Tage vor dem Wettkampf mit der Einnahme aufhört" (Süddeutsche Zeitung, 5.12.86).

Trotz seines Verstoßes gegen das Arzneimittelgesetz fühlte er sich moralisch im Recht:

> „Wenn sie die Tabletten nicht von mir bekommen hätten, dann hätten sie sie von einem anderen bekommen. Ich habe die Käufer wenigstens noch informiert" (Die Zeit, 1.5.1987).

Trotz der Verurteilung wollte der Verbandsvizepräsident Manfred Poigné Radschinsky für die Olympischen Spiele 1988 zur Nominierung vorschlagen, da der Verstoß „nicht im Bereich des Sports selbst passiert" sei und schließlich werde jedem Verurteilten die Chance zur Bewährung gegeben (Süddeutsche Zeitung, 11.4.88). Nach heftigen Auseinandersetzungen wurde Radschinsky nicht nominiert.

In einem Artikel im Stern schilderte der Bodybuilder Helmut Welser, warum er mit Doping anfing (schnelleres Muskelwachstum) und wie er sich dopt (Primobolan Depot, Strombaject 50, in der Phase des Absetzens Gonatropin, Vitamin B12 als Leberschutz). Er arbeitete auch als Dealer; versorgt hatte er sich in Straßburg (Elsass) in einer Apotheke (Testosteron, Primobolan Depot, Nilevar, Winstrol) und in der Tschechoslowakei (Superanabolon, Oxymetholon). Welser erlitt Nebenwirkungen wie Prostatavergrößerung, Blut im Urin, Aggressivität. Wachstumshormone seien nur wirksam, wenn sie von Anabolika, Testosteron und Insulin begleitet würden. Als Motivation für seine Bekennerfreude gab er an, er wolle mit der Heuchelei Schluss machen (Stern 9/1989).

Schwierig ist die Situation im Gewichtheben, weil es keine klaren Grenzen zwischen Gewichtheben und Bodybuilding, zwischen Gewichtheber-Trainingszentren und Bodybuilding- oder Fitnesstudios gibt. Auch letztere bieten Trainingsmöglichkeiten für Gewichtheber, sind zugleich aber des öfteren Verteilungszentren für Anabolika und andere Medikamente (vgl. Boos et al., 1998). In die Versorgung mit Anabolika wurden teilweise auch Apotheker integriert. So wurde 1994 in Ludwigsburg ein Dealerring festgesetzt (ein Apotheker und seine Tochter, ein Sportstudiobesitzer, ein Bodybuilder und ein Anabolikalieferant aus Kroatien). Im Sportstudio fanden die Beamten u.a. 20.000 Anabolikatabletten, Spritzen und Ampullen (Stuttgarter Zeitung 14.10.1994).

Die Gewichtzunahme der Gewichtheber, deren Leistungsfähigkeit in höchstem Maße vom Kraftniveau abhängt, fiel verständlicherweise kräftiger aus als in anderen Sportarten. Schon 1975 berichtete Eric Lahmy in der „Equipe" Körpergewichte von 160,7 kg (der Tscheche Petr Pavlasek), 158,5 (der Russe Vassiliy Alexejew), 153,5 (der Deutsche Bonk). Allerdings hatte eine solche exzessive Steigerung des Körpergewichts Folgen. Youri Vlassov litt unter Herzproblemen, Jabotinsky unter einer Leberkrankheit, Serge Reding mit einer Gewichtzunahme bei einer Körpergröße von 1,73 m von 90 auf 140 kg erlitt einen Herzstillstand im Alter von 33 Jahren (L'Equipe, 29.9.1975).

3.5 Zusammenfassung und Schlussfolgerungen

Leistungsentwicklungen können, wie gezeigt wurde, erste Aufschlüsse vermitteln, die auf Doping bzw. auf pharmakologische Manipulation hinweisen. Dabei ist zu erkennen, dass modernes Doping – vor allem mit Anabolika – zunächst einmal eine Erfindung (und Anwendung) der führenden Sportländer war. Vorreiter waren wahrscheinlich die USA und möglicherweise auch die UdSSR, Länder wie die Bundesrepublik und die DDR folgten mit Zeitverzögerung nach.

Für den DDR-Leistungssport kann der Zusammenhang zwischen Doping und Leistungsentwicklung recht deutlich nachgewiesen werden. Für andere Länder ist der Zusammenhang weniger deutlich, zumal auch entsprechende Dokumente fehlen. Nicht wenige auffällige Leistungen wie die Kugelstoßresultate von Margitta Gummel 1968 sind zurecht – wie man heute nachweisen kann – auf die Verwendung von Anabolika zurückgeführt worden. Sowohl überragende Einzelleistungen als auch große Leistungsverbesserungen auf breiter Ebene sind meist eindeutig durch solche Formen der Manipulationen erklärbar. Der Radsport und die Leichtathletik spielten bei der Entwicklung von Missbrauchstechniken in der DDR eine Vorreiterrolle; am effektivsten war ihre Umsetzung aber wahrscheinlich im Frauen-Schwimmen.

Die Anabolikaverwendung begann in der Bundesrepublik Deutschland anscheinend spätestens mit dem Beginn der 60er Jahre mit der Marktzulassung von Dianabol. Die Tendenz zur Maxime „Der Erfolg heiligt die Mittel" war kein Spezifikum des DDR-Sports. Für Disziplinen und Sportarten im Westen, zu denen es deutliche Doping-Gerüchte gab, sind im allgemeinen ausgeprägtere Entwicklungen der Leistungskurven festzustellen als für nicht durch Gerüchte belastete, aber geringere als für die entsprechenden DDR-Kurven. D.h., Doping war im Westen wohl üblich, aber nicht mit der gleichen Struktur, Effektivität, Intensität und dem gleichen Organisationsgrad wie in der DDR.

Bestimmte Leistungszuwächse auf Doping zurückzuführen, bleibt jedoch weiterhin problematisch, und dies umso mehr, je individueller solche Zuwächse zustande gekommen sind. Wenn auch heute in vielen Bereichen die Verbindung von Doping und Leistungssteigerung beweisbar ist, so ist doch eine Verallgemeinerung solcher Annahmen ohne zusätzliche, eindeutige Hinweise nicht immer zulässig, manchmal sogar fahrlässig und sträflich.

Außergewöhnliche Leistungsentwicklungen können indes durchaus Anhaltspunkte zu weiteren Nachforschungen geben. Hierfür sind dann jedoch andere Forschungsinstrumentarien als Dokumentenanalyse notwendig, die natur- oder sozialwissenschaftlicher Art sein können. Plötzliche Leistungssteigerungen auf breiter Ebene wie in den Würfen der US-Athleten vor ca. 40 Jahren oder in vielen Ausdauerdisziplinen zu Beginn der 90er Jahre werden wohl zurecht auf die Verbreitung von Anabolika bzw. Erythropoietin zurückgeführt. Solche Leistungszuwächse auf breiter Ebene sind in weiteren Ermittlungsschritten durch vielfältige Untersuchungsmethoden kritisch zu überprüfen. Dabei ist jedoch immer auch zu berücksichtigen, dass nicht jeder Protagonist eines solchen Leistungsaufschwungs ein dopender Athlet sein muss – manchmal handelt es sich vielleicht einfach nur um einen besonders guten Athleten.

Eine weitergehende Überprüfung von Leistungsentwicklungen, z.B. durch gezielte Dopingkontrollen oder die Identifizierung neuer Dopingmittel- und Methoden durch verbesserte Analysemethoden sowie die zügige Erforschung ihrer Nachweisbarkeit, mag nicht nur zur Entlarvung von Dopingpraktiken oder anderen Formen der Leistungsmanipulation dienen. Solche Überprüfungen können auch der Untermauerung von Glaubwürdigkeit herausragender Leistungen dienlich sein, also auch im Interesse der Athleten selbst und des Schutzes ihrer Integrität liegen.

Neben den Leistungsentwicklungen haben wir in den Kapiteln zwei und drei vor allem Pressemeldungen und Veröffentlichungen benutzt, um allgemeine Entwicklungen aufzuzeigen und um Leistungsentwicklungen zu erklären. Dabei war zu sehen, dass mit dieser Vorgehensweise zwar schon ein recht gutes Bild von Entwicklungen und Ursachen der Dopingproblematik hergestellt werden kann. Nicht selten jedoch ist die Glaubwürdigkeit und Angemessenheit einer Meldung schwer überprüfbar, Faktisches ist häufig nur sehr schwer von Anekdotischem zu trennen. Mit Hilfe von Zeitzeugenbefragungen, kombiniert mit Literatur-, Quellen- und Dokumentenanalysen versuchen wir nun, diese Mängel am Beispiel der Dokumentation des Anabolikadopings in der Bundesrepublik Deutschland auszugleichen und zu einem differenzierteren Bild zu gelangen. Dabei wird deutlich werden, dass sich die sogenannte Dopingszene keineswegs einer wissenschaftlichen Erforschung verschließt, wie dies häufig gerne behauptet wird.

4 Anabolikadoping in der Bundesrepublik Deutschland

Das Doping mit anabolen Steroiden traf den bundesdeutschen Leistungssport nicht gänzlich unvorbereitet. Mit den Anabolika wurde aufgrund ihrer lange anhaltenden Wirkung und ihres enormen Einflusses auf die Entwicklung menschlicher Leistungsfähigkeit eine neue Qualität des Dopings in den Leistungssport hineingetragen. Das Phänomen des Dopings existierte allerdings vorher schon in erheblichem Maße. Vieles, was wir heute aus der Geschichte des Anabolikadopings wissen, hatte – mittlerweile weitgehend in Vergessenheit geraten – seine historische Entsprechung in der Verwendung von herkömmlichen Dopingmitteln wie den Stimulanzien und Aufputschmitteln. So war in den 50erJahren die Frage „Was feuerst du?" kein seltener Ausdruck. Die „schnelle Pulle" war in den Jahrzehnten zuvor ein Begriff, den praktisch jedes Kind gebrauchte. Auch Forschung und internationalen Wissenstransfer zur leistungssteigernden Wirkung von Substanzen gab es schon früh, wie das folgende, in einer französischen Sportzeitschrift im Jahr 1930 berichtete Beispiel zeigt:

> „Intensive Studien am pharmazeutischen Institut in Hamburg haben deutlich positive Effekte von Koffein für die sportliche Leistungsfähigkeit ergeben. Wiederholte Versuche an Menschen – mit einer Gruppe mit gedopten Sportlern und einer Kontrollgruppe, die 100 m laufen mußten – bewiesen die deutliche leistungssteigernde Wirkung von Koffein (drei bis vier Minuten vor dem Lauf als Kaffee getrunken oder injiziert)."

Gleichzeitig warnte der Autor vor schädlichen Nebenwirkungen und vor der Gefahr einer dadurch bedingten Verkürzung der Leistungssport-Karriere (Le miroir des Sports, n° 523, 28 janvier 1930, zitiert nach Sport et Vie, 59, Mars–Avril 2000, 66).

Ähnlich wie im Zeitraum zwischen 1970 und 1990 (und darüber hinaus) bei den anabolen Steroiden versuchten dopende Ärzte schon zu Beginn des 20. Jahrhunderts, sich in Bezug auf damals übliche Dopingmittel von Verantwortung rein zu waschen und den Eindruck zu erwecken, sie würden lediglich Schlimmeres verhüten:

> „Die wissenschaftliche Einstellung gegenüber Akohol (und anderen Drogen) wird in dem 1913 erschienenen Artikel ‚Sport und Stimulantien' des herausragenden Sportarztes Ferdinand Hueppe offensichtlich. Hueppe behauptet, daß das moderne Leben ohne Stimu-

lantien unmöglich ist und daß die Aufgabe des Arztes darin besteht, die schädlichen Substanzen durch harmlosere Alternativen zu ersetzen" (HOBERMAN 1994, 157).

Der amerikanische Autor John Hoberman, der sich um die Aufarbeitung der Geschichte des neuzeitlichen Dopings und des Anabolikamissbrauchs im Sport außerordentliche Verdienste erworben hat, weist mit Blick auf den Arzt Herbert Herxheimer auf ärztliche Rechtfertigungen hin, wie sie dem Beobachter der jüngeren Geschichte des bundesdeutschen Dopings sehr vertraut erscheinen. Herxheimer veröffentlichte 1922 in der Klinischen Wochenschrift einen Aufsatz „Zur Wirkung von primärem Natriumphosphat auf die körperliche Leistungsfähigkeit":

> „Dennoch, sagt er, sei die Frage, ob der Einsatz von Phosphaten im allgemeinen eine zu verteidigende Praxis im Sport ist, nicht vom Arzt zu entscheiden" (HOBERMAN 1994, 158).

Wer sich in der Folge wundern sollte, wie bestimmte Rollenträger im Sport bei der Rechtfertigung ihrer Verhaltensweisen beim Doping auf manche Kuriosität verfallen konnten: Es ist alles schon einmal da gewesen, die Rechtfertigungen ebenso wie die Vorhaltungen, denen sich z.B. dopende Ärzte ausgesetzt sehen:

> „Es ist höchst bedauerlich, daß diejenigen, die den Sport überwachen sollen, nicht die Energie zu haben scheinen, um gegen dieses Übel (Doping, d. Verf.) anzukämpfen, und daß sich eine lasche und verhängnisvolle Einstellung auszubreiten beginnt. Auch die Ärzte sind für diesen Zustand verantwortlich zu machen, zum Teil wegen ihrer Ignoranz und zum Teil, weil sie starke Pharmaka zum Zwecke des Dopings verschreiben, die ohne Rezept für Sportler nicht erhältlich sind" (OTTO RIESSER, Direktor des Pharmakologischen Instituts Breslau, 1933, zitiert nach Hoberman 1994, 156).

Die Entwicklung des westdeutschen Anabolikadopings, seiner Rechtfertigungen und Bekämpfung kann also nicht unabhängig von der Geschichte des Dopings insgesamt betrachtet werden. Ebenso wenig kann die Entwicklung des Anabolikamissbrauchs (darum handelte es sich medizinisch betrachtet und arzneimittelrechtlich auch schon vor dem offiziellen Verbot im Sport!) in der Bundesrepublik Deutschland losgelöst von jener im Weltsport gesehen werden. Daher erfolgt vor der näheren Beschäftigung mit anabolen Steroiden im Westsport zunächst ein kurzer Überblick über die Anabolikaerforschung und ihre frühen internationalen – medizinisch missbräuchlichen – Anwendungen im Sport.

4.1 Zur Geschichte der Erforschung und internationalen Frühanwendung anaboler Steroide

Dass männliche Hormone genutzt werden können, um sportliche Leistungen zu verbessern, wird bereits aus der antiken olympischen Geschichte berichtet (zur Geschichte des Dopings vgl. z.B. Prokop 1970). Die Wirkungsweise jener häufig so gerne ins Feld geführten, angeblich verzehrten Stierhoden in der antiken Athletik dürfte allerdings, falls überhaupt vorhanden, maßlos überschätzt worden sein. Solche Hinweise auf antike Vorbilder werden in der Geschichte des modernen Sports wohl eher dazu benutzt, eigenes abweichendes Verhalten als nicht gänzlich neu und innovativ erscheinen zu lassen.

Bereits Ende des 19. Jahrhunderts erschien einzelnen Forschern der Sport als ideales Experimentierfeld für Pharmaka. Den „erste(n) Vorschlag in der Geschichte ..., Sportlern hormonelle Substanzen zu injizieren, um ihre Leistungsfähigkeit zu steigern", datiert Hoberman auf das Jahr 1894:

> „Das Training von Sportlern bietet eine Gelegenheit für weitere Forschungsarbeiten in diesem Bereich und für eine praktische Beurteilung unserer experimentellen Ergebnisse" (ZOTH, zitiert nach Hoberman 1994, 174).

Bis zur Realisierung solcher Pläne vergingen aber noch einige Jahrzehnte, das männliche Sexualhormon Testosteron wurde erstmals 1935 isoliert (Hoberman 1994, 156). Kurz darauf

> „fanden Kochakian und Murlin bei kastrierten Hunden eine Zunahme des Körpergewichts nach Behandlung mit 'männlichem Hormon'. Jahre später beobachteten Veil u. Lippross bei älteren Männern eine körperliche Leistungssteigerung nach Applikation männlicher Keimdrüsenhormone" (HOLLMANN/HETTINGER 1990, S 253).

Von diesem Zeitpunkt an sollte die Verwendung anaboler Steroide im Sport nicht mehr lange auf sich warten lassen. Demole (nach de Mondenard 1996, 55) ahnte den Gebrauch u.a. von Hormonen über den strikt medizinischen Bereich hinaus bereits 1941 voraus, was durch die Feststellung von Kochakian und Stettner 1948 zusätzliche Plausibilität erfuhr. Sie berichteten, „daß Androgenbehandlung eine gesteigerte Proteinsynthese auslöse" (HOLLMANN/HETTINGER 1990, 257). Lartigue (nach de Mondenard 1996, 55) besaß 1948 schon konkrete Vorstellungen vom Auftauchen synthetischer Hormone – und von ihren Gefahren bei missbräuchlicher Anwendung im Sport:

> „Diese Antizipation kann einem sehr gewagt erscheinen. Aber das Problem wird sich irgendwann im Sport stellen. Unter medizinischen Aspekten wird die Frage der Schädlichkeit überhöhter Dosierungen mit Sicherheit Gegenstand von Diskussionen werden. In der Tat könnte die wiederholte Anwendung hoher Dosierungen von Hormonen oder von Vitaminen eine zweischneidige Waffe sein: Die Möglichkeit eines außerordentlichen Muskelzuwachses könnte zu Lasten des Herzmuskels oder der Gesundheit des Athleten gehen – vor allem, weil es Sportmedizinern schwer fallen dürfte, Athleten daran zu hindern, physiologisch wirksame Dosierungen ohne Schädigungsmöglichkeit weit zu überschreiten."

Diese aus damaliger Sicht vielleicht abenteuerlich anmutende, in der heutigen Optik durch ihren Realitätssinn beeindruckende Prognose hatte offenbar zum Zeitpunkt der Aussage bereits einen konkreten Wirklichkeitsbezug. Spätestens um 1950 herum sollen an der amerikanischen Westküste Bodybuilder mit Testosteron experimentiert haben, und

> „schon in den vierziger Jahren sprach es sich unter Bodybuildern und Leistungssportlern herum, daß derartige synthetische Hormone den Aufbau der Muskulatur beschleunigen und ein intensiveres Training ermöglichen" (HOBERMAN/YESALIS 1995, 87).

Das wissenschaftliche Interesse an der Nutzung von männlichen Sexualhormonen zu medizinischen Zwecken war so groß, dass die Verwendung im Sport nur noch eine Frage der Zeit war: „Im Jahre 1941 erbrachte ein Ausdauertest von Männern unter Testosteron ein positives Ergebnis" (HOBERMAN/YESALIS 1995, 86; vgl. umstrittenerweise konträr dazu Jakob et al. 1988). Zu den Skurrilitäten dieser Hormon-Pionierforschung zählte sicherlich der Versuch, mit Testosteron Homosexualität „heilen" zu wollen. Ein Fehlschlag, wie sich bei einem Versuch mit (zum Test gezwungenen) Probanden herausstellte, da in mehreren Fällen lediglich eine Libido-Steigerung zu verzeichnen war, nicht aber die angestrebte Heterosexualität der Versuchspersonen (Hoberman/Yesalis 1995, 86).

Die Anabolikaforschung der 50er Jahre war bestrebt, mit der Herstellung synthetisch produzierter Derivate des Testosterons das Verhältnis androgener zu anaboler Wirkung zugunsten der anabolen Wirkungsweise zu verschieben. Die Suche nach solchen Medikamenten war für die Behandlung Schwerkranker aufgrund reduzierter schädlicher Nebenwirkungen bedeutsam. Ein Forschungsbericht von Junkmann/Suchowsky (1962), die einen Vergleich verschiedener anaboler Steroide vornahmen, verdeutlicht die in Tierversuchen umfangreich erfolgte Suche nach weniger schädlichen Mitteln für die medizinische Anwendung:

> „Die Schwierigkeiten des Nachweises einer Dissoziation der anabolen und der androgenen Wirkung bei den anfänglich als Anabolica empfohlenen Derivaten des Testosterons schienen zunächst den Kritikern der Verwendung des Levator ani als Testobjekt Recht zu geben. Als jedoch 1953 im 19-Nor-testosteron ein Steroid mit deutlich abgeschwächter androgener bei nahezu erhaltener anaboler Wirkung aufgefunden wurde ..., sind die Einwendungen immer seltener geworden. Auch wir hatten erst geglaubt, daß androgene und anabole Wirkung ziemlich untrennbar gekoppelt seien, haben uns aber am Beispiel des Nor-testosterons überzeugt, daß eine gewisse Trennung beider Wirkungen möglich ist" (JUNKMANN/SUCHOWSKY 1962, 8)[1].

Lartigue sollte in seiner Annahme von 1948 noch in derselben Olympiade bestätigt werden, denn im olympischen Leistungssport fand Testosteron wahr-

---

[1] Wir danken der Firma Grünenthal für die Bereitstellung von Literatur zum Thema.

scheinlich schon 1952 durch russische Gewichtheber in Helsinki Verwendung (de Mondenard 1996, 57). Und spätestens bei den Weltmeisterschaften der Gewichtheber 1954 in Wien erfuhren russische Athleten offenbar bereits die Schattenseiten des Hormonmissbrauchs – nämlich schwere schädliche Nebenwirkungen:

> „And it was evident that Soviet athletes were not only 'using straight testosterone' but 'abusing the drugs heavily,' even to the extent of 'having to get catheterized!' (FAIR 1993, 4; bezugnehmend auf Goldman 1984).

Spätestens 1954 wurde dann auch in den Vereinigten Staaten Testosteron an Athleten verabreicht. Der Arzt John Ziegler, der später als „Father of Dianabol" gelten sollte (Fair 1993, 2), experimentierte mit Unterstützung der Pharmafirma CIBA ebenfalls damit: zunächst bei schwerkranken Patienten, dann bei sich selbst und – nach den Erfahrungen bei der WM in Wien – auch bei Athleten:

> „ ... Grimek recalls that Ziegler, who 'really wanted to be in research, was working on his off days for CIBA pharmaceutical company which was supplying him with testosteron for experimental purposes. It also provided him with books and records from Germany where similar experiments were carried out by the Nazis. Zieglers first application, according to Grimek, was on an appendextomy patient. Then he treated a burn victim and even administered doses to himself. By the time Grimek met him, Ziegler was giving testosterone injections to fellow trainees in Silver Spring" (FAIR 1993, 4).

Die Erfahrungen Zieglers mit Testosteron waren in Bezug auf Leistungssteigerungen anscheinend wenig zufriedenstellend. Dass die Verwendung von Anabolika in den 50er Jahren noch keine derartigen Dimensionen annahm wie im darauffolgenden Jahrzehnt, lag wohl auch daran, dass oral verabreichtes Testosteron aufgrund einer geringen Halbwertszeit nur begrenzt wirksam war. Ziegler soll laut den Aussagen von Fairs Gewährsmann John Grimek Abstand von seinen Testosteronversuchen genommen haben. 1959 jedoch sei John Ziegler, auf Veranlassung der Pharmaindustrie, wieder als Steroidverabreicher tätig geworden.

> „He (Grimek, d. Verf.) recalls that CIBA asked Ziegler, if he wanted to try these steroids (Dianabol, d. Verf.) on athletes, since they knew he got involved with the lifters" (FAIR 1993, 6).

Die vielgeäußerte Ansicht, dass die Verwendung von Anabolika im internationalen Sport ihren Ursprung in den USA hat, vertreten auch Hollmann und Hettinger (1990, 257), leider ohne Angabe der Mittel und entsprechender Quellen:

> „Die Benutzung von Anabolika im Hochleistungssport geht auf US-amerikanische Spitzensportler in der zweiten Hälfte der 50erJahre zurück."

Auch Dirk Clasing, der 1977 den Begriff der „praktischen Toleranz" zur Frage der Anabolika in der Bundesrepublik prägen sollte, verweist auf eine früh verbreitete internationale Anwendung:

> „Seit Mitte der 50erJahre werden androgene/anabole Wirkstoffe im Leistungs-/Hochleistungssport eingesetzt. Seit den Olympischen Spielen (OS) 1960 in Rom sind diese Wirkstoffe (damaliger Marktführer Dianabol) im Hochleistungssport so weit verbreitet, daß in den Disziplinen, bei denen Kraft und Schnellkraft leistungsbestimmende Faktoren sind, kein Weltrekord und keine große Leistung ohne medikamentöse Unterstützung erbracht worden sein sollen" (CLASING 1992, 1531 f.).

Wie Clasing in einem Schreiben an die Autoren bemerkte, sind diese Äußerungen so zu verstehen, dass das Jahr 1960 den Beginn eines Zeitraumes markiere. Es sei nicht gemeint, dass bereits 1960 kein Weltrekord und keine große Leistung mehr ohne Anabolika erbracht worden seien.

4.2 Anabolikaverwendung im bundesdeutschen Sport

> „Ihr könnt sicher sein: Wenn Sportler zusammensitzen und jemand sagt, es gibt ein ganz neues Mittel, das garantiert nicht nachgewiesen werden kann – da sitzt jeder da und sagt: interessiert mich nicht. Aber hellwach ist er, das ist der Sport. Entweder er schreibt es auf oder merkt es sich, aber er geht der Sache mal nach. Der normale Sportler wird hellwach, der Sportler ist in dem Geschehen, siegen zu wollen, was man nicht kriminalisieren darf. Er will schnell raus (aus dem Startblock, d. Verf.)."

Diese Aussage eines ehemaligen Spitzensportlers mag für einen bestimmten Sportlertypus für alle Zeit Gültigkeit haben. Sie gilt sicherlich auch für die Anfangsjahre der Anabolikaverwendung im internationalen Sport und im Sport in der Bundesrepublik. Allerdings dürfte es sich bei frühen Anwendungen eher um ein relativ unsystematisches Ausprobieren gehandelt haben, das noch nicht unter dem Aspekt des Dopings bzw. unter dem Gesichtspunkt verbotener Handlungen zu diskutieren war und es auch in der Innenansicht der Anwender nicht gewesen sein dürfte. Dies sollte sich erst in den späteren 1960er Jahren ändern, als Anabolika zwar auch noch nicht explizit verboten waren, jedoch bei Anwendern offenbar selbst in diesem Ruf standen.

4.2.1 Anfängliche Anwendung bei Männern

Vereinzelt weisen Zeitzeugen aus dem Bereich der Leichtathletik darauf hin, dass erstes Wissen um Präparate zur Förderung des Muskelwachstums in der Bundesrepublik schon vor 1960 vorhanden gewesen sei.

> „1957 herum, damals war ich Pharmaziestudent, habe ich, aus Jux, um Kräfte zu kriegen, ein Präparat (das Testosteronpräparat Perantren, d. Verf.) ein paar Mal genommen und habe das dem Vereinsarzt gesagt. Da hat er gesagt: Bist du denn wahnsinnig? Du wirst

irgendwann impotent werden .... Er hat mir gesagt, ich soll mich unterstehen, das noch mal zu nehmen, was ich dann tunlichst vermied."

Ein anderer Zeitzeuge will sogar bereits 1956 in einem süddeutschen sportmedizinischen Zentrum Anabolika erhalten haben:

„Und in dem Jahr kam gerade ein Präparat auf den Markt, ein Anabolikum. Das lief unter einer, ich weiß die Nummer nicht mehr, das hieß F 213 oder so, kam aus der Schweiz, war noch im Probestadium, war ein Mittel, das den Muskelquerschnitt vergrößert hat, muß also ein Anabolikum oder ein Vorläufer gewesen sein. Noch nicht unter einem Verkaufsnamen. Ein, zwei Jahre später tauchte es dann unter Dianabol auf."

An dieser Stelle zeigt sich jedoch die Problematik der Zuverlässigkeit von Zeitzeugenaussagen, die auf Erinnerungen an weit zurückliegende Ereignisse beruhen. Denn Dianabol kam in Deutschland erst 1960 (in Ampullenform 1965) auf den Markt, womit der Boden für die Verbreitung im Leistungssport dann allerdings relativ rasch bereitet war.

„Ab 1960, da hatte man mal irgendwas gehört. Da fiel der Name ... (Name eines Arztes), da fiel der Name eines Sprinters; Radfahrer, da kam ein bißchen was rüber."

Zwischen 1956 und 1960 – so berichtet jener Zeitzeuge, der 1956 Anabolika erhalten haben will – habe eine anfängliche Verwendung von Anabolika in Westdeutschland stattgefunden:

„Ja, mit wenigen hat man drüber schon gesprochen, und in den ersten Jahren, sagen wir von '56 bis '60, spielte es keine gravierende Rolle. Es hat ein paar Aktive gegeben, die diese neuen Präparate ausprobiert haben, von den meisten von uns, die akademisch ausgebildet wurden, wurde das abgelehnt. Aber nicht aus ethischen Gründen, sondern weil man das für Humbug hielt, für nicht wirksam. Wir glaubten nicht, daß das irgendwas bewirken könnte."

Derselbe Zeitzeuge verweist auf erste Beobachtungen morphologischer Veränderungen bei einigen Athleten bei den Olympischen Spielen 1960 (vgl. dazu die Diskussion in der DDR bei Spitzer 1998), die man auf die Verwendung von Anabolika zurückgeführt habe: „Es ist sogar so gewesen, ..., dass man sogar 1960 schon in Rom gestaunt hat über einige Athleten." Eine initiierende Rolle bei der frühen Anwendung von anabolen Steroiden über den reinen Kraftsportbereich hinaus scheint die Verbreitung des Krafttrainings um das Jahr 1960 herum gespielt zu haben.

„Bis 1960 hat man ja geglaubt, wenn man jemand organisch trainiert, reicht das aus. ... Aber als man das dann merkte, da wird was gemacht, da kam das dann als Vorwurf, aber nicht ethischer Art, sondern dahingehend: das müßten wir jetzt auch mal machen. Wir arbeiten falsch. In dem Sinne wurde man sich nicht bewußt über Doping. Zu diesem Zeitpunkt gab es wirkliche Bedenken moralischer Art ganz wenige."

Westdeutsche Forschung auf dem Gebiet pharmakologischer Unterstützung des Muskelwachstums aus sportmedizinischer Sicht setzte mit dem Vorlauf im Tierversuch Ende der 50er Jahre ein, wie ein Bericht Wildor Hollmanns vom panamerikanischen Sportärztekongress in Chikago am 1. und 2. September 1959 zeigt:

> „Dr. Th. Hettinger vom Dortmunder Max-Planck-Institut, der sich seit einem Jahr in den USA aufhält, sprach über seine Untersuchungen über die Möglichkeiten eines Muskeltrainings. ... Neu war den Amerikanern vor allem das hier bereits bekannte Experiment, wonach im Tierversuch bei maximal trainierten Tieren ein weiteres Muskelwachstum durch Gaben von männlichem Sexualhormon zu erzielen ist" (HOLLMANN 1959, 302).

Kurz darauf erfolgte 1959 in Köln ein Versuch mit älteren Männern zwischen 65 und 75 Jahren, bei dem Hettinger eine Verdoppelung der Trainingsgeschwindigkeit, also der Kraftzunahme in einem bestimmten Zeitraum feststellte. Auch Auswirkungen auf Kreislauffunktionen konnten durch Hettinger nachgewiesen werden:

> „In der Vorperiode war, wie zu erwarten, kein Effekt nachweisbar, während es im Verlauf der Testosterongaben gelang, die Belastbarkeit des Kreislaufs um rund 50 Prozent zu erhöhen. Anhand einer Analyse durchgeführter Testverfahren konnte nachgewiesen werden, daß die Zunahme der Belastbarkeit des Kreislaufs nicht durch periphere Gefäßveränderungen, sondern auf eine Zunahme der Leistungsfähigkeit des Herzens selbst zurückzuführen war. Es war also auch zu einer Hypertrophie des Herzens gekommen" (HETTINGER 1965, 125-132).

Etwa zum gleichen Zeitpunkt, so berichtet ein Zeitzeuge und ehemaliger Weltklassesportler, habe er als junger Athlet gerüchteweise erstmals etwas von Anabolikaverwendung im Sport mitbekommen:

> „Ich war damals in der Bundeswehr zusammen mit ... (Name eines bekannten Sportlers), mit ... (Name eines anderen Sportlers). Ich war damals ein ganz kleiner Sportler, der so rumkrebste. Ich war 1959 oder 1958 deutscher Juniorenmeister. Da habe ich irgendwie mitgekriegt, ich glaube, da war der Arzt ... (Name des Arztes), das war so die Geschichte Radfahren, Boxen, da hörte man zum ersten Mal, da gibt es was, aber da war noch überhaupt nichts (Konkretes, d. Verf.). Dann kam 1960 Rom. Da kam ich in die Gespräche mit rein und habe mitgekriegt, irgendwas muß da laufen. Damals kam das so ein bißchen hoch. Aber ich weiß von nichts, ich würde es sagen. 1964 nach Tokio kam die Geschichte rüber. 1965/66 mußte jeder Athlet was mitbekommen, daß da was lief."

Wie Hollmann der Frankfurter Allgemeinen Zeitung (7.12.1990) mitteilte, wurde von Athletenseite 1960 mit Anabolika experimentiert. Er bestätigt damit die Aussagen mehrerer Zeitzeugen:

> „Einige Sportler seien schon damals zu ihm gekommen und hätten ihm von ihren Erfahrungen mit leistungsfördernden Mitteln berichtet."

Die verstärkte Anwendung des Krafttrainings ab ca. 1960 und die Entdeckung der Anabolika als leistungsfördernde Mittel führten in den folgenden Jahren zu einer ersten Ausbreitung. Insbesondere Kontakte mit amerikanischen Athleten scheinen bei der Verbreitung der Anabolika in der Bundesrepublik eine wesentliche Rolle gespielt zu haben, wie ein ehemaliger Trainer erklärt:

> „So als erstes handfestes Gerücht habe ich es bei der Universiade ... erlebt, das war ein Jahr vor den Olympischen Spielen 1964. Da kamen unsere Sportler auf uns zu und sagten: Hör mal, die amerikanischen Schwerathleten, daß da Doping, Anabolikamedikamente im Spiel seien. Und in den folgenden Jahren ging das wie eine Infektion unter den Sportlern rum und mußte auch gar nicht geheim gehalten werden, sondern die haben gesagt: Ich nehm das, weil das ja weit weg von Doping war."

Eine sportwissenschaftliche Beschäftigung mit der Wirkungsweise von männlichen Sexualhormonen war mit konkretem Bezug auf den Hochleistungssport in den frühen 60er Jahren mit Ausnahme des o.a. Sportarztes aus der Radsportszene offenbar noch nicht bzw. allenfalls auf individuelle ärztliche Initiative mit therapeutischer Zielsetzung (Prokop 1962) gegeben, da auch die Erforschung des hormonellen Geschehens bei Leistungssportlern noch weitgehend Zukunftsmusik war, wie ein Beitrag von Herbert Reindell in der Zeitschrift „Der Sportarzt" zeigt:

> „Da die Anpassungserscheinungen bei sportlicher Belastung sich auf den ganzen Körper erstrecken, sollen zusätzlich zu den Untersuchungen an Herz, Kreislauf und Atmung in den nächsten Jahren die Veränderungen des hormonalen Systems bei sportlicher Belastung untersucht werden" (REINDELL 1960, 251 f.).

Diese Zeitschrift warb indessen per Anzeige fast das ganze Jahr 1961 über für das Hormonpräparat TESTICOMB (Testosteronproprionat):

> „Indikation: Kombination von gonadotropem und androgenem Hormon zur sicheren Behandlung der Impotenz des Mannes" (Der Sportarzt 10/1961).

Zu den frühesten Warnern vor der Verwendung leistungsfördernder Hormone zählte der österreichische Sportmediziner Ludwig Prokop. Bereits 1962 (249 f.) ordnete er die „Gruppe der Hormone, vor allem der Keimdrüsen- und Nebennierenrindenhormone" zu den „am häufigsten verwendeten Mitteln" beim Doping ein:

> „Letztere können bei ausgesprochenen Erschöpfungszuständen und im Übertraining manchmal sogar ärztlich indiziert sein. Der durch bedenkenlose Dosierung mitunter sehr große Eingriff in fast alle Körperfunktionen macht ihre Anwendung allerdings sehr problematisch."

Prokop sah somit auch die Verwendung von Anabolika als Doping an und war mit dieser Einschätzung westdeutschen Kollegen wie Joseph Keul um eineinhalb Jahrzehnte voraus.

4.2.2 „Flächendeckende" Verwendung in bestimmten Disziplinen und Sportarten (1964 bis 1968)

Spätestens bei den Olympischen Spielen 1964 in Tokio wurden körperliche Veränderungen amerikanischer Leichtathleten für westdeutsche Sportler – und nicht nur für die Werfer – evident. Zudem sorgten plötzliche Leistungssteigerungen für Aufsehen, Neugier und Interesse, wie ein Zeitzeuge berichtet:

> „Da hat man Entwicklungen plötzlich gesehen, da kamen die kleinen weißen Pillen, da wurde immer gemunkelt und gemacht. Da hat man auch Professoren gefragt, die man kannte und mit denen man persönlich befreundet war. ... Denen hat man gesagt, lass das mal untersuchen, was ist das eigentlich? Dann kam zurück, es gibt hohe Vitamindosen, Spurenelemente. Aber dann kam auch, das ist ein Anabolikum, Dianabol. Das kannst du aber vergessen, das ist für alte Menschen."

Die Meinungen über die Wirkungsweise der Anabolika scheinen – obwohl schon vermehrt in der Praxis angewendet – stark auseinander gegangen zu sein, wobei die Praxis die Skeptiker bald widerlegte:

> „Viele rieten ab, viele sagten aber auch: du kannst mir sagen, was du willst, da ist was dran. Ab und zu hat man dann mal eine Tablette genommen, und dann ging es immer um die Geschichte mit Milligramm, fünf oder zehn ... So fing das damals an. Das war so 1964."

Eine eingehende sportmedizinische Beratung dürfte in dieser Zeit kaum an der Tagesordnung gewesen, ein sportpolitisches Interesse an der Verwendung von Anabolika durch Funktionäre oder Politiker auszuschließen sein. Nicht selten aber scheinen Anabolika über medizinisches Fachpersonal in Athletenhände gekommen zu sein, die die Mittel dann auf Selbstversuchsbasis konsumierten. Dies berichtet ein ehemaliger Werfer:

> „Ich habe einmal für drei, vier Tage eine halbe Fortabol genommen. Es war wahrscheinlich zu wenig. Das war nach den Deutschen Meisterschaften 1966. Jemand hat mir das über einen Arzt in ... (Name der Stadt) besorgt."

Eine Dopingdiskussion in Bezug auf Anabolika fand zu dieser Zeit unter Sportlern anscheinend noch nicht einmal ansatzweise statt.

> „Der Sportler, ... , hat gesagt: okay, ich hab hier 'ne Handvoll und jetzt probier ich mal. War nicht verboten und folglich auch keine diskreditierende Handhabung."

Die ärztliche Diskussion um Dopingmittel drehte sich zu diesem Zeitpunkt fast ausschließlich – aufgrund verschiedener durch Doping mit Amphetaminen verursachter Todesfälle – um Aufputschmittel. So wendeten sich Keul, Reindell, Roskamm und Weidemann (Der Sportarzt 2/1966, „Hauptthema Doping") in einem engagierten Aufsatz gegen Doping mit Aufputschmitteln, in dem sie sowohl medizinisch aufgrund der Schädigungsgefahr als auch sportethisch argumentierten. Die Frage, ob Anabolika zu den Dopingmitteln zu zählen seien, ob man sie verwenden, empfehlen oder ihre Anwendung ärztlich betreuen sollte, war zu diesem Zeitpunkt – von Prokops Einschätzung abgesehen – kaum andiskutiert. Von einem geschlossenen Meinungsbild war die Sportmedizin noch weit entfernt, wohl aber erwuchs Forschungsbedarf, wie ein Beitrag des Sportarztes G. Orzechowski belegt:

> „Über die Wirkung von Hormonen als Dopingmittel möchte ich mich hier nicht verbreiten, weil dazu spezielle sportärztliche Erfahrungen erst die Fragestellungen bieten" (ORZECHOWSKI 1966, 47).

Im Rückblick wird das Schweigen der Ärzte von damaligen Athleten heute bisweilen kritisiert. Den Ärzten wird zwar von den durch uns befragten Zeitzeugen zumeist keine unmittelbare Schuld an der in diesen Jahren einsetzenden verhängnisvollen Entwicklung zugeschrieben, kritisiert wird jedoch ihre passive Haltung:

> „Einen Akteur unter den Ärzten kenne ich nicht. ... Wahrscheinlich haben die Ärzte damals auch einen Fehler gemacht, wie die Funktionäre auch. Sie haben gehört, gewusst, aber sie haben nie die Initiative ergriffen und gesagt: wir Sportärzte setzen uns mal zusammen, wir wissen, dass es dieses Thema gibt und machen eine grobe Verhaltensregel. Was sagen wir unseren vielen Athleten, wenn sie kommen? Sollen wir ihnen unaufgefordert sagen, bitte nehmt keine Anabolika, du kriegst Riesenpotenzprobleme, Riesenschäden, bitte nimm es nicht. Es hilft nichts, mach es nicht. Das haben sie nicht gemacht."

Anschauungsunterricht über die Wirkungsweise von Anabolika hatten westdeutsche Athleten von amerikanischen Sportlern auf breiter Basis spätestens ab etwa 1963 erhalten. Davon, wie verbreitet Anabolika in den USA zu diesem Zeitpunkt und in den darauffolgenden Jahren schon waren, konnten sich deutsche Stipendiaten – wie ein nach seiner Aussage zu diesem Zeitpunkt (1965) noch nicht mit Anabolika konfrontierter Zeitzeuge – an US-Universitäten ein Bild machen:

> „Dort habe ich eine Situation angetroffen, die sich völlig von der bei uns unterschieden hat. Natürlich habe ich Doping in den USA angetroffen. Das war damals kein Doping, das waren Medikamente, die nicht verboten waren, Anabolika waren ja nicht verboten.

Aber dadurch, dass Anabolika bei uns überhaupt nicht im Gespräch waren[2], kam es, dass man sich gefragt hat, wie es kommt, dass die Amerikaner einen derartigen Leistungsvorsprung in allen Disziplinen haben, sowohl im Schwimmen als auch in der Leichtathletik, und wir Europäer insbesondere in den Wurfdisziplinen hinterherhinken. Und da wurde ich dann konfrontiert mit der Sache. ... Das große Defizit war bei mir die Kraft, und dann haben die angefangen, mit mir Krafttraining zu machen, das war so was von mörderisch. Aber die Begleiternährung hat damit natürlich überhaupt nicht Schritt gehalten. Folglich ging es nicht vorwärts. Dann hat der Trainer festgestellt, dass die Verhältnisse nicht leistungsfördernd sind. Eines Tages hat er dann gesagt, da gibt es solche Dianabol, er würde es mir besorgen und ich sollte es mal probieren. ... Ich habe gemerkt, als ich diese Dinge genommen habe – maximal 10-15 Milligramm, anfangs fünf –, dass es bei mir unheimlich schnell gewirkt hat, dass ich unheimlich stark geworden bin."

4.2.3 „Flächendeckende" Verwendung in vielen Sportarten und Beginn des Frauendopings mit Anabolika (1968 bis 1976)

Vieles spricht dafür, dass sich die Vergabe der Olympischen Spiele 1972 an München im Jahr 1967 für die Anabolikafrage nicht nur in der DDR, sondern auch in der Bundesrepublik problemverschärfend auswirkte. Aber bereits zum Zeitpunkt der Olympischen Spiele in Mexiko 1968 war die Problematik beträchtlich expandiert – nun erstmals auch sichtbar für die Öffentlichkeit. Dass der Missbrauch von Anabolika schon weite Verbreitung gefunden hatte, wurde für viele Beobachter nun immer klarer: „Wer schneller bessere Muskeln braucht, kennt das Verstärkungsmittel und nimmt es." Wie nie zuvor in der Sport- und Sportwissenschaftsgeschichte waren die Olympiateilnehmer offenbar auf diese Olympischen Spiele wissenschaftlich vorbereitet worden. „Präparate, mit denen die roten Blutkörperchen vermehrt werden konnten und damit die Sauerstoffaufnahme", seien entwickelt worden: „Die Höhe Mexikos wurde wissenschaftlich überwunden" (Deutsche Olympische Gesellschaft 1968, 274).

Wie eine immer umfangreicher werdende ärztliche Unterstützung der Athleten, Medikamentenentwicklung, sportmedizinischer Pioniergeist und zunehmende Behandlungswut verschiedener Mediziner die Entwicklung zum Medikamentenmissbrauch und – wenngleich häufig vielleicht ungewollt – auch zum Doping angeheizt haben, war 1968 bereits sichtbar. Nicht immer aber geriet medizinische Betreuung zum Segen der Leistungen der Olympioniken. Ein Leichtathlet, der in Mexiko wegen einer kurz vor dem Wettkampf zugezogenen Verletzung nicht an den Start gehen konnte, führt dies auf die ärztliche Weisung, wenig zu trinken, zurück: „Der Sportler muss trocken sein" (persönliche Mitteilung eines ehemaligen Athleten). Ein anderer Zeitzeuge sieht sich als Opfer ärztlicher Ex-

---

[2] Wenn ein Zeitzeuge erklärt, dass zu einem bestimmten Zeitpunkt hierzulande noch „nichts gelaufen" sei, muss dies aus der speziellen Optik dieser Person gesehen werden. Denkbar ist schließlich auch, dass Anabolika zur Anwendung kamen, ohne dass dies einem solchen Zeitzeugen bekannt geworden wäre.

perimentierfreude und schreibt dieser Mentalität eine Rolle bei der Entwicklung der Anabolikaproblematik zu:

> „Die Sportärzte haben damals Cortison gespritzt ohne Ende, ich glaube, viele Verletzungen kamen von Cortison. Meine Verletzung 1968 kam von einem Abführmittel, das dann verboten wurde. Ich bin damals mit ... (Name des Arztes) auf die Nase gefallen, ich Idiot. Das Mittel wurde später verboten, ich habe es prophylaktisch gegen Dünnschiss bekommen. Der Arzt sagt, sie hätten damals nicht gewusst, dass es Nebenwirkungen gibt. Zack kriegte ich eine Zerrung. Die Ärzte haben damals auch, nicht versagt, aber sagen wir mal – da gibt es eine Mentalität der Substitution, da kommt es leichter auch zu Anabolika."

1968 veröffentlichte Manfred Steinbach die erste westdeutsche Anabolika-Studie im Sport, in der er feststellte: „Es steht außer Zweifel, dass wir es hier mit einer Variante des Dopings zu tun haben ..." Steinbach verstand „unter Doping den Versuch einer medikamentösen Leistungsbeeinflussung" und „nicht nur die aktuelle Aufputschung" (STEINBACH 1968, 486). Steinbach, zu dieser Zeit als Sportarzt und Trainer tätig, berichtet von einem offenbar verbreiteten Wissen um die Wirkung von Anabolika:

> „Viele der besten Sportler glauben ziemlich fest daran, daß manche aufsehenerregende Leistung unserer Tage unter Beteiligung entsprechender Präparate erzeugt ist, zumal in Einzelfällen auch schier unfaßbare Aufbesserungen im Körperbau imponieren. In erklärlicher Sorge, nun ins Hintertreffen zu geraten, wird der Sportarzt ständig mit entsprechenden Wünschen von den Athleten angegangen" (STEINBACH 1968, 486).

Die „ansteigende Tendenz im Spitzensportbereich, anabolische Substanzen einzunehmen" war für Manfred Steinbach (1968, 490) Anstoß seiner – ethisch fragwürdigen[3] – Untersuchung mit 125 Jugendlichen sowie einigen erwachsenen Spitzenathleten des USC Mainz, bei der festgestellt wurde:

> „Eine signifikante Beeinflußung von Körpergewicht und Kraft ist durch Anabolica möglich, besonders intensiv bei gleichzeitigen Trainingsreizen."

Seine Schlussfolgerung wurde von der Praxis und von manchen Ärztekollegen jedoch in der Folge ignoriert:

> „Anabolica zählen nun einmal zum Doping, darum und aus Gründen der aufgezählten Schädigungsmöglichkeiten kann der Athlet nicht genug vor der Einnahme derartiger Präparate gewarnt werden, insbesondere wenn er in der Annahme, es mit absolut harmlosen Substanzen zu tun haben, kritiklos und über lange Zeit unzuträgliche Dosierungen auf eigene Faust riskiert" (STEINBACH 1968, 490).

---

[3] Steinbach erklärte später, dass er solche Untersuchungen nicht wiederholen würde und dass er anderen Forschern von ähnlichen Vorhaben abgeraten habe.

Steinbach beendete die Zeit des ärztlichen Schweigens zum Anabolikaproblem in der Bundesrepublik. Einer breiteren Öffentlichkeit wurde die Problematik jedoch erstmals durch den "ZEIT"-Artikel von Brigitte Berendonk 1969 zugänglich gemacht. In einer aus der heutigen Sicht erstaunlich frühen Klarheit machte sie Angaben über Verbreitung der Anabolikaverwendung international und national:

> „Nahezu alle Zehnkämpfer der Weltklasse nehmen die Pille, 90 Prozent der Werfer, Stoßer und Gewichtheber, etwa die Hälfte der Springer und Sprinter, und auch bei den Ruderern, Schwimmern und Mannschaftsspielern wird sie immer beliebter" (Die Zeit, 5.12.1969).

Auch wenn exakte Angaben über das Ausmaß der nationalen oder internationalen Anabolikaverwendung immer problematisch bleiben werden, zeichnen sich Berendonks für den damaligen Zeitpunkt überraschend hohen Prozentschätzungen durch ein hohes Maß an Plausibilität aus – auch bezogen auf die Situation in der Bundesrepublik, wie verschiedene Zeitzeugeninterviews zeigten. Sie wies, ebenfalls zutreffend, wie sich später etwa am Beispiel der DDR-Kugelstoßerin Margitta Gummel herausstellen sollte (Berendonk 1992, 131 ff.), auch auf erste Anwendungen der Anabolika im Frauenbereich hin.

Bereits Ende der 60er Jahre scheint es für einen bundesdeutschen Werfer kaum noch möglich gewesen zu sein, ohne Anabolika konkurrenzfähig zu sein, jedenfalls scheinen dies die meisten Athleten selbst so gesehen zu haben – aber auch andere Personen im Handlungsfeld Sport:

> „Im Uni-Wohnheim hat ein Läufer der DLV-Klasse gewohnt, der hat mir die ersten Anabolika gezeigt, die haben wir dann aufgeschnitten, jeder hat eine halbe bekommen. Als ich mich dieses eine Jahr alleine vorbereitet hatte, bekam ich eine Geburtstagskarte von einem späteren Bildzeitungsredakteur, ... der hat aus Witz geschrieben: Die Geburtstagspackung Dianabol kommt später, weil er wohl gemeint hat, so kann man sich nur verbessern, wenn man was genommen hat. Da habe ich mich erst erkundigt, was das ist, und als ich das gehört habe, war ich so empört wie noch nie in meinem Leben."

Auch in der Bundesrepublik hatte die Verwendung von Anabolika in bestimmten Disziplinen flächendeckende Ausmaße angenommen. Dass auch junge Athleten bereits zu diesem Zeitpunkt fast zwangsläufig mit Anabolika in Berührung kamen, liegt auf der Hand. Dabei bezogen sie erstes Know-how nicht mehr nur aus Werferkreisen, wie ein ehemaliger Kugelstoßer berichtet:

> „Im Winter 1969/70 wurde ich im Sportinstitut ... (Name der Stadt) von Sprintern aus ... (Name der Stadt) darauf aufmerksam gemacht, dass man heutzutage im Leistungssport so was zu nehmen hat, es nähmen alle, die Chancengleichheit wäre damit wiederhergestellt. ... Da habe ich zum ersten Mal davon gehört, und in ... (Name der Stadt) kam das dann von allen Seiten. Es war ja da niemand, der mich verführen wollte aus böser Absicht, sondern aus Freundschaft."

Eine gängige Variante der Beschaffung rezeptpflichtiger Medikamente scheint zu jener Zeit ein sympathisierendes, häufig nicht unmittelbar mit Leistungssport befasstes medizinisches Fachpersonal ermöglicht zu haben:

„Der Bundestrainer ... hat damals viel weniger zu uns gesagt als das ganze andere Umfeld, das interessiert war. Alle Ärzte aus der Basketballabteilung haben mir angeboten, Dianabol zu besorgen. Es gab keinerlei Unrechtsbewusstsein, es gab auch nicht irgendwie so was Diabolisches dahinter."

Ein anderer Zeitzeuge will seine ersten Dianabol-Tabletten bei der Bundeswehr erhalten haben:

„Ich hatte einen Bekannten im Sani-Bereich, den hab' ich drauf angesprochen: Habt ihr so was? Er sagte, ich sehe mal nach. Der hat mir dann so eine 100er-Packung Dianabol besorgt. Die habe ich dann in diesem Winter 70/71 mir zugeführt."

Der selbe Zeitzeuge will seinen individuell initiierten und gestalteten Anabolikakonsum später über zwei verschiedene Kanäle ermöglicht haben, die in keiner oder zumindest in keiner direkten Verbindung mit dem Leistungssport stehen:

Zum einen hatte dieser ehemalige Athlet sich nach einem durch eine längere Krankheit bedingten Trainingsrückstand in zwei Fällen Rezepte von seiner Hausärztin verschreiben lassen:

„Da habe ich ihr die Sache erklärt, ob sie mir das verschreibt, und sie wollte wissen, wieso. Ich wollte wieder Anschluss gewinnen, und dann hat sie ein bisschen bedenklich geguckt, sie war eine ältere Frau, meinte, ob es denn unbedingt nötig sei. Ich hab gesagt, ja, ich brauche das schon, dann hat sie sich damit abgefunden und mir das Rezept ausgestellt."

Ferner will der Zeitzeuge von Assistenzärzten einer sportmedizinischen Abteilung einer deutschen Universitäts-Klinik Anabolika erhalten und dem Leiter vor dessen versammelten Assistenten dafür als Demonstrationsobjekt der sichtbaren muskulären Auswirkungen einer Anabolikaeinnahme gedient haben.

Ein weiterer Zeitzeuge will Anabolika zu Beginn der 70er Jahre von seinem Bundestrainer erhalten haben.

„Wir haben sie vom Trainer in die Hosentaschen gesteckt bekommen oder woanders hin. Wir haben sie also einfach von ihm bekommen. Es wurde nicht gesagt, woher und wie, und es wurde nicht viel gefragt, wir haben sie einfach bekommen. ... Über Probleme wurde nicht gesprochen und Dosierungen. Ich denke, das ging da auch so über den Daumen, ja, mal so zwei, drei oder vier (Tabletten, d. Verf.)."

Der befragte Sportler will die vom Bundestrainer erhaltenen Dianaboltabletten lediglich über einige Wochen eingenommen und dann wieder abgesetzt haben.

Seiner Disziplin hat er – nachdem wegen ausbleibender Leistungsfortschritte die Sporthilfezahlungen eingestellt worden waren – bald den Rücken gekehrt:

> „Aber ich hab' das dann sehr bald wieder aufgegeben. Ich mag jetzt nicht hier behaupten, dass das irgendwo jetzt aus Angst vor irgendwelchen Folgen war. Es war eher eine dunkle Ahnung gewesen. ... Ich bin immer von Leuten umgeben gewesen, wo körperliche Kraft das Einzige war, was zählte, da hab' ich mich eigentlich nie so richtig mit identifizieren können. ... Ich wollte nicht so muskulös werden und so dick und fett, wie das da manche Leute gewesen sind."

Verstärkt wurde die Öffentlichkeit nun auf eine offensichtlich durch Anabolikaverwendung bedingte steigende Verletzungshäufigkeit bei Athleten aufmerksam (vgl. z.B. Frankfurter Allgemeine Zeitung, 29.7.1970). Diese veranlasste den damaligen Zehnkampf-Bundestrainer Heinz Oberbeck noch vor dem Desaster bei den Olympischen Spielen 1972, als alle drei westdeutschen Zehnkämpfer verletzungsbedingt vorzeitig ausschieden, zu einer kritischen Stellungnahme zur im Zehnkampf offenbar ebenfalls häufig üblichen Verwendung von Dianabol:

> „Die bisherige Bilanz dieser Saison ist zweifellos höchst betrüblich. Verletzungen am laufenden Band nahmen z.T. groteske Formen an: 1. In Bonn kamen von 24 Teilnehmern nur 12 zu einem Zehnkampfresultat. 2. Kurt Bendlins Achillessehnenriss am 1. Juni beendet wohl eine ganze Karriere. 3. In Grünberg kostete die Verletzung von Wolfgang Linkmann den Sieg über die Mannschaft aus Rumänien. 4. Moskau: wohl noch nie dagewesen! Nach einem Sechstel sind schon ein Drittel der Mannschaft 'erledigt'. Und ohne permanente ärztliche Betreuung wären Herbert Swoboda, Eberhard Stroot und stellenweise auch Helmut Kammermeier (Hoch) und Günter Hoffmann 'ausgestiegen'."

Neben trainingsmethodischen Fehlern und mangelndem Körpergefühl (das ja auch eine Nebenwirkung von Anabolika sein kann) führte Oberbeck die Verletzungsserie auch auf die Verwendung von Anabolika zurück:

> „Dass Dianabolkuren die Verletzungsanfälligkeit erhöhen, ist in aller Welt bekannt und kann als 'gesichert' gelten. Wer dieses Risiko noch eingeht, darf nicht mit Mitleid rechnen" (Rundschreiben Oberbecks "An die Zehnkämpfer über 7200 P." vom 15.6.1972)[4].

Aus Sicht eines ehemaligen Werfers stellte sich die Situation 1972 wie folgt dar:

> „Das hieß nur, 'Anabolika, ja', nie 'nein'. Das war nie das Problem. Es ging eigentlich nur darum, da ja alle Anabolika genommen haben, wie betreibt man am besten Schadensbegrenzung, wie kann man das Ding in den Griff bekommen, davon profitieren und gleichzeitig eine Gefährdung ausschließen. Man ging davon aus, dass ganz bestimmte Grenzwerte eingehalten werden müssen und auch die Länge der Kuren eine Rolle spielen."

---

[4] Damit soll nicht behauptet werden, dass die in Oberbecks Schreiben genannten Athleten Anabolika eingenommen hätten.

Dass Anabolika zu diesem Zeitpunkt für den Bereich der nationalen und internationalen Leichtathletik schon verboten waren (vgl. die „Stellungnahme des DLV-Leistungsrates" in „Leichtathletik" Nr. 43/1970, 1568[5]), wirkte – da Möglichkeiten des Nachweises sportjuristisch immer noch nicht durchgesetzt waren – in gar keiner Weise als Bremse. Dass ein immenser Problemdruck schon 1970 bestanden haben muss, zeigt die Stellungnahme des DLV-Leistungsrates, aus der hervorgeht, dass die Forderung nach einer Freigabe von Anabolika unter ärztlicher Kontrolle bereits zumindest intern diskutiert wurde:

> „Die vorgeschlagene Verhütung von Überdosierungen und Nebenwirkungen von Anabolika durch ärztliche Kontrolle ist nicht durchführbar. Wenn nur 100 000 Sportler Anabolika nehmen, sind hierfür mehrere tausend Ärzte erforderlich. Eine derartige Zahl qualifizierter Ärzte steht nicht zur Verfügung. Die laufende ärztliche Anabolikakontrolle im Sport würde zudem Kosten verursachen, die von keinem Verband getragen werden können" (Leichtathletik 43/1970, 1568).

Bereits 1970 plädierte der DLV-Leistungsrat auch für Trainingskontrollen:

> „Kontrolle und Nachweis der Einnahme von Anabolika im Training ist durchführbar. In Zusammenarbeit der Sportärztebünde und der Leichtathletikverbände der Länder könnten in zufälliger (durch Los) und gezielter Verteilung (Stoßer, Werfer u.a.) Urinstichproben im Training entnommen werden. Der personelle und materielle Aufwand hierfür ist nicht wesentlich größer als für Dopingkontrollen bei Wettkämpfen" (Leichtathletik 43/1970, 1568).

Innere Hemmschwellen bei Athleten wurden nun, gerade zu einem Zeitpunkt, als Anabolika zunehmend als Problem im Sport begriffen wurden, immer schneller beseitigt:

> „Das Verbot von Anabolika ist bei mir nicht so richtig angekommen. Als ich zum ersten Mal von Anabolika hörte und mich danach erkundigt hatte, war das für mich etwas Verbotenes, ob das nun verboten war oder nicht. Später habe ich dann erfahren, es ist zwar offiziell verboten, aber alle nehmen es, also nimmst du es auch. Ich hätte Anabolika übrigens niemals genommen, wenn ich durch einen Zufall als Einziger darauf gestoßen wäre und nur ich dieses Medikament gehabt hätte. Das hätte ich nicht gemacht, das wäre für mich absurd gewesen, albern. Ich will mich ja mit den anderen vergleichen. Ich habe es deshalb genommen, weil es die anderen auch gemacht haben, weil es dazu gehört hat."

Dass es sich bei den Selbstbezichtigungen der anonym befragten Zeitzeugen nicht lediglich um verschiedene, voneinander unabhängige Einzelfälle, sondern um eine bereits systematische Verwendung auf breiter Ebene zumindest in be-

---

[5] In „Leichtathletik" vom 27.10.1970 wurde darauf verwiesen, dass die IAAF-Dopingkommission auch Anabolika auf der Liste der verbotenen Substanzen führe; vgl. dazu auch die „Doping-Bestimmungen des DLV" in Leichtathletik 22/1971, 312: „Auch im Training eingenommene anabole Steroide entsprechen der Dopingdefinition".

stimmten Disziplinen handelte, zeigte sich in einer frühen Deutlichkeit beim Internationalen Kongress „Biomedizin und Training" im November 1971 in Mainz. Theodor Hettinger, der Ende der 50er Jahre mit Testosteronversuchen bei älteren Männern signifikante Kraftzuwächse festgestellt hatte, bemerkte in seinem Referat zum Thema Krafttraining:

> „Jeder Trainer und Sportler weiß heute um die Wirkung der sog. Anabolika. Zahlreiche wissenschaftliche Untersuchungen sind inzwischen mit diesen Präparaten durchgeführt worden (HETTINGER, HOLLMANN, KEUL, MELLER, MELLEROWICZ, STEINBACH, STOBOY u.a.) Die Anabolika werden heute leider sehr häufig von jungen Sportlern in unverantwortlich hoher Dosis eingenommen" (KNEBEL 1972, 98 f.).

Im Diskussionsforum des Mainzer Kongresses berichtete Joseph Keul von seinen Anabolikauntersuchungen mit südbadischen Gewichthebern. Gleichzeitig gab Keul darüber Auskunft, wie er durch seine wissenschaftliche Tätigkeit erfolgreich den Ausgang eines sportlichen Wettbewerbs manipulativ beeinflusste:

> „Im Rahmen der Diskussion berichtete KEUL über eine Untersuchungsreihe, welche die Wirksamkeit der Anabolica auf die Kraftleistung feststellen sollte. Untersucht wurden 15 südbadische Schwerathleten, die dreimal wöchentlich trainierten. Während zweier Monate wurde ein Teil der Athleten regelmäßig mit Anabolica versorgt, während der andere Teil bei gleichem Trainingspensum keine muskelaufbauenden Präparate erhielt. In dieser Untersuchungsreihe wurden Anabolica injiziert, da man bisher bei den injizierten Substanzen keine schädlichen Nebenwirkungen nachweisen konnte, wie es bei der oralen Verabreichung von Anabolica vereinzelt beobachtet wurde. Außerdem bot die Injektion die Gewähr, daß alle Athleten die gleiche Dosis erhielten. Das Ergebnis: Zum erstenmal in der Vereinsgeschichte wurde diese Athletengruppe Badischer Meister! Alle Athleten, die mit Anabolica versorgt wurden, konnten ihre Wettkampfleistung erheblich verbessern" (KNEBEL 1972, 100).

In gewisser Weise war also Keul im Zuge seiner wissenschaftlichen Anabolikaforschung selbst Meister im Erzeugen von Landesmeistern im Gewichtheben geworden.

Erstmals stellte Keul in Mainz fest, was sich in den folgenden Jahren wie ein roter Faden durch sein wissenschaftliches Wirken im Zusammenhang mit Anabolika ziehen sollte:

> „KEUL konnte in umfangreichen Leberuntersuchungen mit dieser Gruppe feststellen, daß die injizierten Substanzen keine Leberschädigungen hervorgerufen hatten. Keul vertrat daher die Ansicht, daß man diese Substanzen verabreichen könnte, ohne daß die Gefahr einer Schädigung gegeben wäre. Von medizinischer Seite bestünden gegen die Anwendung dieser Mittel keine Bedenken" (KNEBEL 1972, 100).

Zu diesem relativ frühen Zeitpunkt zeichnete sich schon ein später immer wiederkehrendes Argumentationsmuster in Keuls Anabolika-Weltanschauung ab. Medizinisch seien sie, vom Arzt verabreicht, kein Problem. Nur die eigenmächtige Einnahme durch die Sportler könne zu Schäden führen. Keul nahm, wie dem Diskussionsbericht des Mainzer Kongresses zu entnehmen ist, mit seinen Ausführungen 1971 die umfangreiche Diskussion der Jahre 1976/77 vorweg:

„Man müsse sich aber aus sportethischen Gründen gegen die Anwendung von Anabolica wehren. Die Doping-Regel des Internationalen Leichtathletik-Verbandes schließe zwar die Verabreichung von muskelaufbauenden Substanzen aus, könne aber nicht verhindern, daß diese Mittel illegal zur Leistungssteigerung angewandt würden. Der mißbräuchliche Gebrauch der Anabolica, der heute unter den Spitzenathleten aller Sportarten betrieben würde, führe zu erheblichen Gesundheitsstörungen. Erst die medizinisch kontrollierte Nutzung von anabolen Substanzen könnte dem Mißbrauch vorbeugen. Als Mediziner, der in erster Linie die Gesundheit des Menschen, hier des Sportlers, zu schützen habe, müsse er daher den Doping-Paragraphen ablehnen. Dieser Paragraph würde den Mediziner im Kampf gegen die mißbräuchliche Benutzung derartiger Präparate behindern. Die Athleten würden von vornherein aus Angst vor Aufdeckung dem betreuenden Arzt nicht mehr mitteilen, ob sie zur 'Kraftpille' greifen oder nicht" (KNEBEL 1972, 100 f.).

Nichts weniger forderte Keul bei diesem Mainzer Kongress als die Abschaffung des Anabolikaverbots, wie es die Medizinische Kommission des Internationalen Leichtathletik-Verbandes 1970 und in der Folge auch der Leistungsrat des Deutschen Leichtathletik-Verbandes beschlossen hatten. Und gleichzeitig artikulierte Joseph Keul als erster westdeutscher Sportarzt so etwas wie die Forderung nach einer Freigabe der Anabolika bei Männern unter ärztlicher Kontrolle. Mit Manfred Steinbach, der den Diskussionskreis leitete, war sich Keul dagegen einig, dass Anabolika im Frauensport abzulehnen seien:

„STEINBACH und KEUL waren beide der Überzeugung, daß Anabolica für Sportlerinnen auf keinen Fall zuträglich seien. Untersuchungen an weiblichen Personen hätten gezeigt, daß irreversible Schädigungen der Stimmbänder und Stimmlagenänderungen eintreten können, wenn diese Medikamente über einen längeren Zeitraum eingenommen werden. Außerdem würden Anabolica in den Hormonhaushalt eingreifen und ganz erheblich die Regelmäßigkeit der Periode stören. Steinbach ergänzte, daß bei Männern nach der Einnahme von anabolen Substanzen Prostata-Affektionen beobachtet werden konnten, so daß sich aus diesem Grunde die Anwendung bei Männern von selbst verbiete" (KNEBEL 1972, 101) .

Theodor Hettinger ergänzte in Mainz die Diskussion der schädlichen Nebenwirkungen von Anabolika um den Aspekt der erhöhten Verletzungsanfälligkeit, wie ihn 1972 Heinz Oberbeck mit Bestürzung bei seinen Zehnkämpfern bestätigt sehen sollte.

„HETTINGER brachte einen anderen Aspekt in die Diskussion, als er darauf hinwies, daß durch den Einfluß von Anabolica zwar der Muskel wachse, nicht aber die Sehne. Dieses provozierte Mißverhältnis von Muskel und sehniger Verbindung zum Knochen führe zwangsläufig zu einer Überbeanspruchung der Sehne. Die Folgeerscheinungen wären Sehnenverletzungen und Sehnenrisse, wie sie in der Sportpraxis in jüngster Zeit vermehrt beobachtet werden konnten" (KNEBEL 1972, 101).

Auch der Leichtathletik-Bundestrainer Ulrich Jonath wies – im Rahmen einer Podiumsdiskussion auf dem Mainzer Kongress – auf diese anabolikabedingte Schädigungsmöglichkeit hin (Knebel 1972, 106).

Die Diskussionsrunde, in der Joseph Keul seine Forderung nach ärztlich-beaufsichtigter Anabolikaverwendung und der Entfernung männlicher Sexualhormone von der Dopingliste erhoben hatte, endete übrigens mit einer Ablehnung der Anabolikaverwendung im Sport durch viele Diskussionsteilnehmer:

> „Die vielen fragwürdigen Aspekte des Anabolicums sowie die zahlreichen anderen Schädigungsmöglichkeiten, die noch gar nicht völlig abgeklärt sind, veranlaßte die Diskussionsteilnehmer, eindringlich vor der mißbräuchlichen Anwendung von Anabolica (KEUL konnte von Athleten berichten, die 20 Tabletten am Tag zu sich nahmen) zu warnen. MELLEROWICZ verwies darauf, daß es sich bei Anabolica eindeutig um 'unphysiologische Mittel' handele, deren Anwendung der Doping-Paragraph verbiete. Wer Anabolica nimmt, würde – unabhängig von den Gefahren für die Gesundheit – gegen diesen Paragraphen und gegen die ungeschriebenen sportethischen Grundsätze verstoßen" (KNEBEL 1972, 101).

In diese Passage hatte sich nun, ohne dass man hier bösen Willen des Protokollanten unterstellen muss, die zuvor Keul zugeschriebene Diktion der „missbräuchlichen" Anwendung von Anabolika eingeschlichen. In Keuls Sprachgebrauch war allerdings von missbräuchlicher Anwendung nur dann die Rede, wenn sie durch Athleten auf eigene Faust vorgenommen wurde. In der Keul'schen Diktion ist bei einer ärztlich überwachten Anabolikaverabreichung von „Missbrauch" keine Rede, sondern von „Nutzung". Keul unterschied – völlig im Gegensatz zu ärztlich-ethischen Grundsätzen – die Verwendung von Anabolika im Sport somit in eine ärztlich inakzeptable und eine ärztlich vertretbare Form. Ein Jahr zuvor hatte sich Keul noch etwas undifferenzierter zur Anabolikafrage geäußert:

> „Jeder, der einen muskulösen Körper haben und einfach männlicher wirken möchte, kann Anabolika einnehmen" (Westdeutsche Allgemeine Zeitung, 21.2.1970).

Dass die Ärzte es gewesen seien, die damals schon „unvernünftige" Athleten von höheren Dosierungen abgehalten hätten, erscheint jedoch teilweise zweifelhaft. Es könnte sich bei derlei Ausführungen auch um reine Schutzbehauptungen handeln, mit der Ärzte einerseits ihre Anabolikabetreuung moralisch zu rechtfertigen, andererseits gleichzeitig ihren Machtstatus im Verhältnis gegenüber ihren sportlichen Patienten zu steigern suchten. Die Aussage des nachfolgend zitierten Zeitzeugen sowie mehrere Aussagen von Zeitzeugen zu den von ihnen angeschlagenen, meist relativ niedrigen Dosierungen lassen die Annahme einer dringend gebotenen ärztlichen Anabolikakontrolle als nicht gerechtfertigt erscheinen. Im Gegenteil: Teilweise zerstreuten Ärzte bestehende gesundheitliche Bedenken überhaupt erst:

„Was mich auch im Nachhinein noch sehr verwundert: Wir haben das ja in Dosierungen genommen, von denen wir damals gedacht haben ... (das sei viel, d. Verf.). ... Diese Dosierungen, habe ich später erfahren, (sind) weder für die Leistung förderlich, noch können sie gesundheitliche Schäden herbeiführen, hat 1985 einer der führenden deutschen Endokrynologen zu mir gesagt. ... Bis dahin (hatte) ich gedacht: Ogottogott, die Spätschäden, und das kann alles noch passieren. Und dann habe ich gehört, ich habe Anabolika in Dosierungen genommen, sagte mir der ... (Name eines Sportmediziners), während ein anderer Kugelstoßer nicht ganz meiner Leistungsklasse, der aus der Kölner Gegend kommt, die 20fache Dosierung hatte. Ich hatte maximal 20 bis 25 Milligramm, wenn ich mich recht entsinne, fünf Pillen pro Tag, nur ein paar Tage lang und dann wieder monatelang wieder nichts. Und da hatte ich schon gedacht, das ist aber viel. Mir war damals – nicht aus moralischen, sondern aus gesundheitlichen Gründen – immer sehr unwohl dabei. Professor ... (Name des Sportmediziners), auf den ich damals sehr gebaut hatte, hat immer abgewunken und gesagt, alle nehmen viel mehr."

Hinweise auf Anabolika - Verwendung bei Frauen

Noch vor den Olympischen Spielen in München wurden deutsche Trainer vereinzelt auf die Ausbreitung der Verabreichung anaboler Steroiden an osteuropäische Frauen aufmerksam. So berichtet ein ehemaliger Bundestrainer von erschütternden Verdachtsmomenten gegenüber rumänischen Sportlerinnen während eines Länderkampfes 1971:

„Ich habe die ... (Name der Sportlerin) in einem ganz bedauernswerten Zustand ... erlebt. ... Da kam die an, jeder deutsche Arzt hätte die sofort in ein Krankenhaus eingeliefert. ... Und von der weiß ich auch, ..., dass z.B. die ... (Name einer anderen Sportlerin) mehr als die Hälfte des Jahres in der gynäkologischen Klinik in Bukarest verbracht hat."

Derselbe Trainer war im selben Jahr bei einer bundesdeutschen Landes-Jugendmeisterin mit immens hohem Körpergewicht und großer Muskelmasse auf eine damals noch erheblich androgenisierendere Wirkung der Antibabypille aufmerksam geworden, die wohl nicht nur in Westdeutschland die Hemmschwelle zur Verwendung von anabolen Steroiden im Frauensport erheblich heruntergesetzt hat (vgl. dazu die Aussagen Hollmanns vor dem Bundestags-Sportausschuss 1977).

„Im September hat sie Regelstörungen gehabt und ist zum Hausarzt gegangen, der ihr Hormonpräparate gegeben hat. Und da ist mir zum ersten Mal das begegnet, was Gehrmann (späterer Kugelstoß-Bundestrainer, d. Verf.) später lauthals verkündet hat: Ich brauche keine Anabolika, ich schaffe es mit der Antibabypille."

In einem Brief an den Mitarbeiter des Bundesausschusses für Leistungssport im DSB, Lothar Spitz, (Schreiben vom 7.4.1971) hatte Hans-Jörg Kofink, Bundestrainer für das Kugelstoßen der Frauen, auf die Problematik der herabgesetzten Schwellenangst vor der Verwendung von Dianabol bei Frauen durch die Verwendung der Pille aufmerksam gemacht:

> „Veränderungen im Bereich des Hormonhaushalts der Frau werden heute im Zeitalter der Antibaby-Pille von der Öffentlichkeit fast unbemerkt hingenommen, so dass man annehmen darf, dass die durch Dianabol hervorgerufenen Veränderungen in bestimmten Bereichen kaum mehr auf Bedenken stoßen."

Praktiker wie Kofink sahen also bereits 1971 auch im westdeutschen Frauensport die Gefahr des Dammbruchs voraus.

In noch frappierenderem Maß als etwa sieben bis elf Jahre zuvor im Männerbereich stellten Trainer und Aktive etwa im Europameisterschaftsjahr 1971 nun bei osteuropäischen Frauen Veränderungen der Physiognomie fest. Der Typus des weiblichen „Hormonzwitters", der den wenige Jahre zuvor aus dem Frauensport verbannten Typus des Intersex' ersetzte, hielt – nachdem 1968 bereits Margitta Gummel hormonell auf die Olympischen Spiele vorbereitet worden war – bei der EM in Helsinki endgültig Einzug in den olympischen Sport:

> „Auf dem Einwurfplatz neben dem Olympiastadion traf ich Werferinnen des Ostblocks, die ich größtenteils aus früheren Jahren und Wettkämpfen kannte. Sie waren körperlich verändert – massiger geworden, behaarter an ungewöhnlichen Stellen, teils mit tiefer oder eigenartig quäkender Stimme, in jedem Falle aber mit ins Sagenhafte gesteigerten Leistungen an der Hantel, bei einigen verbunden mit ostentativ männlichem Kraftgebaren" (BERENDONK 1992, 36).

Für den bundesdeutschen Frauensport hatte das Anabolikadoping sportlich gravierende Auswirkungen. Das seither sowohl praktizierte als auch kontrovers diskutierte Kriterium der Endkampfchance führte in dem zu diesem Zeitpunkt in großen Teilen wohl noch nicht anabol infiltrierten Frauensport der Bundesrepublik bei betroffenen Trainern und Athletinnen zu Härtefällen. So wurde dem NOK 1972 trotz erfüllter Richtwerte vom Deutschen Leichtathletik-Verband keine westdeutsche Kugelstoßerin für die Olympischen Spiele in München vorgeschlagen – ob aus vorauseilendem Gehorsam oder als Reaktion auf die bereits nicht mehr gegebene Wettbewerbsfähigkeit, ist unklar. Für den damaligen Bundestrainer und späteren Vorsitzenden des Deutschen Sportlehrer-Verbandes, Hansjörg Kofink, der die Leistungsentwicklung osteuropäischer Stoßerinnen damals eindeutig mit Anabolika in Verbindung brachte, war die Nichtberücksichtigung seiner Athletinnen der Auslöser für seinen Rückzug aus dem Leistungssport. Kofink ist damit auf Trainerebene ein frühes Beispiel für dopingbedingten Dropout im Leistungssport.

Das westdeutsche Nationale Olympische Komitee (NOK) machte der Trainer, der zu diesem Zeitpunkt fälschlicherweise noch davon ausging, dass der DLV die Athletinnen dem NOK zur Nominierung vorgeschlagen hatte, mit Schreiben vom 5. August 1972 als Reaktion auf die Nichtnominierung seiner Athletinnen auf die Anabolikasituation im Frauen-Kugelstoßen aufmerksam:

> „Sie liquidieren damit eine Disziplin der Frauen-Leichtathletik in unserem Land, die sich aus guten Gründen gegen den sich seit Jahren immer mehr verbreitenden Anabolika-Missbrauch gestemmt hat! Sie werden es sich gefallen lassen müssen, dass dieser, Ihr Beschluß als eine de-facto-Zustimmung zur Verwendung von Anabolika auch im Frauensport gedeutet wird und Sie werden die Verantwortung dafür zu tragen haben, wenn der von Sportärzten mehrfach beklagte Anabolika-Missbrauch in der Jugend-Leichtathletik im DLV Bereich von nun an auch auf die Mädchen übergreifen wird!"

Beachtenswert in diesem Schreiben ist auch der Hinweis auf das offenbar von Medizinern kritisierte Phänomen des Minderjährigendopings, das also in der Bundesrepublik keine reine Späterscheinung der Anabolikaproblematik ist, sondern ein verhältnismäßig frühes Phänomen.

Einen partiellen Rückzug, nämlich den Verzicht des Trainers Gerd Osenberg auf Betreuung im Bereich Kugelstoßen der Frauen, gab es bereits zuvor. Kofink hatte in einem Schreiben an das DLV-Präsidium auf die anabolikabedingte Leistungsentwicklung im osteuropäischen Kugelstoßen der Frauen hingewiesen. Kofink stellte fest,

> „daß G. Osenberg, mein Vorgänger als DLV-Trainer in dieser Disziplin, das Training von Kugelstoßerinnen im DLV-Bereich für sinnlos hält, da der Leistungsabstand unter den gegebenen Voraussetzungen nicht zu überbrücken sei" (Schreiben KOFINKS an den Vorstand des DLV vom 11. August 1972).

Die von Trainern oder Athletinnen 1971 gewonnen Eindrücke über die bereits erfolgte Anwendung von Anabolika im Frauensport sollten sich bei den Olympischen Spielen in München – auch aus wissenschaftlich-analytischer Sicht – bestätigen. Dopingkontrollen, bei denen zu Testzwecken auch nach Anabolika gesucht wurde, ergaben eine weite Verbreitung im Männersport sowie einen bereits bedenklich stimmenden Einsatz im Frauensport, wie Manfred Donike 1987 vor dem Sportausschuss des Deutschen Bundestages berichtete:

> „Die Anabolika wurden 1974 von der Medizinischen Kommission des IOC auf die Liste gesetzt, nachdem in München zum erstenmal in einem breiten Umfang auf Stimulantien und Narkotika überprüft wurde, der Mißbrauch von Anabolika offenkundig wurde. Hier ging der Mißbrauch sogar so weit, daß nicht nur im Männersport, wo man über die Notwendigkeit der Dopingkontrolle auf Anabolika wirklich diskutieren kann, sondern auch im Frauensport massive Dosen gegeben wurden und – trivial gesagt – Geschlechtsumwandlungen auf diesem Weg angestrebt wurden" (Deutscher Bundestag 1988, 85 f.).

Die Notwendigkeit des Verbots der anabolen Steroide wurde in der Medizinischen Kommission des IOC somit spätestens 1972 erkannt.

Bisweilen kursieren Gerüchte, nach denen vereinzelt westdeutschen Frauen bereits 1972 Anabolika verabreicht worden seien. Konkrete Anhaltspunkte fehlen hier jedoch bislang. Dass aber bereits ein Jahr vor München zumindest die Versuchung, Anabolika zur Leistungssteigerung einzunehmen, bei bundesdeutschen Sportlerinnen auftauchte, zeigt das Beispiel der Diskuswerferin Liesel Westermann, deren nachfolgende Ausführungen auch von hoher pädagogischer Relevanz sind. Sie bestätigen idealtypisch die lerntheoretische Annahme, dass abweichendes Verhalten eines Akteurs durch Personen im Umfeld dieses Akteurs, denen abweichende Verhaltensweisen annehmbar erscheinen, begünstigt wird (vgl. dazu Sutherland 1968) – und dass, im Umkehrschluss, die Ablehnung solcher Verhaltensweisen regelkonformes Verhalten begünstigt:

> „1971 nach den Europameisterschaften in Helsinki tauchte die Versuchung, nach Anabolika zu greifen, zum ersten Mal für mich auf. Was war passiert? Faina Melnik, die Sowjetrussin, hatte mir in Helsinki mit ihrem letzten Versuch den greifbar nahen Titel entrissen und mich zugleich als Weltrekordlerin entthront. ... In Anbetracht meines nicht unerheblichen Trainingsrückstandes ... war ich nicht weiter beunruhigt. Ich war entschlossen, die Herausforderung dieser Ausnahmeathletin anzunehmen und in München 1972 angemessen zu beantworten. Ich war fest entschlossen, mich nach dem Examen in ein Olympiatraining zu stürzen, wie ich es umfangreicher nie zuvor auf mich genommen hatte. Und dann fiel das Wort: Anabolika. Von welcher Seite ich es zum ersten Mal gehört hatte, weiß ich mich nicht zu erinnern. Aber es war gefallen. ... Vorsichtig, und eingestandenermaßen ein wenig neugierig, bemühte ich mich um Information. Schweigen hier und Überschwänglichkeit da. Dazwischen Mahnung und Ablehnung. Sachlichkeit? Nirgends. Dann kam die sportärztliche Untersuchung, der ich mich am Städtischen Krankenhaus Leverkusen bei Herrn Dr. Baron unterzog. ... Damals suchte ich auch bei ihm um Information. Was er mir mitteilen konnte, war wenig, aber eindeutig. Er sprach von jenen Veränderungen, die Anabolika im Organismus hervorrufen, die bleibend sind. Er sprach davon, daß man definitiv darüber hinaus nichts wisse. Er sprach auch davon, verläßliche Informationen zu haben, daß andere Werferinnen, auch Faina Melnik, Anabolika einnähmen. Er sprach, und ich hörte zu. 'Trainiere ich dann vergebens?' war meine verunsicherte Frage. Zu meiner Erleichterung bekam ich darauf keine klare Antwort. Der Arzt wies auf meine dominierende Stellung im Diskuswerfen der Frauen innerhalb der vergangenen Jahre hin, die ich auch ohne Anabolika erreicht hätte. Nichts spräche dagegen, daß ich bei gesteigertem Trainingsaufwand aller Chemie zum Trotz in München mithalten könnte. 'Ja, aber die Einnahme von Anabolika bedeutet doch für die anderen einen Vorteil?' Schulterzucken bei Dr. Baron und Schweigen im Raum. Ein Aufseufzen von mir. Und endlich meine entscheidende Frage: 'Was würden Sie mir als Arzt und Mensch raten, ginge es nicht um olympische Medaillen?' Die Antwort kam ohne Zögern: 'Laß die Finger davon, Mädchen.' Das war es, worauf ich gewartet hatte. Diese klare Aussage eines Mannes, der es als Fachmann wissen mußte, bewahrte mich damals vor dem Überschreiten des Rubikon in das Niemandsland der Chemie. Es war wohl der einzige Moment, in dem ich verführbar gewesen wäre, es zu tun" (WESTERMANN 1977, 136 f.).

Spätestens 1976 aber war der westdeutsche Frauensport in systematischer Weise von der Anabolikaproblematik betroffen, wie spätere Bekenneroffenbarungen der Staffel-Olympiazweiten Annegret Kroniger für die deutschen 100-Meter-Läuferinnen verdeutlichten. Im Frauensprint ist erstmals so etwas wie eine systematische Komponente des westdeutschen Frauendopings unter Anleitung eines DLV-Trainers (Wolfgang Thiele) zu beobachten – ein Phänomen, das zu diesem Zeitpunkt für den Männersport zwar kaum berichtet wird, für das in dem in hohem Maße von Eigeninitiative lebenden Männerbereich jedoch ganz offensichtlich auch keine Notwendigkeit bestand. Die häufig geäußerte Annahme, dass die Bereitschaft, Anabolika einzunehmen, eine nicht unwesentliche Rolle bei der Staffelbesetzung der Frauen gespielt hat, scheint hier gerechtfertigt.

Der Sprinter Manfred Ommer führte bei der Anhörung vor dem Sportausschuss des Deutschen Bundestages 1977 an, wie das Anabolika-Dopingsystem im westdeutschen Frauensprint funktioniert habe. Ommer erläuterte,

> „daß Herr Thiele, der Trainer des Deutschen Leichtathletikverbandes, mit den Sprinterinnen – und hier haben wir ein besonderes Kapitel der Anabolika-Szene, nämlich Anabolika für Frauen -, also mit den Sprinterinnen in Berlin Trainingslehrgänge abgehalten hat, wozu er einen Herrn Dr. Maidorn hinzugezogen hat, der Vorträge über Anabolika gehalten hat, Anabolika in Form von Spritzen an die Mitglieder der Silbermedaillen-Staffel von Montreal verabreicht hat; und ein Mitglied dieser Staffel hat diese Aussage gemacht und ist auch bereit, diese per Eid zu wiederholen. Es entbehrt natürlich nicht einer gewissen Komik, daß Herr Thiele in der Zwischenzeit das Bundesverdienstkreuz verliehen bekommen hat"[6] (Deutscher Bundestag 1977, 119 f.) .

Auch im Wurfbereich scheint die regelwidrige Anwendung von Anabolika im Zeitraum der Olympischen Spiele von Montreal bereits üblich gewesen zu sein, wie die ehemalige Diskuswurf-Weltrekordhalterin Liesel Westermann über den Bundestrainer Karl-Heinz Leverköhne berichtete, der 1976 erklärt habe:

> „Wer das Zeug nicht nimmt, kommt bei mir nicht mal in den B-Kader. Wundere dich nicht, daß du die Olympia-Norm nicht schaffst, wenn du keine Pillen schluckst!" (Der Stern Nr. 28/1977, 133).

Überhaupt hat es den Anschein, dass zumindest im Bereich der westdeutschen Leichtathletik nach 1972 im Zuge eines (teilweise altersbedingten) umfassenden Personalaustauschs auf der Trainer- und Funktionärsebene auch im Verband ein Generationswechsel stattgefunden hat, der die Problementwicklung erheblich beschleunigte und begünstigte. Nach 1972 betrat anscheinend ein Trainertypus die Bühne, der in weitaus geringerem Maß den Werten einer traditionellen Sportmoral verpflichtet war.

---

[6] Dopingbekämpfer wie Brigitte Berendonk oder Werner Franke haben eine solche Ehrung bis zum Zeitpunkt des Erscheinens dieses Buchs dagegen noch nicht erhalten.

Selbst Minderjährigendoping im weiblichen Schwimmsport ist für die Zeit zwischen München und Montreal belegt, wobei offen bleibt, ob es sich um eine absolute Ausnahme oder eher um die Regel handelte. Der Trainer Claus Vandenhirtz verabreichte einer Gruppe jugendlicher Schwimmerinnen – darunter die Weltrekordlerin und Sportlerin des Jahres 1974, Christel Justen – über ein Jahr lang ohne Wissen der Betroffenen und deren Eltern Anabolika:

> „Der Trainer hat uns sechs Mädels in der Wettkampfmannschaft Dianabol verabreicht ... und hat sich dieses Dianabol von einem Arzt besorgen lassen. Und das war noch so ein ganz alter, so die 70 oder so, ein niedergelassener Arzt in Aachen. ... Wir kriegten die Tabletten dann, wir mussten die immer am Beckenrand einnehmen, so kleine weiße Tabletten, mal zwei, mal drei. Das war ganz unterschiedlich und komischerweise, wenn man nicht trainieren konnte, wenn man krank war, bekam man mehr."[7]

Offenkundig wurde die illegale Dianabolverabreichung durch Vandenhirtz, nachdem Christel Justens Vater verabreichte Tabletten durch einen Arzt identifizieren ließ. Der Trainer entging damals einer Anzeige nur auf Drängen von Christel Justen, die befürchtete, den Schwimmsport aufgeben zu müssen, und weil er das – später gebrochene – Versprechen abgegeben hatte, keine verbotenen Präparate mehr zu verwenden.

4.3 Sportmedizin, Sportpolitik und Anabolika

4.3.1 Sportmedizin

Die Skandale um die „Kolbe-Spritze" oder das ebenfalls durch Bundesmittel geförderte Projekt der aufgeblasenen Därme westdeutscher Schwimmer bei den Olympischen Spielen 1976 (vgl. Kapitel 2.7) sowie die seit längerem weit verbreitete Anwendung von Anabolika offenbarten eine noch nie dagewesene Manipulationsbereitschaft vieler im Leistungssport tätige Personen, gerade auch im sportmedizinischen Umfeld. Und nur selten war der Ruf nach einer Anabolikafreigabe unter ärztlicher Kontrolle so deutlich vernehmbar wie 1976.

Obwohl Anabolika zu diesem Zeitpunkt durch IOC, DLV und IAAF verboten waren, sprachen sich die deutschen Sportmediziner auf ihrem Kongress in Freiburg praktisch kollektiv für die Verwendung von Anabolika unter ärztlicher Kontrolle aus. Der Sprecher der Arbeitsgemeinschaft der Verbandsärzte, Dirk Clasing, gebrauchte in diesem Zusammenhang den Begriff der "praktischen Toleranz" (Zeit und Welt Nr. 17, 22. Januar 1977). Clasings Wortschöpfung zeugt von einem beträchtlichen Problemdruck und einer nun vollends zutage getretenen Rollenambivalenz des Sportarztes zwischen Leistungsförderung und ärztlichem Auftrag der Gesunderhaltung von Patienten:

---

[7] Christel Justens Angaben werden hier unanonymisiert verwendet, da alle Fakten zuvor bereits öffentlich geworden sind und sie die Nennung ihres Namens erlaubt hat.

> „Den Sportlern sollen Wirkstoffe (Medikamente) nicht vorenthalten werden, die zur Leistungsoptimierung dienen können, vorausgesetzt, daß die endgültigen Dopingbestimmungen des Deutschen Sportbundes eingehalten werden und den Sportlern durch diese Maßnahme nicht geschadet wird. ... Wenn die Ärzte 'Nein' sagen, dann gibt es überhaupt keine Kontrolle. Es ist deshalb doch besser, mitzugehen, zu steuern und sinnvoll zu helfen als zu sagen: 'Wir sind völlig dagegen!' – gegen Substanzen möglicherweise, die nicht einmal unbedingt schaden" (Zeit und Welt Nr. 17, 22. Januar 1977).

Wie man sich eine solche ärztliche Begleitung vorzustellen hat, verdeutlicht ein deutscher Sportmediziner:

> „Ich habe einen Fall gehabt, einen bekannten Athleten mit sechs verschiedenen anabolen Steroiden, und er wusste das gar nicht, ging alles durcheinander. Dann habe ich ihm das alles aufgelistet. Er hatte auch pathologische Veränderungen an der Leber, und dann habe ich ihm gesagt, wenn du überhaupt etwas nehmen willst, dann kannst du es nur in der und der Konstellation machen, alles andere ist für die Gesundheit schädlich und bringt auch gar keinen Leistungsvorteil. Und es ist so, darüber muss man sich auch im Klaren sein, dass manche unabhängig von der Gesundheit und unabhängig von den sportlichen Regeln so etwas einnehmen. Die nehmen auch vorübergehend keine Rücksicht auf ihre Gesundheit, weil sie eine bestimmte Vorstellung von ihrer persönlichen Entwicklung haben, und dann nehmen sie das auch in Kauf. Und in dem Fall können Sie da ganz wenig dran machen, aber sie können eine Begrenzung machen, so oder so sollen sie das machen. Aber das muss ich ihnen nicht geben, das ist eine andere Frage. Ich kann sagen, nimm gar nichts, aber das und das hat das allergeringste Risiko. Ich weiß genau, wenn er raus geht, nimmt er's, deshalb hat es gar keinen Sinn zu sagen: Nimm gar nichts!"

Es soll nicht verkannt werden, dass Ärzte, die eine Anabolikaverwendung unter medizinischer Aufsicht zum Zwecke der Schadensvermeidung bzw. -begrenzung befürworten, sich in einem ernst zu nehmenden ethischen Konflikt befinden können. Um Überdosierungen zu vermeiden, nahmen Ärzte wohl nicht selten mäßigend eine Beraterposition ein, in der aber bisweilen bald schon die Rolle des Behüters von der des Machers nicht mehr klar zu unterscheiden war. Für die Frühzeit der Anabolikaausbreitung in Westdeutschland liegen den Autoren zu dieser Frage kaum Zeitzeugenangaben dafür vor, dass Ärzte Anabolikamissbrauch initiiert hätten. Ein Kölner Arzt aus der Radsportszene wird von mehreren Zeitzeugen für die 60er Jahre als Innovateur benannt. Ansonsten wird den Ärzten zwar die Begünstigung einer Dopingmentalität durch ausgesprochene Behandlungsfreudigkeit, selten aber nur Anabolikainitiierung selbst attestiert. Bestätigt wird diese Beobachtung durch die Aussagen des früheren Hammerwurf-Weltrekordhalters Walter Schmidt nach seinen öffentlichen Selbstbezichtigungen vor dem Rechtsausschuss des Hessischen Leichtathletik-Verbandes 1977:

> „Ich bin dafür, die Sache weiterzunehmen unter Kontrollen von Ärzten, Anabolika weiterzunehmen unter Kontrolle von Ärzten ...... und dann möchte ich noch dazu sagen, dass wir unsere Ärzte nicht als Helfershelfer gebraucht haben, dass sie nicht uns gezwungen,

> die Sache zu nehmen, so wurde es nämlich hingestellt in der Presse, sondern, daß wir unsere Ärzte gebeten haben, uns zu helfen, daß wir an den Olympischen Spielen teilnehmen können, wo wir schon 10 Jahre im Leistungssport sind und einfach nicht einsehen, daß wir zurückstehen sollen hinter Ländern des Ostens, weil das einzige Ziel eines Sportler ist es, daß man an Olympischen Spielen teilnimmt" (zitiert nach dem Urteil des Rechtsausschusses des Hessischen Leichtathletik-Verbandes im Verfahren gegen Walter Schmidt wegen Verstoßes gegen die Doping-Bestimmungen vom 17. Juni 1977).

Die ethische Zwickmühle der Mediziner kam – zumindest für die Öffentlichkeit – nie so krass zum Tragen wie in der Zeit nach den Olympischen Spielen 1976, als beim Kongress des wissenschaftlichen Arbeitskreises des Deutschen Sportärzte-Bundes in Freiburg die Zustimmung zur Anabolikaverwendung im Männerbereich gegeben wurde. Selbst Herbert Reindell als Vorsitzender des Deutschen Sportärzte-Bundes sprach sich dafür aus:

> „Vor einem halben Jahr war ich noch radikal gegen diese Dinge. Heute jedoch muss man, um die Kontrolle zu behalten, für die Einnahme unter ärztlicher Kontrolle plädieren" (Zeit und Welt, 22. Januar 1977).

Sportethisch vertretbar schien den Ärzten ihre Position deshalb zu sein, weil Anabolika zu jenem Zeitpunkt noch nicht auf der Dopingliste des Deutschen Sportbundes vermerkt waren (wohl aber auf der des DLV, der IAAF oder – schon seit 1969 – des Internationalen Ruderverbandes, vgl. Deutscher Bundestag 1977, 44, sowie seit 1974 auf der Liste des IOC). Allerdings scheint es sich bei dieser Argumentation eher um ein Ausweichmanöver wider besseres Wissen gehandelt zu haben. Vor allem drängt sich dieser Eindruck auf, wenn man sich in Erinnerung ruft, dass Joseph Keul 1971 beim Kongress „Biomedizin und Training" in Mainz in ausdrücklicher Erwähnung der Dopingliste die Möglichkeit der Verabreichung von Anabolika unter ärztlicher Kontrolle und die Herauslösung der Anabolika aus der Dopingliste (von DLV und IAAF) gefordert hatte.

Die Forderung nach Freigabe von Anabolika wurde bisweilen auch im Ausland vorgetragen. So verteidigte der Kölner Arzt Helmut Philippi bei einem Ärzte-Kolloquium die an den Ruderer Kolbe in Montreal verabreichte Berolase-Spritze („Kolbe-Spritze") und forderte die Freigabe von Anabolika mit der Begründung, man müsse „im Sport-Krieg ja sagen", wolle man nicht im Hochleistungssport von den Ländern des Ostblocks lächerlich gemacht werden (Süddeutsche Zeitung, 13.11.1976). Hier ist der von Prokop Anfang der 60er Jahre vorgestellte Aspekt der „nationalen Indikation" bei der Verabreichung von Dopingmitteln zu konstatieren, verschärft durch die spezielle politische Note des Ost-West-Konflikts.

Auffallend ist, dass es gerade die in der Bundesrepublik führenden Sportmediziner wie Joseph Keul, Armin Klümper, Dirk Clasing, später dann Manfred Liesen oder in besonders offensiver Weise der 1974 aus der DDR ausgewanderte Alois Mader waren, die sich am engagiertesten für die ärztlich kontrollierte Anabolikaverwendung aussprachen – und nicht irgendwelche sportmedizinischen Außenseiter. Stellvertretend für die ebenfalls in Freiburg tagende Arbeitsgemeinschaft der Verbands-Sportärzte erklärte Armin Klümper als Leitender Verbandsarzt des Bundes Deutscher Radfahrer: „Die Arbeitsgemeinschaft hat sich also auch für die Anabolika ausgesprochen", wobei die Dosierung in den Händen der Ärzte liegen müsse (Badische Zeitung, 25.10.1976).

Dabei verblüffte angesichts der Vielfalt der Medikamentenbeschaffung durch Athleten die Gewissheit der Mediziner, von denen nach eigenen Angaben kaum einer jemals Anabolika verschrieben haben will, das Anabolikaproblem unter ihre Kontrolle bekommen zu können. Ein Hinweis des Sprinters Manfred Ommer über den gängigen Anabolikahandel in den 70er Jahren sprach jedenfalls nicht für beträchtliche Erfolgschancen solcher Vorhaben:

> „Zum anderen werden Anabolika auf dem Trainingsplatz wie Dornen für Spikes oder sonst was gehandelt. Vertreter der pharmazeutischen Industrie bieten diese Sachen an" (Deutscher Bundestag 1977, 62).

Die häufig geäußerten Beteuerungen von Ärzten, dass sie selbst Anabolika nie an Athleten verabreicht hätten, ist im Übrigen wenig logisch. Wenn Anabolika, aus der Hand des Arztes eingenommen, unschädlich gewesen wären und wenn sie tatsächlich nicht den Dopingstatuten widersprochen hätten – wieso hätten Ärzte sie dann eigentlich nicht verabreichen sollen?

Dass nicht alle Mediziner so dachten wie die in der Öffentlichkeit bekannten medizinischen Sportpraktiker, beweist die Besprechung des Buches „Leistungssport – Sinn und Unsinn" des Rudertrainers Karl Adam durch den Kölner Arzt R. Rost:

> „Scharf müssen wir als Sportmediziner aber Stellung nehmen, wenn gefordert wird, man müsse de Athleten nach entsprechender Aufklärung die Frage, ob er Anabolika einnehmen wolle oder nicht, selbst entscheiden lassen. Wozu dies führt, wissen wir" (Sportarzt und Sportmedizin 1/1977, 28).

Adam hatte in seinem Buch im Rahmen einiger „Anmerkungen zum Dopingproblem" erklärt:

> „Als Trainer bin ich der Ansicht, daß die Entscheidung, ob ein Athlet seine physiologischen Leistungsvoraussetzungen etwa durch Anabolika verbessern will, nur er selbst treffen kann. Funktionär, Sportmediziner, Trainer haben die Pflicht zur Aufklärung über die Wirkung, aber nicht das Recht der Bevormundung" (ADAM 1975, 169).

Die Haltung des dominierenden Teils der im Leistungssport tätigen Ärzte fand seine Entsprechung auf der Funktionärsebene. Die Diskuswerferin Liesel Westermann berichtete gegenüber der Deutschen Presse-Agentur auf dem Verbandstag des Deutschen Leichtathletik-Verbandes am 26. März 1977 in Leverkusen:

> „Bei einem Gespräch im Dezember des letzten Jahres hat Kirsch in Köln bestätigt, daß Anabolika nicht auf der Doping-Liste stehen würden" (Rhein-Neckar-Zeitung, 28.3.1977).

Kirsch war auf diesem Verbandstag von dem DLV-Dopingkontrolleur Horst Klehr der Mitwisserschaft beim Doping westdeutscher Leichtathleten bezichtigt worden:

> „Ich stelle fest, daß der Präsident des DLV, Prof. Dr. August Kirsch, von Sportärzten auf die Gefährlichkeit der Medikation mit Anabolika hingewiesen und um persönliche Stellungnahme gebeten wurde. Ich stelle fest, daß mit Wissen des DLV-Präsidenten DLV-Trainer Anabolika an Jugendliche verteilen, ohne sich verantworten zu müssen. Ich stelle fest, daß die DLV-Ärzte Dr. Keul, Dr. Klümper und Dr. Kindermann nach ihren eigenen Aussagen an Athleten Anabolika verabreichen, um – wie sie betonen – die Athleten vor Selbstmedikation zu schützen. Die Nötigung des ärztlichen Gewissens scheint hier Purzelbäume zu schlagen. ... Die DLV-Verantwortlichen Herr Dr. Kirsch und Frau Bechthold können unter keinen Umständen glaubhaft versichern, nie von den Praktiken dieser Ärzte gehört zu haben. Ich stelle fest, daß der DLV-Präsident im Oktober noch nach Montreal in Freiburg aussagte, Anabolika zählen im DLV nicht zu den Dopingmitteln. Ich stelle fest, daß Herr Dr. Kirsch auf den SID mit Pressionen einwirkte, weil Herr Steffny sich zum hormonellen Leistungsaufbau einer Frau Wilms und eines Herrn Gehrmanns kritisch äußerte. Ich stelle fest, daß Herr Dr. Kirsch auch gegenüber anderen Medien den Abbruch der guten Beziehung ankündigte, wenn sie weiter auf dieser Welle reiten würden" (WESTERMANN 1977, 141).

Daran, dass Kirsch mehr als nur vage über die Anabolikasituation im Leichtathletik-Verband informiert war, kann es keinen Zweifel geben. Wie Liesel Westermann schreibt, wusste Kirsch sogar von Kinder – und Frauendoping, sah aber keinerlei Grund, als Verbandspräsident einzuschreiten:

> „Warum verlangte niemand zumindest eine Stellungnahme von Herrn Kirsch, der wiederholt behauptet hat, daß Anabolika nicht auf der DLV-Dopingliste stehen? Warum darf Herr Dr. Kirsch von ihm bekannten Athletinnen sprechen, die Anabolika einnehmen und er ungestraft behaupten, daß er keinen Grund sieht, gegen diese Athletinnen vorzugehen?" (WESTERMANN 1977, 143).

Dass Kirsch um ein Doping mit jungen Sportlern wusste und nichts dagegen unternahm, ist mindestens seit 1975 klar. Als er auf Dopingpraktiken des Bundestrainers Eberhard Gaede hingewiesen wurde, ließ Kirsch diese ungestraft zu:

> „Der Wormser Sportarzt Dr. Wolfgang-Karl Schuch belegt jetzt, daß der am Samstag in Leverkusen mit überwältigender Mehrheit wiedergewählte Präsident tatsächlich davon

wußte, daß jugendlichen Athleten Anabolika gegeben werden. Diesen Vorwurf hatte Kirsch noch auf dem DLV-Verbandstag vor vier Tagen als ‚ungeheuerlich' abgetan.

... Die Eltern des 19 Jahre alten Hammerwerfers Hermann Mann aus Worms hatten bei ihrem Sohn das Präparat (Primobolan, d. Verf.), das zu den anabolen Steroiden gehört, gefunden. Sie gingen zum Sportarzt Dr. Karl Schuch. Der Mediziner erhielt von Hermann Mann die Auskunft, er habe das Medikament von DLV-Nachwuchstrainer Eberhard Gäde (Gaede, d. Verf.) (Darmstadt) bekommen. Davon schrieb Dr. Karl Schuch am 23. April 1975 einen Brief, in dem er fragte: ‚Hält es die Führung des DLV für richtig und wünschenswert, daß durch offizielle DLV-Trainer jugendlichen Nachwuchssportlern ... zur Leistungssteigerung Anabolika wie Primobolan ausgehändigt werden?'

Der Sportarzt erhielt keine Antwort von Professor Kirsch, auf den Brief angesprochen, erklärte (er), er höre davon zum erstenmal. Leistungssport-Referent Blattgerste allerdings hat den Eingang des Briefes schriftlich bestätigt und behauptet, seinen Präsidenten informiert zu haben. Blattgerste bestätigte auch, daß der DLV über Hammerwurf-Bundestrainer Karl-Heinz Leverköhne bei Gäde habe anfragen lassen, ob er Anabolika an Hermann Mann weitergegeben habe. Gäde verneinte, ein Rechtsverfahren wurde nicht eingeleitet, der Nachwuchstrainer ist weiter im Amt" (Die Welt, 31.3.1977).

Anschließend an diese desinteressierte Behandlung eines klaren Minderjährigendopings durch den später selbst einschlägig mit Doping belasteten Rechercheur Leverköhne schaltete sich der Vorsitzende des lokalen Sportärzte-Bundes, Willi Pfeifer, ein. Er erhielt eine Antwort nicht von Kirsch, sondern von Keul:

„Die von Ihnen angeschnittene Frage ist sehr schwierig ... Ich bin mit Ihnen völlig der Meinung, daß wir Athleten und Trainer, insbesondere wenn es sich um jugendliche Athleten handelt, auf die Möglichkeiten einer Gefährdung durch Anabolika hinweisen müssen" (Die Welt, 31.3.1977).

Keul verurteilte also mitnichten das Anabolikadoping im Deutschen Leichtathletik-Verband. Er wollte nur besonders die jungen Athleten auf Schädigungsmöglichkeiten hinweisen. Von einer ablehnenden Haltung gegenüber dem Anabolika-Doping oder einer Kritik am mit Sicherheit ebenfalls vorliegenden Verstoß gegen das Arzneimittel-Gesetz war bei Keul in diesem Zusammenhang nichts zu erkennen. Auf solche offenbar großflächig praktizierten Verstöße gegen das Arzneimittelgesetz wies Hammerwerfer Walter Schmidt hin:

„70 Prozent der Athleten bekommen ihre Präparate direkt vom Arzneimittelvertreter. Dies ist nur eine Frage der Beziehungen – Vertreter großer Arzneimittelfirmen als Hausbesucher bei den Athleten also" (Die Welt, 31.3.1977).

Die Angaben Westermanns und die Vorwürfe Klehrs in Bezug auf Kirsch sind nicht die einzigen Hinweise, die für den aktiven Versuch der Legitimierung der Anabolika durch Sport und Sportwissenschaft in der Bundesrepublik im Zeitraum bis 1977 sprechen. Einiges – wie zum Beispiel der Freiburger Anabolikabeschluss der deutschen Sportärzte – spricht dafür, dass zumindest hinter den

Kulissen eine Art konzertierter Aktion von maßgeblichen Teilen des bundesdeutschen Sports zur Legitimierung der Anabolika stattgefunden haben dürfte. So habe, wie ein Zeitzeuge berichtet, der DLV-Präsident, NOK-Vizepräsident und Direktor des Bundesinstituts für Sportwissenschaften, August Kirsch, bei den Olympischen Winterspielen 1976 die Verteilung einer Anti-Doping-Broschüre, in der verschiedene Anabolika auf der Liste der verbotenen Substanzen aufgeführt waren, untersagen wollen. Bereits in den Jahren zuvor waren, auch auf internationaler Ebene, sportpolitische Initiativen zu beobachten, die geeignet waren, die Verwendung von anabolen Steroiden zu verharmlosen oder gar zu legitimieren. So machten, wie sich ein ehemaliges Mitglied der Medizinischen Kommission des Leichtathletik-Weltverbandes IAAF erinnert, westdeutsche Mitglieder in internationalen Kommissionen Stimmung dafür, dass die Anabolika wieder von der Dopingliste genommen würden.

Besonders gravierend ist hierbei der Vorfall bei einer Sitzung der Medizinischen Kommission der IAAF 1974, bei der beschlossen wurde, bei der Leichtathletik-EM in Rom erstmals Dopingkontrollen auf Anabolika durchzuführen. Der Österreicher Ludwig Prokop formulierte einen Anti-Doping-Appell, der bei Keul – zumindest nach den damaligen Darstellungen von Manfred Höppner als Stellvertretendem Leiter des Sportmedizinischen Dienstes der DDR in dessen Stasi-Bericht – heftigen Widerspruch hervorrief:

> „Der BRD-Vertreter, Prof. Dr. Keul, sprach sich in einer sehr aggressiven Art und Weise gegen die Darlegung von Prof. Dr. Prokop aus und äußerte, man könnte den Eindruck gewinnen, daß P. ein Vertreter der katholischen Kirche sei. Gegenüber dem IMV bestätigte Prof. Dr. Keul, daß in der BRD generell die Anwendung von Anabolen erfolgt und er im Prinzip nichts dagegen einzuwenden habe" (Süddeutsche Zeitung, 21.3.1994).

Keul ließ diese Darstellungen per Eidesstattlicher Erklärung von Höppner zwar als unwahr ausweisen, Prokop bestätigte gegenüber der Süddeutschen Zeitung (21.3.1994) jedoch grundsätzlich die Authentizität der Darstellungen Höppners. Diese erhalten zusätzlich Plausibilität, wenn man bedenkt, dass Keul die Formulierung „katholische Kirche" auch sonst im Zusammenhang mit Doping gebrauchte[8] – wie hätte Höppner solche Formulierungen einfach erfinden können? Die Abschwächung des Appells erfolgte dann nach Höppners Stasi-Bericht unter Keuls Federführung, wobei Prokop die Endfassung selbst nicht mehr zu Gesicht bekommen habe (Süddeutsche Zeitung, 21.3.1994).

---

[8] Vgl. z.B. Sports 2/1992, 124: „Aber ich wehre mich gegen diese Abschreck-Methode, die wie die katholische Kirche mit der Hölle droht – wir müssen sachlich bei den Fakten bleiben und sagen: Aus sportethischen Gründen dürfen diese Stoffe nicht eingenommen werden."

Dass Keul grundlegende Einwände gegen die Verwendung von Anabolika gehabt hätte, ist tatsächlich weitaus schwieriger nachzuweisen als die gegenteilige Behauptung. Zumindest scheint Keul die verbreitete Anabolikaeinnahme als ein Phänomen betrachtet zu haben, das wenig Grund zur Besorgnis gebe. Nicht Warnung vor Anabolika ist bei Keul zu konstatieren, allenfalls Warnung vor ihrer „missbräuchlichen", also eigenständigen und in so genannten überhöhten Dosen erfolgenden Einnahme – und vor Dopingkontrollen, wie der Sprinter Manfred Ommer über eine Mannschaftsbesprechung vor dem Leichtathletik-Länderkampf gegen Russland 1974 in Stuttgart berichtete:

> „Da saß Professor Kirsch am Präsidiumstisch, als unser Sportreferent Horst Blattgerste verkündete: So, jetzt hat euch der Arzt noch was mitzuteilen. Dann stand Professor Keul auf und sagte: Also, bei den Europameisterschaften in Rom sind Anabolika-Kontrollen. Setzt das Zeug rechtzeitig ab!" (Der Stern, 28/1977, 133).

Solche Warnungen von Ärzten vor Dopingkontrollen wurden von bestimmten Medizinern offenbar als ärztliche Pflicht gegenüber „Patienten" angesehen. Dabei hat es wohl keine Rolle gespielt, ob ein Athlet tatsächlich bei dem warnenden Arzt in Behandlung war oder ob es sich lediglich um einen potentiellen Patienten handelte, wie die Aussage eines solche Warnungen vornehmenden Zeitzeugen verdeutlicht. Solche Mediziner fühlten sich also anscheinend in gar keiner Weise den Dopingstatuten der Verbände verpflichtet, für die sie tätig waren:

> „Das ist doch logisch. Ja, für was für einen Arzt halten Sie mich eigentlich? Ich betreue Athleten, weiß nicht genau, was die nehmen, höre es durch Zufall. Wenn es Athleten wären, die das von mir bekämen, würde ich denen doch genau sagen: Pass mal auf, es gibt jetzt ganz andere Messgeräte, die sind viel empfindsamer, das musst du dann und dann absetzen, du darfst nichts nehmen. Ich habe doch gar keine Ahnung gehabt, wer was nimmt, und dass ich dann sage, dass mir da nicht ein Athlet reintappt, das ist logisch. Ich muss doch denen sagen, dass sie nicht am nächsten Tag in eine Dopingkontrolle hineingehen und dann auffallen. Das halte ich für meine Pflicht, wenn ich als Arzt bei einer Mannschaft dabei bin. Das hat aber nichts damit zu tun, dass Athleten von mir solche Substanzen bekommen haben. Denen hätte ich es ja dann persönlich gesagt, ist doch logisch. Also, das halte ich eigentlich für eine Notwendigkeit innerhalb einer Mannschaft, zu sagen, falls ihr das nehmt, passt auf, dass ihr da nicht auffallt."

Auch wenn Joseph Keul Darstellungen wie jene von Höppner zu Protokoll gegebenen immer wieder mit juristischen Mitteln aus der Welt zu schaffen sucht, verlieren sie unabhängig vom Wahrheitsgehalt kaum etwas von ihrer Plausibilität, zumal Keul einige Jahre zuvor bereits die Anabolikafreigabe gefordert hatte, um einer „missbräuchlichen" Anwendung von Athleten auf eigene Faust entgegenzuwirken. Der langjährige bundesdeutsche Olympiaarzt aus Freiburg erforschte in einem mehrjährigen Projekt mit Gewichthebern die Wirkung von Anabolika und veröffentlichte nach seinen ersten Ausführungen 1971 die Ergebnisse des Gesamtprojekts 1976. Falls Keul zu diesem Zeitpunkt wirklich ein so engagierter Gegner aller pharmakologischen Leistungssteigerung gewesen sein sollte, wie er das heute immer wieder betont: eine Gegnerschaft der Verwendung von Anabolika im Leistungssport ist seinen wissenschaftlichen Publikationen auch zu jenem Zeitpunkt, also 1976, überhaupt nicht zu entnehmen. Die Untersuchung von Keul, Deus und Kindermann (1976) liest sich vielmehr geradezu wie eine medizinische Rechtfertigungsschrift zur Verwendung von Anabolika.

In dieser Untersuchung mit zehn Normalpersonen und 15 Gewichthebern testeten Keul et al. den „Einfluss von Nandrolondecanoat vor und nach zweimonatiger Behandlung sowie vier Wochen danach" (Keul et al. 1976, 497). Sechs dieser Gewichtheber erhielten das Anabolikum über drei Jahre, in denen sie auf Gesundheitsschädigungen untersucht wurden.

„Ferner wurden die Untersuchungsbefunde von 57 Sportlern, die anabole Hormone eingenommen hatten, auf Schädigungen bzw. Funktionsstörungen hin geprüft" (Keul et al. 1976, 497).

Die Ergebnisse mussten nicht zwingend zur Beruhigung von Anabolikakonsumenten ausfallen, einige Schlussfolgerungen der Autoren jedoch durchaus:

„4. Innerhalb der dreimonatigen Testserie und bei Verlaufskontrollen über drei Jahre sowie der zusätzlichen Auswertung der biomechanischen Befunde bei 26 Sportlern konnte kein Hinweis für eine Schädigung durch Nandrolondecanoat ... gefunden werden, so daß die generelle Behauptung einer Schädigung durch anabole Hormone nicht gerechtfertigt ist.

5. Schädigungen bzw. Funktionsstörungen wurden bei 31 Sportlern sowie drei Gewichthebern der Testserie nach oral verabreichten alkylierten anabolen Steroiden beobachtet. Nach Absetzen der anabolen Steroide bildeten sich die pathologischen, biochemischen Befunde wieder zurück, so daß es sich wahrscheinlich um eine reversible Funktionsstörung der Leber gehandelt hat" (Keul et al. 1976, 497).

Nach Keul et al. sind also auch die objektiv festgestellten Schädigungsanzeichen solcher alkylierter anaboler Steroide zu vernachlässigen. Wissenschaftlich ist eine solche Schlussfolgerung indessen mehr als problematisch, denn:

"Wenn nach einem begrenzten Waldbrand kein Rauch mehr zu sehen ist, würde wohl nur ein Narr auf eine Reversibilität des Feuerschadens schließen!" (Gastkommentar „Anabolika im Sport" von Werner W. Franke in der Medical Tribune vom 22.4.1977)

Mit dieser Arbeit war für Westdeutschland ein "wissenschaftliches" Fundament für die Unbedenklichkeit eines gewissen, auf den Männerbereich beschränkten Anabolikadopings unter ärztlicher Kontrolle und in sogenannten therapeutischen Dosen geschaffen:

> „Diese Befunde und auch Ergebnisse, die in der Literatur mitgeteilt worden sind ... lassen den anabolen Steroiden keine allgemeinschädigende Wirkung zuordnen, sondern es muss die hormonelle Wirkung bzw. Schädigungsmöglichkeit einzelner anaboler Steroide getrennt werden, wobei die chemische Struktur mit beachtet werden muß" (KEUL ET AL. 1976, 502).

Des Weiteren wurden Gegner der Verabreichung anaboler Steroide aus verantwortungsethisch-medizinischer Sicht geradezu beleidigt:

> „Aus medizinischen Gründen gibt es derzeit für den Mann keine gesicherten Einwände gegen die Einnahme von anabolen Hormonen, falls therapeutische Dosen verwendet werden. Bei Frauen und Jugendlichen sind sie wegen der Gefahr irreversibler Funktionsstörungen bzw. fehlenden Wissens über Schädigungen abzulehnen. Lediglich ethische Gründe lassen ein Verbot beim erwachsenen Sportler gerechtfertigt erscheinen. ... Vor Überdosierungen, wie sie bei der häufig üblichen Selbstmedikamentation vorkommen können, sollte gewarnt werden, da bei den hier gemachten Aussagen die klinisch erprobten Dosen zugrunde liegen ... Ein Verbot von anabolen Hormonen mit dem Hinweis auf die Schädigung, die nicht bewiesen ist, läßt die ärztliche Beratung bzw. den Arzt selbst fragwürdig erscheinen und ist daher nicht empfehlenswert" (KEUL ET AL. 1976, 502).

Bemerkenswert ist die von den Autoren vorgenommene Trennung der Bereiche Medizin und Ethik. Gemeint ist hier wohl, wie aus zahlreichen anderen Äußerungen hervorgeht, die sport-normative Ethik. Solange nämlich Schädigungsmöglichkeiten – angeblich – nicht bewiesen waren und Anabolika nicht durch die Dopingliste (hier bezogen sich deutsche Ärzte und Funktionäre stets auf die DSB-Liste) erfasst worden sind, sei die Verwendung medizinisch und medizinethisch bedenkenlos. Mehr noch: Der Hinweis auf mögliche, aber „nicht bewiesene" Schädigungen erhält hier umgekehrt eine ethisch verwerfliche Dimension.

Völlig ausgeblendet wird dabei die Frage von Schädigungen, die sich möglicherweise erst nach vielen Jahren oder Jahrzehnten einstellen könnten. Hier wurden Anabolikagegner im westdeutschen Sport im Sinne einer Umkehrung der wissenschaftlichen Beweispflicht von bestimmten Medizinern auf überaus merkwürdige Weise angegangen. Besonders Alois Mader trat dabei in den Vordergrund:

> „Eine Schädigung der Gesundheit ist nicht direkt und mit ausreichender Wahrscheinlichkeit nachzuweisen" (MADER 1977, 145).

Daher plädierte Mader für – und nicht etwa gegen – die Verabreichung anaboler Steroide. Jene verantwortungsethische „Heuristik der Furcht", wie sie von Hans Jonas (1984, 8) bei der Abschätzung von möglichen Handlungsfolgen gefordert wird, war in jenen Zeiten der sportmedizinischen Standortbestimmung in der Bundesrepublik häufig nicht zu beobachten. Mader rechtfertigte seine Haltung mit einer ärztlich bedenklichen Haltung:

„Daß sie (die Schädigung, d. Verf.) nicht völlig ausgeschlossen ist, ist kein Argument dagegen, da dies auf den Sport selbst in genau derselben Weise zutrifft. Niemand kann die völlige Unschädlichkeit eines sportlichen Trainings garantieren" (MADER 1977, 145.).

Im Gegensatz zu Keul et al. sah Mader bei der Anabolikaverwendung im Frauenleistungssport keine größeren Probleme:

> „Virilisierungseffekte bei Frauen treten im allgemeinen nur bei längerer Anwendungsdauer (mehr als 6 Wochen), hoher Dosierung (z.B. 0,5 bis mehr als 1,0 mg/kg Körpergewicht/Tag und mehr als 800–1000 mg insgesamt) sowie einer zusätzlich vorhandenen individuellen Disposition auf ... Die häufigsten Veränderungen betreffen die Stimme ... Virilisierende Effekte im Sinne eines Bartwuchses werden bei Sportlerinnen nicht beobachtet. Mit Ausnahme der Veränderung der Stimme sind sie nach dem Abschluß des Hochleistungstrainings weitgehend bzw. vollständig reversibel" (MADER 1977, 144).

Hatten Keul et al. – bewusst oder unbewusst – in ihrer Arbeit der Unbedenklichkeit des Männerdopings mit Anabolika das Wort geredet, das Anabolikadoping für Frauen jedoch aus – diesmal – verantwortungsethisch geprägten Gründen abgelehnt, so ging Mader einen entscheidenden Schritt weiter. Statt die durch androgene Hormone hervorgerufenen körperlichen Veränderungen bei Frauen als schwere Eingriffe in die körperliche Integrität abzulehnen, plädierte Mader für eine „Korrektur" gängiger Schönheitsideale und des vorherrschenden Frauenbildes. Wiederum mit einer verwirrenden Begründung:

> „Auch ohne anabole Steroide haben einige Sportlerinnen (und auch untrainierte Frauen) einen mehr oder minder ausgeprägten virilen Habitus" (MADER 1977, 144).

Der Kritik an der Veränderung von Frauen im Leistungssport begegnete Mader abermals in seiner vom Geist des ostdeutschen Sportmedizinischen Dienstes geprägten ärztlich-kaltblütigen Art:

> „Hier wird kritiklos ein zur Zeit akzeptiertes Schönheitsideal, das auf einer kulturell und sozial bedingten und damit eher artifiziell hervorgerufenen Unterentwicklung der Körpermuskulatur der Frau (z.B. Mannequintyp) beruht, zur biologischen Norm erhoben" (MADER 1977, 145).

Den überarbeiteten Vortrag Maders am 23.10.1976 beim Sportärztekongress in Freiburg druckte die Zeitschrift Leistungssport (2/1977, 136–147, Anabolika im Hochleistungssport) mit folgender Begründung ab:

> „Wir veröffentlichen das Referat in der Hoffnung, damit einen Beitrag zur Versachlichung der aktuellen Doping-/Anabolikadiskussion zu leisten. Sportfunktionären, Sportmedizinern und Athleten mag es als Argumentationshilfe dienen."

Damit fand sich faktisch auch die DSB-Zeitschrift Leistungssport (und mithin der Deutsche Sportbund selbst) auf einer Linie mit namhaften Anabolika-Protagonisten, und durch den kritiklosen Abdruck des Mader-Referats sogar in Bezug auf ein Frauendoping in bestimmten Dosierungsgrenzen und Anwendungszeiträumen. Zu den wenigen Diskussionsbeiträgen durch deutsche Sportfunktionäre, die sich kritisch mit der verbreiteten Manipulationsbereitschaft auseinandersetzten, zählte die Erklärung des DSB-Präsidenten Willi Weyer:

> „Teile der Sportführung wie auch manche Betreuer von Spitzensportlern werden schwerlich den Verdacht entkräften könne, bewußt oder fahrlässig ihre Aufsichtspflicht verletzt und damit der pharmakologisch-medizinischen Manipulation einer unbekannten Zahl von Athleten Vorschub geleistet zu haben" (Der Tagesspiegel, 11. Mai 1977).

Weyer hatte für eine Amnestie von Bekennern wie Walter Schmidt, Uwe Beyer und Manfred Ommer plädiert, da sie

> "ohne Rücksicht auf mögliche Folgen für sich selbst die Grauzone schmutziger Praktiken erhellt und eigene Fehler in der Öffentlichkeit mutig bekannt haben" (Der Tagesspiegel, 11. Mai 1977).

Der geständige Hammerwerfer Walter Schmidt übrigens war durch den Rechtsausschuss des Hessischen Leichtathletik-Verbandes zu einer einjährigen Bewährungsstrafe verurteilt worden, da eine Mitschuld des Deutschen Leichtathletik-Verbandes nicht ausgeschlossen werden konnte und der Verband „seiner Fürsorge und Schutzpflicht gegenüber Athleten nicht nachgekommen" sei (zitiert nach Stuttgarter Nachrichten, 20.6.1977). Durch dieses Urteil des späteren DLV-Anti-Doping-Beauftragten und -Sportwarts Rüdiger Nickel wurde erstmals im westdeutschen Sport die systematische, verbandsgeförderte Komponente des Anabolikadopings zumindest nahegelegt:

> „Die Bewährung konnte auch insbesondere deswegen zugebilligt werden, weil zu Gunsten des Betroffenen nicht ausgeschlossen werden kann, daß ein erhebliches Mitverschulden verantwortlicher Offizieller im DLV vorliegt. Diesen DLV-Offiziellen, seien es in erster Linie Ärzte und Bundestrainer, z.T. auch einzelne Funktionäre in den Führungsgremien, muß für die Vergangenheit – das muß zu Gunsten des Betroffenen zumindestens unterstellt werden – eine erhebliche Verletzung ihrer Fürsorge- und Schutzpflicht den aktiven Sportlern, insbesondere dem Betroffenen gegenüber vorgeworfen werden. Die Arbeit dieser Offiziellen hat sich in erster Linie und vornehmlich nach dem Grundsatz zu richten, daß Offizielle lediglich Helfer der Aktiven sind. Zu dieser Aufgabe gehört vor allem die Verpflichtung, Aktive in aller nur erdenklichen Form vor Rechtsverletzungen zu schützen und nicht den Eindruck zu erwecken, als wenn solche Rechtsverstöße zumindest stillschweigend geduldet wurden.
>
> Der Rechtsausschuß kann nicht ausschließen und geht deshalb zu Gunsten des Betroffenen davon aus, daß dem Betroffenen durch Sportärzte, die für den DLV offiziell tätig waren oder sind, anabolische Steroide verabreicht wurden, ohne daß die im DLV dafür Verantwortlichen den nötigen Einhalt geboten hätten, was diesen Verantwortlichen möglich gewesen wäre.

> Absolut unglaubwürdig und allein durch die Lebenserfahrung, aber auch durch die Aussage des Zeugen Klehr und die Äußerung des Betroffenen in der Fernsehdiskussion widerlegt, ist die Einlassung des Zeugen ... (Name eines Trainers), mit dem Betroffenen zu keinem Zeitpunkt über anabolische Steroide gesprochen zu haben. Das Anabolika-Problem ist eines der viel diskutierten Themen der letzten Zeit im gesamten Kraftsportbereich. Der Betroffene war neben anderen Sportlern als Weltrekordler der Hauptleistungsträger innerhalb des vom Zeugen ... (Name eines Trainers) betreuten DLV-Kaders. Der Rechtsausschuß muß daher davon ausgehen, daß der Zeuge ... (Name eines Trainers) mit dem Betroffenen sowie den weiteren Kader-Angehörigen die Problematik ausführlich besprochen, jedoch nicht das Erforderliche getan hat, den Betroffenen vor der Einnahme zu schützen und zu bewahren. ...
>
> Der Rechtsausschuß geht aber auch zu Gunsten des Betroffenen davon aus, daß nicht ausgeschlossen werden kann, daß Mitglieder des DLV-Präsidiums von der Einnahme von anabolischen Steroiden wußten und durch Außerachtlassung der Fürsorge- und Schutzpflichten den Eindruck des Duldens hervorgerufen haben. ..." (Urteil des Rechtsausschusses des Hessischen Leichtathletik-Verbandes im Verfahren gegen Walter Schmidt wegen Verstoßes gegen die Doping-Bestimmungen vom 17. Juni 1977).

Dass der Deutsche Leichtathletik-Verband aus dieser für ihn geradezu niederschmetternden Beurteilung durch Rüdiger Nickel als Vorsitzendem des Rechtsausschusses des Hessischen Leichtathletik-Verbandes keine Konsequenzen zog und nicht gegen Funktionäre, Ärzte und Trainer in den eigenen Reihen vorging, fügt sich ein in das Bild von einem durch den Verband geduldeten und über Verbandstrainer und -Ärzte sogar aktiv geförderten Anabolikadoping. Allerdings hätte das Präsidium des DLV hier fatalerweise zuerst gegen seinen eigenen Präsidenten, August Kirsch, vorgehen müssen, dessen dominante und bisweilen cholerische Art gefürchtet war unter Funktionärskollegen. Ferner soll das ärztliche Dilemma zwischen Auftrag der Gesunderhaltung von Patienten und dem Wunsch nach Schadensbegrenzung – ohne dass ärztliche Verfehlungen damit entschuldigt wären – weiterhin nicht verkannt werden. Unbegreiflich ist aber in der gesamten Geschichte des Dopings überhaupt, wie manche Ärzte gleichzeitig offiziell für Verbände tätig sein und ihre Anti-Doping-Bestimmungen aktiv mitgestalten konnten, während sie zum gleichen Zeitpunkt die Regeln der Verbände in Permanenz unterliefen.

Hierzu muss jedoch bemerkt werden, dass es Lösungsvorschläge dieser Dilemmasituation (verbandsärztliches Doping versus Anti-Doping-Bestimmungen) durchaus gab. Allerdings nicht dergestalt, dass Doping zu verhindern sei, sondern dass die Dopingregeln zu verändern wären. So schlug Wildor Hollmann in einem der raren, sich selbst entlarvenden Momente – begründet mit einem jener für viele Sportmediziner typischen alltagsweltlichen, unwissenschaftlichen quasi-soziologischen Erklärungsversuche – die Standardisierung des Dopings als gelegentliche Maßnahme und vorgenommen von erlesenem Fachpersonal vor:

"Hollmann empfiehlt, derlei Manipulationen ausschließlich durch anerkannte medizinische Zentren und nur ausnahmsweise, vielleicht bei Europa- und Weltmeisterschaften sowie bei Olympischen Spielen zu verabreichen. Der Leistungssport entspricht der Welt, in der er ausgeübt wird, verteidigen sich die spritzenden Sporthelfer" (Der Spiegel, 20.8.1976)

Während sich Ludwig Prokop daran erinnert, dass westdeutsche Vertreter in internationalen Gremien Stimmung gegen das Anabolikaverbot gemacht hätten, geht ein Stasi-Bericht Manfred Höppners, der sich auf eine IAAF-Sportmediziner-Tagung am 12. November 1976 in Amsterdam bezieht, noch sehr viel weiter.

„In der Diskussion wurde speziell von den Vertretern der BRD, Dr. Danz (damaliger Kommissionschef, d. Red.) und Dr. Donike, die Forderung erhoben, Anabolika aus der Dopingliste zu streichen und legten in diesem Zusammenhang Materialien von Prof. Dr. Keul vor, nach welchen die Anwendung anaboler Steroide nicht gesundheitsschädigend ist" (Süddeutsche Zeitung, 24.3.1994).

Donike bestritt diese Darstellung Höppners mit dem Hinweis, er hätte sich dadurch seiner Arbeit als Analytiker beraubt (Süddeutsche Zeitung, 24.3.1994). Insgesamt plausibel bleibt jedoch auch dieser Aspekt der Höppner-Berichte, da in der Mitte der 70er Jahre im bundesdeutschen Sport vielfach und nicht nur vereinzelt für eine Anabolikagabe im Sport plädiert wurde, sondern systematisch im Sinne eines sportorganisatorischen Netzwerkes, in dem Sportmediziner, Sportfunktionäre, Trainer und Athleten erfolgreich mitwirkten. Insbesondere die doppelbödige wissenschaftliche Beratung durch Sportmediziner dürfte den deutschen Sport in dieser Zeit auf diesen Weg gebracht haben.

Den Befunden von Keul et al. und Mader stand neben den frühen Warnungen Ludwig Prokops oder den Feststellungen Manfred Steinbachs 1968 auch eine Untersuchung von Hollmann und Hettinger entgegen, die sich auf die Suche nach dem Zusammenhang von Anabolikadosierung und Leistungssteigerung bei Sportlern gemacht hatten:

„So untersuchten wir den Einfluß einer Verabreichung von 5 mg eines Anabolikums per os auf Sportstudenten. Eine Gruppe absolvierte über 6 Wochen lang an 5 Wochentagen ein tägliches statisches Krafttraining am Dynamometer, während eine Kontrollgruppe ein gleiches Training unter Placebos verrichtete. Zwischen dem Trainingseffekt in der Anabolika-Gruppe und der Placebo-Gruppe konnten keine statistisch signifikanten Differenzen beobachtet werden" (HOLLMANN/HETTINGER 1976, 253 f.).

Damit widersprachen Hollmann/Hettinger – zunächst – der These einer leistungsfördernden Wirkung von männlichen Sexualhormonen bei sogenannten therapeutischen, also angeblich "gesundheitsverträglichen" Dosierungen. Die Schlussfolgerung der Autoren widerspricht der Annahme, es könne ein gesundheitlich bedenkenloses Anabolikadoping geben. Für Leistungsverbesserungen seien höhere Dosierungen notwendig:

> „Mit höherer Dosierung aber wachsen die Schädigungsmöglichkeiten ... Diese Schäden können irreversibel sein, so daß vor einer vor allem unkontrollierten Einnahme dringend gewarnt werden muß. So sinnvoll die Gabe von Anabolika in der ärztlichen Praxis unter eindeutig medizinischer Indikation ist, so gefahrvoll erscheint sie für den Sportler" (HOLLMANN/HETTINGER 1976, 254 f.).

In der 1990 erschienenen dritten Auflage dieses sportmedizinischen Lehrbuchs fehlt dann der Hinweis auf die Schädlichkeit bei erhöhter Dosis. Auch bezugnehmend auf Keul, dessen These der Unschädlichkeit nicht-alkylierter Anabolika Hollmann und Hettinger 1976 bereits erwähnten, heißt es nun:

> „Die heute üblichen, nicht alkylierten Derivate verursachen offenbar nicht derartige Veränderungen. In experimentellen Untersuchungen konnten selbst in Langzeitstudien keine gesundheitlich negativ zu bewertenden Befunde beobachtet werden. Wir fragten bei 13 medizinischen Zentren in vier Kontinenten, die sich seit vielen Jahren mit Untersuchungen von Leistungssportlern befassen, nach *objektiv dargestellten Schädigungen*. Es konnte kein Fall dieser Art mitgeteilt werden. Einige der untersuchten Athleten hatten Tagesdosen bis zu 700 mg über viele Wochen hinweg zu sich genommen. Das geschah in diesen Fällen ohne eine ärztliche Kontrolle" (HOLLMANN/HETTINGER 1990, 257).

Ist dies nun eine weitere ärztliche Unbedenklichkeitserklärung zum Anabolikadoping durch Mediziner in der Bundesrepublik? Athleten, Trainer oder Ärzte hätten solche Ausführungen zumindest so verstehen können. Wie jedoch gerade bei Wildor Hollmann (der Alois Mader in Köln am Institut für Kreislaufforschung beschäftigte) häufig zu beobachten, erfolgt dann noch ein einschränkender Zusatz:

> „Aus ärztlicher Sicht ist jede Medikamentation im Sport abzulehnen, die auch nur theoretisch einen Gesundheitsschaden zur Folge haben könnte. Das gilt auch für Anabolika."

Inwieweit es sich hier um eine ritualistisch vorgetragene Postulierung ärztlicher Ethik bei stillschweigender Befürwortung der Anabolikaeinnahme durch Athleten (weil anscheinend ja unschädlich) handelt, bleibt unklar. Hollmanns Mitarbeiter Alois Mader lehnte sich jedoch, ohne jemals von seinem Vorgesetzten für die Öffentlichkeit erkennbar zurückgehalten worden zu sein, stets sehr viel deutlicher aus dem Fenster.

Machten Gegner der Verabreichung anaboler Steroide im Sport wie der Krebsforscher Werner W. Franke Ärzten wie Mader oder Keul et al. aufgrund ihrer wissenschaftlich zweifelhaften Publikationen zur Wirkungsweise von Anabolika Dopingbefürwortung und -verharmlosung zum Vorwurf (Franke in der Medical Tribune vom 22.4.1977, 13 und 21 ff.), so sah Mader gerade in der Verwendung von Pharmaka (wie z.B. Anabolika) die sportärztliche Verantwortung gewahrt:

> „Dem Problem der Leistungssteigerung im Sport unter Zuhilfenahme von Pharmaka unter Hinweis auf den hippokratischen Eid aus dem Wege gehen zu wollen, ist nach meiner Meinung vordergründige Drückebergerei, wie Pilatus wäscht man sich die Hände in Unschuld."

Mader sah es in seinem Leserbrief an die medizinische Fachzeitschrift geradezu als ärztlichen Auftrag an, mit pharmakologischer Hilfe Schäden zu vermeiden:

> „Gefährdung der Leistung und der Gesundheit eines Sportlers lassen sich beim derzeitigen Stand der Trainingspraxis und der Höhe der sportlichen Leistungen nur durch den Einsatz diffiziler diagnostischer und therapeutischer Maßnahmen verhindern. Die DDR-Leistungssportler sind nicht deswegen leistungsfähiger, weil sie kränker als diejenigen der westlichen Länder sind. Das Gegenteil ist richtig: durch die Pilatus-Methode der Ärzte in den westlichen Ländern besteht bei gleichem Leistungsanspruch für die Leistungssportler der westlichen Länder ein höheres Gesundheitsrisiko und eine größere Wahrscheinlichkeit, durch Leistungssport zu einem Schaden zu kommen" (MADER in der Medical Tribune vom 6.5.1977, 16).

Hinter solchen Ausführungen steht eine in der Bundesrepublik in den 70er Jahren erprobte Anabolika-Rechtfertigungsstrategie, der längst nicht nur Mader, sondern auch andere namhafte Mediziner frönten und die sich auch im Denken von Athleten, Trainern und Funktionären einnistete. Die Athleten, so die Logik dieses Gedankens, würden immer mehr trainieren. Durch die immensen Trainingsbelastungen würde es zu körperlichen Schädigungen kommen, und um solche trainingsbedingten Schäden zu vermeiden, müsse man Anabolika als regeneratives und konstitutionsförderndes Element verabreichen. Wissenschaftliche Beweise für diese Argumentationskette blieben die Protagonisten der quasi prophylaktischen Anabolikaverordnung allerdings schuldig. Die höchsten Trainingsumfänge wurden gerade erst durch Anabolika ermöglicht, und die Verletzungsproblematik war – wie z.B. Zehnkampf-Bundestrainer Heinz Oberbeck, aber auch der eindeutig gegen die Anabolikaverwendung im Sport auftretende Wissenschaftler Theodor Hettinger eindrucksvoll verdeutlichten – in einer noch nie dagewesenen Dichte offenbar gerade durch die verbreitete Einnahme von Anabolika entstanden.

Wie auch Athleten (und Funktionäre) diese Einstellung verinnerlichten, verdeutlichen die Ausführungen eines Sportfunktionärs, der über den Versuch eines ehemaligen Werfers berichtet, seine mit Anabolika erzielten Leistungen ohne Dianabol-Unterstützung zu erreichen:

> „Sein Fazit ... war, dass er sich durch dieses Training mehr geschadet hätte, was seine Gelenke betraf, als wenn er weniger hätte trainieren müssen ... Er sah, weiter kommst du nicht auf dem natürlichen Wege, du ruinierst dir deine Gesundheit total."

Berichte über solche Schädigungsmöglichkeiten aufgrund des Anabolikaverzichts dürften generell auf Erfahrungen beruhen, die Anabolikaverwender machten, wenn sie die Hormonzufuhr einstellten und sich im Training an durch Manipulation zustande gekommenen Leistungsparametern orientierten. Ähnliche Beobachtungen waren übrigens nicht selten nach der deutschen Vereinigung zu machen, als zahlreiche Weltklasseathletinnen und –athleten – insbesondere aus der DDR – sich verletzten, weil sie sich in Zeiten einsetzender Trainingskontrollen offenbar immer noch an alten „u. M."-Trainingsplänen orientierten, wie z.b. auch ein hoher DLV-Funktionär in einem jener üblichen „Out of record"-Gespräche gegenüber einem der Autoren (A.S.) bei den Deutschen Leichtathletik-Meisterschaften 1991 vermutete.

Kurskorrektur der Sportmedizin und Beendigung der Dopingdebatte

An Forderungen nach Ablösung von Ärzten mit unärztlichen Handlungsweisen fehlte es nach der Diskussion um Manipulationen im Spitzensport nach Montreal 1976 nicht. Sie waren jedoch wirkungslos. Selbst von Willi Daume als Präsident des Nationalen Olympischen Komitees erhielten die in der Öffentlichkeit häufig heftig kritisierten deutschen Verbandsärzte Rückendeckung – mit einer geradezu bestürzenden Begründung:

> „Für mich steht fest, daß unsere tüchtigen Sportärzte die ihnen anvertrauten Athleten niemals bewußt gesundheitsschädlich mit Medikamenten behandeln würden" (Die Welt, 24.3.1977).

Wäre, ließe sich hier anschließend fragen, eine unbewusste Schädigung erträglicher?

Die – nahezu – geschlossene Kurskorrektur der deutschen Sportärzte erfolgte nur wenige Monate nach der Freiburger Tagung auf dem Nachfolgekongress in Kiel am 6. Mai 1977. „Jetzt machen wir Schluß, weil wir wissen, wohin das Ganze läuft, dieser Mißbrauch kommt vom Tisch", erklärte Herbert Reindell (Medical Tribune, 3.6.1977, 10). Dabei wurde als Argument keineswegs die mögliche Schädlichkeit der Anabolika ins Feld geführt, es wurden – konform zur öffentlichen Diskussion – sportethische Gründe geltend gemacht:

> „Die deutschen Sportmediziner ... wollten die Schädlichkeit gar nicht mehr diskutieren und rückten die neu entdeckte ärztliche Ethik und die Beachtung des sportlichen Regelwerks in den Vordergrund" (Die Welt, 9.5.1977).

Zwar sah Joseph Keul die Konkurrenzfähigkeit des westdeutschen Sports als nicht mehr gegeben an. „Aber das muß uns die Fairneß des deutschen Sports wert sein" (Bild-Zeitung, 9.3.1977).

Eineinhalb Jahre später indessen erweckte Keul den Eindruck, er trauere der verpassten Gelegenheit nach, den Anabolikaeinsatz unter ärztlicher Aufsicht kontrollieren zu dürfen – nun gerade unter dem Aspekt einer verloren gegangenen internationalen Chancengleichheit:

> „Die Dunkelziffer derjenigen, die Anabolika nehmen, ist sprunghaft in die Höhe geschnellt. Wir kämpfen heute noch mit dem durch die unwürdige Diskussion von 1977 entstandenen Vertrauensschwund der Athleten. ... Der Verzicht auf Anabolika bedeutet gleichzeitig Verzicht auf Leistung. Und solange die Dopingbestimmungen nur einseitig in wenigen Ländern vorgenommen werden, bedeuten sie für unsere Athleten auch gleichzeitig Chancenungleichheit. Erst wenn Doping-Kontrollen international und konsequent – also nicht nur bei großen Wettbewerben, sondern auch im Training – erfolgen, haben wir eine Chance, das Dopingproblem wenigstens einigermaßen in den Griff zu bekommen. Bis dahin bleibt es jedoch Utopie" (Süddeutsche Zeitung, 21./22.10.1978).

Anstatt sein eigenes vorhergehendes Handeln kritisch zu überprüfen, schob Keul damit die Schuld für die Anabolikaausbreitung anderen, nämlich den Bekämpfern des Dopings in der Bundesrepublik Deutschland zu. Der Hinweis auf verloren gegangene Konkurrenzfähigkeit entbehrt allerdings nicht einer gewissen unfreiwilligen Selbstironie gerade bei einem Arzt wie Joseph Keul, der sich 1971 noch eines durch ihn selbst anabol manipulierten Wettkampfergebnisses gerühmt hatte (vgl. Knebel 1972, 100).

Die Abkehr von der nur wenige Monate zuvor beschlossenen Anabolikabefürwortung wurde von den meisten Medizinern zumindest in der Öffentlichkeit offensiv vertreten. Es waren aber nicht die deutschen Sportärzte, die den ersten Schritt in diese Richtung unternommen hatten, denn eine Woche vor dem Kieler Kongress verabschiedete der Deutsche Sportbund sein Kommuniqué zur Frage der pharmakologischen Leistungsbeeinflussung von Sportlern, in dem auch die Verwendung von Anabolika abgelehnt wurde. Dabei hatte sich das Handlungsdilemma (geforderte Weltspitzenleistungen bei bestehendem Dopingverbot) der deutschen Athleten oder ihrer Ärzte keinesfalls aufgelöst, wie Wildor Hollmann zutreffenderweise bemerkte:

> „Das ist, als strebe ein Ingenieur einen Mondflug an, gestützt auf die Materialien von Peterchens Mondfahrt" (Die Welt, 9.5.1977).

Allerdings wurde durch die DSB-Erklärung, die im Juni in die Grundsatzerklärung für den Spitzensport durch DSB und NOK mündete, sowie durch den Kieler Beschluss kontra Anabolika die für deutsche Sportfunktionäre und Sportmediziner imageschädigende öffentliche Diskussion durch die Korrektur des Freiburger Beschlusses nun weitgehend eingedämmt. Einiges spricht dafür, dass genau dies damit beabsichtigt wurde, denn in der Öffentlichkeit fand die anabolika-befürwortende Haltung der deutschen Sportmedizin kein positives Echo. Bis Ende der 80er Jahre, bis zum Tod der Siebenkämpferin Birgit Dressel 1987 und der Entlarvung des kanadischen Sprinters Ben Johnson 1988 bei den Olympischen Spielen, trat eine breite öffentliche Diskussionswelle wie jene von 1976/1977 in der Bundesrepublik nicht mehr zutage.

4.3.2 Sportpolitik

Die Eindämmung der öffentlichen Dopingdiskussion nach 1976 lag nicht nur im Interesse der in den Medien häufig scharf kritisierten Sportmediziner. Der westdeutsche Sport insgesamt bzw. seine Sportführung hatte großes Interesse, öffentliche Diskussionen zur Anabolikafrage zu beenden. Willi Daume persönlich sprach mit folgender Erklärung das vorläufige Schlusswort der ersten großen Dopingdebatte des westdeutschen Sports:

> „So nützlich öffentliche Diskussionen sind, der Blick zurück im Zorn nützt hier wenig. Wir hätten gern früher das Bekenntnis oder den Rat jener gehört, die nun Oberschiedsrichter der Nation sein wollen, denn das Problem des durch Pharmaka manipulierten Athleten liegt seit Jahren auf dem Tisch. ... Am allerwenigsten aber sind Beschimpfungen und fragwürdige Denunziationen hilfreich. Nötig dagegen sind Gelassenheit und wissenschaftliche Exaktheit. Frei von Emotionen und Profilneurosen sollten sich jetzt Sportler, Mediziner und Medien darauf konzentrieren, die Arbeit der zur Lösung dieser Frage eingesetzten Fachgremien zu unterstützen und das Ergebnis abzuwarten. Wir wissen, daß Eile geboten ist" (zitiert nach dem Schreiben des Deutschen Leichtathletik-Verbandes "An die Athleten der DLV-Nationalmannschaft" vom 31.3.1977).

Daumes Forderung nach Beendigung der öffentlichen Diskussion bei gleichzeitiger Diskreditierung von Diskussionsteilnehmern als Profilneurotiker oder Denunzianten wurde durch die Grundsatzerklärung des DSB mit dem Anabolikaverbot sowie der folgerichtigen Abkehr der Sportmediziner von der Anabolikabefürwortung einige Wochen später entsprochen. Der organisierte Sport in der Bundesrepublik hatte damit – zumindest auf der von außen beobachtbaren Vorderbühne – die Anabolika für alle dem DSB angeschlossenen Fachverbände verboten und die Dopingfrage offiziell geklärt. Das Dopingproblem war damit natürlich in keiner Weise gelöst. Es verschwand lediglich in einer systematisch hergestellten und in der Folge aktiv aufrechterhaltenen Heimlichkeit.

Der Deutsche Leichtathletik-Verband reichte die Erklärung Daumes an seine Kaderathleten weiter und bekräftigte die Forderung des NOK-Präsidenten nach einer rein sportinternen Behandlung der Problematik, was nicht wenige als Schweigegebot („Maulkorberlass") interpretierten. In höchstem Maße irritierend ist dieses „An alle Athleten der DLV-Nationalmannschaft" adressierte Schreiben der Unterzeichner August Kirsch (Präsident), Otto Klappert (Sportwart) und Ilse Bechthold (Vizepräsidentin) sowie („für die Richtigkeit") von Horst Blattgerste (Referent für Leistungssport) vom 31. März 1977, weil darin von Beratungen zur Anabolikafrage, die doch offiziell im DLV bereits 1970 eindeutig mit einem Verbot geklärt worden war, die Rede ist:

> „Wir möchten Sie in Ergänzung zu den Ausführungen von Herr Daume davon unterrichten, daß der DLV im Augenblick in seinen zuständigen Fachgremien den obigen Sachverhalt ebenfalls berät und das Ergebnis der beauftragten DSB-Kommission abwartet. Im übrigen hat der DLV-Verbandstag am letzten Wochenende in Leverkusen bereits erste Beschlüsse zur Behandlung der anstehenden Fragen gefaßt. Es ist unsere Absicht, die Meinungen unserer Athleten und Trainer in die laufenden Beratungen einzubeziehen. Um Mißverständnisse in der Öffentlichkeit zu vermeiden, halten wir es jedoch für besser, die Diskussion intern im Bereich des DLV zu führen. Wir sind überzeugt, mit Ihnen gemeinsam eine vertretbare Lösung für die Zukunft erarbeiten zu können. Für eine Rücksprache stehen Ihnen alle verantwortlichen DLV-Mitarbeiter zur Verfügung."

Wie eine solche „vertretbare Lösung" nicht nur für die Leichtathletik auszusehen hatte, zeigte sich in den nächsten eineinhalb Jahrzehnten. Dass das offizielle und seit sieben Jahren bestehende Anabolikaverbot für Leichtathleten keine echte Wirkung entfaltete, beweist ein Leserbrief des Speerwurf-Bundestrainers Wilfried Hurst aus Stuttgart, der sich nach einem kritischen Presseartikel über Armin Klümper zu einer entlarvenden Stellungnahme herausgefordert sah:

> „Ich finde es auch bedenklich, wenn in diesem Zusammenhang die Begriffe Anabolika und Doping ständig synonym verwendet werden. Aus jedem Indikationszettel von Anabolikapräparaten, die beispielsweise mein Großvater zur rehabilitativen Zwecken verschrieben bekam, geht hervor, daß es sich hier um reine Eiweißaufbaumedikamente handelt. Damit soll aus meiner Sicht als Bundestrainer der wilden Verwendung von anabolen Steroiden nicht das Wort geredet werden, aber ich halte es für unfair, einen Arzt ständig unter Beschuß zu nehmen, dem ein sehr großer Teil der deutschen Spitzensportler seine Leistungsfähigkeit verdankt" (Stuttgarter Nachrichten, 14.6.1977).

Wilfried Hurst folgte mit seiner Bemerkung von einem nicht wünschenswerten "wilden" Anabolikadoping übrigens auffallend einer frühen Missbrauchsdefinition des Leitenden DLV-Verbandsarztes Joseph Keul, nach der Missbrauch nur eigenmächtig überhöhte Dosierung von Anabolika darstelle, nicht aber ihre Verwendung an sich.

Offiziell wurde die vor allem durch den DLV-Arzt Karl-Heinz Mellerowicz geförderte Verbannung der Anabolika von 1970 in der Leichtathletik durch die Grundsatzerklärung für den Spitzensport des DSB und NOK und durch die Abkehr der Ärzte von ihrer Forderung nach einer ärztlich kontrollierten Anabolikaverwendung im männlichen Spitzensport bestätigt. In der Praxis aber entwickelte sich die Anabolikaproblematik im gesamten deutschen Sport in der Heimlichkeit zu einem für immer mehr Sportarten und Disziplinen flächendeckenden, systematisch geförderten Phänomen. In der Folge sanken Altersgrenzen auf immer breitere Schichten herab (Nachwuchsdoping war bereits Anfang der 70er Jahre beklagt worden). Dosierungen nahmen zu und auch der westdeutsche Frauensport wurde immer stärker involviert.

Als „flächendeckend" definieren die Autoren einen Zustand des Anabolikamissbrauchs, wenn der Missbrauch alle Disziplinen, in denen diese Hormone wirksam sind, erfasst. Systematik liegt dann vor, wenn Anabolikadoping nicht eine Frage individueller Devianz ist, sondern eine Erscheinung, die vom sozialen System des Spitzensports (z.B. Fachverbände, Dachorganisationen des Sports wie DSB und NOK, Welt-Fachverbände oder das IOC) aktiv gefördert oder zumindest geduldet und dadurch im Sinne von Unterlassungshandlungen ebenfalls ermöglicht wird.

Möglich wurde der Dammbruch beim Anabolikadoping dadurch, dass – normentheoretisch gesprochen – das Dopingverbot in nicht ausreichendem Maße geschützt wurde. Trainingskontrollen als einzig wirksames Mittel, der weit verbreiteten Anabolikaverwendung des westdeutschen (und natürlich auch des internationalen) Spitzensports auf die Spur zu kommen, wurden bis Ende der 80er Jahre nicht installiert – und dann erst unter dem Eindruck des Todes von Birgit Dressel und mehr noch als Folge der Entlarvung des kanadischen Sprinters Ben Johnson 1988. Und auch bei den Wettkampfkontrollen vermochten sich Athleten lange Zeit durch rechtzeitiges „Absetzen" der Hormonpräparate (unter Hinweisen etwa des Deutschen Leichtathletik-Verbandes auf solche Kontrollen), durch bestimmte Manipulationsverfahren, durch Verweigerung (z.B. Claudia Losch 1990, vgl. z.B. AZ München, 28.8.1990) oder gar durch überstürzte und ungeahndete Fluchtmanöver (z.B. Eva Wilms nach den Deutschen Mehrkampfmeisterschaften 1976 in Hannover, vgl. Westermann 1977, 144 f.) gegen Kontrollen zu schützen.

Die Notwendigkeit einer Veränderung solcher Zustände wurde mit dem Hinweis auf eine internationale Chancenungleichheit aus westdeutscher Sicht bis Ende der 80er Jahre von maßgeblichen Personen des deutschen Sports wie Joseph Keul (Süddeutsche Zeitung, 21./22.10.1978, s.o.) oder dem Fecht-Bundestrainer Emil Beck (Deutscher Bundestag 1988, 161) negiert. Wobei bei Keul in den 80er Jahren eine Veränderung der Strategie zu konstatieren ist: Keul leugnete fortan verstärkt die Existenz von Doping oder er negierte die Wirkungsweise von Dopingmitteln.

Die Grundsatzerklärung des deutschen Sports für den Spitzensport

Auf sportpolitischer Ebene wurde von Seiten des Deutschen Sport-Bundes und des Nationalen Olympischen Komitees aufgrund der Vorkommnisse bei den Olympischen Spielen in Montreal eine Kommission gebildet, die sich mit der Manipulation im Spitzensport auseinander zu setzen hatte. Diese Kommission unter Leitung von Ommo Grupe erarbeitete nach monatelanger Arbeit, nach Befragungen von Athleten, Trainern, Journalisten und anderen Rollenträgern im Sport schließlich die am 11. Juni 1977 in Baden-Baden verabschiedete „Grundsatzerklärung des DSB und des NOK für den Spitzensport". Der Abschlussbericht der Kommission wurde bedauerlicherweise nie veröffentlicht.

Vor dem Sportausschuss des Deutschen Bundestages berichtete Ommo Grupe am 28. September 1977 über Erkenntnisse, die die Kommission im Zuge ihrer Ermittlungen erhielt. Allerdings hatten seine Ausführungen einen beschwichtigenden Charakter, der eher geeignet war, die wirklichen Dimensionen des Manipulations- und Anabolikaproblems herunterzuspielen:

> „Dabei sollte eindeutig festgestellt werden, daß diese Diskussion kein Problem behandelte, das vorwiegend auf die Bundesrepublik beschränkt war. Es sollte fernerhin festgestellt werden, daß der Umfang, die Quantität der öffentlichen Diskussionen und Erklärungen in keinem Verhältnis zu dem tatsächlichen Umfang dieses aktuellen Problems im Sport gestanden hat. Tatsächlich sind nur einige Sportdisziplinen betroffen gewesen, und in diesen Disziplinen sind es natürlich auf keinen Fall alle Athleten gewesen" (Deutscher Bundestag 1977, 14).

Im Sinne der in der Sportwissenschaft gerade in Bezug auf die Anabolikaproblematik ungewöhnlich häufig beschworenen „Sachlichkeit" fasste Grupe seine Erkenntnisse aus der Kommissionsarbeit zusammen:

> „Dabei haben wir es immer als falsch angesehen, diejenigen, die sich dafür ausgesprochen haben, die Verwendung von Medikamenten zur Leistungssteigerung zu untersagen, als moralischer zu bezeichnen als diejenigen, die sich für eine begrenzte Freigabe eingesetzt haben. Für beides lassen sich durchaus moralische Argumente finden" (Deutscher Bundestag 1977, 16).

Grupes Ausführungen verdeutlichen, dass im westdeutschen Sport eine Sensibilität gegenüber einem für mindestens zwei Jahre (vom Anabolikaverbot 1974 durch das IOC bis nach den Olympischen Spielen von Montreal; in der Leichtathletik währte dieser historisch bedeutsame Zeitabschnitt sogar über sechs Jahre) praktizierten großflächigen Regelbruch nicht vorhanden war. Mehr noch: Grupes Ausführungen, die er als Sprecher des westdeutschen Sports tätigte, legen sogar den Schluss nahe, dass diese Regelverstöße (und zudem Verstöße gegen das Arzneimittelgesetz) zumindest rückwirkend ausdrückliche Duldung und somit auch eine Legitimation durch die Sportführung erhalten haben. Unrichtig war Grupes Aussage vor den Ausschussmitgliedern des Bundestages:

> „Die Sportbewegung hat sich dabei an ihre bisherigen Grundüberzeugungen gehalten, sie hat sich an das gehalten, was in den Statuten des Internationalen Olympischen Komitees

festgelegt ist. Sie hat sich an die Regelungen der internationalen Verbände gehalten" (Deutscher Bundestag, 1977, 16).

Drei Positionen zur Verwendung von Medikamenten zur Leistungssteigerung seien denkbar, erklärte Grupe dem Sportausschuss. Die erste plädiere für eine uneingeschränkte Freigabe, die zweite für eine Freigabe mit Einschränkungen und die dritte Position lehne solche Manipulationen ab:

> „In der Fülle von Anhörungen und Gesprächen und Erklärungen, die uns zugegangen ist, ist die erste Position nicht vertreten worden, wohl aber die zweite. Man soll auch sagen, daß sie einige durchaus ernstzunehmende Vertreter gehabt hat. Diejenigen, die ein Ja mit Einschränkungen vertreten, weisen darauf hin, daß z.B. aus Gründen der Chancengleichheit oder der Selbstbestimmung und Mündigkeit des Athleten bei entsprechender Aufklärung die Verabreichung von Medikamenten erlaubt sein soll. Darüber hinaus wird erklärt, daß die eingenommenen Medikamente imstande seien, die Grenzen der Belastbarkeit, die in manchen Sportdisziplinen im Training erreicht sind, sozusagen zu reduzieren. Zudem – auch das wird gern gesagt – sei die Schädlichkeit ... nicht abschließend erwiesen" (Deutscher Bundestag 1977, 20).

Letzterem Punkt wollte sich Grupe unter Berufung auf Aussagen von Vertretern des Max-Planck-Instituts jedoch nicht anschließen:

> „Mittel, die einerseits nachhaltig wirksam und zugleich ohne jede Gefahr schädigender Nach- und Nebenwirkungen sind, gibt es nicht."

Weiter berichtete Grupe über die dritte Position zur Verwendung leistungssteigernder Mittel:

> „Die dritte Position lehnt jede Form der Medikamentenverwendung zum Zwecke der Leistungssteigerung ab. Sie wird von der Mehrzahl der Beteiligten und Betroffenen vertreten, darunter den allermeisten Spitzenathleten. ... Entsprechend ärztlicher Grundsätze dürfen Medikamente in keinem Fall an gesunde Sportler zum Zwecke der Leistungssteigerung gegeben werden, nur bei ärztlicher Indikation ist ihre Verabreichung gerechtfertigt" (Deutscher Bundestag 1977, 21).

In wieweit die Angaben Grupes dem Meinungsbild der in seiner Kommission befragten Personen tatsächlich entsprachen, ist unklar. Jedenfalls beschrieben offenbar Athleten dort auch ihr Handlungsdilemma, Spitzenleistungen erbringen zu sollen bei gleichzeitigem Anabolikaverzicht.

> „Die Kritik lautete damals, eigentlich reden die doch wie die Blinden von der Farbe, hat ... ein ehemaliger Sportler nach der Anhörung durch diese Kommission gesagt, weil das eigentliche Geheimnis der Topleistung nur im Können, Wissen und Anwenden von Anabolika zu suchen (ist)."

Der zitierte Zeitzeuge berichtet – was Ommo Grupe die Sportausschuss-Mitglieder des Deutschen Bundestags so explizit bedauerlicherweise nicht wissen ließ – von Plädoyers auf Athletenseite für die Freigabe von Anabolika angesichts des Dilemmas der geforderten Spitzenleistung trotz Dopingverbots, von dem die Athleten im Gegensatz zu Grupe offenbar sehr gut wussten:

> „Diese Kommission war wahrscheinlich nicht in der Lage, dieses Dilemma zu lösen. Als die Aktiven das gesagt haben, wir bringen das in die Präsidien mit der Erwartung, Anabolika können bei gesunden erwachsenen Männer eingesetzt werden – eigentlich war das eine Forderung zur Aufrichtigkeit. Weil das nicht geschah und politisch wahrscheinlich nicht geschehen konnte, entstand dieses Dilemma."

Der Hinweis darauf, dass eine wie auch immer geartete Anabolikafreigabe nicht durchsetzbar sei, erfolgte zurecht. Bundeskanzler Helmut Schmidt machte 1976 beim Empfang der Olympiateilnehmer von Montreal eine unmissverständliche Haltung zur Doping- und Manipulationspraxis im westdeutschen Sport deutlich:

> „Die Grauzone der Sportmedizin müsse aufgehellt werden; und es dürfe aus dem Sport der Rekorde keinen Sport aus der Retorte geben. Bundeskanzler Helmut Schmidt zeigte sich informiert über das derzeit brennendste Problem des Sports ... Während der Olympischen Spiele in Kanada sei die Grenze dessen, was man sportmedizinisch noch tolerieren könne, erreicht worden, 'wenn nicht gar überschritten', sagte Helmut Schmidt, der eindringlich vor Auswüchsen warnte" (Kölner Stadt-Anzeiger, 10.9.1976).

Auch im Gespräch mit Sportfunktionären erteilten Helmut Schmidt sowie Vertreter des Bundes-Innenministeriums dem manipulierten Sport eine Absage. Gleichzeitig jedoch wurden den Funktionären Mittelkürzungen aufgrund mangelnden Erfolgs avisiert, wie der Funktionär eines Fachverbandes berichtet:

> „Ich kriegte mein Geld aus dem Innenministerium. Ich weiß, dass der Minister mir gegenüber gesagt hat: wir streichen das. Dann habe ich gesagt, was sollen wir denn machen, wir müssen doch unbedingt Leistung bringen. Dann hieß es, das kommt nicht in Frage, Leistung um jeden Preis. Das hat das BMI gesagt, selbstverständlich. Und das hat damals auch der Kanzler Schmidt gesagt, bei dem ich war. Die haben klipp und klar gesagt, das wollen wir nicht."

Die Sportfunktionäre sahen sich durch die Haltung der Politik, die Spitzenleistungen forderte und auf ausbleibende Spitzenleistungen mit Mittelkürzungen reagierte, manipulierte Leistungen jedoch ablehnte, in ein Dilemma gebracht.

> „Ich bin noch an diesem Tag im Innenministerium gewesen und habe versucht, die Gelder zu erhalten, die wir immer erhalten haben. Da hieß es, wir müssen ein paar Abzüge machen, weil das und das nicht geklappt hat ... Zu dem Zeitpunkt kam dann bei uns schon die Bindung an die Trainer: Dein Gehalt kriegst du als Grundgehalt, deine Stufen musst du dir verdienen durch die Goldmedaille."

Nachdem die Politik 1976/77 beunruhigt über die bedenklichen Tendenzen des Spitzensports in der Bundesrepublik aufgehorcht hatte und deutlich machte, dass sie (die zuvor teilweise vom Bund finanzierten) Leistungsmanipulationen ablehne, kehrten auch der Deutsche Sportbund und das NOK – zumindest vordergründig – auf den Weg eines manipulationsfreien Sports zurück. Mit mindestens dreijähriger Verspätung verabschiedeten DSB und NOK mit ihrer Grundsatzerklärung für den Spitzensport auch das Verbot des Anabolikadopings:

> "Die deutsche Sportbewegung steht zu ihrer Verantwortung für einen humanen Sport auf allen Ebenen und in allen Bereichen. ... Sie lehnt jede medizinisch-pharmakologische Leistungsbeeinflussung am Athleten zum Zwecke der Leistungssteigerung ab, da sie seine Würde beeinträchtigen, dem Sinn des Sports widersprechen und schädigende Nebenwirkungen nicht ausschließen" (Leichtathletik 3, 16.1.1979, 79).

Das 1976 im Zuge der Olympianominierung bereits offenbar gewordene Dilemma geforderter Spitzenleistungen bei (international) bestehendem Anabolikaverbot, dem nach Montreal fast die gesamte namhafte westdeutsche Sportmedizin mit dem Kampf für die Freigabe unter ärztlicher Kontrolle entgegenwirkte, wollte der Sport in der Bundesrepublik nun mit verbesserten Trainingsbedingungen seiner Spitzenathleten entgegentreten. Dahingehend äußerte sich auch Ommo Grupe mit dem Hinweis auf die Grundsatzerklärung des DSB und NOK vor dem Sportausschuss des Deutschen Bundestages:

> „Die Grundsatzerklärung spricht sich wohl gegen die Verwendung von Medikamenten zum Zweck der Leistungssteigerung aus, jedoch ist ihr ganz zentrales Anliegen, Versuchungen und Verführungen zur Medikamenteneinnahme im Sport durch vielfältige Maßnahmen der Förderung und Betreuung des Athleten so gering wie überhaupt möglich zu halten, sie durch Information und Aufklärung einzuschränken oder sogar ganz auszuschalten und sie durch nationale und internationale Regelungen letztlich überflüssig zu machen" (Deutscher Bundestag 1977, 18).

Der Öffentlichkeit wurden Erfolge des westdeutschen Sports künftig als Folge intelligenten Trainings vermittelt, über Manipulation erfuhren selbst zuvor gut informierte Insider kaum noch etwas. Das Schweigegebot, das NOK-Präsident Daume oder auch der Deutsche Leichtathletik-Verband ausgesprochen hatten, verfehlte seine Wirkung nicht, wie ein Fachjournalist aus dem Bereich der Leichtathletik feststellte:

> "Das ist das Kuriose, dass man ab einem bestimmten Zeitpunkt nichts mehr erfahren hatte. ... Im Nachfeld der Spiele gab es eine Diskussion, 1977, und das sagte mir ein Trainer: Wir sagen nichts mehr. Und dieser Schwur wurde auch gegenüber den Journalisten eingehalten. ... Interessant war für mich einer wie ... (Name des Trainers), der mich ansprach ... nach dem Motto: Wir sind Katholiken und so, und er hat heilige Schwüre geleistet, dass sie was anderes hätten, tolle Trainingsmittel, psychologische Aufbereitung. ... Der ... (Name des Trainers) sagte, wir haben was anderes, ein Bündel von Maßnahmen. Wenn ich alles ordne in meinem Sportlerleben, dann brauche ich kein Doping."

Hinter die Einhaltung des Schweigegebots wurde anscheinend einiger Nachdruck gesetzt, wie folgendes Beispiel zeigt: Nach der Verkündung des Boykotts der Olympischen Spiele 1984 durch die UdSSR, die DDR und andere Ostblockstaaten schrieb der Autor (G.T.) hierzu einen kleinen Artikel in der Zeitschrift „Hochschulsport", in dem als eine wahrscheinliche Folge des Boykotts darauf hingewiesen wurde, dass die Athleten des Ostblocks nun von Kontrollen ungestört durchdopen und mit einiger Wahrscheinlichkeit höhere Leistungen als die Medaillengewinner von Seoul erzielen würden (vgl. hierzu auch das Kap. 3.3.3). Nach der Veröffentlichung rief ein Spitzenfunktionär des deutschen Sports beim Generalsekretär des ADH, Till Lufft, an und empfahl dem ADH dringend, die Finger von der Doping-Thematik zu lassen (persönliche Mitteilung Till Luffts 1984).

Das Schweigegebot des deutschen Sports war bis zum Tod der Siebenkämpferin Birgit Dressel 1987 in hohem Maße wirksam. Eine (letzte) große Doping-, Manipulations- und Anabolikadebatte fand lediglich im Sportausschuss des Deutschen Bundestages 1977 statt.

Die Anhörung vor dem Bundestags-Sportausschuss 1977

Kurz nach den Olympischen Spielen 1976 hatte die SPD-Fraktion im Sportausschuss des Deutschen Bundestages, wohl unter dem Eindruck der Vorkommnisse von Montreal, den Antrag auf eine öffentliche Anhörung zum Thema „Funktion der Medizin im Leistungssport" gestellt. Zu dieser im September beantragten Anhörung kam es zum einen jedoch aufgrund der Bundestagswahl am 3. November 1976 nicht mehr. Zum anderen entfiel die Anhörung aufgrund einer Intervention des DSB-Präsidenten Willi Weyer, der den Ausschussvorsitzenden Hans Evers am 17. September 1976 wissen ließ,

> „daß es zweckdienlicher wäre, die Anhörung erst dann durchzuführen, wenn in den Gremien des deutschen Sports die angelaufenen Diskussionen über das Thema abgeschlossen und das Ergebnis in greifbare Form gebracht worden seien" (Deutscher Bundestag 1977, 5).

Zu der Anhörung am 28. September 1977, und zwar „zum Dopingproblem" (Deutscher Bundestag 1977, 5), kam es dann auf Antrag der CDU/CSU-Fraktion im vorangegangenen März. Am 20. April beschloss der Ausschuss, ein Hearing mit dem Thema „Leistungsbeeinflussende und leistungsfördernde Maßnahmen im Hochleistungssport" durchzuführen. Für den Vorsitzenden Evers war die geringe Teilnahme aktiver Sportler enttäuschend:

> „Unsere Erwartungen, was die Zahl der Teilnehmer an dieser Anhörung angeht, sind nicht ganz erfüllt worden. Das liegt primär an Schwierigkeiten, die sich aus beruflichen oder leistungssportlichen Gründen ergeben haben. Ich lasse dahingestellt, ob dabei auch die Brisanz des heute zu behandelnden Themas eine Rolle gespielt hat" (Deutscher Bundestag 1977, 6).

Das im deutschen Sport u.a. durch Willi Daume erteilte Schweigegebot könnte hier wirksam geworden sein. Absagen von Athleten gab es durch Walter Schmidt, Uwe Beyer (Hammerwerfen) und Rolf Milser (Gewichtheben), deren Anabolikaeinnahme bekannt war oder zumindest unwidersprochen vermutet wurde. Ferner sagten die Sprinterin Annegret Kroniger ab, durch die via Manfred Ommer die Manipulationspraktiken im westdeutschen Frauensprint unter Bundestrainer Wolfgang Thiele bekannt werden sollten, sowie der Hammerwerfer Karl-Hans Riehm und die Fünfkämpferin Eva Wilms, über deren Anabolikadoping zumindest unter Insidern spekuliert worden war. Unter den Trainern hatte der dopingbeschuldigte Wolfgang Thiele auf seine Teilnahme verzichtet. Auch viele Spitzenfunktionäre des deutschen Sports fehlten. Die durch die Vielzahl der Absagen bedingte Zusammensetzung der Gäste, für die von Medienvertretern der Sportausschuss verantwortlich gemacht worden war, veranlasste den CDU-Politiker Ferdinand Tillmann zu einer kritischen Stellungnahme:

> „Insofern geht, glaube ich, auch die Kritik in der Presse ein wenig in die falsche Richtung, die dem Ausschuß vorhält, man habe eigentlich die falschen Leute eingeladen, man habe die unbequemen Streiter, wie es wörtlich geheißen hat, bewußt draußen vor der Tür gelassen. Ist es nicht so, daß die doch sehr auffällige Zurückhaltung, die sehr vielen Absagen von Spitzensportlern und auch Trainern Zusammenhänge zwischen der Beteiligung des Präsidiums des Deutschen Sportbundes und dieser mangelnden Repräsentanz auch der aktiven Sportler und Trainer vermuten lassen?" (Deutscher Bundestag 1977, 12)

Evers verdeutlichte in seiner Einführung, dass die Politik nicht gewillt war, in die Autonomie des Sports auch die autonome Behandlung von Manipulationspraktiken einzuschließen:

> „Es wäre deshalb schädlich und ein schädliches Mißverständnis, wenn das Dopingproblem als eine sportinterne Verschluß-Sache behandelt werden sollte."

Geprüft werden sollte in der Anhörung u.a.,

> „ob es notwendig ist, die Trainingsmöglichkeiten zu verbessern, um einen Ausgleich für nicht mehr anwendbare Methoden herzustellen" (Deutscher Bundestag 1977, 9).

Wolfgang Mischnick verband mit dem Hearing die Pflicht der Politik, Vorwürfe illegitimer Maßnahmen im Sport durch die Politik zu überprüfen:

> „Wenn Kritik geübt wird, daß öffentliche Mittel zu leistungsfördernden Maßnahmen verwendet werden, müssen wir dem nachgehen, es prüfen und feststellen, ob diese Kritik berechtigt oder unberechtigt ist."

Für den deutschen Sport war diese Anhörung des Sportausschusses auch nach der beschlossenen Abkehr vom Anabolikadoping in der Bundesrepublik durch die Grundsatzerklärung des DSB und NOK ein unangenehmer Gang, weil eine öffentliche Aufarbeitung der jüngeren Vergangenheit für einige deutsche Funktionäre sowie für ihre wissenschaftlichen Berater peinlich hätte werden können. Umso erstaunlicher war dann, dass diese Anhörung noch einmal eine Wiederbelebung der offiziell abgeschlossenen Dopingdebatte in der Bundesrepublik bewirkte. Wobei den anwesenden Sportfunktionären diesmal kein Vorwurf zu machen wäre, sieht man von den verniedlichenden Darstellungen der bundesdeutschen Manipulationspraktiken durch Ommo Grupe oder der Unfähigkeit August Kirschs ab, die eigene zweifelhafte Rolle in der Vergangenheit kritisch zu reflektieren.

Sowohl Grupe als auch Heinz Fallak indessen ließen für die Zukunft keinen Zweifel an ihrer Haltung zum Anabolika- bzw. zum Manipulationsproblem aufkommen. Zumindest die in die Zukunft gerichtete Haltung deutscher Sportfunktionäre gegen derartige Praktiken war eindeutig. Froh darüber, endlich eine allgemeinverbindliche Position für den gesamten deutschen Sport erarbeitet zu haben, waren die DSB-Sprecher Grupe und Fallak nach Bonn gereist, wo die Grundsatzerklärung mit dem Verbot der anabolen Steroide zumindest von einigen Diskussionsteilnehmern aus der Sportmedizin, der Athletenschaft und der politischen Opposition in Frage gestellt wurde. Insofern war die von Tillmann angesprochene Medienkritik an der Zusammensetzung der Expertenrunde offenbar doch nicht so unberechtigt.

Mit einem Einwurf des Abgeordneten Wolfgang Schäuble wurde die Diskussion um die Zulässigkeit von Anabolika im bundesdeutschen Sport überraschend wiederbelebt:

„Ich könnte die Verschreibung solcher Mittel durch Ärzte sanktionieren. Ich würde nicht den Athleten in die Verantwortung nehmen ... Aber ich würde den Arzt in die Verantwortung nehmen können, wenn wir die Sanktionen entsprechend formulieren. Vielleicht können wir auf diesem Weg ohne eine Dopingpolizei, ohne ein totales Kontrollsystem einen besseren Ansatz finden, um diese Entwicklung in den Griff zu bekommen" (Deutscher Bundestag 1977, 45).

Schäuble reagierte damit auf die Darstellung Manfred Donikes, dass nationale und internationale Kontrollen im Training der einzig gangbare Weg bei der Bekämpfung des Anabolikadopings seien. Dieser Vision eines umfassend kontrollierten Sports war in den 70er Jahren stets mit dem Verweis begegnet worden, dass es sich hierbei um eine menschenunwürdige Form der Überwachung handele. In diesem Licht ist der Beitrag Schäubles hier wohl auch zu verstehen.

Unmittelbar nach Schäuble meldete sich Joseph Keul zu Wort, dessen Beitrag wieder einmal irritierende Aspekte aufwies. Keul führte nämlich die Notwendigkeit einer hormonellen Substitution für Leistungssportler in die Diskussion ein:

„Wahrscheinlich ist es so, daß es bei Menschen, die maximal trainieren, d.h. pro Tag sechs Stunden oder mehr, nicht mehr zu einer ausreichenden körpereigenen Testosteronproduktion kommt. Das heißt, daß der Organismus unter diesen enormen Trainingsbelastungen nicht mehr in der Lage ist, seine eigene Testosteronproduktion aufrechtzuerhalten. Es kommt zu einem Absinken der einzelnen Testosteronspiegel im Laufe des Trainingsprozesses, so daß der Spiegel niedrig bleibt. Durch die Gabe von anabolen Steroiden wird dann bei dem, der maximal trainiert, eine Wiederherstellung herbeigeführt. Man könnte hier von einer Substitution sprechen, weil damit der Testosteronspiegel mit künstlichen Mitteln, mit anabolen Steroiden – man könnte das auch mit körpereigenem Testosteron machen – erhöht wird" (Deutscher Bundestag 1977, 50).

Der Sportarzt Heinz Liesen verwies auf eine gesundheitlich angeblich geradezu gebotene Anabolikagabe bei Leistungssportlern:

„Wir wissen z.B. aus dem Radsport, aus der wissenschaftlichen Betreuung von Profiradsportlern und auch von Amateuren, daß viele Athleten z.B. bei Etappenrennen nach mehreren Tagen einen Einbruch der Leistungsfähigkeit und auch einen Einbruch der körperlichen Gesundheit dergestalt haben, daß sie gegenüber Infekten anfällig werden oder auch manifest erkranken. Die Empirie der Athleten zeigt uns, daß sie sich aus dieser Erfahrung heraus vorher ein anabol wirksames Hormon spritzen lassen, z.B. Testoveron, und dann diese Erkrankungen, diese Abfälle in der Leistungsfähigkeit nicht auftreten. Wissenschaftlich ist das bei weitem noch nicht abgeklärt. Uns ist aber durch viele Einzeluntersuchungen in diesem Bereich bekannt, daß wahrscheinlich diese Einbrüche auch gesundheitlicher Art eintreten und diese hohen Beanspruchungen im Ausdauerbereich energetisch nur getragen werden können, wenn gleichzeitig Eiweiße zur Energiebereitstellung in erheblichem Maße verbrannt werden. Die Untersuchungen sind auch zum Teil im Bereich von Herrn Keul gelaufen. Hier kommt es dann zu keiner hormonellen harmonischen Gegenregulation. Dann finden wir immunologisch, also im Abwehrsystem des Sportlers, einen Abfall der Abwehrbereitschaft."

Die durch Liesen gestützte Keulsche Substitionshypothese erfuhr durch Christian Gehrmann, den Trainer der Fünfkampf-Weltrekordlerin Eva Wilms, eine anschauliche Bereicherung:

„Bei vielen hart trainierenden Athleten habe ich festgestellt, daß ihre Liebesfähigkeit nachläßt. Die sind dann zu einem Arzt gegangen, sind – ich nehme an, mit Anabolika – behandelt worden, und der schlechte Gesundheitszustand hat sich gebessert, die Potenz hat sich wieder eingestellt" (Deutscher Bundestag 1977, 56).

Die Diskussion im Sportausschuss offenbarte, dass die Grundsatzerklärung, die der deutsche Sport erarbeitet hatte, nicht nur von Ärzten wie Keul oder Trainern wie Gehrmann, sondern auch von Teilen der damaligen Bonner Opposition nicht ernst genommen und geradezu unterminiert wurde, wobei es sich zumindest auf der politischen Ebene um Außenseiterpositionen gehandelt haben dürfte und sicherlich nicht um eine auch nur annähernd mehrheitsfähige Haltung. Zumindest einigen wenigen Abgeordneten der damaligen Opposition schien eine solche Abkehr vom Anabolikadoping indessen nicht wünschenswert zu sein. Dass nationale Gründe hierfür mitverantwortlich gewesen sein können, verdeutlicht ein Beitrag des Abgeordneten Schwarz (CDU/CSU-Fraktion):

„Wie wird es in Zukunft im internationalen Sport aussehen? Wenn wir – das entspricht unserer Mentalität – diese Grundsätze ordnungsgemäß in den Fachverbänden durchsetzen und andere Länder es nicht tun, wie sieht es dann im internationalen Vergleich aus? Finden wir eine Übergangslösung, indem wir sagen: solange wir international nicht allgemein die Anti-Anabolika-Diskussion beendet haben, können unsere Athleten Anabolika nehmen? Oder sagen wir, wir brauchen keine Medaillen. Hauptsache wir sind gesund und deutsch?" (Deutscher Bundestag 1977, 51).

Das relativ unverblümte Anabolika-Plädoyer des Abgeordneten Schwarz bestätigte zumindest für einige Personen auf der politischen Ebene die Ansicht der Notwendigkeit einer „nationalen Indikation", wie sie bereits Anfang der 60er Jahre von Ludwig Prokop konstatiert worden war. Es muss allerdings festgestellt werden, dass solche Positionen von Sportlaien in nicht unerheblichem Maße durch maßgebliche Sportmediziner beeinflusst worden sein dürften, wie noch weiter aufzuzeigen sein wird.

Zu dem nationalen Aspekt der Befürwortung des westdeutschen Anabolikadopings kam, gerade bei Wolfgang Schäuble, ein pragmatischer Aspekt:

„Meine Frage ist im Augenblick, Herr Fallak, ob eine so absolute Ablehnung jeder medizinisch-pharmakologischen Leistungsbeeinflussung, die – das ist mein Eindruck aus der Diskussion – nicht der heutigen Realität entspricht, nützlich ist. Herr Prof. Reindell, es wird gesagt, international seien die Chancen, das auszuschließen, im Grunde nicht gegeben. Wir wissen, daß es leistungssteigernd wirkt, wenn es in entsprechendem Training gezielt und richtig angewendet wird. ... Hilft es denn so dann überhaupt noch dem Athleten, wenn ich eine Norm allgemeiner Art aufstelle, von der ich im Grund weiß, daß sie nicht eingehalten wird?" (Deutscher Bundestag 1977, 54).

Der zweifelhafte Pragmatismus Schäubles erhielt von Athletenseite zusätzliche Nahrung. So warnte der spätere 5000-Meter-Europameister Thomas Wessinghage, nicht ohne den Hinweis einer angeblichen Wirkungslosigkeit von Anabolika für Ausdauersportler, vor einem westdeutschen Alleingang in der Bekämpfung des Anabolikadopings:

"Wenn man jetzt darüber diskutiert, ob es nicht ratsam sei, im Training Kontrollen durchzuführen, muß ich sagen, daß die Zeit lange noch nicht reif dazu ist, da noch nicht einmal bei allen großen internationalen Wettkämpfen Kontrollen durchgeführt werden. ... Man muß davon ausgehen, daß eine bestimmte Gruppe von Ländern ... überhaupt nicht daran interessiert sein können, daß ihre Athleten während der Trainingsphase oder auch bei Wettkämpfen kontrolliert werden. ... So würde das in einen Alleingang unsererseits hinauslaufen, wenn wir versuchten, unsere Athleten total zu reglementieren" (Deutscher Bundestag 1977, 57).

Wie Wessinghage sprach sich auch der Schwimmer Klaus Steinbach unter dem Eindruck einer befürchteten internationalen Schräglage in der Chancengleichheit gegen die westdeutsche Einhaltung nationaler und internationaler Regeln aus:

> „Es wäre wirklich fast unvorstellbar, wenn nur wir in Deutschland hingehen und sagen: Wir verbieten alles" (Deutscher Bundestag 1977, 60).

Insbesondere die Ausführungen Keuls hatten anscheinend ihre Wirkung bei Politikern wie Schäuble nicht verfehlt. Für den späteren Bundes-Innenminister und CDU-Vorsitzenden stand sogar die Kernaussage der Grundsatzerklärung des deutschen Sports zur Disposition, dies allerdings nicht nur aus Gründen der Dopingbeschwichtigung, wie Keul sie zu betreiben pflegte. Auch die lediglich vordergründige Lösung der Dopingproblematik ohne konsequente Klärung des Verhältnisses zum internationalen Spitzensport schürte das Misstrauen von Personen wie Schäuble in die Realisierbarkeit der Grundsatzerklärung:

> „Ich will den Punkt, an dem wir insbesondere auch mit den Aussagen von Prof. Keul angelangt sind, zu der provozierenden Frage zuspitzen – Herr Fallak, Sie vertreten den DSB in erster Linie hier –: Ist der Satz der Grundsatzerklärung für den Spitzensport unter Ziffer 5 'Die Deutsche Sportbewegung lehnt jede medizinisch-pharmakologische Leistungsbeeinflussung und technische Manipulation am Athleten ab.' wirklich so zu halten? ... Meine Frage ist im Augenblick, Herr Fallak, ob eine so absolute Ablehnung jeder medizinisch-pharmakologischen Leistungsbeeinflussung, die – das ist mein Eindruck aus der Diskussion – nicht der heutigen Realität entspricht, nützlich ist" (Deutscher Bundestag 1977, 54 f.).

Diese im Sportausschuss bisweilen aufflammende Diskussion, die geradezu auf eine Legitimierung der Anabolika für sportliche Zwecke hinauslief, dürfte zu einem guten Teil das Ergebnis von systematischer Verharmlosung von ärztlicher Seite gewesen sein, weshalb der wissenschaftlichen Beratung des Sports in dieser Frage kein gutes Zeugnis ausgestellt werden kann. Allerdings ist zu berücksichtigen, dass der Sport sich diese Beratung selbst gegeben hat. Es waren vor allem anabolikakonsumierende Athleten wie Manfred Ommer, die auf diesen Missstand der Verharmlosung durch das medizinische Fachpersonal hinwiesen:

> „Aber wenn z.B. in Mannschaftsbesprechungen von Verbänden Ärzte das Wort erteilt bekommen und dann mitteilen, daß der nächste große internationale Wettkampf an dem und dem Tag beginnt und daß man erfahrungsgemäß in einem bestimmten Zeitraum vorher die Anabolika absetzen muß, damit man nicht auffällt, dann sollte das doch auch wiederum zu denken geben, inwieweit hier dem Athleten überhaupt nur der kleinste Druck oder Anstoß gegeben wird, von den Anabolika abzulassen. Es gibt doch in der näheren Umgebung des Athleten überhaupt keine Stelle, die ihm von Anabolika abrät. Sollte ein Athlet tatsächlich Bedenken haben, gibt es sogar dann noch Ärzte, die sagen: Es ist überhaupt noch gar nicht festgestellt, ob Anabolika schädlich sind. Es werden also eventuelle Bedenken von Athleten teilweise sogar ausgeräumt. Aber es werden gegenüber dem Athleten kaum Bedenken erhoben" (Deutscher Bundestag 1977, 62 f.).

Während Joseph Keul oder Heinz Liesen, nicht ohne damit Eindruck auf manche Politiker zu machen, die Frage der Notwendigkeit einer Substitution anaboler Hormone aufwarfen und während vor allem Keul immer wieder die vollkommene Unschädlichkeit der in bestimmten Dosierungsgrenzen eingenommenen Anabolika beschwor, wiederholte Alois Mader im Bundestags-Sportausschuss seine These von der Notwendigkeit der Gabe anaboler Steroide – wiederum im Sinne einer angeblichen Gesunderhaltung:

> „Der Sportler muß seinen Körper mit der steigenden Höhe der Leistungen umändern, er muß ihn in der Funktion, strukturell und auch funktionell, anpassen" (Deutscher Bundestag 1977, 66).

Maders wiederum im Geist des Sportmedizinischen Dienstes der DDR vorgetragene Anschauungen muteten an, als zielten sie auf die Schaffung eines neuen, anabol konstruierten Übermenschen hin. Dabei ließ Mader auch den Frauensport nicht außen vor, wobei er auf „Erfolgsmeldungen" der sportmedizinischen Praxis in der DDR verweisen konnte:

> „Es ist ziemlich sicher, daß Anabolika bei Frauen ebenso leistungssteigernd wirken wie bei Männern. Nach meiner Kenntnis ist das im DDR-Leistungssport ausprobiert worden. Es haben sich eindeutige Effekte in vielen Sportarten nachweisen lassen. Sie sind auch bei einzelnen Sportlerinnen mit deren freiem Einverständnis angewandt worden. **Die befürchteten gesundheitlichen Folgen sind bisher in keinem Fall eingetreten**" (Fettdruck durch die Verf.) (Deutscher Bundestag 1977, 142).

Von Interesse ist diese Aussage Maders vor allem deshalb, weil er hier als ehemaliger Insider des DDR-Dopings erklärte, dass bei der Anabolikaverabreichung an Frauen im DDR Sport von vornherein Schädigungen erwartet wurden. Im Zuge des Bonner Hearings ergab sich somit eine bedeutsame Fußnote der unethischen Vorgehensweise der sportwissenschaftlichen Erforschung und Anwendung der Wirkungsweise von anabolen Steroiden im DDR-Sport. Eindeutig bekannte sich der DDR-Flüchtling Mader auch für den Westen zu einer wissenschaftlich angeblich gebotenen Anabolikaverabreichung im Frauensport:

> „Wenn ich noch einmal auf das Problem Anabolika bei Frauen zurückkommen darf, so ist dazu zu sagen: Man kann so etwas nicht vorher wissen, wenn man es nicht ausprobiert. Wenn man wissenschaftliche Forschung auf diesem Gebiet betreiben will, so muß man entsprechend Leistungssportlerinnen Anabolika geben. Wenn man das von vornherein moralisch verurteilt – das ist durchaus richtig –, darf man diese Forschung nicht machen. Das heißt, man wird nie Bescheid darüber wissen. Man streitet sich immer vorher darum, was hinterher passiert. In einer wissenschaftlich-technischen Zivilisation ist der Mensch aber auf das Experiment angewiesen; er kann nicht darauf verzichten" (Deutscher Bundestag 1977, 143).

So weit wie sein Mitarbeiter Mader im Kölner Institut für Kreislaufforschung ging sein Vorgesetzter Wildor Hollmann nie. Relativierende Unterstützung erfuhr Mader von dem langjährigen Vorsitzenden des Welt-Sportärztebundes jedoch durchaus. So schätzte Hollmann den Einfluss von manipulativen Maßnahmen als relativ gering ein und stellte zudem die These der möglichen Schädlichkeit aller wirksamen Arzneimittel in Frage, also auch der anabolen Steroide:

> „Die größte Manipulation, das sagte mein Mitarbeiter Dr. Mader heute Vormittag schon, welche der Körper eines gesunden Menschen erfahren kann, ist ein Hochleistungstraining. Hierbei wird beispielsweise die Dimension innerer Organe oder die Skelettmuskulatur um 50 oder 100 Prozent oder gar noch mehr des Ausgangswertes verändert. Im Vergleich dazu können, durch welche physiologischen, d.h. in diesem Fall pharmakologischen, chemischen oder physikalischen Maßnahmen auch immer, höchstens zusätzlich im Grenzfall 10 Prozent der Leistungsfähigkeit gewonnen werden. So sind die Relationen. Zu Seite 8, 1. Absatz (der Grundsatzerklärung, d.V.), wo es heißt: Mittel, die einerseits nachhaltig wirksam und zugleich ohne jede Gefahr schädigende(r) Nach- und Nebenwirkungen haben (sind), gibt es nicht. Wer, meine Damen und Herren, ist im naturwissenschaftlich-ärztlichen Bereich in der Lage, diese Behauptung zu beweisen?! Jede Anpassung einer Zelle im menschlichen Organismus an eine anormale intensive Belastung verläuft letztlich über den genetischen Apparat unter entsprechender hormoneller Steuerung. Damit werden unter anderem jene Hormone aktiviert, die in dieser Größenordnung unter normalen Bedingungen nicht auftreten. Schädigende Nebenwirkungen sind hierdurch noch niemals beobachtet worden. Wenn aber eben diese Hormone in derselben Größenordnung von außen zugeführt werden, wie sie sonst nur durch Trainingsbelastung durch Körper in Freiheit gesetzt werden, so fällt es schwer, hierzu den Beweis der Schädlichkeit zu erbringen" (Deutscher Bundestag 1977, 109).

Auch zur Diskussion um Anabolikaverwendung im Frauensport nahm Hollmann, der sich einerseits als Gegner normwidriger Maßnahmen auswies, andererseits immer so auftrat, als habe er aus medizinischer Sicht mit solchen Maßnahmen wenig Probleme, Stellung:

> „Erinnert sei in diesem Zusammenhang nur daran, was heute morgen noch gar nicht erwähnt wurde, nämlich an die Antibabypille. Mit dieser Antibabypille werden Testosteronmengen, also männliche Geschlechtshormone, im Körper einer jeden Frau in einer Größenordnung in Freiheit gesetzt, die etwa der üblichen Dosis der anabolen Steroide entspricht. Wo, meine Damen und Herren, will ich hier die Grenze setzen?! Damit sind automatisch auch leistungssteigernde Effekte verbunden. Will ich diesen Spitzensportlerinnen zukünftig die Antibabypille verbieten? Wenn (dies) all die Einwände im hormonellen Bereich sind, die ich als Arzt voll unterstütze, und wohinter ich genauso stehe, die ich nur als Wissenschaftler verpflichtet bin, kritisch zu beleuchten, dann muß ich sagen: Wer hat bisher davon gesprochen, daß Millionen von Frauen in Deutschland und in der Welt regelmäßig unter Umständen über mehrere Jahre hinweg die Antibabypille nehmen mit weitaus größeren hormonellen Konsequenzen im gesamten Organismus, als es bei einer nach wissenschaftlichen Gesichtspunkten verabfolgten anabolen Steroid-Komponente der Fall ist" (Deutscher Bundestag 1977, 109).

Im Anschluss an diese These von einer rein medizinisch betrachtet verhältnismäßig unproblematischen Verabfolgung einer „anabolen Steroid-Komponente" für Frauen belehrte Wildor Hollmann die Abgeordneten noch über seine Kenntnisse des Männerdopings, dessen Gefährlichkeit überschätzt werde. Dabei allerdings verschaffte Hollmann den Abgeordneten Vorstellungen über Anwendungszeiträume, die zumindest für einschlägige Disziplinen wenig realitätsnah gewesen sein dürften:

> „Auch ein Weiteres wurde heute morgen noch nicht erwähnt. Viele der Abgeordneten, wie ich in der Mittagspause festgestellt habe, sind nämlich der Auffassung, solche Anabolika würden über die ganze Zeit im Training genommen. Diese Meinung ist falsch. Man hat festgestellt, daß eine optimale Wirkung erreicht werden kann bei einer vierwöchigen Einnahme im Jahr, im Extremfall 6 Wochen; nicht länger. Die maximale Wirkung kommt dann auch erst 14 Tage nach Absetzen des Präparates zustande" (Deutscher Bundestag 109 f)

Hollmanns einerseits relativierende Haltung zur Anabolikafrage bei Frauen und Männern stand auf der anderen Seite das Bekenntnis zur den Dopingstatuten gegenüber:

> „Wir unterstützen das Verbot des Doping im klassischen Sinn sowie das Verbot von gesundheitlich zweifelhaften Maßnahmen wie z.B. die Einnahme von Anabolika" (Deutscher Bundestag 1977, 111).

Aus diesen Widersprüchen eine tatsächliche Haltung zur Anabolikaproblematik herauszufiltern, ist nicht ganz einfach. Eine offene Befürwortung der Anabolikaverwendung im Sport ist ihm jedenfalls nicht direkt nachzuweisen. Anders als Kollegen wie Keul, Mader oder Liesen agierte Wildor Hollmann in dieser Frage stets mit äußerster Geschicklichkeit. Seine Ablehnung der Anabolika im Sport weist allerdings ein wesentlich geringeres Maß an Glaubwürdigkeit auf als etwa die mittlerweile wieder eindeutigen Stellungnahmen von Herbert Reindell vor dem Sportausschuss, weil nicht ganz klar wird, inwieweit es sich auch hier um ein lediglich ritualistisches Bekenntnis handelt.

Zuzustimmen ist Wildor Hollmann in der Frage der Diskrepanz zwischen geforderter Spitzenleistung und Dopingverbot. Hier wies Hollmann auf den Schwachpunkt in der Haltung des westdeutschen Sports hin, dessen Funktionäre glaubten, mit verbesserter Förderung Anabolikadoping ersetzen zu können:

> „Wir sind sicher, daß zum Beispiel der anabol-vorbereitete Spitzensportler aufgrund dieser Tatsache leistungsbegünstigt ist. Daher muß der Spitzenathlet und der jugendliche Leistungssportler in aller Offenheit auf seine diesbezügliche Benachteiligung im internationalen Wettkampf hingewiesen werden" (Deutscher Bundestag 1977, 111 f.).

Manche der zum Hearing eingeladenen wissenschaftlichen Sportberater trugen mit ihren Diskussionsbeiträgen bei verschiedenen Abgeordneten zu einer Aufweichung der Anti-Doping-Haltung bei. Befürchtungen, die Anti-Doping-

Bestimmungen könnten aufgrund (dann) fehlender internationaler Chancengleichheit wegen eines angeblich ungleichen Kontrollaufkommens nicht greifen, wurden nicht etwa durch Sportfunktionäre, sondern durch die Sportmediziner geschürt. Auch Keuls Fazit gegen Ende der kontroversen Diskussion zielte in diese Richtung – und es zeigte zumindest zwischen den Zeilen, dass Teile der westdeutschen Sportmedizin mit ihrer Forderung nach einer von ihnen kontrollierten Anabolikagabe für Sportler trotz entgegengesetzter Verlautbarungen innerlich keineswegs abgeschlossen hatten:

> „Diese Sorge teile ich zum Teil auch, denn wir können nicht erwarten – das haben auch die früheren Erfahrungen gezeigt –, daß hohe Maximen ihre Umsetzung in der Praxis erfahren. Ich darf noch einmal zurückführen, daß wir früher – 1952 – auch eine hohe Maxime bezüglich des Dopings hatten, die da lautete: Die Einnahme eines jeden Medikaments – ob es wirksam ist oder nicht – mit der Absicht der Leistungssteigerung während des Wettkampfs ist als Doping zu bezeichnen. Dies hat überhaupt keinen Erfolg gehabt. Wir haben Tote und schwerste Zusammenbrüche und dergleichen gehabt" (Deutscher Bundestag 1977, 146).

Was wäre aus solchen Ausführungen zu schließen? Dass nicht ganz so hohe Maximen in der Anabolikafrage nicht ganz so schwere „Zusammenbrüche" zur Folge hätten? Die Äußerungen Keuls waren auch 1977 noch – im Übrigen auch in späteren Jahren – geeignet, solche Assoziationen hervorzurufen. Offiziell aber unterstützte Keul wie Hollmann und selbst Mader trotz diametral entgegengesetzter Argumentationsmuster die neuen Dopingbestimmungen des DSB.

Allerdings erschloss sich die Unterstützung Keuls nicht ohne weiteres als solche, da er im Sportausschuss in Bezug auf ein Verbot von einer künftigen Definition sprach – die es aber zu diesem Zeitpunkt in DSB und NOK durch die Grundsatzerklärung und in einzelnen Fachverbänden wie dem DLV bereits seit längerem gab:

> „Das einzige Problem, das wir haben und das Professor Reindell ausführte, sind die anabolen Steroide. Hier gilt es auch, die Sache zu definieren, und wenn wir eine saubere Definition haben, was das ist und was nicht gemacht werden kann, und daß es auch im Training nicht verwendet werden darf – denn das ist ja das entscheidend Neue, denn bisher hatten wir Doping nur auf den Wettkampf bezogen, während es jetzt auch auf Training bezogen werden soll und wenn das innerhalb des Sportverbandes realisiert wird –, können wir uns daran halten. Diese Definition, diese praktische Umsetzung, tut für meine Begriffe notwendig. Wenn man das schafft, sehe ich, daß wir sehr saubere Verhältnisse bekommen" (Deutscher Bundestag 1977, 146).

Dass es diese Definition für den gesamten olympischen Weltsport seit 1974 gab, verschwieg Keul wie eingangs auch Ommo Grupe. Letzterer korrigierte allerdings diese wahrheitswidrigen Angaben später, als immer stärker aufkommende

Zweifel an der Durchsetzbarkeit der Grundsatzerklärung ihn zu einer modifizierten Stellungnahme bewegten:

> „Das IOC hat das längst verboten. Das ist überhaupt nicht neu, hier wird ja überhaupt gar nichts Weltbewegendes und Neues, was dem Deutschen Sportbund eingefallen wäre, formuliert" (Deutscher Bundestag 1977, 72/100) .

Die Forderung Keuls nach einer klaren Dopingdefinition, die in Bezug auf Anabolika für ihn als DLV-Verbandsarzt bereits 1970 zumindest theoretisch bindend gewesen war, führte eigenartigerweise selten zu einem naheliegenden Einwand. Wer sonst als führende westdeutsche Sportmediziner wie Keul wären in der Eigenschaft als wissenschaftliche Berater verantwortlich gewesen für solche Definitionen? Prokop 1962 und Steinbach 1968 hatten diese Definitionslücke für sich bereits 15 bzw. neun Jahre zuvor geschlossen. Es waren dagegen gerade führende westdeutsche Sportmediziner (z.B. Keul), die durch die langjährige Negierung der Dopingrelevanz bei anabolen Steroiden wider besseres Wissen einen für alle Verbände inklusive DSB und NOK geschlossenen Definitionsteppich verhinderten. Der Grund hierfür dürfte in dem Wunsch einer Anabolikaführung der Athleten durch Ärzte zum Zwecke der Verhinderung der sogenannten „missbräuchlichen" – nämlich eigenmächtigen – Anwendung begründet gewesen sein, wie anhand der Forderung Keuls 1971 nach einer Herauslösung der Anabolika aus der Dopingliste des Leichtathletik-Verbandes beim Kongress „Biomedizin und Training" in Mainz deutlich wurde.

Nationale Gründe, nämlich die von Hollmann zurecht aufgezeigte Vision der verloren gehenden internationalen Konkurrenzfähigkeit durch einen absoluten Anabolikaverzicht in der Bundesrepublik, und Überlegungen der Schädigungsmöglichkeiten bei unkontrollierter Einnahme solcher Medikamente dürften im Zusammenwirken bei bestimmten Politikern wie Wolfgang Schäuble zu der Forderung nach einer Anabolikafreigabe unter ärztlicher Kontrolle geführt haben. Vor allem für Schäuble verdichtete sich im Laufe der Ausschuss-Diskussion der Eindruck, dass die Grundsatzerklärung des deutschen Sports gerade auch in der Anabolikafrage nicht zu realisieren sei:

> „Die Frage ist nur, ob es nicht auch im Anschluß an das, was Dr. Mader ... gesagt hat, richtiger wäre, an Stelle der Formulierung einer Norm, daß jegliche medizinisch-pharmakologische Leistungsbeeinflussung abgelehnt wird, die vielleicht der Wirklichkeit des Spitzensportes nicht ganz gerecht wird ... zu sagen: Wir wollen solche Mittel nur sehr eingeschränkt und nur unter der absolut verantwortlichen Kontrolle der Sportmediziner; also unter ärztlicher Verantwortung einsetzen, statt eine Norm aufzustellen, von der alle Sachkundigen wissen, daß sie in bestimmten Bereichen die Einhaltung dieser Norm weder garantieren können noch wollen, weil es offenbar Disziplinen gibt, in denen heute ohne den Einsatz dieser Mittel der leistungssportliche Wettbewerb in der Weltkonkurrenz nicht mehr mitgehalten werden kann" (Deutscher Bundestag 1977, 101 f.).

Wie sehr die Einlassungen mancher geladener Experten, selbst wenn sie sich aus sportethischer Sicht gegen Anabolikadoping aussprachen, dazu geeignet waren, Skepsis gegenüber einer Anabolikaverwendung im westdeutschen Sport aufzuweichen, zeigt die Stellungnahme des Wiesbadener Abgeordneten Jentsch von der CDU/CSU-Fraktion:

> „Ich muß zugestehen, daß meine Zweifel an dem totalen Verbot der pharmakologischen Behandlung oder Betreuung etwas gestiegen sind, denn nach dem, was wir gehört haben, ist doch die Frage, ob es in der Praxis überhaupt durchsetzbar ist, ob es die entsprechenden Kontrollmöglichkeiten gibt, oder ob wir nicht in der Tat den Athleten, seinen Betreuern und an das Umfeld Forderungen stellen müssen, die dahin gehen, daß alle Betroffenen mit diesen Dingen so umgehen, wie es vertretbar ist. Wir lassen zu, daß für Zigaretten in der Öffentlichkeit geworben wird. Wir kriegen jeden Tag deswegen Hinweise – mein Kollege Schäuble stopft sich gerade eine Pfeife –, was dies bedeutet. Wir verantworten es. Ich weiß nicht, ob nicht auch in diesem Bereich etwas zu machen ist" (Deutscher Bundestag 1977, 103).

Es darf sicherlich bezweifelt werden, dass jene Politiker, die die Grundsatzerklärung anzweifelten, zu einer solchen Haltung gelangt oder geblieben wären, wenn außer Ärzten wie Steinbach, Nowacki und Reindell oder Funktionären wie Grupe und Fallak auch stark meinungsbildende Mediziner wie Keul oder Hollmann (ferner Liesen und Mader) in diese Richtung gewirkt hätten. Die in erster Linie von Keul vertretene These der Unschädlichkeit anaboler Steroide in sogenannten therapeutischen Dosen unter ärztlicher Überwachung wurde von Schäuble zu einer eigenen Dopingdefinition verarbeitet:

> „Dort, wo es gesundheitsschädigend ist oder wo im Bereich der technischen Manipulation die Menschenwürde verletzt wird, muß die Grenze sein, nicht aber zu sagen, wir lehnen jede Manipulation ab, zugleich aber stillschweigend zu wissen und auch zu betreiben – nicht der DSB, aber seine Mitgliedsverbände –, daß das Gegenteil davon getan wird und sich hinterher darüber zu ärgern, wenn Athleten kommen und sagen: was ihr uns im Einzelfall vorwerft, machen doch alle. Das ist, glaube ich, nicht der richtige Weg. Er hilft weder den Sportlern noch dem Deutschen Sportbund, vor allem auch nicht der Stiftung Deutsche Sporthilfe und auch nicht denjenigen, die gemeinsam hier und in anderen Gremien dafür streiten, daß dem Sport die Förderung zuteil wird, die er wirklich braucht, um auch im Spitzenbereich konkurrenzfähig zu bleiben" (Deutscher Bundestag 1977, 131).

Die Haltung, die der Ausschussvorsitzende Hans Evers in seiner Hearing-Einleitung vertrat, nämlich dass Autonomie des Sports nicht automatisch Autonomie in der Frage manipulativer Maßnahmen bedeute, wurde – durch den Abgeordneten Schwarz von der CDU/CSU-Fraktion – im Verlauf der Diskussion ebenfalls in Frage gestellt:

> „Hier kommt für mich die Frage mit dazu, wie weit der Athlet selbst durch Information mit dem Arzt und mit dem Trainer über bestimmte Grenzen entscheiden kann oder nicht. Die Frage ist offensichtlich von der Praxis her anders beantwortet worden; Praxis heißt

jetzt vom Athleten oder von den in Frage kommenden Disziplinen. Die Konsequenz kann doch wohl nur die sein, daß wir, die Politiker, auch in strittigen Positionen die Eigenständigkeit des Sportes zu wahren haben und wir unsere Förderung nicht davon abhängig machen können, daß wir den Streit, den ich gar nicht bösartig sehe, im Sport nicht damit belasten, daß wir sagen: hier fördern wir nicht. Das ist eine Grundsatzfrage an den Sportbund. Ist diese Grundthese richtig, daß wir uns so verhalten sollen, daß wir die noch offenen Fragen, die sich im Sport ergeben, nicht zum Gegenstand unserer Entscheidungen machen, sondern daß wir dort, wo der Sportbund uns um Förderung bittet, nicht in eine Fachprüfung eintreten: Anabolika ja oder nein, sondern daß wir, soweit Haushaltsmittel zur Verfügung stehen, sagen: einverstanden, und es dem Sport überlassen, inwieweit er seinerseits fördert oder nicht" (Deutscher Bundestag 1977, 125).

Während einige Oppositions-Abgeordnete den Sinn der Grundsatzerklärung anzweifelten, zweifelten Politiker wie der Abgeordnete Müller (CDU/CSU) an der absoluten Ernsthaftigkeit ihrer Verfasser.

„So wie es wörtlich in der Grundsatzerklärung steht, nämlich: lehnt jede medizinisch-pharmakologische Leistungsbeeinflussung und technische Manipulation am Athleten ab, glaube ich, kann man es nicht aufrechterhalten, weil es in der Praxis sicher tausend- oder zehntausendfach durchbrochen wird. ... Die Erklärung erinnert mich ein bißchen daran, daß man zwar einen guten Willen hat, daß man sich aber wahrscheinlich darüber im klaren ist, daß sie nicht durchsetzbar ist, weil dann eben die Frage gestellt werden muß, wo die Grenzen sind" (Deutscher Bundestag 1977, 127 f.).

Müller hatte damit nicht explizit zur Anabolikaproblematik Stellung genommen, sondern auf den Grenzbereich zwischen Substitution und Doping aufmerksam gemacht – der allerdings durch Keul und Liesen mit ihrer These eines hormonellen Substitutionsbedarfs sehr diffus geworden war.

Der von Ferdinand Tillmann eingangs angesprochene Vorwurf von Medienseite, es seien zu dieser Anhörung die falschen Leute eingeladen worden, nämlich überwiegend solche Personen, die Manipulationen am Athleten eher unkritisch bis befürwortend gegenüberstanden, scheint insbesondere beim Blick auf die Beiträge mancher Sportmediziner nachvollziehbar. Überhaupt waren die Diskussionsschwerpunkte derart naturwissenschaftlich-pragmatisch geprägt, dass sportethische Gesichtspunkte insgesamt lange Zeit zu wenig Berücksichtigung fanden – sie wurden häufig allenfalls im Sinne ritualistischer Bekenntnisse kund getan. Darauf wies auch Ommo Grupe gegen Ende des Hearings hin:

„Der Sport selbst stellt fest, was in seinem Kreise gilt. ... Das zeigt, daß die Regelungen vereinbart werden, unter denen man sich jetzt kämpferisch messen will. Wenn man irgendwo anfängt, das undurchsichtig zu machen, so kommt das ganze System zu Fall. Dieser sportliche Grund, die Durchsichtigkeit und Transparenz sportlicher Leistung, ist der primäre Grund gewesen, der den Deutschen Sportbund veranlaßt hat, diese Entscheidung zu treffen" (Deutscher Bundestag 1977, 138).

Ähnliches hatte zuvor auch Heinz Fallak erklärt:

> „Der Deutsche Sportbund war durch seine eigene Aufgabenstellung als eine unserer großen gesellschaftlichen Organisationen, aber auch beeinflußt durch eine öffentliche Diskussion einfach herausgefordert, eine Gesamtstellungnahme zur Situation des Leistungs- und Spitzensports abzugeben und genau zu erklären, unter welchen Bedingungen das noch in der Bundesrepublik in Zukunft stattzufinden hat. Ich glaube nicht, daß es dem Sport und den Sportlern in unserem Lande dienlich gewesen wäre, mit Formulierungen wie 'Nein, aber' oder 'Ja, aber' zu arbeiten" (Deutscher Bundestag 1977, 69).

Was einige der in der Bundesrepublik maßgeblichen Sportmediziner versäumt hatten, nämlich neben den rein sportethischen auch ärztlich-ethische Gesichtspunkte als Argument gegen die Verwendung von Anabolika und anderen Pharmaka im Spitzensport ins Feld zu führen, darauf verwies Ommo Grupe:

> „Ich lese Ihnen zum Beispiel nur den letzten Satz der Deutschen Gesellschaft für Endokrinologie vor ...: Anabole Hormone sind also ebenso wie andere steroide Hormone hochwirksame mit gravierenden Nebenwirkungen belastete Pharmaka, die nur bei strenger Indikationsstellung verordnet werden sollten; ihre Anwendung zur Leistungssteigerung im Sport ist medizinisch nicht vertretbar. – So, nun soll eine Sportorganisation herkommen und sagen, das gilt nicht für uns, sondern wir sind unter gewissen Kautelen und unter gewissen Bedingungen und Voraussetzungen bereit, zuzulassen, daß man anfängt, eine Schleuse zu öffnen und sportliche Leistung mit Hilfe der Vergabe von Pharmaka zu steigern ... Wer sich dieser Entscheidung nicht fügen will, wem sie nicht paßt, der kann das sagen, der muß eben neben dem Deutschen Sportbund eine eigene Sportbewegung aufbauen, in der dies alles erlaubt und möglich sein soll" (Deutscher Bundestag 1977, 139 f.).

Die offizielle Haltung des deutschen Sports war damit geklärt, und mehrheitlich wurde die Grundsatzerklärung für den Spitzensport auch von den Politikern akzeptiert, sieht man von einigen Ausnahmen ab. Der ehemalige Olympiateilnehmer und Zehnkampf-Bundestrainer Friedel Schirmer (SPD) formulierte in seinem Schlussstatement ein Plädoyer für einen manipulationsfreien Sport:

> „Die vorliegende hier erläuterte und begründete Grundsatzerklärung für den Spitzensport wird von uns nicht nur akzeptiert, sondern auch ausdrücklich anerkannt. ... Ich möchte nicht Erfolge um jeden Preis. ... Wir wollen den humanen Sport in den Mittelpunkt stellen, nicht die Leistung an sich" (Deutscher Bundestag 1977, 151 f.).

Darauf, dass es in der Diskussion bei manchen Sachverständigen jedoch abweichende Meinungen gegeben hatte, verwies ausdrücklich Wolfgang Mischnick (FDP):

> „Die positive Einstellung zu der Grundsatzerklärung für den Spitzensport hat sich durch die heutige Anhörung nicht geändert. Es ist bewiesen worden, was ich von Anfang an erwartet habe, daß zwischen Grundsatzerklärung und Umsetzung verständlicherweise ein erheblicher Weg zurückzulegen ist und es unsere Aufgabe sein muß, das ... mit umzusetzen. Gleichzeitig muß ich aber im Gegensatz zu Herrn Kollegen Tillmann feststellen, daß

Widersprüche über Wirkungsweise und Möglichkeiten unter den Fachleuten nach wie vor in erheblichem Maße vorhanden sind ..." (Deutscher Bundestag 1977, 152).

Tillmann hatte in seinem Schlusswort den Eindruck zu erwecken versucht, dass es insbesondere bei Politikern (der CDU/CSU-Fraktion) solche abweichenden Meinungen nicht gegeben habe (Deutscher Bundestag 1977, 149).

Wolfgang Mischnick sprach schließlich – in hohem Maße repräsentativ für die bundesdeutsche Politik – noch einen Punkt an, der sich bis zu dieser Anhörung und bis fast eineinhalb Jahrzehnte danach als eines der großen Probleme in der Bekämpfung des Dopings in der Bundesrepublik Deutschland erweisen sollte – die Frage der Autonomie des Sports:

„Wir werden nicht entscheiden können, ob im Einzelfall diese oder jene Maßnahme gerechtfertigt gewesen ist; das kann auch nicht unsere Aufgabe sein. Deshalb wäre ich dankbar, wenn Sie nicht die Erwartung an den Bundestag oder an die Bundesregierung stellen würden, daß wir die Probleme lösen, die innerhalb des Sportes und der Sportführung sowie der verschiedenen Fachverbände für die Stunde nicht gelöst sind. Das kann nicht unsere Aufgabe sein in einem Staat, der es dem Sport überläßt, sich die Führung zu geben und die Entscheidungen zu treffen, die er für richtig hält" (Deutscher Bundestag 1977, 153).

4.4 Doping zwischen Verbot und Duldung (1977 bis 1990)

Nachdem die Versuche einer (auch rückwärts gerichteten) Legitimierung der Anabolika im bundesdeutschen Leistungssport durch Sportmediziner und Sportfunktionäre in der Zeit zwischen 1971 (Keul) und 1976/77 gescheitert waren, DSB und NOK offiziell Anabolikadoping verurteilten und nationale Dopingkontrollen im Wettkampf einsetzten, verschwand die Problematik des Missbrauchs anaboler Steroide mehr denn je in einer verschwiegenen, konspirativen Grauzone. Es ist durchaus denkbar, dass Sportfunktionäre nach Beendigung der Dopingdebatte – auch durch das von Willi Daume erlassene Schweigegebot – häufig kaum noch detailliert informiert waren. Die Aufforderung Daumes, Doping und Anabolika in der Öffentlichkeit nicht mehr zu diskutieren, hatte auch seine nach innen gerichtete Wirkung. Allerdings ist dabei zu berücksichtigen, dass Anabolikakonsumenten auch zuvor kaum einmal über ihre Praktiken Zeugnis abgelegt hatten.

Bekenneroffenbarungen wie die von Manfred Ommer, Walter Schmidt oder Uwe Beyer waren auch in Zeiten einer hohe Wellen schlagenden öffentlichen Diskussion die Ausnahme. Auch intern wurde seit jeher sehr vorsichtig mit Anabolikaoffenbarungen umgegangen. Nachdem der deutsche Sport seine Position zumindest für die öffentlich einzuschauende Vorderbühne geklärt hatte, erfolgte das westdeutsche Doping immer stärker im Sinne eines subkulturellen Geschehens.

4.4.1 Eine Dopingkarriere aus der Sicht eines Athleten

Auszüge aus dem Interview mit einem Zeitzeugen, dem ehemaligen 8000-Punkte-Zehnkämpfer Holger Schmidt[9], vermitteln, wie das System des Männerdopings im westdeutschen Leistungssport (hier: Leichtathletik) vielfach funktioniert haben dürfte:

Frage: Sie gehören zu jenen Athleten, die sich zu ihrer eigenen Dopingvergangenheit bekannten. Können Sie anhand Ihrer sportlichen Karriere den Übergang vom sauberen Athleten zum Dopingathleten skizzieren?

Schmidt: Das war 1979 auf 1980. Seit 1975 habe ich Leistungssport betrieben. Da war von dem Umfeld, das mich umgeben hat, Doping nie ein Thema. Zu der Zeit war ich in Gießen, ich bin Jugend- und Juniorenmeister geworden und habe dort meine auch später nicht gesteigerte Leistungsfähigkeit erreicht. Dann bin ich nach Wattenscheid gegangen, zusammen mit meinem Trainer aus dem Umfeld in Gießen. Dort habe ich meinen Trainer gewechselt. Es wurde mir in Wattenscheid suggeriert: Wenn du das einnimmst – und es nehmen alle was ein – dann machst du mindestens 200 bis 300 Punkte mehr, und das hätte zur damaligen Zeit bedeutet, dass ich unter die ersten fünf in der Welt gekommen wäre, für mich also gigantisch. Da gab's kein Zögern, da habe ich den Trainer im Stich gelassen, durch dieses Ziel geblendet, würde ich heute rückwirkend sagen, bin eben hingegangen zu dem Trainer, der da ein ganzes Grüppchen um sich geschart hatte. Das war so ziemlich der Guru zu der Zeit, alle waren im hörig. So war das für mich ein fließender Übergang.

Frage: War das bloß der neue Trainer Peter Hunold[10] oder war es das ganze Klima im Verein, das die Entscheidung für Doping begünstigte?

Schmidt: Es war das ganze Klima im Verein. Bei den Leistungsträgern dort, da war immer schon irgendwie klar, die müssen irgendwas einnehmen. Da wurde nicht offen drüber gesprochen, ich nehme soundsoviel Milligramm, aber irgendwie wurde damit schon geprahlt, mit Andeutungen und so. Da gab's von Gewissensbissen her keine Einschränkungen oder dass die dagegen geredet hätten, sondern das war in einem Fahrwasser, wo es die Guten und Erfolgreichen und vom Verein Gehätschelten gemacht haben, also mach' ich das auch. Nebenwirkungen wurden praktisch nie angesprochen, wenn überhaupt, dann wurden sie negiert, also es gibt keine.

Frage: War von irgendjemandem bekannt, dass er nichts nimmt?

---

[9] Der Name wird hier genannt, weil Schmidts Bekenneroffenbarungen bereits öffentlich geworden sind und er seine Zustimmung zur Nennung seines Namens gegeben hat.

[10] Hunold war Sprinttrainer in der DDR. Nach einem Studentenhallensportfest in Sofia im Februar 1979 sorgte er für den Kaderausschluß von Athleten wegen Kontakts zu bundesdeutschen Studentensportlern. Vierzehn Tage später setzte er sich beim England-Länderkampf der DDR-Mannschaft ab und wurde kurze Zeit später Trainer beim TV Wattenscheid.

Schmidt: Nein. Offiziell hat keiner was genommen, das ist ganz klar. Und so war auch die Haltung der Vereinsführung. Ich weiß aber noch, damals war ein Europacup in Madrid, Vereins-Europacup, und ich war gerade in der Vorbereitung auf irgendeinen Zehnkampf, und ich sollte in Madrid im Einzel starten über 110 Meter Hürden. Und ich habe gesagt, ich kann nicht starten da, ich bin hier schon wieder drin (gemeint ist eine Anabolikakur, d. V.). So habe ich mit dem geredet (einem Vereinsfunktionär, d. V.). Sagt er: Da wird nicht kontrolliert, du kannst da ruhig starten.

Frage: Später sind Sie zu einem anderen Verein, zum USC Mainz, gegangen. Wie wurde dort mit Doping umgegangen?

Schmidt: Als ich in Mainz war, wurde nicht so offen wie in Wattenscheid drüber geredet, das ging dann schon wesentlich mehr von den Athleten aus. Da wurde offener drüber geredet, wer was einnimmt und wie lange. Aber du konntest den Bundestrainer schon ganz gezielt fragen, wird da kontrolliert oder nicht.

Frage: Wurde in Wattenscheid offener darüber geredet, weil es eine andere Zeit war oder weil es ein anderer Verein war?

Schmidt: Ich glaube beides, es war so ein bisschen ein Umschwung. Bis 1980/81 hat man das, glaube ich, machen müssen, um schick zu sein im Leistungssport, und danach war es negativer besetzt und man hat sich ein bisschen bedeckter gehalten. Nach Moskau fing das nach meinem subjektiven Empfinden an, weil die Olympischen Spiele dort ein bisschen so hingestellt worden sind, das sind eh die Spiele von nur Gedopten. Da ist man meiner Ansicht nach danach ein bisschen vorsichtiger geworden.

Frage: Wie reagierten die Athleten damals auf die Meldung, dass es in Moskau keinerlei Dopingfälle gegeben habe?

Schmidt: Das war natürlich eine Bestätigung des Zeitgeistes. Das war natürlich, so war das System. Wer ist damals erwischt worden, welcher Vollidiot? Man hat doch gewusst: Okay, du nimmst Anabolika und hörst 14 Tage vor dem Wettkampf damit auf. Wenn du einen guten Sportarzt gehabt hast, haben vielleicht sogar ein paar Stunden oder ein paar Tage gereicht. Ich bin in der Zeit vor 1980 einmal zur Dopingkontrolle gegangen, in Dresden (Mehrkampf-Europacup 1979, d. V.), und habe eine Probe abgegeben, die schon meine eigene war, aber irgendetwas muss damit gewesen sein, was menschlich unmöglich gewesen sein muss. Jedenfalls hat sich der Arzt schier kaputt gelacht und gesagt: Wir sind auch nicht von gestern. Es war eher wie eine Vorführung im Zirkus. Ich fand das Klasse damals, weil wir ziemlich scheiße behandelt worden sind in Dresden, auch ziemlich verschaukelt worden sind.[11]

Frage: Wurde Doping von den Athleten damals, beispielsweise durch das Moskauer Analyseergebnis oder die Vorkommnisse im Verein (Wattenscheid), als informelle Norm empfunden?

---

[11] Offenbar war die Probe mit einem ungewöhnlichen PH-Wert behaftet. Schmidt war zu diesem Zeitpunkt nach seinen Angaben allerdings noch ungedopt. Von sporthistorischem Interesse sind Schmidts Angaben über diese Dresdener Dopingkontrolle jedoch in der Hinsicht, dass der durchführende DDR-Arzt selbst bei einem westdeutschen Athleten auf eine Beanstandung verzichtete.

Schmidt: Absolut, es gab im Verein kein Erstaunen darüber, dass ich mich gedopt habe.

Frage: Wie wurde diese informelle Dopingnorm im Verein oder gar im Verband vermittelt?

Schmidt: Im Verein innerhalb der Gruppe um den Trainer. Ansonsten hat man es daran erkannt, dass nicht rechtzeitig gegen solche Sachen geforscht wurde, es war irgendwie klar, dass keiner erwischt wird. Du warst ein Vollidiot damals, wenn du nicht gedopt hast. 1976 wurde das alles etwas offensichtlicher, und im Nachhinein war ich enttäuscht, dass ich das erst so spät angefangen habe. Dass mich da einer in den letzten Jahren abgezogen hatte, das war nicht sein körperliches Talent, sondern der hat einfach früher die richtigen Sachen eingenommen.

Frage: Wie hat es auf sie gewirkt, als Ihre Leistungen trotz Dopings nicht nach oben gingen?

Schmidt: Damals hat sich bei mir persönlich sehr viel verändert. Ich habe mich dann von dem Verein getrennt, mit der Erfahrung sicherlich auch, dass Moskau in die Hose ging. Da war für mich im Mai Olympia im Grunde schon gelaufen, und die nächsten zwei Jahre habe ich dann mehr oder weniger herumgeloost. Da habe ich mir darüber eigentlich gar nicht mehr entscheidende Gedanken gemacht, warum ich plötzlich ein so toller Zehnkampf-Werfer geworden bin, aber in technisch anspruchsvollen Disziplinen nichts mehr auf die Reihe gebracht habe, sondern Welten dahinter war. Ich habe dann 1981 nichts mehr eingenommen, da bin ich auch gar nicht mehr rangekommen an die Sachen, als ich in Mainz war. Ab 1982 habe ich dann wieder Sachen eingenommen, hatte dann noch ein paar Erfahrungen, Aufzeichnungen, da hat es dann besser geklappt. Aber entscheidend verbessert habe ich mich auch nicht mehr.

Frage: Mit dem Vereinswechsel erfolgt also zunächst eine Zugangssperre zu den anabolen Steroiden?

Schmidt: Da hatte ich noch nicht die Kanäle aufgetan, wie man daran kam.

Frage: Wie hat dieses Verteilersystem funktioniert?

Schmidt: In Wattenscheid habe ich das direkt vom Trainer bekommen, ich schätze, da habe ich diese alten Kamellen aus der DDR bekommen, und die haben mich ja nur platt gemacht. Mit Stromba bin ich besser zurecht gekommen. Das Verteilersystem in Mainz war so: das hast du dir einfach in der Apotheke kaufen können, unter der Hand. Manchmal hat man es auch auf Rezept bekommen, vom Arzt verschrieben. Die Tipps für die Apotheke kamen aus dem Verein, man hatte da ein Lokal gehabt, wo man nach dem Training immer hingegangen ist, und diese Leute hatten auch Zugang zur Bodybuildingszene, und da war dieser Apotheker dann auch.

Frage: Wie war die Situation unter den Athleten innerhalb der Gruppe, gab es da ein Konkurrenzverhältnis?

Schmidt: Nein, wir haben in unserer Gruppe ziemlich offen darüber geredet. Es gab dieses eine Medikament (Stromba, d. V.), da ging es immer nur darum, wie viel Milligramm nimmt man, und da hatte jeder seine Dosierung für sich gefunden. Eine Konkurrenzsituation gab es da in dieser Richtung nicht.

Frage: Wie groß war in Wattenscheid der Kreis jener, die darüber geredet haben?

Schmidt: Das war der Kreis der Trainingsgruppe um den Trainer. Es war selbstverständlich, dass man mit gewissen Leuten darüber nicht redet, mit anderen natürlich. Auch außerhalb konnte man darüber reden, das hat man irgendwie gesehen, ich weiß nicht wie. Es war offensichtlich, mit dem im Verein kannst du über alles reden: Das ist der Sprinterkollege, der schon 20 Mal am Muskel operiert worden ist, der alles probiert hatte, da war das kein Thema. Mit Funktionären und Vereinsärzten konnte man auch offen darüber reden.

Frage: War es in Mainz genauso?

Schmidt: Da gab es einen Unterschied, da brauchte ich ein Jahr, um mich hereinzufinden. Das hat sich damals auch in der Gruppe entwickelt. Unterschiede zwischen Vereins- und Verbandsgruppen gab es da nicht, was sicherlich daran liegt, dass die Zehnkämpfer ohnehin immer zusammengehangen haben. Da wurde schon oft darüber geredet. Mit dem Bundestrainer explizit nicht, da war nur die Sache mit den Kontrollen herauszufinden.

Frage: Sind die Athleten davon ausgegangen, dass der Bundestrainer genau Bescheid wusste?

Schmidt: Ja. Der wusste wie viele andere im Verband Bescheid, die nicht unbedingt fördern wollten, aber gesagt haben, ich lege die Ohren an, weil: es bringt ja Leistung, es hängt ja viel auch für mich ab. So war, würde ich sagen, die ganze Einstellung. Der Bundestrainer war auf gar keinen Fall die treibende Kraft. Der war da drin und das Fahrwasser lief so. Er war natürlich auch keiner, der aufgestanden ist und gesagt hat: Nur bis hierher, alles andere mache ich nicht mehr mit.

Frage: Gab es bei Ihnen irgendwann Überlegungen auszusteigen, auf Leistung zu verzichten?

Schmidt: Das war nie ein Thema, muss ich – aus meiner heutigen Sicht – zu meinem Erschrecken sagen. Es war kein Unrechtsempfinden überhaupt da. Zu der Zeit, ich habe 1985 aufgehört, da wäre das lächerlich gewesen. Was wir von Fachleuten gehört haben, von Ärzten, war nur: alles kein Thema, alles kein Problem. Die einzige Sache, die mir vorgeführt hat, wie schizophren das ist, was wir tun, waren diese unendlichen Fahrten zu den Ärzten, diese unendlichen Marathonspritzensitzungen, die wir da bekommen haben. So was Bekloppstes ist für mich heute überhaupt nicht mehr zu verstehen, zu einer Behandlung zu fahren und sich 30 oder 40 Spritzen geben zu lassen, um Leistungssport betreiben zu können.

Frage: Haben Sie als Athlet entsprechende Rechtfertigungen für Ihr Doping gesucht?

Schmidt: In dem Sinne nicht. Die Basis war, dass alle das gemacht haben – ich mach's auch. Die Risiken, die ich dadurch eingehe, sind überhaupt nicht da. Medizinischen Rat in Richtung Spätfolgen gab es nicht. Ich will jetzt die Leistung bringen, und ich darf mich nicht bei der Kontrolle erwischen lassen, das ist kein Thema, ich höre 14 Tage vorher auf. Damit ist das Buch zu.

Frage: Hat Verharmlosung von Seiten der Ärzte zur Entscheidung pro Anabolika mit beigetragen?

Schmidt: Absolut, weil an diese Leute hast du ja auch geglaubt. Das ist ja das Lustige, du hast dich ja wesentlich mehr von deinem Trainer entfernt und dich deinem Arzt angenähert, weil man ja fast nur noch beim Arzt gehockt hat in unserer Zeit. Und der war der Heilsbringer. Wenn der jetzt gesagt hätte: Ich kann dir mal ein paar Bilder zeigen von Leuten, die das

Zeugs mit entsprechenden Nebenwirkungen eingenommen haben, dann hätte das natürlich eine ganz andere Wirkung gehabt.

Frage: Haben Sie bei verschiedenen Ärzten unterschiedliche Einstellungen zum Dopingproblem feststellen können?

Schmidt: Im Grunde genommen hat man immer nur einen Arzt gehabt, und der hat die Richtung vorgegeben, mit anderen hat man überhaupt nicht darüber geredet. Da war man irgendwann eh gebrieft für die Zeit.

Frage: Kam das Doping-Know-how nur von ärztlicher Seite?

Schmidt: Ich habe das erste Doping-Know-how von diesem Trainer bekommen: Du musst soundsoviel einnehmen, diese Pausen machen, dies und jenes. Dann hat man sich auch mit anderen Athleten zusammengetan. Wir haben versucht, unsere Erfahrungen auszutauschen und zu optimieren. Dann haben wir mit dem Arzt darüber geredet, soundsoviel. Ja, mach nicht so viel, mehr Pausen. Ein Arzt hat mir abgeraten von dem Doping, wie der Hunold das mit mir gemacht hatte. Er sieht ja, wie die Leute sich verändern. 1979 habe ich bei Wettkämpfen vielleicht 90 Kilo gewogen, dann habe ich 101 Kilo gewogen. Gut, ich habe weiter Diskus geworfen, aber ich habe mich langsamer bewegt. Im Hürdenlauf bin ich statt 14,20 15,20 gelaufen, das muss man sich mal vorstellen. Ich habe es zunächst nicht mal mehr auf die Reihe gekriegt, richtig Kugel zu stoßen. 16,80 habe ich dann erst 1982 gestoßen.

Dieses Interviewbeispiel belegt, ähnlich wie Gespräche mit Zeitzeugen aus den 60er und frühen 70er Jahren, dass eine das Doping initiierende Haltung von Deutschem Sportbund oder Nationalem Olympischen Komitee oder selbst von Fachverbänden wie dem Deutschen Leichtathletik-Verband überhaupt nicht vonnöten war, um die Anabolikaverwendung – und damit eine gewisse internationale Konkurrenzfähigkeit der westdeutschen Athleten – zu gewährleisten. Dass der Zustand eines flächendeckenden Dopings in der Bundesrepublik gewissermaßen von oben verordnet gewesen sei, ist somit in keiner Weise zu belegen. Eine Steuerungsfunktion im westdeutschen Anabolikadoping ging jedoch über die Normengestaltung aus. Athleten empfanden die häufig offenbar nur mit Hilfe von Anabolika zu erfüllenden Olympianormen als Aufforderung zum Doping. Hilfreich in dieser Dilemmasituation waren Rechtfertigungsstrategien, die teilweise zwar geradezu haarsträubend waren, aber dennoch eine erstaunliche Konjunktur erleben sollten.

4.4.2 Kontrollproblematik und Rechtfertigungsstrategien

Dass es in der Bundesrepublik staatlich gewolltes oder gar organisiertes Doping wohl nicht und jedenfalls nicht im Sinne eines „Staatsplanthemas" gab, heißt aber nicht, dass Bundestrainer oder hohe mit dem Leistungssport befasste Funktionäre von Doping nichts gewusst hätten oder dass sie Doping nicht gefördert oder zumindest geduldet hätten. Dass Doping ein weit verbreitetes Phänomen war und dass viele Athleten die über hohe Qualifikationsnormen geforderten Leistungen mit Hilfe der Einnahme von Anabolika erbracht haben, ist Funktionären keineswegs entgangen. Und selbst solche Funktionäre, die mit dem Zustand des weit verbreiteten Dopings nicht glücklich waren, fanden nicht die Kraft, Entscheidendes zu verändern, wie ein für den Leistungssport zuständiger Funktionär eines westdeutschen Fachverbandes erläutert:

> „Und man muss auch sagen, als es dann bei uns im Sport wirklich deutlich wurde und wir gesagt haben, das geht so nicht weiter, da machen wir was, dann war es trotz allem für uns ein gewaltiger Schritt. ... Da kam dann die Überlegung, wir müssen jetzt was machen. Aber das hieß natürlich nicht, wir gehen jetzt morgen hin und hauen unseren Mittrainer, für den ich ja verantwortlich war, ... in die Pfanne. Oder: Ich vermute, bei diesem Athleten is' was, also haue ich ihn in die Pfanne."

Ähnlich wie bei der Anhörung des Bundestags-Sportausschusses 1977 eine Beeinflussung von Politikern durch Sportmediziner in der Frage der Akzeptanz der Grundsatzerklärung für den Spitzensport zu konstatieren war, werden auch bei dem hier zitierten Sportfunktionär Argumentationsmuster deutlich, wie sie jenen von Sportmedizinern entsprach, die die Dopingrelevanz von Anabolika wegen deren überdauernder Leistungsbeeinflussung leugneten:

> „Wenn später mal einer gesagt hat, sag mal, du musst doch gewusst haben, dass es Doping gegeben hat: Selbstverständlich habe ich gewusst, dass es Doping gegeben hat. Natürlich hat es das gegeben, aber wir haben nicht die Konsequenzen daraus gezogen zu sagen, wenn ich jetzt nur den geringsten Verdacht habe, dann werden wir gezielt versuchen, auch im Training zu kontrollieren. Die Auffassung, dass man das im Wettkampf nicht machen darf, setzte sich bei uns ganz früh durch. Aber wir haben gesagt: Wenn er das im Winter macht, wenn der sich so aufbaut ..."

Dieses Beispiel verdeutlicht, dass trotz der Klarheit der Grundsatzerklärung alte Rechtfertigungsmuster, wie sie z.B. durch Joseph Keul lange Zeit vorgetragen worden waren, auch nach der offiziellen Abkehr von ihnen fortwirkten.

Erschwerend kam hinzu, dass im deutschen Sport häufig solche Personen, die für den Leistungssport zuständig waren, zugleich auch für die Organisation und Durchführung von Dopingkontrollen vorgesehen waren. Solche Funktionsträger wurden also unweigerlich in einen Loyalitätskonflikt geführt. Sportfunktionäre in Leistungssportabteilungen von Verbänden sahen sich außerdem ähnlich wie Athleten oder Trainer dem Widerspruch zwischen den vom Hauptgeldgeber Bund geforderten Spitzenleistungen und dem Postulat des dopingfreien Sports ausgesetzt:

> „Und der Trainer sagt, ist ja ein Quatsch. Ich muss ja die Goldmedaille kriegen, und ich kann die Goldmedaille ja nur unter diesen Aspekten kriegen. Da haben wir ganz offen drüber gesprochen, im Freundeskreis."

Auch konkrete Verdachtsmomente gegen einzelne Athleten wurden ausgeblendet. Die Mentalität von Funktionären, selbst wenn sie Doping möglicherweise grundsätzlich abgelehnt haben, war nicht darauf ausgerichtet, Anabolika einnehmende Athleten um jeden Preis bei Kontrollen erwischen zu wollen:

> „Heute, wenn jemand sich abseilt und geht in den Busch zum Training, schicke ich ihm meine Truppe hinterher. Aber da hat sich einfach das Bewusstsein total verändert. Aber jetzt jemand ganz gezielt reinzulegen, war mir damals noch fremd."

Verdächtige Athleten gezielt zu kontrollieren, war selbst für die ohnehin völlig unzureichenden Wettkampfkontrollen nicht üblich, weshalb effektive Kontrollen im System des westdeutschen Spitzensports, in dem ohnehin nur wenige Verbände überhaupt Kontrollen im Wettkampf durchführten, im Grunde überhaupt nicht zu erwarten waren. Positive Analyseergebnisse bei Athleten waren daher nicht nur die absolute Ausnahme, sie waren vielmehr überaus überraschend.

Im Fall des mehrfachen deutschen Meisters im Diskuswerfen, Hein-Direck Neu, war eine Entlarvung nur deshalb möglich geworden, weil ihm ein lange im Körper verbleibendes Depotpräparat injiziert worden war, das dann längere Zeit nach der Verabreichung noch nachweisbar war. Neu (wie auch der Kugelstoßer Joachim Krug) wurde bei einer Wettkampfkontrolle bei den Deutschen Leichtathletik-Mannschaftsmeisterschaften am 21. Mai 1978 überführt (Berendonk 1992, 45). Seine Stellungnahme zu dem Fall beweist, dass Athleten bei ihrem Anabolikadoping einer insbesondere durch Joseph Keul lange vertretenen Rechtfertigungsstrategie folgten, nach der Doping nur dann vorliege, wenn eine unmittelbare leistungssteigernde Wirkung eines Präparates – ganz im Sinne einer aufputschenden Wirkung und damit in der Tradition überkommener Dopingdefinitionen – auch im Wettkampf noch vorhanden sei:

> "Ich kann hier nur erklären, daß ich immer bei an mir vorgenommenen Behandlungen den Arzt nach der medizinischen Nachwirkung der Medikamente befragt habe und bei längerfristig wirksamen Medikamenten die Zeitabstände zum Wettkampf eingehalten habe, nach dem das Medikament seine medizinische Wirksamkeit verloren hatte. Wenn mich der Arzt falsch informierte, was durch eine Untersuchung am Sportgericht herausgefunden werden kann, oder wenn ein Behandlungsfehler des Arztes vorlag oder eine nicht vorhersehbare Stoffwechselstörung meinerseits zu der Beanstandung im Mai führte, kann ich dann nicht von gezieltem Doping sprechen, da die gefundene Menge nicht als leistungsfördernd anzusehen ist" (Stellungnahme NEUS in "bild der wissenschaft" 1/1979, 97).

Interessant ist hier die Haltung Neus, dass bei „ausreichendem" Zeitabstand des Absetzens eines Präparates vor dem Wettkampf von Doping nicht gesprochen werden könne. Hier offenbart sich, entgegen den geschriebenen Regeln, anscheinend eine wesentliche Komponente in der Rechtfertigung westdeutschen Dopings. Und wurde ein Dopingpräparat nicht rechtzeitig aus dem Körper geschwemmt, so wurde nicht Doping als Ursache geltend gemacht, sondern eine „Stoffwechselstörung" oder eine angeblich falsche ärztliche Behandlung. Eine andere gängige Strategie zur Rechtfertigung der Anabolikaverwendung im Leistungssport war die durch keine sportliche Regel gedeckte Ansicht, dass Anabolika zur Wiederherstellung nach Verletzungen legitim seien. Diese Einstellung hatte Ende der 70er Jahre bereits eine gewisse Geschichte – nicht zuletzt war sie anscheinend durch die Haltung mitbegründet worden, man benötige Anabolika, um Schäden durch das an die Grenzen der Belastbarkeit gestoßene Training zu vermeiden. Nach dem endgültigen Verbot der Anabolika nahm diese Einstellung im westdeutschen Sport anscheinend solche Ausmaße an, dass häufig die größte Anstrengung beim Doping – auch zur Beruhigung des eigenen Gewissens? in der Suche nach einem passenden Krankheitsbild bestand. Der Hammerwerfer Karl-Hans Riehm bestätigte seine Anabolokaeinnahme gegenüber der Frankfurter Allgemeine Zeitung (12.5.1999) zumindest für die Phase nach Verletzungen, was zeigt, dass dies in der Bundesrepublik der 70er Jahre offenbar für legitim gehalten wurde, auch nachdem der Deutsche Sportärzte-Bund die Verabreichung von anabolen Steroiden 1977 selbst nach Verletzungen als medizinisch nicht indiziert einstufte (siehe Berendonk 1992, 333). Riehms Eingeständnis, man habe damals Anabolika nach Verletzungen eingenommen, zeigt auch, dass Athleten diese Form des Dopings selbst in der Retrospektive als legitim ansehen. Dagegen schrecken die meisten ehemaligen Aktiven nach wie vor davor zurück, die gezielt zur Leistungssteigerung erfolgte Anabolikaeinnahme öffentlich zu gestehen, weil sie sich anscheinend durchaus darüber bewusst sind, dass hier ein illegitimes Verhalten vorlag. Dass auch bei Riehm gezieltes und beabsichtigtes Doping vorlag, geht aus dem Beschluss im Rechtsausschussverfahren des Hessischen Leichtathletik-Verbandes gegen Walter Schmidt 1977 hervor, in dem Bundestrainer Karl-Heinz Leverköhne ohne jegliche Konsequenz von Seiten des Deutschen Leichtathletik-Verbandes schwer belastet wurde:

> „Er (Leverköhne) wird insoweit auch von dem Zeugen KLEHR widerlegt, der bekundet hat, er habe von glaubwürdiger Seite gehört, der Zeuge LEVERKÖHNE habe die Anabolikawirkung bei dem Hammerwerfer RIEHM als am besten angesehen ..." (zitiert nach einem Schreiben Alwin WAGNERS an den DLV-Rechtswart Norbert Laurens vom 18. Februar 1991).

Krank und damit anabolikabedürftig war ein Athlet anscheinend nicht nur nach schweren Verletzungen. Für einen Kugelstoßer wie den 1998 vermutlich an den Folgen seines Anabolikadopings verstorbenen Ralph Reichenbach lag eine solche Indikation anscheinend bereits vor, wenn er sein disziplinspezifisch notwendiges hohes Körpergewicht nicht zu halten vermochte. Für den Arzt und ehemaligen 5000-Meter-Europameister Thomas Wessinghage, der einseitige bundesdeutsche Anabolikakontrollen vor dem Sportausschuss des Bundestages 1977 ablehnte, war ein solcher von Reichenbach beschriebener Schwächezustand „durchaus (eine) medizinische Indikation für Anabolika" (Die Zeit, 1. Mai 1987). Da viele Athleten das Gefühl der Schwäche und Gewichtsverlust gewissermaßen automatisch nach längeren Absetzpausen verspüren, wäre in der Logik Wessinghages alleine schon das längere Absetzen von anabolen Steroiden eine medizinische Indikation für ihre Einnahme.

4.4.3 Prozessbeschleunigung in den 80er Jahren

Es fehlte also auch in der Bundesrepublik Deutschland nicht an Möglichkeiten der individuellen und in gewisser Weise auch kollektiven Rechtfertigung der verbreiteten Anabolikaverwendung im Spitzensport. Ein ähnlich von „oben" gesteuertes Geschehen, wie es in der DDR durch ein Staatsplanthema und durch Verbandskonzeptionen geschah, ist dabei jedoch nicht zu konstatieren. Allerdings spielten Bundestrainer, insbesondere auch hauptamtliche Bundestrainer sowie anscheinend auch Verbandsärzte, beim westdeutschen Anabolikadoping eine häufig initiierende bzw. nach wie vor betreuende Rolle. Und Funktionäre hatten durchaus konkrete Vorstellungen davon, was die Athleten taten, sie sahen aufgrund von Beweisnöten allerdings kaum Handlungsbedarf bzw. Handlungsmöglichkeiten. Und außerdem verspürten Funktionäre wie der hier zitierte Zeitzeuge im Leistungssport zudem den Erfolgsdruck, der über das Bonner Finanzierungssystem auf die Funktionäre, die Bundestrainer und letztlich den einzelnen Sportler abgewälzt wurde:

> „Natürlich weiß ich, dass gedopt wurde, sogar massiv gedopt wurde, denn wir haben mit unseren wenigen Kontrollen eine ganze Reihe von Leuten herausgeholt..., also weiß ich doch, dass gedopt worden ist, ist doch klar. Nur, wenn ich sage, ich bin ziemlich sicher, der und der und der hat das auch genommen, bin ich ja arm dran. Ich habe ja null Chancen. ... Das ist ja die Crux, die wir jahrelang gehabt haben auch als Funktionäre, dass wir zwar sehr viel ahnten. ... Ich habe wirklich nicht danebengestanden, wenn ein Athlet gespritzt hat oder wenn er Tabletten geschluckt hat, und wenn, hätte ich nur sagen können, es waren weiße Tabletten. Ich wäre in größte Beweisnot gekommen. Darüber war sich jeder wirklich im Klaren, dass das immer im Geheimen und nie offen durchgeführt wurde, und das war auch eine Schwierigkeit. Und eine ganz große Sache blieb immer im Hintergrund, auch noch in Seoul, wo wir dann ja schon leistungsmäßig zurückgegangen sind, standen wir unter dem Druck oder stand der Trainer unter dem Druck: Komme ich nicht nach Hause mit einer Medaille, verliere ich meinen Arbeitsplatz. Diese schizophrene Haltung zwischen Anforderung, auch jetzt vom BMI, die wir uns selbst auferlegt hatten – ich gehöre selbst zu denen, die gesagt haben, es interessiert uns gar nicht, das und das ist Grundgehalt, alles andere hängt vom Erfolg ab. Diese Bezahlung hängt vom Erfolg ab, und Erfolg wird in Medaillen gemessen. Und das war schon eine schizophrene Haltung, eine schizophrene Situation."

Mit der Annahme, dass trotz Verbots die Anabolikaverwendung in der Bundesrepublik zwischen 1968 und 1990 zunehmend anstieg und immer weitere Kreise zog, wird nicht lediglich eine Tendenz fortgeschrieben. Ein Beispiel, wie durch die ansteigende Zahl an internationalen Höhepunkten für Doping zunehmend Anreize geschaffen wurden, bietet die Leichtathletik. Hier fielen durch die Einführung der Weltmeisterschaften zwischen 1983 und 1987 zwei der sogenannten Zwischenjahre weg. Diese wurden von Athleten bis dahin in der Regel dazu genutzt, mit quasi gebremstem Schaum weiterhin Leistungssport zu betreiben oder in sehr viel stärkerem Maße kürzer zu treten. Vereinzelt beschreiben Athleten – wie z.B. der Zehnkämpfer Holger Schmidt (s.o.) –, dass sie in solchen Zwischenjahren auch auf die Einnahme von Anabolika verzichtet hätten. Mit dem Wegfall der weniger bedeutsamen Wettkampfjahre zwischen Europameisterschaften und Olympischen Spielen fanden ab 1982 erstmals drei wichtige internationale Meisterschaften mit EM 1982 in Athen, WM 1983 in Helsinki und den Olympischen Spielen 1984 in Los Angeles hintereinander statt. Erschwerend kam hinzu, dass in diesen Zeitraum die Aufhebung des Amateurparagraphen fiel, was mehr als je zuvor die kommerzielle Seite der Dopingmotivation begünstigte. Da das Anabolikaverbot durch ein völlig unzureichendes Kontrollsystem auch weiterhin praktisch in keiner Weise geschützt wurde, konnte sich ein vorher schon gebräuchliches Doping gerade in dieser Zeit weiter flächenbrandartig ausbreiten. Durch die immer größere Zahl an dopenden Athleten wurden Sportler mehr denn je vor die Wahl gestellt, zu dopen oder selbst ihre nationale Wettbewerbsfähigkeit zu verlieren. Selbst solche Athleten, die Doping eigentlich ablehnten und sich in einem Umfeld von Arzt und Trainer bewegten, das ebenfalls nicht dopingfreundlich eingestellt war, kamen nun in Versuchung, wie das Beispiel eines ehemaligen Leichtathleten dokumentiert:

„1984 habe ich erstmals Anabolika gebraucht, weil ich gewusst habe, was bei uns im Umfeld läuft. Ich war immer ein Anabolikagegner, fand es moralisch verwerflich. Aber was ich im Umfeld mitbekommen habe, da habe ich gedacht: der Betrogene bist eigentlich du. Du bist im Prinzip der einzige, der nichts nimmt, so ungefähr war es da. 1983 hat sich das herauskristallisiert. Ich habe mich mal informiert, ich war auch ziemlich blauäugig. Ich war dann erstaunt, wer alles Anabolika nimmt. Auch bei 400 m Frauen habe ich mal gefragt, auch im Ringen. Alle haben gesagt: ganz normal, selbstverständlich. Ich habe solche Personen gefragt, die ich halt kannte. Die haben es mir gesagt. Vor allen Dingen war es so, dass jeder die anderen verdächtigt hat und sagte: Die nehmen sowieso. Das war so eine Zeit, wo es nicht alle zugegeben haben, aber alle, die ich gesprochen habe, sagten, die anderen nehmen sowieso."

Das Beispiel des hier zitierten Leichtathleten weist auf ein interessantes Phänomen beim Doping. So ist auffallend, dass Athleten, die über längere Zeiträume Anabolika eingenommen haben und dies auch legitim fanden, Leistung nicht unbedingt auf die Einnahme von Anabolika zurückführen. Athleten, die Anabolika einnahmen und dies dennoch nicht als legitim empfanden, machen dagegen die Einnahme offenbar in sehr viel stärkerem Maße für Leistungsverbesserungen verantwortlich:

„Ich sage immer, es ist gottgegeben. Der eine hat Talent, der andere weniger. Jeder versucht, sein Talent auszuschöpfen bis zur Grenze, wo es nicht mehr geht. Und das habe ich auch versucht, ich habe nie versucht, auf künstlichem Weg über die Barriere hinauszukommen, bis ich zu dem Punkt kam, wo ich von meinem Umfeld wusste. Das muss ich mir ehrlich vorwerfen, ich habe es halt gemacht. Es war halt auch die Neugier: Bringt es wirklich so viel? Ich wollte ohnehin aufhören in dieser Zeit, es war gegen Ende meiner Karriere, so mit 31, 32. Aufgrund dessen habe ich gemerkt, dass Anabolika wirklich was bringt, im Wurfbereich auf alle Fälle. Ich konnte wieder sprinten wie früher, ich war ganz baff. Ich habe mit fünf Milligramm angefangen und war am Ende bei 15 Milligramm Stromba. Ich habe die fünf Milligramm schon gemerkt bei mir. Die Kraftleistungen gingen hoch wie verrückt, und ich habe in dieser Zeit drei, vier Kilo zugenommen."

An eine Placebowirkung glaubt der zitierte Athlet nicht:

„Ich habe es ja erfahren, warum die Sportler dopen. Ich hatte nie gedacht, dass es eine solche Wirkung haben könnte. Ich habe gar nicht daran geglaubt, man hat sich ja auch schneller regeneriert. 1978/79 habe ich mich schon einmal mit ... (Name eines Kollegen) unterhalten, bei dem habe ich damals Kugelstoßen trainiert. Der hat auch gesagt, nimm doch Anabolika, das bringt zehn Prozent. Aber der war ja auch Werfer. Der ... (Name eines Diskuswerfers) hat auch gesagt: zehn Prozent."

Mit dem Wegfall der Zwischenjahre in der Leichtathletik stiegen automatisch Dauer und Häufigkeit der Anabolikaeinnahme an – und damit auch das Risiko schädlicher Nebenwirkungen. Zudem erhöhte sich die informelle Norm des Dopings, denn je mehr westdeutsche Athleten und Athletinnen zu Anabolika griffen (zunächst, um international konkurrenzfähig zu sein), desto mehr waren Nachwuchsathleten zur Anpassung an diese abweichende Verhaltensweise gezwungen, wenn sie wenigstens auf nationaler Ebene noch eine Chance haben wollten. Das Argument, man benötige Anabolika, um internationale Chancengleichheit herzustellen, hatte in den 80er Jahren eine verstärkt fatale, nach innen gerichtete Wirkung. Nachwuchsathleten bestimmter Disziplinen, die keine Anabolika einnahmen, hatten zumindest in einer leichtathletischen Wurfdisziplin nicht einmal mehr die Chance, in einen Nachwuchskader aufgenommen zu werden bzw. dauerhaft in ihm zu verbleiben – geschweige denn jemals im Erwachsenenbereich eine nationale Konkurrenzfähigkeit zu realisieren.

Dieser in den 80er Jahren sich permanent selbst verschärfenden Situation wurde von Athleten auf zweierlei Weise begegnet – mit Doping oder dem Verzicht auf Doping. Letzteres hatte nicht selten den Rückzug aus dem Leistungssport zur Folge. Spätestens in den 80er Jahren dürfte in gewissen relevanten Bereichen eine Situation entstanden sein, in der Anabolikaverzicht nur mehr durch eine aktive Entscheidung erfolgte, während die Entscheidung für die Verwendung von Anabolika weitaus weniger Aktivität erforderte. Anabolikadoping war – wie auch die Auszüge des Interviews mit Holger Schmidt verdeutlichen – zur informellen Norm geworden. Die Dopingverbotsnorm war durch einen völlig unzureichenden Schutz der Norm sowie durch eine nicht in ausreichendem Maße vorhandene ablehnende bzw. durch eine duldende, befürwortende oder aktiv fördernde Rolle von Trainern, Ärzten oder Funktionären praktisch außer Kraft gesetzt. Einiges spricht dafür, dass im Nachwuchsbereich einiger Kraftdisziplinen die Bereitschaft zur Einnahme von Anabolika ein Kriterium, wenn nicht gar das entscheidende Kriterium für die Kaderzugehörigkeit war. Dies verdeutlichen die Aussagen eines ehemaligen Werfers, der sich als Jugendlicher vor die Wahl gestellt sah, entweder Anabolika einzunehmen oder auf nationaler Ebene chancenlos zu sein. Das Beispiel dieses Athleten, der auf Anabolika und damit auf eine mögliche Werferkarriere verzichtete, verweist auf ein in der Bundesrepublik geschickt initiiertes und juristisch kaum handhabbares Minderjährigendoping durch zumindest einen Bundestrainer des Deutschen Leichtathletik-Verbandes:

> "Und da war ich mal auf ein Trainingslager eingeladen, und da kam das halt irgendwann mal zur Sprache so zwischen Tür und Angel, ob ich nicht mal Interesse hätte, leistungsfördernde Maßnahmen zu machen eben mit dem ... (Name des Bundestrainers); also unter vier Augen, ohne Zeugen. Und ich war dann relativ gut darauf vorbereitet, weil ja auch der ... (Name des Heimtrainers, der junge Athleten, auch warnend, über Anabolika informiert hatte) vorher unabhängigerweise so einen Vortrag gehalten hat über Steroide auch in Bezug auf Karrierestreben, aber auch Negativseiten. War ganz gut, und ich wusste das ja alles schon, weil der ... (Name eines Athleten) war ja einige Jahre älter als ich, der war ja auch in dem Kader drin, in dem Landeskader. Und der hat mir das immer erzählt; hat das ja immer mitgekriegt; hast ja lange genug Zeit gehabt, zwei drei Jahre dir da was reifen zu lassen. Also, ich zumindest hab mir da was reifen lassen, und ich muss sagen, mich hat's persönlich nie gereizt, Steroide zu nehmen, höchstens weiter zu werfen, aber wenn ich gesehen habe, wie die alle auseinander gegangen sind, also das waren zum Schluss Mastochsen, weil die in dem Alter mit 16, 17, wo die angefangen haben, mit 16 die meisten, oder mit 15, 16, wo die angefangen haben, Steroide zu nehmen, die waren so aufgeschwemmt. Also, das hat mir auch ästhetisch nicht gefallen. Da hab' ich gesagt, danke, ich hab' da kein Interesse —mit der Konsequenz —das Lager ging vier Tage –, dass ich die restlichen zwei Tage erst mal links liegen gelassen wurde, vom Jugendtrainer, und was mir auch relativ egal war, weil ich mich mit ihm nie gut verstanden habe, auch wieder mit der Konsequenz, dass Einladungen zu Sichtungslehrgängen ausblieben. Das hat mich natürlich geärgert."

4.4.4 Kommunikation über Doping

Das Beispiel des hier zitierten ehemaligen Athleten verweist auf spezielle Verhaltensmuster bei der Rekrutierung zukünftiger Dopingathleten sowie auf eine spezielle Semantik:

> „Er (hat) mich angesprochen, eben von meinen Grundleistungen her, dass ich da gut sei, und ich könnte was machen, aber wie gesagt, ob ich nicht mal Interesse hätte an so einem Leistungstraining teilzunehmen. Und da hab' ich ihn gefragt, wie das aussieht. Meint er, na ja, wird eben forciert, nicht nur das Wurftraining, sondern auch das Krafttraining. Und

ich wusste ja schon damals, dass er mit seinen Leuten vier- bis fünfmal die Woche Krafttraining macht. Und dann hab ich ihm auch gesagt, ich steh' das nicht durch, fünfmal die Woche Krafttraining. Da hat er gemeint, da gibt es schon Mittel und Wege, und hab' ich ihn groß angeguckt, er hat groß zurückgeguckt und da wussten wir beide Bescheid. Und ich sage: Nee, vielen Dank, und das war es dann. ... Ich wusste schon, was er meint, und er hat gesehen, dass ich schon verstehe, was er meint. Und ich habe an seiner Reaktion auch gesehen anschließend, dass wir uns da nicht missverstanden haben."

Wenn zwischen Trainern und Athleten über Anabolika gesprochen wurde, wurde das Wort Anabolika zumindest so lange vermieden, wie für den Trainer die Teilnahme eines Athleten am Dopingprogramm nicht gesichert war. In der Phase des Vorfühlens beim Athleten (oder bei einem Heimtrainer) wurden, wie immer wieder von Athleten oder dopingfrei arbeitenden Trainern berichtet wird, zur Umschreibung der Anabolika Begriffe wie „Leistungsförderung", „Veränderung der Ernährung" oder „mit allen Konsequenzen" verwandt.

Wie sich solche Gespräche zwischen Bundestrainer und Athlet aus der Sicht eines Heimtrainers darstellen konnten, zeigen die Ausführungen des Lörracher Leichtathletiktrainers MANFRED JUNG[12]. Am 6.10.1988 informierte Jung anonym den damaligen DLV-Präsidenten Bodo Schmidt in einem Brief über solche Vorkommnisse:

"Sehr geehrter Herr Bodo Schmidt,

die Diskussion um den Dopingfall Ben Johnson in Seoul hat mich bewegt, endlich einmal loszuwerden, was mich schon lange bedrückt. Leider kann ich meinen Bericht nicht so konkret verfassen, wie ich eigentlich möchte, da ich dem von mir betreuten Athleten nicht schaden möchte. Ich bin einer von vielen Heimtrainern, die seit Jahren die Bundesdeutsche Leichtathletik mit Nachwuchs-Spitzenkräften versorgen. Ich habe das bisher mit Freude und Erfolg getan, werde mich aber jetzt aufgrund meiner 'Doping-Erlebnisse' mit Bundestrainern der Leichtathletik aus dem Bereich des Spitzensports zurückziehen. Mein momentan bester Athlet ist in diesem Jahr bei sehr großen Fortschritten knapp an der Seoulteilnahme gescheitert. Das ist keine Grund, unglücklich zu sein. Leider gehen aber von seiten des leitenden Bundestrainers seit zwei Jahren heftige Erpressungsversuche in Richtung Doping auf meine Athleten ein.

Natürlich weiß ich über diese 'Unter-Vier-Augen-Gespräche' nur von meinen Athleten; es gibt keine direkten Zeugen. Hinweise von seiten des Athleten auf das gesundheitliche Risiko werden mit den Argumenten widerlegt, Prof. Klümper sei ein guter Überwacher solcher 'trainingsbegleitenden Maßnahmen' und es gäbe genug Sportler im DLV, die nach erfolgreicher (Doping-)Karriere gesund und munter seien, und es werden dann Namen genannt wie z.B. Annegret Richter u.a. (sie habe ja sogar noch Kinder bekommen können).

Entgegnungen des Athleten, er wolle sauber internationale Spitze werden, begegnen nur einem müden Lächeln und dem Hinweis, es gäbe doch noch so viele andere schöne Sachen im Leben, warum denn der Athlet seine kostbare Zeit gerade mit Leichtathletik

---

[12] Den Hinweis verdanken wir Rüdiger Nickel.

verbringen wolle. Natürlich war es jedes Mal schwer, meinen Athleten nach solchen zynischen Bemerkungen wieder zu motivieren und anzuspornen, weiterzumachen, da das Vertrauen zum hauptverantwortlichen Bundestrainer so verloren gegangen ist und dem grenzenlosen Selbstvertrauen in das eigene Leistungsvermögen nun natürlich Zweifel am Sinn der eigenen Opfer im täglichen Training gefolgt sind, wenn anscheinend der Weg im Spitzensport im DLV nur über Doping geht.

Von internen Sportlergesprächen weiß mein Athlet inzwischen, daß viele seiner Disziplinkollegen, auch solche, die ebenfalls noch sehr jung sind, nach ähnlichen Gesprächen nachgegeben haben und ihre (nur) teilweise großen Leistungssprünge (und damit den Sprung nach Seoul) Doping (vor allem Anabolika im Wintertraining) zu verdanken haben.

Ich würde mich über eine Stellungnahme freuen, besonders wenn Sie ihre Energie zur Bekämpfung der Dopingseuche einsetzen könnten (und nicht dazu, herauszufinden, um welchen Athleten welchen Heimtrainers es sich hier handelt). Vielleicht könnte ich dann in ein paar Jahren wieder guten Gewissens Nachwuchsathleten an die Spitze heranführen.

Ein Heimtrainer" (Jung 1998, 238-239).

Die Reaktion des Verbandes war für den Mahner Manfred Jung enttäuschend:

"Vom DLV kam nach Wochen eine lapidare Antwort: Anonymen Anschuldigungen gehen wir nicht nach. Kein Gesprächsangebot, kein Verständnis. Für mich war damit meine Zeit abgelaufen. Ich blieb dem Sport treu, wie ich ihn im TuS Lörrach-Stetten bei Artur Wöhrel, im Bezirk bei Adi Chrzanowski und all den anderen echten Sportlern und im Badischen Leichtathletik-Verband bei Jochen Schneider, Hans Motzenbäcker, René Asché und vielen, vielen anderen fairen Menschen schätzen gelernt habe" (Jung 1998, 239).

Zehn Jahre später beschrieb Manfred Jung die damaligen Vorkommnisse in detaillierterer Form. In seinem Brief an Bodo Schmidt war die Rede von seiner früheren Athletin Gabi Lippe (Roth)[13], bei dem beschriebenen Bundestrainer habe es sich um Wolfgang Thiele gehandelt, der zu diesem Zeitpunkt bereits seit mehr als zehn Jahren unter dem Verdacht gestanden hatte, westdeutschen Sprinterinnen systematisch Anabolika verabreichen zu lassen. Jung hatte nach seinen Angaben nicht nur über seine Athletin, die Hürdensprinterin und Sprinterin Gabi Lippe, von den Doping-Anwerbeversuchen Thieles erfahren, sondern diese Form von Gesprächen auch selbst miterlebt:

"Vorausgegangen war, es war wohl im Winter 86/87, damals ein Gespräch des damaligen (und heutigen) Cheftrainers Sprint, Frauen, mit mir als Heimtrainer von Gabi Lippe auf einem DLV-Lehrgang. Mit dabei war der damalige (und heutige) Bundestrainer Hürden Frauen. Ich wurde gefragt, was ich für 'trainingsbegleitende Maßnahmen' für Gabi ergreife. Naiv sprach ich von physiotherapeutischer Betreuung, Massage etc. Etwas präziser wurde dann nach dem 'ernährungstechnischen Bereich' gefragt. Und da ich immer noch

---

[13] Gabi Roth bestätigte die Angaben ihres ehemaligen Heimtrainers Jung gegenüber der Anti-Doping-Kommission des Deutschen Leichtathletik-Verbandes nicht.

nichts kapierte, wurde mir klar gemacht, daß es um Doping ginge, und daß Gabi nie in die Weltspitze käme, wenn sie nicht nähme, was 'alle nehmen'. Ich verweigerte mich nicht nur diesem Ansinnen, war nicht nur maßlos schockiert, sondern fragte auch den Hürdentrainer (Rüdiger Harksen, d. Verf.) um seine Einstellung. Er hielt sich heraus damit, daß dies Sache des Heimtrainers wäre und er die besten Hürdenläuferinnen Deutschlands betreue, egal ob 'mit oder ohne'" (Jung 1998, 238).

Aus Sicht von Manfred Jung hatte die Verweigerung der Athletin Folgen, die verhältnismäßig weit über die Wende und die deutsche Vereinigung hinausreichten:

"Aber sie blieb, auch dank ihres damaligen Freundes Uwe Keim, hart, lehnte 'trainingsbegleitende Maßnahmen' ab und nahm viele Nachteile in Kauf. Sie wurde nie in Zweifelsfällen für etwas nominiert, immer nur dann, wenn man an ihrer Leistung nicht mehr vorbeikam. Zuletzt wurde sie in Barcelona (bei den Olympischen Spielen 1992, d.Verf.) unter unwürdigen Umständen (im Bus zum Stadion) aus der Nationalstaffel hinausgeschmissen, obwohl sie die eindeutig beste Läuferin auf ihrer Position war."

Durch die Schilderungen von Manfred Jung ergibt sich ein weiteres Indiz für die These eines langjährigen systematischen, vom Bundestrainer initiierten Frauendopings im Sprintbereich, das bis mindestens 1990 gedauert haben dürfte. Auch ein anderer Heimtrainer berichtet von einer ähnlichen Semantik des Dopings im Zusammenhang mit Thiele, nach der man den Leistungssport "mit allen Konsequenzen" betreiben müsse (persönliche Mitteilung des Heimtrainers einer ehemaligen deutschen Spitzensprinterin). Die Athletin des hier zitierten Trainers hatte trotz ausreichend guter Leistungen Probleme, in Thieles Sprintstaffel zu gelangen, weil sie sich geweigert habe, Anabolika einzunehmen. Wie eng bei Wolfgang Thiele der Zusammenhang von Staffelzugehörigkeit und Anabolikaeinnahme gewesen sein dürfte, legen auch die Aussagen eines bekannten ehemaligen Trainers nahe:

"Das fiel mir zum ersten Mal auf, als unsere ... (Name der Athletin) Dritte geworden war und die ... (Name einer Konkurrentin) gewann. Da kam die ... (Name der Athletin) nicht in die Staffel rein. Ihr Mann kam zu mir ... und sagte: Stell dir mal vor, ich saß mit dem Thiele abends an der Bar, da wurde gesoffen. ... Dann kommt der Mann zurück ... ruft mich an und sagt mir, der Thiele haben ihn trösten wollen, dass sie nicht in die Staffel kam. Thiele habe gesagt: Hätte die das geschluckt, was ich ihr vorgeschlagen habe, wäre sie in der Staffel gestanden und nicht die und die."

4.5 Spielarten des Dopings

Doping in der Bundesrepublik Deutschland fand auf höchst unterschiedliche Weise statt. Das Gesamtphänomen wurde auch in den 80er Jahren durch verschiedene Spielarten bestimmt, die durch jeweils unterschiedliche Strukturen gekennzeichnet sind. Beispielhaft genannt und dargestellt seien hier:

- subkulturelles Doping auf Vereinsebene, wie es schon am Beispiel des Zehnkämpfers Holger Schmidt deutlich wurde,

- Kooperation zwischen Verbandstrainer, Heimtrainer und Athlet(in), ärztlich „unterstütztes" und „kontrolliertes" Doping.

4.5.1 Subkulturelles Doping auf Vereinsebene

Ähnlich den 100-Meter-Sprinterinnen im Bundeskader von Wolfgang Thiele war im Bereich des bundesdeutschen Langsprints Doping mit anabolen Steroiden zumindest im Zeitraum ab 1986 nahezu obligatorisch. Das sogenannte "Hammer Modell" um den Vereinscheftrainer und späteren Bundestrainer Jochen Spilker war ein auf Vereinsebene konstruiertes und nach außen abgeschottetes Dopingsubsystem. Die Aufarbeitung dieses Dopingaspekts im westdeutschen Spitzensport durch das Amtsgericht Hamm im Frühjahr 1994 ist einer Strafanzeige durch Werner W. Franke und der ehemaligen Sprinterin Claudia Lepping zu verdanken, die den damaligen Hammer Trainer Hans-Jörg Kinzel zu einem Interview mit dem Nachrichtenmagazin "Der Spiegel" überredete. Spilker und Kinzel wurden 1994 vom Hammer Amtsgericht zu Geldstrafen von 12. 000 bzw. 750 Mark wegen Verstoßes gegen das Arzneimittelgesetz verurteilt, da sie das in Deutschland nicht zugelassene anabole Steroid Anavar in Umlauf gebracht und an Athletinnen verabreicht hatten.

Mit den Hammer Protokollen der Zeugenvernehmungen und mit der Urteilsbegründung wurden wertvolle Dokumente geschaffen. Das Problem des für die Bundesrepublik beklagten Fehlens von eindeutigen Dopingdokumenten wurde durch diesen Prozess zumindest reduziert. Aus Urteilsbegründungen und Aussagen des in vollem Umfang geständigen Trainers Kinzel lässt sich ein Beispiel für bundesrepublikanische Dopingsystematik im Frauensport veranschaulichen, das weit über die den Verurteilten zur Last gelegte Anavar-Verabreichung hinausreicht:

> "Ende 1983 wechselten die damalige Ehefrau des Angeklagten Kinzel, die Leichtathletin Gisela Kinzel, und der Angeklagte Kinzel von Gladbeck nach Hamm zu dem Verein SC Eintracht Hamm. Dieser Verein förderte auch finanziell die ihm angeschlossenen Spitzenathletinnen. Der Angeklagte Spilker fungierte in dem Verein als Cheftrainer.
> Der Angeklagte Kinzel, der den Eindruck hatte, als 'notwendiges Anhängsel' seiner Ehefrau mitübernommen worden zu sein, wurde zunächst als Schülertrainer eingesetzt. Außerdem trainierte er seine damalige Ehefrau weiter.
> Im Frühjahr 1986 übernahm er eine Leistungsgruppe, bestehend aus den Athletinnen Andrea Hannemann, Mechthild Kluth, Helga Arendt und Gisela Kinzel. Zu dieser Leistungsgruppe stießen Ende 1986 die Athletinnen Silke Knoll und Birgit Schümann hinzu.
> Bereits im Jahre 1985 (bereits im Herbst 1984, d.Verf.) nahm die damalige Ehefrau des Angeklagten Kinzel auf Anregung des Angeklagten Spilker und in Absprache und mit

Einverständnis des Angeklagten Kinzel als ihrem Trainer die von Spilker beschafften Tabletten Stromba (anaboles Steroid) zur Leistungssteigerung ein.

Nach November 1986 wurde nach schriftlichen Einnahmeanweisungen des Angeklagten Spilker, die der Angeklagte Kinzel jedenfalls bei der Sportlerin Andrea Hannemann abänderte, durch Weitergabe seitens des Angeklagten Kinzel an die Athletinnen zunächst bei Andrea Hannemann, Mechthild Kluth, Helga Arendt und Gisela Kinzel, ab Ende 1987 bei Silke Knoll und ab Frühjahr 1987 bei Birgit Schümann Stromba zur Leistungssteigerung eingesetzt" (Urteilsbegründung des Amtsgerichts Hamm in der Strafsache gegen Heinz-Jochen Spilker und Hans-Jörg Kinzel vom 21. Februar 1994, 3 f., Aktenzeichen 9 Ls 10 Js 656/90 erw.).

Damit ist durch das Hammer Amtsgericht eindeutig dokumentiert, dass ein durch Sportlerinnen der Bundesrepublik erzielter Weltrekord mit Hilfe der Einnahme von Dopingmitteln erreicht wurde. Der von den – sämtlich mit Anabolika gedopten – Sprinterinnen Arendt, Knoll, Kluth und Kinzel am 20.2.1988 in Dortmund erzielte Hallenweltrekord über 4x200 Meter ist zweifelsfrei ein Dopingweltrekord, der gleichwohl aber nach wie vor in den nationalen und internationalen Rekordlisten geführt wird. Erzielt wurde dieser Rekord noch mit Unterstützung des anabolen Steroids Stromba, das auch die Siebenkämpferin Birgit Dressel eingenommen hatte. Strafrechtlich hatte dies für die Verabreicher Spilker und Kinzel jedoch keine Konsequenzen, da zu diesem Zeitpunkt die unentgeltliche Weitergabe von Dopingpräparaten noch keinen Straftatbestand darstellte – was nicht bedeutet, dass die Beschaffung dieses Mittels (durch Ärzte, Apotheker oder auf dem Schwarzmarkt) nicht gegen geltende Gesetze der Bundesrepublik Deutschland verstoßen haben dürfte.

Die gerichtliche Aufarbeitung der Anavar-Verabreichung an Hammer Sportlerinnen seit 1988 weist auf den bemerkenswerten Umstand hin, dass in Hamm verschiedene Dopingmittel in dem Bewusstsein der möglichen Gesundheitsschädigung (z.B. Virilisierungserscheinungen) weitergegeben und eingenommen wurden – während beim westdeutschen Doping die Möglichkeit der Gesundheitsschädigung normalerweise weitgehend heruntergespielt wurde. Während nämlich in der Bundesrepublik gerade beim ärztlich überwachten Doping Gesundheitsschädigungen zumindest aus subjektiver Sicht der daran beteiligten Personen ausgeschlossen wurden, wurde in Hamm möglicherweise unter bewusster Inkaufnahme gesundheitlicher Risiken gedopt:

"Im Frühjahr 1988 – und zwar im April/Mai 1988, nach einem Trainingslager in Portugal – erwähnte der Angeklagte Spilker in einem 4-Augen-Gespräch mit dem Angeklagten Kinzel erstmals Anavar, ein anderes anaboles Steroid, das von der Firma Searle in den USA hergestellt und dort zugelassen war, jedoch nicht in der Bundesrepublik. Beide kamen überein, Anavar zur Leistungssteigerung auszuprobieren, weil bei diesem Präparat einige Nebenwirkungen, die die Einnahme von Stromba mit sich brachte, nicht bzw. nicht so stark auftreten sollten. Als der Angeklagte Spilker Anavar zum ersten Male gegenüber dem Angeklagten Kinzel erwähnte, deutete er an, daß er dieses Medikament über eine internationale Apotheke besorgen müsse. Als der Angeklagte Kinzel den Angeklagten Spilker konkret fragte, ob dieser das Anavar von dem kanadischen Trainer Francis bekäme, antwortete ihm Spilker: 'Da mach Dir mal keine Gedanken, woher das kommt!'

Etwa zwei Wochen nach dem ersten Gespräch über Anavar übergab der Angeklagte Spilker dem Angeklagten Kinzel zwei fertig verpackte Arzneimitteldöschen, auf denen der Name der Firma Searle stand und die in amerikanischer bzw. englischer Sprache beschriftet waren. In jedem Döschen befanden sich 100 Anavar-Tabletten.

Einige Wochen später übergab der Angeklagte Spilker dem Angeklagten Kinzel zwei weitere Fertigpackungen Anavar der zuvor beschriebenen Art.

Auf Vorschlag des Angeklagten Spilker sollte das Anavar zunächst im Falle der Athletin Mechthild Kluth ausprobiert werden. Diese war in einem Gespräch mit dem Angeklagten Kinzel auch bereit, Anavar einzunehmen.

Der Angeklagte Kinzel gab den Inhalt der beiden Döschen (also 200 Tabletten Anavar) und zu einem späteren Zeitpunkt aus einem weiteren Döschen noch ca. 60 Tabletten zunächst an die Sportlerin Mechthild Kluth und, nachdem der den Eindruck hatte, daß Anavar bei ihr der gewünschten Erfolg erzielte, ca. 10 bis 14 Tage später auch den Athletinnen Silke Knoll und Gisela Kinzel.

Der Angeklagte Kinzel übergab in Absprache mit dem Angeklagten Spilker den vorgenannten drei Athletinnen Anavar-Tabletten in abgezählten Mengen für jeweils vorgesehene Zyklen, und zwar zur Vorbereitung auf die Deutschen Leichtathletikmeisterschaften im Sommer 1988, wobei die Einnahme kurz zuvor abgesetzt wurde, und unmittelbar nach den Deutschen Leichtathletikmeisterschaften zur Vorbereitung auf die Olympischen Spiele, die im September 1988 in Seoul stattfanden. Ca. 5 Wochen vor den Olympischen Spielen in Seoul wurde die Einnahme von Anavar abgesetzt.

Mit den drei Athletinnen war vor der Vergabe des Anavar über die möglichen Risiken gesprochen worden, und die Sportlerinnen waren sich dieser Risiken auch bewußt[14]" (Urteilsbegründung des Amtsgerichts Hamm in der Strafsache gegen Heinz-Jochen Spilker und Hans-Jörg Kinzel vom 21. Februar 1994, 4 f., Aktenzeichen 9 Ls 10 Js 656/90 erw.).

Bemerkenswert im Zuge der Zeugenvernehmungen im Zuge der Ermittlungen um das "Hammer Modell" war, dass die des Dopings verdächtigen Sportlerinnen auch nach teilweise beendeten Karrieren nahezu überwiegend zur Verschwiegenheit tendierten – vermutlich als ein Akt später Solidarität, teilweise vielleicht auch, um sich sportrechtlich nicht zu belasten. Einzige Ausnahme von jenen Athletinnen, die Dopingmittel erhalten hatten, bildete die Zeugin Birgit Schümann. Die ehemalige Sprinterin, die 1987 Dritte bei den Deutschen Juniorenmeisterschaften über 400 Meter geworden war und anschließend ihre Karriere beendete, bot als Zeugin einen Einblick in die Praktiken von Trainern bei der Rekrutierung von zu dopenden Athletinnen. Hierbei zeigt sich, wie zuvor schon

---

[14] Es könnte sich hier allerdings sehr wohl um eine reine Schutzbehauptung Kinzels handeln. Kinzel dürfte guten Glaubens sicherlich den Eindruck zu erwecken versucht haben, bei den angeschlagenen Dosierungen könne nichts passieren.

am Beispiel von Gisela Kinzel und auch im Fall von Helga Arendt (Vernehmung Hans-Jörg Kinzels bei der Staatsanwaltschaft Dortmund am 10.4.1991, 7), dass kritische Karrierepunkte mit verletzungsbedingten Rückschlägen häufig Ausgangspunkte für eine Entscheidung zum Doping sein können:

"Unter dem Namen 'Stromba' kann ich mir durchaus etwas vorstellen. Es handelt sich um ein Anabolikum. Der Name 'Anavar' sagt mir nichts. ...
Bei dem SC Eintracht Hamm war Herr Kinzel mein Trainer. Herr Spilker war Cheftrainer, er trainierte eigentlich nur mit Gabi Bussmann. Von November 1986 bis März 1987 habe ich zur Aushilfe in der Rechtsanwaltskanzlei von Herrn Spilker mitgearbeitet. Herr Spilker hat mich hin und wieder zum Essen eingeladen. Bei den Gesprächen wurde häufiger über Doping geredet, zunächst hat Herr Spilker mir aber keine Dopingmittel konkret angeboten. Im Laufe der Zeit sagte er, wenn man wolle, könne er etwas besorgen. Er stellte zunächst also nur die Möglichkeit dar. Ich hatte auch zunächst kein Interesse, ich wollte eigentlich nicht. Das Gespräch kam immer wieder auf Dopingmittel. Es fiel dann in eine Zeit, in der ich über meine sportlichen Leistungen frustriert war. Irgendwann nach der Hallensaison 1986/87 habe ich dann doch zugestimmt. Wegen Problemen mit einem Fuß hatte ich damals auch einen Trainingsrückstand" (Protokoll der Zeugenvernehmung Birgit Schümanns durch das Amtsgericht Königswinter am 12. Februar 1993 in der Strafsache gegen Jochen Spilker u.a., 2 f.).

Deutlich schneller als bei Birgit Schümann kam Jochen Spilker bei Gisela Kinzel zum "Erfolg", auch weil ihr damaliger Ehemann und Trainer mehr als bereitwillig war, wie die Zeugenvernehmung Hans-Jörg Kinzels bei der Staatsanwaltschaft Dortmund am 10.4.1991 zeigt:

"Ende Oktober 1984 kam Spilker zu meiner Frau und sagte ihr sinngemäß, es wäre doch auch mal ganz schön, zu gewinnen, er wisse, wie das gehe, es gebe Unterstützungsmöglichkeiten auf medikamentöser Basis. Meine Frau wollte darüber erst mit mir sprechen. Wir waren beide sowohl aus sportlichen als auch aus finanziellen Gründen heraus daran interessiert, daß sie schneller lief und wollten deshalb mehr Informationen. Ca. 1 Woche später kam meine Frau mit einem Zettel, den ich hier in Fotokopie als Anlage übergebe. ... Angegeben ist darauf der Einnahmeplan für Stromba-Tabletten. In den ersten zwei Wochen sollte täglich 2, dann drei Wochen täglich 3, danach 1 Woche täglich zwei Tabletten zu je 5 mg eingenommen werden. ... Meine Frau brachte auch gleich 2 Packungen Stromba mit 50 Tabletten mit, die sie nach ihren Angaben von Spilker bekommen hatte. Ich bin noch am selben Abend bei Spilker gewesen und habe ihm gesagt, daß die Tabletten nicht ausreichten."

Dabei drängt sich auch der Eindruck auf, dass der Hammer Cheftrainer Jochen Spilker sein Dopingsystem nicht völlig eigenmächtig, sondern auch mit Rückendeckung durch den Vereinsvorsitzenden installiert hatte, in dem finanzielle Probleme Handlungsbedarf und finanzielle Belohnung Konformität erzeugen sollten:

"Bis Ende 1987 gab es im Verein keine Probleme. Das änderte sich, als Spilker vermutete, daß der Bundestrainer Thiele über meine Frau und mich Einblicke in Trainingsmethoden aus unserem Verein und über unsere sonstige Arbeitsweise erhalten konnte. Ich habe mich zu dieser Zeit, also 1987, auch an den Verein gewandt, weil ich mehr Geld verdienen wollte. Ich hatte bis dahin ein Einkommen von 800,--DM, angefangen hatte ich mit 500,--DM monatlich. Ich bekam daraufhin ein Schreiben, welches von dem 1. Vorsitzenden Magersuppe und von Spilker unterzeichnet war, in dem ich aufgefordert wurde, sämtlich Kontakte zu Thiele zu beenden. Auch wurde gesagt, daß ich den von Spilker abgesteckten Rahmenbedingungen im wesentlichen Folge zu leisten hatte. Als Entgelt sollte ich dann monatlich 2.500,--DM erhalten."

Dass im "Hammer Modell" schädliche Nebenwirkungen nicht nur befürchtet und in gewissen Maße auch in Kauf genommen wurden, sondern dass solche schädlichen Nebenwirkungen auch tatsächlich eintraten, zeigt die Zeugenaussage der Sportlerin Claudia Lepping bei der Staatsanwaltschaft Dortmund am 2. April 1991 im Zuge des Ermittlungsverfahrens gegen Jochen Spilker wegen Verstoßes gegen das Arzneimittelgesetz. Die Aussage Claudia Leppings belastet auch die bis weit in die 90er Jahre hinein u.a. als Staffel-Europameisterin über 4x100 Meter in Helsinki 1994 erfolgreiche Sprinterin Silke Knoll:

"Ostern 1988 bzw. direkt nach Ostern war ich mit in einem Trainingslager in Portugal. Es war das Olympia-Trainingslager. Ich wohnte mit der Silke Knoll auf einem Zimmer. Im Badezimmer hatte jeder verschiedene Dinge herum liegen. Dabei fiel mir auf, daß Silke eine große Zahl von Präparaten offen im Badezimmer liegen hatte. Sie lagen in einem Kulturbeutel, der aber nicht verschlossen war. Es war alles offen zu sehen. Ich habe mir die Namen aller Präparate aufgeschrieben. Mich interessierte das Thema Doping schon seit langem und ich wollte wissen, ob hier solche Präparate dabei waren. Zu Hause habe ich in die 'Rote Liste' geschaut und festgestellt, dass alle Präparate harmlos waren bis auf das Medikament 'Stromba'. ... Dieses hat mich ganz schön getroffen und ich habe auch meinen Eltern davon erzählt. ...

Irgendwann nach diesem Trainingslager ging es der Helga (Arendt, d.Verf.) sehr schlecht. Ich meine jedenfalls, daß es nach diesem Trainingslager war, es war auf jeden Fall der Winter nach der Saison, in der sie Hallenweltmeisterin geworden war. Ihr ging es sehr schlecht, ich habe die Helga, die in meiner unmittelbaren Nähe wohnte, besucht. Sie hat aber nie so richtig Auskunft darüber gegeben, was ihr fehlte. Beim Krafttraining habe ich dann den Jochen Spilker gefragt, der sagte, daß irgendwas mit den Leberwerten nicht in Ordnung sei. Er schien mir nicht sehr besorgt zu ein. Auch mit Gaby Bußmann habe ich über Helgas Krankheit gesprochen, sowie darüber, daß andere spekulierten, diese sei auf Dopingmittel zurückzuführen. Gabi sagte, daß ich mich an diesen Spekulationen nicht beteiligen sollte."

Wie aus den Aussagen Hans-Jörg Kinzels detailliert hervorgeht, wurden unter Cheftrainer und -doper Spilker exakte Absetzzeiten der Dopingmittel eingehalten, teilweise bis zu fünf Wochen vor den sportlichen Höhepunkten. Denkbar ist daher, dass Sportlerinnen bei Spilker nicht nur anabole Steroide wie Stromba oder später illegal beschafftes Anavar erhalten haben, sondern auch Überbrückungs-Dopingsubstanzen wie Testosteron. Zumindest scheint Testosteron 1984 eine große Rolle gespielt zu haben. Anzeichen dafür ergeben sich durch Tagebuchaufzeichnungen der ehemaligen Sprinterin Angela Issajenko, vorgetragen vor der Dubin-Kommission, die den Dopingfall Ben Johnson aufzuklären hatte. Darin entsteht der Eindruck, dass die Hammer Dopinggeschichte nicht erst im Herbst 1984 mit Gisela Kinzel begann, sondern bereits früher:

> "Das Hammer Modell des Einklangs von beruflicher Ausbildung und Hochleistungssport erfuhr in seiner Substanz ein abruptes Ende in dem Augenblick, als in Toronto/Kanada die Sprinterin Angela Issajenko vor der Dubin-Kommission, ..., aus ihrem Tagebuch zitierte. Eintrag vom 9. August 1984: 'Ich sprach mit Spilker. Die stehen das ganze Jahr auf Testosteron'" (Süddeutsche Zeitung vom 8.2.1994).

Beim Prozess vor dem Hammer Amtsgericht wurde dann im Februar 1994 durch die Aussage von Hans-Jörg Kinzel noch deutlicher, dass es in der Bundesrepublik in verwandten Arbeitsbereichen unter Trainern so etwas wie eine nationale Doping-Konkurrenzsituation, hier zwischen Staffel-Bundestrainer Thiele und Vereinscheftrainer Spilker, gegeben haben muss. Nicht drohende Entlarvung durch höhere Verbandstrainer war dabei die Ursache für Abschottung, sondern die Wahrung des auf eigene Initiative erarbeiteten Doping-Know-hows durch Jochen Spilker. Dieser dürfte sein Wissen um Anabolikadoping von Charlie Francis, dem Trainer Ben Johnsons, maßgeblich bezogen haben, während als Wolfgang Thieles Quelle von Zeitzeugen häufiger der DDR-Sprinttrainer Horst Hille benannt wird. Dopingsolidarität gab es also anscheinend über Grenzen hinweg, sogar über gesellschaftliche Systemgrenzen. Dopingkonkurrenz spielte dagegen auch im eigenen Land eine Rolle. Kinzels Angaben vor Gericht zeigen auch, dass im Hammer Dopingmodell durch Spilker und Kinzel brutaler als bei Thiele gedopt wurde – und bei dem aus der DDR stammenden Thiele dürfte es sich ohnehin um einen der am meisten dopingbelasteten Trainer in der Geschichte der westdeutschen Leichtathletik überhaupt handeln:

> "Der Mann (Kinzel, d.Verf.) stieß über das Talent seiner Frau in die Kreise der besseren Dopingkenner vor. So diskutierte er gerne mit dem Cheftrainer im Deutschen Leichtathletik-Verband, Wolfgang Thiele. Der fragte nach, 'was wir da machen, wie hoch wir dosieren.' Er sei entsetzt über die zwanzig Milligramm täglich für Gisela Kinzel gewesen. In der DDR nähmen sie nur zehn Milligramm, und nur die Hälfte gäbe er selber seinen Mädchen. Alles deutsche Meisterinnen. Spilker war kein Freund von Thiele, der ihm vorwarf, unverantwortlich zu handeln mit dieser hochgradigen Brutalisierung. Folgerichtig mußte Kinzel danach seine Kontakte abbrechen. Sie wollten sich in Hamm nicht in die Karten schauen lassen" (Süddeutsche Zeitung, 23.2.1994).

Diese Form des klubmäßigen Dopings in Hamm – entgegen den Vorstellungen von DLV-Sprintstaffeltrainer Thiele – und ihren unterschiedlichen Techniken der Geheimhaltung schließt jedoch keineswegs aus, dass das Hammer Dopingmodell nicht dennoch mit Unterstützung des Deutschen Leichtathletik-

Verbandes stattfand. Hauptamtliche DLV-Vertreter wie Wolfgang Thiele waren schließlich nicht gegen das Doping in Hamm. Thiele, der seit den 70er Jahren selbst als regelmäßiger Dopinginitiator aufgetreten war, kritisierte lediglich die von Jochen Spilker angeschlagenen Dosierungen.

Der DLV bzw. maßgebliche Vertreter aus der Leistungssportabteilung und aus dem Trainerstab hatten über solche Einwände hinaus jedoch grundsätzliches Interesse daran, dass auch die Hammer Athletinnen nicht enttarnt wurden. Und dies dürfte auch für die Zeit unmittelbar vor der Wiedervereinigung gegolten haben, also im Jahr 1990, als Trainingskontrollen bereits eingeführt worden waren. Es gibt ernst zu nehmende Anzeichen dafür, dass mit Einführung von Trainingskontrollen Athletinnen und Athleten des Deutschen Leichtathletik-Verbandes vom DLV vor solchen Kontrollen gewarnt worden sein könnten. Der Hinweis ist den Recherchen der ehemaligen Sprinterin Claudia Lepping zu verdanken, die über ihre Nachforschungen im Umfeld ihres damaligen Vereins Eintracht Hamm diese Information gewann. Dies geht aus ihren Kalenderaufzeichnungen aus dem Jahr 1990 hervor[15]:

"Donnerstag 2. August (1990)

Fahrt nach Freiburg mit Gaby Bußmann:
- Dopingsubstanz nach 8 Tagen nicht mehr nachweisbar (abhängig vom Stoffwechsel, Schweißabsonderung)
- DLV informiert Athleten über Termin von Kontrollen ('erfährt zuerst davon, Verschiebung bis zu einer Woche möglich) ...
- 'Ich würde über mich überhaupt nichts sagen. Man verbrennt sich so oder so den Mund.'
- 'Man hört viel, aber wie es läuft, weiß ich nicht'
- 'Dopingkontrollen im Prinzip scheinheilig, Steuergelder verschwendet'"

Doping beim TV Wattenscheid

War das subkulturelle Dopinggeschehen in Hamm ein wohl eher temporäres und durch einen einzelnen Innovateur initiiertes Ereignis, so ist am Beispiel eines anderen westdeutschen Vereins, des TV Wattenscheid, Doping als Konstante über Jahrzehnte hinweg festzustellen. Wie die Verbreitung der Anabolika durch den zuvor aus der DDR geflohenen Trainer Peter Hunold funktionierte und dass dieses subkulturelle Doping rein auf Klubebene ohne Verbandsinitiative stattfand, geht aus den Äußerungen des Zehnkämpfers Holger Schmidt hervor. Dass Doping in Wattenscheid nicht – wie in Hamm – im Wesentlichen von einem "starken" Anstifter abhing, sondern offenbar mit Duldung von Vereinsfunktionären ermöglicht wurde, dafür sprechen auch die Angaben eines ehemaligen

---

[15] Wir danken Claudia Lepping für die Genehmigung des Abdrucks ihrer Aufzeichnungen.

Trainers, der von den Erfahrungen eines seiner früheren Schützlinge im Rahmen eines "Vorstellungsgesprächs" berichtet:

> "Ich habe noch zwei Jahre in ... (Name der Stadt) trainiert, da war auch der ... (Name des Athleten) dabei. Der kam im Verein nicht zurecht. Ich sagte ihm, ich rate von einer Veränderung ab, weil er sich als Bayer woanders nicht wohl fühlen würde. Da oben gibt es Wattenscheid und Leverkusen. Aber du kommst sofort wieder zurück. Er kam zurück und sagte, in Wattenscheid war er nur eine Viertelstunde drin, da ist er wieder nach Hause gefahren. Er wurde angesprochen: ... Eine Frage an Sie, die für uns sehr entscheidend ist: Sind Sie auch bereit, Medikamente einzunehmen, die zu einer besseren Leistung führen? ... (Name des Athleten) sagte: Da habe ich gezuckt, habe gesagt 'nein', bin aufgestanden und nach Hause gefahren. Das war in den 80er Jahren, '81, '82 muß es gewesen sein."

Neben Peter Hunold war beim TV Wattenscheid noch ein weiterer bedeutender Dopinginnovateur tätig. Der Trainer Heinz Hüsselmann, Betreuer zahlreicher deutscher Spitzenathleten und auch als Honorar-Bundestrainer für den Deutschen Leichtathletik-Verband tätig, war in den 80er Jahren in besonderer Weise auch durch ungewöhnliche Anstrengungen im Frauendoping aktiv. Sein Versuch, die Weltklassesprinterin Ute Thimm 1986 zum Anabolikadoping zu bringen, zeigt beispielhaft, wie Trainer in der Bundesrepublik versucht haben könnten, Erstanwendungen bei Athletinnen zu realisieren:

> "Zwei Stunden blieb das Gespräch in dem kargen Dienstzimmer im ersten Stock eher unverbindlich. Dann kam Hüsselmann zur Sache: Er habe hier ein 'ganz neues Mittel', mit dessen Hilfe Ute Thimm im nächsten Jahr '11 Sekunden über 100 Meter, 22 Sekunden über 200 Meter und unter 49 Sekunden über 400 Meter laufen' könne.
>
> Auf erste Nachfragen der Athletin reagierte Hüsselmann noch abwiegelnd: 'Das ist nur ein Multi-Kombinationspräparat.' Als Ute Thimm insistierte, räumte der Trainer zunächst einen 'leichten anabolen Gehalt' ein, um schließlich einzugestehen: 'Das muß man nehmen, wenn man in die Weltspitze will.' Um der erstaunten Läuferin das Mittel schmackhaft zu machen, wartete der Coach auch noch mit den Namen der Teamkollegen und genauen Dosierungen auf. Den Einwand, das seien doch alles 'nur Männer', konterte Hüsselmann lässig. Er habe 'auch schon Erfahrungen mit Frauen'. Ute Thimm lehnte ab und berichtete zu Hause ihrem Ehemann Ulrich von Hüsselmanns Angebot. Das Paar wunderte sich über die Unverfrorenheit des Trainers, schwieg aber" (Der Spiegel, 50/1990, 258).

Zu diesem Zeitpunkt hatte sich Heinz Hüsselmann bereits des Dopings ohne Wissen einer betroffenen Sportlerin schuldig gemacht, noch dazu mit einem Präparat, das in der Bundesrepublik zu diesem Zeitpunkt überhaupt nicht mehr auf dem Markt war – nämlich mit dem seit den 60er Jahren üblichen Anabolikum Dianabol. Die Betroffene war die Athletin Brigitte Gerstenmaier, deren Verlobter, der Arzt Thomas Grönich, mit seiner Initiative staatsanwaltschaftliche Ermittlungen in Gang brachte. Auch an diesem Beispiel wird deutlich, wie Doping in Westdeutschland über eine spezielle semantische Codierung verharmlost und dadurch ermöglicht wurde:

"Brigitte Gerstenmaier war seit dem Winter 1984 Hürdensprinterin beim TV Wattenscheid. Seit Juni 1985 wurde sie vom Leichtathletiktrainer Heinz Hüsselmann betreut. Noch vor Weihnachten habe Hüsselmann, so Brigitte Gerstenmaier, ihr Tabletten gegeben, 'mit der Bitte, diese in der Folgzeit einzunehmen'. Sie seien eine 'wichtige Ergänzung zur normalen Ernährung'. Die Pillen waren 'nicht in ihren Originalpackungen, sondern einzeln' in einem extra dafür vorgesehenen Dosierspender untergebracht'. In dem Tablettenkästchen von 15 x 20 cm, innen versehen mit einer Einteilung nach Wochentagen und Tageszeiten" (Grönich), befanden sich neben bekannten Vitaminpräparaten auch 'kleine weiße Tabletten, die ich nicht kannte'. Hüsselmann habe ihr erklärt, es handele sich um 'ein Präparat zur Verbesserung der Nervreizleitung'" (Der Spiegel 50/1990, 260).

Die Angaben Gerstenmaiers und Grönichs gegenüber der Bochumer Kriminalpolizei weisen darauf hin, dass unter Hüsselmann ein hochdosiertes Anabolikadoping durchgeführt wurde, das nach bisherigen Erkenntnissen in seinen Spitzendosierungen einzigartig im Frauensport der Bundesrepublik Deutschland war, zumindest für Sportarten wie die Leichtathletik. Die Dosierungen überstiegen sogar die Mengen, die viele männliche Athleten verwendet haben, auch sämtliche Athleten, die von uns im Rahmen von Zeitzeugeninterviews befragt wurden. Den Angaben Gerstenmaiers zufolge wurde die Athletin ohne ihr Wissen und in der Folge unter Inkaufnahme einiger der bekannten schädlichen Nebenwirkungen mit Dosierungen von zehn bis 15 Milligramm Dianabol im Winter und mit 20 bis 30 Milligramm desselben Anabolikums im Frühjahr gedopt:

"Die Zahl der kleinen weißen Tabletten nahm ständig zu: 'Im Winter waren es täglich erst zwei, dann drei 'kleine weiße' und zum Frühjahr dann vier bis sechs.' Grönich, dem als Arzt und aktivem Leichtathleten 'das Aussehen von Anabolikapräparaten bekannt war', sprach seine Verlobte mehrfach darauf an, daß ihr unter Umständen Steroide verabreicht würden.

Doch Brigitte Gerstenmaier beruhigte ihn. Hüsselmann habe ihr auf Anfrage bestätigt, daß es sich 'sämtlich um harmlose Vitamin-Präparate handelt'. Sie 'vertraue' ihrem Trainer, weil der, 'wenn das Gespräch unter uns Sportlern auf Anabolika kam, sich immer strikt gegen diese Präparate aussprach' und sie 'für sinnlos' hielt.

Im Mai 1986 bemerkte Brigitte Gerstenmaier 'Veränderungen' an ihrem Körper; eine ausgeprägtere Muskulatur, eine 'insbesondere morgens rauhe und dunklere Stimme', erhöhte Leistungsfähigkeit. Und schließlich stellte sie 'in der Zeit der Einnahme der Tabletten eine Steigerung der Libido fest'" (Der Spiegel 50/1990, 264).

Der Fall Hüsselmann zeigt auch, wie leicht es einem dopenden Trainer in der Bundesrepublik fiel, gesetzliche Verordnungen zu unterlaufen und Strafen zu entgehen. Hüsselmann reagierte aktiv auf das gegen ihn eingeleitete Ermittlungsverfahren wegen Verdachts der Körperverletzung und des Verstoßes gegen das Arzneimittelgesetz und ordnete sein Verhältnis zu der, inzwischen verheirateten, gedopten Sportlerin neu – bis hin zu einer erweiterten beruflichen und persönlichen Beziehung Hüsselmanns mit der später von ihrem Ehemann geschiedenen Athletin:

> "Brigitte Grönichs Aussage am 4. Dezember ist kurz. Sie will 'keine weiteren Angaben machen', denn sie fühle sich 'durch die ganze Angelegenheit zur Zeit psychisch belastet und in einem starken Gewissenskonflikt, da ich in den vergangenen Tagen mühselig ein neues Vertrauensverhältnis zu Herrn Hüsselmann aufgebaut habe'.
>
> Einen Tag später, morgens um neun Uhr, weist Hüsselmann bei der 'Beschuldigtenvernehmung' den Tatvorwurf offiziell und entschieden zurück. Er bestreitet nicht, 'zig verschiedene Präparate, alle legal und harmlos dem Bedarf von Hochleistungssportlern entsprechend', an Brigitte Grönich verabreicht zu haben. Es habe sich 'nicht um Dopingmittel' gehandelt.
>
> Die Tatsache, daß sich unter den Pillen das Anabolikamittel Methandienon (Dianabol, d.Verf.) befand, kann Hüsselmann sich 'nicht erklären'. Er kann sich nur 'vorstellen, daß mir selbst diese Medikamente untergeschoben oder von anderen Personen ohne mein Wissen in den Dosierspender eingefüllt worden sind'. 'Logischerweise' kann er 'keine Antwort geben auf die Frage, woher solche Präparate stammen können'" (Der Spiegel, 50/1990, 264).

Die Reaktion der Bochumer Staatsanwaltschaft auf diese Aussagen des Beschuldigten Hüsselmann weisen auf ein fast schon typisches Verhalten in der nachlässigen staatlichen Verfolgung von Straftaten im Umfeld von Dopingvergehen hin:

> "Über ein Jahr braucht die Staatsanwaltschaft; bis sie am 29. Januar 1988 unter dem Aktenzeichen 30 Js 28/87 einen überraschenden Beschluß faßt. Sie verfügt die Einstellung des Verfahrens gegen Heinz Hüsselmann. Gegen den Beschuldigten spräche zwar 'ein gewisser Verdacht, schuldhaft Anabolika an Sportler, so auch an die Zeugin Grönich, verabreicht zu haben'. Dieser Verdacht habe sich aber nicht mit 'letzter Sicherheit beweisen' lassen. Hüsselmann habe sich 'unwiderlegt darin eingelassen', dass er nicht sagen könne, 'wie auch anabolikahaltige Mittel in den Dosierspender hineinkommen seien'.
>
> Die 'Einstellungsnachricht an den Beschuldigten Hüsselmann' wird ausdrücklich mit dem Zusatz versehen: 'Die Einstellung des Verfahrens erfolgte, da nicht mit letzter Sicherheit nachzuweisen war, daß die anabolikahaltigen Präparate von Ihnen stammten'" (Der Spiegel 50/1990, 264).

Der völlig unglaubwürdigen Darstellung Hüsselmanns hätten bei entsprechendem Ermittlungswillen zumindest Nachforschungen dahingehend folgen müssen, woher die Anabolikatabletten in Hüsselmanns Dosierspender stammten. Träfen Hüsselmanns Angaben nämlich zu, wäre von einem Akt der Körperverletzung an einer ganzen Reihe von Athleten auszugehen, die von dem Trainer mit Tabletten versorgt wurden, und damit von einem viel schwerwiegenderen Fall der – vielfachen – Körperverletzung. Erhöhter Ermittlungsbedarf und die Einleitung eines wesentlich umfassenderen Ermittlungsverfahrens würden sich aus dieser Verfahrenseinstellung ergeben. Und auch Hüsselmann selbst und nicht zuletzt der Verein hätten Interesse haben müssen an einer Aufklärung dieses Vorgangs. Dass von Seite des Vereins und Hüsselmanns keine Strafanzeige gegen unbekannt gestellt wurde, erhöht die Wahrscheinlichkeit des systematischen Wattenscheider Vereinsdopings beträchtlich.

Hüsselmanns Trainerkarriere hat das systematische und hochdosierte Doping nicht geschadet, auch nicht in seinen Tätigkeiten für den Deutschen Leichtathletik-Verband. Nach bekannt werden des Vorfalls durch die Veröffentlichung im "Spiegel" 1990 entzog sich der Trainer einer Untersuchung durch den Verband mit Vereinsaustritt. Außer durch die Ermittlungsergebnisse der Bochumer Polizei und Staatsanwaltschaft war Hüsselmann auch durch die Sprinterin Ute Thimm belastet worden. Zeigt das Beispiel Brigitte Gerstenmaier, wie Dopingverschleierung durch großzügige Belohnungsmaßnahmen ermöglicht wurde, deuten Thimms Angaben darauf hin, wie Dopingverweigerung durch Entzug von Vergünstigungen bestraft wurde:

> "Ute Thimm, die frühere Sprinterin und immer noch Vereinskollegin des Leichtathletik-Cheftrainers und Managers beim TV Wattenscheid, sagte in einem Interview mit der 'Westdeutschen Allgemeinen Zeitung': 'Hüsselmann bietet den Sportlern leistungsfördernde Mitteln an.' Die heutige Sprinttrainerin der Siebenkampf-Europameisterin Sabine Braun erklärte, daß Hüsselmann ihr im Herbst des Jahres 1986 selbst Dopingmittel angeboten habe. Als sie abgelehnt habe, sei die Zusammenarbeit abrupt zu Ende gewesen. Selbst Vereinsgelder, die ihr zustanden, seien ihr nicht mehr ausgezahlt worden.
>
> 'Hüsselmann hat immer mit Doping gearbeitet' und 'Ich kann auf Anhieb 15 Sportler nennen, die Doping genommen haben' sind unüberbietbare klare Worte. ... 'Herr Hüsselmann soll mich doch verklagen, dann kommt es wenigstens zu einer offiziellen Gerichtsverhandlung. Dann muß endlich die Wahrheit vor Zeugen auf den Tisch'" (Süddeutsche Zeitung vom 21.5.1991).

Ute Thimms Plänen wurde durch Hüsselmann nicht entsprochen. Ähnlich wie Sprint-Bundestrainer Wolfgang Thiele ließ der Vereinstrainer stets noch so schwerwiegende Vorwürfe juristisch unbeantwortet. Klagen derart beschuldigter Trainer wären in der Bundesrepublik nahezu die einzige Möglichkeit der Dopingaufklärung und in der Folge womöglich auch der Aufklärung und Bestrafung von damit zusammenhängenden Straftaten gewesen. Das souveräne Aussitzen selbst schwerster Vorwürfe gehörte zur Bewältigungsstrategie beim Doping in der Bundesrepublik. Die Karriere des Wattenscheider Trainers mit den nahezu unvergleichlich hohen Dosierungen litt in keiner Weise unter solchen Vorwürfen, weshalb nicht auszuschließen ist, dass durch Unterlassungshandlungen einer Vielzahl von Institutionen und Sportorganisationen wie Staatsanwaltschaft, Verein, Landesverband, Spitzenfachverband, Landessportbund oder Olympiastützpunkt Doping beim TV Wattenscheid durch Hüsselmann auch weiterhin begünstigt und überhaupt erst ermöglicht worden ist. Hüsselmann konnte in den 90er Jahren in verschiedenen Funktionen auch für den

DLV arbeiten, als Olympiastützpunkt-Koordinator Ruhr-Ost und sogar als Sprintstaffel-Trainer der deutschen Leichtathletik-Nationalmannschaft bei internationalen Meisterschaften.

4.5.2 Kooperation zwischen Verbandstrainer, Heimtrainer und Athlet(in)

Wie selbst durch eine staatsanwaltschaftliche Einstellungsverfügung eines Ermittlungsverfahrens gegen einen des Dopings verdächtigen Trainers Dokumente geschaffen werden können, die Verfehlungen eindeutig nachweisen, zeigt das Beispiels des Dopings durch den ehemaligen Wurftrainer Christian Gehrmann über den subkulturellen Bereich seiner Münchner Trainingsgruppe (vgl. dazu Berendonk 1992, 270-277) hinaus. Gehrmann stand seit 1976/77 unter dem Verdacht, sportliche Erfolge seiner Athletinnen mit Dopingmitteln zu begünstigen. Verwertbare Dokumente waren jedoch die Ausnahme und sind einmal mehr einer Strafanzeige durch den Wissenschaftler Werner W. Franke zu verdanken. Durch die Einstellungsverfügung des Zweibrücker Staatsanwalts Mathy im "Ermittlungsverfahren gegen Christian Gehrmann und Franz-Josef Simon wegen des Verdachts des Verstoßes gegen das Arzneimittelgesetz u.a." (wegen Verjährung) vom 13. Mai 1992 wurde beachtliches Schriftgut geschaffen, das abermals eine spezifische Variante westdeutschen Dopings aufzeigt:

> "Die Zeugin Petra Leidinger hat in ihrer staatsanwaltschaftlichen Vernehmung vom 15.04.1992 angegeben, keinen exakten Zeitpunkt nennen zu können, wann sie erstmals Dopingmittel zur Leistungssteigerung eingenommen hat. Sie hat angegeben, sie vermute, daß sie 1985 erstmals Dopingmittel über den damaligen Bundestrainer, den Beschuldigten Christian Gehrmann, erhalten habe. Entsprechende Medikamente seien ihr jedoch von dem Beschuldigten Gehrmann niemals persönlich ausgehändigt worden. Vielmehr habe sie über den Beschuldigten Simon in unregelmäßigen Abständen ca. 3 bis 4 verschiedene, nicht ärztlich verordnete Medikamente ausgehändigt erhalten, womit jeweils seitens des Beschuldigten Simon die Anweisung verbunden gewesen sei, zu welchem Zeitpunkt sie diese Medikamente vor Wettkämpfen habe absetzen sollen. Der Beschuldigte Simon habe sie angewiesen, jeweils ca. 10 Tage vor einer Meisterschaft die entsprechenden Präparate abzusetzen. Dopingkontrollen im Rahmen der jeweiligen Meisterschaften seien auch jeweils negativ ausgefallen. Ihr sei damals nicht klar gewesen, um welche Präparate es sich handelte. Zu keinem Zeitpunkt sei sie über irgendwelche Nebenwirkungen dieser Präparate aufgeklärt worden. Sie habe nicht schon zu Beginn ihrer Leistungssportkarriere bereits entsprechende Medikamente eingenommen. Dies habe sich erst im Laufe der Zeit entwickelt. Spätestens im Jahr 1985 anläßlich einer enormen Steigerung ihrer Kugelstoßleistung auf mehr als 18 m sei es ihr klar geworden, daß es sich bei den von ihr eingenommenen Medikamenten um Dopingmittel handele. Zu der Verbindung bei dem Bezug der Dopingpräparate zwischen den Beschuldigten Simon und Gehrmann hat die Zeugin Leidinger wörtlich ausgeführt:
>
> 'Ich vermute, daß der Beschuldigte Simon die Medikamente über den Gehrmann per Post erhielt. Dies deshalb, weil wir längere Zeit mal keine Lehrgänge mit Gehrmann besuchten und der Beschuldigte Simon mir trotzdem regelmäßig die entsprechenden Medikamente aushändigte. Am Anfang wurden mir diese Medikamente nicht regelmäßig ausge-

händigt, sondern nur ca. jedes Vierteljahr. Erst später kam es zu einer regelmäßigen Übergabe dieser Medikamente.'

Während der gesamten Einnahme dieser Medikamente, welche nicht ärztlich verordnet waren, sei ihr nicht klar gewesen, um welchen exakten Wirkstoff es sich bei den Anabolen gehandelt habe. Erst Ende letzten Jahres habe sie mit dem Beschuldigten Simon telefoniert, der ihr auf direkte Anfrage erklärt habe, er habe nach dem Ende ihrer Leistungssportkarriere eine Analyse eines ihr übergebenen Medikamentes durchführen lassen. Dabei habe sich der Wirkstoff Methandienon (Dianabol, 1982 von Ciba-Geigy vom Markt genommen, d.Verf.) herausgestellt. Für die von ihr bezogene Vielzahl nicht verordneter Medikamente über den Beschuldigten Simon habe sie jeweils ca. 300 bis 400,00 DM pro Lieferung zahlen müssen. Dabei seien ihr jeweils mehr als 50 Tabletten verschiedenster Art ausgehändigt worden. ...

An Nebenwirkung hätten sich unmittelbar nach der Einnahme bei ihr stimmliche Veränderungen, ein verstärkter Haarwuchs sowie eine psychische Veränderung im Hinblick auf gesteigerte Aggressivität und erhöhte Trainingsbelastbarkeit herausgestellt. Darüber hinaus sei eine erhebliche Gewichtszunahme und Leistungssteigerung zu verzeichnen gewesen. Es hätten sich zwischenzeitlich keine Anhaltspunkte auf organische, durch die Einnahme der Dopingmittel bedingte Schäden ergeben. ...

Anläßlich des Telefongesprächs im Rahmen dessen sie von dem Beschuldigten Simon habe erfahren wollen, um welche Anabolika es sich bei den übergebenen Substanzen gehandelt habe, habe sie ihn auch auf die damalige Dopingpraxis angesprochen. In diesem Zusammenhang habe er ihr gegenüber erklärt, daß er nichts bereue, was zum damaligen Erfolg geführt habe, und über die Ausmaße der Nebenwirkungen nichts gewußt habe. ...

Soweit sich durch die Aussage der Zeugin Petra Leidinger hinreichende Anhaltspunkte auf Straftaten der Beschuldigten bis zum Jahr 1986 ergeben haben (..., mögliche Körperverletzungshandlungen zum Nachteil der Zeugin Petra Leidinger) ist mittlerweile Verfolgungsverjährung ... eingetreten, so daß das Verfahren einzustellen war."

Das Beispiel Gehrmann/Simon zeigt, wie durch die Kooperation eines Bundestrainers mit einem Heimtrainer (Franz-Josef Simon) auf gesundheitliche und finanzielle Kosten einer damals 18-jährigen Athletin (Petra Leidinger, siehe Berendonk 1992, 275) Doping gewährleistet werden konnte. Es zeigt einmal mehr idealtypisch auch, dass Doping in der Bundesrepublik in nicht zu unterschätzendem Maße dafür verantwortlich war, dass talentierte Athletinnen und Athleten dem Leistungssport den Rücken kehrten. Als 20-Jährige beendete die anfangs ohne ihr Wissen gedopte Petra Leidinger, nachdem sie Nebenwirkungen wie stärkerer Haarwuchs, aggressiveres Verhalten und einen immensen Kraft- und Gewichtszuwachs (vgl. auch Berendonk 1992, 274 f.) an sich festgestellt hatte, kurz nach dem Gewinn der deutschen Hallenmeisterschaft und dem fünften Platz bei den Hallen-Europameisterschaften 1986 ihre Laufbahn:

"Da geschah das Unfassbare: Die junge Sportlerin hörte – wenige Tage nach ihrem großen Erfolg bei der Hallen-EM – urplötzlich auf. Sie schrieb einen Brief an Bundestrainer Gehrmann, in dem sie als Hauptgrund für ihren Schritt das in dieser Disziplin obligatorisch gewordene Anabolikadoping angab" (BERENDONK 1992, 274).

4.5.3 Ärztlich „unterstütztes" und „kontrolliertes" Doping

Eine dritte Variante des Anabolikadopings in der Bundesrepublik Deutschland ist der Versuch des ärztlich kontrollierten Dopings von Bundeskaderathleten auf Mitveranlassung des Bundestrainers. Auf diese Variante hatte 1977 schon der Sprinter Manfred Ommer vor dem Sportausschuss des Deutschen Bundestages hingewiesen, als er Bundestrainer Wolfgang Thiele des Frauendopings beschuldigte und erklärte, dass dieses Doping mit deutschen Sprinterinnen unter ärztlicher Betreuung abgelaufen sei. In der Folge zitieren die Autoren die Äußerungen eines Zeitzeugen, der Mitte der 80er Jahre einen zeitweiligen Anabolikakonsum und darüber hinaus die Bedingungen beschreibt, unter denen er stattfand und die dieses Doping ermöglichten. Nach seinen Ausführungen habe sein Doping ebenfalls im Zusammenspiel zwischen Ärzten, Bundestrainer und Athlet stattgefunden. Darüber hinaus wird das Doping des Zeitzeugen hier als Fallbeispiel für eine (von mehreren denkbaren) typische Anabolikakarriere herangezogen. Es trägt ferner vielfach zum Verständnis der Mentalitätsgeschichte des bundesdeutschen Leistungssports im Zusammenhang mit Anabolikadoping bei.

Der Zeitzeuge war Mitglied eines leichtathletischen Nachwuchs-Wurfkaders. Ohne in seiner Jugendzeit mit Doping direkt in Berührung gekommen zu sein, wurde die spätere Anabolikaeinnahme gleichwohl durch ein bereits für Jugendliche zugängliches Wissen um Anabolika vorbereitet. Gleichzeitig ist dieser ehemalige Werfer ein Beispiel für partiellen dopingbedingten Dropout, da die Entscheidung, Anabolika einzunehmen erst später erfolgte und der Athlet seine Disziplin zugunsten einer anderen leichtathletischen Disziplin verließ, wahrscheinlich um nicht werfertypische anabolikabedingte äußere Veränderungen in Kauf nehmen zu müssen:

> "Ich würde sagen, gehört so über das, was die Öffentlichkeit kannte hinaus, habe ich im Diskuskader, wo uns damals, den Jugendlichen im Diskuskader, gesagt wurde: Jugend ist Jugend, und wenn es dann in den Männerbereich ging, da ist ein gewaltiger Leistungssprung vonnöten – und das war ja auch so –, dass man da etwas nehmen sollte. Ich würde sagen, durch alle beteiligten Trainer und Athleten, das war eigentlich common sense im Kader. Die Vereinsebene war damals so klein noch, der Zweitbeste warf 15 Meter weniger, da war das kein Thema. Und ich bin auch sicher, dass mein Vereinstrainer von damals auch heute noch glaubt, dass Doping etwas ganz Seltenes und Exotisches ist.
>
> Es war für mich ein Grund, den Wurfkader zu verlassen, wo ich mich in meinem letzten Jugendjahr auch ... im Kugelstoßen ... eigentlich empfohlen hatte, da zu bleiben. Damals war ich noch ein echter Schlacks mit knapp über 90 Kilo, und die dachten, na ja, wenn der 20 Kilo zulegt, dann ist das ein guter Mann. Das hätte wahrscheinlich so von den Voraussetzungen her ganz gut geklappt, aber ich wollte das nicht. Ich wollte vor allem nicht so schwer werden, so unansehnlich, wie ich das damals dachte. Ich denke mal, das war der wichtigere Grund. Vielleicht spielte auch eine Rolle, dass ich das mit den Ana-

bolika nicht mitmachen wollte, aber wenn ich darüber nachdenke, war wahrscheinlich die Ästhetik im Vordergrund."

Brisant wurde die Frage nach der individuellen Dopingentscheidung nach den Angaben dieses Zeitzeugen an der Schwelle vom Jugend- zum Erwachsenenalter. Anabolika-Ersteinnahmen hatten damit etwas von einem sportmethodisch begründeten Initiationsritus:

"In meinem Fall war das sehr konkret beim Wechsel vom Jugendlager zu den Junioren, mit 18, 19, und das war eigentlich konkret damit verbunden. Es hieß, im Wintertraining damit zu beginnen. Ich bin dann noch ein halbes Jahr im Wurfkader geblieben in der Juniorenzeit, habe nichts genommen, bin auch nicht rausgeflogen. Aber der erhoffte Leistungssprung ist dann ausgeblieben. ... Damals gab es einen Bundestrainer und einen Jugendbundestrainer. Beide sagten, na ja, die haben keinen Druck ausgeübt, aber das schon nahe gelegt, so nach dem Motto, wenn du weiter vorne mitmischen willst, dann geht das nicht ohne. Ich bin davon ausgegangen, dass jeder im A- und B-Kader gedopt war. Wir sprachen da sehr offen drüber unter uns Jüngeren, auch die Trainer. Ich hatte keine Belege darüber, ... aber das war der Eindruck, der uns vermittelt wurde ... durch Gespräche mit den Athleten, die damals in den Kadern waren und mit denen wir zweimal im Jahr in solchen Trainingslagern im Winter und im Frühjahr zusammen waren und in den Gesprächen, die wir mit den Trainern hatten. Es wurde so drüber gesprochen, wie man über ein Kavaliersdelikt spricht. Es war schon bekannt, dass das verboten ist, und es war uns bekannt, dass es Wettkampfkontrollen gibt und dass man da eine gewisse Periodik einzuhalten hatte, um bei den Wettkämpfen sauber zu sein. Es gab überhaupt nicht die Diskussion, dass das nun Betrug an den anderen wäre, wie auch, wenn man davon ausging, dass jeder, der so weit warf, das nahm."

Teilweise vermuteten jugendliche Werfer Anabolikadoping untereinander. Der Zeitzeuge selbst wurde aufgrund einer besonderen Leistungssteigerung im Kugelstoßen Gegenstand von Verdächtigungen, die allerdings nicht das Gefühl, verleumdet zu werden, hervorriefen. Vielmehr empfand der Athlet solche Verdächtigungen als Lob seiner – ohne Doping zustande gekommenen – Leistung:

"Bei den Kugelstoßern gab es so zwei Kandidaten, die damals sehr kräftig waren und die, wie wir immer wieder festgestellt hatten, sehr große Leistungsschwankungen aufzuweisen hatten. Das haben sie mir aber auch vorgeworfen, als ich bei den Deutschen Meisterschaften – meine Bestleistung stand damals bei 15hoch – auf einmal 16einhalb stieß. Da haben wir uns schweren Vorwürfen aussetzen müssen. ... Die haben gedacht, ich wäre gedopt. Ich habe das nicht gerade mit Empörung aufgenommen. Im Gegenteil, man freut sich natürlich, dass, wenn eine Leistung so gut ist, die anderen mutmaßen, das kann der nur gedopt geschafft haben und du weißt, das habe ich sauber geschafft. Dein Niveau schätzt du dadurch noch höher ein, und vielleicht schwingt da auch mit, wow, was könnte ich ‚mit'."

Von hohem Interesse sind die folgenden Ausführungen des Zeitzeugen, weil sie belegen, wie die jahrzehntealte ärztliche Ansicht, bei Anabolika handele es sich im Gegensatz zur aktuellen Aufputschung nicht um Doping, in die Anabolikapraktiken der 80er Jahre durchschlugen, jedenfalls teilweise weitaus mehr durchschlugen als das einschlägige Regelwerk. Und paradoxerweise wurden aufputschende Maßnahmen von Athleten anscheinend weitaus kritischer beurteilt als eine langfristige Körper- und Leistungsmanipulation durch anabole Steroide:

> "Für mich ist das schon so, dass das für mich und in Athletenkreisen damals ein Thema war, von dem jeder ausging, dass man das weiß und dass man das bestimmt nicht so verurteilt, wie das heute ist. Was anderes übrigens, da hatten wir schon so unsere klaren Ansichten, wenn im Wettkampf, mit Coffein und so ... Da gab es schon ein paar Kandidaten, die versuchten da literweise mit ganz starkem Kaffee nachzuhelfen. Wer da nachhalf, komischerweise, das ging uns mehr nach, das empfand ich als unfair. Eigentlich idiotisch, aber so war es. Gerade das Anabolikadoping galt als eigentlich natürliche Nachhilfe."

Eine spezielle Semantik des Dopings war in solchen Kreisen, in denen Anabolikadoping selbstverständlich und legitim erschien, nicht vonnöten. Codewörter wie "Leistungsförderung" oder "ergänzende Ernährung" wurden in solchen Gruppierungen nicht gebraucht. Auch nicht in der Disziplin, die der Zeitzeuge nach seinem Ausscheiden aus dem Wurfkader betrieb:

> "Wir haben ... darüber offen gesprochen. Ich probiere das ab jetzt aus. Wir haben auch versucht, die Wirkungen zu beobachten und darüber gesprochen, wenn wir übereinstimmend feststellten, und das war vermutlich nicht nur eine Autosuggestion, da war eine Erhöhung der Belastbarkeit, der Regenerationsfähigkeit. Die Kraftwerte im Kraftraum stiegen bei mir nur sehr mäßig. ... Bei anderen Kollegen ging das viel deutlicher, auch in der Trainingsgruppe. Wir haben auch gegenseitig beobachtet, dass es Pickel auf dem Rücken gab und haben da auch drüber gesprochen, woher das kommt und ohne viel darüber zu lästern. Das war uns schon ein Thema, das war ja auch aufregend. ... Worüber wir viel Spaß gemacht haben, ist, dass es den Sexualtrieb anfeuert, da hatten wir schon sicherlich abends ein längeres Gespräch drüber, und da weiß ich nicht, wie viel Autosuggestion im Spiel war. Da hatten wir Spaß dran.
>
> Das spielte sich alles auf einer sprachlichen Ebene ab, die sehr alltäglich war und dem ganzen keine weitere Bedeutung als Leistungssteigerung zumaß, die also sicher keine Seite wie Betrug oder gesundheitliche Gefährdung mit einschloss. Es war so, als würde man eine neue Trainingsform ausprobieren oder hätte neues Material. Und das war eine Stufe, die wir als völlig selbstverständlich ansahen, wenn man ein gewisses Leistungsniveau erreichen wollte. Komischerweise habe ich immer die Nase gerümpft, wenn ich Athleten sah, die sich außerhalb des Kaderbereichs bewegten ... und die auch erzählt haben, dass sie schlucken. Schlucken ist zum Beispiel so ein Wort, das wir verwendet haben. Sonst fällt mir nichts ein. Stoff haben wir nicht gesagt. Anabolika wurde ausgesprochen, oder Stromba, wir haben eigentlich nur Stromba gesagt."

Der hier zitierte Zeitzeuge weist weiterhin auf einen paradox anmutenden Zustand hin. Nachdem er sich zunächst als Jugendlicher – ohne Anabolika einzunehmen – in einem Umfeld bewegte, in dem eine später zu realisierende Anabolikaeinnahme vorbereitet und gutgeheißen wurde, traf der Athlet in seiner neuen

Disziplin auf ein ähnlich Anabolika befürwortendes Umfeld. Allerdings wurde der Sportler aus trainingsmethodischen Gründen zunächst noch vom sofortigen Konsum abgehalten:

> "Ich habe '85 versucht zu wechseln, '84, und hatte da ... die Gelegenheit, den Kader zu wechseln, von C auf B, aber eben von Diskus auf ... (Name der neuen Disziplin), und das war natürlich eine einmalige Chance, weil ich natürlich nach ... (Name der Stadt) wollte zur Bundeswehr, und so kam ich also hierhin. Da ging das im ersten Jahr noch nicht. Im Gegenteil: im ersten Jahr hieß es eindeutig, Technik, Koordination, ich musste noch viel nachholen. Und mir wurde eindeutig abgeraten, Anabolika zu nehmen, vom Bundestrainer, der mich damals auch als Heimtrainer betreute, auch von ... (Name eines weiteren Heimtrainers). Aber es wurde damals schon ausdrücklich gesagt, wenn ich mit der technischen Entwicklung so Fortschritte machte, wie sie sich das vorstellten, dann auf jeden Fall. Das war dann irgendwann der Fall, '86, im letzten Juniorenjahr ..., (da) war ich auf einmal ein hoffnungsvolles Talent ... Und am Ende dieses Jahres hieß es dann auch von diesen beiden Stellen, auf jeden Fall vom Bundestrainer und auch den behandelnden Ärzten in ... (Name der Stadt), die erläuterten das so: Du hast jetzt diese Leistungsstufe erreicht, und unter entsprechender Kontrolle das zu nehmen, ist nicht schädlich und deiner Leistung förderlich. Ich kann mich sogar an das Argument erinnern, was Verletzung, muskuläre Verletzungen angeht, dieselben bremsend, minimierend, weil der Muskelstoffwechsel eben schneller regeneriert. Das hatte also einen verlockenden Klang für mich. Ich nahm also ohne große Bedenken. Ich hatte nur ein kurzes Gespräch mit meiner damaligen Freundin, soll ich oder soll ich nicht? Mir war also im Grunde die moralische Komponente schon bewusst, sonst hätte ich es nicht angesprochen. Sie hat damals abgeraten, ich habe das in der Vehemenz nicht verstanden und habe das im Wintertraining ausprobiert, mit großen Leistungszuwächsen im Training und gerade auch in der Hallensaison."

Die Ausführungen des Zeitzeugen zeigen, wie die Entscheidung zu abweichendem Verhalten gerade in einem Umfeld, in dem dieses allgemein als akzeptabel oder sogar notwendig erachtet wird, fast zwangsläufig getroffen wird – früher oder später. Selbst das zeitweilige Abhalten von der Anabolika-Einnahme kann eine – aus der Sicht von Dopingbefürwortern – sportmethodisch sinnvolle Vorbereitung der späteren und dann "rechtzeitigen" Einnahme sein:

> "Dadurch, dass ich mit einer gewissen Vorbildung aus dem Wurfbereich kam, sind diese ersten beiden Jahre, wo die mich gebremst haben, wo die also von sich aus gesagt haben, das ist jetzt nichts für dich, das brauchst du nicht, das ist eher schädlich... Die Formulierung war immer, so lange dein Getriebe nicht passt, brauchen wir die Motorleistung nicht erhöhen. Insofern gab es dann ein verbales Umfeld, wo wir das Thema schon hatten und wo ich davon abgehalten wurde, wie die anderen in meiner Trainingsgruppe etwas zu nehmen. Es war mir also schon bekannt, dass die anderen – so wie die Diskuswerfer vorher auch – ... Das war in der Zeit so, dass man sich darüber austauschte und dass man auch jungen Athleten Tipps gab. Wie du darauf reagierst und mit Gewichtszunahme, das war am Anfang ein Thema, ich wollte nicht auf einmal fett werden so schlagartig. ... Es gab nicht einen Moment, in dem es wie ein Strafgericht über mich hereinbrach. Es war ein altes Thema für mich, das dann konkret wurde für mich in dem Moment, wo das Um-

feld dann meinte, das sei jetzt richtig. Ich selber hätte bestimmt schon vorher etwas genommen."

Die Erstanwendung der Einnahme von Anabolika wurde bei diesem Athleten in einem gemeinsamen Gespräch mit Bundestrainer und Arzt vorbereitet:

"Einmal im Herbst und im Frühjahr waren alle zusammen in ... (Name der Stadt), zwischendrin die Trainingsgruppe aus ... (Name der Stadt) bei Extrabesuchen. Und ich kam bei einem dieser Besuche an einem Abend mit den ganzen Ärzten beim Abendessen zusammen. Da kam das Thema drauf, das wurde dann auch zwischen Arzt, Bundestrainer und Athlet sehr einvernehmlich behandelt."

Die Angaben des Zeitzeugen weisen auf den Versuch eines ärztlich kontrollierten Dopings in der Bundesrepublik zumindest bei bestimmten Disziplingruppen und durch einige bestimmte Ärzte hin, die in regelmäßigem Kontakt mit Bundeskaderathleten und deren Trainern standen. Die Aussagen des zitierten Zeitzeugen zeigen, dass die häufig ins Feld geführten Angaben, Anabolika lediglich zu "therapeutischen" Zwecken verabreicht zu haben, vorgeschützt waren und dass in Wahrheit das ärztliche Bestreben, Dopingschäden durch Kontrolle zu minimieren, ausschlaggebend gewesen sein dürfte. So jedenfalls verstanden es offenbar die Athleten selbst:

"Das war nicht in der Intimsphäre, das war so, dass wir davon ausgingen, dass die Trainingskollegen das nahmen. Dass das auch dosiert wurde. Ich bin davon ausgegangen, dass die Ärzte das in meinem Sinne dosieren, dass also gesundheitsmäßige und trainingsmäßige Aspekte berücksichtigt wurden und die für mich optimale Dosis genommen wurde. Ich habe auch festgestellt, dass ein langjähriger Trainingspartner von mir da durchaus eine andere Dosis verschrieben bekam, und das hat mich in der Auffassung bestärkt: Das hat sicherlich seinen Grund.

... Das sind Dosierungen gewesen, Milligramm, am Anfang fünf und im Trainingslager zehn, und ich bekam auch immer nur Rezepte, die reichten so, wie die Dosierung, die er mir sagte: Du nimmst das jetzt drei Wochen, und dann kommst du wieder. Ich konnte also nicht damit Schindluder treiben oder sagen, ich nehme jetzt mal das Doppelte. Dann hätte ich nach zwei Wochen nichts mehr gehabt oder hätte mir auf anderen Wegen was besorgen müssen. Also insofern war da schon Kontrolle und Systematik dahinter. Ich weiß aber auch von zwei, die Jungs aus meiner Trainingsgruppe, die in der Zeit nicht so gut waren, dass die sich auf dem grauen Markt dasselbe Medikament besorgt haben, für viel Geld, wie ich damals feststellte. Und die nahmen dann, ich würde sagen: unkontrollierterweise, fragten mich auch: Wie viel nimmst du denn? Einfach um eine Orientierung zu haben. Da hatten sicherlich die Kaderathleten einen Vorteil.

Die Ärzte waren schon der Meinung, der auch ich damals war, dass das gesundheitlich überschaubare Risiken beinhaltete. Es wurde schon über Risiken gesprochen, ich habe Leberschädigungen und Krebs im Ohr, aber das waren eh ganz seltene Fälle. Es stand auch auf den Beipackzetteln. Aber das wurde uns schon versichert, dass gerade, wenn ihr das so nehmt, wie wir euch das sagen, in den Dosen, dann werdet ihr a) nicht erwischt und b) entsteht euch kein Risiko. Ich glaube, dass die das Gefühl hatten, wir schützen den Athleten eher vor sich selbst. ... Ich würde sagen, dass die Leute sich an die empfohlenen

Dosen gehalten haben – da muss ich mutmaßen –, war die Regel. Es gab vielleicht zwei, drei Leute, wo ich sage, die haben über die Stränge geschlagen."

Der hier befragte Zeitzeuge ist nicht nur ein Beispiel dafür, dass Doping vor allem in einem begünstigenden Umfeld stattfindet. Die Aussagen des ehemaligen Sportlers können auch als Beleg dafür dienen, wie abweichendes Verhalten sich wieder in konformes Verhalten verwandeln kann, wenn die Umweltbedingungen sich entsprechend verändern:

"Ich rede jetzt von der Zeit, in der ich was genommen habe, das war Winter 86/87 bis zu der Verletzung im Mai/Juni. Und dann noch einmal in der Rekonvaleszenzphase 87/88, November, Dezember, als ich noch nicht einmal wieder richtig joggen konnte. Da ging es um muskulären Aufbau. Als ich mit den Wettkämpfen 1988 wieder begann, da nicht mehr. Als es im Training wieder ging, da habe ich aufgehört, da wirklich schon aus gewandelter Einstellung. Mit so einer Verletzung denkt man nach, da war dann auch 1987 die Birgit Dressel gestorben. Im ganzen Beritt hatte sich da schon viel geändert. Man sprach nicht mehr so offen drüber, das hatte sich klar geändert. Und die Jüngeren trafen sich und wollten da auch was tun und haben geschworen: Das machen wir nicht mehr. Da war schon der Wind des Wandels, und der hatte mich auch voll erfasst. Einmal ertappte ich einen Freund, dass der ein mir wohl bekanntes Gläschen mit dabei hatte, und den habe ich zur Rede gestellt, worauf der dann auch ein schlechtes Gewissen hatte und vor meinen Augen nicht nur die verbotenen Anabolika, sondern die gesamte Zusatzernährung ins Klo geschüttet hat.

Das spielte sicherlich eine große Rolle, die Furcht vor gesundheitlichen Schäden plötzlich. Aber die Diskussion ist damals so geworden, wie man heute auch drüber spricht, dass das mit Sport als fairer Leistungsvergleich nichts zu tun hat. Und dass das zumindest denen gegenüber, die nichts nehmen, Betrug ist und dass der Sport auch ohne – wir waren uns schon darüber bewusst: trotz Leistungsverlust – eine Menge Spaß machen kann. Und wir haben uns dann Gedanken gemacht, wie kann man den Konsum bremsen und kontrollieren. ...

Es war dann so, dass ich mir zunächst auch keine Hoffnungen machte, an die Leistungen vor der Verletzung anknüpfen zu können. Das änderte sich dann, so nach ein, zwei Jahren, aber da hatte sich die Ablehnung von Doping auch so weit bei mir befestigt, dass ich nicht mehr in Gefahr kam. Es war auch so, als ich dann wieder zurückkehrte, war eine gewisse Sprachlosigkeit da. Es war auch nicht mehr so, dass man da in ... (Name der Stadt) automatisch darüber sprach, was jetzt für Rezepte auszustellen sind. ... Das hatte sich schlagartig verändert, und ich war gerade in der Zeit, als sich das veränderte, im Krankenhaus. Ich kam wieder und fand schon eine veränderte Zeit vor."

4.6 Dopingbegünstigung durch institutionelle Passivität

Das Doping in der Bundesrepublik Deutschland wurde durch vielfältige Verhaltensweisen und durch die verschiedensten Rollenträger innerhalb des Sportsystems begünstigt. Anhand des Todesfalls der 1987 verstorbenen Siebenkämpferin Birgit Dressel kann jedoch aufgezeigt werden, dass das Doping auch durch außersportliche Institutionen begünstigt wurde. Hierfür dürfte eine über das gebotene Maß hinaus gegebene Respektierung der im Grundgesetz festgeschriebenen sogenannten Autonomie des Sports mitverantwortlich gewesen sein. Die Duldung des Dopings durch solche außersportlichen Institutionen ging allerdings weit über das durch die Autonomie bezweckte Maß hinaus. Dies zeigte sich erstmals 1977 nach Strafanzeigen durch Brigitte Berendonk:

> "Ich habe so z.b. bereits am 20.9.1977 bei der Staatsanwaltschaft München Anzeige wegen Verstoßes gegen Arzneimittelgesetze und wegen Körperverletzung gestellt und dabei auch den Namen Gehrmann genannt. Beide Anzeigen haben aber zu nichts geführt, wobei erstaunlicherweise eine Verfolgung im öffentlichen Interesse abgelehnt wurde, 'da grundsätzlich das Strafrecht kein geeignetes Mittel ist, sportliche oder sportpolitische Entscheidungen herbeizuführen' ... Unterzeichner des gewundenen Ablehnungsschreibens war – ausgerechnet – Oberstaatsanwalt Dr. Dieter Hummel, nebenbei langjähriger Rechtswart eben jenes Bayerischen Leichtathletikverbandes, zu dem Startrainer Gehrmann gehört, und zeitweilig auch Mitglied der Anti-Doping-Kommission des DLV" (BERENDONK 1992, 277 f.).

Der Todesfall Birgit Dressel 1987 offenbarte in noch viel höherem Maße Desinteresse an der Verfolgung gesetzeswidriger Handlungen im Zusammenhang mit Doping im Sport durch außersportliche Institutionen – ohne dass eine Interessenskollision, wie bei Staatsanwalt Hummel vermutet werden könnte, mit ehrenamtlichen Tätigkeiten in Sportgremien zu konstatieren wäre.

Der Mainzer Sportphysiologe Hans-Volkhart Ulmer recherchierte nach Birgit Dressels Tod z.B. über den Abrechnungsmissbrauch von Ärzten und Athleten gegenüber Krankenkassen. Ulmer vermutete, übrigens zu Recht, Betrug im Hinblick auf Abrechnung von Dopingmitteln und solchen Mitteln, die nicht zur Heilung von Krankheiten aufgewendet wurden. Der Universitäts-Professor wies mit Schreiben vom 23. März 1988 auch die damalige rheinland-pfälzische Sozial- und Familienministerin Ursula Hansen auf diesen Umstand hin:

> "In der Süddeutschen Zeitung vom 10.2.1988 wurde öffentlich behauptet, daß Frau B. DRESSEL vor ihrem Tod bei der AOK Mainz versichert gewesen sei und daß zumindest ein Großteil der anscheinend horrenden 'Behandlungskosten' von der AOK Mainz übernommen worden seien. Im Hinblick auf die vermuteten Behandlungskosten sei auf die im Nachrichtenmagazin 'Spiegel' genannten Medikamente verwiesen. Sollte diese Tatsache zutreffen, wäre aus meiner Sicht (und der des Juristen LINK, siehe Anlage S. 2547) Recht und Satzung der AOK verletzt, auch im Hinblick auf Verordnungshöchstsätze für Kassenpatienten. Meine entsprechende Anfrage bei der AOK Mainz wurde mit Bezug auf 'datenschutzrechtliche Gründe' abgewiesen.
>
> Daher bitte ich, im Rahmen Ihrer Dienstaufsicht zu prüfen, ob die AOK Mainz/ Bingen bzw. welche Krankenkasse für Frau B. DRESSEL zuständig war und ob im vorliegenden Fall mit der Übernahme von Behandlungskosten Recht, Satzung und Bestimmungen der zuständigen Krankenkasse verletzt wurden.
>
> Mit einer solchen Überprüfung ließe sich exemplarisch klären, ob Medikamentenmißbrauch und Doping bei Spitzensportlern durch gesetzliche Krankenversicherungen

zu Lasten der Solidargemeinschaft der Versicherten vorschriftswidrig mitfinanziert werden. Ohne Aufklärung der Beschaffungswege fast unzähliger Medikamente kann aus meiner Sicht der mißbräuchliche Einsatz dieser Präparate im Spitzensport mit allen seinen Ausstrahlungen auf den Breitensport nicht wirksam bekämpft werden. ..."

Die Ministerin Hansen antwortete Ulmer mit Schreiben vom 21. Juni 1988 mit einer allgemeinen Belehrung zum Abrechnungsverfahren von Krankenkassen, worauf sich der Sportphysiologe behandelt fühlte "wie ein dummer Schuljunge" (Mainzer Rhein-Zeitung, 10.4.1992):

"Die eingehende Überprüfung der Angelegenheit im Rahmen der Rechtsaufsicht hat ergeben, daß die Allgemeine Ortskrankenkasse Mainz-Bingen weder gegen Gesetz noch sonstiges für sie maßgebendes Recht verstoßen hat.

Allgemein ist zur Übernahme der Kosten von verordneten Medikamenten durch den behandelnden Arzt zu bemerken, daß der Patient mit dem vom Kassenarzt ausgestellten Rezept in die Apotheke geht und dort die verordneten Medikamente erhält. Die Apotheke rechnet in der Regel über ein Apothekerrechenzentrum die abgegebenen Medikamente mit der Krankenkasse ab. Aufgrund dieser Verfahrensweise haben die Krankenkassen keine Möglichkeit, die Bezahlung abzulehnen. Stellt die Krankenkasse im nachhinein fest, daß unrechtmäßige oder unwirtschaftliche Verordnungen vorgenommen worden sind, wird der verordnende Arzt in Regress genommen.

Nach den gesetzlichen Bestimmungen haben Versicherte Anspruch auf die ärztliche Versorgung, die zur Heilung oder Linderung nach den Regeln der ärztlichen Kunst zweckmäßig und ausreichend ist. Leistungen, die für die Erzielung des Heilerfolges nicht notwendig oder unwirtschaftlich sind, kann der Versicherte nicht beanspruchen, der an der kassenärztlichen Versorgung teilnehmende Arzt darf sie nicht bewirken oder verordnen; die Kasse darf sie nachträglich nicht bewilligen."

Der allgemeinen und überflüssigen Belehrung eines erfahrenen Arztes fügte die Ministerin einen Schluss-Satz hinzu, in dessen Logik jede Form von Kontrolle über die Einhaltung von Gesetzen und Verordnungen überflüssig wäre und die von wenig Engagement bei der Überprüfung der von Hans-Volkhart Ulmer angesprochener Sachverhalte zeugt:

"Bei Beachtung dieser gesetzlichen Vorschrift ist meines Erachtens sichergestellt, dass eine rechtswidrige Mitfinanzierung von Medikamentenmißbrauch und Doping bei Spitzensportlern zu Lasten der Solidargemeinschaft der gesetzlichen Krankenversicherung ausgeschlossen ist."

In einem weiteren Schreiben an Ursula Hansen vom 26.9.1988 verlieh Ulmer seinem Unmut über die lapidare Form der Behandlung des Falles durch die Ministerin Ausdruck:

"Für Ihr Antwortschreiben danke ich vielmals. Leider wird darin offengelassen, welcher Art 'die eingehende Überprüfung der Angelegenheit' war. Aufgrund Ihrer Antwort und speziell Ihres letzten Satzes ... ist mein Verdacht keineswegs ausgeräumt, daß die Krankenkassen zur rechtswidrigen Kostenerstattung für Medikamente von Spitzensportlern herangezogen werden. Ein ähnlicher Verdacht im Hinblick auf rechtswidrige Erstattung für prophylaktische Leistungen (z.B. physikalische Maßnahmen) ergibt sich für mich aufgrund des beigefügten Zeitungsberichts, wonach die 'Abrechnung für ärztliche Honorare' im Zusammenhang mit der Pflege der 'Fitness der Spieler' bzw. der 'Gesundheit der Profis' sich 'für Bundesligaspieler nicht anders als für ganz normale Angestellte ... vollzieht', nämlich 'über Krankenschein oder die Berufsgenossenschaft'.

Gestatten Sie mir daher die Anfrage, auf welche Art von Überprüfung Sie Ihre Antwort vom 21.6.1988 stützen und ob es Belege dafür gibt, daß weder mit Medikamenten, noch mit ärztlichen – einschließlich physikalischen -Maßnahmen zur Pflege der 'Fitness' bzw. 'Gesunderhaltung' widerrechtlicher Mißbrauch zu Lasten der Krankenkassen-Solidargemeinschaft getrieben wird."

Das Antwortschreiben Ursula Hansens vom 11.11.1988 verriet wiederum keinerlei, über oberflächliche Gesichtspunkte hinausreichende, Bereitschaft zum Engagement des Schutzes der mit Sicherheit auch im Fall Birgit Dressel betrogenen Solidargemeinschaft. Ulmers entscheidende Frage nach Art und Umfang der von Hansen angeblich vorgenommenen Überprüfung ignorierte die Ministerin völlig:

"... es ist in der Tat nicht auszuschließen, daß die gesetzlichen Krankenkassen zur Mitfinanzierung rechtswidriger ärztlicher Arzneimittelverordnungen herangezogen werden. Dies ist eine Folge des geltenden Abrechnungsverfahrens, welches ich Ihnen im 2. Absatz meines Schreibens vom 21. Juni 1988 in Kürze dargelegt habe.

Die Krankenkassen haben demnach als Kostenträger im Regelfall keine Möglichkeiten, die Finanzierung illegaler Arzneimittelverordnungen zu verweigern. Stellt sich heraus, daß ein bestimmtes Medikament nicht hätte verordnet werden dürfen, können die Krankenkassen einen Regressanspruch geltend machen, was ich Ihnen ja bereits dargelegt habe. In dem speziellen Fall wird die betroffene Krankenkasse – soweit sich dies als notwendig erweist – den verordnenden Arzt in Regress nehmen.

Die Verantwortung für die Folgen von Medikamentenmißbrauch bei Spitzensportlern liegt nun einmal bei jenen Personen, welche die Einnahme unzulässiger Arzneimittel zur Erzielung sportlicher Hochleistungen wollen und veranlassen. Den hier in Betracht zu ziehenden Personenkreis übersehen Sie sicher besser als ich."

Die Annahme Hans-Volkhart Ulmers, dass eine von der Ministerin Hansen angegebenen Kontrolle des Sachverhaltes überhaupt nicht stattgefunden haben dürfte, wurde durch ein handschriftliches Schreiben des Mainzer Doping-Rechtsexperten Joachim Linck, bereits vom 1.4.1988, an Ulmer bestätigt:

"... vielen Dank für Ihr Schreiben, in dem Sie der Frage nachgehen, wer eigentlich die 'Behandlungskosten' bei Birgit Dressel gezahlt hat. Es ist wichtig, dieses Thema nicht versanden zu lassen.

Ich hatte mich in dieser Frage auch schon vor einiger Zeit an den – übrigens sehr qualifizierten – zuständigen Abteilungsleiter im Sozialministerium gewandt. Seine Ermittlungen bei der AOK haben ergeben, daß diese – im Gegensatz zu den privaten Kassen – keine Daten über den Medikamentenverbrauch bei ihren einzelnen Mitgliedern haben und insoweit keine Kontrolle ausüben können."

Die von Ursula Hansen angesprochene "eingehende Überprüfung" des Falles dürfte also nie wirklich stattgefunden und allenfalls darin bestanden haben, herauszufinden, dass eine unmittelbare Kontrolle nicht möglich war. Rätselhaft ist, warum die Ministerin dies in ihrem Antwortschreiben an Ulmer nicht offenbarte. Um eine Kontrolle überhaupt ausüben zu können, wären weitergehende Bemühungen notwendig gewesen, wie aus Lincks Schreiben an Ulmer hervorgeht:

> "Ich weiß allerdings, daß die KV (Kassenärztliche Vereinigung, d.Verf.) über jeden Arzt eine lückenlose Liste über die von ihm ausgestellten Rezepte führt. Sofern also die behandelnden Ärzte von Birgit Dressel bekannt sind, könnte festgestellt werden, in welcher Höhe ihr welche Medikamente verschrieben worden sind. Die entsprechenden Summen müßten sich ja dann bei der AOK wiederfinden lassen. Allerdings weiß ich nicht, wie lange diese Unterlagen bei der KV und AOK aufgehoben werden."

Dass Kontrolle im Zuge engagierterer Ermittlungen möglich war, Abrechnungsmissbrauch auch im Fall Dressel vorgelegen haben muss und Hans-Volkhart Ulmer mit seinem Verdacht Recht hatte, beweisen die Ermittlungen der Staatsanwaltschaft Freiburg, die dem später zu einer hohen Geldstrafe verurteilten Armin Klümper – dem langjährigen behandelnden Arzt von Birgit Dressel – vorwarf, "das Vermögen verschiedener Krankenkassen um nicht weniger als 3.447.189,55 DM gefährdet zu haben" (III. Große Strafkammer des Landgerichts Freiburg, nach Therapiewoche 39, 37/1989, 2656). Dass die AOK Mainz/Bingen kein Interesse hatte, im Sinne ihrer Versicherten Abrechnungsbetrug aufzudecken und das zuständige Ministerium unter Ursula Hansen seine Dienstaufsicht nicht wahrnahm, gehört zu den merkwürdigen Vorgängen, durch die Doping und Medikamentenmissbrauch im Sport der Bundesrepublik Deutschland – auch auf Kosten der Allgemeinheit – begünstigt wurden.

Der Fall Birgit Dressel zeigt auch, wie Doping durch die Rechtsauffassung einer Staatsanwaltschaft zumindest rückwirkend sogar gewissermaßen legitimiert wurde. Nachdem ein am 10. April 1987 eröffnetes Ermittlungsverfahren gegen Unbekannt wegen fahrlässiger Tötung durch die Mainzer Staatsanwaltschaft eingestellt worden war (siehe Presseerklärung des Leitenden Oberstaatsanwalts Werner Hempler vom 4. August 1987), stellte Linck am 5. April 1988 Strafanzeige "wegen fahrlässiger Körperverletzung und wegen Betrugs im Dopingfall Birgit Dressel":

> "... aus dem gerichtsmedizinischen Gutachten der Professoren Dr. Wagner und Dr. Mattern geht hervor, daß Birgit Dressel auch Medikamente verschrieben bzw. verabreicht worden sind, die medizinisch nicht indiziert waren. Das erfüllt zumindest den Tatbestand

der fahrlässigen Körperverletzung. Ich verweise hierzu im einzelnen auf meine Darstellung in der NJW 1987, S. 2549 f.

Sofern auch diese – medizinisch nicht indizierten – Medikamente über die AOK Mainz abgerechnet worden sind, wie dies für die 'Behandlungskosten' für Frau Dressel öffentlich behauptet wird ..., liegt von seiten des verschreibenden Arztes Betrug zu Lasten der AOK vor ...

Die Frage der rechtswidrigen Abrechnung von Dopingmitteln ließe sich durch eine Abklärung der hierzu bei der zuständigen Krankenversicherung und der AOK Mainz vorhandenen Daten beantworten."

In dem o.a. Artikel in der Neuen Juristischen Wochenschrift hatte der Leitende Ministerialrat Dr. Linck die These vertreten, dass eine strafwürdige Körperverletzung in Fällen wie dem von Birgit Dressel aufgrund sittenwidriger ärztlicher Handlungen durch die Anwendung leistungssteigernder Medikamente (hier: durch Klümper) wenn nicht aus Gründen einer Gesundheitsschädigung gewissermaßen auf Verlangen, so doch immerhin aus sportethischer Sicht vorliege:

"Doping ist jedenfalls dann als sittenwidrig zu bewerten, wenn es schwerwiegende Gesundheitsschädigungen zur Folge hat. Problematisch sind die übrigen Fälle. Schneider-Grohe und Kohlhaas verneinen eine Sittenwidrigkeit unter Hinweis auf die zunehmende Ausweitung der Freiheitsrechte am eigenen Körper wie die Zulässigkeit von Sterilisation, Kastration und Schwangerschaftsunterbrechung sowie den staatlich tolerierten Mißbrauch von Alkohol und Medikamenten; andernfalls würde der Sport unter ein Ausnahmerecht gestellt. Diese Auffassung unterliegt durchgreifenden Bedenken. Zuzugeben ist ihr allerdings, daß sich eine Sittenwidrigkeit des Dopings nur schwerlich ausschließlich bereits mit – leichten – gesundheitlichen Folgen begründen läßt. Die allgemeine soziale Tolerierung von gesundheitsschädlichem Rauchen oder Alkoholgenuß steht derartigen Bewertungen entgegen. Daher ist bei der Frage nach der Sittenwidrigkeit des Dopings mit geringfügigen gesundheitlichen Folgen nicht nur auf den Gesichtspunkt der Gesundheit, sondern auch auf sport-ethische Aspekte abzustellen" (LINCK 1987, 2551).

Einen Verstoß gegen die guten Sitten sah Linck beim ärztlichen Doping als gegeben an, da hierdurch im leistungssportlichen Wettbewerb Chancengleichheit und Fairplay verletzt und "die Vorbildfunktion von Spitzensportlern, die weit über den Sport hinausgeht, nachhaltig in Frage gestellt (würde)":

"Doping im Sport ist aufgrund dieser ethisch-sozialen Betrachtung daher sittenwidrig. Hierbei handelt es sich durchaus nicht um eine rigorose individuelle Wertung, sondern um ein Werturteil, das dem 'Anstandsgefühl aller billig und gerecht Denkenden' entsprechen dürfte. Die auf demokratischer Willensbildung beruhenden Erklärungen des Deutschen Sportbundes, als dem Repräsentanten von ca. 19,5 Millionen Sportlern, also ca. 30 % der Gesamtbevölkerung, sowie die immer wieder zu beobachtenden ablehnenden Reaktionen der Zuschauer in den Stadien gegenüber anabolikagetunten weiblichen Ungetümen in den leichtathletischen Wurfdisziplinen können dafür als schwerwiegende Indizien angeführt werden" (LINCK 1987, 2552).

Die Mainzer Staatsanwaltschaft folgte Lincks Argumentation nicht, die Staatsanwältin Gütebier stellte vielmehr in ihrer Einstellungsverfügung vom 8.3.1989 sogar fest, dass ärztlich verordnetes Doping zumindest bis zum Zeitpunkt des Todes von Birgit Dressel aus ihrer Sicht, wenn nicht erlaubt, dann doch wenigstens strafrechtlich nicht ahndbar sei:

> "... auf Ihre vorbezeichnete Strafanzeige habe ich ein Ermittlungsverfahren gegen Unbekannt zum Nachteil der im April 1987 verstorbenen Sportlerin Birgit Dressel eingeleitet und Ihren in dem Anzeigevorbringen in Bezug genommenen Aufsatz ausgewertet. Die dort vorgenommene Beurteilung des Dopings unter strafrechtlichen Gesichtspunkten gibt mir jedoch keinen Anlaß zu weiteren Ermittlungen.
>
> Zunächst ist darauf hinzuweisen, daß bereits in dem anhängig gewesenen Ermittlungsverfahren gegen Unbekannt wegen fahrlässiger Tötung zum Nachteil von Birgit Dressel die Frage geprüft wurde, ob gegen Professor Dr. Klümper als behandelndem Arzt ein gesondertes Ermittlungsverfahren wegen fahrlässiger Körperverletzung und anderem eingeleitet werden soll. Davon wurde im Ergebnis abgesehen, da es den Sachverständigen trotz umfangreicher Untersuchungen nicht gelang, einen gesicherten ursächlichen Zusammenhang zwischen der bei der Sportlerin beobachteten toxisch-allergischen Symptomatik und den Fremdeiweiß-Applikationen durch Prof. Dr. Klümper herzustellen. Die Erfüllung des Tatbestandes der Körperverletzung würde indessen zumindest den Nachweis voraussetzen, daß gerade durch die Medikationen eine Gesundheitsschädigung im Sinne des § 223 StGB eingetreten ist. Dies ist hier jedoch nicht der Fall.
>
> Von entscheidender Bedeutung ist darüber hinaus, daß selbst eine nachweisbare Gesundheitsbeschädigung durch die Einwilligung der Verletzten gerechtfertigt gewesen wäre. Anhaltspunkte dafür, daß das Verabreichen von leistungssteigernden Medikamenten im Tatzeitraum (also vor April 1987) als sittenwidrig anzusehen wäre, liegen nicht vor. Ein Verstoß gegen die guten Sitten liegt nämlich nur dann vor, wenn allgemein gültige Wertmaßstäbe, die vernünftigerweise nicht anzweifelbar sind, zu einem eindeutigen Sittenwidrigkeitsurteil führen ... Dies läßt sich zumindest für die Zeit vor dem tragischen Tod von Birgit Dressel nicht mit Sicherheit feststellen. Es spricht vielmehr vieles dafür, daß erst nach diesem spektakulären Todesfall ein Wandel in der öffentlichen Meinung eingesetzt hat, so daß heute der Einsatz von Dopingmitteln zunehmend negativ beurteilt wird[16]. Für die strafrechtlich relevante Zeit vor dem Todesfall läßt sich eine derart eindeutige Ablehnung von leistungssteigernden Medikamenten im Sport dagegen nicht mit Sicherheit feststellen, so daß zu Gunsten der behandelnden Ärzte von einer rechtsgültigen Einwilligung auszugehen ist.
>
> Auch Ihre Rechtsausführungen zu einem möglichen (Kassen-)Betrug der behandelnden Ärzte durch das Verschreiben von leistungssteigernden, aber evtl. medizinisch nicht indizierten Medikamenten geben mir keinen Anlas zur Durchführung weiterer Ermittlungen.

---

[16] Diese Argumentation der Mainzer Staatsanwältin ist abwegig. Denn zum einen waren die Anabolika in der IAAF seit 1970 und im IOC seit 1974 verboten. Zum anderen hatten sich DSB und Sportärzteschaft zumindest seit 1977 öffentlich deutlich gegen den Anabolikamissbrauch gewendet. Öffentliche Diskussionen hatten zudem schon lange vor der Strafanzeige Lincks in größerem Umfang stattgefunden.

> Zum einen erscheint es bereits fraglich, ob im konkreten Fall der Birgit Dressel die Allgemeine Ortskrankenkasse Mainz-Bingen durch Prof. Dr. Klümper getäuscht wurde. Die Ermittlungen haben nämlich ergeben, daß die der Krankenkasse vorgelegten Rezepte detaillierte Angaben zu den verordneten Medikamenten enthalten.
>
> Zum anderen kann dem behandelnden Arzt zumindest nicht mit der für eine Verurteilung erforderlichen Sicherheit nachgewiesen werden, daß er die gesetzliche Krankenkasse vorsätzlich über ihre Leistungspflicht täuschen wollte. Zu Gunsten von Prof. Dr. Klümper ist nämlich nicht auszuschließen, daß er subjektiv davon ausging, die von ihm verordneten Medikamente wären zumindest auch zur Heilung und Linderung von Krankheiten zweckmäßig einzusetzen. Dies kann ihm insbesondere deshalb nicht widerlegt werden, weil – wie oben bereits dargelegt – die öffentliche Diskussion über die Zulässigkeit des Verschreibens von sogenannten Dopingmitteln erst nach dem Tod der Sportlerin Birgit Dressel in aller Öffentlichkeit begonnen wurde.
>
> Ich habe das Ermittlungsverfahren daher ohne weitere Ermittlungen aus rechtlichen Gründen eingestellt."

Die Behandlung der Strafanzeige Lincks durch die Mainzer Staatsanwaltschaft zeigt am Beispiel der Frage der Sittenwidrigkeit, wie die Beurteilung der juristischen Seite des Dopings von rein subjektiven Ansichten (oder etwa von Dienstanweisungen?) geprägt war[17]. Dabei ist der Staatsanwältin in ihrer Einschätzung, eine sittenwidrige Handlung liege beim ärztlichen Doping nicht vor, keinesfalls zuzustimmen. Gerade die umfangreiche öffentliche Dopingdiskussion in Westdeutschland 1976/77 mit überwiegender Ablehnung der damals öffentlich gewordenen Manipulationspraktiken legt die Einschätzung als sittenwidrigen Tatbestand nahe. Auch die – der Staatsanwaltschaft wohl ebenso unbekannte – ablehnende Reaktion des Dopings durch den Sportausschuss des Deutschen Bundestages 1977 (von wenigen Ausnahmen wie Wolfgang Schäuble abgesehen) kann als Zeichen für eine solche gegebene Sittenwidrigkeit angesehen werden. Andererseits zeigt die Mainzer staatsanwaltschaftliche Position, wie erfolgreich – und in ihren Wirkungen auf den Sport und die Dopingbekämpfung schädlich – die durch Willi Daume oder den Deutschen Leichtathletik-Verband erteilten Schweigegebote auch in dieser Hinsicht waren. Daumes Aufforderung, die bundesdeutschen Diskussionen zum Thema Doping und Leistungsbeeinflussung künftig nicht mehr öffentlich zu führen, hatte somit eine verheerende Wirkung für die Dopingbekämpfung mit verursacht.

---

[17] Prof. Dr. Hans-Volkhart Ulmer vermutet einen direkten Zusammenhang zwischen der Weigerung der rheinland-pfälzischen Sozialministerin Hansen, Abrechnungsmissbrauch bei Dopingmitteln zu verfolgen, und der Einstellungsverfügung des Ermittlungsverfahrens wegen des Verdachts der fahrlässigen Körperverletzung zum Nachteil von Birgit Dressel durch die Mainzer Staatsanwaltschaft. Ulmer vertritt die Ansicht, dass die Staatsanwaltschaft Mainz "vermutlich in der prinzipiell schwerwiegenden Angelegenheit des Todes von Birgit Dressel nicht weisungsunabhängig" gehandelt habe (Mitteilung Ulmers an die Autoren vom 10.3.2000).

Joachim Linck war verständlicherweise mit der Auffassung der Staatsanwältin Gütebier nicht einverstanden, wie aus einem Schreiben Lincks an die Mainzer Rhein-Zeitung vom 13.3.1989 hervorgeht:

"... wie telefonisch abgesprochen übersende ich Ihnen meine Strafanzeige im Dopingfall Dressel und die Einstellungsverfügung der Staatsanwaltschaft. Zu dieser Verfügung nehme ich wie folgt Stellung:

1. Die Staatsanwaltschaft verneint eine Körperverletzung; das ist nicht haltbar: Aus dem gerichtsmedizinischen Gutachten der Professoren Dr. Wagner und Dr. Mattern geht eindeutig hervor, daß Birgit Dressel auch einige Medikamente von Prof. Klümper verschrieben bzw. verabreicht worden sind, die medizinisch nicht indiziert waren. Die Staatsanwaltschaft kann sich doch nicht einfach über dieses Gutachten hinwegsetzen. Jede Verabreichung von medizinisch nicht indizierten Medikamenten stellt aber objektiv eine Körperverletzung dar – auf deren Art und Schwere kommt es nicht an; insofern ist es unbeachtlich, ob die Behandlung mit Sicherheit die 'toxisch-allergische Symptomatik' ausgelöst hat; ausreichend ist jeder Eingriff in die körperliche Integrität.

2. Ich widerspreche auch der Auffassung der Staatsanwaltschaft, daß Doping vor April 1987 nicht sittenwidrig war. Das Werturteil über Doping hat sich zwischen 1987 und 1988/89 in der Bevölkerung nicht geändert; Doping ist nur inzwischen ein 'Thema' geworden und damit ist auch die unveränderte Wertauffassung nur öffentlicher geworden.

Die Entscheidung der Staatsanwaltschaft stellt für mich und alle Dopinggegner allerdings insofern einen Teilerfolg dar, als sie mit hinreichender Deutlichkeit erkennen läßt, daß sie künftig gegenüber dopenden Betreuern oder Ärzten Anklage erheben wird."

Daß im Fall Birgit Dressel über den sportethischen Aspekt hinaus und unabhängig von dem zum Tode führenden toxisch-allergischen Geschehen eine mehr als geringfügige Gesundheitsschädigung und schwerwiegende Eingriffe in die körperliche Integrität der Sportlerin durch eine langfristige polypragmatische ärztliche Behandlung vorlagen, zeigt die Presseerklärung des Leitenden Oberstaatsanwaltes Werner Hempler vom 31.7.1987. Darin wird die Einstellung des Ermittlungsverfahrens gegen Unbekannt wegen fahrlässiger Tötung damit begründet, daß "nicht mit an Sicherheit grenzender Wahrscheinlichkeit festgestellt werden kann, welche möglichen Ursachen – allein oder im Zusammenwirken – den Tod von Frau DRESSEL verursachten". Daraus ergibt sich eine mögliche Sittenwidrigkeit auch unter dem Aspekt der Gesundheitsschädigung, da Birgit Dressel ihre Zustimmung zu solchen polypragmatischen Behandlungsformen vermutlich ohne Wissen um potentielle Gefahren erteilt hat:

3. Das toxisch-allergische Geschehen wurde jedoch möglicherweise von anderen Substanzen und Faktoren mitausgelöst, verstärkt bzw. mitbestimmt.

- So könnte ein infekt-toxisches Geschehen abgelaufen sein. Aufgrund der postmortalen Untersuchungen wurden nämlich nekrotisierende und demyelisierende Entzündungen der lumbalen sowie thorakalen Spinalganglien festgestellt und Hinweise auf einen Mitbefall des vegetativen Nervensystems gewonnen. Diese lösten die neurologischen Ausfallserscheinungen aus. Morphologisch war belegbar, daß zum Todeszeitpunkt ein allenfalls wenige Tage alter Entzündungsprozess des peripheren Nervensystems eine Rolle spielte.

- Die Sachverständigen gehen deshalb davon aus, daß bei Frau DRESSEL bereits bei ihrer Einlieferung in die Universitätskliniken ein langsam anlaufendes toxisch-allergisches Geschehen vorlag. Die eigentliche Ursache für die Entzündung sowie für das sich zunächst langsam aus- und fortbildende toxisch-allergische Geschehen konnte nicht eindeutig geklärt werden. Weder war es möglich, eine Infektionskrankheit noch eine virale Genese mit Sicherheit nachzuweisen.

- Es liegen Anhaltspunkte dafür vor, daß die vorangegangene, jahrelang durchgeführte Behandlung mit den unterschiedlichsten Substanzen und Arzneimitteln die Ausbildung des toxisch-allergischen Geschehens förderte. Über eine lange Zeit wurden Frau DRESSEL Wirksubstanzen in bedeutenden Mengen sowohl oral als auch durch Spritzen in die verschiedensten Körperregionen verabreicht. Dabei wurden ihr auch Substanzen zugeführt, die erhebliche Nebenwirkungen und Allergien auslösen können.

Bei dem fortwährenden Zusammentreffen parentral verabreichter tierischer Zellpräparate kam es im Organismus zwangsläufig zu ständigen Immunreaktionen mit der Gefahr einer Überforderung des Immunsystem, das durch gehäufte Infekte zusätzlich belastet wurde. Die sportärztlich durchgeführte Therapie mit ihren vielfältigen und variantenreichen Maßnahmen wird angesichts der außergewöhnlichen Zahl und der unterschiedlichsten Arten von Kombinationspräparaten und Fremdeiweißapplikationen als nicht mehr überschaubar und in ihren Wirkungen auf den Organismus (auch Kombinationswirkungen) nicht abschätzbar angesehen."

In seinem Beitrag in der Neuen Juristischen Wochenschrift hatte Linck bereits 1987 darauf hingewiesen, dass nicht etwa nur unzureichende gesetzliche Bestimmungen zum Arzneimittelrecht und zum Doping das Problem der Dopingbekämpfung seien, sondern vielmehr die unzureichende Anwendung der bestehenden Gesetze. Lincks Ausführungen enthalten eine Reihe von produktiven Vorschlägen und Gedanken, die leider auch in der Zeit nach Birgit Dressels Tod nur in wenigen Fällen Berücksichtigung fanden. Unzureichende staatliche Kontrolle des Sports, unzureichende staatsanwaltschaftliche Einschätzung von Dopingsachverhalten oder völlig fehlende standesrechtliche Konsequenzen für dopende – bzw. medizinisch nicht indizierte Behandlungen vornehmende - Ärzte wie Armin Klümper trugen somit weiterhin ihren nicht unerheblichen Teil zur Problementwicklung beim Doping in der Bundesrepublik Deutschland bei:

"In den bisherigen Ausführungen wurde versucht nachzuweisen, daß bereits unser geltendes Recht eine ausreichende Grundlage darstellt, um das Dopingunwesen wirksam zu bekämpfen, soweit ihm nach Art und Folgen ein krimineller Unrechtsgehalt beizumessen ist. Erwägenswert ist allerdings eine Verschärfung des geltenden Arznei- und Betäubungsmittelrechts, um insbesondere dem Mißbrauch von Anabolika auch staatlicherseits erfolgreich begegnen zu können. Es liegt also im Grundsatz nicht an fehlendem oder zu lückenhaftem staatlichem Recht, sondern an dessen Vollzug. Weder die Staatsanwaltschaft noch die ärztliche Berufsgerichtsbarkeit haben sich bisher um die widerrechtlichen Formen von Doping ausreichend gekümmert. Bevor man also nach neuen oder schärferen Gesetzen ruft, sollte man die Sanktionsmöglichkeiten, die das bestehende Recht bietet, erkennen und strikt ausschöpfen. Es würde sich empfehlen, die Konferenz der Justizminister mit dem Thema Doping und Strafrecht zu befassen, um sich über ein einheitliches und energisches Vorgehen der Staatsanwaltschaften gegen Dopingsünder zu verständigen. Hierauf sollten auch die Parlamente durch geeignete Initiativen im Rahmen der parlamentarischen Kontrolle hinwirken. Daneben wäre es sowohl für die Regierung als auch für die Parlamente erforderlich, genauer zu kontrollieren, was mit den staatlichen Mitteln der Sportförderung in der Praxis geschieht. Eine Einstellung oder Rückforderung staatlicher Förderungsmittel gegenüber Sportverbänden oder Sportlern ist bisher noch nicht erfolgt. Ihre direkte oder mittelbare Verwendung zur Förderung und Anwendung von Dopingmaßnahmen muß über den Haushaltsvollzug und die vorgängige wie nachträgliche parlamentarische Kontrolle unterbunden werden. ... Die im Grundsatz durchaus legitime Autonomie der Sportverbände darf nicht so weit gehen, daß es ihnen ermöglicht wird, mit staatlichen Mitteln über institutionelle oder individuelle finanzielle Fördermaßnahmen – sei es direkt oder mittelbar, sei es mit offenen oder geschlossenen Augen – die Voraussetzungen von Doping im Sport zu schaffen" (LINCK 1987, 2551).

Dass missbräuchliche Abrechnung von Dopingmitteln über Krankenkassen damals durchaus üblich war, zeigt die Aussage des folgenden Zeitzeugen:

„Bei mir war das so, dass ich vom Arzt über die Kasse auf Rezept Anabolika bekam, auch als ich nicht verletzt war. Und das bekam ich, und die Kasse zahlte das auch brav, was mich bis heute wundert. Die hätten ja auch gucken können, was ist das für ein Medikament, was macht der Junge."

Dies wäre im Übrigen auch eine Aufgabe des zwischengeschalteten Apothekers gewesen.

Unter institutioneller Passivität ist auch einzuordnen, dass das Dopingthema trotz vielfältiger Berührungspunkte zwischen dem Spitzensport und den westdeutschen Instituten für Sportwissenschaft (z.B. in Personalunion Lehrkraft an einem Institut und Bundestrainer, Professor und Spitzenfunktionär) bis heute kaum in Lehre und Forschung behandelt wird. Dies lässt sich vielleicht dadurch erklären, dass nicht wenige eine Bearbeitung als sinnlos ansehen, anderen das notwendige Problembewusstsein fehlt und wieder andere sogar eine Bearbeitung ihrer eigenen Vergangenheit fürchten müssen.

Zwar hat die Deutsche Vereinigung für Sportwissenschaft (DVS) bei ihrem Hochschultag 1991 in Oldenburg eine wegweisende Erklärung zur Dopingproblematik und zur Verantwortung von Sportwissenschaftlern abgegeben, die zum Austritt einiger Sportmediziner führte, da sie wegen der Verantwortungsbereitschaft der DVS für eine problematische Vergangenheit keine Sportwissenschaftler mehr sein wollten. Die Praxis an einigen Instituten für Sportwissenschaft sah aber anders aus. So hatte beispielsweise der 1987 aus der DDR geflohene Sportmediziner und „Chefdoper" (BERENDONK 1992) Hartmut Riedel kurz nach seiner Flucht eine Anstellung bei Heinz Liesen in Paderborn gefunden, seinerzeit Chefmediziner mehrerer Nationalmannschaften. In der Öffentlichkeit behauptete Riedel, er habe seine Dissertation[18] bei der Flucht nicht mitnehmen können. Im Gegensatz zu dieser Aussage befand sich im Paderborner Institut eine Kopie im Umlauf und die meisten Lehrkräfte hatten von ihr Kenntnis[19]. Es ging nur niemand mit dieser Information an die Öffentlichkeit. Angesichts sonstiger akademischer Gepflogenheiten war es später erstaunlich, dass bei der Bewerbung Riedels um eine Professorenstelle in Bayreuth die externen Gutachter Prof. Dr. Hollmann und Prof. Dr. Keul ihre Gutachten ohne Kenntnis der Dissertation oder weiterer Schriften Riedels abgegeben haben wollen – ein wohl einmaliger Fall in der bundesdeutschen Universitätslandschaft, dass ein unbekannter Bewerber ohne die Vorlage einer einzigen Veröffentlichung für die Zeit vor 1987 und seiner Dissertation Professor werden konnte. Obwohl Riedel schon kurz nach Beginn seiner Bayreuther Tätigkeit heftig angegriffen wurde, versuchte ihn Liesen als Professor nach Paderborn zurückzuholen, was am Widerstand der Fakultät scheiterte. Riedel musste nach einigen Jahren seine Professorenstelle wegen unwahrer Angaben bei der Bewerbung aufgeben.

Ein weiteres, nachdenklich stimmendes Beispiel ist das Ergebnis eines im Auftrag des Bundesinstituts für Sportwissenschaft durchgeführten Forschungsprojekts zu den Kinder- und Jugendsportschulen (KJS) der ehemaligen DDR (Hällfritsch/Becker 1993). Aus anderen Veröffentlichungen (Berendonk 1992, bestätigt durch Spitzer 1998) ist bekannt, dass an den KJS gedopt wurde. Bei Becker und Hällfritsch findet sich keinerlei Hinweis darauf[20]. Zumindest unter Historikern gilt die Bedingung für wissenschaftliches Arbeiten, dass alle erreichbaren Quellen und Dokumente bei der Bearbeitung eines Themas berücksichtigt werden müssen, gleichgültig ob einem der jeweilige Inhalt gelegen kommt oder nicht.

Angesichts solcher Zusammenhänge und Verstrickungen führender Sportwissenschaftler und Sportfunktionäre ist es wenig erstaunlich, dass bis heute kein Forschungsauftrag zur Bearbeitung der westdeutschen Dopingvergangenheit durch das Bundesinstitut für Sportwissenschaft oder ein anderes Gremium bzw. eine andere Institution vergeben wurde.

---

[18] Titel der Dissertation: „Zur Wirkung anaboler Steroide auf die sportliche Leistungsentwicklung in den leichtathletischen Sprungdisziplinen." Dissertation B. Bad Saarow 1986 (unveröffentlicht).

[19] Eine Lehrkraft erzählte einem der Verf. (G.T.) zunächst freimütig diese Tatsache. Auf die Nachfrage, ob diese Information verwendet werden könne, verbot er dies.

[20] Ein Projektmitarbeiter berichtet, dass bei der Forschungsarbeit zumindest ein ganzer Schrank voller Dopingdokumente gefunden wurde, diese aber für die Ausarbeitung nicht verwendet wurden.

4.7 Anabolika in der Grauzone zwischen Therapie und Doping

Nach dem mit großer Verspätung erfolgten Anabolikaverbot durch den Deutschen Sportbund 1977 deutete sich vereinzelt an, wie weitere Anabolikaverwendung im Spitzensport gerechtfertigt wurde. Die These eines von Joseph Keul, Heinz Liesen oder Alois Mader vertretenen Substitutionsbedarfs von männlichen Sexualhormonen war zwar nicht mehr haltbar (sie wurde, wie noch zu zeigen sein wird, vereinzelt aber dann Ende der 80er Jahre erneut vertreten). Die Athleten nutzten jedoch weiterhin medizinische Argumente für die Verwendung der Anabolika. Dabei war schon 1977 und in den Jahren danach zu erkennen, dass bei dieser Form des Dopings keineswegs die definitorische Grauzone zwischen Substitution und Doping hauptsächlich verantwortlich für eine Legitimierung des Missbrauchs der anabolen Steroide zum Zwecke des Dopings war. Eine weitaus größere Rolle scheint in der Folge die Grauzone zwischen Therapie und Doping gespielt zu haben.

Stellungnahmen durch Werfer wie Karl-Hans Riehm[21], dem wegen Doping mit Deca-Durabolin (Nandrolon) 1978 gesperrten Diskuswerfer Hein-Direck Neu oder sympathisierende Aussagen wie z.B. von Thomas Wessinghage zeigen, dass die Verwendung von Anabolika von manchen Ärzten und nicht wenigen Athleten zumindest dann als gerechtfertigt angesehen wurde, wenn eine im weitesten Sinne vorhandene "Indikation" ausgemacht werden konnte. Dabei ist nicht immer klar nachzuweisen, inwieweit dieser Bezug auf ein solches sogenanntes "Therapiefenster" lediglich eine Ausrede darstellt oder im Bewusstsein der handelnden Personen tatsächlich subjektiv legitimierenden Charakter aufweist. Riehm jedenfalls brachte die "therapeutische" Anabolika-Maßnahme direkt mit seinen erzielten Weiten, also auch seinen Weltrekorden, in Verbindung: "Denn mehr als 78 Meter konnte man damals nicht 'ohne' werfen" (Frankfurter Allgemeine Zeitung, 12.5.1999).

Welcher Natur solche "Indikationen" sein konnten, zeigt die polizeiliche Zeugenvernehmung von Armin Klümper am 15. Mai 1987 in Freiburg im Zusammenhang mit dem Tod von Birgit Dressel. Diese Vernehmung, in der Klümper in Bezug auf die Art der Rezeptierung von Anabolika für die Sportlerin auch wahrheitswidrige Angaben machte, weist nach, dass bei ihm Anabolikaverwendung weit über das von den Herstellern solcher Medikamente gedachte Maß hinaus erfolgte und dadurch teilweise Therapie von gezieltem Doping praktisch nicht mehr zu unterscheiden war. In ihr erklärte Klümper, „dass ANABOLICA durchaus in das Therapiespektrum meines Instituts gehören, z.B. in Regenerati-

---

[21] „Das klassische Doping hat bei uns nie eine Rolle gespielt." – "Aber Anabolika dosiert als unterstützende Maßnahme für Kranke, zur Regeneration" (Frankfurter Allgemeine Zeitung, 12.5.1999)

onsphasen, nach Operationen usw. ...", ferner nach Knochenverletzungen. Klümper bestritt die Ausgabe von sogenannten Blankorezepten an Patienten und vertrat die Ansicht,

> „daß Frau DRESSEL im Rahmen der Nachbehandlung nach ihrer Operation, im Jahr 1985, eigentlich planmäßig hätte ANABOLICA bekommen müssen. Dafür finden sich keine Anhaltspunkte in den Unterlagen".

Nicht ausschließen mochte er, dass Birgit Dressel das Anabolikum Megagrisevit von ihm erhalten hätte. Therapeutische Indikationen sah Klümper jedenfalls bei Birgit Dressel als gegeben an:

> „Aus den Krankenunterlagen ergibt sich für diesen Zeitpunkt, daß eine Kieferhöhlenentzündung vorlag und damit wohl eine Zeit der Ruhestellung der Athleten erfolgt. Insoweit könnte man – ich betone allerdings im weiteren Sinne – eine Indikation für die Anwendung von ANABOLICA als gegeben ansehen" (Protokoll der Zeugenvernehmung durch das 1. Kommissariat Mainz am 15.5.1987, 19 ff.).

Die Ausführungen Klümpers, der auch nicht ausschließen mochte, Stromba an Birgit Dressel verordnet zu haben, verdeutlichen, dass seine sportärztliche "Indikation" von anabolen Steroiden weit über deren ursprüngliche medizinische Zielstellung als Heilmittel Schwerstkranker hinausging. Dass sogar bereits die Einnahme von Anabolika durch Sportler eine medizinische Indikation für die weitere Verabreichung solcher Hormone durch einen Arzt bedeuten konnte, belegen die Ausführungen Armin Klümpers in einer am 20.10.1991 abgegebenen Eidesstattlichen Versicherung. Dabei soll die ärztliche Dilemmasituation im Umgang mit Anabolika konsumierenden Athleten nicht verkannt werden. Zweifellos war Professor Klümper subjektiv von der medizinischen Richtigkeit seines Handelns und Denkens überzeugt:

> "Im Rahmen meiner ärztlichen Tätigkeit hab ich stets versucht, jeden Athleten, der Anabolika zu Doping-Zwecken einnahm, davon abzubringen. Dies habe ich bewußt nicht mit flammenden Bekenntnissen für einen sauberen Sport oder mit einer pauschalen Verdammung der Anabolika getan, weil ich weiß, daß derartiges Athleten nicht beeindrucken kann, denen bekannt ist, daß andere Athleten Anabolika ohne oder trotz gewisser Nebenwirkungen einnehmen. Statt dessen habe ich mich bemüht, die wenigen von mir behandelten Athleten, die Anabolika einnahmen, durch medizinisch fundierte Aufklärung über Wirkung und Nebenwirkung der Präparate schrittweise von einer solchen "Therapie" abzubringen und ihnen zu beweisen, daß sie die angestrebten Leistungen auch ohne Anabolika durch richtiges Training erreichen. ...
>
> Wenn meine ärztlichen Mitarbeiter oder ich Anabolika rezeptiert oder verabreicht haben, so geschah dies ausschließlich aus medizinischen Gründen, sei es aufgrund einer Diagnose, die den Einsatz eines solchen Präparates als medizinisch-indiziertes Medikament erforderten, sei es um – in äußerst seltenen Ausnahmefällen – unbelehrbare Athleten vor unkontrolliertem Konsum und gesundheitlichen Schäden zu bewahren. Der Anteil der von uns behandelten oder medizinisch betreuten Athleten, denen aus einem der genann-

ten Gründe Anabolika verabreicht oder verordnet worden sind, liegt mit absoluter Sicherheit unter 1 %."

Ärztliches Doping aus Sorge über eigenständig dopende Athleten reicht in der Anabolikafrage bei Armin Klümper bis Anfang der 70er Jahre zurück. Bereits 1971 hatte Klümper den Hammerwerfer Walter Schmidt aus Sorge um dessen eigenmächtigen und enorm hohen Anabolikadosierungen ärztlich betreut. Dies geht aus einem Schreiben Klümpers vom 18. März 1977 an Brigitte Berendonk hervor, die kurz zuvor in der Süddeutschen Zeitung vom 26./27. Februar zum Dopingproblem Stellung bezogen hatte:

> "Für Walter Schmidt gilt, daß er mit Sicherheit die ersten Anabolika nicht von Medizinern bekommen hat, auch nicht von mir; nach einer ausgiebigen Information durch amerikanische Athleten war er ... davon überzeugt, daß er in Zukunft nur noch Leistungen mit Hilfe der Anabolika bringen könne.
>
> Ich habe ungefähr versucht, herauszubekommen, welche Mengen an Anabolika Walter Schmidt z.B. eingenommen hat und sich im wesentlich selbst gespritzt hat; nach meinen Recherchen bin ich zu dem Ergebnis gekommen, daß zumindest zeitweilig und das über Wochen oder vielleicht Monate er sich selbst Anabolika in einer Menge von täglich nicht unter 50mg verabreicht hat.
>
> Diese Tatsache hat vor den Olympischen Spielen in München zu einem absoluten Bruch zwischen Patienten und Arzt – in diesem Falle bin ich das – geführt. ...
>
> Ich habe Walter Schmidt im Herbst 1971 zu seinem Weltrekord, den er in Lahr erreichte, geführt unter der Überlegung und Vorstellung, daß eine sehr gute Leistung nach einer schlechten Saison zu einer psychischen Stabilisation führen könne, damit er insgesamt stabilisiert in das Olympiajahr 1972 geht und zu einem ersehnten und gewünschten Erfolg kommt.
>
> Ich hatte mich in der Möglichkeit meiner Beeinflussung und auch in Hinsicht auf die Auswirkung des Weltrekordes für das Olympiajahr 1972 gründlich getäuscht."

An seiner Auffassung, das Doping der Sportler zu deren eigenem Schutz kanalisieren zu müssen, hat dieser ärztlich-pädagogische Misserfolg im Fall von Walter Schmidt nichts verändert:

> "Ich persönlich bin der Meinung, daß auch hier Aufklärung, vernünftige Dosierung und schließlich langsamer Entzug der einzige Weg sind, um dafür zu sorgen, daß die Athleten im Rahmen ihres Leistungssportes auch gesund bleiben.
>
> Da wir in einer Demokratie leben, werde ich es einem mündigen Athleten nach wie vor überlassen, ob er Anabolika nehmen möchte oder nicht; nur mit dem Unterschied, daß es keineswegs – wie Sie schreiben – rucki-zucki analog den Antibabypillen geht; ich gebe mir die Mühe, jeden Athleten, der auf Anabolika reflektiert, gründlich über Struktur der Medikamente, Wirkungsweise, Möglichkeiten der Nebenwirkungen und ähnliches aufzuklären. Wenn er nach dieser Aufklärung immer noch dabei bleibt, daß er Anabolika haben möchte, werde ich auch in Zukunft einem solchen Athleten Anabolika rezeptieren und ihm schriftlich die entsprechenden Vorschläge zur Einnahme unterbreiten, damit nach Möglichkeit ein(e) unkontrollierte Einnahme verhindert wird. Dies scheint mir der

bessere Weg zu sein; zu dem ich mich auch öffentlich auch in dem Film der ARD einwandfrei bekannt habe und auch in Zukunft bekennen werde."

Mit solch öffentlichen Bekenntnissen, von denen Klümper in seinem Schreiben an Brigitte Berendonk in Bezug auf eine ähnlich lautende Stellungnahme im Fernsehen sprach, wurde Klümper in späteren Jahren aber vorsichtiger. Zugegeben hat er Dopingpraktiken dann so offen erst wieder in der o.a. polizeilichen Vernehmung von 1987 für den Männerbereich, nicht ausschließen mochte er sie auch im Fall Birgit Dressel.

Im Dopingfall Armin Klümper/Alwin Wagner sah der Freiburger Extremmediziner ebenfalls eine medizinische Indikation für Anabolikagaben alleine schon aus Gründen des Gewichtsverlustes für gegeben. Klümper führte als Rechtfertigung dieser "therapeutischen" Form des Dopings eine Resolution der Deutschen Gesellschaft für Sportmedizin 1988 ins Feld, die den Eindruck vermitteln könnte, dass die Mitglieder dieser Nachfolgeorganisation des Deutschen Sportärztebundes 1988 eine Art Dopingfreigabe in der Bundesrepublik unter fadenscheinigen Therapieargumenten eigenmächtig eingeführt hätten:

> "Die zeitlich limitierte Gabe von Anabolika zum Wiederaufbau atrophierter Muskulatur nach Immobilisierung oder langdauernden Verletzungen stellt eine therapeutische Maßnahme dar und erfüllt nicht den Tatbestand des Dopings" (zitiert nach der Eidesstattlichen Erklärung Armin Klümpers vom 26.10.1991).

Wie lange eine solche Verletzung andauern müsse, wie atrophiert ein Muskel und wie zeitlich limitiert eine solche Anabolikagabe aus therapeutischen Gründen zu sein hätten, ließen die Deutsche Gesellschaft für Sportmedizin und Armin Klümper offen. Selbst wenn man eine solche Erklärung aus wissenschaftlicher Sicht ernst nehmen würde, wäre sie für Klümper dennoch keine Rechtfertigung, da die ihm vorgeworfenen Dopingfälle Wagner und Dressel in den Zeitraum vor Abgabe dieser Resolution fielen. Außerdem wird in der oben zitierten Eidesstattlichen Versicherung Klümpers einmal mehr deutlich, dass er in der Anabolikafrage in keiner Weise auf dem Boden der Anti-Dopingbestimmungen stand. Anabolikagaben außerhalb der Wettkampfperiode, so geht aus Klümpers o.a. Eidesstattlicher Versicherung definitionswidrig hervor, seien überhaupt kein Doping:

> "Wagner sollte einfach seine täglichen Körpergewichtsergebnisse formlos mitteilen, damit nach dem Erreichen seines Standardgewichtes er die Behandlung abbrechen solle.
>
> Außerdem kann wohl bei einer Anabolika-Applikation im Januar keine Dopingabsicht des behandelnden Arztes hinsichtlich der Wettkämpfe im August/September unterstellt werden."

Die eigentlich unglaubliche Resolution der Deutschen Gesellschaft für Sportmedizin aus dem Jahr 1988 in Bezug auf die ärztlich kontrollierte Dopingfreigabe unter dem Vorwand medizinischer Scheinindikationen wie Gewichtsverlust oder Trainingsrückstand – nichts anderes bedeutet diese Erklärung nämlich in der Realität – ist bis heute kaum zur Kenntnis genommen worden. Es wurde ferner also auch nicht beachtet, dass damit 1988 in gewisser Weise an das Freigabejahr des Deutschen Sportärzte-Bundes 1976 angeknüpft wurde. Zu diesem Zeitpunkt forderten – und dies zeugt von einem offenbar nach Birgit Dressels Tod immens angewachsenen Problemdruck – die westdeutschen Ärzte nämlich verstärkt eine klare Entscheidung zwischen konsequenter Kontrolle oder Dopingfreigabe, wie ein Schreiben des damaligen Leitenden Verbandsarztes des Deutschen Leichtathletik-Verbandes, Hartmut Krahl, vom 1. Juli 1988 „An die DLV-Ärzte" zeigt. Darin wird Bezug genommen auf die vorangegangene DLV-Ärztetagung in Darmstadt und eine „Stellungnahme des Deutschen Sportärztebundes ‚zur medikamentösen Behandlung von Sportlern'" zusätzlich erläutert:

> „Wirkung und Nebenwirkungen von Anabolika werden von den anwesenden Ärzten unterschiedlich beurteilt. Die ursprüngliche zum Wohle des Sportlers eingeführte Doping-Regel kehrt sich ins Gegenteil, wenn eine immer größer werdende Anzahl von Athleten zur Selbstmedikation schreitet und sich damit zweifellos einer erhöhten gesundheitlichen Gefährdung unterzieht[22]. Der internationale Sport steht heute aus der Sicht der Medizin am Scheideweg: Entweder werden Kontroll- und Überwachungsmaßnahmen wirksam ausgebaut, oder man bekennt sich zur medizinisch kontrollierten Einnahme von Anabolika, um breiteren Schaden zu verhüten. Die derzeitige Praxis ist für Athlet, Trainer und Ärzte unerträglich!"

Da die offene Freigabe weder 1976/77 noch 1987/88 politisch durchsetzbar gewesen wäre, könnte die von Armin Klümper angesprochene Resolution der Sportmediziner als die „Hintertür" bzw. das „Therapiefenster" für ein gezieltes Doping unter angeblich therapeutischen Gesichtspunkten begriffen werden. Dieser Eindruck einer eigenmächtigen „kleinen" Dopingfreigabe durch die westdeutsche Sportmedizin und in ihrer Hand drängt sich umso mehr auf, als zum damaligen Zeitpunkt immer mehr Firmen ihre Anabolikapräparate wegen schädlicher Nebenwirkungen und fehlender Indikationen vom Markt nahmen, wodurch das Kaschieren von Anabolikagaben mit therapeutischen Schein-Erwägungen im Leistungssport immer unglaubwürdiger wurde:

> "Wegen der Behauptung, für anabole Steroide gebe es ärztliche Indikationen, die einer strikten Einhaltung dieses Verbotes (von Anabolika, d.Verf.) entgegenstünden, hat Prof. Keul im Jahre 1984 eine Klinikbefragung durchgeführt. Das Resultat: Eine ärztliche Indikation für den Einsatz von anabolen Steroiden ist weder bei Knochenbrüchen und Verletzungen noch bei Osteoporose zu rechtfertigen. Mehrere Pharmahersteller haben

---

[22] Dieser Satz ist entweder verräterisch oder sehr anfällig für Missverständnisse: Er könnte nämlich auch in dem Sinne gelesen werden, dass immer mehr Athleten, die früher unter ärztlicher Kontrolle dopten, nun zur Selbstmedikation greifen würden.

daraufhin diese Präparate alsbald aus dem Handel gezogen" (Anwaltsschreiben im Auftrag Keuls an Brigitte Berendonk vom 11.12.1991)

Ähnlich wie in der Bundesrepublik gab es solche "Therapiefenster" übrigens auch in der Schweiz. Auch dort herrschte zumindest vereinzelt – so z.B. bei dem Arzt Bernhard Segesser – die Vorstellung, man müsse Athleten Anabolika verabreichen, um Verletzungen vorzubeugen oder um eine raschere Wiederherstellung nach Verletzungen zu ermöglichen:

> "'Der Arzt muss sich den Freiraum und die Entscheidungsfreiheit offen lassen, solche Präparate (Red.: Produkte, die laut Dopingreglement verbotene Substanzen enthalten) bei klarer therapeutischer Indikation einsetzen zu können, wenn es der Sportler als Patient erfordert.'
>
> Wann wird ein Sportler für den betreuenden Arzt zum Patienten? Die Definition von Bernhard Segesser ist klar: 'Wenn ein Sportler durch seinen Verletzungszustand nicht mehr wettkampffähig ist und wenn das Risiko besteht, sich durch eine Störung noch schwerer zu verletzen, ist er für mich Patient.' Dann ist für Bernhard Segesser eine ärztliche Korrektur gerechtfertigt, damit normales Training wieder möglich wird. Allerdings bleibt immer alles eine Frage der Zeiträume. Was für Segesser nachher folgt, nämlich die Vorbereitungsphase bis zum Moment der Wiederaufnahme einer Wettkampftätigkeit, ist für ihn aber wieder Trainingsaufbau und darf kein medikamentöser Aufbau mehr sein" (Der Zürcher SPORT Nr. 38, 30. März 1990).

Wie ein solch ärztlich-therapeutisches Doping aussehen konnte, zeigte sich am Beispiel des Kugelstoßers Werner Günthör, dessen Doping mit Stromba ebenso wie das Doping der Heidelberger Kugelstoßer Kalman Konya und Claus-Dieter Föhrenbach durch die Magisterarbeit des Sportwissenschaftlers Norbert Wolf an der Universität Heidelberg bekannt und dokumentiert wurde (vgl. dazu ausführlich bei Berendonk 1992, 249 ff.):

> "- Werner Günthör wies 1988 eine durchschnittliche Dosierung von etwa 12–15 mg auf und dürfte damit eine Tageshöchstdosierung von etwa 20–25 mg aufweisen.
>
> - Der Zeitraum der Applikation liegt 2–3 x jährlich bei etwa 6–10 Wochen, wobei etwa zwischen 500–700 mg Anabolika pro 'Kur' verbraucht werden, also jährlich zwischen 1500 mg und 2100 mg."

Ein weiteres Beispiel dafür, dass die Gabe von Anabolika aus „therapeutischen" Gründen in der Bundesrepublik nicht unüblich war, ist der Fall des Biathlon-Olympiasiegers Peter Angerer, der des Anabolikadopings überführt wurde:

> "Angerer, war bei der Weltmeisterschaft 1986 in Oslo überführt worden, der danach zurückgetretene Mannschaftsarzt Erich Spannbauer hatte Angerer vor dem Wettkampf ein Anabolikum verabreicht, um die Belastung zu mindern und die Regeneration zu fördern. 'Angerer war ein Opfer der Fehlinformation, die bei vielen Kollegen herumgeisterte, wonach aus gesundheitlichen Gründen eine Indikation für anabole Steroide gegeben sei' behauptet Keul jetzt auf Anfrage" (Süddeutsche Zeitung, 28.10.1991).

Zumindest im Fall Peter Angerer, liegt jedoch der Eindruck nahe, dass die ins Feld geführten therapeutischen Argumente lediglich vorgeschützt gewesen sein dürften. Bei Angerer, der zwei Jahre nach seinem erwiesenen Doping trotzdem – oder gerade deshalb? – die deutsche Flagge bei der Eröffnungsfeier der Olympischen Spiele von Calgary tragen durfte, handelte es sich vermutlich um gezieltes Doping ohne jeden – ohnehin fälschlichen – Therapiegedanken. Angerer hatte anscheinend Testosteron verlangt, jedoch das synthetische, wirksamere und auch länger nachzuweisende Methyltestosteron erhalten und könnte daher enttarnt worden sein (vgl. dazu Clasing 1986, 362). Nur aufgrund eines früher bewusst durchgeführten Dopings dürfte auch zu erklären sein, warum Angerer z.B. 1993 offen für die Dopingfreigabe eintreten konnte:

"Peter Angerer, der frühere Olympiasieger und Weltmeister im Biathlon, hat am Rande der Junioren-Weltmeisterschaften in Ruhpolding die Freigabe von Dopingmitteln für alle Leistungssportler gefordert. Der Dreiunddreißigjährige, vor fünf Jahren vom Leistungssport zurückgetreten, sagte im Bayerischen Rundfunk: 'Es wird nach wie vor gedopt. Würde man aber unerlaubte Substanzen zulassen, wären sie für jedermann zugänglich und damit bei Chancengleichheit wieder überflüssig'" (Frankfurter Allgemeine Zeitung, 19.2.1993).

An Beteuerungen von Ärzten, niemals an Athleten Dopingmittel rezeptiert zu haben, fehlt es nicht in der Geschichte des bundesrepublikanischen sportärztlichen Wirkens. Auch Joseph Keul beteuerte dies immer wieder, und zwar wahrheitswidrig: "Wir haben zu keinem Zeitpunkt anabole Steroide verschrieben. ... Das kann ich jederzeit beweisen" (Berliner Zeitung, 21. März 1994). Keul hat aber durchaus anabole Steroide verschrieben oder verabreicht bzw. als Projektleiter verabreichen lassen, so z.B. dem Hammerwerfer Uwe Beyer, in verschiedenen wissenschaftlichen Forschungsvorhaben mit badischen Gewichthebern in den 70er oder Skilangläufern in den 80er Jahren. Aber auch an den Hammerwurf-Weltrekordler Walter Schmidt, wie dieser in einer Zeugenvernehmung vor dem Amtsgericht Darmstadt zumindest für den Zeitraum bis 1972 erklärte (Aktenzeichen 25 AR 806/78). Dennoch mag der Hinweis aus der Perspektive solcher Ärzte, die Dopingmittel wie Anabolika aus einer sogenannten Indikation "im weiteren Sinne" bzw. im allerweitesten Sinne oder aus wissenschaftlichem Interesse verabreicht oder rezeptiert haben, zumindest aus deren eigener Sicht in gewisser Weise plausibel sein. Diese "Indikation im weiteren Sinne" ist bei Keul im Fall des verstorbenen früheren Hammerwerfers Uwe Beyer festzustellen. Keul hatte Beyer 1976, der zuvor Primobolan eingenommen und dabei gesundheitliche Probleme bekommen hatte, das nebenwirkungsärmere Deca-Durabolin rezeptiert,

"da in einem solchen Falle 'die Entwöhnung schwierig ist' und 'in Abhängigkeit geratene Athleten es nicht immer schaffen, Anabolika abrupt abzusetzen, sondern nur davon loskommen, wenn man ihnen einen Übergang verschafft'" (BERENDONK 1992, 278, bezugnehmend auf ein Anwaltsschreiben im Auftrag Keuls).

Dabei sei noch einmal an Keuls ärztliche Selbstdefinition aus den 70er Jahren erinnert, die er in der Frankfurter Allgemeinen Zeitung vom 19.3.1977 darlegte. Verfasst – so die redaktionelle Einführung in den Beitrag – in der Sorge, "dass Laien oder gar Unbefugte allein die medizinische Wissenschaft schelten und dabei der eigentliche Vorgang verdeckt wird":

> "Nach den Vorstellungen vieler Trainer und Athleten steht dem Arzt und Sportmediziner nicht das Recht zu, die Einnahme von Medikamenten zu verbieten. Sie sehen die Aufgabe in der Beratung und Untersuchung. Von ärztlicher Seite ist dem voll beizupflichten, da das Dopingverbot mit all seinen Randerscheinungen Aufgabe der Fachverbände ist."

Doping wurde also von Medizinern wie Keul lange Zeit als Problem der Fachverbände angesehen (es soll nicht ausgeschlossen werden, dass sich bei ihm in dieser Hinsicht später Einstellungsveränderungen ergeben haben). Eng damit hing anscheinend auch die seit Anfang der 70er Jahre bis ca. 1977 immer wieder propagierte Haltung Keuls zusammen, dass Doping unter dem sportethischen, nicht aber unter medizinischen Gesichtspunkten zu diskutieren sei:

> "Es kann also gar nicht der Punkt der Schädigung sein, der hier bezüglich eines Verbots eines anabolen Steroids zur Diskussion steht, sondern der sportethische Bereich" (Keul, in Bild der Wissenschaft 1/1979, 88).

Dass immer wieder Sportmediziner guten Gewissens Dopingmittel an Sportler verabreichten oder diese Mittel rezeptierten, dürfte somit einerseits mit jener typischen Dilemmasituation der Mediziner zu begründen sein, in der sie glauben, Schlimmeres verhindern zu müssen; andererseits sicherlich auch mit dem Selbstverständnis von (manchen) Ärzten, selbst wenn sie sich durch ihre Tätigkeit für Sportverbände eigentlich an deren Regeln – an denen sie häufig genug selbst maßgeblich mitgearbeitet haben – halten müssten: Solche Ärzte stehen ihrem eigenen Empfinden nach nämlich nicht Athleten gegenüber, sondern Patienten; und wo sie in wissenschaftlicher Mission wirken, handelt es sich eben wiederum nicht um Sportler, sondern um Probanden. Während Athleten mit Medikamenten gedopt werden, werden Patienten mit Medikamenten "behandelt", Probanden auf der Suche nach wissenschaftlichem Fortschritt einem "Versuch" unterzogen. Und manchmal gehen Ärzte sogar so weit wie Heinz Liesen in Paderborn, der das Athleten/Patienten/Probanden-Gemisch als Produkt seines gleichsam ärztlich-göttlichen Wirkens betrachtet hat (vgl. Kapitel 4.9).

4.8 Testosteronforschung zwischen Dopingbekämpfung und Dopinganwendung

Anfang der 90er Jahre führten Presseberichte über Testosteronversuche in der Bundesrepublik in den 80er Jahren zu erheblichen Irritationen (vgl. Süddeutsche Zeitung vom 26./27.10.1991). Bundesinnenministerium, Bundesinstitut für Sportwissenschaft und ein Forscherteam um Joseph Keul gerieten durch solche Veröffentlichungen in den Ruf, aktive Dopingforschung betrieben zu haben. Projektleiter Keul wertete das – keineswegs geheime – Vorhaben indessen als "klassische und wirksame Anti-Dopingmaßnahme" (Süddeutsche Zeitung vom 28.10.1991):

> "Das Bundesinstitut für Sportwissenschaft hat in Zusammenarbeit mit dem Bundesministerium des Innern und dem Deutschen Sportbund eingehend die immer wieder aufgestellte Hypothese überprüft, daß durch die Einnahme von Testosteron Funktionsstörungen oder gar Krankheiten bei Ausdauerleistungssportlern verhindert werden könnten, die als Folge einer unzureichenden Regenerationsphase mit Verminderung der Immunabwehr auftreten. Es mußte gehandelt werden, weil diese nicht belegten Aussagen, die Sportler und Trainer verwirrten, widerlegt werden mußten. Schon deshalb, weil es dafür theoretisch und aufgrund des vorliegenden Erkenntnismaterials keine Begründung gab.
>
> Daher wurde an entsprechenden Einrichtungen von vier Universitäten die Wirkung von Testosteron an Leistungssportlern nach der Wettkampfsaison auf diese Faktoren hin überprüft. Dieser Vorgehensweise hat der Hauptausschuss des Deutschen Sportbundes in seiner Grundsatzerklärung zum Spitzensport am 5.11.1983 zugestimmt. In der Erklärung heißt es: 'Das Bundesinstitut für Sportwissenschaft wird, wie in der Stellungnahme seines Direktoriums gefordert, die Forschungstätigkeit auf dem Gebiet tatsächlich oder vermeintlich leistungsfördernder Medikamente verstärken.' Demnach hat der Deutsche Sportbund bereits vor acht Jahren gefordert, daß wissenschaftlich geklärt wird, was leistungsfördernd ist" (Keul in der "Welt", 29.11.1991).

Durch diese Erläuterungen Keuls wird jedoch keineswegs der Charakter einer klassischen Anti-Dopingmaßnahme bekräftigt. Genau so gut könnte daraus das Interesse des bundesdeutschen Sports an anwendungsorientierter Dopingforschung herauszulesen sein. Doch selbst wenn man in Rechnung stellt, dass es sich bei dieser Untersuchung zum Hauptthema "Regeneration im Hochleistungssport" tatsächlich um Anti-Doping-Forschung gehandelt habe, bleiben in diesem Zusammenhang viele Fragen offen, auch wenn Keul erklärte:

> "Auf der Grundlage wissenschaftlichen Erkenntnismaterials können Antidopingmaßnahmen effektiver und umfangreicher durchgeführt werden. Die dezentral an den Universitäten Freiburg und Saarbrücken durchgeführten Untersuchungen ergaben das nicht unerwartete Ergebnis, daß Testosteron bei männlichen Ausdauersportlern keinen günstigen Einfluß auf die Regenerationsfähigkeit und den Immunstatus hat. Als Nebenprodukt ergab sich die bekannte Tatsache, daß die Dauerleistungsfähigkeit nicht gefördert wird.

In wissenschaftlichen Zeitschriften und in vielen Seminaren und Fortbildungsveranstaltungen zum Beispiel für Ärzte und Trainer wurde darüber berichtet. Trainern und Athleten konnte dargelegt werden, daß das physiologische Absinken des Testosteronspiegels bei intensivem körperlichen Training ohne Nachteil auf die Regeneration und den Immunstatus ist und daher die Zufuhr von Testosteron im Trainingsprozess keinen Vorteil, sondern eher einen Nachteil hat. Erfreulich war nach bekannt werden dieser Ergebnisse, daß Fragen einer möglichen Gefährdung durch eine nachteilige Beeinträchtigung der Regeneration oder des Immunstatus durch intensives Ausdauertraining und eine erforderliche 'Substitution' durch Testosteron nicht mehr aufkamen. Der Deutsche Sportärztebund hatte aus diesen Gründen bereits festgelegt, daß Hormongaben nicht unter den Begriff der 'Substitution' fallen und Sportlern nicht verabreicht werden dürfen. Eine Aussage, die somit bekräftigt wurde" (Die Welt, 29.11.1991).

Offene Fragen in Bezug auf die Motivation dieses umfangreichen und vom Bundesinstitut für Sportwissenschaft mit ca. 300.000 Mark geförderten Forschungsvorhabens[23] ergeben sich aus den publizierten Ergebnissen selbst. Es ist nämlich aus diesen Ergebnissen, die von Jakob et al. 1988 veröffentlicht wurden, keineswegs so klar herauszulesen, dass Testosteron im Ausdauersport keine Auswirkungen auf Regeneration und Leistungsfähigkeit haben, wie dies durch Keul immer wieder behauptet wird:

"Aufgrund dieser Ergebnisse ist ein beschleunigter Ausgleich der katabolen Stoffwechsellage durch Testosterongabe nach einer definierten Langzeitbelastung nicht nachzuweisen. Allerdings muß die Frage offen bleiben, ob sich für das Harnstoffprofil bei standardisierter täglicher Messung im Verlauf der dreiwöchigen Trainingsperiode eine Änderung ergeben hätte und so eine Beschleunigung im Regenerationsprozess bei langfristiger Überwachung zu diskutieren gewesen wäre. Die zum gleichzeitigen Messzeitpunkt unterschiedlichen Serumharnstoffkonzentrationen der vier verschiedenen Meßreihen ... erklärt sich möglicherweise über den Einfluß auf die Serumsharnstoffkonzentration ..., zumal zwischen den Belastungsversuchen ein standardisiertes Ernährungsverhalten nicht vorgeschrieben war" (JAKOB ET AL. 1988, 44).

Die Forscher haben also keineswegs zweifelsfrei festgestellt, dass Testosteron keinerlei positive Auswirkungen auf die Regeneration habe. Methodologische Probleme, die die Forscher korrekterweise einräumen, stehen einer solchen Interpretation eigentlich entgegen. Wissenschaftlich korrekt ließe sich in diesem Zusammenhang wohl allenfalls schlussfolgern, dass Hinweise für eine solch positive Beeinflussung des Regenerationsverhaltens nicht vorliegen – nicht aber, dass solche positiven Effekte auszuschließen seien. Solchen Schlussfolgerungen stehen auch weitere einschränkende Punkte entgegen, die die niedrige Dosierung

---

[23] Interessanterweise werden in dem Buch von Keul, König und Scharnagl „Geschichte der Sportmedizin. Freiburg und die Entwicklung in Deutschland" (1999) alle in Freiburg bearbeiteten sportmedizinischen Forschungsgebiete aufgelistet, nicht aber die Anabolika-, Testosteron- und EPO-Forschungen von Keul. Die Interpretation dieser Tatsache bleibt dem Leser überlassen.

der Testosterongaben (vgl. die Angaben Jakobs laut Süddeutscher Zeitung vom 26./27. Oktober 1991) und den Zeitpunkt der Untersuchung betreffen. Ausdrücklich vermerkt die Autorengruppe, zu der auch Keul zählt:

> "Die auch in der Kontrollgruppe nicht festgestellte Leistungssteigerung dürfte in erster Linie mit dem weniger intensiven und umfangreichen Training in der frühen Vorbereitungsperiode der Skilangläufer, welche als Probanden zur Verfügung standen, im Zusammenhang stehen. Während dieser Trainingsperiode ist die Erholungsfähigkeit möglicherweise nicht limitierend gewesen. Unter einem intensiveren Training als dem in der ersten Etappe der Vorbereitungsperiode der Skilangläufer kommt es erfahrungsgemäß auch häufiger zu Überforderungs- und Übertrainingssituationen, in welchen eine katabole Stoffwechselsituation überwiegt, die im dargestellten Experiment in keinem Fall vorlag. **Es bleibt daher offen, ob unter einer katabolen Ausgangslage durch die pharmakologische Beeinflussung mit exogenen Testosterongaben ein beschleunigtes Regenerationsverhalten zu erwarten ist**" (Fettdruck durch d.Verf.).

Das Forscherteam unter Leitung von Joseph Keul hat somit lediglich herausgefunden, dass entscheidende Fragen beim Doping mit Testosteron für Ausdauersportler aufgrund methodischer Mängel, aufgrund von möglicherweise zu geringer Dosierung (diese mögliche Ursache wurde in der Diskussion nicht in Erwägung gezogen) und aufgrund des völlig ungeeigneten Zeitpunkts der Untersuchung überhaupt nicht beantwortet werden konnten. Die einzig wirkliche Schlussfolgerung aus diesen Ergebnissen dürfte daher wohl lauten, dass in diesem Kontext Steuergelder in beträchtlicher Höhe – zu welchem Zweck auch immer – verschwendet wurden. Aufmerksame Leser der Untersuchung könnten jedoch auch ganz andere Schlussfolgerungen ziehen, nämlich dass höhere Dosierungen für einen Regenerationseffekt notwendig wären und dass Testosterondoping in anderen Trainingsphasen als ausgerechnet dem "lockeren Aufgalopp" zum Vorbereitungsbeginn durchaus Sinn machen könnte. Von einem erzielten wissenschaftlichen Fortschritt jedoch dürfte durch die von Jakob et al. publizierte Testosteronstudie 1988 wohl kaum die Rede sein.

Tatsächlich gab es jedoch im Zuge der bundesdeutschen Testosteronforschung auch Ergebnisse, die durch keinen noch so mühsamen interpretatorischen Kniff als Resultate einer Anti-Dopingmaßnahme zu deklarieren sind, außer man wollte sie als intentionswidrige Resultate interpretieren. In Paderborn nämlich kam Professor Heinz Liesen unter Mitarbeit von Rainer Föhrenbach[24] zu anderen Erkenntnissen. Auch Liesen erforschte, im Erhebungszeitraum 1984, im Auftrag

---

[24] Föhrenbach war in den 90er Jahren mitverantwortlich für den Dopingfall der Langstreckenläuferin Iris Biba. Als Trainer der Athletin habe er in einem wissenschaftlichen Selbstversuch Anabolika eingenommen, die Läuferin habe dann diese Mittel mit ihren Schlaftabletten verwechselt. Man glaubt ihm nicht (vgl. z. B. Frankfurter Allgemeine Zeitung vom 16. 5. 1992).

des Bundesinstituts für Sportwissenschaft den Zusammenhang von Testosteron und Regeneration. Unter der Projektnummer DE D 1588 lautete sein anscheinend von „Erfolg" gekröntes Vorhaben:

"Untersuchungen über den Einfluss von oraler Gabe von Testosteron auf die Regenerationsfähigkeit nach intensiven Belastungen":

> "METHODE:
>
> Zunächst wurden ausdauertrainierte Sportstudenten einer intensiven, erschöpfenden Laufbandbelastung unterzogen und 16-18 Stunden danach die metabolische Leistungsfähigkeit kontrolliert und mit Voruntersuchungen verglichen. Dies jeweils mit und ohne Testosterongabe nach der erschöpfenden Laufbandbelastung.
>
> INHALT:
>
> Es sollte die Frage beantwortet werden, ob nach einer sehr stark katabolen Belastung die kurzfristige Gabe von Testosteron eine verstärkte enzymatische Regenerationsfähigkeit bedingt. Dies sollte an einer akuten Leistungsfähigkeit beurteilt werden.
>
> ERGEBNISSE
>
> Die bisherigen Ergebnisse weisen darauf hin, daß bei sehr starker kataboler Belastung durch die Gabe von Testosteron die Regenerationsfähigkeit für die beanspruchten Strukturen verbessert werden kann" (Bundesinstitut für Sportwissenschaft 1985, 265 f.).

Liesen war über dieses Projekt hinaus – nun zusammen mit dem in den Westen geflüchteten DDR-Anabolikaexperten Hartmut Riedel – an einem weiteren Forschungsvorhaben beteiligt, in dem durch Wissenschaftler Sportler im Sinne der bundesdeutschen und internationalen Regeln klassisch gedopt wurden. 1987 forschten Projektleiter Liesen und seine Mitarbeiter Riedel, Widenmayer, Treixler und Order im Auftrag des Bundesinstituts für Sportwissenschaft „Über den Einfluß der oralen Gabe von Testosteronundecanoat auf die Regenerationsfähigkeit nach intensiven Trainings-, Tests- oder Wettkampfbelastungen" an der Universität Gesamthochschule Paderborn (Projektnummer DE D 2369):

> „Im Trainingslager wurde bei Kader-Athleten des Ski-Langlaufs und der Nordischen Kombination die hormonelle Regulation und Regenerationsfähigkeit nach jeweils 1 umfangreichen und intensiven Trainingswoche über 7 Tage mit und ohne Gabe von einer Kapsel Andriol untersucht. Darüber hinaus wurden beim mitteltrainierten Langstreckenläufer und Triathlon-Athleten nach einem erschöpfenden 2 ½-Stundenlauf und bei 5 Wochen auftrainierten Sportstudenten nach einem erschöpfenden 2-Stundenlauf 7-tägige Gabe von Andriol auf die Regenerationsfähigkeit untersucht" (Bundesinstitut für Sportwissenschaft 1988, 346).

Ergebnisse konnten durch Liesen et al. zum Zeitpunkt dieser Dokumentation des Bundesinstituts noch nicht vorgestellt werden, wie überhaupt die an dem Testosteron-Gesamtprojekt beteiligten Forscher überaus zurückhaltend waren mit entsprechenden umfangreicheren Veröffentlichungen – außer man vermochte das „Wunschresultat", nämlich (angebliche) Wirkungslosigkeit zu vermelden.

Wichtige Lehren aus Joseph Keuls Forschungsprojekt zum Zusammenhang von Testosteron und Regeneration liegen indessen weniger in den Forschungsergebnissen selbst begründet als im öffentlichen Umgang mit ihnen. Keuls Äußerungen in der Öffentlichkeit deckten sich nicht immer mit den wirklichen Resultaten und lassen auf alle Fälle den fragwürdigen und irreführenden Umgang eines Wissenschaftlers mit wissenschaftlichen Erkenntnissen erkennen. Dass Zeitpunkt und Versuchsanordnung nicht geeignet waren, einen positiven Effekt von Testosteron auf die Regeneration und die Leistungsfähigkeit im Ausdauersport nachzuweisen, mag noch kontrovers diskutiert werden. Wenn Keul jedoch behauptet, mit dieser Studie sei nachgewiesen worden, dass alle anabolen Steroide generell keine Wirkungen im Ausdauersport hätten (Frankfurter Allgemeine Zeitung, 23.7.1997), legt dies den Verdacht der Verharmlosung als Strategie nahe. Besonders brisant wird eine wissenschaftlich problematische Aussage wie diese gerade dann, wenn sie zum Schutz eines Ausdauerathleten – nämlich des Tour-de-France-Siegers Jan Ullrich – gedacht ist.[25]

Über die Intention der bundesdeutschen Testosteronforschung kann somit nur spekuliert werden[26]. Dass in den folgenden Jahren – teilweise von denselben handelnden Personen – einige Anstrengungen unternommen worden sind, Testosteron aufgrund angeblicher Mängel in der Analytik von der Dopingliste zu nehmen, ist kaum dazu geeignet, das Vertrauen in die offiziell gut gemeinte vorangegangene Forschung zu nähren. Wenn es diese Antidopingmaßnahme durch Testosteronforschung tatsächlich gab, so wäre sie doch immerhin durch zahlreiche Ungeschicklichkeiten und Unglaubwürdigkeiten im Umgang mit dem Projekt und den darin gewonnenen Ergebnissen – sicherlich ungewollt und ausgerechnet von damit befassten Personen wie Projektleiter Joseph Keul – desavouiert worden.

---

[25] Vgl. dazu die Frankfurter Allgemeine Zeitung, 23.7.1997: „Das gelbe Trikot ist absolut sauber." Unglücklich in diesem Zusammenhang erscheint allerdings der Telekom-Werbefeldzug nach der Tour 1997 mit dem Schriftzug „Doping für die Geldbörse".

[26] Über das Stadium der Spekulationen könnte man hinauskommen, wenn zum einen Einsicht in die beim Bundesinstitut für Sportwissenschaft durch die Forscher Keul, Liesen u.a. m. vorgelegten Forschungsanträge, Zwischen- und Schlußberichte zu diesem Projekt möglich wäre, und zum anderen Teilnehmer an einem Krisengespräch deutscher Sportfunktionäre (Oktober/November 1991 in Frankfurt) im Anschluss an die Veröffentlichungen in der Süddeutschen Zeitung und im „Spiegel" umfassend offen legen würden, was dort besprochen wurde (persönl. Mitteilung eines Zeitzeugen).

Eine der offenen Fragen liegt nach wie vor in der Motivation für das Testosteronprojekt überhaupt. Mit der Studie wurden geltende Dopingbestimmungen der Verbände eklatant verletzt; einige damals angesprochene Athleten sahen dies spontan auch so und verweigerten sich dem wissenschaftlichen Testosterondoping (Süddeutsche Zeitung, 26./27.10.1991). Dass hier Dopingbestimmungen verletzt wurden, gibt selbst ein damaliger Projektteilnehmer aus dem Wissenschaftsbereich zu:

> "Ja, das kann man (so) beurteilen. Aber wenn man jetzt im Nachhinein gesehen hat, dass überhaupt keine Verbesserung eingetreten ist, kann man es wieder aufheben. Der Leistungsvorteil, der ja das wesentliche Argument ist aus ethischer Sicht, der ist ja nicht eingetreten. Wenn ich den Vorteil nicht habe, habe ich mir gegenüber dem anderen keinen Vorteil verschafft und ihn nicht geschädigt."

Für die Verstöße gegen Dopingbestimmungen war es ein günstiger Umstand, verkünden zu können, dass Testosteron für Dauerleister keine Leistungssteigerung erbringe. Anderslautende Resultate hätten sich nämlich zwingend als klassische Dopingmaßnahme im Sinne der Dopingbestimmungen des Deutschen Sportbundes und seiner Verbände ausgewiesen und hätten offenbart, dass der westdeutsche Leistungssport im Hinblick auf seine Dopingbestimmungen ein schwerwiegendes Problem mit der von ihm nachgefragten wissenschaftlichen Beratung hat. Aber auch so wird deutlich, dass mit dem bundesdeutschen Testosteronprojekt Wissenschaftler und Ärzte ein weiteres Mal dokumentierten, dass sie die Dopingbestimmungen für sich nicht immer als bindend ansahen. Dabei ist die im Zusammenhang mit diesem Projekt ebenfalls diskutierte Frage, ob Testosteron an Kaderathleten verabreicht worden sei oder nur an Nicht-Kaderathleten, völlig unerheblich: Jedem Leistungssportler eines Sportverbandes sind Verstöße gegen die geltenden Dopingregeln untersagt, unabhängig von Leistungsniveau oder Kaderzugehörigkeit. Der oben zitierte Zeitzeuge verweist im Zusammenhang mit den Zielsetzungen des Projekts des Weiteren auf einen ebenso heiklen wie interessanten Aspekt, nämlich den der Veränderbarkeit der Dopingliste:

> "Es ging hier nur um die Frage der Ausdauerathleten. Die Frage ist ja, ob man bei den Dopingbestimmungen bei jedem alles untersuchen soll, ob ich den ganzen Mechanismus für einen Ausdauerathleten machen soll, bei dem das gar nichts bringt. ... Etwas steckt ja auch dahinter, weil das ja sehr schwierig ist, diese Sache nachzuweisen. Der Quotient Testosteron/Epitestosteron ist sehr anfällig und ungenau, Sie erwischen damit Leute sicherlich zu unrecht, weil es da biologische Schwankungen gibt. Es ist ein himmelweiter Unterschied, ob ich eine Substanz als Fremdsubstanz finde, das ist eindeutig, die gehört da eindeutig nicht rein. Wenn ich da jetzt aber Schwankungen habe, zum Beispiel durch Krankheiten, habe ich da ein Kriterium, das ich nicht so eindeutig festlegen kann."

Ob ein direkter Zusammenhang bestand zwischen dem mehrjährigen Testosteronprojekt in der Bundesrepublik und den sich unmittelbar danach anschließenschließenden Forderungen nach Herauslösung von Testosteron aus der Dopingliste wegen angeblicher Nachweisbarkeitsmängel – wie von o.a. Zeitzeugen nahegelegt –, ist eine weitere offene Frage in Zusammenhang mit diesem Forschungsprojekt. Auffallend ist immerhin die zeitliche Korrespondenz zwischen beiden Aspekten sowie das diesbezügliche Engagement einiger führender deutscher Funktionäre und Wissenschaftler.

Es gab analog zu den Ereignissen elf Jahre zuvor nämlich im Zeitraum 1987/88 eine Bewegung im deutschen Sport, die auf die Herauslösung von Testosteron aus der Dopingliste zielte. Und dass ausgerichtet zwei jener Wissenschaftler, die zu den Befürwortern und Exponenten solcher Bestrebungen zählten – nämlich Liesen und Keul –, auch den Zusammenhang von Testosteroneinnahme und Regeneration im Ausdauersport erforschten, ist sicherlich kein Zufall. Dass hier die Vermutungen, es handele sich um Doping und nicht um Dopingbekämpfung, genährt werden, liegt wohl auf der Hand. Zumal sich solche Bemühungen nicht auf die Ärzteebene beschränkten, sondern weiter reichten. Auch Funktionäre wie der langjährige Vorsitzende des Bundesinstituts August Kirsch, zum damaligen Zeitpunkt Ehrenpräsident des Deutschen Leichtathletik-Verbandes, setzten sich dafür ein. Im Januar 1988 habe Kirsch nach den Erinnerungen eines Zeitzeugen im Präsidium des DLV die Freigabe von Anabolika – und nicht nur von Testosteron – gefordert:

> "Im Januar 1988 hatten wir eine Präsidiumssitzung in Lüdenscheid, Thema war eigentlich 'Moderne Strukturen im Verband'. Da hatten wir 'Prognos' beauftragt in der Schweiz, die sollten für den Non-Profit-Bereich Vorschläge machen, wie man das am besten organisieren kann. Während der Präsidiumssitzung zu diesem Thema sagte August Kirsch auf einmal: Dann bin ich der Meinung, man sollte Doping freigeben. Was hast du da eben gesagt? August Kirsch! Dann sagte er, da gibt es Untersuchungen, die gehen zurück auf Keul, dass also Anabolika bei Männern unschädlich sind, bei Frauen, wenn sie richtig dosiert sind, unproblematisch sind, bei Jugendlichen sollte man sich raushalten. Da habe ich gesagt: Das steht nicht auf der Tagesordnung, mit mir nicht! Dann war das Thema weg."

Ein anderes damaliges DLV-Präsidiumsmitglied hält diese Darstellungen so für nicht zutreffend, bestätigt aber indirekt dennoch derartige Einlassungen Kirschs in Bezug auf die Freigabeforderung:

> "Er hat es (die Freigabe, d.Verf.) nicht gefordert. Ich weiß, wovon Sie reden. ... Er hat die Frage gestellt, wie steht der DLV zur Freigabe. Es gab ja noch mehr Funktionäre, die gesagt haben, wir kriegen es nie kontrolliert und es kostet die Verbände ihr Vermögen oder ihren Jahresetat, wie es beim DLV seit der Zeit ist. Aber er persönlich war nie für Freigabe, es sei denn, und da kam sicher sein wissenschaftlicher Hintergrund raus, es wird festgestellt, dass wir überhaupt keine Chance haben mit Kontrollen. Aber er war viel zu eng in Kontakt mit Donike."

Die große Freigabe von Doping war Ende der 80er Jahre, zumal nach Birgit Dressels Tod, nicht mehr durchsetzbar, sie war es auch 1976/77 nicht gewesen. Eine "kleine" Freigabe von Anabolika hatte es für den bundesdeutschen Sport dagegen insofern immer gegeben, als keine Trainingskontrollen existierten und Dopingmittel durch bestimmte Ärzte unter dem Vorwand medizinischer Indikationen verabreicht wurden. Die zahlreichen Bemühungen um die Erforschung von Testosteron im Sport sowie die sich daran anschließenden Bemühungen um die Herauslösung aus der Dopingliste könnten von misstrauischen Beobachtern als etwas gänzlich anderes denn als "klassische Anti-Dopingmaßnahme" gedeutet werden: nämlich als Maßnahme, die es den deutschen Athleten ermöglichen sollte, ähnlich wie ihre Konkurrenten in der DDR nach dem Absetzen der synthetischen und wirksameren Anabolika mit Testosteron ein Überbrückungsdoping zu den Wettkämpfen zu gewährleisten. Beweisbar ist eine solche These derzeit zwar nicht, alleine jedoch, dass ein solcher Eindruck überhaupt entstehen kann, ist schlimm. Zumal es Anzeichen für solche Überbrückungs-Dopingmaßnahmen in der Bundesrepublik tatsächlich gibt. In Hamm unter Cheftrainer Jochen Spilker hat Testosteron 1984 anscheinend eine Rolle gespielt (Süddeutsche Zeitung, 8.2.1994). Spilker hat es als Patient des Arztes Dr. Detlev Kroll, wegen klimakteriumsähnlicher Zustände, sogar selbst verschrieben bekommen. Die Zäpfchen wurden Mitte August 1986 und Anfang Februar 1988 wegen „Beschwerden wie bei Klimakterium virile" verschrieben. Einerseits ist damit immerhin eine halbwegs seriöse medizinische Indikation von Anabolikaverabreichung bei Trainern im Spitzensport belegt. Da aber nicht bekannt ist, ob Jochen Spilker die Zäpfchen selbst verwendet hat, und nicht bekannt ist, ob „Klimakterium virile" bei Spitzensporttrainern des Öfteren auftaucht, stellen sich dem Beobachter weitergehende Fragen. Auffällig ist, dass die Verschreibungszeitpunkte jeweils vor wichtigen Wettkampfphasen lagen.

Ein weiteres Indiz für die Annahme eines verbreiteten Testosteron-Überbrückungsdopings im Westen sind die Aussagen des ehemaligen Diskuswerfers Alwin Wagner in einem Schreiben an den DLV-Rechtswart Norbert Laurens vom 18.2.1991:

> "Seit Karlheinz Steinmetz der für mich verantwortliche DLV-Bundestrainer war, verschrieb mir Prof. Dr. Armin Klümper (Freiburg) Anabolika. Steinmetz, der bei den meisten Arztbesuchen in Freiburg anwesend war, wußte von meinen jahrelangen Anabolika-Einnahmen.
>
> Bei seinem Amtsantritt hat er mir selbst dazu geraten, Anabolika zu nehmen. Später hat er mir nie davon abgeraten; er hat mir auch DIANABOL und bei zwei anderen Gelegenheiten persönlich Testosteron-Zäpfchen zu Dopingzwecken überreicht.[27]"

---

[27] Diese Aussage wurde von Karlheinz Steinmetz per Eidesstattlicher Versicherung bestritten.

Diese Aussage bezüglich des durch den Bundestrainer initiierten Testosterondopings präzisierte Alwin Wagner in seiner Zeugenaussage vor der 3. Zivilkammer des Landgerichts Heidelberg am 13.11.1991 im Zuge der Unterlassungsklage von Steinmetz gegen die von Brigitte Berendonk in ihrem Buch gegen ihn erhobenen Dopingvorwürfe:

> "Im Jahre 1984 in Los Angeles war es so, daß in unserem Trainingscamp Herr Steinmetz mir regelmäßig jeden Tag ein Testosteronzäpfchen gab. Ich gehe davon aus, daß er dies auch gegenüber Herrn Hartmann und Herrn Danneberg tat, habe dies jedoch nicht gesehen" (Protokoll der Zeugenvernehmung Alwin Wagners; Aktenzeichen 3 0 244/91).

Überbrückungs-„Doping" mit Testosteron scheint schon in den 70er Jahren, als dieser Stoff im Gegensatz zu synthetisch hergestellten Anabolika noch nicht explizit auf der Dopingliste stand, in der westdeutschen Leichtathletik stattgefunden zu haben, wie Wagners vorhergehende Einlassungen vor Gericht gezeigt hatten:

> „In einem Trainingslager, das im Jahre 1978 in Mainz vor den Europameisterschaften in Prag stattfand, hat Herr Steinmetz mir und Herrn Werner Hartmann Testosteronzäpfchen gegeben. Ich wußte zu diesem Zeitpunkt gar nicht, was dies ist. Herr Steinmetz sagte mir, ich könne die Dinger ruhig nehmen, die seien nicht verboten und enthielten nur Sexualhormone. Er sagte mir auch, daß ich die Zäpfchen bis 2 Tage vor dem Wettkampf einnehmen könne. Ich erinnere mich noch daran, daß Herr Steinmetz eine Anekdote erzählte, nach welcher ein Herr Eder diese Zäpfchen oral statt anal zu sich nahm und deshalb eine erhebliche Flüssigkeitsmenge nachtrinken mußte."

Der vielfach erhobene schlimme Verdacht, es könnte sich bei den staatlich geförderten Testosteronversuchen in der Bundesrepublik um eine klassische Dopingmaßnahme gehandelt haben, erhält erheblich dann an Nahrung, wenn man die o.a. Angaben zu dem Liesen-Projekt 1987 in Verbindung bringt mit den Angaben Liesens vor dem Sportausschuss des Deutschen Bundestages 1987. Bei diesem Hearing in Bonn rühmte sich Liesen, wie in Kapitel 4.9 näher aufgezeigt werden wird, indirekt damit, die damals überaus erfolgreichen westdeutschen Nordischen Kombinierer mittels Anabolika zu so genannten ganzheitlichen Persönlichkeiten gemacht und damit über Jahre hinweg aus mittelmäßigen Athleten Weltklassesportler geformt zu haben (Deutscher Bundestag 1988, 93). Und 1987 dopte Liesen zu „wissenschaftlichen" Zwecken im Zuge des Testosteronprojekts tatsächlich auch die Nordischen Kombinierer (Bundesinstitut für Sportwissenschaft 1988, 346). Das Bundes-Innenministerium als vorgesetzte Behörde wäre daher gefordert, dieses Thema abschließend aufzuarbeiten oder entsprechende Hilfestellungen hierfür zu gewähren. So lange dies nicht geschieht, steht nicht nur das Bundesinstitut für Sportwissenschaft unter dem Verdacht, Doping aktiv gefördert zu haben, sondern auch das Innenministerium als Geldgeber selbst.

4.9 Die Dopingdiskussion im Sportausschuss des Deutschen Bundestages 1987: Renaissance alter Argumente

Beispielhaft führte die Anhörung des Sportausschusses des Deutschen Bundestages zum Thema "Humanität im Spitzensport" die zumeist nur intern geführte Diskussion zum Thema Doping und anabole Steroide im Hochleistungssport vor Augen. Die Anhörung war im Eindruck des Todes von Birgit Dressel durchgeführt worden, war aber auf Seite der Experte überwiegend keineswegs – wie man hätte vermuten können – vom Geist einer Abkehr von der Übermedikamentierung der Athleten geprägt. Vielmehr geriet diese Anhörung zu einem Sammelbecken aller geläufigen Forderungen nach Dopingfreigabe – unter den bekannten Deckmänteln. Der Politik ist in diesem Zusammenhang kein Fehlverhalten nachzuweisen, außer vielleicht, dass sie wieder einmal überwiegend die falschen Experten eingeladen hatte. An der ablehnenden Einstellung der Politik zum Doping ließ der Ausschuss-Vorsitzende Ferdinand Tillmann (CDU) keinen Zweifel:

> "In Teilbereichen kann die Alternative zum Doping derzeit unter Umständen nur heißen, Verzicht auf Teilnahme an gewissen Wettbewerben. Es genügt also nicht mehr, sich nur auf ethische Maxime im Sport zu besinnen und diese zu beschreiben, sondern es kommt darauf an, konkrete Maßnahmen einzuleiten, um die bestehende Verunsicherung gerade bei den Aktiven zu beseitigen. Aktives und passives Doping ist bewußte Gesundheitsgefährdung und damit kein Kavaliersdelikt" (Deutscher Bundestag 1988, 9).

Für manchen der geladenen Experten war diese Haltung in gar keiner Weise verbindlich. So war, überspitzt formuliert, für den ehemaligen Kanu-Olympiasieger Ulrich Eicke die Grenze der Humanität im Spitzensport dort erreicht, wo man Anabolikadoping nicht mehr fordern konnte, ohne dafür ausgelacht zu werden:

> "Ich stimme vollkommen mit Professor Hollmann überein: Die sportmedizinische Betreuung ist für mich überhaupt das überragende Thema. Wenn die nicht gewährleistet wird und wenn vermeidbare Schäden meines Körpers in Kauf genommen werden, dann bin ich nicht mehr bereit, den Leistungssport mitzumachen.
>
> Es muß möglich sein, die medizinische Betreuung im Leistungssport auch wirklich sachlich und objektiv zu diskutieren. Ich spreche explizit auch die Doping-Bestimmungen an: Es muß möglich sein, darüber sachlich – nicht in der Form, wie es zur Zeit in den Medien geschieht – zu diskutieren.
>
> Wenn die Experten bzw. die Mediziner erklären, daß es medizinische Indikationen für die Anwendung anaboler Steroide gibt, dann muß es möglich sein, über diese Äußerungen sachlich zu diskutieren. Man sagt mir, daß es für die Anwendung anaboler Steroide dieselben Gründe gibt wie im Hinblick auf die Anwendung von Vitaminen und Mineralien.
>
> (Gelächter)
>
> – Werde ich da ausgelacht? Es sind ja genug Mediziner hier, die dazu was sagen können. ... Ich habe von einer sachlichen Diskussion gesprochen und meine, daß ein Gelächter in

diesem Zusammenhang unsachlich ist. Wenn es nicht möglich ist, über diese Aussagen sachlich zu diskutieren, dann ist für mich die Grenze im Leistungssport erreicht" (Deutscher Bundestag 1988, 24 f.).

Erkennbar waren in dieser Sportausschuss-Anhörung auch die immer wieder zu beobachtenden Bemühungen, die Dopingdiskussion möglichst nicht öffentlich, sondern in einem ausgesuchten Kreis von Experten zu diskutieren. Das von Ulrich Eicke auffällig häufig verwandte Stichwort lautete "Sachlichkeit". Auffallend häufig wurden nämlich gerade Dopinggegner im bundesdeutschen Sport der "Unsachlichkeit" geziehen, auch von solchen Personen, die sich durch öffentliche Äußerungen nicht in den Ruch der Dopingfreigabe-Forderung brachten. Auch Dopinganalytiker Manfred Donike, der immerhin befand, man könne im Männerbereich "über die Notwendigkeit der Dopingkontrolle auf Anabolika wirklich diskutieren", plädierte – was die Form der Diskussion anbelangte, nicht zwingend die Inhalte – für diese Sachlichkeit:

"Ich möchte an die Aussage von Herrn Eicke heute morgen anschließen. Das Dopingproblem sollte emotionslos, aber kompetent diskutiert werden. Das ist der Einwand, den ich habe, wenn ich die Diskussion in der breiten Öffentlichkeit verfolge. Es mangelt in vielen Bereichen an Kompetenz" (Deutscher Bundestag 1988, 86).

Ulrich Eickes öffentlich vorgetragene Forderung nach Freigabe der anabolen Steroide für sogenannte therapeutische Zwecke, nämlich zur Substitution mit dem Ziel der Schadensvermeidung bei Athleten, hatten ihre theoretische Quelle vermutlich bei Heinz Liesen und nicht – wie die ehemalige Leichtathletin und energisch gegen Eicke argumentierende Ärztin Heidi Schüller vermutete – bei Joseph Keul. Solche Missverständnisse waren allerdings leicht möglich, da Keul sich zu jener Zeit gerade für die Herauslösung des Testosterons aus der Dopingliste – wenn auch aus anderen Gründen – ausgesprochen hatte. Der wohl letzte prominente deutsche Sportmediziner, der derart offen und mit einer derartigen, beinahe glühenden Begeisterung für Dopingmittel eintrat, war jedoch nicht Keul, sondern Liesen. Liesens Auffassungen waren mit keiner Dopingliste des deutschen Sports in Einklang zu bringen, und umso verwunderlicher ist es, dass Liesen dennoch von Sportverbänden – vor allem nämlich dem Deutschen Fußball-Bund – als offizieller Mannschaftsarzt beschäftigt wurde:

"Und auch eine lege artis durchgeführte medizinische Behandlung mit geringerer Konzentration von Ephedrinen dürfte hier nicht als positiv dargestellt werden, sondern es müßte aus meiner Sicht heraus gefordert werden, daß alle optimalen Möglichkeiten einer sportmedizinischen Betreuung eines Athleten trotz Dopingliste möglich sind. Die Dopinganalytik muß dann eben für einige Substanzen quantitativ und nicht nur qualitativ erfolgen. Ich sehe das nicht ganz so, daß nun alle notwendig auf dieser Dopingliste sein müssen und nicht nur die Anabolika problematisch sind, insbesondere was den Männersport betrifft" (Deutscher Bundestag 1988, 90).

Insbesondere galt Liesens Engagement für Dopingmittel den anabolen Steroiden. Seine Einlassungen zu dieser Spezialfrage waren nicht frei von unfreiwilliger Komik und bewegten sich auch, was ihre wissenschaftliche Substanz angeht, jenseits der Grenze zur Lächerlichkeit:

> "Die Anabolika sind Hormone, die in der Öffentlichkeit und sicher auch für die meisten von Ihnen einen sehr negativen Beigeschmack haben. Sie sollten nur alle sehr glücklich sein, daß Sie sie selbst in erheblichen Mengen produzieren, denn ohne sie könnten Sie wahrscheinlich gar nicht leben. Das sind lebensnotwendige und wichtige Hormone. Wir brauchen sie in der Entwicklung, und wir brauchen sie im Sport zur Regeneration. Um eine erhöhte sportliche Leistung überhaupt aufbauen zu können, muß ein Athlet so trainiert werden, daß er die Fähigkeit besitzt, mehr anabole Hormone zu produzieren. Da fängt das große Problem schon an, daß vielfach im Training – und darin sehe ich die Hauptprobleme – aus sportmedizinischer Sicht erhebliche Fehler gemacht werden. Das können eigentlich nur Leute beurteilen – das habe ich auch in meine These geschrieben –, die sich wirklich mit Hochleistungssport auseinandersetzen und die sich die Mühe machen, den Patienten nicht nur über Analyse im Labor und als einen klinischen Patienten, krank im Bett, oder als ambulanten Patienten zu beobachten, sondern wirklich in den Hochleistungssport gehen. Es werden Fehler im Training gemacht werden, die zum Beispiel die hormonelle Regulation erheblich stören. ...
>
> Hier stimmt etwas nicht, und ich muß hier auch die Frage stellen, wie ich diesem jungen Menschen helfen kann, daß er diese genetischen Fähigkeiten, die er einmal besaß, wiedergewinnt, um die Leistungsfähigkeit aufzubauen. Als Sportmediziner – das muß ich ganz bestimmt hier sagen – muß ich die Fähigkeit und die Möglichkeit haben, alle Möglichkeiten der Medizin zu nutzen und anzuwenden" (Deutscher Bundestag 1988, 90 f.).

Auch Heinz Liesen sprach das "Problem" von Sachlichkeit und Kompetenz in der Anabolikadiskussion an. Dabei wurde – wie oben aufgezeigt – deutlich, dass in Liesens Augen nicht nur außenstehende Dopingkritiker kein Recht hätten, sich zur Dopingproblematik zu äußern, sondern nicht einmal die meisten Sportmediziner. Nach seinen Ansichten dürften nur solche Personen sich zu dem Thema äußern, die wirklich "mitreden" können:

> "Es ist heute morgen in einer sehr diskriminierenden Form auf eine Bemerkung von Herrn Eicke reagiert worden. Diese diskriminierende Form kann ich nur von Laien verstehen, die von diesen, die von diesen Dingen überhaupt keine Ahnung haben, die sich mit diesen Dingen nie auseinandergesetzt habe. Das kann nur einer beurteilen, der sich wirklich intensiv auseinandergesetzt und gesehen hat, was wirklich im Leistungssport passiert. Ich muß auch die Möglichkeit haben, hier einschreiten zu können, und die entsprechenden therapeutischen Möglichkeiten müssen gegeben sein. ...
>
> Das ist meine ganz große Kritik an den Äußerungen, die in der Öffentlichkeit und auch in den Medien gemacht werden, daß sich immer wieder Leute zu Wort melden, weil das Thema 'in' ist und weil man damit sehr viel Polemik machen kann, weil man damit sehr gut in der Öffentlichkeit stehen kann und mit sachlich und wissenschaftlich nicht zu verstehenden Äußerungen in der Öffentlichkeit ich weiß nicht welche Zwecke verfolgen will. Das grundsätzlich zu den anabolen Steroiden. Ich bin der Meinung, daß wir heutzutage im Hochleistungssport, je differenzierter wir im absoluten Spitzensport arbeiten

und Untersuchungen machen und Analytik betreiben können, immer häufiger Defizite bei Hochleistungssportlern feststellen" (Deutscher Bundestag 1977, 91 f.).

Sicherlich hat Liesen hier nicht gemeint, dass es einen kausalen Zusammenhang zwischen der Häufigkeit medizinischer Untersuchungen und auftretenden Defiziten gebe. Dies herauszulesen wäre wohl polemisch und zweifellos unsachlich. Liesen trat vielmehr im Sinne der Leistungsentwicklung und -steuerung für die Schaffung des "totalen" Athleten, hervorgebracht von einer "totalen" Sportmedizin ein. Er tat dies mit einer Vehemenz und inneren Überzeugung, die in der gesamten Geschichte des Dopings in der Bundesrepublik Deutschland sonst nur von seinem Kollegen Alois Mader in den 70er Jahren jemals bekannt geworden ist. Liesen verneinte die Auffassung,

"... daß die Sportmediziner nur die Gesundheit des Körpers betrachten, sondern wir versuchen schon wirklich, den Sportler umfassend zu betreuen, das heißt also auch, seine Persönlichkeitsstruktur mitzuentwickeln. ... Dazu gehört z.B. auch, festgestellte Defizite, die wir immer wieder beobachten – und das ist im Bereich der Spurenelemente und Vitamine relativ einfach, im Bereich der hormonellen Regulation relativ schwierig –, substituieren zu können, um hier den Menschen auch wirklich im Hochleistungssport komplex entwickeln zu können, damit er die Möglichkeit hat, das Pensum, das heute im Training erforderlich ist, um international bestehen zu können, gesund und ohne Schaden für sein weiteres Leben bewältigen zu können. Das ist unsere primäre Aufgabe, und hier müssen wir entsprechend helfen. Das verstehe ich zum Beispiel unter Substitution, nämlich Gesunderhaltung" (Deutscher Bundestag 1988, 91 f.).

Mit dieser Definition des Substitutionsbegriffes bestätigt Liesen auch die Auffassung der Autoren, dass „Substitution" mit Anabolika in der Bundesrepublik teilweise als „therapeutische", nämlich (auch vorbeugend) "heilende" und nicht ausschließlich Körperstoffe ersetzende Maßnahme vorgenommen worden ist. In seinen weiteren Ausführungen erklärte Heinz Liesen einen eigentlich skandalösen Sachverhalt, der aber zu keinerlei Diskussion, zu keinerlei Empörung und schon gar nicht zu irgendwelchen Konsequenzen führte. Liesen erklärte die in jener Zeit sensationellen Erfolge der Nordischen Kombinierer als Dopingerfolge:

"Es ist ja unser Ziel der permanenten Trainingssteuerung zu versuchen, für jeden einzelnen herauszubekommen, wo sein Optimum für das Training liegt, um ihn nicht zu überfordern, um ihn individuell zu fördern und ihn zur Persönlichkeit zu entwickeln. So ist es auch nur zu verstehen – ich darf das hier einmal als ganz konkretes Beispiel bringen –, daß es uns gelungen ist, bei den Nordisch-Kombinierten aus wirklich absolut durchschnittlich talentierten Athleten über Jahre hinweg Welt-Spitzenathleten zu bekommen, in dem man versucht hat, sie in ihrer Persönlichkeit zu entwickeln und sie im Trainingsprozess individuell zu steuern" (Deutscher Bundestag 1988, 93).

Hierbei handelt es sich – folgt man der Gleichung Liesens, nach der Persönlichkeitsentwicklung und individuelle Trainingssteuerung mit "hormoneller Regulation" korreliere – um ein einzigartiges Bekenntnis des mehrjährig ärztlich initiierten Dopings an deutschen Spitzenathleten eines ganzen Verbandes. Der "totale" Athlet und die "totale" Sportmedizin waren, sollten die Einlassungen Liesens zutreffend sein, somit nicht Zukunftsvision, sie waren Ende der 80er Jahre teilweise Realität. Gleichzeitig widersprechen Liesens Äußerungen einmal mehr der sportwissenschaftlichen Annahme Keuls und anderer, dass Anabolika im Ausdauersport wirkungslos oder sogar kontraproduktiv seien. Sie seien – wie Liesen am Beispiel der Nordischen Kombination als einer Wintersportdisziplin mit beträchtlicher Ausdauerkomponente verdeutlichte – vielmehr sogar Bedingung der Spitzenleistung.

Solch extreme Positionen in Bezug auf die Freigabe von anabolen Steroiden (und anderen Dopingmitteln) wurden bei der Sportausschuss-Anhörung außer von Liesen und Ulrich Eicke von keinem anderen Teilnehmer vorgetragen. Energischer Widerspruch, wie er von Heidi Schüller geäußert wurde, blieb jedoch ebenfalls weitgehend aus. Ärzte bzw. Wissenschaftler attackieren sich öffentlich nicht[28]. Heidi Schüller bildete in ihrer konsequenten Haltung gegen Doping unter dem Deckmantel von Therapie, Regeneration oder Substitution im Expertenkreis eher die Ausnahme:

> "Wenn dann Konstellationen auftreten, daß diese Leistungssportler sich aufgrund einseitiger Belastung und extremer Belastung und zunehmend größer werdender Belastung verletzen, dann sollte einem das ein Signal sein und nicht etwas, was man zwangsläufig kaschieren muß, um weiter fortzufahren in dieser Maximierung. Ich denke, daß das ein kurzes Innehalten wert sein sollte, daß hier offensichtlich eine Leistungsgrenze überschritten worden ist. Durch Trainingssteuerung bzw. durch gezieltes Training kann man diese Leistungsgrenze sicherlich hinausschieben. In dem Fall allerdings, wo sie manifest wird, ist sie für mich nicht zwangsläufig zu therapieren, zumindest nicht mit Medikamenten. Da war ich doch erstaunt über die Äußerung von Prof. Keul, auf die sich Herr Eicke offensichtlich bezog, daß man in den Bereich der Therapiemittel Medikamente wie Diuretika und Anabolika aufnehmen soll" (Deutscher Bundestag 1988, 93 f.).

Joseph Keul, der die Substitutionstheorie ca. zehn Jahre zuvor selbst begründet hatte, trat allerdings nun dem Eindruck entgegen, er sehe eine Notwendigkeit der Anabolikaverwendung aus Substitutionsgründen: "Substitution ist nicht die Zufuhr von anabolen Hormonen, auch wenn sie körpereigen produziert werden" (Deutscher Bundestag 1988, 96). Keuls seit Ende der 80er Jahre bis heute zunehmend zu beobachtende Tendenz ging nun nicht dahin, die Forderungen nach Dopingfreigabe im Sinne Liesens und Eickes zu unterstützen. Keul, der in den 70er Jahren noch feststellen musste, dass die Anabolikaverwendung im Sport zu

---

[28] Vgl. dazu das Urteil des Bezirksberufsgerichts für Ärzte in Freiburg vom 16. 9. 1992 wegen „berufsunwürdigen Verhaltens" gegen Armin Klümper. Dieser hatte Keul leistungssteigernde Maßnahmen vorgeworfen und wurde hierfür gerügt, obwohl die Kammer zu dem Ergebnis kam, dass die Vorwürfe berechtigt waren.

einem immer größer werdenden Problem wurde, dem nur mit Freigabe unter ärztlicher Kontrolle beizukommen sei, bestritt jetzt ganz einfach die Existenz der Dopingproblematik im Spitzensport:

> "Die gesamte Dopingproblematik wird im Grunde genommen völlig überbewertet. Wir haben einen enormen Rückgang der gesamten Dopingfälle zu verzeichnen. ... denn mindestens die Hälfte, wenn nicht alle derer, bei denen Ephedrin nachgewiesen wird, haben das durch einen Zufall genommen – wegen Unkenntnis des Arztes oder sonst irgendeiner Maßnahme – und verlieren dann ihre Goldmedaille. Ich bin der Meinung, daß es hier zu einem Überdenken kommen muß. ... Ich bin eigentlich über die gesamte Dopingdiskussion etwas unglücklich. Wir haben eine ganz geringe Zahl – das weisen auch die Statistiken aus –, wo es zu positiven Dopingfällen kommt, die dann weltweit immer sehr gut verbreitet werden. Über der Problematik einzelner Dopingfälle vergessen wir etwas ganz Entscheidendes, nämlich eine bessere und stetig ausgebaute Versorgung unserer Spitzensportler" (Deutscher Bundestag 1977, 96 f.).

Keul erwähnte nicht, dass die damalige Form der Dopingkontrollen überhaupt nicht geeignet war, die wahren Ausmaße der Problematik nachzuweisen. Wie anhand mehrerer in der Bundesrepublik nachgewiesener Dopingfälle gezeigt werden konnte, wussten dopende Ärzte, Trainer oder Athleten detailliert, wann Dopingmittel wie anabole Steroide abgesetzt werden mussten, um bei Wettkampfkontrollen nicht aufzufallen. Keul erwähnte ferner nicht, dass die Mehrzahl der deutschen Sportverbände zu jener Zeit – entgegen ihren eigenen Beschlüssen – keinerlei Wettkampfkontrollen durchführten und somit überhaupt keine Dopingfälle ermittelt werden konnten. Zum Beispiel in der Sportart Tennis, der sich Keul mittlerweile besonders zugeneigt fühlte:

> "Im Tennis – ich mache das über 20 Jahre, das ist eine Bewegung im Sport, die heute Millionen erfaßt – wird kein Dopingmittel eingenommen. ... Wenn Sie z.B. beim Tennis Aufputschmittel geben, stören Sie die Feinkoordination, es kommt zum Tremor, zum Zittern, so daß ich einen Nachteil habe. Gebe ich im Tennis Anabolika, wird ebenfalls die Motorik mitbeeinträchtigt" (Deutscher Bundestag 1988, 105 f.).

Konsequenz daraus war für Keul, dass deshalb Kontrollen im Tennis eigentlich gar nicht nötig seien. Als Verharmloser des Dopings im internationalen und nationalen Leistungssport erwies sich auch der langjährige Fecht-Bundestrainer Emil Beck:

> "Ich wollte dazu noch drei Punkte anführen: 1. So mancher Verdacht auf gedopte Gegner ist ein Alibi für eigene Schwächen. 2. Ein gut vorbereiteter Sportler fürchtet keinen Gegner, und schon gar nicht einen gedopten; wir beweisen es. 3. Die Ausschöpfung aller erlaubten Möglichkeiten der Substitution ist bei hochtrainierten Sportlern nicht nur zu dulden, sondern im Interesse ihrer Gesundheit zu fördern" (Deutscher Bundestag 1988, 108).

Ob zu einer solchen Substitution auch die Gabe von Anabolika zählen sollte, ließ Beck offen. In seinen schriftlich eingereichten Thesen zum Thema der Anhörung gab er sich – im Interesse der internationalen Konkurrenzfähigkeit – allerdings nicht als Gegner des bundesdeutschen Anabolikadopings zu erkennen:

"In den meisten Sportarten spielt medizinisch-pharmakologische Beeinflussung keine oder keine entscheidende Rolle. Es ist zu vermuten, daß die Manipulationsunterstellung bei anderen oft auch als Alibi für mangelnde eigene Leistungen mißbraucht wird.

- Regelungen gegen den Anabolika-Mißbrauch in Maximalkraftsportarten haben nur Sinn, wenn sie durch einen Globalcharakter Chancengleichheit herstellen.

- Die Anwendung von Testosteron oder Anabolikapräparaten ist bei erwachsenen Männern vorrangig eine Frage der Chancengleichheit, bei Jugendlichen und Frauen ist sie ernsthaft persönlichkeitsverändernd zu beurteilen.

- Differenzierte Beurteilungen müssen den Medizinern überlassen bleiben" (Deutscher Bundestag 1988, 161).

Welchen Medizinern genau man solche Beurteilungen zu überlassen habe, sagte Beck nicht. Unklar ist daher, ob er eher der Richtung Keuls oder jener weitaus extremeren Position Liesens zuneigte. Keuls eingereichtes Statement offenbarte jedoch die – indirekt geäußerte – überraschende Komponente der Forderung nach Testosteronfreigabe, und zwar ohne den Hinweis auf die Problematik der Nachweisbarkeit. Dadurch könnte immerhin der Eindruck entstehen, dass diesbezügliche Forderungen mit Hinweis auf solche Nachweisprobleme lediglich ein Vorwand gewesen seien, um eine Testosteronfreigabe zu Dopingzwecken zu erreichen:

"Es muß ausdrücklich festgehalten werden, daß die Einnahme von Dopingmitteln ausgesprochen selten ist und die positiven Befunde bei den vielfältigen Kontrollen in Größenordnungen von 2 % liegen. Dabei handelt es sich bei der Hälfte um die Einnahme einer den Dopingmitteln zuzuordnenden Substanz, die jedoch im Rahmen einer therapeutischen Maßnahme zur Behandlung von Erkältungskrankheiten eingesetzt wird. ... Durch Kontrollen und Aufklärung ist die Zahl der Dopingverstöße gering. Sie ist scheinbar nicht rückläufig, da in der Folgezeit zusätzlich neue Substanzen auf die Dopingliste gebracht wurden, wobei unter Fachleuten große Zweifel bestehen, ob es überhaupt gerechtfertigt ist, diese auf der Dopingliste zu führen wie z.B. Diuretika, Coffein und Testosteron" (Deutscher Bundestag 1977, 179).

Manfred Donike widersprach in seinen Thesen allerdings den Angaben Keuls, er machte auch deutlich, dass die Dopingproblematik deutlich ernster zu beurteilen war, als dies aus Keuls Ausführungen zu schließen gewesen wäre:

"- Etwa 66 % der positiven Dopingfälle entfallen auf anabole Steroide.

- Es gibt Anhaltspunkte dafür, daß die positiven Anabolika-Fälle nur die Spitze des Eisbergs repräsentieren.

Anabole Steroide stellen nicht nur ein Problem für den Hochleistungssport dar, sondern sie werden im Breitensport in einem Umfang verwendet, der gesundheitspolitisch bedenklich ist" (Deutscher Bundestag 1988, 184).

Letztlich hatten Joseph Keul und Heinz Liesen, so unterschiedlich ihre Argumentationen vordergründig daherkamen, in gewisser Weise trotz grundlegend unterschiedlicher Auffassungen zum Substitutionsbegriff zumindest in der Frage des Testosterons zueinander gefunden – beide waren gegen die Präsenz des Steroids auf der Dopingliste. Unterschiedliche und einander entgegengesetzte Argumentationsmuster führten letztlich wenigstens teilweise zum selben Ziel: der faktischen, zeitweiligen Testosteronfreigabe aufgrund angeblicher analytischer Mängel. Beschlossen wurde diese zeitweilige Testosteronfreigabe durch die Spitzenverbände und den Bundesausschuss Leistungssport (BA-L) im August 1991, auch auf Empfehlung der sogenannten Reiter-Kommission (Berendonk 1992, 304). Heinz Liesen hatte diese Forderung noch einmal in seinem schriftlichen Statement, in dem er Gegner der von ihm favorisierten Substitutionsthesen für geistesgestört erklärte, für den Sportausschuss bekräftigt. Verrückt ist demnach, wer Liesens Auffassung einer „totalen" Sportmedizin widerspricht:

> "Darüber hinaus sind schnelle ... qualitative Beurteilung des Immunsystems ... und der hormonellen Regulation (vor allem des katabolen-anabolen Gleichgewichts) notwendig, um Dysregulationen und mangelhafte immunologische Reaktionsfähigkeit gezielt therapieren zu können. ... Eine solche begründete Substitution (als Therapie oder Prophylaxe) mit Doping gleichzusetzen ist irr-sinnig" (Deutscher Bundestag 1988, 200).

4.10 Zusammenfassung

Auf der Grundlage unserer Analysen lassen sich eine Reihe von Feststellungen zur Entwicklung der Anabolikaproblematik in der Bundesrepublik treffen und Thesen ableiten. Letztere sollten zum Teil zu ihrer wissenschaftlichen Erhärtung und im Sinne einer Theorienbildung zum Doping im Spitzensport noch weitergehend überprüft werden. Eine weitere Erforschung der Geschichte des Dopings ist notwendig. Zu fordern wäre daher, dass Sportverbände und Sportinstitutionen wie das Bundesinstitut für Sportwissenschaft im Interesse einer umfangreichen Aufarbeitung der Vergangenheit ihre Archive Forschern zugänglich machen. Ferner wäre wünschenswert, wenn etwaige Dopingschäden bei Sportlerinnen und Sportlern bzw. deren Kindern ermittelt werden könnten und eine diesbezügliche medizinische Hilfe angeboten werden könnte. Zu plädieren wäre hierfür daher für die Einrichtung eines „Grünen Telefons" nach französischem Vorbild.

Die Geschichte des Dopings in der Bundesrepublik Deutschland wird in zehn Thesen zusammengefasst:

1. Die häufig geäußerte alltagsweltliche Annahme, der Ost-West-Konflikt sei verantwortlich für das Dopingproblem in der Bundesrepublik Deutschland, kann nicht bestätigt werden, trotz der Parallelität der Entwicklung der Anabolikaverwendung und des Kalten Kriegs. Die Verwendung von Anabolika

in den USA um 1960 übte einen starken Einfluss auf die Bundesrepublik aus und war kaum auf Ost-West-Motive zurückzuführen. Ebensowenig hatte das Übergreifen der Problematik in den 60er Jahren auf die Bundesrepublik politische Hintergründe. Das Aufkommen der Anabolika im westdeutschen Leistungssport dürfte zunächst in erster Linie sportlichem Ehrgeiz und dem Wunsch nach Reduzierung der großen Leistungsdifferenzen zu Sportlern aus den USA entsprungen sein. Trainingsmethodisch plausibel war die Verbreitung durch das sich um 1960 herum durchsetzende Krafttraining.

2. Die Vergabe der Olympischen Spiele an München wirkte sich in Ost- wie in Westdeutschland für die Problematik negativ aus. Beide Seiten unternahmen erhöhte Anstrengungen der Leistungssportförderung. Jeweils systembedingt spielte dabei auch in unterschiedlichem Maße medikamentöse Leistungsmanipulation eine wachsende Rolle (zur Situation in der DDR siehe Spitzer 1998). Der organisierte Sport wurde dabei keineswegs, wie häufig behauptet wird, einseitig von der Politik für deren Zwecke instrumentalisiert. Der Sport nutzte den politischen Konflikt seinerseits dazu, um im Sinne einer Nutzenverschränkung eigene Ressourcenansprüche an die Politik zu stellen.

3. Das Problem des Dopings im bundesrepublikanischen Sport ist auch ein Problem der wissenschaftlichen Beratung des Sports. Fehlende Distanz zwischen dem organisierten Sport und einigen sportwissenschaftlichen Disziplinen, insbesondere der Sportmedizin bzw. einigen ihrer Vertreter, erzeugte Rollenkonflikte. Gleichzeitig erfolgte eine weitgehende Ausgrenzung von reflexionsorientierten Disziplinen wie der Soziologie oder der Pädagogik. Die in erster Linie auf Leistungsoptimierung ausgerichtete wissenschaftliche Beratung versäumte zunächst eine zeitige Einstufung der Anabolika als Dopingmittel und ermöglichte schließlich nach dem Anabolikaverbot im gesamten westdeutschen Sport (1977) über die Hintertür eines abstrusen Therapiegedankens weiterhin Anabolikadoping.

4. Die Verwendung der Anabolika in sogenannten therapeutischen Dosen wurde von maßgeblichen Sportmedizinern für ungefährlich und unschädlich gehalten. Anabolika dürften aus Sicht solcher Sportmediziner eine willkommene, weil anscheinend ja unschädliche Alternative zu den akut lebensbedrohlichen Aufputschmitteln der 60er Jahre gewesen und somit hoffähig geworden sein.

5. Die mangelhafte Aufarbeitung der Vergangenheit im Zuge der ersten großen öffentlichen Dopingdiskussion 1976/77 schaffte die Voraussetzungen für die weitere Problementwicklung. Die Strategie maßgeblicher Teile des westdeutschen Sports, Verfehlungen künftig zwar ahnden, zurückliegende Verfehlungen im Zusammenhang mit Doping aber nicht verfolgen zu wollen, trug ihren

Teil zur Herausbildung einer informellen Norm des Dopings bei. Dies wurde von Athleten auch deshalb so empfunden, weil Olympianormen sich an internationalen Maßstäben orientierten, die offenbar ohne Doping nicht erreichbar waren.

6. Die Verselbständigung des Sportsystems und der anwendungsorientierten Sportwissenschaft sowie ein gestiegenes staatliches Interesse an sportlichen Spitzenleistungen verstärkten seit den 70er Jahren das Dopingproblem in der Bundesrepublik im Sinne einer Totalisation des Sports (Heinilä 1982). Immer mehr Institutionen und Personen waren unter Ableistung immer größerer Anstrengungen mit der Förderung von Leistung betraut. Solche Verbesserungen von Umfeldbedingungen dienten nicht nur – wie geplant – einer dopingalternativen Leistungsförderung nach dem längst überfälligen Anabolikaverbot für den gesamten westdeutschen Sport 1977, sie machten Doping als komplexitätsreduzierende Maßnahme (Bette 1993) im Gegenteil immer wahrscheinlicher.

7. Imagemanagement und die Rollenkonflikte der Sportfunktionäre begünstigten die Entwicklung der Dopingproblematik. Skandale wurden aus Angst, Ressourcen zu verlieren, vertuscht. Zudem wurde befürchtet, die Öffentlichkeit könnte hinter den Dopingpraktiken zu Unrecht auf Verhältnisse im gesamten Sport schließen, wobei diese tatsächlich nur einen geringen Bereich des Sports betreffen würden. Die ausbleibende Skandalisierung begünstigte so, häufig sicherlich ungewollt, Doping.

8. Die Autonomie des Sports erwies sich in der Dopingfrage als erhebliches Problem. Der Glaube an die Selbstreinigungskräfte des Sports vernebelte den Blick für notwendige – auch staatliche – Maßnahmen im Kampf gegen Doping. Diese Annahme einer möglichen Selbstreinigung wurde häufig instrumentalisiert, um zu beschwichtigen und um externe Kontrollansprüche abzuwehren. Unterlassungshandlungen von außersportlichen Institutionen wie Staatsanwaltschaften, Ministerien, Krankenkassen, Ärztekammern usw. begünstigten die Dopingentwicklung.

9. Die Etikettierung des Dopings als individuelle Devianz verhinderte den Einsatz komplexer Problemlösungsstrategien und begünstigte somit wiederum Doping. Dieses fand in der Bundesrepublik auf höchst verschiedene Weise statt: individuell im Rahmen privater Initiativen; in subkulturellen Kleingruppen; auf Vereinsebene; in Kooperation mit Verbandstrainern und/oder – Ärzten („kontrolliert") – und anscheinend sogar bis hin zu Formen des sportmedizinisch organisierten Verbandsdopings.

10. Der Spitzensport in der Bundesrepublik Deutschland litt seit etwa 1970 unter einem doping- bzw. anabolikabedingten Dropout (Talentverlust). Verbrei-

tung des Dopings und Verstärkung dieser spezifischen Dropout-Problematik waren parallel ablaufende Prozesse. Dieser Dropout fand auf allen denkbaren Ebenen statt. Athleten, Trainer, Ärzte, Funktionäre und andere Rollenträger waren davon betroffen. Hierdurch gingen dem Sport in beträchtlichem Umfang wertvolle menschliche Ressourcen, zugleich aber auch ein kritisches Potential verloren. Das System des Spitzensports in der Bundesrepublik Deutschland bedrohte mit dem Versuch, durch Doping Leistungsverbesserungen zu erzielen, langfristig sich selbst und war somit teilweise auf Selbstzerstörung ausgerichtet.

5 Schlussbemerkungen: Doping im Systemvergleich

Doping im internationalen Spitzensport ist kein vorwiegend deutsches, sondern ein universelles Problem. Es hat die Leistungsentwicklung vieler Sportarten in zahlreichen Ländern entscheidend beeinflusst. Das Bild, das der moderne Hochleistungssport seit nunmehr mehr als vier Jahrzehnten vermittelt, wird insbesondere durch die Verwendung der anabolen Steroide und verwandter Substanzen sowie seit etwa 30 Jahren durch verschiedene Methoden des Blutdopings geprägt und beruht in nicht geringem Umfang auf Manipulation und Betrug. In welcher Weise, d. h. in welchem Umfang, mit welcher Intensität und mit welcher Struktur Doping organisiert und angewandt wurde, hing in hohem Maße von der Art des jeweiligen Gesellschaftssystems ab. Idealtypisch zeigt sich dies im Vergleich der Deutschen Demokratischen Republik und der Bundesrepublik Deutschland, zu deren Dopinggeschichte sich nach der vorliegenden Arbeit genauere Angaben machen lassen.

Die Systematik des DDR-Sports bestand in einer – für totalitäre Gesellschaftssysteme typischen – staatlich befohlenen, hierarchisch von oben nach unten angeordneten Großmanipulation mit teilweise menschenverachtenden Ausmaßen. Dabei wurden Medikamente sogar in vollem Bewusstsein ihrer Schädlichkeit verabreicht. Das Staatsplanthema „Doping" (vgl. Berendonk 1992, Spitzer 1998) dürfte in seinen Ausmaßen weltweit unerreicht sein, wobei vergleichbare Gesellschaftssysteme des ehemaligen Ostblocks über eine ähnliche Dopingphänomenologie verfügt haben dürften. An Brutalität des Dopings etwa im Frauensport standen Staaten wie Bulgarien oder die Sowjetunion der DDR wohl kaum nach. Einzigartig – auch in seiner Perfidie – dürfte das DDR-Doping aufgrund seines staatlich organisierten und minutiös durchstrukturierten Charakters dennoch sein. Dagegen entwickelte sich die Problematik des bundesrepublikanischen Dopings – systemgemäß – in gewisser Weise „föderal". Es war nicht hierarchisch gegliedert und zentral gesteuert, sondern entwickelte sich über völlig unterschiedliche Spielarten – vom Einzel- über das Gruppen- bis hin zum Verbandsdoping – zu einem durch Synergieeffekte erzeugten großen und schwer auf dem westdeutschen Sport lastenden Gesamtkomplex. Soziologisch betrachtet steht dem relativ geschlossenen, weniger komplexen System des Ostdopings das wesentlich ausdifferenziertere, komplexere Dopingsystem des Westens gegenüber.

Vor dem Hintergrund des deutsch-deutschen Dopingvergleichs auf wissenschaftlicher Basis werden bestimmte, häufig stereotyp bemühte alltagsweltliche Erklärungsmuster obsolet. Die Annahme, es sei „hüben wie drüben" gedopt worden, nur „drüben" – im Osten – professioneller, kontrollierter und eben dadurch ungefährlicher als „hüben" im Westen, kann so pauschal nicht betätigt werden. Doping war im Osten wie im Westen gefährlich. Die z. B. nicht selten durch manche westdeutsche Sportmediziner gerühmte ärztliche Kontrolle des DDR-Dopings, die geholfen habe, Schäden zu vermeiden, ist längst als Legende entlarvt worden. So vermochte Spitzer (1998) eindrucksvoll nachzuweisen, wie die Versuche der angestrebten perfekten Kontrolle des Dopings in der DDR durch den Sportmedizinischen Dienst (der Schäden nicht verhindern, sondern allenfalls hätte reduzieren können) vielfach unterlaufen wurden. Jener häufig so romantisierend vorgenommene Ost-West-Vergleich, in dem dem Osten die größere „Professionalität" gegenüber dem Westen zugeschrieben wird - so, als handele es sich dabei um eine besondere Tugend -, beruht auf einem wesentlichen Denkfehler: Die „professionellen" Doper nämlich manipulierten deutlich mehr und in der Regel jüngere Athleten. Sie manipulierten sie über längere Zeiträume und mit ständig steigenden Dosierungen - dabei einem „Quantitätsgesetz des Dopings" (Singler/Treutlein 1998, 95) folgend, wonach für immer kleinere Leistungssteigerungen immer höhere Dosierungen notwendig wurden (vgl. Riedel, zitiert nach Berendonk 1992, 179) und jene sogenannten „therapeutischen" Dosierungsmengen früher oder später zwangsläufig gesprengt werden mussten. Es gibt also keinen Grund für „Anabolika-Amateure", den „Doping-Profis" der DDR mit Bewunderung gegenüber zu treten und den damals angeblich „günstigen kontrollierten" Bedingungen nachzuweinen. In Bezug auf abweichendes Verhalten sind es grundsätzlich nämlich immer die Profis, die den größten Schaden anrichten. Es macht auch wenig Sinn, DDR-typische Formen der Nachwuchsförderung - wiederum in romantisierender Träumerei – anzustreben. Der ungebrochene Glaube von hochrangingen Sportfunktionären, in der DDR sei Doping nicht alles gewesen (DSB-Vizepräsident Feldhoff), trifft zwar zweifellos zu – ins Leere zielt er dennoch. Denn umgekehrt ist es wohl eher so, dass in der DDR ohne Doping alles nichts gewesen wäre. Der hohe Aufwand an Nachwuchsförderung (inkl. Nachwuchsdoping) wäre in einem manipulationsfreien DDR-Spitzensport aufgrund des daraus resultierenden massiv niedrigeren Erfolgs durch nichts zu rechtfertigen gewesen und in der damaligen Form wohl nie betrieben worden.

Ein Vergleich der Strukturen des DDR-Dopings mit dem der Bundesrepublik zeigt die hohe Korrelation von Gesellschafts- und Dopingsystem, die bestimmte Unterschiede begründet, bestimmte Gemeinsamkeiten dagegen nicht ausschließt. In der Bundesrepublik gab es nichts dem Staatsplanthema 14.25 Vergleichbares. Im Westen konnte sich Doping vielmehr ohne offene Formen staatlichen Drucks entwickeln, es wurde durch die Autonomie des Sports sogar entscheidend begünstigt. Dies führte nicht nur zur Mentalität, dass der Sport seine Probleme selbst zu lösen habe; damit zusammenhängend wurde der Politik sogar weitgehend die Kompetenz zur Einschätzung und Bearbeitung der Dopingproblematik abgesprochen. Umgekehrt machte es sich der Staat mit seiner ausschließlich am Erfolg orientierten Spitzensportförderung um einiges zu einfach. Dem zuletzt durch den ehemaligen Innenminister Manfred Kanther bekräftigten lauten Ruf nach Medaillen zum nationalen Prestigegewinn nicht deutlicher Bedingungen (und entsprechende Kontrollmechanismen) zur Seite gestellt zu haben, wie diese Medaillen anzustreben seien und wie auf gar keinen Fall, gehört zu den Unterlassungssünden der Politiker in der Bundesrepublik.

Aber auch wenn für das Doping in der Bundesrepublik eine enorme Problemlast konstatiert werden muss, ist die westliche Form der Leistungsmanipulation nicht mit den hochgradig konspirativen, geheimen Formen des Ostens vergleichbar. Der Todesfall Birgit Dressel als „Beweis" für die gegenteilige Annahme, dass das angeblich unkontrollierte und häufig überdosierte Doping des Westens die gefährlichere Variante gewesen sei, greift zu kurz und suggeriert mit der Schlussfolgerung eines ostdeutschen Dopings der angeblich überschaubaren gesundheitlichen Risiken nichts weniger als eine historische Lüge, wie sie bis heute nicht nur im Osten, sondern häufig gerade auch im Westen gepflegt wird. Doping hatte im Osten wie im Westen ein immens hohes Gefährdungspotential für junge und weniger junge Sportlerinnen und Sportler. Dem Doping in Höchstdosierungen im östlichen Gewichtheben stehen z. B. entsprechende Tendenzen im westlichen Body-Building gegenüber, mit Gesundheitsrisiken und Todesfällen hier wie dort. Dopingkontrollen – so unvollkommen sie auch über lange Zeit gewesen sein mögen – stellten daher einen gewissen Schutz gegen die Versuchung des zu langen und intensiven Dopings zumindest mit Anabolika dar. Allerdings ist in diesem Zusammenhang zu konstatieren, dass die Mehrzahl der Fachverbände dem von ihnen 1977 selbst mitbegründeten DSB-Beschluss der Einführung von Wettkampfkontrollen nicht nachkam. Durch fehlende Kontrolle war Doping partiell im Westsport somit faktisch „freigegeben".

Bis heute ist bisweilen das Bedauern von manchen Ärzten zu spüren, dass sie in der Bundesrepublik Doping nicht offiziell „begleiten", d. h. steuern und kontrollieren durften. In dieses Bedauern mischt sich des Öfteren aber auch eine gehörige Portion Neid und sehnsuchtsvolles Erinnern an die „idealen Betreuungsmöglichkeiten" in der DDR. Nicht „alle Möglichkeiten der Medizin" (Heinz Liesen) ausschöpfen zu dürfen, empfand mancher Mediziner im Westen als schmerzlich, erschwerte es doch das bisweilen so gerne gepflegte, werbewirksame Selbstbildnis des heilenden Magiers im uneigennützigen Dienst für die Sportler und die Sportnation. Formen der häufig geforderten ärztlichen Kontrolle und Dosierungsberatung gab es entgegen vehementer ärztlicher Beteuerungen jedoch durchaus auch in der Bundesrepublik. Der häufig geäußerten Annahme, dass der angeblich üblichen „Hoch- bis Überdosierung" im Westen nur mit ärztlicher Kontrolle – wie im Osten – beizukommen gewesen wäre, muss massiv entgegengetreten werden. Weder kann für den Westen über den reinen Kraftsport hinaus eine solche Überdosierungstendenz pauschal angenommen werden, noch blieb es im Osten immer bei den unterstellten „vernünftigen" Dosierungen. Auf beiden Seiten kam es zu der ganzen Bandbreite zwischen Dopingablehnung bzw. –verzicht und Höchstdosierung (letztere im Westen vorwiegend außerhalb der olympischen Sportarten), allerdings mit unterschiedlichen Schwerpunkten und Konsequenzen. Dabei stand dem meist freiwilligen Dropout von Akteuren im Westen wegen Dopingablehnung häufig der Zwangsausschluss von nicht systemkonformen Akteuren im Osten gegenüber.

Das demokratischere und transparentere Gesellschaftssystem des Westens ließ ähnlich extreme Organisations-Formen wie beim Staatsdoping der DDR nicht zu, vor allem keinen staatlichen Zwang. Das Erzeugen von Konspiration und Heimlichkeit war im Westen weitaus schwerer herzustellen als im geschlossenen Dopingsystem des Ostens. Kritiker hatten im Westen die Möglichkeit und Gelegenheit, auf Dopingmissbrauch hinzuweisen und dagegen öffentlich vorzugehen (wenngleich der diesbezügliche Personenkreis zumeist überschaubar und oft erfolglos blieb, zumindest bis 1990/91). Wurden in der DDR schriftliche Dokumente zum Doping verfasst, die zumindest der Nachwelt zur Verfügung stehen, so fehlen solche Dokumente für das Doping in der Bundesrepublik in vergleichbarem Umfang. Umgekehrt gab es in der Bundesrepublik periodisch wiederkehrende öffentliche Dopingdiskussionen, die ein beträchtliches Wissen für die Allgemeinheit freisetzten. Die viel beklagten Informationsdifferenzen zwischen Ost und West werden aus dieser Sicht etwas reduziert. Durch derart erzielte öffentliche Aufmerksamkeit wurde Doping in der Bundesrepublik zwar nicht verhindert, in seinem Umfang und in seinen Auswirkungen jedoch eingeschränkt. Die „Doping-Amateure" des Westens konsumierten Anabolika zudem keineswegs zwangsläufig so „überdosiert" und „unvernünftig", wie ihnen das häufig unterstellt wird. Auch wenn quantitative Aussagen zu Dauer und Dosierungen des Anabolikadopings im Westen nicht getroffen werden können, so ergibt sich nach unseren Zeitzeugenbefragungen zumindest eine Tendenz zu einem Doping in jenen von Ärzten geforderten (und sträflich verharmlosten) „therapeutischen" Dosierungen, selbst wenn dieses Doping ohne ärztliche Beratung erfolgte. Wissenschaftler und Zeitzeugen, die über aussagekräftige anderslautende Befunde verfügen, sind aufgerufen, entsprechende Dokumente und Publikationen vorzulegen.

Argumente für ein gutes Gewissen stellen diese Unterschiede im Ost-West-Vergleich aus bundesrepublikanischer Sicht jedoch mitnichten dar. Im Dopingsystem der Bundesrepublik handelnde Personen konnten und können sich auf der Suche nach Rechtfertigungen für ihre devianten Verhaltensweisen in weitaus geringerem Maße auf höhere Instanzen berufen als in der DDR, da staatliche Vorschriften und staatlicher Druck fehlten. Dopende Athleten, Trainer oder solche Funktionäre, die Doping unterstützten, deckten oder zumindest nicht bekämpften, handelten in weitaus stärkerem Maße eigenverantwortlich. Die Sportführung im Westen wusste wohl recht genau um die Verbreitung des Dopings in der Bundesrepublik, sie war oft genug informiert und auch angegriffen worden; wegen der Autonomie des Sports hielt sich die Politik weitgehend aus dieser Frage heraus, ein Interesse an herausragender internationaler Konkurrenzfähigkeit hatte sie jedoch durchaus – und sicherlich auch entsprechendes Wissen, wie diese Konkurrenzfähigkeit nur zu bewerkstelligen war. Der Westen hat es lange Zeit über nur bei ritualistisch vorgetragenen Antidopingbekenntnissen in Form von Schaufenster- und Sonntagsreden bewenden lassen. Dass die Dopingablehnung nicht eindeutiger, klarer und unmissverständlicher, flankiert von konkreten Bekämpfungs- und Präventionsmaßnahmen, signalisiert und eingefordert wurde, dass der Westen als demokratische Gesellschaft nicht wesentlich härter eine Ablehnung unlauterer Formen des Wettbewerbs einklagte und in Handeln umsetzte, dies ist eine wesentliche „Sünde" der westdeutschen Sportpolitik und Politik. Dass die Bundesrepublik mit ihrem Selbstverständnis eines Staats mit der besseren Gesellschaftsform nicht die Größe hatte, im Kampf der Dopingsysteme auszuscheren und den viel beschworenen „humanen Spitzensport" tatsächlich auch konsequent zu praktizieren, wirft Fragen nach dem Selbstbewusstsein und Selbstverständnis eines Staates (und seines Sportsystems) auf, der gegen internationale Konkurrenz gewonnene Medaillen für seine Identitätsgewinnung anscheinend ähnlich dringend benötigte wie die „undemokratische" östliche Konkurrenz.

Während das Doping in der DDR vor allem durch Brigitte Berendonk (1992), Werner Franke (1993 und 1995) und Giselher Spitzer (1998) in relativ hohem Maße aufgearbeitet wurde, steht eine entsprechende historische Deskription und Analyse der Dopinggeschichte der Bundesrepublik Deutschland für die Zeit sowohl vor als auch nach 1990 aus, was angesichts eines krassen Missverhältnisses im Schrifttum zum Doping in Ost und West auf der Hand liegt. Die vorliegende Untersuchung kann diese Aufarbeitungsdifferenz zwischen Ost und West nicht ausgleichen, aber reduzieren, wobei quantitative Aussagen – wie Spitzer diese für das Doping in der DDR formulieren konnte – im Westen derzeit nicht möglich sind. In qualitativer Hinsicht jedoch konnten einige Fortschritte erzielt werden, so etwa in Bezug auf westdeutsche Mentalitätsgeschichte beim Doping durch eindrucksvolle, offene Zeitzeugenberichte oder in der Hinsicht, dass Anabolika in den 60er Jahren eine größere Rolle im westdeutschen Sport gespielt haben als dies bislang angenommen werden konnte. Daraus allerdings abzuleiten, dass die DDR deswegen in der Anabolikafrage lediglich reagiert hätte und zur Reaktion „gezwungen" worden wäre, ist nicht zulässig. Dass im DDR-Sport ähnlich wie im Westen in den frühen und mittleren 60er Jahren Anabolikaanwendungen durch Privatinitiativen erfolgten, ist keineswegs auszuschließen. Hier besteht, was die Frühzeit des Anabolikamissbrauchs durch Sportler in der DDR angeht, nun ganz im Gegensatz zum Gros der Doping-Geschichtsschreibung im Ost-West-Vergleich ein Nachhol- und Forschungsbedarf für den Bereich der DDR. Dass die Anabolikaverwendung im bundesdeutschen Sport der frühen 60er Jahre eine größere Rolle gespielt haben dürfte als im Sport der DDR, davon ist aufgrund der schwierigeren Versorgungslage mit Anabolika im Osten zu dieser Zeit allerdings auszugehen.

Die Tatsache, dass auch im Westen gedopt wurde, ist zwar hinreichend bekannt. Wie dieses Doping stattfand, darüber konnte bislang jedoch zumeist nur recht oberflächlich diskutiert werden. Gerade aber das „Wie" will identifiziert sein, wenn es darum geht, Doping in der Zukunft zu erschweren oder gar zu verhindern. Auch in dieser Hinsicht konnten durch die vorliegende Untersuchung Fortschritte erzielt werden, diese werden vor allem im demnächst erscheinenden zweiten Band dieser Untersuchung vorgestellt („Doping – von der Analyse zur Prävention"). Die unzureichende Bearbeitung von Dopingvergangenheit kann Dopingmissbrauch der Gegenwart und Zukunft begünstigen, wie die bundesdeutsche Vergangenheit zeigt. Die westdeutsche Dopingdiskussion im DSB und der Sportärzteschaft 1976/77 war darauf ausgerichtet, die Geschehnisse der Vergangenheit ruhen zu lassen. Dies führte dazu, dass Rechtfertigungsmuster aus Zeiten, in denen Anabolika noch nicht explizit oder nicht für alle Sportarten verboten waren, in Zeiten des eindeutigen Verbots ungebremst fortwirkten. In diesem Licht ist auch die (unzureichende) deutsch-deutsche Vergangenheitsbewältigung nach 1990 kritisch zu hinterfragen. Ohne das Engagement von Brigitte Berendonk und Werner W. Franke hätte eine Aufarbeitung des Dopings in Ost und West vermutlich nicht einmal ansatzweise stattgefunden. Die Bundesrepublik Deutschland hätte vermutlich dann heute ein deutlich größeres Dopingproblem, als dies ohnehin bereits vermutet werden muss.

Nicht selten ist bei den Handelnden im Sport ebenso wie bei den Sportbeobachtern eine Aufarbeitungs-Ermüdung festzustellen. Die permanente Dopingdiskussion, so heißt es in diesem Zusammenhang häufig, wirke sich kontraproduktiv aus, da viele Personen dieser Diskussion mittlerweile überdrüssig seien und so die Effektivität der Dopingbekämpfung Schaden nehme. Dass solche Gefahren bestehen, soll nicht verkannt werden. Ein Argument für das Unterlassen historischer Aufarbeitung ist dies jedoch keinesfalls, vor allem nicht aus wissenschaftlicher Sicht. Wissenschaft hat Aufklärung zu leisten, nicht deren Verhinderung zu betreiben.

Ziel wissenschaftlichen Strebens ist u. a., die Diskussion auf ein höheres Niveau zu führen. Wie aufgezeigt werden konnte, wiederholen sich bestimmte Ereignisse (und diesbezügliche Diskussionen) immer wieder aufs Neue. Ob Doping verwerflich und härter zu ahnden oder ob es freizugeben sei, wird immer wieder kontrovers diskutiert. Stets ist die Frage neu zu beantworten, ob auftauchende leistungsfördernde Substanzen zu den Dopingmitteln zu zählen, ob sie mit schädlichen Nebenwirkungen behaftet seien oder nicht. Solche Diskussionen haben die Eigenart, dass sie in Wellenform immer wieder erscheinen, in gleicher Weise strukturiert und semantisch besetzt sind und dabei paradoxerweise einerseits in erster Linie von einflussreichen Wissenschaftlern dominiert werden, die andererseits in diesen Fragen häufig alles andere als wissenschaftlich agieren. Insbesondere ist dies ein Problem, mit dem die sportmedizinisch geführte Dopingdiskussion schwer zu kämpfen hat, deren Aussagen sich bis heute oft noch auf dem Niveau des beginnenden 20. Jahrhunderts bewegen. Nicht Eingrenzung des Kreises der Diskussionsteilnehmer (wie von der Sportmedizin traditionell gewünscht) wäre daher zu fordern, sondern die Einmischung möglichst vieler Diskussionsteilnehmer. Dabei ist die viel beschworene „Sachlichkeit" unter Wissenschaftlern zweifellos anzustreben. Zu berücksichtigen ist allerdings, dass Verbesserungen in der Bekämpfung der Dopingproblematik durch keine noch so exakte, sachliche und intelligente wissenschaftliche Analyse (von Fortschritten in der biochemischen Analyse abgesehen) zustande gekommen sind, sondern einzig und allein aufgrund von - Handlungsdruck erzeugender - öffentlicher Empörung. Öffentliche Anteilnahme, nicht Eingrenzung der Diskussionsteilnehmer auf einen Kreis exklusiver, nicht selten ihrerseits dubioser Spezialisten ist daher dringend gefragt. Wünschenswert darüber hinaus sind Wissenstransfer[1] und eine breite Diskussion auf internationaler Ebene. Während sich nämlich viele am Doping beteiligte Personen traditionell auf internationaler Ebene austauschen, agieren die Gegner des Dopings häufig ausschließlich innerhalb der Grenzen ihrer Länder. Dabei wird häufig verkannt, dass es in praktisch jedem Land nicht nur Doping, sondern auch Dopingbekämpfung gibt. Der deutsche, amerikanische, britische, französische, italienische oder schwedische Glaube an die jeweilige eigene Vorreiterrolle ist nicht nur falsch, sondern auch schädlich – weil es in jedem dieser Länder dadurch auch die Neigung zu einer vorzeitigen und völlig deplazierten Selbstzufriedenheit gibt. Zudem wird damit die Tendenz gefördert, im Interesse der Konkurrenzfähigkeit nicht allzu energisch Gegenmaßnahmen zu ergreifen. Die Sprache des Dopings ist eine internationale, die der Dopingbekämpfung muss es erst noch werden.

Wurde in diesem Band aufgezeigt, wie im System des Hochleistungssports Leistung verbessert wurde und wodurch dies vielfach erst gelingen konnte, nämlich durch die Verwendung von anabolen Steroiden und anderen Dopingmitteln, so beschäftigt sich der demnächst erscheinende zweite Band zu dieser Untersuchung („Doping – von der Analyse zur Prävention") mit soziologischen und

---

[1] An seiner Förderung könnten sich beispielsweise die Sponsoren von Sportlern in dopingverdächtigen Sportarten oder die Hersteller von Medikamenten, die als Dopingmedikamente missbraucht werden können, beteiligen.

pädagogischen Aspekten des Dopingproblems. Für Pädagogen darf die historische Bearbeitung des Dopings in der Bundesrepublik Deutschland kein Selbstzweck bleiben. Die Dokumentation des Dopings im Westen dient über den historischen Erkenntnisgewinn hinaus auch der Aufhellung von aktuellen und zukünftigen Systematiken des Dopings und der Entstehung von Dopingmentalität. Diese sind für die zukünftige Prävention und Bekämpfung von solchen Leistungsmanipulationen aus pädagogischer Sicht von hoher Bedeutung.

Mit der vorgelegten Untersuchung ist die Erforschung der bundesrepublikanischen Dopingvergangenheit keineswegs abgeschlossen, historische Forschungsarbeit wird weiterhin vonnöten sein. Wünschenswert wäre zum einen eine weitergehende Erforschung des Dopings in verschiedenen Sportarten - und nicht nur in der relativ leicht zu durchleuchtenden, deshalb aber nicht zwingend stärker betroffenen Leichtathletik. Des Weiteren wäre, noch genauer, zu untersuchen, inwieweit Verbände, Vereine oder auch staatliche Institutionen durch Nichthandeln, aber auch durch Handeln Doping ermöglicht haben. Voraussetzungen dafür sind beispielsweise die Öffnung von westdeutschen Archiven (z. B. des DSB, der Verbände, Vereine, des Bundesinstituts für Sportwissenschaft sowie staatlicher Stellen), weitere Zeitzeugenbefragungen, umfangreiche Äußerungsbereitschaft gerade auch von besonders relevanten Zeitzeugen, vor allem in den Bereichen von Sportmedizin und Sportpolitik. Hier wäre wünschenswert, wenn Politik und Sportpolitik finanzielle und personelle Hilfen für eine der kritischen Durchleuchtung des DDR-Sports adäquaten Bearbeitung der Geschichte und Soziologie des westdeutschen Spitzensports zur Verfügung stellen würden.

Die Autoren möchten an einer weitergehenden Aufarbeitung interessierte Personen ermuntern, hierfür Beiträge zu leisten und bitten sie, ihnen Informationen und Materialien zukommen zu lassen sowie sich für Zeitzeugeninterviews oder informelle Hintergrundgespräche mit den Autoren in Verbindung zu setzen.

Prof. Dr. Gerhard Treutlein/Andreas Singler
Pädagogische Hochschule Heidelberg
Fakultät für Gesellschafts- und Geisteswissenschaften
Fach Sportpädagogik
Im Neuenheimer Feld 720
69120 Heidelberg
Tel. 06221 – 477607
e-mail: treutlei@ph-heidelberg.de

6 LITERATUR

ADAM, K. (1975): Leistungssport - Sinn und Unsinn. München.

ANDERS, G./SCHIFFER, J. (Red.) (1989): Soziale Probleme im Spitzensport: Symposium des Bundesinstituts für Sportwissenschaft und des Deutschen Leichtathletik-Verbandes an der Führungs- und Verwaltungsakademie Berlin des DSB vom 31.1. - 2.2.1986. Köln.

ANDERS, G./SCHILLING, G. (Hrsg.) (1985): Hat der Spitzensport (noch) Zukunft? Magglingen.

ARNDT, K. H. (1992): Sportmedizin - Teil der Sportwissenschaft? In: Deutsche Zeitschrift für Sportmedizin 43, 7, 291.

L'ASSEMBLÉE NATIONALE (1989): Loi no 89-432 du 28 juin 1989 relative à la prévention et la repression de l'usage des produits dopants à l'occasion des compétitions sportives. In: Revue juridique et économique du sport, Paris, 10, 45 - 58.

ASTRAND, P. O./BORGSTROM, A. (1987): Why are sports records improving? In: R. H. STRAUSS (ed.): Drugs and Performance in Sports. Philadelphia: W.B. Saunders Company, 147 - 163.

BAUERSFELD, K. H./OLEK, J./ MEIßNER, H./HANNEMANN, D./SPENKE, J. (1973): Analyse des Einsatzes u.M. in den leichtathletischen Wurf-/Stoßdisziplinen und Versuch trainingsmethodischer Ableitungen und Verallgemeinerungen. Ergebnisbericht, Deutscher Verband für Leichtathletik (DVfL) der DDR. Wissenschaftszentrum des DVfL. (Unveröff. Dokument).

BELLOCQ, F./BRESSAN, S. (1991): Sport et dopage. La grande hypocrisie. Editions du Félin Paris.

BERENDONK, B. (1974): Züchten wir Monstren? In: H. BARISCH (Hrsg.): Sportgeschichte aus erster Hand. Würzburg, 333 - 338.

BERENDONK, B. (1977): Menschen, Muskeln, Manipulationen. Hormondoping oder die Perversion der Sportmedizin. In: Olympische Jugend 3, 4 – 7.

BERENDONK, B. (1992): Doping. Von der Forschung zum Betrug. Aktualisierte und erweiterte Neuauflage. Rowohlt Hamburg.

BERICHT DER UNABHÄNGIGEN DOPING-KOMMISSION (1991) (Reiter-Kommission). (Manuskript). Veröffentlicht in: BETTE, K. H. (1994): Doping im Leistungssport sozialwissenschaftlich betrachtet. Stuttgart, 191 – 231.

BERNETT, H. (1994): Körperkultur und Sport in der DDR. Schorndorf.

BETTE, K.-H. (1991): Wissenschaftliche Sportberatung - Probleme der Anwendung und Anwendung als Problem, in: M. BÜHRLE, M. SCHURR (Hrsg.), Leistungssport: Herausforderung für die Sportwissenschaft, Schorndorf, 67 - 82.

BETTE, K.-H. (1992): Theorie als Herausforderung. Beiträge zur systemtheoretischen Reflexion der Sportwissenschaft. Aachen.

BETTE, K. H. (1993): Neuere Systemtheorie. In: K. H. BETTE, G. HOFFMANN, C. KRUSE, E. MEINBERG, J. THIELE (Hrsg.): Zwischen Verstehen und Beschreiben: Forschungsmethodologische Ansätze in der Sportwissenschaft. Köln, 215 – 258.

BETTE, K.-H. (Hrsg.) (1994): Doping im Leistungssport - sozialwissenschaftlich beobachtet. Stuttgart.

BETTE, K.-H. (1999): Systemtheorie und Sport. Frankfurt am Main.

BETTE, K.-H./SCHIMANK, U. (1994): Selbstdiffamierung durch Doping: ein systemisches Risiko des Hochleistungssports. In: Spectrum der Sportwissenschaften 6, 2, 24 - 37.

BETTE, K. H./SCHIMANK, U. (1994): Sportlerkarriere und Doping. In: BETTE, K.-H. (Hrsg.) (1994): Doping im Leistungssport - sozialwissenschaftlich beobachtet. Stuttgart, 29 - 47.

BETTE, K.-H./SCHIMANK, U. (1995): Doping im Hochleistungssport. Frankfurt am Main.

BEUKER, F. (1992): Ergebnisse epidemologischer Studien zur Anwendung anaboler Steroide im Bodybuilding. In: Physiotherapie Lübeck 83, 8, 337 - 340.

BOOS, C./WULFF, P./KUJATH. P./BRUCH, H. P. (1998): Medikamentenmißbrauch beim Freizeitsportler im Fitneßbereich. In: Deutsches Ärzteblatt 95, 16, A-953 - 957.

BOSCO, J. S. (1977): Winning at all cost, costs. In: Physical Education Indianapolis 34, 1, 35 -37.

BOURG, J.-F. (1999): Plus vite, plus haut, plus fort. Jusqu'à quand? . In: Science&Vie (Trimestriel): Le dossier du dopage, 296, 10 - 18.

BRESCH, H. (1980): Doping bei Ausdauersportlern. In: Condition 11, 1, 20 - 21.

BREDENKAMP, A. (1985): Bodybuilding - Zur Effizienz von Eiweißpräparaten und anabolen Steroiden im Kraftsport. Bünde, Eigenverlag.

BREIVIK, G. (1987): The doping dilemma. Some game theoretical and philosophical considerations. In: Sportwissenschaft 17, 1, 83 - 94.

BRUNO, O. (1999): Les extases olympiques de l'Ex-Stasi. In: Sciences et Vie (hors série) 206, 88 - 93.

BUNDESINSTITUT FÜR SPORTWISSENSCHAFT (Hrsg.) (1981): Olympische Leistung. Ideal, Bedingungen, Grenzen. (Symposien 1977, 1979, 1980).

CACHAY, K. (1995): Gesellschaft - Sport - Trainer. Systemtheoretische Überlegungen zu Perspektiven der Trainerrolle. In: DEUTSCHER SPORTBUND, BEREICH LEISTUNGSSPORT (Hrsg.): Sportkultur und Berufsbild des Trainers. Wertevorstellungen - Ziele - Öffentlichkeitsarbeit. Informationen zum Leistungssport Band 13. DSB Frankfurt, 27 - 38.

CACHAY, K./THIEL, A. (1996): Sozialkompetenz für Trainerinnen und Trainer im Hochleistungssport. In: Trainerakademie Köln 2, 8 - 15.

CLASING, D. (1992): Doping - und kein Ende? In: Therapiewoche 42, 25, 1531-1532.

CLASING, D. (1986): Eine kritische Bemerkung zur aktuellen Dopingdiskussion. In: Deutsche Zeitschrift für Sportmedizin 37, 11, 360 – 362.

DEUTSCHE OLYMPISCHE GESELLSCHAFT (Hrsg.) (1968): Die XIX. Olympischen Sommerspiele in Mexiko 1968. Dortmund.

DEUTSCHER BUNDESTAG (1977): Stenographisches Protokoll über die Anhörung von Sachverständigen in der 6. Sitzung des Sportausschusses am Mittwoch, dem 28. September 1977. Bonn.

DEUTSCHER BUNDESTAG (Hrsg.) (1988): Humanität im Spitzensport: öffentliche Anhörung des Sportausschusses des Deutschen Bundestages am 14. Oktober 1987. Bonn.

DEUTSCHER LEICHTATHLETIK-VERBAND (Red. HELMAR HOMMEL) (1991): Aktuelle Trainingsgrundlagen des Hochleistungssports. Ausgewählte fachlich-methodische Empfehlungen zur Gestaltung einer optimalen Vorbereitung auf die Olympischen Spiele 1992.

DEUTSCHER SPORT-BUND (Hrsg.) (1970): Doping - pharmakologische Leistungssteigerung und Sport. Frankfurt.

DICKHUTH, H. H./ BERG, A./BAUMSTARK, M./ ROKITZKI, M./ KEUL, J. (1989): Doping - auch ein allgemeinmedizinisches Problem. In: Fortschr.Med. 107, 28, 585 - 588.

DICKHUTH, H. H. (1997): Die Grenzen menschlicher Leistungsfähigkeit. In: O. GRUPE (Hrsg.) Olympischer Sport. Rückblick und Perspektiven. Schorndorf, 99 - 114..

DICKWACH, H./SCHEIBE, K. (1993): Weltstandsanalyse 1992: Tendenzen der Leistungsentwicklung in den leichtathletischen Sprung- und Wurfdisziplinen. In: Leistungssport 23, 4, 33 - 40.

DICKWACH, H./WAGNER, K. (1997): Studie zur Altersstruktur weltbester Leichtathleten. Analyse der internationalen Weltbestenlisten auf den Plätzen 1-100 des Jahres 1995. In: Die Lehre der Leichtathletik 36, 17/18, 31 - 36.

DIGEL, H. (1997): Citius, altius, fortius - wohin treibt der olympische Spitzensport? In: O. GRUPE (Hrsg.): Olympischer Sport. Rückblick und Perspektiven. Schorndorf, 85 - 98.

DIGEL, H./NICKEL, R. (1993): Konstruktive Hilfen zur Lösung des Dopingproblems sind erwünscht. In: Leistungssport 23, 3, 51 - 53.

DIRIX, A./STURBOIS, X. (1999^3): The first thirty years of the International Olympic Committee Medical Commission 1967 - 1997. History and facts. Lausanne.

DONATI, A. (1989): Campioni senza valore. Firenze.

DONIKE, M. (1978): Dopingkontrollen. Bundesinstitut für Sportwissenschaft, Köln.

DONIKE, M. (1979): Anabolika im Sport. In: Bild der Wissenschaft 1, 84/85.

DONIKE, M./GEYER, H./RAUTH, S. (1993): Entwicklung der Steroidprofile und der Wettkampfleistungen im Gewichtheben 1989 und 1990 nach Einführung von strikten Dopingkontrollen. In: Deutsche Z. für Sportmedizin Köln 44, 8, 329 - 341.

DSB/NOK (Hrsg.) (1991): Bericht der unabhängigen Doping-Kommission. Juni 1991. Frankfurt a. M..

DUCHAINE, D. (1989^2): Underground Steroid Handbook, o.O.

DUCHAINE, D. (1992): Underground Steroid Handbook, Update 1992, o.O.

EMRICH, E./PAPATHANSSIOU, V./PITSCH, W./ALTMEYER, L. (1992): Abseits der Regeln: erfolgreiche Außenseiter. Überlegungen zum Doping und anderen Formen abweichenden Verhaltens im Sport aus soziologischer Sicht. In: Leistungssport 22, 6, 55 - 58.

FAIR, J. D. (1993): Isometrics or steroids? Exploring new frontiers of strength in the early 1960s. In: Journal of Sport History, Vol. 20, 1 (Spring 1993)

FRANKE, E. (Hrsg.) (1988): Ethische Aspekte des Leistungssports. Clausthal-Zellerfeld.

FRANKE, W. W. (1993): Doping in Geschichte und Zukunft: Verantwortlichkeit und Schuld der Forscher. Heidelberg (überarbeitetes Vortragsmanuskript).

FRANKE, W. W. (1995): Funktion und Instrumentalisierung des Sports in der DDR: Pharmakologische Manipulationen (Doping) und die Rolle der Wissenschaft. In: Enquete-Kommission - Aufarbeitung von Geschichte und Folgen der SED-Diktatur in Deutschland, Bd. 2. Baden-Baden 904 – 1143.

FRUCHT, A. H. (1960): Die Grenzen der menschlichen Leistungsfähigkeit im Sport. Gestern – Heute – Morgen. Berlin.

FUCHS, P./LAMES, M. (1989): Mathematische Modellierung der Leistungsentwicklung und Leistungsprognosen in der Leichtathletik. In: Sportwissenschaft 19, 4, 420 - 425.

GEBAUER, G. (Hrsg.) (1996): Olympische Spiele - die andere Utopie der Moderne. Olympia zwischen Kult und Droge. Frankfurt/M..

GILBERT, J. (1994): Demi-fond chinois - 6 mois après. In: Atlétisme, 368, 19 - 24.

GOLBÉRINE, G. (1997): Dopage: toujours plus! In: Sciences et Avenir, 4, 63 - 64.

GOODBODY, J. (1989): Le dopage dans le sport - doping in sport. In: Message olymp. Lausanne, 23, 41 - 44.

GRUPE, O. (1981): Der Athlet soll im Mittelpunkt stehen. Das Problem medikamentöser Leistungsbeeinflussung im Sport aus sportlicher Sicht. In: Bundesinstitut für Sportwissenschaft Köln (Hrsg.) Olympische Leistung. Ideal, Bedingungen, Grenzen. Begegnungen zwischen Sport und Wissenschaft. Eine Dokumentation, Köln, 68 - 77.

GRUPE, O. (1989): Doping und Leistungsmanipulation: Zehn Gründe für konsequente Kontrollen. In: Olympisches Feuer Celle, 1, 10 - 13.

GÜLDENPFENNIG, S. (1992): Tragik, Aufklärung, Versöhnung: Zum Doping-Syndrom im Sport. In: Olympisches Feuer, 6, 9 - 16.

GÜLDENPFENNIG, S. (1997): Entweder Sport oder Doping! 10 Thesen für die aktuelle Diskussion. In: Olympisches Feuer, 5, 12 - 17.

GUNDLACH, H. (1967): Zum Leistungsstand unserer Leichtathletik. In: Theorie und Praxis der Körperkultur, 16, 4, 311 – 325.

HAGEDORN, G. (1992a): Dauerbrenner Doping. In: Leistungssport, 22, 3, 5/6.

HAGEDORN, G. (1992b): Vielseitigkeit in Training und Wettkampf. Zur Verwirklichung eines Postulats. In: Leistungssport, 22, 6, 50 - 54.

HANSEN, H. (1991): Ende der Sorgfalt. Journalisten unter Druck. In: Sportjournalist Remagen 41, 12, 8 - 12.

HAYNES, S.P. (1988): Growth hormone. A review. In: P. BELLOTTI./G. BENZI/A. LJUNGQUVISt (Hrsg.) (1988): World Symposium on Doping in Sport.Rom, FIDAL, 175 - 192.

HEINILÄ, K. (1982): The Totalization Process in International Sport. In: Sportwissenschaft 12, 3, 239 – 254.

HELLFRITSCH, W./BECKER, U. (1993): Dokumentationsstudie Pädagogische KJS-Forschung. Berichte und Materialien des BISp 3/93. Köln.

HELMSTAEDT, K. (1996): Drug use has shaped women's events. In: Swim Canada, 3, 21/21.

HERNIG, G./KLIMMER, H. (1980): Leistungsprognosen im Sport als Mittel der Optimierung sportlicher Entwicklungsprozesse. Eine Entwicklungsanalyse leichtathletischer Höchstleistungen und die Prognosen eines mathematischen Modells. In: Theorie und Praxis der Körperkultur 29, 6, 404 - 412.

HETTINGER, T. (1965): Der Einfluß einiger Funktionen auf die muskuläre Leistungsfähigkeit. In: A. DE SCHAEPDRYVER/M. HERBELINCK (Hrsg.): Doping. Proceeding of an international seminar. Oxford, London, Edinburgh, New York, Paris, Frankfurt 1965, 125-132

HOBERMAN, J. (1994): Sterbliche Maschinen. Doping und die Unmenschlichkeit des Hochleistungssports. Aachen.

HOBERMAN, J.M.(1993): The reunification of german sports medecine, 1989 - 1992. In: Quest, 45, 277 - 285.

HOBERMAN, J. M./YESALIS, C. (1995): Die Geschichte der androgenen anabolen Steroide. In: Spektrum der Wissenschaft, April, 82 – 88.

HOFFMEISTER, F./WUTTKE, W. (1968): Zur Problematik der Leistungssteigerung durch Pharmaka. In: Sportarzt und Sportmedizin 19, 1, 8 - 14.

HOLLMANN, W. (1959): Bericht über den panamerikanischen Sportärztekongreß von Chicago am 1. und 2.9.1959. In: Der Sportarzt 10, 12, 300 – 302.

HOLLMANN, W. (1981): Der Mensch an den Grenzen seiner körperlichen Leistungsfähigkeit. In: In: Bundesinstitut für Sportwissenschaft (Hrsg.): Olympische Leistung. Ideal, Bedingungen, Grenzen. o. O. 78 - 89.

HOLLMANN, W. (1989): Ethische Gefahren im Hochleistungssport - Reflexionen aus sportmedizinischer Sicht. In: Brennpunkte der Sportwissenschaft 2, 1, 73 - 83.

HOLLMANN, W. /HETTINGER, T. (1990): Sportmedizin. Arbeits- und Trainingsgrundlagen. Stuttgart - New York (1. Auflage 1976).

HOLLMANN, W. ET AL. (1978): Artifizielle Methoden zur Steigerung der Leistungsfähigkeit im Spitzensport. In: Deutsches Ärzteblatt Köln, 75, 20, 1185 - 1192.

HOULIHAN, B. (1999): Dying to win. Doping in sport and the development of anti-doping policy. Council of Europe Publishing, Strasbourg.

ISRAEL, S. (1979): Unterstützende Maßnahmen im Sport. Erkenntnistheoretische, methodologische, ethische und rechtliche Aspekte aus ärztlicher Sicht. Internes Material, FKS, Leipzig.

JAKOB, E./HOFFMAN, R./FUCHS, V./STÜWE-SCHLOBIES, J./DONIKE, M./KEUL, J. (1988): Testosteronapplikation und Leistungsfähigkeit bei Skilangläufern. In: Deutsche Zeitschrift für Sportmedizin 39, Sonderheft S. 41 – 45.

JOCH, W. (1972): Progression oder Regression? In: Leichtathletik 23, 51/72, 1890 - 1892.

JOHNSON/VERSCHOTH (1992): Frei geworfen. Wolfgang Schmidt. Glanz und Elend einer deutschen Karriere. Sportverlag Berlin.

JONAS, H. (1984): Das Prinzip Verantwortung. Frankfurt/Main.

JUNG, K./PILZ, G./JESSEN, M. (Hrsg.) (1978): Brutalisierung im Sport. Dortmund.

JUNG, M. (1998): Die ganz andere Seite unserer geliebten Leichtathletik. In: C. FABRIZIO/M. JUNG (Hrsg.): 75 Jahre Leichtathletik-Bezirk Oberrhein 1923 – 1998. Lörrach, 238 – 239.

JUNKMANN, K./SUCHOWSKY, G. (1962): Untersuchung anabol wirksamer Steroide. In: Zur Pharmakologie und Klinik von Primobolan. Arzneimittelforschung 12, Heft 3. Sonderdruck, 6-18.

KECK, O./WAGNER, G. (1990): Asymmetrische Information als Ursache von Doping im Hochleistungssport. In: Zeitschrift für Soziologie 19, 2, 108 – 116.

KERR, R. (1982): The practical use of anabolic steroids with athletes. Del Mar (Cal.), Research Center of Sports.

KEUL, J. (1981): Sport und Pharmaka. In: Bundesinstitut für Sportwissenschaft (Hrsg.): Olympische Leistung. Ideal, Bedingungen, Grenzen. o. O. 90 - 98.

KEUL, J./REINDELL, H./ROSKAMM, H./WEIDEMANN, H. (1966): Über die pharmakologische Möglichkeit zur Steigerung der körperlichen Leistungsfähigkeit. In: Der Sportarzt 17, 2, 48 – 49.

KEUL, J,/DEUS, M./KINDERMANN, W. (1976): Anabole Hormone: Schädigung, Leistungsfähigkeit und Stoffwechsel. In: Med. Klinik 71, 12, 497-503.

KEUL, J./KINDERMANN, W. (1976): Leistungsfähigkeit und Schädigungsmöglichkeit bei Einnahme von Anabolika. In: Leistungssport 6, 3, 108 - 112.

KEUL, J./JACOB, E. (1992): Zur ärztlichen und physiotherapeutischen Betreuung der deutschen Mannschaft bei den Olympischen Spielen in Albertville. In: Leistungssport 22, 3, 15 - 17.

KEUL, J./KÖNIG, D./SCHARNAGL, H. (1999): Geschichte der Sportmedizin. Freiburg und die Entwicklung in Deutschland. Heidelberg.

KISTNER, T./WEINREICH, J. (1996): Muskelspiele. Ein Abgesang auf Olympia. Berlin.

KLEIN, E. (1992): Bitterer Sieg. Hamburg.

KNEBEL, K.P. (Hrsg.) (1972): Biomedizin und Training. Bericht über den Internat. Kongreß für Wissenschaftlicher und Trainer am Staatl. Hochschulinstitut für Leibeserziehung in Mainz vom 26. bis 28. November 1971. Beiträge zur sportlichen Leistungsförderung, Bd. 9, Berlin/München/Frankfurt.

KORKIA, P./STIMSON, G.V. (1997): Indications of prevalence, practice and effects of anabolic steroid use in Great Britain. International Journal of Sports Medizine, Stuttgart 18, 7, 557 - 562.

KURZ, D./MESTER, J. (Red.) (1997): Doping im Sport. Köln.

LABBÉ, C./RECASENS, O./MONNIER, E. (1999): Amateurs: en souffrance de gloire. In: Science&Vie (Trimestriel): Le dossier du dopage, 296, 94 - 101.

LANDGERICHT BERLIN (1999): Urteil in der Strafsache gegen den Schwimmtrainer Rolf Gläser und den Arzt Dr. Dieter Max Werner Binus wegen vorsätzlicher Körperverletzung, Geschäftsnummer (534) 28 Js 39/97 KLs (17/98).

LAURE, P. (1995): Le dopage. Paris PUF.

LAURE, P. (1997): Epidemiologic approach of doping in sport. Journal of Sports Med. & phys. Fitness. Turin 37, 3, 218 - 224.

LAURE, P. (1999): Une vieille histoire. In: Science&Vie (Trimestriel): Le dossier du dopage, 296, 4 – 9.

LAURE, P. (coordination) (2000): Dopage et société. Paris Ellipses.

LEFORT, R./HARVEY, J. (Avril 1999): Ni enfer ni paradis. In: Le courrier de l'Unesco, , Sport passion, 18 - 19.

LENK, H. (1992): Fairneß in der Hochleistungsgesellschaft - eine Utopie. In: Olympisches Feuer 5, 9 - 17.

LENK, H. (1996): Gegen die Doppelmoral. Fünfzehn Thesen für eine neue Fairneßkultur. In: H. SARKOWITZ (Hrsg.): Schneller. Höher. Weiter. Eine Geschichte des Sports. Frankfurt/M. - Leipzig ,432 - 445.

LIGNIÈRES, B. DE/SAINT-MARTIN, E. (1999): Vive le dopage? Enqête sur un alibi. Flammarion Paris.

LINCK, J. (1987): Doping und staatliches Recht. In: Neue Juristische Wochenschrift, 41, 2545 – 2551.

LÖLLGEN, H. (1998): Doping und Medikamentenmißbrauch im Sport. Eine Geschichte ohne Ende? In: Deutsches Ärzteblatt 95, 16, A-950, 952.

LOUVEAU, C./AUGUSTINI, M./DURET, P./IRLINGER,P./MARCELLINI, A. (1995): Dopage et performance sportive. Analyse d'une pratique prohibée. INSEP-Publications Paris.

LUBELL, A. (1989): Does steroid abuse cause - oder excuse - violence? In: Physician and Sports Med., Minneapolis (Minn.) 17, 2, 176 - 185.

LÜSCHEN, G. (1981): Betrug im Sport: Formen, Ursachen und soziale Kontrolle. In: T. KUTSCH./G. WISWEDE (Hrsg.): Sport und Gesellschaft. Königstein, 200 – 211.

MADER, A. (1977): Anabolika im Hochleistungssport. In: Leistungssport 7, 2, 136 - 147.

MAßHOLDER, H. (1982): Haupt- und Nebenwirkungen der Anabolika. Eine Kasuistik an Hand von Spitzen- und Leistungssportlern. Diplomarbeit Universität Mainz, WS 1981/82 (Manuskript).

MEINBERG, E. (1993): Hermeneutische Methodik. In: K.-H. BETTE./ G. HOFFMANN/C. KRUSE/E. MEINBERG/J. THIELE. (Hrsg.): Zwischen Verstehen und Beschreiben. Forschungsmethodologische Ansätze in der Sportwissenschaft. Köln.

MÖNNICH, I./JUNG, K. (1984): Brutalisierungserscheinungen im Sport. Puchheim.

MONDENARD, J.P. DE/CHEVALIER, B. (1981): Le dossier noir du dopage. Les produits. Les dangers. Les responsables. Hachette Paris.

MONDENARD, J.P. DE (1987): Drogues et Dopages. Série quel Corps. Chiron Paris.

MONDENARD, J.P. DE (1991): Dictionnaire des substances et procédés dopants en pratique sportive. Ed. Masson Paris.

MONDENARD, J.P. DE (1992): Féminité et sport. Les fausses femmes. In: Sport et Vie 10, janvier-février, 76 – 81.

MONDENARD, J.P. DE (1996): Dopage aux Jeux Olympiques. La Triche Récompensée. Ed. Amphora Paris.

MONDENARD, J.P. DE (1999): Soupçon de poids. In: Science&Vie (Trimestriel): Le dossier du dopage, 296, 19 - 21.

MONDENARD, J.P. DE (1999): Le Tour de France est-il trop dur? In: Science&Vie (Trimestriel): Le dossier du dopage, 296, 144 - 148.

MOORCRAFT, D. (1985): Doping - the athletes view. Dilemma and choices. In: Olympic Review 216, 634 - 636.

MOYON DE BAECQUE, C. (1997): La médaille et son Revers. Paris: Albin Michel.

MÜLLER, A. (1992): Doping im Sport als strafbare Gesundheitsbeschädigung. Tübingen.

NOVIKOV, A. D./MAKSIMENKO, A. M. (1972): Soziale und ökonomische Faktoren und das Niveau sportlicher Leistungen verschiedener Länder. In: Sportwissenschaft 2, 2, 156 – 167.

ORZECHOWSKI, G. (1966): Doping im Sport. In: Der Sportarzt 17, 2, 46 – 47.

OSWALD, D. (1993): Doping: The sports movement leads the way. In: Olympic Review Lausanne 303/304, 34 - 37.

PANORAMA DDR - AUSLANDSPRESSEAGENTUR GMBH (Hrsg.) (1978): La culture physique et les sports en R.D.A. Informations, faits, chiffres. Verlag Zeit im Bild, R.D.A. Edition.

PELLIZA, J. (1973): Anabolic substances and their use in sports. In: Olympic Review, Lausanne, 14, 28 - 41.

PÉRONNET, F. (1993): Les records du monde de course à pied masculins et féminins: à propos d'un article de la revue „Nature". In: STAPS 32, 47 - 54.

PERRY, P.J./ ANDERSEN, K./YATES, W.R. (1990): Illicit anabolic steroid use in athletes. A case series analysis. In: American Journal of Sports Medicine Baltimore (Maryland) 18, 4, 422 - 428.

PFETSCH, F./BEUTEL, P./STORK, H.M./TREUTLEIN, G. (1975): Leistungssport und Gesellschaftssystem. Sozio-politische Faktoren im Leistungssport. Die Bundesrepublik Deutschland im internationalen Vergleich. Schorndorf.

PROKOP, L. (1962): Doping im Sport. In: Groh, H.: Sportmedizin. Stuttgart 1962, 248 – 252.

PROKOP, L. (1970): Zur Geschichte des Dopings und seiner Bekämpfung. In: Sportarzt und Sportmedizin 21, 6, 125 – 132.

PROKOP, L. (1989): Grenzen der Sportmedizin bei der Leistungssteigerung. In: D. BOENING ET AL. (Hrsg.): Sport - Rettung oder Risiko für die Gesundheit? 31. Dt. Sportärztekongress, Hannover 1988. Köln, 519 - 524.

PROKOP, L. (1993): Sportmedizinische Erfahrungen mit Olympischen Spielen 1948 - 1992. In: Österreichisches Journal für Sportmedizin 23, 2, 35 - 40.

REINDELL, H./ROSKAMM, R. (1960): Wissenschaftliche probleme in der Sportmedizin. In: Der Sportarzt 11, 10. 251 – 252.

REIß, M./PFÜTZNER, A. (1993): Weltstandsanalyse 1992. Tendenzen der Leistungsentwicklung in den Ausdauersportarten. In: Leistungssport 3, 9 - 14.

RIEDEL, H. (1986): Zur Wirkung anaboler Steroide auf die sportliche Leistungsentwicklung in den leichtathletischen Sprungdisziplinen. Dissertation B. Bad Saarow. (unveröffentlichtes Dokument).

SCARPINO, V. ET AL. (1990): Evaluation of prevalence of „doping" among Italian athletes. In: Lancet London 336, 8722, 1048 - 1050.

SCHEERER, K. A. (1995): 100 Jahre Olympische Spiele. Dortmund.

SCHIRREN, C. (1978): Androgene statt Anabolika. Impotente Sieger. In: Münchner Medizinische Wochenschrift 120 (1978), 32/33, 1041.

SCHLUND, G. H. (1998): Rechtliche Aspekte des Arzneimittelmißbrauchs. In: Deutsches Ärzteblatt 95, 16, A-958.

SCHNEIDER-GROHE, C.B. (1979): Doping. Eine kriminologische und kriminalistische Untersuchung zur Problematik der künstlichen Leistungssteigerung im Sport und zur rechtlichen Handhabung dieser Fälle. Lübeck.

SCOTT, W.C. (1990): The abuse of erythropoietin to enhance athletic performance. In: Journal of the American medical Association Chicago (Ill.) 264, 13, 1660.

SEHLING, M./POLLERT, R./HACKFORT, D. (1989): Doping im Leistungssport. Medizinische, sozialwissenschaftliche und juristische Aspekte. München.

SEPPELT, H.-J./SCHÜCK, H. (Hrsg.) (1999): Anklage: Kinderdoping. Das Erbe des DDR-Sports. Berlin.

SINGLER, A. (1993): Doping als spezifische Form abweichenden Verhaltens im Sport. Erklärungs- und Problemlösungsstrategien auf der Basis soziologischer Theorien. Unveröff. Diplom-Arbeit. Johannes-Gutenberg-Universität Mainz.

SINGLER, A./TREUTLEIN, G. (1998): Verantwortung als Prinzip und Problem: Zum Phänomen des Dopings aus ethischer und pädagogischer Sicht. In: TH. LORENZ, TH./A. ABELE, A. (Hrsg.): Pädagogik als Verantwortung. Zur Aktualität eines unmodernen Begriffs. Horst Hörner zum 65. Geburtstag. Weinheim, 90 – 104.

SOLBERG, S. (1982): Anabolic steroids and Norwegian weightlifters. In: Brit. J. Sports Med. Loughborough 16, 3, 169 - 171.

SOUCCAR, TH. (1997): Nouveaux contrôles sanguins déjà dépassés! In: Sciences et Avenir, April, 66/67.

SPASSOV-NEUFELD, R. (1981): Der politische Auftrag des Spitzensportlers in der DDR. In: Führungs- und Verwaltungsakademie Berlin des DSB 1981, Akademieschrift 2. Berlin.

SPITZ, L./EBELING, R. (1996): Atlanta 1996. XXVI. Olympische Sommerspiele DSB Frankfurt.

SPITZER, G. (1994): Rezension zu Hellfritsch/Becker (Dokumentationsstudie Pädagogische KJS-Forschung). In: Sportwissenschaft 24, 4, 389 – 394.

SPITZER, G./BRAUN, H. (Hrsg.) (1997): Der geteilte deutsche Sport. Köln.

SPITZER, G./TEICHLER, H.J./REINARTZ, K. (Hrsg.) (1998): Schlüsseldokumente zum DDR-Sport. Ein sporthistorischer Überblick in Originalquellen. Aachen.

SPITZER, G. (1998): Doping in der DDR. Ein historischer Überblick zu einer konspirativen Praxis. Köln.

STEFANI, R.T. (1989): Olympic winning performances: Trends and predictions (1952 - 1992). In: Olympic Review 30, 157 - 161, 31, 211 - 215.

STEINBACH, M. (1968): Über den Einfluß anaboler Wirkstoffe auf Körpergewicht, Muskelkraft und Muskeltraining. In: Sportarzt und Sportmedizin 11, 485-492.

STRAUSS, R. ET AL. (1985): Anabolic steroid use and perceived effects in ten weight-trained women athletes. Journal of Amer. Med. Assoc. Chicago (Ill.) 253, 19, 2871 - 2873.

SUTHERLAND, E.H. (1968): Die Theorie der differentiellen Kontakte. In: F. SACK, /R. KÖNIG (Hrsg.): Kriminalsoziologie. Frankfurt, 395 – 399.

SYKES, G.M./MATZA, D. (1968): Techniken der Neutralisierung: Eine Theorie der Delinquenz. In: SACK, F./R. KÖNIG (Hrsg.): Kriminalsoziologie. Frankfurt, 360 – 371.

TAYLOR, W.N./BLACK, A.B. (1987): Pervasive anabolic steroid use among health club athletes. In: Ann. Of Sports Med., North Holleywood (Cal.) 3, 3, 155 - 159.

THE NORWEGIAN CONFEDERATION OF SPORTS: Report. 3rd Permanent World Conference on Anti-Doping in Sport. September 23rd - 26th, 1991, Bergen, Norway.

TREUTLEIN, G. (1985): Zum Problem von Abhängigkeit und Fremdbestimmung in der Frauenleichtathletik. In: N. MÜLLER/D. AUGUSTIN/N. HUNGER (Hrsg.): Frauenleichtathletik. Kongressbericht. Niedernhausen, 404 – 409.

TREUTLEIN, G. (1994): Zur Leistungsentwicklung des Spitzensports in Deutschland und Frankreich. In: G. SPITZER/G. TREUTLEIN/J. M. DELAPLACE (Hrsg.): Sport und Sportunterricht in Frankreich und Deutschland in zeitgeschichtlicher Perspektive. Aachen, 187 - 193.

TREUTLEIN, G. (1994): Zwischen Wertorientierung und Zweckrationalität: Handlungsdilemmata im Leistungssport. In: K. H. BETTE (Hrsg.): Doping im Leistungssport – sozialwissenschaftlich betrachtet. Stuttgart, 153 – 166.

TREUTLEIN, G. (1999): Zur Auseinandersetzung mit der Dopingproblematik in Frankreich – eine Literaturübersicht. In: Sozial- und Zeitgeschichte des Sports, 13, 3, 41 – 49.

VIRVIDAKIS, K./SIDERAS, G./PAPADAKIS, E. (1987): Effect of doping control on weightliftig performance. In: Int. J. of Sports Med. Stuttgart 8, 6, 397 - 400.

VOLLMER, J.C. (1994): Le demi fond masculin et féminin. Vortrag am INSEP Paris (unveröffentlichtes Manuskript).

VOY, R./DEETER, K. D. (1991): Drugs, sport and politics. Champaign (Ill.) Leisure Press.

WAGMAN, D. F./CURRY, L. A./COOK, D. L. (1995): An investigation into anabolic androgenic steroid use by elite US weightlifters. In: Journal of strength and conditioning research. Champaign Ill. 9 (3) Aug., 149 - 154.

WESTERMANN, L. (1977): Es kann nicht immer Lorbeer sein. Wien-München-Zürich-Innsbruck.

WHIPP, B. J./WARD, S. A. (1992): Will women soon outrun men? In: Nature 355, 25.

WINZENRIED, P. (1989): Toujours plus haut, toujours plus vite, toujours plus loin. Pourquoi? Jusqu'à quand? Mémoire présenté à l'université de Lausanne, 26e session 1986 - 1989. (Unveröffentlichte Qualifikationsarbeit).

WIRZ, H. J. (1996): Schweizer Olympiaerfolge - kein Zufall. In: Spectrum der Sportwissenschaften 8, 2, 94 - 100.

WISCHMANN, B. (1988): Sportkritik. Positives und Negatives aus der Welt des Sports. Berlin.

YESALIS, C. E. (Ed.) (1993): Anabolic steroids in sport and exercise. Champaign (Ill.), Human Kinetics.

ZITTLAU, D. J. (1989): Alles was stark macht: Aminosäuren,, Vitamine, Anabolika. Düsseldorf.

DATEN

Jahrbücher des Deutschen Leichtathletik-Verbands

Who is who der Leichtathletik

Zeitschrift „Leichtahletik"

Zeitschrift „Leichtathlet"

Jahrbuch der französischen Leichtathletik „Athlérama"

L'Equipe 1946 - 1996, 50 ans de sport, 2 Bände

European Athletics Yearbook 1997 - 1998

Für das Zur-Verfügung-stellen von Daten zum Schwimmen danken wir Nils Bouws, Didier Cholet, Ralf Meutgens und dem Deutschen Schwimm-Verband, für das Gewichtheben Lothar Spitz und dem Deutschen Gewichtheberbund. Die Daten für die Leichtathletik und für das Schwimmen bis 1972 stammen aus dem Projekt Pfetsch et al. (1975).

7 ANHANG

7.1 Von der Schwierigkeit, Doping zu bekämpfen: Alessandro Donatis Erfahrungen in Italien

Alessandro Donati wurde über Italien hinaus durch seinen Kampf gegen Doping bekannt. Der ehemalige Nationaltrainer des italienischen Leichtathletik-Verbands arbeitet seit langem an der "Scuola dello Sport" in Rom und berät nebenbei italienische Staatsanwaltschaften, die wegen Dopingvergehen ermitteln.

Im Dezember 1999 hielt Donati vor der internationalen Sport-Journalistenvereinigung einen Vortrag (auf Englisch) zu seinen Erfahrungen mit der Dopingproblematik. Im nachfolgenden (gekürzten) Text[1] sind seine Ausführungen zum Teil auf Deutsch zusammengefasst; die Originalpassagen wurden nicht übersetzt.

Erste Erfahrungen

In den siebziger Jahren waren die finnischen Langstreckler – wie schon vor dem zweiten Weltkrieg – überaus erfolgreich. Juha Vaatainen wurde Goldmedaillengewinner über 5000 und 10000 m bei den Europameisterschaften 1971 in Helsinki. Bei den Olympischen Spielen 1972 schlug Pekka Vasala den Favoriten Kipchoge Keino (Kenia) über 1500 m. Lasse Viren gewann die 10.000 m vor dem äthiopischen Favoriten Merus Yifter und wenige Tage später die 5000 m. Wie Trainer anderer Länder interessierte sich Donati für die erfolgreichen finnischen Trainingsmethoden. Das italienische Nationale Olympische Komitee (CONI) schickte ihn nach Finnland. Ergebnis dieser Forschungsreise (zusammen mit seinem Kollegen Bellotti) war das Buch „Il nuovo mezzofondo".

Bei den Olympischen Spielen 1980 gewann der Finne Maaninka Silbermedaillen über 5000 m und 10000 m, gestand dann später in einem Interview, dass er wie auch andere finnische Läufer Blutdoping praktiziert hatte, und gab seine Medaillen zurück. Bezüglich der finnischen Trainingsmethoden waren Donati und Bellotti ebenso wie andere gründlich getäuscht worden. Die Autoren entschuldigten sich deshalb bei den Käufern ihres Buchs.

1975 wurde Donati erstmals mit Anabolika-Doping in Italien konfrontiert:

---

[1] Der Orginaltext ist in dieser Formatierung über 60 Seiten lang.

"Mr. Enzo Rossi, Head Coach of the Italian Athletics Team, stated in an interview that athletes would have to learn to use anabolic steroids during training because it would help them improve their performance. At the time, few people knew about steroids and there were no reactions to the interview. I therefore decided to write to the newspaper on which the interview had been published and my letter led to a debate between physicians and coaches."

Vier Jahre später wurde Donati Rossis Kollege als Nationaltrainer der italienischen Leichtathletiknationalmannschaft. Weitergehende Erfahrungen machte Donati bei den Olympischen Spielen 1980 in Moskau:

"There were rumours concerning some of these medals; it was suggested that Francesco Conconi, university professor of biochemistry, like Finn doctors, had subjected the athletes to red blood cell transfusions at the request of CONI.

At that time I was the National Coach for 400 m runners and my athletes won the bronze medal at the Moscow Olympics. I was not acquainted with Prof. Conconi who was mainly concerned with endurance events, but I had heard of him, described as an eminent sports scientist."

Donatis Verweigerung des Blutdopings 1981 - 1984

Donati, der inzwischen Nationaltrainer für die 800-m- und 1500-m-Läufer geworden war, traf Conconi einige Monate später bei einem Kongress:

"He was informal, as if we had known each other for a long time, and asked to speak to me. He congratulated me on my new appointment and told me the Italian Athletics Federation had asked him to advise me of their project. He had elaborated a new system, improving upon the one used in Finland, for the transfusion of selected red blood cells, which were stored at -90°, enriched with particular substances and then transfused two or three days before an important event. He said: "it means an improvement of 3 to 5 seconds for 1500 m races, 15 to 20 seconds for 5000 m races and 30 to 40 seconds for 10,000 m races.". I was astounded as I suddenly understood that doping really did exist and that the rumours concerning the Italian medals at the Moscow Olympics were true! But I did not let on; I immediately decided I would not let him understand what my position was so that I would be able to gather as much information as I could.

He went on to say: ,in the next few weeks we shall carry out a number of field tests and then draw the blood - a total of 1000 c.c. on two separate occasions - of the athletes you consider' more promising in view of the oncoming Athens European Championships'. I made no comment and just said I would be available for the field tests.

I was very upset when I got home as I realised that in the new environment I had just entered, high level performances were to be obtained through any means. But was there anyone I could take into my confidence?"

Donati informierte zunächst die von ihm betreuten Athleten über Conconis Vorschlag und seine Weigerung, bei einer solchen Vorgehensweise mitzumachen, selbst wenn sie vom IOC nicht verboten sein sollte, denn sie enthalte alle Merkmale des Dopings. Lieber wolle er zurücktreten. Alle sieben Läufer lehnten daraufhin Bluttransfusionen ab. Den von Conconis Assistenten durchgeführten

Conconi-Test hielt Donati trotz dessen internationaler Verbreitung für unwissenschaftlich:

> „I therefore decided on a counterattack; I refused the test thus putting off the moment in which I would have to give the more important reply, the one about the blood transfusions; a practice that probably killed the young middle distance runner, Fulvio Costa. Prof. Conconi waited for a few weeks and then wrote to Primo Nebiolo who was President of Italian Athletics Federation as well of the International Athletics Federation to report my lack of co-operation. I was summoned by the Head Coach, Enzo Rossi, who very urbanely tried to persuade me; I firmly refused saying that if he wanted to perform blood transfusions on the athletes in my charge, he would first have to find another coach to substitute for me. I knew I had the full support of the athletes and of their respective club coach. He did not insist but said he hoped I would change my mind."

Trotz des Verzichts Donatis auf Blutdoping waren seine Athleten erfolgreich. 1983 gewannen Claudio Patrignani und Alessio Faustini bei der Universiade in Edmonton Goldmedaillen über 1500 m und im Marathonlauf, 1984 Riccardo Materazzi bei den Europäischen Hallenmeisterschaften die Silbermedaille über 1500 m. Dies war den Verbandsoberen aber nicht genug:

> „During that same period, Alberto Cova, who followed the Conconi method, won the 10,000 m race at the European Championships (1982) beating Vainio from Finland, who also practised blood transfusion; the following year Cova also won the gold medal at the Helsinki World Championships. Just before the Los Angeles Olympics, Italian Athletics Federation officials became more determined; the Head Coach summoned my best athletes and asked them whether they wanted to improve their performance in view of the Olympic Games through blood transfusion. I was present in this occasion but had been asked not to express an opinion. All the seven athletes refused! ... After a few days, behind my back, Prof. Conconi invited two of these athletes to visit the University of Ferrara and, once again, tried to persuade them to try blood transfusion without letting me know about it. Both of them refused and came to talk to me that same evening as soon as they returned to the Tirrenia Training Centre.
>
> I protested heatedly but was told I would be relieved from office immediately after the Olympic Games. All the other National Coaches, so had the athletes (5000 m, 10,000 m, marathon and walk races, Men and Women) had accepted blood transfusion. It was then that I understood how, when it comes to doping, the key figure is the coach; it is not really a question of honest or dishonest athletes but of honest or dishonest coaches. I was not even included in the Italian Delegation to the Los Angeles Olympics and immediately after the Games I was moved back to the 400-metre runners and was totally isolated after a number of bitter discussions with my colleagues and with Italian Athletics Federation officials."

Drei Athleten Donatis schafften trotzdem die geforderten Normen über 800 m und 1500 m. In Los Angeles wurde Donato Sabia fünfter über 800 m, Riccardo Materazzi war Endlaufteilnehmer über 1500 m, zwei weitere Athleten erreichten die Semi-Finals. Diese Ergebnisse wurden von der italienischen Verbandsführung als unbefriedigend bezeichnet, hatten doch die von anderen Trainern betreuten Gabriella Dorio (Gold über 1500 m), Alberto Cova (Goldmedaille) und Salvatore Antibo (Bronzemedaille) über 10000 m wesentlich mehr Erfolg; der

Finne Marti Vainio (der wegen des Nachweises von Anabolika disqualifiziert wurde) kam über 10000 m als Zweiter ins Ziel – „the triumph of blood transfusion!"

Nach den Olympischen Spielen wurde Donati als Mittelstreckentrainer abgelöst und wurde Nationaltrainer der 400-m-Läufer. Seine Mittelstreckler lehnten den neuen Nationaltrainer ab, wodurch für den Leichtathletik-Verband eine schwierige Situation entstand, hatten die Funktionäre doch gehofft, der neue Mann würde die Läufer „zur Vernunft" bringen.

Parlamentsanfrage zur Dopingproblematik

"During that same period, apart from the blood transfusions organized by Prof. Conconi, Italian Athletics Federation was also implementing another project with Prof. Conconi and with the complicity of one of the major Italian research institutes; the administration of testosterone and of anabolic steroids to athletes specializing in different Athletics events. These procedures were of course kept secret; I heard of them only because I was still working with the National Team. None of my colleagues opposed them, in fact they were very pleased that the Federation provided them with "methods" that would allow them to achieve better results and so improve their reputation.

I did not know how to organize a movement of opposition as I had to be careful not to lose my job with CONI; even my ex-wife thought I should not express my position openly because she feared consequences for the whole family. A dear friend of mine, Renato Marino, suggested I speak to his uncle who was a Member of Parliament. I was very agitated on my way to this appointment but I managed to explain clearly just how dangerous the situation had become with CONI supporting the doping methods carried out by Italian Athletics Federation. He introduced me to a younger Member of Parliament, Adriana Ceci, who was haematologist and immediately took this issue to heart. Together we prepared a question in Parliament to the Minister of Health. The Minister's reply came after a few weeks - blood transfusions aimed at improving sports performances were outlawed and defined *blood doping*. The reaction of the entire sports system was particularly violent and led to heated debates on the major newspapers and on television. Italian sports officials denied that blood transfusions had been performed on Italian athletes in view of the Los Angeles Olympics, but they had to acknowledge the letter sent by the Ministry of Health and agree to ensure that blood transfusions would not be performed in the future. Also the IOC promptly declared that blood transfusions were forbidden, and this method was officialy denominated blood doping.

One little move of a seemingly powerless individual had delivered a sensational blow to the propagators of doping - it was unbelievable! Nobody found out that I was behind the question in Parliament but CONI and Italian Athletics Federation officials suspected it. Even then, there was no movement of opposition to doping within the sports system and it was therefore easy to trace the few who were against such methods. For another three years, in the laboratories of the University of Ferrara, Prof. Conconi secretly continued to perform blood transfusions commissioned by CONI and by various sports federations (Athletics, Swimming, Rowing, Cycling, Pentathlon, Long Distance Skiing and even Alpine Skiing). What I had considered a great victory turned out to be meaningless!

Even though I was National Coach for the 400-metre runners, I still worked with a young and very talented middle distance runner, Stefano Mei, one of the athletes who had refused the blood transfusions suggested by Italian Athletics Federation. His coach was (and still is) a very dear friend of mine and together we conceived a totally new training method based on an audacious combination of endurance and speed development. Mei trained for the 5000 m and for the 10,000 m events but Italian Athletics Federation indicated that he would be included in the official team only for the first event since the three places available for the 10,000 m event had already been allotted - to athletes who had accepted blood doping, of course."

Trotzdem konnte sich Mei für die Europameisterschaften in Stuttgart über 5000 m und 10000 m qualifizieren.

„The 10,000 m event was scheduled for the beginning of the Championships. It was a very cold and rainy evening. The athletes had to warm-up in a large gymnasium. The Los Angeles Olympic Champion, Alberto Cova, worked with Salvatore Antibo and with three Portuguese runners and agreed upon race tactics that would create difficulties for Mei, because he feared Mei's powerful run-in. I told Mei not to worry, this meant that Cova was afraid of him. At the end of the warm-up, we went outdoors towards the Stadium; it was still raining and very dark. Just before he went in, Mei said to me: ‚that one is not going to beat me tonight!'. I smiled but I said to myself ‚wishful thinking', Cova was going to win, as usual.

Mei gewann überraschend die Goldmedaille.

„A real triumph for Mei, while for us, his coach and I, the importance of this victory was twofold; we had perfected a new training method and, at the same time, brought about the first defeat after four years of an athlete who had undergone blood doping. That same evening my other athletes placed fourth in the 4x400m relay race, setting the new national record which still stands."

Skandal um ein Doping-Tagebuch 1986

„A physician and former decathlete by name of Daniele Faraggiana, who came from the same town as Primo Nebiolo, had been instructed by Athletics Federation and by the Weightlifting Federation to ‚treat' the athletes of their respective National Teams, mostly with anabolic steroids and with testosterone. People talked about it but there was no proof. Proof could come only from phototats of the documents he always carried with him. Far from easy, but at long last it was done!

The documents listed everything: the names of all the athletes involved (between them the shot put Olympic Champion in Los Angeles, Alessandro Andrei) the drugs that had been administered, the respective dosage, the negative effects on their health, the targets that had been set, even the ‚philosophy' behind the whole process. It also emerged that the Anti-Doping Laboratory in Rome, duly accredited by IOC, was used for a totally different purpose: to establish after how long traces of these drugs would disappear from the urine samples of the individual athletes.

The documents also proved that Dr. Faraggiana was regularly paid by the two Federations to administer these drugs and that he provided forbidden substances also to Prof. Conconi. After having examined these documents I thought that if I showed them to the Federation officials saying that I would make them public if they did not dismantle the whole operation immediately, they would be easily persuaded. I soon realized just how ingenuous I had been; they tried to prevaricate, to minimize or to deny the incident. I could chose one of three options:

1) file a complaint before a judge; Nebiolo's entourage had forestalled me. One of them had gone to see a judge they considered reliable and lodged a complaint against persons unknown for doping incidents. This meant my complaint would be sent to that same judge who would most probably shelve the case; I knew everything and I stopped my action;

2) file an official complaint before CONI; the documents showed however that CONI was directly involved since one of its Anti-doping laboratories had been used for the false urine tests of the doped athletes;

3) give the documents to an important newspaper for publication, but I considered this improper; I still hoped I could persuade these officials to abandon their doping programs."

Donati wartete eine günstige Gelegenheit ab. Auf der Grundlage verschiedener Erfolge (z. B. Medaillen der Sprinter Pier Francesco Pavoni und Antonio Ullo bei den Hallen-Europameisterschaften) drückte er sich in Presse-Interviews ziemlich deutlich aus. Auch Pavoni attackierte den italienischen Leichtathletik-Verband sehr massiv.

„Nebiolo summoned me and invited me to put an end to these attacks. He said to me ‚we have a high regard for you; you are achieving excellent results, but I expect you to respect the different roles of office; do not interfere with issues that are not your direct concern'. I answered that it was only out of respect for Italian Athletics Federation that I had not made public the scandalous behaviour of Dr. Faraggiana and Prof. Conconi who were implementing doping programs on behalf of Italian Athletics Federation. Nebiolo pretended to be greatly surprised and promised he would do something about it; which of course he did not."

Interview für die Zeitschrift „L'Espresso" und der Evangelisti-Skandal

Im August 1987 enthüllte Donati in einem Interview für „L'Espresso" das Blut- und das Anabolikadoping.

„All hell broke loose. Journalists from all over the world were already in Rome as the World Championships were about to begin. Nebiolo and his collaborators asked me to retract; I replied I would not; I would accept only a joint press release in which the Italian Athletics Federation acknowledged that what I had said was true and agreed to start an investigation immediately after the World Championships.

In the end even this request was, once again, quite ingenuous, and even so Athletics Federation refused. My athletes and I were confined to an hotel in the suburbs, the rest of the Italian Team was in the town centre. No one from Italian Athletics Federation talked to me during the Championships ... Italian Athletics Federation had already decided they were going to remove me from my charge as National Coach and get rid of me for good.

The day before the beginning of the World Championships, the secretary of the Field Judges told me that the Long Jump event was going to be arranged so as to favour the Italian athlete Giovanni Evangelisti. She said to me ‚a jump of 8m 38cm will be arranged for him so that he will be third after Carl Lewis and Emmian'.

I therefore knew that the event would be tampered with but not how they proposed to do it. I was at the Stadio Olimpico and watched the competition very carefully. Evangelisti's first trial was a no jump, the following ones were quite modest but the distance given was every time over 8 metres. Finally, the fifth jump; a very poor performance, the spectators were disappointed and so was Evangelisti himself. As he was getting dressed, one of the Judges went to him and obviously told him to turn around and look at the electronic scoreboard; after a few seconds it showed 8 metres and 37 centimetres; the exact result that had been established beforehand.

I went home in rage; I couldn't understand how they had managed it and it drove me mad that they would probably get away with it once again. I didn't sleep all night and in the morning I went to the police station and reported everything.

When the newspapers took up my accusation, CONI started a separate enquiry. Neither of these investigations seemed to be getting anywhere; on the contrary all the witnesses denied everything. My situation was becoming extremely difficult as CONI was ready to sack me.

Everything around me appeared to be crumbling. First Athletics Federation withdrew my appointment as National Coach, then the Civil Court of Rome decided my accusations had no foundation and dismissed the case; the Committee established for the CONI investigation was about to do the same. With the few friends still ready to help me, I stubbornly continued to look for proof of the fraud until I found a young Field Judge, who trembled even as he spoke, but told me he had overhead the other judges when they agreed to arrange the fifth jump. He said: ‚I think they recorded the distance, by electronic instruments, before Evangelisti jumped'.

I now had a clue and I started looking for the television recordings of the event. A journalist friend of mine agreed to let me watch hours of film recorded with various cameras. The film showed clearly how the Field Judge went to the pit, placed the marker, focused the Seiko apparatus, returned to the pit, retrieved the marker and then waited for Evangelisti to jump. Ironically, that jump was particularly poor, about 7 metres and 85 centimetres, quite 50 centimetres below the distance which was officially measured.

A friend of mine broadcast the film during the evening news. A real scandal; also because the item was taken up by the international press and television. Once again, I took this opportunity to talk about doping. The International Athletics Federation, for the first time in his history, had to cancel the jump and take back Evangelisti's medal while CONI could no longer sack me. I had won, at least for a few days.

As I mentioned earlier, Italian Athletics Federation had withdrawn my appointment as National Coach and had promised Pier Francesco Pavoni, who had become an international level sprinter, a significant amount of money if he stopped training with me and went to Canada to work with Ben Johnson's group. Pavoni accepted immediately. He told me he was afraid Athletics Federation would otherwise make life impossible for him. I was greatly disappointed; I could never have imagined that Pavoni would accept working in such an environment and with an athlete who was strongly suspected of doping! Only the 800-metre runner Donato Sabia stayed with me. I suggested he think it over since Italian Athletics Federation would probably make him pay for this choice. He answered he was ready to face these problems with me.

Erfahrungen (1989) mit der Veröffentlichung des Buchs „Campioni senza valore"

Donati veröffentlichte seine neunjährigen Erfahrungen im Kampf gegen Doping im Buch „Campioni senza valore":

> „During the first week the sales were very successful. Then, all of a sudden, the publisher stopped providing the bookshops and I was submerged by telephone calls and letters from all over Italy: nobody could not find my book. The publisher told me they had problems with the distribution but that everything would be solved shortly. Nothing happened; my book disappeared for ever. A few years later I came to know that an International Foundation, on behalf of Nebiolo and of other high sports officials, had paid a large amount of money to the publisher to stop the circulation of this book. Thinking back, I am not even particularly disturbed; in fact, it is quite a satisfaction to know that my revelations were considered so dangerous that I had to be silenced."

Als Reaktion wurde Donati endgültig als Nationaltrainer abgelöst, was eine spontane Protestbewegung im Leichtathletikverband auslöste:

> „A significant number of coaches created an Association aimed at stopping the diffusion of doping and more generally corruption in athletics. I was unanimously named President of this Association."

Sein Arbeitgeber CONI versetzte ihn in einen „unproblematischen" Arbeitsbereich (Sportunterricht für Kinder).

Fundierung des Kampfs gegen Doping

Vier Jahre später wurde Donati vom Präsidenten von CONI zum Leiter der Forschungs-Abteilung von Coni ernannt (Settore Ricerca e Sperimentazione). Kurze Zeit später richtete CONI eine Anti-Doping-Kommission ein, mit sehr zweideutiger Zusammensetzung, da ihr sowohl Conconi als auch die Leiter des Anti-Doping-Labors in Rom angehörten; Donati stimmte seiner Nominierung zu, um in offizieller Funktion Doping bekämpfen zu können.

> „To begin with, I introduced anti-doping tests to be performed without prior notice on Italian athletes of all sports disciplines. I then suggested to install a telephone line on which anyone could call, toll-free, to ask for information on medical or pharmacological aspects, or to provide any type of information on events related to doping. The telephone number was widely publicised on the media. I also suggested to reduce the length of the suspension for athletes who had proved positive at anti-doping tests but were willing to co-operate by giving complete information on who had introduced them to doping and provided the forbidden drugs.
>
> At the same time, I obtained the IOC official statistics on the number of positive tests detected in each one of the 21 accredited Anti-doping Laboratories throughout the world. The data clearly showed that the Rome Laboratory was way behind all the others with a ridiculously low number of positive tests. I pondered over the possible meaning of these statistics and then asked to meet both the President and the General Secretary of CONI to advise them of this situation. They pretended to be greatly surprised but I pointed out that the statistics indicated that:

a) IOC was liable for inadequate supervision, or maybe worse, of the Rome Laboratory;
b) CONI and some of the Sports Federations were liable for a fraudulent and instrumental use of the Rome Laboratory which had obviously performed incomplete tests, or worse, shelved the results of positive tests.

When the meetings of the Scientific Committee began, it became immediately apparent that it was not an assembly of saints and virgins. As Secretary of the Committee, I was careful to instruct my collaborators to take very detailed minutes of each meeting so as to record the exact details of all discussions. I mentioned earlier that Prof. Conconi sat on this Committee and so did the President of the Sports Physicians Federation, Prof. Giorgio Santilli, and the Secretary of the same Federation, Dr. Emilio Gasbarrone; these two were in charge of the Anti-doping Laboratory in Rome.

Conconi was always particularly nice to me, nearly sickening; Santilli and Gasbarrone pretended to trust me completely. A number of incidents occurred to change the atmosphere and re-establish the distance between the various members of the Committee. Right from the beginning I questioned the work done by the Rome Laboratory on the basis of the IOC statistics; Santilli and Gasbarrone were not able to find a reasonable explanation for the ridiculously low number of positive tests.

A few months later, I asked Prof. Conconi to perform anti-doping tests on urine and blood samples of a professional cyclist, Francesco Moser, who was ‚assisted' by Conconi, and was preparing to go to Mexico City to try for a new one-hour track record. Prof. Conconi refused and the other members of the Committee voted against these tests. The newspapers got to know about it and suggested some aspects of Moser's undertaking were seemingly not quite ‚clean'.

Then, Prof. Conconi submitted to the Committee a request of 150,000 US $ to finance a research project aimed at the detection of erythropoietin. His request was supported by the President of CONI, Dr. Pescante. I showed Conconi's project to chemistry experts who concluded it could not possibly be successful since the technical bases were wrong. The request was therefore refused much to the President's annoyance.

The number of positive tests increased threefold but the Rome Laboratory remained last on the list. I realized that my efforts were still insufficient but I also observed that Gasbarrone managed to avoid performing anti-doping tests without notice on cyclists and football players. I therefore understood where the problem lay.

After the refusal of Prof. Conconi's request the President of CONI lost interest in the Committee and did not even answer my proposal to organize an International Contest for a method to detect erythropoietin. I realized that the time had come to let this Committee die out as it was ambiguous and I was being used as a screen. Before the Committee was closed down, however, I decided to investigate closely, and very secretly, on the incidence of doping among professional cyclists. I identified twelve key-figures of the cycling milieu, athletes, physicians, officials, and spoke to them assuring that the information would remain strictly anonymous, as my interest lay in collecting information that I would then report to the President and to the General Secretary of CONI in order to establish adequate measures.

After four months of investigation, I arrived to extraordinary conclusions:

1. anti-doping tests on cyclists were very rarely positive because they used new substances, peptidic hormones, which cannot be traced with urine tests;

2. in particular, the erythropoietin hormone also known as Epo, was being used ever more frequently; the idea of using Epo for athletes involved in endurance sports, and therefore also for cyclists, had clearly come from Prof. Conconi, who had been nominated member of the IOC Medical Committee some years before;
3. Prof. Conconi and his assistants had signed very important contracts with professional cyclist clubs to administer Epo to the cyclists;
4. at that time the production of Epo was quite limited and the substance was provided only to the hospitals who treated nephrology and the cyclists therefore obtained it through illegal channels;
5. the cost of Epo on the black market was very high (about 150 US$ per dose); there were also other very expensive hormones, such as Gh, or Igf1; in other words the doping market was becoming as lucrative as the narcotics market;
6. other physicians with no scruples were beginning to imitate Prof. Conconi and his group so that the use of Epo and of other peptidic hormones which cannot be detected with urine tests was spreading rapidly; the risk was that it would soon get completely out of hand and reach such proportions as to become interesting for the pharmaceutical companies.

I wrote out a 14-page report and sent it, complete with a protocol letter, to the President and to the General Secretary of CONI. The President did not even answer it. The General Secretary sent for me and said he was very worried. I replied that CONI's behaviour was totally irresponsible and unprincipled; ever since 1980, CONI had financed Prof. Conconi to administer doping substances to the athletes of various Italian National Teams. Time passed but nothing more was said about my report.

I did not even bother to summon a meeting of the Scientific Committee and CONI officials appeared not to notice it. The only outcome of my report on Epo was that the President of CONI stopped talking to me, while the General Secretary talked of other matters; he also mentioned that I should make better use of my capacities, instead of concentrating only on doping.

In the meantime the media had forgotten all about doping and were busy magnifying the performance of this or that champion athlete. Page-long interviews to Prof. Conconi filled all the newspapers. The President of the IOC Medical Committee, Prince de Merode, accorded Prof. Conconi the financial support that had been refused by CONI's Scientific Committee! Prof. Conconi therefore posed as the great champion of the struggle against doping while he actually administered the forbidden substances in his laboratory!"

Donatis EPO-Untersuchung wird der Öffentlichkeit bekannt

Für eine Artikelserie der „La Gazzetta dello Sport" zur Doping-Problematik wurde auch Donati konsultiert. Er riet den Journalisten, sich an Dr. Flavio Alessandri zu wenden, der wichtige Informationen für den „Donati-Report" von 1994 zum EPO-Missbrauch geliefert hatte. Dieser wunderte sich über die Fragen der Journalisten und bemerkte, er hätte schon zweieinhalb Jahre zuvor Donati für einen Bericht für den Präsidenten von CONI alles gesagt. Letzterer leugnete zunächst die Existenz des Donati-Reports; später konnte er sich nicht daran erinnern, warum der Report so lange in einer Schublade verschwunden war.

„CONI was being asked to answer for:
a) having ignored the heavy accusations contained in the dossier;
b) not having reported these accusations to the Court of Law;
c) not having interrupted, or even discussed CONI's collaboration with Prof. Conconi's Centres."

Nun wurde auch die internationale Presse aufmerksam, besonders die „Equipe" in Frankreich. Bei Interviews mit Journalisten verfolgte Donati folgende Konzeption:

1. „doping is not a strictly Italian problem but an international one;
2. my reason for talking to them was not only to denounce what was happening in Italy, but mainly to raise the issue at an international level;
3. the root of the problem is international; the pharmaceutical companies which produce these substances are multinational companies; the illegal import and export of these substances is managed by an international racket (one example is via Internet);
4. doping is no longer restricted to high level athletes; for a long time now industrialised production of these drugs and the widespread distribution through a network of peddlers, has turned doping into a social issue;
5. the IOC has lost its struggle against doping, through lack of a clear analysis of the situation and of the capacity to intervene on a practical level.
6. The anti-doping testing techniques have practically not progressed from 1980 onwards, as against the enormous development of doping methods; the IOC must be held responsible for the fact that it did not adequately support Research in its Laboratories to develop new testing methodologies; in alternative, it should have at least advised the World Health Organization (WHO) that its Anti-doping Laboratories were unable to detect hormones such as Epo, Gh, Acth, Igf1 and Igf2 in urine samples;
7. consequently, extra-sports institutions should be made aware of the problem and take the necessary measures to face it.

All this is confirmed by a number of facts:

- as early as 1994, the sale of Epo on the world market greatly surpassed the requirement of patients, so that the proceeds were estimated at two thousand million US dollars, and Epo ranked fourth in the world sales list of pharmaceutical substances (in 1999 the proceeds for Epo have risen to about three thousand million US dollars, it is now third on the world list, and comes even before antibiotics);
- the requests for Gh first created a gigantic racket with East Europe where it was possible to buy Gh extracted from the pituitary gland of cadavers; the substance then began to be synthesized and the sales increased enormously, Gh now ranks seventh on the world sales list;
- the sales of Igf1 (and later Igh2) became so preposterous that the Australian producer found it necessary to release an international notification specifying that the request of these substances was significantly higher than the requirement of patients and that the difference was probably supplied to athletes."

Folgen in Italien

„The attacks of the media were so pressing that even CONI had to take action. I was summoned by the Committee of Enquiry and my hearing lasted over five hours. I immediately warned them that what I had to say was extremely serious and that they would need courage to face it. I said: ‚I will have to tell you how those same officials who called upon you to form this Committee are responsible for many doping incidents. Do you feel ready to do something about it? If so, you must be prepared to keep all this information absolutely secret; I must warn you that I will not hesitate to attack whoever talks about what I have to say today either to the President of CONI or to one of the officials I will name later'. They assured me they were ready for action and that all my information would be treated as confidential. I gave them the benefit of the doubt and revealed:

1. Prof. Conconi's involvement in doping of high level Italian athletes;
2. the wicked collaboration between CONI and Prof. Conconi;
3. the very serious irregularities of the Anti-doping Laboratory;
4. the involvement of various Italian Sports Federations in doping.

They asked me to give them the full name of the persons I had contacted when I was preparing my dossier on the diffusion of Epo among professional cyclists, since I had indicated only their initials. I refused, explaining that I thought it safer not to do so; in fact I had used a transliteration system even for the initials.

I had been right not to trust them with these names as, a few hours after my hearing, all CONI officials were furiously trying to identify the persons I had spoken to. In other words, all I had said to the Committee was already in their hands. They were unable to find these names but, in a rage, they conceived the terrible revenge.

The Italian Parliament took an interest in these events and formed a Commission of Enquiry who summoned both the President of Coni, Dr. Pescante, and Dr. Santilli President of the Sports Physicians Federation. They were questioned as to the relationship between CONI and Prof. Conconi of the University of Ferrara. Dr. Pescante lied to them saying that the relationship with Prof. Conconi had been ended a few years before, when Prof. Conconi's activities had begun to create suspicion.

There was also criminal investigation; in the month of November 1996, three investigators from the Criminal Investigation Department came to my office in CONI, asking to speak to me. I was no longer alone against a very powerful organization whose choice had irretrievably gone to doping. Two separate criminal investigations followed this interview."

Neben der „Equipe" berichteten weitere französische Medien ziemlich ausführlich über die Affäre. Ein Ergebnis war eine harte Reaktion des französischen Sport-Ministeriums, ein anderes die Einführung von Blutproben durch die UCI (die Internationale Radfahr-Union), mit einem Grenzwert für den Hämatokritwert von 50 % für die Männer und 48 % für die Frauen, zwar keine ideale Lösung, aber ein guter Schritt vorwärts im Kampf gegen EPO:

„This hormone causes an haematocrit increase, which leads to a densification of the blood and this is a very significant health hazard. The use of erythropoietin had already caused the death of more than 20 cyclists, while many more had been operated for thrombosis of the hypogastric artery. We had come to know that during the night, those who used Epo were often woken up by a beep of their heart rate meter, and in order to avoid dying of a circulatory collapse, they had to exercise for twenty minutes to restore the fluidity of their blood and increase their heart rate."

Nach dem Nachlassen des öffentlichen Interesse geriet Donati unter Druck. Unter anderem wurde der Forschungsetat des „Settore Ricerca e Sperimentazione" deutlich reduziert; zwanzig junge Forscher mussten entlassen werden.

„Then they organized the terrible *coup de grâce*. Anna Maria Di Terlizzi, a young 100 m hurdler I had been training for a few years was tested positive for caffeine on February 7th 1997, after an indoor competition. The caffeine level found in the urine sample was very high, nearly double the value established by IOC. When the girl told me what had happened, I asked if she had taken any medicament. She answered she was on the pill, but had not taken nothing except a cappuccino at breakfast and a cup of coffee after lunch, but the competition had taken place hours later, in the evening. The caffeine value found in the urine sample corresponded to about thirty cups of coffee taken at the same time.

After a week, the second sample of urine was tested in the presence of an expert of our choice, I had chosen a chemist not because I doubted that the first tests had been performed adequately but because I wished to request a test for the metabolites of caffeine in order to understand what had happened in the athlete's organism. But, as we shall see the reason for the very high caffeine value found in the first test was much simpler than I thought. Right at the beginning, the Head of the Rome Anti-doping Laboratory asked our expert if he chose the normal testing procedure, which would last several hours, or the shortened procedure. The expert was very surprised and answered, that it was, of course, necessary to repeat exactly the procedure used for the first test, the one that had proved positive.

Before the end of the qualitative analysis, the Head of the Laboratory asked our expert if he wanted to go out for a cup of coffee. He refused and noticed that the Head of the Laboratory and his collaborators were becoming increasingly nervous. When the qualitative analysis was over, the result was astounding: no caffeine peak at all! ... Anna Maria's urine sample contained the traces of one cappuccino and one cup of coffee.

At last, it dawned on me; they had prepared an ambush, the worst possible one: they had tried to destroy my reputation, my credibility. I realised then that I had been dealing with really malicious people.

CONI had to set up a Committee of experts who analysed the phial of the first sample and the phial of the second sample and came to a very serious conclusion: caffeine had been poured into the first phial. It appeared obvious that a previously prepared urine sample would have been substituted for Anna Maria's sample during the second test. But they had not been able to accomplish this because our expert had been too careful for them."

Trotz einer Parlamentsanfrage führte der Vorfall nur zu Ablösung des Laborleiters des Antidoping-Labors in Rom.

„As usual, the media lost interest after a few days and the President of CONI, furious because he had failed to get rid of me, took his revenge by cutting off my Department's funds, so that all our work came to a standstill, and by isolating me completely. During the following months I wrote a detailed report of the Di Terlizzi case for the Magistrate because we had lodged a complaint against persons unknown. These were very lonely months. Even the criminal investigation on the relationships between CONI and Prof. Conconi, which had begun in October 1996, seemed to be getting nowhere. I thought the whole situation had become completely hopeless."

Der Skandal um das Antidoping-Labor in Rom

Im August 1998 griff der Trainer von A.S. Rom, Zdenek Zeman, in einem Interview das Doping im italienischen Fußball an.

„A great scandal ensued as the foreign press took up the news. The most important Italian press agency, *ANSA*, asked for my opinion and I answered that the problem did exist and that it would be hypocritical to deny it. The Public Attorney of Turin, Raffaele Guariniello, started an investigation; he summoned Zeman first, and then me, on the following day. He asked me to tell him all I knew about doping among soccer players. I answered the question should be worded differently; it should be: ‚how are anti-doping tests performed on soccer players?'. In following days the press reported that during my hearing I had accused the Rome Laboratory of using irregular testing procedures. The President of CONI and the President of the Sports Physicians Federation, reacted violently; my declarations were false, they said, and I would lose my job at CONI unless I could prove the facts.

And proof was found! The premises of the Rome Laboratory were searched, by order of the Public Attorney, and, as I had said, it was established that the anti-doping tests performed on soccer players did not include tests for the detection of anabolic steroids or of the other hormones! A number of the events that followed will prove decisive in the struggle against doping, namely:

1. the Italian Government appointed a Committee of Enquiry, headed by the Vice President of the Consiglio Superiore della Magistratura, the highest judicial authority in Italy;
2. the Public Attorney of Turin first and then the Public Attorney of Rome prosecuted the President of CONI, the President of the Sports Physicians Federation, the General Secretary of the same Federation and four technicians of the Rome Laboratory (all the persons I considered involved in the Di Terlizzi case, in one go!);
3. at long last, the Public Attorney of Turin forced the IOC to take notice of what was happening; the Rome Anti-doping Laboratory accredited by IOC was closed down."

Der Präsident von CONI, Mario Pescante, und sein Generalsekretär mussten zurücktreten. Die engen Beziehungen zwischen CONI und Conconi über 20 Jahre hinweg wurden offengelegt, ebenso Betrügereien im Dopinglabor. Darüber hinaus erfolgte die Beschlagnahme der Festplatten Conconis in der Universität von Ferrara. Plötzlich wurde die Verabschiedung eines Doping-Gesetzes wesentlich beschleunigt. In verschiedenen italienischen Städten wurden Untersuchungsverfahren wegen Dopings begonnen, die wichtigsten sind:

1. „the Public Attorney of Torino investigated the Rome Anti-doping Laboratory and then also the first division soccer team *Juventus*;

2. the Public Attorney of Bologna investigated one of the cities chemist's which was charged with import, production and illicit sale of forbidden drugs; the names of important customers were revealed, including the physicians of many National Teams and investigated also the first division soccer team *Parma;*
3. the Public Attorney of Ferrara investigated Prof. Conconi, in particular his twenty-year relationship with CONI and with various Italian Sports Federations;
4. the Public Attorney of Venezia investigated the incidence of doping among the younger athletes and came to shocking conclusions;
5. the Public Attorney of Rome, together with the Public Attorney of Torino investigated the Rome Anti-doping Laboratory, in relation to the Di Terlizzi case;
6. the Public Attorney of Brescia investigated the higher officials of the Italian National Cyclist Team and charged them with the acquisition of forbidden drugs in Switzerland.

Other investigations followed, sixteen in all. Most of them were centred on present circumstances while the one opened in Ferrara was in many ways more significant in that it was aimed at bringing to light what had happened in the past so that, hopefully, such things would never happen again. The Ferrara investigation was not a strictly Italian affair as it touched the higher levels of the international sports milieu, involving IOC officials, UCI officials and the officials of a number of International Federations."

Die im Sommer 1998 zu Tage getretenen Dopingpraktiken im Radfahren beschleunigten den Gesetzgebungsprozess. Donati wurde sowohl Berater der Parlamentarier als auch der Staatsanwälte.

Das IOC und die Doping-Problematik

Für Donati ist die Bekämpfung des Dopings durch das IOC ungenügend:

„When this body of notables and businessmen allegedly decided to oppose the diffusion of doping, it set up a Medical Committee, and appointed, none other than Prince Alexandre De Merode as its President; not a physiologist or a chemist, no, just a member of the aristocracy. This occurred 26 years ago, and the President had plenty of time to prove his inadequacy: in the implementation of anti-doping methods, in the organization of the Anti-doping Laboratories, in the selection of his collaborators.

Totally deaf and blind to the increasingly widespread use of forbidden substances and methods, the President remained unperturbed; it never occurred to him to resign in favour of a better qualified person. Halfway through his seemingly unending mandate, he fell under the spell of an Italian biochemist, Prof. Conconi, who was strongly supported by the powerful Italian IOC members. To please them, he appointed Prof. Conconi member of the Medical Committee and readily confirmed, in public, his absolute faith in Prof. Conconi even though this man was accused of doping by quite a number of Italian and foreign athletes and coaches. To show his gratitude, Prof. Conconi arranged for the University of Ferrara to confer an honorary degree, in medicine, of course, to Prince Alexandre De Merode.

While the CONI Scientific Anti-doping Committee refused Prof. Conconi's request for funds to study a method for the detection of Epo in urine samples, the highly competent President of the IOC Medical Committee readily accorded these funds. This was back in

1994, having received the funds Prof. Conconi, well aware that no such result would be achieved, secretly passed the research on to the Rome University, so that he would not be personally responsible for the projects' failure. Very soon, a series of public declarations began: De Merode and Conconi jointly declared that the test would be ready "at the beginning of 1996 ... in June ... it is ready, it is a question only of final details ... will be ready for use at the end of 1996 ... in June 1997..." Finally, De Merode had to admit, in great confusion during a press conference that the project had been a total failure.

In January 1999, with the Lausanne Conference dedicated to the struggle against doping, the IOC made a desperate attempt to recover it credibility which had been significantly undermined both by the scandals on the venues of the Olympic Games, and by the fact that doping was increasingly widespread among athletes. The Conference was attended by the Ministers of Sports of the Member Countries, but it backfired as various Ministers openly attacked the IOC for not having implemented an adequate strategy to oppose the diffusion of doping.

As a last resort, the IOC declared its availability for joint projects with the National Governments, but it was obvious that the IOC has lost the leadership of international sports, in particular when the issue is upholding the ethical and educational principles sports should be based on."

The following facts confirm that my fears were not unfounded:

1. in September of this year, a large operation of the Italian police led to the seizure of relevant quantities of doping substances and to various arrests; evidence clearly pointed to an international racket in the hands of the Mafia;
2. in May of this year a commissioned burglary occurred in Nicosia (Cyprus); four million and five hundred thousand doses of Epo were taken; according to the investigators these were to be sold on the black market to athletes specializing in endurance disciplines;
3. in January of this year in Milan, the Police received an anonymous telephone call and seized various bags containing 35 kilograms of testosterone (...!); enough to dope 700,000 athletes for one day, or if we prefer, 70,000 athletes for 10 days. The telephone call was probably a reckoning between racketeers.

Der Niedergang der EPO- und Nandrolon-Champions

1999 wurden zahlreiche Athleten durch Positiv-Proben des Nadrolon-Missbrauchs verdächtig. Am spektakulärsten war aber der Epo-Fall Pantani:

„The other resounding case concerned a professional cyclist, Marco Pantani, who dominated the major stage races in these last few years. This year, the UCI found his haematocrit value well above the establish limit 50 %. This happened just before the second last stage of the Giro d'Italia, which he was dominating once more. The UCI started an investigation and it came out that he was being ‚assisted' by Prof. Conconi and his team. In 1995, Pantani came very close to death on account of a sudden decrease of the haematocrit value from 60 % (...!) to below 16 %. Many former champions of endurance disciplines are now under dialysis on account of the side-effects of Epo, but they remain silent, and even deny everything when they are questioned on this subject. It does not occur to them to warn the thousands of young athletes who are following in their steps, all they care about is their own reputation.

Death figures hover behind the stage of sports events as doping becomes increasingly widespread among young and not so young athletes. Hypocrisy is the word for athletes, trainers and sports officials. The media look on a pretend to believe in it all. In the meantime, the producers of these forbidden substances, the complaisant phycisians and the peddlers take advantage of such foolishness and falsehood as their profit increases."

Analyse des italienischen Sportsystems

Ähnlich wie in Deutschland ist in Italien trotz Subventionen des Staates das Sportsystem autonom. Der Skandal um das Antidoping-Labor in Rom führte zur Reformierung des italienischen Sportsystems und von CONI:

1. „true democracy in the system for electing federal and CONI officials;
2. a regular shake-up in the higher echelons of these movements by limiting terms of office to a maximum of eight years;
3. sporting practices that safeguard the health of sportsmen and respect ethical and educational rules, in order to totally reject the doping "culture".

Ongoing legal proceedings, furthermore, are keeping many officials on tenterhooks. For many years, these officials have given leading Italian sports a structure similar to that present in former East Germany, at least as far as the organisation of doping is concerned."

Analyse des internationalen Sportsystems

„The battle to combat doping in the international arena has reached the following situation:

1) the IOC has little power over International Federations, which almost always take decisions regardless of the IOC's rules, with regard to the lists of substances and doping methods and to the size and actual application of sanctions. This is true for both anti-doping testing during competitions and especially random testing during training;

2) there is moreover no temporal or substantial correlation between the aims of the IOC and those of International Federations, or between the activity schedules of the IOC and those of International Federations. The objectives and consequent activity of the IOC are indeed focused almost entirely on a four-yearly event, the Olympic Games, while those of International Federations focus more closely on day-to-day events;

3) the IOC has gradually become an Organisation that is part corrupt and part inadequate, occupying the demanding and bulky role of the world's foremost sporting institution, but in this capacity it has been unable to dialogue with the world's leading non-sporting institutions - Governments, the World Health Organization, international pharmaceutical companies or international Scientific Organisations - to seek joint solutions to problems;

4) at the same time, International Federations have been busy "defending themselves" in the anti-doping battle without defending their sports from doping. Their actions have accordingly been slow and very inadequate. Many International Federations are more concerned about television rights and sponsors' cash, and they make an effort to con-

ceal their drugged champions for fear of a loss in image and in the Federation's bargaining power."

Außersportliche Institutionen

Das italienische Parlament arbeitet an der Weiterentwicklung der Antidoping-Gesetzgebung. Die Zusammenhänge zwischen Doping im Spitzensport und Missbrauch von Dopingmitteln in anderen Bereichen werden in der Zwischenzeit stärker beachtet. In Zusammenarbeit mit dem Gesundheitsministerium hat das Erziehungsministerium eine spezielle Kommission eingerichtet (mit Donati) und Präventionsmaßnahmen auf den Weg gebracht. Pharma-Produzenten müssen vierteljährlich über die verkauften Mengen EPO, Wachstumshormone (GH) und IGF Bericht erstatten.

Entsprechende Aktivitäten außersportlicher Institutionen fehlen im internationalen Bereich. Donati steht der Welt-Doping-Agentur mit gemischten Gefühlen gegenüber:

> „It will be formed by Governments but also by the IOC. The IOC is indeed the real coordinator of the Agency. There is now a danger that IOC representatives might take advantage of their greater knowledge and experience about specific doping problems in the sporting world and guide the Agency towards low-profile objectives and strategies that are not sufficient to tackle such serious problems."

Den Medien gegenüber hat Donati auf Grund von Erfahrungen eine reservierte Einstellung. Sie müssen zur Auflagesteigerung Helden verkaufen.

> „Journalists have the following problem: talking about doping or corruption makes you unpopular. It is just the opposite of what is said about journalists making up stories about doping to sell more copies or gain a wider audience: the more you praise the champion the more you sell. When you talk about doping, people do not at first believe you; then, when the proof comes out, readers finally realise and begin to lose interest in sport. This state of affairs is of course very dangerous for sports papers. Any journalist that intends to delve into the doping problem will come up against strong resistance, first of all from his editor. He will have to write with the proof in his hands and with great care if he does not want to be sued for libel, especially if the sportsman in question is very popular. Suing against doping accusations has become all the rage: even those who are guilty resort to the law in a bid to intimidate both the journalist and the paper in question. At this point, the journalist will ask himself whether it is worth all the trouble. Only if the answer is yes will he have the strength to carry on. If he realises that his profession obliges him to be honest and to keep the public correctly informed, then he will have the courage to go on."

Ein besonderes Problem sieht Donati bei jenen Medien, die zugleich als Organisatoren und/oder Sponsoren von wichtigen Sportveranstaltungen auftreten wie die italienische Tageszeitung "*La Gazzetta dello Sport*" (Organisation des Giro d'Italia) oder die französische Tageszeitung "*L'Equipe*" (Tour de France):

> „How can they combine the need for correct information with that of promoting the race they are organising? How can they talk about doping without covering their creations with mud? As for more general newspapers that also deal with sport, the situation is dif-

ferent. These journalists can be a little freer, as sport is not the only attraction for readers. In conclusion, a sports journalist will only be able to do his job well if he realises that doping is a real, dramatic social problem, and that youngsters are in danger of taking "artificial" champions as role models."

Konsequenzen

Als wesentlichste Konsequenz fordert Donati eine veränderte Sporterziehung der Kinder und Jugendlichen, ausgehend von der Frage, was für diese wesentlich ist:

- „the need to find youngsters of great sporting talent through a planned selection programme?
- the need to submit youngsters to intense training to verify their real potential?
- the need to identify "winners" from a psychological point of view, thanks to their resistance to stress, their control of anxiety and very strong motivation?

This is the ‚culture' which, disdaining the rights of individuals, has exploited youngsters in a search for CHAMPIONS. A culture that arose in the authoritarian regimes, but that was copied by democratic nations! The social consequences of this process are extremely serious, leading, among other things, to the emergence of the most cynical and unprincipled persons in the sporting sphere. At the same time, this process puts off honest persons who respect children's rights to:

- have fun by playing sports;
- limit their sporting activity so as to fit it in with studies and a normal social life;
- claim victory every time they improve themselves;

Since broad segments of the sporting world have shown themselves to be incapable of adequately performing this educational task, schools in particular must deal with the problem, teaching youngsters to free themselves from conditioning, to view sport as an asset and victory over oneself as more important than victory over others. It is always possible indeed to improve oneself, no matter what level one is at, while victory over others seldom occurs, requiring genetic advantages and a certain ‚diversity', which should be accepted as a value and not simply reduced to ‚one winner, all the others losers'".

Im Gegensatz zu vielen sieht er die Hauptschuld für die Beschleunigung der Dopingspirale nicht bei der Kommerzialisierung und den Sponsoren, sondern bei den Spitzensportfunktionären:

„Many observers lay much of the blame for the spread of the doping phenomenon on the shoulders of sponsors. Yet this is clearly a mistaken analysis: the main cause is the behaviour of sports officials. There is no doubt that when Primo Nebiolo encouraged the use of doping and the manipulation of results in the Italian athletics team, he was setting out to create "merchandise" to sell to politicians, television companies and sponsors. Then he did the same with international athletics, before realising, too late, that corruption had grown out of control.

Thus it is that the lack of principles of officials, their ambition and their disdain for sporting values have been the causes underpinning the spread of doping. When sponsors arrived on the scene, they found an already corrupt environment!

I should like to conclude by hazarding a forecast: if sport continues to go down the ‚extreme' road towards the destructive spirit of the ‚ultimate fight', with deaths caused by Epo in cycling and anabolic agents in power sports, it will no longer have anything to do with that sporting activity viewed as a means of educating youngsters or for the growth and personal well-being of adults. They will be two different worlds. And everybody will realise this. It will be seen by Schools, which will put children on their guard against certain sports, and by single citizens, who will see themselves as being totally different from those gladiators ready to die for victory."

7.2 Auszüge aus Gutachten zum Teilthema „Sportmedizin und Doping" (Forschungsprojekt Pfetsch/Beutel/Stork/Treutlein 1972 - 1974, vgl. Pfetsch et al., 1975)

Beim vom Bundesinstitut für Sportwissenschaft in Köln (BISp) geförderten Forschungsprojekt Pfetsch/Beutel/Stork/Treutlein (vgl. Pfetsch et al. 1975) ging es um die Bestimmung von Faktoren, die für die Leistungsentwicklung wichtig sind. Auf der Grundlage der Erfahrungen als Athlet (Stork) und Trainer (Treutlein) und der Interpretation der Entwicklung von Leistungskurven wurde damals der nachfolgende Text zum Teilthema „Sportmedizin und Doping" formuliert. Der BISP-Direktor und DLV-Präsident August Kirsch äusserte sci skeptisch zu diesem Teil des Manuskripts und verlangte dazu Gutachten. Als Gutachter bestimmte er Donike, Keul und Klümper. Donike reagierte nicht. Die Gutachten von Keul und Klümper können heute als historische Dokumente angesehen werden, deren Beurteilung dem Leser überlassen bleibt. Nach Erhalt der Gutachten wurden wir zur Reduktion des Kapitels auf eineinhalb Seiten gezwungen.

Wir vermuteten damals und vermuten auch heute ein enges Zusammenspiel zwischen Kirsch, Keul und Klümper. Zur Einordnung der Gutachten können die im Kapitel vier geschilderten Fakten dienen. Im Gegensatz zu unserer damaligen Einschätzung handelte es sich zumindest für den DLV-Verbandsarzt Keul bei der trainingsbegleitenden Gabe von Anabolika trotz des Verbots durch den Leichtathletikverband (IAAF und DLV) nicht um Doping:

> „Einmal ist durch diese Hormone keine kurzfristige und rasch vorübergehende Leistungssteigerung zu erzielen, während ja Dopingmittel in der Absicht genommen werden, die Leistung kurzfristig für den Wettkampf zu verbessern. Dies ist aber hiermit nicht möglich. Zweitens kommt es hier zu einer echten meßbaren und mindestens für eine gewisse Zeit anhaltenden Leistungssteigerung, die nicht durch Inanspruchnahme der letzten, dem Willen nicht zugänglichen Leistungsreserven des Körpers erzielt wird, wie das für die Dopingmittel typisch ist. Für die Praxis kommt noch hinzu, daß es keine Möglichkeiten gibt, den Gebrauch dieser Mittel in irgendeiner Form nachzuweisen. Wenn das

so ist, dann hat es nach Meinung von Dr. Keul keinen Sinn, den Gebrauch eines Mittels als Dopingmittel zu verbieten" (Frankfurter Allgemeine Zeitung, 23.4.1971).

Vieles von dem, was in diesem Buch beschrieben wird, war bei der Abfassung des Manuskripts 1974 unbekannt und wäre zu einer vollständigen Beurteilung von „Sportmedizin und Doping" notwendig gewesen; die nötigen Fakten hätten vor allem Sportmediziner liefern können, sie taten es aber nicht. Unsere damalige positive Einschätzung der Leistungen der Sportmedizin bei der Abfassung des Manuskripts war naiv; weitere Recherchen schienen uns vor dem Hintergrund dieser Einschätzung auch nicht notwendig zu sein, zumal für uns das Kapitel „Sportmedizin und Doping" sehr marginal war. Deswegen wurden wir von den Reaktionen der Herren Kirsch, Keul und Klümper völlig überrascht. Von der Themenstellung des Forschungsprojekts her war eine vollständige Abhandlung über die Sportmedizin und Doping weder zu erwarten noch zu leisten. Dass wir eine für die Bestimmung wichtiger Faktoren für die Leistungsentwicklung richtige Spur – nämlich die eines wesentlichen Beitrags des Anabolikadopings – gefunden hatten, zeigt dieses Buch. Vor diesem Hintergrund bleibt zu fragen: Was war handlungsleitend bei der Abfassung der Gutachten durch die Professoren Keul und Klümper, nur verletzte Eitelkeit oder aber die Absicht, die tatsächliche Entwicklung des Anabolika-Missbrauchs zu kaschieren und zu tabuisieren und inwieweit handelte es sich um Gefälligkeitsgutachten?

Der dem Bundesinstitut für Sportwissenschaft 1974 vorgeschlagene Manuskripttext

3.4 Sportmedizin und ärztliche Betreuung

Zwischen Sport und Medizin (Sportmedizin) lassen sich nach Hollmann folgende Berührungspunkte angeben:

Der Sportler erwartet die Hilfe des Arztes im Falle von Verletzungen und Erkrankungen. Der Sport wünscht sich die ärztliche Betreuung seiner Athleten einerseits zur Vermeidung von Schäden, andererseits zur Objektivierung des Trainingszustandes. Der Sport erwartet von der Medizin die Mitarbeit an der Entwicklung optimaler Trainingsmethoden. Dabei sind unter der Bezeichnung „optimal" solche Trainingsmethoden zu verstehen, die mit einem Minimum an Zeitaufwand ein Maximum an Effekt garantieren.[2] Neuerdings läßt sich feststellen, daß neben den genannten Bereichen der Wiederherstellung, Prävention und Beteiligung an der wissenschaftlichen Trainingsplanung die sportmedizinische

---

[2] Wildor Hollmann: Medizinische Grundlagen der Leibesübungen, in O. Grupe (Hrsg.): Einführung in die Theorie der Leibeserziehung. Schorndorf 1970², S. 200.

Mitarbeit bei der Talenterfassung die biologische und psychische „Manipulation" der Spitzensportler zunehmend an Bedeutung gewinnt.

3.4.1 Zur Lage der Sportmedizin in der BRD

Die Sportmedizin ist der bisher am besten entwickelte Zweig der Sportwissenschaften in der BRD[3], obwohl es bisher nur ansatzweise eine spezielle Sportmedizinerausbildung gibt.[4] ...

Jeder von der Sporthilfe geförderte Sportler wird jährlich zweimal anhand eines standardisierten Fragebogens untersucht. Diese punktuellen Untersuchungen bringen in den seltensten Fällen eine nutzbare Information für die Trainer (vor allem für die Heimtrainer), da die Weitergabe der bei den Untersuchungen gewonnenen Daten und ihre Übersetzung für die alltägliche Trainingspraxis nicht gesichert ist. Notwendig und hilfreich wäre eine ständige begleitende, überwachende und intervenierende sportärztliche Betreuung, deren Analyse selbst wiederum für neue Trainingsformen genutzt werden kann. Dazu aber sind regionale Diagnosezentren unumgänglich, die ihre Ergebnisse an eine zentrale Institution für eine weitere wissenschaftliche Auswertung weitergeben.

In den letzten Jahren begann eine stärkere Zusammenarbeit zwischen dem DLV, Bundestrainern und Ärzten. Für die meisten Ärzte handelt es sich bei der Sportmedizin um eine zeitraubende Nebenbeschäftigung, so daß sich nur wenige Idealisten auf diesem Gebiet wirklich engagierten und auf die ärztliche Versorgung und Betreuung von Sportlern spezialisierten. Meist sind sie durch den parallellaufenden täglichen Krankenhaus- und Praxisbetrieb überfordert. Einer ständigen qualifizierten ärztlichen Betreuung erfreuen sich die Aktiven des DLV deshalb bisher nur bei internationalen Veranstaltungen wie Olympischen Spielen, Europameisterschaften und Länderkämpfen. Die negative Wirkung einer nicht rechtzeitig einsetzenden intensiven ärztlichen Kontrolle und Betreuung bei gleichzeitiger beinahe pathologischer Belastung im Spitzensport liegt in einer erhöhten Verletzungsanfälligkeit und in dem Verschleppen kleinerer Verletzungen, die rechtzeitig behandelt, ohne längere Folgen bleiben könnten.

Welche Priorität die Sportmedizin bei den Gremien besitzt, die über die Sportwissenschaftsförderung in der Bundesrepublik entscheiden, zeigen die Förde-

---

[3] Knut Dietrich: Zum Problem der Lehrplanentscheidung. Eine Analyse der Reformbestrebungen in der Leibeserziehung. Ahrensburg 1972, S. 110.

[4] Die Sportmedizinforschung ist wesentlich weiter entwickelt als die Sportmedizinerausbildung, vgl. dazu: Bock, H.E. u. a. Beiträge der Sportmedizin, in : Baitsch, H. u. a. (Hrsg.): Sport im Blickpunkt der Wissenschaften. München, Berlin, New York 1972. Vgl. dazu auch die sportmedizinische Ausbildung im Rahmen der Sportlehrerausbildung, die ein allgemeines medizinisches Grundwissen oftmals ohne jeglichen Bezug zur sportlichen Praxis vermittelt.

rungsbeträge, die zwar absolut gesehen gering sind, aber höher liegen als die Mittel für den ganzen übrigen Bereich der Sportwissenschaft.[2]

3.4.2 Zur Lage der Sportmedizin in Frankreich

Die Situation der Sportmedizin in Frankreich ist ähnlich derjenigen in der Bundesrepublik. Zwar verfügt der französische Sport mit dem sportmedizinischen Zentrum im Institut National des Sports (INS) in Joinville über eine bedeutende Forschungs-, Untersuchungs- und Dokumentationsstelle, es gibt aber ebenfalls keine spezielle Sportmedizinerausbildung, und in den Genuß der sportmedizinischen Untersuchungen im INS kommen nur die Teilnehmer an Lehrgängen im INS. Die sportmedizinische Betreuung des sportlichen Alltags im Breiten- wie im Spitzensport fehlt in Frankreich vor allem in der Provinz.

3.4.3 Zur Lage der Sportmedizin in der DDR

Zwar fehlen präzise Informationen über die Sportmedizin in der DDR, man kann jedoch annehmen, daß die Sportmedizinforschung vor allem auf dem Gebiet der angewandten Sportmedizin ein höheres Niveau besitzt als die der Bundesrepublik und daß der Leistungssport durch die Sportmedizin eine entscheidende Unterstützung erfährt; in den letzten Jahren konnten sich Ärzte in der DDR völlig auf die Untersuchung des Leistungssports und die ärztliche Versorgung der Leistungssportler spezialisieren. Es kann davon ausgegangen werden, daß in der DDR die Athleten durch speziell dafür ausgebildete Ärzte einer ständigen intensiven ärztlichen Kontrolle unterliegen, Ärzte, die sich zumindest für eine gewisse Zeit ausschließlich mit diesem Aufgabengebiet beschäftigen. Aufgrund der besseren ärztlichen Versorgung und Betreuung dürften die Leistungssportler der DDR eine geringere Verletzungshäufigkeit aufweisen und eine größere Zahl von Trainingseinheiten und optimalen Wettkämpfen pro Jahr verkraften können; von daher verfügen sie über äußerst günstige Leistungsvoraussetzungen.

Der Aufgabenbereich der Sportmedizin in der DDR ist größer als heute in der BRD. Die Beteiligung an der wissenschaftlichen Trainingsplanung, an der Talenterfassung (Lieferung von anthropometrischen Daten und Prognosen), bei der psychischen und biologischen „Manipulation" dürfte heute in der DDR eine ebenso große Bedeutung haben wie die Aufgaben der Hilfe im Falle von Verletzungen und Erkrankungen, der Prophylaxe und der Grundlagenforschung zur Auswirkung von Trainingsmethoden, Trainings- und Wettkampfbelastung.

In Anbetracht des Auftrages des Leistungssports in der DDR, „die Überlegenheit der Sportbewegung der DDR gegenüber Westdeutschland" zu erreichen und einen Beweis für die gesetzmäßige Niederlage des kapitalistischen Systems

---

[2] Dies hängt wohl damit zusammen, daß die Sportmedizin die am weitesten fortgeschrittene sportwissenschaftliche Disziplin mit aufwendigem Instrumentarium ist.

durch Erfolge im Leistungssport zu liefern[1], hat sich die „sozialistische Sportwissenschaft" – und damit auch die Sportmedizin – „vorrangig auf die Probleme des Leistungssports zu orientieren".[2] Die dabei geforderte Parteilichkeit erlaubt nur in geringem Umfang die Veröffentlichung von Ergebnissen von Untersuchungen und von angewandten Methoden.[3] Durch ein Interview mit einem nicht genannten Trainer aus dem Ostblock wird der Verdacht erneuert - der in Kreisen westdeutscher Athleten bereits seit Mitte der 60er Jahre besteht – daß von Athleten aus der DDR Anabolika und Dopingmittel unter strenger Aufsicht der Ärzte verwendet werden.[1] Da die dort verwendeten Mittel außerhalb der DDR nicht bekannt sind und außerdem mit den derzeit verwendeten Testmethoden nicht nachgewiesen werden können, kann z. B. Prof. Erbach ohne weiteres behaupten, daß seines Wissens Athleten der DDR in keiner Weise gegen die Vorschriften der internationalen Verbände verstoßen.[1] Sollten solche Mittel verwendet werden – was einigermaßen wahrscheinlich ist - liegt zwar kein Verstoß gegen die Buchstaben der Vorschriften vor, wohl aber gegen den Geist. Die mögliche Verwendung von solchen Mitteln[2] darf natürlich nicht darüber hin-

---

[1] Beschluß des Bundesvorstandes des DTSB, in : Statut des DTSB, in: Verzeichnis der wichtigsten gültigen Bestimmungen auf dem Gebiet der Körperkultur und des Sports in der DDR. Sonderheft von Theorie und Praxis der Körperkultur, o. J. S. 24 (entnommen aus: Hajo Bernett. Zur Zeitgeschichte der Leibeserziehung. In Grupe, O. (Hrsg.): Einführung in die Theorie der Leibeserziehung, Schorndorf 1970², S. 99).

[2] Direktive zur Ausarbeitung der Perspektivpläne für die Entwicklung der sozialistischen Körperkultur, hrsg. v. Staatlichen Komitee 1965, S. 17 (entnommen a. a.O. S. 100).

[3] Daraus resultiert eine Geheimniskrämerei um Forschung und Training, die Zweifel und Verdächtigungen hervorbringt. In einem Interview mit der HUMANITE sagte der Cheftrainer der DDR-Schwimmer bei den Weltmeisterschaften 1973 in Belgrad: "Nous avons effectivement déterminé des méthodes nouvelles d'entraînement, mais après avoir longtemps cherché. Que les autres en fassent autant!... Si nous ouvrions toutes grandes les portes de nos stades aux étrangers, ils n'auraient plus qu'à nous imiter sans aucun effort. Nous avons cherché longtemps avant de trouver. S'ils veulent trouver, qu'ils cherchent". Zitat entnommen aus: Edouard Seidler: L'homme et la chimie, in L'Equipe vom 11. September, 173, 28, 1973, 8522 S. 1.

[1] Eric Lahmy: Chimie et conditionement: Les vrais secrets de la R. D. A.. In: Equipe vom 8./9. Sept. 1973, 28, 1973 82250, S. 10

[1] Aussage von Prof. Erbach bei der Diskussion im Arbeitskreis 25 beim Wissenschaftlichen Kongreß in Münschen „Sport in unserer Welt – Chancen und Probleme" auf die Frage, ob in Anbetracht der Leistungsentwicklung im Kugelstoßen zuerst in den USA, dann in der DDR keine biologische Manipulation vorliege.

[2] Nach dem in „L'Equipe" wiedergegebenen Gespräch über Hormonpräparate; weiterhin heißt es: "Les médicins ... pour augmenter la résistence des nageurs, les „mithridatisent" à la fatigue en leur inoculant des toxines de fatigue, à des doses progressivement augmentées." Die Antwort auf die Frage, warum DDR-Sportler immer zum gewünschten Zeitpunkt in Form sind: „Ils utilisent pour cela des produits dopants qui ne sont pas décelables

wegtäuschen, da die Grundlage der Erfolge des DDR Sports nicht einzig Sportmediziner, Dopingmittel und Anabolika sind.

3.5 Doping und Hormonpräparate (Anabolica)

In seiner Leistungsentwicklung sind dem Leichtathleten wie jedem Sportler durch seine Anlagen Grenzen gesetzt: „durch die genetische Konstitution werden sowohl Wachstum und Entwicklung des Einzelnen festgelegt"[3]. Um diese Grenzen überschreiten zu können, greifen verschiedene Athleten zu Dopingmitteln und in weit größerem Umfang zu Hormonpräparaten aus der Gruppe der Anabolica wie Dianabol. Durch Dopingkontrollen bei Meisterschaften und Olympischen Spielen versucht man das Dopingproblem in den Griff zu bekommen. Dagegen ist das Problem der Hormonpräparate bis heute nicht gelöst.

Dianabol ist seit 1961 auf dem Markt[4]. Amerikanische Werfer dürften als erste mit der Einnahme von Dianabol begonnen und damit die Grundlage für ihre frappierende Überlegenheit im Kugelstoßen und Diskuswerfen in den 60er Jahren gelegt haben[5]. Etwa 70% der Leichtathletikspitze in den USA soll schon vor 1966 Dianabol verwendet haben[1]. Der Kugelstößer Randy Matson hatte 1963

à l'analyse." (Eric Lahmy, Chimie et conditionnement: Les vrais secrets de la R.D.A., a.a.O. S. 10).

[3] J. Keul: Biologische Voraussetzungene menschlicher Höchstleistungen. In: H. Acker (Hrsg.): Rekorde aus der Retorte, Stuttgart 1972, S. 58.

[4] Stuttgarter Zeitung vom 27.10.1966.

[5] Hammerwerfen ist in den USA wenig populär, beim Speerwerfen spielen die Faktoren Technik und Koordination eine weit wichtigere Rolle als beim Kugelstoßen und Diskuswerfen, deshalb ist die Bedeutung der Kraft dort geringer. Andere Anabolika wurden von Amerikanern und Russen schon vor 1960 verwendet. Die erste sichere Information über den Gebrauch von Anabolika stammt aus dem Jahre 1960, sie wurden von Gewichthebern in Pennsylvania benutzt. J. Pelliza: Anabolic substances and their use in sport, in: Olympic Review 1973, 62-63 S.30. Nach Pelliza lassen sich 2 Kategorien von Disziplinen untersuchen, die durch die Einnahme von Anabolika in ihrer Leistungsentwicklung begünstigt werden.

1. Diziplinen, die einen allgemeinen Zuwachs an Kraft benötigen: Gewichtheben, Kugelstoßen, Diskus, Hammer, Speer, Zehnkampf, Stabhochsprung, Boxen, Ringen (in den Schwer-Gewichtsklassen), Judo und Eishockey.

2. Disziplinen, die einen Kraftzuwachs bei einer oder mehreren Muskelgruppen benötigen: Sprint, Weit-, Hoch- und Dreisprung, 800 m 110 m Hürden, 400 m Hürden, 400 m, Rad und Rudern. In der ersten Disziplingruppe hängt die Spitzenleistung von der Gewichtszunahme (d. h. in erster Linie vom Muskelgewicht und –umfang) direkt ab. Der Verzicht auf die Einnahme von Anabolika bedeutet zugleich den Verzicht auf die Zugehörigkeit zur absoluten Spitzenklasse; Chancengleichheit ist demnach nur bei Einnahme der Anabolika und Eingehen des damit verbundenen Risikos gegeben.

[1] Vgl. die Aussagen von Coach Tom Eckner, Stabhochspringer Ron Morris und Zehnkämpfer Bill Toomey laut Stuttgarter Zeitung vom 27. Okt. 1966.

mit 19 Jahren beim Länderkampf gegen die BRD ein Körpergewicht von 100 kg, beim gleichen Länderkampf ein Jahr später 115 kg und bei den Olympischen Spielen 1964 118 kg², ein Gewicht, das heute von den meisten Spitzenklasseleuten im Kugelstoßen, Diskus- und Hammerwerfen in der Hochsaison deutlich überschritten wird.

Der Wettbewerbsvorteil durch die Einnahme von Hormonpräparaten führte sehr wahrscheinlich dazu, daß in der ewigen Bestenliste von 1967 im Kugelstoßen unter den ersten 10 acht US-Kugelstoßer zu finden sind.

Dianabol und andere Präparate sind in der BRD rezeptpflichtig und in der Hand des Arztes für Kranke wohl sinnvoll. Trotzdem werden sie von Spitzenathleten in steigendem Umfang ohne ärztliche Aufsicht und Kontrolle eingenommen[3] nach dem Motto: „Nimmt mein Konkurrent 3 Pillen pro Tag, muß ich die doppelte Menge nehmen". Steinbach wies darauf hin, daß Sportler höhere Dosen brauchen als vom Hersteller angegeben und warnte Ärzte vor der Behauptung, Dianabol sei unschädlich[4]. Schädigungen sind – wie beim Gebrauch von Dopingmitteln – nicht auszuschließen, werden aber zugunsten der Leistungssteigerung und des Erfolgs in OST und WEST in Kauf genommen. Welche Risiken und Spätschäden dabei leichtfertig akzeptiert werden, zeigen Äußerungen eines Vertreters des Herstellerwerkes von Dianabol (CIBA): „Schädigungen in vielleicht 20 Jahren? Dr. Gauerke lächelte: Wer das wohl herausgefunden hat? Das Präparat ist doch erst fünf Jahre alt." Er äußerte außerdem:

> „Die Nieren werden durch das Präparat auf keinen Fall angegriffen und die Tests, die vor vier Jahren schon eine Schädigung der Leber festgestellt haben wollten, waren doch reichlich unvollkommen"[5].

Die Meinung eines Spitzenathleten (Ron Morris, Stabhochspringer), angesprochen auf Nachwirkungen in 20 Jahren und gefährliche Nebenerscheinungen:

> „Das ist eine lange Zeit, und sportliche Höchstleistungen bringt man nun einmal in seinen besten Jahren"[6].

Bei Dopingkontrollen sind anabole Steroide schwer nachweisbar[7]. Die Dopingkontrollen bei den Olympischen Spielen in München weisen keinen Fall von

---

[2] Leichtathletik 1965, 1 Informationen, vgl. auch Leichtathletik, Lehre der Leichtathletik 46, 1970 S. 1784. O'Brian verurteilt Anabolica und behauptet, er hätte ebenso wie Matson und Oerter nach Tokio 1964 mit den Anabolica Schluß gemacht.

[3] Diese Aufsicht und Kontrolle dürfte wohl bei den Ostblockländern gegeben sein.

[4] M. Steinbach, Zum Dopingproblem. In: H. Acker (Hrsg.): Rekorde aus der Retorte, Stuttgart 1972, S 41.

[5] Stuttgarter Zeitung vom 27. Okt. 1966.

[6] Stuttgarter Zeitung vom 27. Okt. 1966.

[7] Dr. Rossek vom Institut für Leistungsmedizin Berlin äußerte 1970, daß Dianabol nachweisbar sei. In: Kampf der Anwendung von Anabolika in der Leichtathletik. In: Leicht-

Hormonpräparat-Mißbrauch nach. Da man annehmen kann, daß Leistungen z. B. im Kugelstoßen über 20 m heute ohne Einnahme von Hormonpräparaten nicht möglich sind, genügt es offensichtlich, die Einnahme einige Zeit vor möglichen Dopingkontrollen abzusetzen, zumal da der erreichte Kraft- und Gewichtszuwachs durch Dianabol im Zusammenhang mit umfangreicher Nahrungsaufnahme (vor allem Eiweiß) und entsprechendem Krafttraining über längere Zeit auch ohne Dianabol erhalten bleibt.

Bei den Frauen wurden durch Geschlechtskontrollen seit 1966 Zwitter ausgeschaltet (z. B. möglicherweise die Geschwister Tamara und Irina Press, Jolanda Balas u. a.), die jahrelang die Leistungsentwicklung in den Würfen, über die Hürden und im Hochsprung bestimmt hatten. Durch Hormonbehandlung ist es heute möglich, „künstliche Zwitter" zu erzeugen. Sie haben keine Schwierigkeiten mit Geschlechtskontrollen. Eine weitere hormonelle Manipulation bietet sich bei den Frauen durch Beeinflussung ihrer Regel im Sinne einer optimalen Anpassung an den Wettkampfzyklus an.

Hormonpräparate müssen sich besonders in den Disziplinen auswirken, in denen der Faktor Kraft den Hauptfaktor bildet. Dies sind die Disziplinen Kugel, Hammer, Diskus und in geringerem Maße Speerwerfen. Ein Test zur Wirkung von Dopingmitteln könnte die Einführung von Dopingkontrollen bei Meisterschaften und Olympischen Spielen sein. Dies führte aber nicht zu einem nachweisbaren Leistungsabfall. Auch mit Dopingkontrollen werden nach wie vor bei Meisterschaften und Olympischen Spielen hervorragende Ergebnisse erzielt.

Wann und in welchen Disziplinen Dianabol nach 1961 erstmals bzw. in größerem Umfang verwendet worden ist, läßt sich nicht mit Sicherheit nachweisen. Wir gehen daher den umgekehrten Weg und folgern aus der Leistungsentwicklung auf den Beginn der Einnahme solcher Mittel. Die am wirkungsvollsten durch Kraftzuwachs beeinflußbaren Disziplinen zeigen bei den 3 Weltbesten seit etwa 1964 einen Leistungsanstieg. Dies trifft zu gleicher Zeit zu für Kugel, Hammer, Diskus und Speerwerfen. Der Wettbewerbsvorteil kommt vor allem den Athleten zugute, die am frühesten solche Mittel eingenommen haben. Es kann behauptet werden, daß die Vorherrschaft der Amerikaner in den in Frage kommenden Jahren auf die Einnahme von Dianabol zurückzuführen ist. Die BRD und die DDR folgen mit einem time-lag von etwa 3 bis 4 Jahren. Bei anderen, jedoch in geringerem Maße, in Frage kommenden Disziplinen wie den Sprungdisziplinen lassen sich gleichzeitig erfolgende Phasen nicht erkennen.

---

athletik 1970, 35 S. 1248. Nach der Medizinischen Kommission des IOC sind sie nicht nachweisbar.(J. Pelliza, Anabolic substances and their use in sport in: Olympic Review 1973, 62-63 S. 28).

Gutachten des Prof. Dr. Joseph Keul vom 6. 8. 1974

BEURTEILUNG des Beitrages „Sportmedizin und ärztliche Betreuung sowie Doping und Hormonpräparate"

Für die Monographie: „Bestimmung soziopolitischer Faktoren im Hochleistungssport"

1. Sportmedizin und ärztliche Betreuung

Dieser Artikel wird den Verhältnissen der Sportmedizin und der sportärztlichen Betreuung absolut nicht gerecht. Wenn schon festgestellt wird, daß die Sportmedizin der am besten entwickelte sportwissenschaftliche Zweig in der Bundesrepublik ist, dann bedarf es auch einer tiefergehenden Analyse, insbesondere der Einbeziehung von entsprechender Fachliteratur. Offensichtlich fehlen dem Autor die Fachkenntnisse, die eine solche kritische Bewertung zulassen. Auf Seite 72, 1. Absatz, wird die Sportmedizin in einer Weise bewertet, wie sie nicht der Wirklichkeit entspricht. Natürlich lassen sich am Spitzensportler Gesetzmäßigkeiten der Anpassung erfassen; aber in vielen Zentren werden die Erkenntnisse umgesetzt in die Trainingspraxis. Durch das neue Untersuchungssystem, das seit Jahren praktiziert wird, werden den Trainern auch die nötigen Informationen zugeleitet. Die Übersetzung in die alltägliche Praxis ist dadurch erschwert, weil viele Trainer nicht ausreichend bemüht sind, sich in physiologische Vorgänge einzudenken und sich die nötigen Grundlagen zu erwerben. In einer Vielzahl von allgemein gehaltenen Lehrgängen und Vorträgen haben Sportmediziner ihre Erkenntnisse dargelegt. Es ist unbedingt notwendig, daß Trainer sich mit den Grundlagen leistungsphysiologischer Vorgänge auseinandersetzen. Die Forderung an den Sportmediziner, dies in eine allgemeingültige Sprache zu übersetzen, ist nur bedingt möglich. Die Lage der Sportmedizin in der DDR ist völlig falsch dargestellt. Aus einer Vielzahl von Informationen und Gesprächen ist bekannt, daß die DDR von dem derzeitigen System, die Sportler über Fachärzte für Sportmedizin betreuen zu lassen, abrücken möchte. Dies liegt daran, daß ein Facharzt für Sportmedizin nicht gleichermaßen gut als Internist oder Orthopäde oder Traumatologe sein kann. Das System in der Bundesrepublik hat sich insofern bewährt, als ein Internist zusätzlich Sportmedizin betreibt oder ein Orthopäde zusätzlich mit der Sportmedizin vertraut ist. Dadurch kann er aufgrund genügender Kenntnisse auf seinem Fachgebiet als Internist oder Orthopäde den Sportler optimal beraten und betreuen. Daher ist es auch zu erklären, daß westdeutsche Sportärzte bei Olympischen Spielen oder Weltmeisterschaften wie kaum eine andere Nation von Sportlern anderer Länder konsultiert werden. In Mexiko wurden die deutschen Sportärzte von allein 19 Nationen beansprucht.

Es ist nicht möglich, aufgrund von Äußerungen in Tageszeitungen den Sportlern der DDR zu unterstellen, daß sie Medikamente nehmen und darüber hinaus noch zu behaupten, daß sie nicht nachgewiesen werden können. Alle derzeit bekannten wirksamen Dopingmittel können analytisch erfaßt werden, einschließlich der Anabolika, wenn sie vor dem Wettkampf eingenommen worden sind. Die Äußerungen verschiedener Tageszeitungen halte ich nicht für haltbar. In Mexiko wurde auch den Sportlern aus Kenia unterstellt, daß sie irgendwelche Kräuter nehmen würden und dadurch die großen läuferischen Leistungen vollbrachten. In der Tat ist es so, daß diese Sportler sich in einem ausgezeichneten Trainingszustand befinden, und hier liegt auch der entscheidende Punkt bezüglich der Sportler der DDR. Sie haben einen ausgezeichneten Trainingszustand.

In der DDR wird sich sehr um die Zweckforschung der Sportmedizin bemüht, insbesondere Talentsuche. Vom Wissenschaftlichen her gesehen sind die Ergebnisse in der DDR nicht sehr üppig. Dies liegt z. T. daran, daß die Ausstattung mit Apparaten und Reagenzien im gesamten Ostblock völlig unzureichend ist. Dies konnte ich auch bei einer Informationsreise in Rußland persönlich feststellen. Die Förderung des Sports und die Talentsuche in der DDR müssen anders begründet werden, insbesondere dadurch, daß ganz andere Zielvorstellungen durch den Sport verwirklicht werden können. Woher ist bekannt, daß Leistungssportler der DDR eine geringere Verletzungshäufigkeit aufweisen? Eine gerade von uns durchgeführte Analyse der Verletzungshäufigkeit von 11 Nationen bei den Olympischen Spielen in München zeigt eine gleichmäßige Verteilung. Solche Aussagen müssen belegt werden.

2. Zu Doping und Hormonpräparaten

Über Doping werden keine Äußerungen getätigt. Es wird nur über die Einnahme von anabolen Steroiden berichtet. Die Abfassung ist völlig unvollständig. Sie läßt die Grundlagen hormonaler Beeinflussung des Organismus, die Wirkungsweise anaboler Steroide, den Eingriff in verschiedene Regulationsbereiche völlig außer Acht. Dieser Artikel bedarf keiner weiteren Stellungnahme und enthält wie der vorausgegangene Beitrag nicht die zu diesem Thema bekannte wesentliche Literatur.[5]

Ich halte die Beiträge für ein Werk, das vom Bundesinstitut für Sportwissenschaften herausgegeben wird, für nicht geeignet, weil auch keineswegs zum Tragen kommt, in welchem Ausmaß das Bundesinstitut für Sportwissenschaften die sportmedizinische Forschung und die sportärztliche Betreuung gefördert hat und fördert. Mir ist unverständlich, warum nicht Fachleute, insbesondere wenn

---

[5] Anmerkung im Jahr 2000: Im Gegensatz zur Meinung Keuls hatten wir die für den Aspekt des Zusammenhangs zwischen Sportmedizin, Anabolika und Leistungsentwicklungen wesentliche Literatur gesichtet, allerdings auch nichtmedizinische Literatur bis hin zu Zeitungsartikeln, so wie es von Sozialwissenschaftlern erwartet werden konnte.

sie in Heidelberg am Ort sitzen (Prof. Dr. Weicker, Leiter der Abteilung f. Sportmedizin und Stoffwechselkrankheiten), nicht zur Übernahme dieses Kapitels befragt wurden und nicht Mediziner bzw. Chemiker, die sich mit Doping und ihren Grundlagen beschäftigen, herangezogen wurden. Es bleibt zu wünschen, daß die übrigen Kapitel dieser Monographie den Anforderungen wissenschaftlicher Darstellungen entsprechen.

Prof. Dr. J. Keul

Gutachten des Prof. Dr. Armin Klümper vom 24. Januar 1975[6] (in Auszügen)

Doz. Dr. med. A. Klümper, Oberarzt

.... Sie schreiben auf der 1. Seite:

> "Das wissenschaftliche Interesse der Sportmedizin liegt allerdings weniger an Erkenntnissen, die für Training und Wettkampf unmittelbar verwertbar sind, als an Untersuchungen in extremen Situationen."

So kann man die Dinge sicher nicht formulieren; es hat sicher eine Zeit gegeben, wo das Interesse der Sportmedizin mehr in wissenschaftlicher Richtung orientiert war, es wurden Training und Wettkampf umfassend wenig berücksichtigt. Die Situation hat sich jedoch seit einigen Jahren schon geändert; spätestens seit Mexiko hat sich der sportmedizinische wissenschaftliche Zweig sehr intensiv um die Probleme des Trainings und des Wettkampfes gekümmert. Gerade Freiburg mit Prof. Keul und Prof. Reindell haben sich um die Herz-Kreislauf-Problematik der Athleten gekümmert, wobei es wohl primär das Verdienst von Prof. Reindell ist, überhaupt erst einmal verbindlich in der Welt durchzusetzen, daß das vergrößerte Herz des Sportlers ein durchaus gesundes und angepaßtes Herz und kein krankhaft verändertes Herz ist. Ich glaube, das war eine sehr wesentliche Aussage oder überhaupt die wesentlichste Aussage, die jemals bisher im Bereich der wissenschaftlichen Sportmedizin gemacht ist. Die Auswirkung und Folgen blieben nahezu unübersehbar. Prof. Keul beschäftigt sich seit Jahren mit speziellen Stoffwechseluntersuchungen nicht nur beim Athleten, wobei die Ergebnisse dieser Arbeiten durchaus direkt dem Athleten für Wettkampf und Trainingssituationen zugute kommen. Ich persönlich bearbeite wissenschaftlich seit 7 Jahren den Bewegungsapparat unter dem Thema „Verbesserung der Diagnostik und Therapie bei Sportverletzungen", und unsere bisherigen Forschungsergebnisse, die alle langfristig angelegt sind, haben zu ganz ausgezeichneten Ergebnissen geführt, die wiederum direkt dem Athleten zugute gekommen sind. Ich darf Ihnen noch Prof. Nowacki aufzählen, der – wie Ihnen ja bekannt

---

[6] Im Gegensatz zu Keul hatte sich Klümper sehr viel Mühe gegeben, sein Gutachten umfasste 16 einzelig beschriebene Seiten.

ist – seine Forschungsarbeiten nahezu vollkommen auf die Ruderer ausgerichtet hatte und in der Zusammenarbeit mit Karl Adam hervorragende Ergebnisse erzielt hat. Hier muß ich sicher Herrn Prof. Kirsch vom Bundesinstitut in Köln recht geben, daß Ihre Schlußfolgerung über den Stand der Sportmedizin in der Bundesrepublik nicht der tatsächlichen Situation entspricht.

..... Es ist auch nicht richtig, daß spezifische Aussagen über den Gesundheits- und Leistungszustand der Spitzensportler weit im Hintergrund stehen; gerade die spezifischen Aussagen über den Gesundheits- und Leistungszustand der Spitzensportler sind ja der Inhalt der regelmäßigen Pflichtuntersuchungen der Kader-Athleten, und ich verfüge über eine große Sammlung von Untersuchungsergebnissen, die nahezu ausschließlich spezifische Aussagen eben genau über den Gesundheitszustand der Spitzensportler enthalten. Ratschläge für die Trainings- und Wettkampfgestaltung müssen zwangsläufig im Hintergrund stehen; der Sportmediziner ist kein Trainer, und ich bin der Meinung, daß das Prozedere so aussehen sollte, daß sich jeweils der Trainer mit dem untersuchenden Arzt in Verbindung setzen sollte, um ein gemeinsames Gespräch über seinen Athleten zu führen; aus diesem Gespräch resultieren dann Erkenntnisse für den Trainer, aus denen er Rückschlüsse für die Trainings- und Wettkampfgestaltung ziehen kann. Sie schreiben weiter:

> "So beschränkt sich die sportmedizinische Praxis und Forschung in der Bundesrepublik Deutschland weitgehend auf die Heilung von Verletzungen und Krankheiten (neuerdings auch ein Versuch der Prävention), sowie Grundlagenforschung zur Deskription der Vorgänge bei Training und Wettkampf."

Diese zusammengefaßte Verallgemeinerung bedarf sicher einer kritischen Analyse, wobei Praxis und Forschung grundsätzlich nicht in einen Topf geworfen werden sollten. In Ihrer Formulierung klingt es so, als wenn sich die Forschung auf die Heilung von Verletzungen und Krankheiten beschränkt, was ja nun wirklich nicht der Fall ist, auf der anderen Seite die sportmedizinische Praxis sich ebenfalls weitgehend auf die Heilung von Verletzungen und Krankheiten sowie Grundlagenforschung zur Deskription der Vorgänge bei Training und Wettkampf beschränke; auch das trifft wohl kaum zu.

Die sportmedizinischen Zentren und damit die hier überwiegend lokalisierten Forschungsarbeiten sollen, müssen und können sich mit der Grundlagenforschung befassen; Grundlagenforschung dürfte wohl aber niemals Deskription von Vorgängen sein, Grundlagenforschung bedeutet Analyse und spätere Synthese; die Deskription der Vorgänge im Training und Wettkampf fällt der sportmedizinischen Praxis zu, ebenfalls die Heilung von Verletzungen und Krankheiten, wobei auch die spezialisierten Leute in der Bundesrepublik, die sich mit der Sportmedizin befassen, in erster Linie sportmedizinische Praktiker sind, zumeist in zweiter Linie sich mit Grundlagenforschung befassen.

Über die Untersuchung der Kader-Athleten schreiben Sie:

„diese punktuellen Untersuchungen bringen in den seltensten Fällen eine nutzbare Information für die Trainer (vor allem für die Heimtrainer), da die Weitergabe der bei den Untersuchungen gewonnenen Daten und ihre Übersetzung für die alltägliche Trainingspraxis nicht gesichert ist."

Eine solche Formulierung ist beim besten Willen nicht als Verallgemeinerung möglich; sicher gibt es eine Reihe von Untersuchungen, deren Ergebnisse nicht nutzbar gemacht werden; man muß sich jedoch fragen, warum sie nicht nutzbar gemacht werden. Die Ursache liegt überwiegend nicht in der Tatsache, daß die Weitergabe der Daten und ihre Übersetzung für die alltägliche Trainingspraxis nicht gesichert sind, sondern überwiegend in der Tatsache, daß die Trainer eine ungenügende Ausbildung aufweisen und - das kann ich aus der Erfahrung eigener Fortbildungslehrgänge sagen - auch häufig überhaupt kein Interesse daran zeigen, sich mit der Materie und der Problematik zu befassen. Es wäre wirklich nicht schwierig, bei einigermaßen gutem Willen der Trainer, das Fachchinesisch der Mediziner in kürzester Zeit zu kapieren und für sich selbst nutzbar zu machen. Die eigene Praxis in mehreren Sportverbänden hat gezeigt, daß selbst die Einsetzung eines Etats für wissenschaftliches Buchmaterial, was dann den Trainern regelmäßig ausgehändigt wird, auch zu keiner Verbesserung der Ergebnisse geführt hat, z. T. verschenken die Trainer einfach ihre Bücher oder schauen gar nicht hinein. Es gibt nur sehr wenige Trainer, die heute überhaupt begriffen haben, daß Training mit reiner Empirie gar nicht mehr durchführbar ist. Abgesehen von diesen Dingen halte ich es nicht für richtig, wenn Sie von wenig nutzbaren Informationen für den Trainer sprechen; allein die Tatsache, daß die Allgemeinuntersuchungen ergeben, daß der Athlet z. B. keinen Herzfehler aufzuweisen hat oder sonstige anlagebedingten Erkrankungen, dürfte wohl von immenser Wichtigkeit sein, da hiermit dem Trainer die Sicherheit gegeben wird, daß er seinen Athleten mit den entsprechend gewünschten Trainingseinheiten auch tatsächlich belasten kann. Es gibt eine ganze Reihe von Beispielen aus verschiedenen Sportarten, daß junge Athleten während der Ausübung ihrer sportlichen Tätigkeit gestorben sind; bei der Überprüfung dieser Fälle stellt sich in fast allen Situationen heraus, daß diese Athleten nicht einer gründlichen Allgemeinuntersuchung unterzogen worden waren. Aus einer nicht vorhandenen Tatsache ziehen Sie den Schluß:

> "Notwendig und hilfreich wäre eine ständige begleitende, bewachende und intervenierende sportärztliche Betreuung, deren Analyse selbst wiederum für neue Trainingsformen genutzt werden kann."

In diesem Punkt bin ich ganz Ihrer Meinung, daß heute im Hochleistungssport für jeden Athleten tatsächlich eine ständige - wie Sie es ausdrücken – begleitende, überwachende und intervenierende sportärztliche Betreuung vorhanden sein sollte; dieser auch von uns existierende Wunschtraum dürfte wohl in den nächsten 20 Jahren kaum in Erfüllung gehen; denn es dürfte Ihnen nicht unbekannt sein, daß zumindest die begleitende und intervenierende sportärztliche Betreuung Angelegenheit der Verbandsärzte und der Sportärzte der einzelnen Verbände ist, und daß diese Sportärzte ausnahmslos ehrenamtlich arbeiten, nämlich zusätzlich zu ihrem Brötchenberuf, und die Sportmedizin als Hobby betreiben. Es gibt sicher bereits in der Bundesrepublik Verbände, wie z. B. den Deutschen Radsportverband, die das System ihrer sportärztlichen Überwachung und Betreuung bereits so weit vorangetrieben haben, daß hier tatsächlich jeder Athlet in einer Zentralkartei erfaßt ist und laufend über das ganze Jahr überwacht wird; hier müßten Sie sich einmal mit der Realität der doch erheblich fortgeschrittenen Organisation, für die ich in diesem Falle selber zuständig bin, befassen. Trotz unserer ehrenamtlichen Tätigkeit haben wir hier schon optimale Bedingungen geschaffen, die sich wohl kaum noch von der Situation sportmedizinischer Betreuung in den Ostblockländern unterscheidet. Im Gegenteil, in einzelnen Positionen sind wir über die Methode der Ostblockstaaten bereits weit hinaus gegangen. Ich glaube, ich brauche Ihnen kaum zu sagen, daß eine solche Organisation ein ungeheures persönliches Engagement erfordert, was wiederum praktisch ehrenamtlich erfolgt. Sie schreiben: „Dazu aber sind regionale Diagnosezentren unumgänglich, die ihre Ergebnisse an eine zentrale Institution für eine weitere wissenschaftliche Auswertung weitergeben". Das ist mir nun wirklich völlig unklar; wir haben ja regionale Diagnosezentren wie in Köln, Aachen, Münster, Hamburg, Kiel, Damp 2000, Hannover, Gießen, Mainz, Frankfurt, Freiburg, Nürnberg, Erlangen und München; und von diesen Diagnosezentren laufen ja die Informationen an die zentrale Institution des Bundesinstitutes in Lövenich. Aber damit ist ja genau das Problem, das Sie mit der begleitenden, überwachenden und intervenierenden sportärztlichen Betreuung angesprochen haben, überhaupt nicht gelöst. In dieser zentralen Institution müßten hervorragende Mediziner stationiert sein, die in der Lage sind, die Information zu interpretieren, zum anderen möchte ich Sie fragen, an wen denn die wissenschaftliche Auswertung – falls man einmal davon ausgeht, daß die interpretierenden Mediziner im Sportinstitut in Köln vorhanden sind - weitergegeben werden sollen? Die nächste Institution wäre doch mit Sicherheit der direkte betreuende Arzt des Verbandes; und hier liegt eben der Hase im Pfeffer; zuerst einmal müßten alle Sportverbände wirklich eine vernünftige sportmedizinische Organisation aufbauen, dann erst kann die Sammlung von Ergebnissen an einem zentralen Institut und die Weitergabe fruchtbringend sein. Ich halte also Ihren Schluß für falsch; nach meiner Meinung ist die Vorbedingung für jede vernünftige sportmedizinische Arbeit in den Verbänden erst die Schaffung einer gut funktionierenden sportmedizinischen Verbandsorganisation.

Sie schreiben:

> „In den letzten Jahren begann eine stärkere Zusammenarbeit zwischen dem DLV, Bundestrainern und Ärzten".

Ich nehme an, daß Ihre Arbeit über die Bestimmung soziopolitischer Faktoren im Leistungssport nicht nur die Leichtathletik betrifft, sondern daß damit alle Sportarten gemeint sind. Da das offensichtlich der Fall ist, klingt Ihre Formulierung so, als ob eine stärkere Zusammenarbeit zwischen Bundestrainern und Ärzten lediglich im DLV in den letzten Jahren erfolgt sei; dazu darf ich Ihnen sagen, daß in anderen Verbänden die enge Zusammenarbeit zwischen Athleten, Trainern und Ärzten schon einige Jahre existiert, und daß der DLV hinsichtlich seiner sportmedizinischen Organisation mit zu den Verbänden gehört, die das schlechteste Aushängeschild auszuweisen haben. Es gibt im DLV noch nicht einmal einen offiziellen Verbandsarzt, den man mit der Koordinierung – und das ist unabdingbar – beauftragt hätte; man hat sich lediglich der Mitarbeit zahlreicher Mediziner versichert und so per Postwurfsendung den Anschein erweckt, als wenn eine schlagkräftige sportmedizinische Mannschaft für den Deutschen Leichtathletikverband zur Verfügung stünde. Tatsache ist, daß bei den Deutschen Meisterschaften 1973 in Berlin die erste und einzige Zusammenkunft jener Ärzte stattgefunden hat, die nach Meinung des DLV für die Athleten nützlich erscheinen. Hier wurde von Herrn Jonath an die anwesenden Ärzte die Frage gestellt, ob sie bereit sind, im DLV mitzuarbeiten. Auf diese Frage haben die anwesenden Ärzte mit Ja geantwortet; dabei ist es bis heute geblieben, und der DLV kann lediglich darauf hinweisen, daß die Athleten in verschiedenen Regionen der Bundesrepublik zu einem solchen Jasager hingehen können; von Organisation oder sinnvoller Zusammenarbeit kann praktisch nur in 2 oder 3 Fällen die Rede sein. Sie haben dann sehr richtig formuliert, daß es sich im wesentlichen um Idealisten handelt, die sich wirklich engagieren und nahezu die gesamte Restfreizeit, die sie besitzen, für den Sport aufwenden. Sie führen weiter aus: „Einer ständigen qualifizierten ärztlichen Betreuung erfreuen sich die Aktiven des DLV deshalb nur bei internationalen Veranstaltungen wie Olympischen Spielen, Europameisterschaften und Länderkämpfen."

Das entspricht zumindest seit 4 Jahren schon nicht mehr den Tatsachen; die einzelnen Gruppen im DLV erfreuen sich einer intensiven, qualifizierten ärztlichen Betreuung seit dieser Zeit; ich z. B. stehe in ständigem Kontakt mit den entsprechenden Trainern und direkt mit den Athleten, und es ist keineswegs so, daß ich diese Athleten nur bei Länderkämpfen oder ähnlichen Veranstaltungen zu Gesicht bekomme. Es dürfte Ihnen auch nicht bekannt sein, daß die von mir betreuten Athleten im Deutschen Leichtathletikverband - und das dürften die meisten sein – regelmäßig mit Informationsmaterial sowie Rezepten über Massagen und Rezepten für Medikamente versorgt werden, daß es ständig eine wechselseitige Information zwischen Athlet, Trainer und Arzt gibt, die besonders intensiv im Bereich des Zehnkampfes gewesen ist. Bei den Zehnkämpfern dürfen wir heute nach 4-jähriger intensiver Arbeit dahingehend unsere Erfolge verbuchen, daß z. B. die Verletzungsquote in dieser Gruppe der Athleten gegenüber den Jahren 1971 und früher um 78% zurückgegangen ist; insgesamt die Breite des

Leistungsniveaus sich deutlich angehoben hat und aus den Nachwuchsathleten international zu beachtende Medaillenkandidaten inzwischen herangewachsen sind.

Sie ziehen die Schlußfolgerung:

„Die negative Wirkung einer nicht rechtzeitigen Einsetzung einer intensiven ärztlichen Kontrolle und Betreuung bei gleichzeitiger beinahe pathologischer Belastung im Spitzensport liegt in einer erhöhten Verletzungsanfälligkeit und in dem Verschleppen kleinerer Verletzungen, die rechtzeitig behandelt, ohne längere Folgen bleiben könnten."

So ist es auch nicht möglich, Verallgemeinerungen zu formulieren; eine erhöhte Verletzungsanfälligkeit ist nicht bedingt durch die pathologische Belastung im Spitzensport; jegliche Form des Spitzensportes beinhaltet ein gewisses Risiko, das sich niemals ausschließen läßt. Unsere Erfahrungen haben ergeben, daß die Verletzungsanfälligkeit der Athleten weitaus weniger auf die fehlende ärztliche Kontrolle und Betreuung zurückzuführen ist, sondern vielmehr auf die unzureichende Pflege und Betreuung durch den Trainer, der nicht in der Lage ist, physiologische Bewegungsabläufe von nicht mehr physiologischen Bewegungsabläufen zu unterscheiden. Dazu gehören allerdings wirklich echte anatomische und physiologische Kenntnisse, die die meisten Trainer gar nicht besitzen. Gestatten Sie, daß ich Ihnen aus dem Bereich der Leichtathletik ein Beispiel nenne. Der amtierende Bundestrainer für Stabhochspringen in Kassel trainiert bei seinen Athleten praktisch ausschließlich Stabhochsprung; es findet keinerlei Ausgleichssport statt, keine Gymnastik, keine unterstützende Trainingsmaßnahme zur Stabilisierung bestimmter Teile des Bewegungsapparates mit der notwendigen Folge, daß ein Mann wie Ziegler notwendigerweise der gezüchteten Insuffizienz seines Bewegungsapparates erliegen mußte. Genau die gleichen Insuffizienzerscheinungen tauchten bereits bei dem Jugendlichen Reinbold auf, der lediglich das Glück hatte, früher in unsere Hände zu kommen; wir haben bei diesem Jungen über 8 Tage nichts anderes trainiert als intensive gymnastische Übungsbehandlung, die er nun ständig durchführt, seit dieser Zeit bestehen bei Herrn Reinbold keinerlei Beschwerden mehr. Dazu muß noch einmal ausdrücklich erwähnt werden, daß er dieses zusätzliche Programm jetzt auf unsere Anweisungen durchführt und immer noch nicht auf die Erkenntnisse des Trainers, daß man allein mit Stabhochspringen auf die Dauer nicht bestehen kann. Sie äußern sich dann über die Priorität der Sportmedizin bei den Gremien, die über die Sportwissenschaftsförderung in der Bundesrepublik entscheiden. Sie schreiben sehr richtig, daß diese Förderungsbeiträge absolut gesehen gering sind – und das entspricht wohl den Tatsachen – aber höher liegen als die Mittel für den ganzen übrigen Bereich der Sportwissenschaft. Ich möchte sagen, daß das völlig natürlich ist; die Sportmediziner sind auch diejenigen, die sich am meisten engagieren und effektvolle Ergebnisse aufzuweisen haben; die allgemeine Sportwissenschaft erschöpft sich sehr häufig in Allgemeinplätzen – verzeihen Sie mir, wenn ich auch Ihre Ausführungen hier über Sportmedizin dazuzähle – die wenig ergiebig und schon gar nicht effektvoll sind.

Zur Lage der Sportmedizin in Frankreich schreiben Sie, daß hier die Situation ähnlich sei wie diejenige in der Bundesrepublik. Das entspricht nun wirklich nicht den Tatsachen; in Frankreich gibt es lediglich das Institut National des Sports und sonst überhaupt kein Untersuchungszentrum; eine Organisation wie z. B. den Deutschen Sportärztebund gibt es in Frankreich nicht. Auch die verbandsärztliche Betreuung in Frankreich ist außerordentlich schwach, so daß wohl kaum ein Vergleich der Bundesrepublik mit Frankreich auf diesem Gebiet überhaupt möglich ist. Sie schreiben weiterhin, daß es genau praktisch wie in Deutschland ebenfalls keine spezielle Sportmedizinerausbildung in Frankreich gebe; es gibt durchaus in der Bundesrepublik eine spezielle Ausbildung für Sportmediziner; es gibt einmal die Möglichkeit, über ein gezieltes Programm schon während des Studiums das Diplom des Sportarztes zu erwerben; darüber hinaus gibt es die Möglichkeit, an den sportmedizinischen Zentren das Wissen zu vertiefen und sich intensiver mit der Materie zu befassen, so daß bei entsprechendem Interesse und Engagement schließlich der ausgebildete Sportmediziner resultiert, der ja auch auf Beschluß der deutschen Ärzteversammlung inzwischen den Zusatztitel Sportmedizin führen darf. Für die Führung dieses Titels „Sportmedizin" sind bestimmte Bedingungen gestellt worden, die in Zukunft gar nicht mehr so einfach zu erfüllen sind. Was es in der Bundesrepublik lediglich noch nicht gibt, ist die Anerkennung des sogenannten Facharztes für Sportmedizin; ich bin sicher, daß es noch einiger Jahre bedarf, bis es zu dieser Anerkennung kommt; aber sie wird sicher kommen. Von dieser Entwicklung sind die Sportmediziner in Frankreich noch meilenweit entfernt. Sie schreiben ja dann auch:

> „Die sportmedizinische Betreuung des sportlichen Alltags im Breiten- wie im Spitzensport fehlt in Frankreich vor allem in der Provinz".

Wenn Sie diesen Satz im nachhinein schreiben, verstehe ich nicht, wie Sie die Situation in der Bundesrepublik mit der in Frankreich vergleichen können. Tatsache ist, daß in Frankreich die sportmedizinische Betreuung des sportlichen Alltags im Breiten- und im Spitzensport nicht nur in der Provinz, sondern praktisch überall fehlt. Und hier möchte ich doch sagen, unterscheiden wir uns doch sehr wesentlich inzwischen von den Franzosen.

Zur Lage der Sportmedizin in der DDR schreiben Sie, daß man annehmen dürfe, die sportmedizinische Forschung auf dem Gebiet der angewandten Sportmedizin habe ein höheres Niveau als in der Bundesrepublik und der Leistungssport erfahre durch die Sportmedizin eine entscheidende Unterstützung. Das ist sicher richtig; nicht richtig ist, daß die Sportmedizinforschung in der DDR ein höheres Niveau habe; in den meisten Bereichen der Sportmedizin ist das Niveau in der Bundesrepublik weitaus höher als in der DDR. Das bessere Aussehen sportmedizinischer Effektivität rührt in der DDR daher, daß eben genau der Ansprechpartner, den die sportmedizinische Wissenschaft braucht, in der DDR vorhanden ist; ich habe das eingangs bereits erwähnt. Hier existiert tatsächlich für jede Sportart eine ausgezeichnete Organisation sportmedizinischer Betreuung, die dann auch die sportwissenschaftlichen Erkenntnisse umzusetzen weiß. In einem despotischen System – und der Kommunismus ist mit absoluter Sicherheit eine Form des Despotismus – ist es nun einmal soziopolitisch möglich, über den Weg des Dirigismus Planvorstellungen in die Tat umzusetzen. Sie wissen genau, daß die DDR jahrelang in nahezu keiner Sportart den Anschluß an die Weltspitze finden konnte; sie haben dann von der Bundesrepublik Deutschland gelernt und die Sportmedizin sowie die sportärztliche Versorgung immens gefördert. Es besteht nun einmal die Tatsache, daß es in der DDR hauptamtliche Sportmediziner gibt, die bei uns nicht existierten. Daß über diese hauptamtlichen Ärzte eine ständige intensive ärztliche Kontrolle besser möglich ist als bei uns in der Bundesrepublik, dürfte klar sein. Sie schreiben:

„Aufgrund der besseren ärztlichen Versorgung und Betreuung dürften die Leistungssportler der DDR eine geringere Verletzungshäufigkeit aufweisen und eine größere Zahl von Trainingseinheiten und optimalen Wettkämpfen pro Jahr verkraften können; von daher verfügen sie über äußerst günstige Leistungsvoraussetzungen."

Sie haben hier in einem Satz verschiedene Dinge zusammengeworfen, deren Schlußfolgerung logisch nicht zulässig ist. Es entspricht nämlich keineswegs der Tatsache, daß die Sportler in der DDR eine geringere Verletzungshäufigkeit aufzuweisen haben; aus genauen Kenntnissen, über die ich persönlich verfüge, weiß ich, daß in den verschiedenen Sportarten die Verletzungsanfälligkeit und Verletzungshäufigkeit der Athleten mindestens genau so hoch ist wie bei uns. Das ist eben genau der Risikofaktor, den ich eingangs schon erwähnt habe und den auch die DDR nicht ausschließen kann. Auf bestimmten Gebieten trifft das zwar zu; aber hier resultiert die geringere Verletzungshäufigkeit und geringere Verletzungsanfälligkeit nicht aus der Tatsache, daß der Sportmediziner neben dem Athleten steht, sondern aus der Tatsache, daß vermehrte Trainingseinheiten und gezielteres und intensiveres Training auch zu einer größeren Sicherheit bei der Ausübung sportlicher Aktionen führt. Die Athleten der DDR können auch nicht wegen der medizinischen Betreuung eine größere Zahl von Trainingseinheiten und optimalen Wettkämpfen verkraften; Tatsache ist, daß einfach eine größere Zahl von Trainingseinheiten von den Athleten in der DDR gefordert wird und aufgrund des Systems in der DDR auch von den Athleten durchgeführt wird. Ich möchte an dieser Stelle nicht das abgedroschene Wort der Motivation gebrauchen; trotzdem ist eben in der DDR der Anreiz für sportliche Hochleistungen weitaus höher; mit sportlicher Höchstleistung sind derart hohe soziale Vergünstigungen verbunden, daß es sich schlicht und einfach für den DDR-Athleten lohnt, sich mehr zu schinden, als es zur Zeit bei den Athleten in der Bundesrepublik üblich ist. Ich halte es nicht für zulässig, daß Sie hier praktisch schreiben, daß die DDR-Athleten ihre größeren Trainingseinheiten und günstigeren Leistungsvoraussetzungen der Sportmedizin verdanken; diese Voraussetzungen verdanken sie dem System, das nämlich genau im Rahmen Ihres Themas gezielt betrieben wird. Politik wird mit Soziologie verknüpft, und zwar so massiv, daß auch für die Sportmedizin der Sport selbst einen ungeheuren Anreiz bietet. Sie schreiben: „Der Aufgabenbereich der Sportmedizin in der DDR ist größer als heute in der Bundesrepublik." Das ist sicher nicht der Fall; der Aufgabenbereich der Sportmedizin in der Bundesrepublik ist genau so groß wie in der DDR; wir können diesen wohl von uns genau erkannten und oft erwähnten Aufgabenbereich nur nicht erfüllen, weil wir in der Bundesrepublik weder über eine entsprechende Zahl von qualifizierten Sportmedizinern noch über die entsprechenden Mittel verfügen. Alle die von Ihnen erwähnten Faktoren, wo Sie der Meinung sind, daß sie in der DDR besser zum Tragen kommen, wie wissenschaftliche Trainingsplanung, Talenterfassung, psychische und biologische Manipulation, Hilfe im Falle von Verletzungen und Erkrankungen, Prophylaxe und Grundlagenforschung zur Auswirkung von Trainingsmethoden und Trainings- sowie Wettkampfbelastungen sind von der Sportmedizin in der Bundesrepublik durchaus klar erkannt und werden nach Möglichkeit gehandhabt; wir sind auf verschiedenen Bereichen, wie z. B. bei der Hilfe von Verletzungen und Erkrankungen, mit Sicherheit wesentlich weiter als es die DDR ist; das kann ich Ihnen mit Sicherheit aus eigener Erfahrung sagen.

Zu diesem Kapitel darf ich abschließend sagen, daß nicht der Aufgabenbereich der Sportmedizin in der DDR größer ist, sondern lediglich die Zahl der hauptamtlich amtierenden Sportärzte in den eigentlichen Verbänden, so daß zumindest rein visuell ein besserer Eindruck entsteht. Ob die größere Zahl von Sportmedizinern allein auch zu einer größeren Effektivität verhilft, möchte ich einmal dahingestellt sein lassen. Masse allein ist nicht unbedingt Qualität!

Über Ihre letzte Auslassung hinsichtlich der Effektivität der Sportmedizin in der DDR kann ich nur wirklich staunen, Sie schreiben praktisch, daß aufgrund dieses politischen Auftrages für den Leistungssport in der DDR die Partei nur in geringem Umfange die Veröffentlichung von Ergebnissen von Untersuchungen und angewandten Methoden zulasse. Es gibt auf der ganzen Welt heute nur noch ein einziges System, das weitgehend auf der Basis des Vertrauens funktioniert, und das sind wissenschaftliche Arbeiten. Auch die Mediziner in der DDR wissen ganz genau, daß sie international nur bestehen können, wenn sie nachprüfbare Arbeiten und nachweislich einwandfreie Arbeiten veröffentlichen; sonst bleibt ihnen der internationale Markt der echten Wissenschaft verschlossen; genau diesen Markt möchten sie aber gern erobern. In den Ostblockstaaten sind in den letzten 10 Jahren hervorragende Arbeiten publiziert worden, von denen man nicht den Eindruck hatte, daß hier eine politische Steuerung vorlag; hier war das Bedürfnis des Wissenschaftlers in erster Linie vorhanden, seine Erfahrungen und seine Ergebnisse mitzuteilen.

Nicht umsonst ist die sportmedizinische Zeitschrift der DDR heute eine der besten der Welt; in dieser Zeitschrift kann man genug über die Methoden der sportmedizinischen Forschung und sportmedizinischen praktischen Arbeiten der DDR nachlesen. Auf diesem Gebiet gerät nämlich die DDR mit ihrem System der Verknüpfung von Politik und Soziologie in eine echte Klemme; sie möchte auf der einen Seite vielleicht gute wissenschaftliche Ergebnisse für sich behalten, um vielleicht einen geringen Vorsprung mit ihren Athleten vor den anderen Ländern zu halten, auf der anderen Seite sind sie praktisch gezwungen, diese Ergebnisse zu veröffentlichen, damit sie international anerkannt werden. Zur Zeit ist die Situation in den Ostblockländern so, daß sie lieber publizieren, als die Dinge für sich zu behalten. Sie versuchen den geringen Umfang der Veröffentlichungen damit zu belegen, daß ein Interview mit einem von Ihnen nicht genannten Trainer aus dem Ostblock ergeben habe, daß von den Athleten aus der DDR Anabolika und Dopingmittel unter strenger Aufsicht der Ärzte verwendet werden. Sie schreiben sogar, daß die dort verwendeten Mittel außerhalb der DDR nicht bekannt sind und außerdem mit den derzeitig verwendeten Testmethoden nicht nachgewiesen werden können; Sie beziehen sich hier auf eine Aussage von Prof. Erbach, der, - wie Sie meinen - ohne weiteres behaupten kann, daß seines Wissens Athleten in keiner Weise gegen die Vorschriften der internationalen Verbände verstoßen. Spätestens seit der Olympiade in München, wo wir Doping-Kontrolluntersuchungen durchgeführt haben, die weit über das hinausgegangen sind, was auf der einen Seite gefordert wurde und auf der anderen Seite erwartet wurde, müßten Sie eigentlich wissen, daß die Fata Morgana der großen unbekannten Mittel und auch nicht nachweisbaren Mittel endgültig gestorben ist.

Vielleicht ist Ihnen nicht bekannt, daß wir in unserer analytischen Doping-Kontrolle in München nicht nur die auf der Dopingliste verzeichneten Medikamente untersucht haben, bzw. nachgeprüft haben, ob wir Metaboliten dieser Medikamente nachweisen können, die regelmäßig eingenommen werden oder die überhaupt eingenommen werden, ohne daß sie zu den Dopingmitteln zählen. Eigentlich waren wir zu diesen Untersuchungen im Auftrage des IOC gar nicht befugt, aber unsere derzeitige Organisation des analytischen Labors unter der Leitung von Dr. Donike in Köln ist so hervorragend, daß wir uns nicht nur mit Mühe auf nachweisbare Dopingmittel beschränken müssen, sondern weit darüber hinaus Substanzen nachweisen können, die in einer bestimmten Zusammensetzung auf ganz klare medikamentöse Therapie zurückgeführt werden können. München hat dabei ergeben, daß die Vorstellung, die Athleten aus den Ostblockländern würden über medikamentöse Substanzen verfügen, die man nicht nachweisen kann, oder z. B. Athleten aus Kenia würden über jahrelang mystifizierte Zaubertränklein verfügen, sprich Alkaloide, vollkommen unsinnig ist. Den DDR-Athleten wurden genauso Vitamine verabreicht wie unseren Athleten, wurden genauso Tonika verabreicht, wie unseren Athleten und Alkaloide, die sich einwandfrei im Urin nachweisen lassen, haben wir überhaupt nicht gefunden. Sie schreiben ja auch sehr richtig dann in ihrem letzten Satz:

„Die mögliche Verwendung von solchen Mitteln darf natürlich nicht darüber hinwegtäuschen, daß die Grundlage der Erfolge des DDR-Sportes nicht einzig Sportmediziner, Dopingmittel und Anabolika sind."

Genau das ist ja das Kernproblem; wie ich bereits ausgeführt habe, sind eben die Trainingseinheiten der DDR wesentlich höher, und es dürfte wohl kaum einen Sportmediziner auf der ganzen Welt geben, der einen Ersatz für eine Trainingseinheit mit Hilfe einer Pille zu bieten hätte. Hinsichtlich der gezielten Anwendung der Medikamente muß ich Ihnen allerdings zugestehen, daß die Sportmediziner in der DDR weitaus besser Bescheid wissen als es die 320 Sportärzte während der Olympiade in München sich auch nur erträumen lassen könnten. Hier besteht die Tatsache, daß es in der Bundesrepublik eben tatsächlich nur eine handvoll, abzählbar praktisch an einer Hand, von Sportmedizinern gibt, die wirklich in der Lage sind, Medikamente ganz gezielt einzusetzen, die nicht zu den Dopingmitteln zählen. Gestatten Sie mir, daß ich Ihnen ein Beispiel sage. Wenn Sie einem Athleten 24 Stunden vor seinem Wettkampf eine hohe Dosis Vitamin B-12 verabreichen, können Sie von vornherein diesen Athleten abschreiben, da Vitamin B-12 eine Blockierung der Erregungsübertragung in der Muskulatur verursacht. Diese Tatsache ist den Sportmedizinern der DDR bekannt; in der Bundesrepublik wissen über diese Tatsache im besten Falle 12 Ärzte Bescheid. Ein klassisches Beispiel für einen Athleten, der weit unter seiner Form in München versagt hat, ist Bodo Tümmler, diesem Athleten wurde gegen meine ausdrückliche Warnung ein Vitamin-B-Kombinationspräparat mit einem hohen Gehalt von Vitamin B-12 24 Stunden vor seinem Vorlauf und noch einmal kurz vor seinem Zwischenlauf verabreicht, was dazu führte, daß Bodo Tümmler buchstäblich seine Beine nicht mehr bewegen konnte. Diese spezielle Erfahrung mit Vitamin B-12 ist uns speziell aus dem Radsport seit über 10 Jahren bekannt, aber in weiten Kreisen der Sportmedizin gilt, daß grundsätzlich ein Vitamin nie schaden kann und damit auch nützlich ist. Diese Fehleinschätzung führt natürlich zu Leistungsminderungen. Außerdem haben wir die Erfahrung in München gemacht, daß die DDR ganz genau wußte, welche Sportärzte in der Bundesrepublik über die genügenden Kenntnisse verfügen, um einen Athleten effektiv zu unterstützen. In meinem Beispiel hat die DDR versucht, über das IOC mich mit aller Gewalt aus der Leitung der Dopingkontrolle zu entfernen, wobei im wesentlichen die Begründung vor dem IOC abgegeben wurde, daß ich ja gleichzeitig Athleten der Bundesrepublik betreuen würde und damit ein Zusammenhang zwischen Betreuung der Athleten und möglicher Manipulation auf dem Wege der Dopingkontrolle gegeben sei. Die russischen Kollegen sind zu mir gekommen und haben mir die Planvorstellung der DDR unterbreitet und darauf hingewiesen, daß ich ruhig in der Leitung der Dopingkontrolle verbleiben könne, allerdings unter der Bedingung, daß ich keine deutschen Athleten der

Bundesrepublik mehr betreue. Man weiß in der DDR ganz genau, daß meine Erfahrungen und meine Erkenntnisse, gerade was die medikamentöse Unterstützung des Athleten anbetrifft, nicht nur den Möglichkeiten der DDR gleichwertig sind, sondern eindeutig überlegen.

Ihre Schlußfolgerung aus dem letzten Absatz sollte wenigstens eindeutig lauten, daß eine Trainingseinheit niemals durch eine sportmedizinische Manipulation zu ersetzen ist.

Nun zu ihrem Kapitel Doping und Hormonpräparate. Sie schreiben:

„In seiner Leistungsentwicklung sind dem Leichtathleten wie jedem Sportler durch seine Anlagen Grenzen gesetzt: durch die genetische Konstitution werden sowohl Wachstum und Entwicklung des einzelnen festgelegt."

Richtig dran ist, daß einem Sportler durch seine Anlagen Grenzen gesetzt sind, wobei es auf die Sportart ankommt, die er betreibt. Verallgemeinern kann man diese Dinge mit Sicherheit nicht. Von der anthropologischen Seite her dürfte Ihnen ja auch bekannt sein, daß sich bestimmte Typen für diese oder jene Sportart besser eignen als andere. Die Formulierung allerdings, daß durch die genetische Konstitution Wachstum und Entwicklung des einzelnen festgelegt sind, stimmt nun eindeutig nicht. Das läßt sich wissenschaftlich in jeder Richtung belegen. Wachstum und Entwicklung eines jugendlichen Athleten sind heute medizinisch durchaus erheblich beeinflußbar, so daß Acceleration des Jugendlichen erheblich beschleunigt werden kann; es ist überhaupt kein medizinisches Problem, Wachstumsstop oder Wachstumsbeschleunigung medizinisch zu steuern. Sie können auch nicht im gleichen Satz formulieren, daß die Entwicklung des einzelnen genetisch festgelegt ist; gerade die Entwicklung müßte doch aus der Erfahrung Ihres Fachgebietes bekannt sein; Entwicklung bedeutet Möglichkeiten im Rahmen des Milieus und keineswegs vorgezeigte genetische Manifestation.

Sie schreiben:

"Um diese Grenzen überschreiten zu können (als die nach Ihrer Meinung durch Konstitution als auch Wachstum und Entwicklung genetisch festgelegten Faktoren) greifen verschiedene Athleten zu Dopingmitteln und in weit größerem Umfang zu Hormonpräparaten aus der Gruppe der Anabolika wie Dianabol."

Es ist mir nicht ein einziger Athlet auf der ganzen Welt bekannt, der aus Gründen der genetisch festgelegten Konstitution hinsichtlich seines Wachstums und seiner Entwicklung jemals zu Anabolika gegriffen hätte. Genau diese Substanzen können nämlich weder Wachstum noch Entwicklung des Einzelnen beeinflussen, dazu bedarf es schon Wachstumshormonen der Hypophyse, die mit Anabolika ziemlich wenig zu tun haben. Zu den Anabolika haben die Athleten gegriffen, weil aus der allgemeinmedizinisch-wissenschaftlich begründeten Erfahrung das Rezept resultierte, einen schnelleren Muskelanbau mit insgesamt kleineren Trainingseinheiten zu erreichen. Die Gabe der Anabolika hat also mit den von Ihnen angeführten Faktoren überhaupt nichts zu tun. Im nächsten Satz schreiben Sie:

„Durch Dopingkontrollen bei Meisterschaften und Olympischen Spielen versucht man das Dopingproblem in den Griff zu bekommen. Dagegen ist das Problem der Hormonpräparate bis heute nicht gelöst."

Auch das stimmt nicht; das Dopingproblem, das ganz klar festgelegt ist in Form von verschiedenen Substanzgruppen, ist heute fest im Griff der einschlägig funktionstüchtigen analytischen Laboratorien; auch der Nachweis von Hormonpräparaten bereitet zwar Schwierigkeiten, ist aber kein Problem mehr.

Ihre nachfolgenden Ausführungen über Leistungssteigerung unter der Annahme, daß sie durch Anabolika verursacht sind, sind völlig unhaltbar. Abgesehen davon, daß man nicht mit Vermutungen manipulieren sollte; Sie schreiben:

„etwa 70% der Leichtathletikspitze in den USA soll schon vor 1966 Dianabol verwendet haben,"

bedarf es doch wohl bei einer so schwerwiegenden Aussage einer genaueren Analyse. Sie sind in diesem Zusammenhang überhaupt nicht darauf eingegangen, daß die Ernährungswissenschaften in den letzten Jahren einen ganz erheblichen Fortschritt gemacht haben, und daß es heute möglich ist, allein über gezielte und gesteuerte Ernährung Gewichtszunahme zu erreichen, ohne daß Anabolika überhaupt im Spiel sind. Ihre Ausführung, daß Randy Matson 1963 mit 19 Jahren beim Länderkampf gegen die Bundesrepublik Deutschland ein Körpergewicht von 100 kg aufwies, beim gleichen Länderkampf ein Jahr später 115 kg und bei den Olympischen Spielen 1964 118 kg und Ihren Schluß, den Sie daraus ziehen, daß das praktisch nur mit Hilfe von Anabolika möglich gewesen sei, ist in jeglicher Hinsicht unzulässig. Ich kann Ihnen aus eigener Erfahrung das Beispiel von Walter Schmidt aufweisen, der im wesentlichen sein angestrebtes Körpergewicht von 135 kg durch wahre Freßorgien erzielt hat, an denen er allerdings dann auch zugrunde gegangen ist. Sie können auch nicht einfach die Schlußfolgerung ziehen, daß heute von den meisten Spitzeklasseleuten im Kugelstoßen, Diskus- und Hammerwerfen, im Zehnkampf, Stabhochsprung, Boxen und Ringen (in den Schwergewichtsklassen), Judo und Eishockey die Substanzen praktisch systematisch verwendet würden. Ich weiß aus eigener Erfahrung, daß das in den von Ihnen aufgeführten Sportarten keineswegs systematisch betrieben wird, weder in der Bundesrepublik noch international. Ich darf noch einmal das Beispiel Walter Schmidt anführen; er kam 1971 von den Europameisterschaften aus Helsinki erheblich erkrankt zurück; abgesehen davon, daß er in Helsinki keinen Erfolg hatte, hatte er durch seine Erkrankung über 15 kg an Gewicht verloren. Durch seinen Gewichtsverlust war die Möglichkeit gegeben, daß eine höhere Drehgeschwindigkeit erreicht wurde; auf dieser Basis haben wir systematisch hier in Freiburg seinen Weltrekordwurf in Lahr vorbereitet. Man kann nicht einfach formulieren, daß bestimmte Sportarten nur durch ihre Masse zum Erfolg kommen; ich darf Sie doch bitten, auch noch die technischen Überlegungen ins Spiel zu bringen, wobei durchaus die Masse die Leistung limitieren kann. Ich wüßte z. B. nicht, was ein Stabhochspringer mit Anabolika anfangen soll, welcher Vorteil für einen Eishockeyspieler durch die Einnahme von Anabolika wohl entstehen soll, wo es sich hier speziell um eine Kombination aus Sprint und Ausdauerleistung handelt, wobei jedes überflüssige Pfund Gewicht die Leistung konsequenterweise reduzieren muß. Sie führen für die Anabolika Disziplinen an wie Sprint, Weit-, Hoch- und Dreisprung, 800m, 110m-Hürden, 400m-Hürden, 400m Rad und Rudern an, die einen Kraftzuwachs bei einer oder mehreren Muskelgruppen benötigen. Mit einer Anabolikatherapie ist es vollkommen ausgeschlossen, daß sie nur eine oder mehrere Muskelgruppen gezielt fördern können; die Anabolika wirken sich als systemische Therapie auf die gesamte Muskulatur aus, so daß die von Ihnen genannten Disziplinen mit der Anabolikatherapie weitaus mehr Nachteile erreichen als Vorteile.

Den Schluß, den Sie hier ziehen lautet:

> „Der Verzicht auf die Einnahme von Anabolika bedeutet zugleich den Verzicht auf die Zugehörigkeit zur absoluten Spitzenklasse; Chancengleichheit ist demnach nur bei Einnahme der Anabolika und Eingehen des damit verbundenen Risikos gegeben."

Solche Verallgemeinerungen kann man vielleicht in einer Boulevardpresse bringen, aber nicht in einer wissenschaftlichen Arbeit. Solche jedoch sehr schwerwiegenden Aussagen müßten Sie zumindest belegen. Sie können diese Belege aber nicht antreten mit den subjektiven Aussagen eines Coaches oder eines Interviewabdruckes von O'Brien, Sie verzichten dann von vornherein auf jede wissenschaftliche Glaubwürdigkeit, die Sie doch im Grunde anstreben.

In Ihren wieder nachfolgenden Ausführungen sind so viele Dinge unklar, daß man sie wirklich nicht verbindlich veröffentlichen darf. Sie schreiben z. B.:

> „Dianabol und andere Präparate sind in der BRD rezeptpflichtig und in der Hand des Arztes für Kranke wohl sinnvoll. Trotzdem werden sie von Spitzenathleten in steigendem Umfang ohne ärztliche Aufsicht und Kontrolle eingenommen."

Sie setzen also trotzdem gegen die Tatsache, daß Anabolika rezeptpflichtig sind; ich sehe überhaupt keinen Gegensatz hier; denn die Tatsache, daß ein Medikament rezeptpflichtig ist, besagt überhaupt nichts über sein Wirkungsspectrum; im Rahmen der festgelegten Dopingmittel können Sie sehr viele Medikamente kaufen, auch ohne Rezept, mit denen Sie sich des Dopingvergehens schuldig machen. Wir machen immer wieder die Erfahrung nach Dopingkontrollen mit positivem Effekt, daß die Athleten angeben, daß sie dieses Medikament ja ohne Rezept bekommen hätten. Diese Einlassung erscheint in keinem Dopingreglement der Welt; die Tatsache, ob ein Medikament rezeptpflichtig oder rezeptgängig ist, sagt über die Zusammensetzung des Medikamentes und über den Zusammenhang der dopingwirksamen Substanz überhaupt nichts aus.

Ihr Zitat:

> „Steinbach wies darauf hin, daß Sportler höhere Dosen brauchen als vom Hersteller angegeben und warnte Ärzte vor der Behauptung, Dianabol sei unschädlich,"

ist ebenfalls in diesem Zusammenhang unbrauchbar; Herr Steinbach muß erst einmal den Beweis antreten, daß ein Sportler tatsächlich höhere Dosen braucht als vom Hersteller angegeben, und außerdem muß er nachweisen, daß ein Anabolikum wie z. B. Dianabol schädlich sei. Sie führen weiter aus:

> „Schädigungen sind – wie beim Gebrauch von Dopingmitteln – nicht auszuschließen, werden aber zugunsten der Leistungssteigerung und des Erfolges in Ost und West in Kauf genommen."

Nennen Sie mir doch bitte eine einzige wissenschaftliche Arbeit, in der nachgewiesen worden ist, daß Anabolika in pharmakologischer oder physiologischer Dosis genommen, zu Schädigungen geführt haben! Es ist doch völlig unwissenschaftlich, solche Behauptungen einfach in den Raum zu stellen. Als Beweis für die Richtigkeit Ihrer Annahme zitieren Sie: „Welche Spätschäden und Risiken dabei leichtfertig akzeptiert werden, zeigen Äußerungen eines Vertreters des Herstellwerkes von Dianabol (CIBA):

> "Schädigungen in vielleicht 20 Jahren? Dr. Gauerke lächelte: Wer das wohl herausgefunden hat? Das Präparat ist doch erst 5 Jahre alt."

Sie haben Ihr Konzept 1974 verfaßt; ich darf Sie höflich darauf hinweisen, daß Anabolika nicht erst seit 5 oder 10 Jahren auf dem Markt sind, sondern seit über 20 Jahren. Anabolika wurden nicht auf den Markt gebracht, um den Sportlern zu einer besseren Leistungsfähigkeit zu verhelfen; was leider in der Sportmedizin immer wieder die Erfahrung zeigt, ist die Tatsache, daß Medikamente aus der allgemeinen Medizin übertragen werden auf die Sportmedizin; Anabolika sind speziell in die Medizin eingebracht worden, um Substanzverluste des Skelettes auszugleichen und spezifische Schmerzen alternder Patienten seitens ihres Bewegungsapparates zu kupieren. Es gibt ein breites Spectrum von wissenschaftlichen Arbeiten über Anabolika, die jedoch nicht im Rahmen der Sportmedizin geschrieben worden sind; aus diesen Arbeiten kann man allerdings jedoch mehr Erfahrungen sammeln als es auch jedwede Arbeit, die auf dem Sportsektor geschrieben wurde, vermitteln kann. Im weiteren hin führen Sie dann Zitate an, mit denen Sie offensichtlich meinen, die Gefährlichkeit der Anabolika belegen zu können. Solche Zitate sind natürlich völlig unwissenschaftlich und haben damit in einer Publikation über die angeschnittene Problematik überhaupt nichts zu suchen. Man kann nicht mit Vermutungen, Möglichkeiten, Zitaten, Einzelaussagen ein komplexes Geschehen in den Griff bekommen, dazu gehören doch wohl fundamentale wissenschaftliche Kenntnisse, die durchaus in Form wissenschaftlicher Publikationen nicht auf dem sportmedizinischen Sektor, sondern auf dem allgemeinmedizinischen Sektor und speziell auf dem Sektor der Geriatrie existieren. Ich wundere mich immer wieder darüber, daß von der Möglichkeit, in der gut fundierten allgemeinwissenschaftlichen Literatur bei der Betrachtung der anstehenden Problematik überhaupt kein Gebrauch gemacht wird. Ich bin verwundert über Ihren eigenen Widerspruch, der da lautet:

> „Zumal, da der erreichte Kraft- und Gewichtszuwachs durch Dianabol im Zusammenhang mit umfangreicher Nahrungsaufnahme (vor allem Eiweiß) und entsprechendem Krafttraining über längere Zeit auch ohne Dianabol erhalten bleibt."

Auf der einen Seite sagen Sie, der Verzicht auf die Zugehörigkeit zur absoluten Spitzenklasse ist mit der Nichteinnahme von Anabolika verbunden, auf der anderen Seite sagen Sie, daß auch ohne Einnahme von Dianabol und unter der Bedingung, daß entsprechendes Krafttraining ausgeübt wird, über längere Zeit der Gewichtszuwachs erhalten werden kann. Dianabol und alle anderen Anabolikapräparate sind keine Depot-Präparate, die ihr Wirkungsspectrum unbegrenzt aufrecht erhalten können; selbstverständlich ist es möglich, auch ohne Anabolika mit entsprechender gezielter Ernährung und entsprechendem Krafttraining genau den gleichen Leistungszuwachs und genau die gleiche Muskelzunahme zu erreichen, wie man es mit Anabolika erzielen kann und wenigeren Trainingseinheiten. Ihre Gesamtattacke, die Sie also gegen die Anabolika reiten, sollte wirklich fundiert sein und wissenschaftlich belegt sein und sich nicht in Vermutungen erschöpfen.

In diesem Zusammenhang darf ich sagen, daß Sie als Nichtmediziner offenbar mit dem Thema einfach überfordert sind; ich sehe auch gar keinen Grund, warum Sie unter dem Thema „Bestimmung soziopolitischer Faktoren im Leistungssport" den Versuch machen, sich mit speziellen medizinischen, physiologischen und biochemischen Faktoren auseinander zu setzen, wofür Ihnen offensichtlich einfach die Grundlage fehlt. ...

Im weiteren sprechen Sie die Geschlechtskontrollen bei Frauen an; Sie weisen darauf hin, daß seit 1966 sogenannte Zwitter ausgeschaltet wurden und führen als Beispiele die Geschwister Tamara und Irina Press und Jolanda Balas an, führen weiter aus, daß durch Hormonbehandlung es heute möglich sei, künstliche Zwitter zu erzeugen. Diese künstlichen durch Medikamente erzeugten Zwitter hätten keine Schwierigkeiten bei den Geschlechtskontrollen. Gestatten Sie mir dazu, daß ich Ihnen sage, daß der Begriff des Zwitters ein festgelegter Begriff in der Medizin ist; durch Anabolika und ähnliche Medikamente können Sie beim besten Willen keinen Zwitter erzeugen. Sie können Nebenwirkungen erzielen, aber niemals einen Zwitter. Das beste Beispiel sind wohl die Europameisterschaften der Schwimmer in Wien; hier hat ein schwedischer Arzt voreilig behauptet, daß alle DDR-Schwimmerinnen mit so hohen Dosen von Anabolika behandelt worden sind, daß sie nur noch in der Lage sind, mit einer Baß-Stimme zu sprechen; ich selbst habe auf diese Aussage ein Interview im Rundfunk gegeben, wobei mir im Rahmen dieses Interviews die Stimmen der einzelnen siegenden Athletinnen der Europameisterschaft im Schwimmen in Wien durchgespielt

durchgespielt wurden. Diese Stimmen hatten alles andere an sich als eine Bass-Stimme, und es erscheint mir völlig unsinnig, solche Behauptungen in den Raum zu stellen, nur weil die übermächtige Kategorie in dieser Sportart aus einem anderen politischen Lager kommt. Über Vermutungen kann man sprechen, aber sie im Rahmen einer wissenschaftlichen Arbeit als Fakten hinzustellen, ist ungefähr das unwissenschaftlichste, was man überhaupt machen kann. ...

Auf der letzten Seite Ihres Manuskriptes führen Sie aus:

> „ein Test zur Wirkung von Dopingmitteln könnte die Einführung von Dopingkontrollen bei Meisterschaften und Olympischen Spielen sein. Dies führte aber nicht zu einem nachweisbaren Leistungsabfall. Auch mit Dopingkontrollen werden nach wie vor bei Meisterschaften und Olympischen Spielen hervorragende Ergebnisse erzielt."

Dopingkontrollen, die spezifisch auf die Kontrolle von Hormonpräparaten ausgerichtet sind bei Meisterschaften, Länderkämpfen, Europameisterschaften oder Weltmeisterschaften bzw. Olympiaden, können niemals das Problem lösen. Der Einsatz der Anabolika ist nur sinnvoll, wenn er in der Vorbereitungsphase oder sprich Aufbauphase erfolgt; der Einsatz von Anabolika zum Zwecke der direkten Leistungssteigerung während des Wettkampfes ist völlig sinnlos. Sie schreiben fürderhin:

> „Wann und in welchen Disziplinen Dianabol nach 1961 erstmals bzw. in größerem Umfang verwendet worden ist, läßt sich nicht mit Sicherheit nachweisen. Wir gehen daher den umgekehrten Weg und folgern aus der Leistungsentwicklung auf den Beginn der Einnahme solcher Mittel".

Gestatten Sie mir darauf hinzuweisen, daß Sie in vorherigen Aussagen herausgestellt haben, daß man aufgrund der Leistungsentwicklung auch Rückschlüsse vollziehen könne auf den Zeitpunkt, wann die Anabolikatherapie begonnen habe. Jetzt widerrufen Sie praktisch diese Aussage, indem Sie feststellen, daß man nicht wisse, wann erstmals überhaupt Anabolika verwendet worden seien. Dazu muß ich Ihnen sagen, daß wir als Mediziner und ich speziell als Osteologe ganz genau wissen, wann es möglich war, Anabolika zum Zwecke eines gewissen Leistungszuwachses im Hochleistungssport zu verwenden. Dazu gehört allerdings die Kenntnis der allgemeinen medizinischen wissenschaftlichen Literatur und nicht nur die Kenntnisse der spezifischen sportmedizinischen Literatur. Die Schlußfolgerung, die Sie ziehen, aus der Empirie und der Leistungsentwicklung auf den Beginn der Einnahme solcher Mittel schließen zu wollen, ist wiederum wissenschaftlich vollkommen unzulässig, solange Sie nicht eindeutig sämtliche anderen möglichen Faktoren wie technische Verbesserung, Verbesserung im Rahmen gezielter Ernährung gleichzeitig ins Spiel bringen. Ihr Schlußsatz lautet:

> „Bei anderen, jedoch in geringerem Maße, in Frage kommenden Disziplinen wie den Sprungdisziplinen lassen sich gleichzeitig erfolgende Phasen nicht erkennen."

Auch hier widersprechen Sie sich eindeutig; Sie haben auf vorherigen Seiten ausgeführt, daß Disziplinen wie Sprint, Weit-, Hoch- und Dreisprung, 800m 110 m-Hürden, 400 m-Hürden 400 m , Rad und Rudern praktisch auf den Kraftzuwachs durch Anabolika angewiesen sind. ...

Ich verstehe durchaus die Einwände des Bundesinstitutes für Sportwissenschaften in Lövenich (Prof. Kirsch), daß einmal neuere sportmedizinische Erkenntnisse und Ergebnisse nicht verarbeitet seien, daß zum anderen die Schlußfolgerung über den Stand der Situation nicht ganz entsprächen. Im Grunde ist das vorsichtig ausgedrückt. Sie haben mir geschrieben, daß Sie im Rahmen des Themas „Bestimmung soziopolitischer Faktoren im Leistungssport" geschrieben und beschrieben haben. Es wäre sicher wünschenswert gewesen, wenn Sie sich an das Thema gehalten hätten; mit den speziellen sportmedizinischen und medikamentösen sowie pharmakologischen Problemen sind Sie schlicht und einfach überfordert. Wenn ich als Lehrer tätig wäre und hätte meinen Schülern ein Aufsatzthema zu vergeben, hätte ich unter diese Arbeit geschrieben: „Gut gemeint, aber das Thema nicht erfaßt."

Sie haben mir geschrieben, daß das Projekt somit abgeschlossen sei, und das Manuskript wurde dem Bundesinstitut für Sportwissenschaften in Lövenich überreicht. Ich verstehe nahezu in keiner Zeile des mir überreichten Manuskriptes, wo das Projekt eigentlich abgeschlossen ist; Ihr Manuskript ist lediglich eine Diskussionsgrundlage, auf der man dann exakte wissenschaftliche Untersuchung erstellen kann. Vielleicht gestatten Sie mir zum Abschluß Ihnen zu sagen, wie wir zu arbeiten pflegen. Über unser gestelltes Thema „Verbesserung der Diagnostik und der Therapie bei Sportverletzungen" haben wir noch nicht eine einzige Publikation herausgebracht, obwohl wir 7 Jahre lang bereits an dieser Thematik arbeiten. Jetzt sind die ersten Arbeiten fertiggestellt, die eine 7-jährige Erfahrung in einer Arbeit mit 4.000 Athleten umfassen; glauben Sie nicht, daß man mit solchen sorgfältigen, wohl überlegten und dann auch im Endeffekt aussagekräftigen Arbeiten mehr zu sagen hat, als mit Vermutungen, Annahmen, Unterstellungen, Wahrscheinlichkeitskalkulationen und subjektiven Einlassungen, die man nicht belegen kann?

Bei allem Verständnis für Ihr Engagement an den Leistungssport würde ich, wäre ich der Herausgeber einer wissenschaftlichen Zeitung, Ihre Einlassungen auch nicht veröffentlichen.

Sie haben mir eingangs mit Ihrem Zusatzbrief geschrieben, Sie wären mir dankbar, wenn ich Ihnen Anregungen zur Korrektur oder Veränderung der Texte geben könnte. Ich hoffe, daß ich Ihnen genug Anregungen zur Korrektur gegeben habe; eine Veränderung der Texte steht gar nicht zur Debatte, weil erst einmal eine Korrektur der sachlichen Fakten erfolgen müßte.

Mit freundlichen Grüßen und guten Wünschen für die sorgfältige Ausarbeitung Ihrer Ideen

Ihr Doz. Dr. med. A. Klümper, Oberarzt

Sportarzt im Deutschen Sportärztebund, DLV, BDR, DJB, DRV, DSV,DFV

Sportentwicklungen in Deutschland

Die Reihe setzt sich zum Ziel, den Sport im Sinne einer laufenden empirischen Sozialberichterstattung zu analysieren, um die Ergebnisse einer fundierten und kritischen sport- und sozialpolitischen Diskussion zuzuführen. Herausgeber: Prof. Dr. J. Baur, Uni Potsdam/Prof. Dr. W.-D. Brettschneider, Uni GH Paderborn

Bisher erschienene Titel der Reihe:

- Seniorensport in Ostdeutschland (Band 1)
- Jugendsport (Band 2)
- Schulsport und Schulsportforschung in Ostdeutschland 1945-1990 (Band 3)
- Schlüsseldokumente zum DDR-Sport (Band 4)
- Sportbetonte Schulen (Band 5)
- Alltagssport in der DDR (Band 6)
- Vereinsorganisierter Frauensport (Band 7)
- Sport und jugendliches Körperkapital (Band 8)
- Zweiter Arbeitsmarkt im Sport (Band 9)
- Lebenswege von Leistungssportlern (Band 10)
- Vom Studentensport zum Hochschulsport (Band 11)
- Doping – von der Analyse zur Prävention (Band 13)
- Jugendsport in ländlichen Regionen (Band 14)

Möchten Sie noch mehr Informationen über unseren Verlag oder zu weiteren Büchern?

▶ **Besuchen Sie uns online:**
www.meyer-meyer-sports.com

Gerne senden wir Ihnen auch unsere Kataloge zu.

Für Fragen und Bestellungen steht Ihnen unsere **Hotline** zur Verfügung.

▶ **Wählen Sie einfach: 01 80 - 5 10 11 15**
(0,24 DM pro Minute)

Wir freuen uns auf Ihren Anruf!

MEYER & MEYER VERLAG

MEYER & MEYER Verlag | Von-Coels-Straße 390 | D-52080 Aachen | Fax ++49 (0)2 41-9 58 10-10